DIE PSALMEN

DIE PSALMEN

erläutert von

Alfons Deissler

Patmos

Die Deutsche Bibliothek – CIP-Einheitsaufnahme
Ein Titeldatensatz für diese Publikation ist bei
Der Deutschen Bibliothek erhältlich.

© 1964 Patmos Verlag, 7. Auflage1993
© ppb-Ausgabe 2002
Patmos Verlag GmbH & Co. KG, Düsseldorf
Alle Rechte, einschließlich derjenigen des
auszugsweisen Abdrucks sowie der fotomechanischen
und elektronischen Wiedergabe, vorbehalten.
Druck und Bindung: Lengericher Handelsdruckerei, Lengerich
ISBN 3-491-69062-5
www.patmos.de

INHALT

Zum Geleit 9	Ps 24 (23) 99
Einführung	Ps 25 (24) 103
in die Psalmen 13	Ps 26 (25) 107
Ps 1 31	Ps 27 (26) 110
Ps 2 33	Ps 28 (27) 115
Ps 3 36	Ps 29 (28) 118
Ps 4 39	Ps 30 (29) 122
Ps 5 41	Ps 31 (30) 125
Ps 6 43	Ps 32 (31) 130
Ps 7 46	Ps 33 (32) 134
Ps 8 49	Ps 34 (33) 138
Ps 9 und 10 51	Ps 35 (34) 143
Ps 11 (10) 57	Ps 36 (35) 149
Ps 12 (11) 59	Ps 37 (36) 154
Ps 13 (12) 62	Ps 38 (37) 159
Ps 14 (13) 63	Ps 39 (38) 163
Ps 15 (14) 66	Ps 40 (39) 166
Ps 16 (15) 68	Ps 41 (40) 171
Ps 17 (16) 71	Ps 42/43 174
Ps 18 (17) 74	Ps 44 (43) 178
Ps 19 (18) 80	Ps 45 (44) 183
Ps 20 (19) 84	Ps 46 (45) 188
Ps 21 (20) 87	Ps 47 (46) 192
Ps 22 (21) 90	Ps 48 (47) 195
Ps 23 (22) 95	Ps 49 (48) 198

Inhalt

Ps 50 (49) 202	Ps 77 (76) 294
Ps 51 (50) 206	Ps 78 (77) 298
Ps 52 (51) 211	Ps 79 (78) 306
Ps 53 (52) 213	Ps 80 (79) 309
Ps 54 (53) 214	Ps 81 (80) 313
Ps 55 (54) 216	Ps 82 (81) 318
Ps 56 (55) 220	Ps 83 (82) 321
Ps 57 (56) 224	Ps 84 (83) 325
Ps 58 (57) 226	Ps 85 (84) 329
Ps 59 (58) 229	Ps 86 (85) 333
Ps 60 (59) 233	Ps 87 (86) 337
Ps 61 (60) 237	Ps 88 (87) 341
Ps 62 (61) 240	Ps 89 (88) 345
Ps 63 (62) 243	Ps 90 (89) 354
Ps 64 (63) 246	Ps 91 (90) 358
Ps 65 (64) 249	Ps 92 (91) 362
Ps 66 (65) 253	Ps 93 (92) 366
Ps 67 (66) 256	Ps 94 (93) 369
Ps 68 (67) 258	Ps 95 (94) 373
Ps 69 (68) 265	Ps 96 (95) 377
Ps 70 (69) 270	Ps 97 (96) 381
Ps 71 (70) 270	Ps 98 (97) 384
Ps 72 (71) 274	Ps 99 (98) 386
Ps 73 (72) 280	Ps 100 (99) 390
Ps 74 (73) 284	Ps 101 (100) 392
Ps 75 (74) 288	Ps 102 (101) 395
Ps 76 (75) 291	Ps 103 (102) 400

Ps 104 (103) 405	Ps 128 (127) 507
Ps 105 (104) 411	Ps 129 (128) 509
Ps 106 (105) 417	Ps 130 (129) 511
Ps 107 (106) 424	Ps 131 (130) 514
Ps 108 (107) 430	Ps 132 (131) 515
Ps 109 (108) 432	Ps 133 (132) 519
Ps 110 (109) 437	Ps 134 (133) 522
Ps 111 (110) 443	Ps 135 (134) 524
Ps 112 (111) 446	Ps 136 (135) 527
Ps 113 (112) 448	Ps 137 (136) 530
Ps 114 (113 A) 451	Ps 138 (137) 533
Ps 115 (113 B) 454	Ps 139 (138) 536
Ps 116 (114–115) 457	Ps 140 (139) 541
Ps 117 (116) 460	Ps 141 (140) 544
Ps 118 (117) 462	Ps 142 (141) 547
Ps 119 (118) 467	Ps 143 (142) 549
Ps 120 (119) 490	Ps 144 (143) 552
Ps 121 (120) 493	Ps 145 (144) 556
Ps 122 (121) 495	Ps 146 (145) 559
Ps 123 (122) 497	Ps 147 (146–147) 562
Ps 124 (123) 499	Ps 148 566
Ps 125 (124) 501	Ps 149 569
Ps 126 (125) 503	Ps 150 572
Ps 127 (126) 505	

Die wichtigsten Abkürzungen

Aq	=	Übersetzung des Aquila (griech.)
AT	=	Altes Testament
atl.	=	alttestamentlich
G	=	Griechische Übersetzung – Septuaginta
Hie	=	lateinische Übersetzung des Hieronymus „juxta Hebraeos"
Hss	=	Handschriften
MT	=	Hebräischer Text der Masoreten
NT	=	Neues Testament
ntl.	=	neutestamentlich
S	=	Syrische Übersetzung der Peschitta
Symm.	=	Übersetzung des Symmachus (griech.)
Theod.	=	Übersetzung des Theodotion (griech.)
T	=	Targum (aramäische Übersetzung)

Die Abkürzungen der biblischen Bücher des AT und NT erfolgen in den weithin üblichen Formen, z. B. Dt = Deuteronomium.
Eckige Klammern zeigen Textkorrekturen an.

Zum Geleit

In den Psalmen pulsiert – so darf man zu Recht sagen – das Leben des altbundlichen Gottesvolkes. Mit und in ihnen gibt Israel Antwort auf Gottes Worte und Taten. Die Psalmen übersteigen bei weitem den »nationalen« Rahmen. Sie greifen auch in den alles umfassenden Raum von Schöpfung und Geschichte im ganzen hinein. Schon von daher sind Israels Lieder nicht einfachhin »verklungene Stimmen aus längst vergangenen Tagen«, sondern artikulieren auf vielfache Weise zugleich das während Menschliche. Um so weniger verwunderlich ist es, daß auch im neubundlichen Gottesvolk, in Gal 6,16 »Israel Gottes« genannt, der Psalter die Hochform des Singens und Betens geworden ist. Im Brevier der katholischen Christenheit gehören die Psalmen zum offiziellen Gebet der Kirche, zu dem sie Klerus und Ordensgemeinschaften verpflichtet. In den evangelischen Kirchen ist das Psalmenbeten nicht minder lebendig, zumal ihr Liedgut sich vornehmlich aus biblischen Quellen speist. Freilich gilt für die Christen jeder Epoche das Dichterwort: »Was du ererbt von deinen Vätern, erwirb es, um es zu besitzen!« Darum müssen wir uns zuerst ans Ufer Israels *über*setzen, um die Psalmen je neu für uns zu »übersetzen«. Solches »Neu-Erwerben« kann sich in der Regel nicht ohne Konsultierung von Kommentarwerken ereignen. Den umfänglichsten und gründlichsten Psalmenkommentar (auf Weltebene!) stellt dar: Hans-Joachim Kraus. Psalmen. 5., grundlegend überarbeitete und veränderte

Auflage, Neukirchen-Vluyn 1978 (1171 S. in 2 Bänden). Es kann als Standardwerk gelten und gibt Hinweise auf alle anderen wissenschaftlichen Psalmenkommentare. Sein allgemeines und auch spezielles Literaturverzeichnis (zu jedem Psalm!) ist nahezu vollständig. Aus Zeitgründen vermögen viele am Psalter Interessierte ein so bedeutendes wissenschaftliches Werk nicht genügend gründlich zu studieren, was auch für eine Reihe anderer großer Kommentare, die hier nicht eigens aufgeführt werden können, gilt. Viele Liebhaber der Psalmen erwarten auch einen stärkeren Zuschnitt der Auslegung auf den neutestamentlichen Horizont und die eigene christliche Existenz hin. Diesem verbreiteten Wunsch nach einer Verbindung von geraffter wissenschaftlicher Information und gleichzeitiger Glaubens- und Lebensmotivation hat der vorliegende Psalmenkommentar von Anfang an (1962 ff.) dienen wollen und in mehreren Auflagen bisher auch gedient. Die Zusammenfassung der früheren drei Bändchen in einen einzigen Band (1977) hat sich bewährt. Den bisherigen sechs Auflagen soll sich nunmehr eine neue anfügen. Um den Preis erschwinglich zu halten, wurde auf eine Neubearbeitung, von wenigen Korrekturen abgesehen, verzichtet. Nach Überzeugung des Autors erscheint sie angesichts des abgesteckten Rahmens auch nicht besonders dringlich. Der Autor jedenfalls ist auch nach Kenntnisnahme der neueren Forschung zum Psalter überzeugt, daß er zumindest in seinen Grundpositionen – dazu gehört auch die Datierungsfrage! – »gut liegt«.

Die deutsche Übersetzung des Grundtextes bemüht sich darum, die Eigenart der hebräischen Fassung noch durchscheinen und dennoch die deutsche Sprache zu ihrem Recht kommen zu lassen. Da der im Lauf der Jahrhunderte besonders häufig abgeschriebene hebräische Psaltertext in einzelnen Details manchmal unsicher überliefert ist, mußten hie und da Korrekturen vorgeschlagen werden. Dabei wurden naturgemäß auch die alten Übersetzungen (s. Abkürzungsverzeichnis) zu Rate gezogen. Solche Textkorrekturen sind durch *eckige* Klammern gekennzeichnet. Runde Klammern dagegen zeigen spätere Erweiterungen des ursprünglichen Textbestandes an. Zwischenüberschriften suchen die Übersetzung zu gliedern und damit den Inhalt leichter überschaubar zu machen. Die Kommentierung erfolgt um der besseren Übersicht willen in vier Stufen:

A = Textfragen
B = Gattung des Psalms, Zeit und Ort
C = Auslegung im alttestamentlichen Kontext
D = neubundliche Perspektiven.

Wer sich über die Interpretation der Einzelpsalmen hinaus für die allgemeinen Probleme und Forschungsrichtungen der Psalmenexegese interessiert, dem geben *Joachim Becker,* Wege der Psalmenexegese (Stuttgarter Bibelstudien 78 [1975]), *Claus Westermann,* Lob und Klage in den Psalmen (Göttingen 1977), und *Erich Zenger,* Mit meinem Gott überspringe ich Mauern. Einführung in das Psalmenbuch (Freiburg 1987), eine empfehlenswerte Orientierung.

Freiburg, im Dezember 1992   *Alfons Deissler*

Einführung in die Psalmen

Name und Überlieferung

Das ursprünglich griechische Wort »Psalm« bedeutet ein Lied, das in Begleitung durch ein Saiteninstrument zum Vortrag kam. Mit dem Titel »Psalmen« oder auch »Buch der Psalmen« haben die griechischen Übersetzer des AT im 2. Jh. v. Chr. die Liedersammlung des altbundlichen Gottesvolkes – dort »Preisungen« genannt – in die Mittelmeerwelt eingeführt. Es handelt sich um hundertfünfzig Psalmen, die allerdings in der hebräischen Tradition etwas anders gezählt werden als in der griechisch-lateinischen Überlieferung. In letzterer bilden Ps 9 und 10 und Ps 114 und 115 je ein einziges Lied, Ps 116 (hebr.) und Ps 147 (hebr.) aber je zwei Psalmen. So kommt es zu der leidigen Differenz in der Zählung, die meist zu einer zusätzlichen Zahlenangabe der griechisch-lateinischen Tradition in Klammern zwingt. In unserem Kommentar wird die hebräische Zählung eingehalten.

Der Psalter selbst ist in fünf, der Größenordnung nach ungleichen Büchern (I: 1–41, II: 42–72, III: 73–89, IV: 90 bis 106, V: 107–150) auf uns gekommen. Man hat schon immer damit gerechnet, daß dies mit der Einteilung der Mosesbücher in fünf Rollen zusammenhänge. Neuerdings hat A. Arens (Die Psalmen im Gottesdienst des Alten Bundes, Trier 1961) diesen Zusammenhang verdeutlichen können. Danach muß angenommen werden, daß den etwas über hundertfünfzig Abschnitten des vorchristlichen Lesezyklus für die fünf Bücher Moses je ein Psalm als liturgischer Beitext entspricht (vgl. a.a.O., S. 164ff.). So dürfte sich die Sammlung von etwa hundertfünfzig Psalmen – in Wirklichkeit enthält das AT mehr, die sich in andere Bücher eingestreut finden – erklären. Wir müssen damit rechnen, daß es noch eine ganze Reihe anderer psalmartiger Lieder gab, die uns nicht erhalten sind. Da der Psalter selbst häufig abgeschrieben wurde, haben sich im Laufe der Zeit ziemlich viele Textverderbnisse durch Seh- und Hörfehler eingestellt. Manchmal kann man den ursprünglichen Text mit großer Wahrscheinlichkeit wieder herstellen, oft aber muß man sich auch mit Vermutungen begnügen.

Die Psalmenüberschriften
Die Mehrzahl der Psalmen hat am Eingang Bemerkungen der verschiedensten Art, die man Überschriften nennt. Sie sind schon von der Textüberlieferung her ziemlich unsicher, da die griechische Tradition im allgemeinen mehr davon aufweist als die hebräische, andere wieder nicht hat, während die syrische Überlieferung ihrerseits meist von beiden abweicht. Auffallend sind die vielen Personenangaben. Im MT begegnet man z. B. dreiundsiebzigmal dem Namen David, zwölfmal dem Namen Asaph, zwölfmal dem Ausdruck »Korachsöhne«, einmal Moses, einmal Salomon usw. Diese Namen haben gewöhnlich den Konsonanten »L« vorgesetzt. Nach den Funden von Ugarit (Nordkanaan) müßte es eine Zykluszugehörigkeit bedeuten, wobei der Name nicht den Verfasser, sondern den Helden des Stückes meint. Der übliche hebräische Sprachgebrauch plädiert allerdings für die Deutung dieses »L« als Autorangabe. Dafür spricht auch die Tatsache, daß dreizehnmal bei »David« die Gelegenheit erwähnt wird, die ihn den Psalm sprechen ließ (vgl. Ps 3, 7, 18 u. a.). Selbst wenn das spätere Ergänzungen wären, würden sie bezeugen, daß man schon in mittlerer nachexilischer Zeit in der Namensnennung eine Verfasserangabe sah.
Sind diese Angaben ursprünglich historisch gemeint? Ihre unsichere Überlieferung spricht nicht besonders dafür. Dazu kommt, daß die Weisheitsbücher »Sprüche«, »Prediger«, »Weisheit« sich auch von Salomo herleiten und doch, zum mindesten in ihrer jetzigen Gestalt, viel später entstan-

den sind. Der Hebräer hatte nicht den gleichen Autorschaftsbegriff wie wir. Er faßte eine Literaturgattung als ein Wachstumsgebilde auf, das als ganzes und in all seinen Entfaltungen unter den Namen der seinem Ursprung nahen Hauptgestalt gestellt werden konnte. Dazu kommt, daß eine Reihe von Psalmen, die den Namen Davids in der Überschrift nennen – dies ist bei fast allen Liedern des ersten Psalmbuches der Fall –, dem Wort- und Gedankengut nach sich als später erweisen.

Die übrigen Angaben der Überschriften beziehen sich meist auf ihre liturgische Aufführung bzw. musikalische Begleitung. Eine Anzahl der verwendeten Ausdrücke sind nicht mehr mit Sicherheit zu deuten, wie dies auch in ihrer je verschiedenen Wiedergabe in modernen Psalmenübersetzungen zum Ausdruck kommt.

Zur Geschichte der hebräischen Psalmodie

Der Psalter, wie er wohl um 200 v. Chr. fertig vorlag, hat eine lange Sammlungsgeschichte hinter sich. Sie ist im einzelnen nicht mehr aufzuhellen trotz der Überschriften und dieser und jener Angabe in den anderen Büchern des AT. Es bleibt nur der Weg eines vorsichtigen methodischen Zurücktastens in die Vergangenheit.

Die Religionsgeschichte des Alten Orients bezeugt schon für die frühesten Zeiten der Kultur religiöse Hymnen und Gebete, die an Quantität die israelitische Psalmodie weit hinter sich lassen. Insofern sind die Psalmen der Bibel nicht etwas spezifisch Einmaliges. Bei Vergleichen erkennt man ohne weiteres, daß die hebräischen Psalmendichter von der Psalmodie der Umwelt viel gelernt und manches übernommen haben, insbesondere formale Elemente. Doch darf man über solchen Ähnlichkeiten die vielen Unähnlichkeiten nicht vergessen, welche den biblischen Psalter vom religiösen Lied- und Gebetsgut der israelitischen Umwelt trennen. Der monotheistische Jahwismus hat nicht nur inhaltlich die Aussagen bestimmt, sondern hat auch jene

Kräfte der israelitischen Seele entbunden, die den biblischen Psalmen weithin einen unvergleichlich lebendigen und packenden Charakter verleihen.

Der Mutterboden aller orientalischen und damit auch der biblischen Psalmodie ist der Kult, das ist die durchgängige These der heutigen Forschung. Doch darf das Wort Kult nicht so eng gefaßt werden, wie dies oft geschieht. In keinem Falle ist die Entstehung immer an einen festen Kultort zu binden. Gebet ist immer eine Antwort des Menschen auf die Erfahrung des Göttlichen. Das Ereignis dieser Erfahrung kann an vielen Orten und auf vielerlei Weise geschehen, auf dem Schlachtfeld und in der Einsamkeit des Zeltes (etwa auf dem Krankenlager), an der Gerichtsstätte am Tor und im stillen Kämmerlein, am Tempel und auf der fernen Weide, in der Stadt und auf der Ackerflur des Freibauernhofes, in der großen Versammlung und im privaten Lebensbezirk des einzelnen. Auf mannigfache Art ist Jahwe Israel begegnet, als Sich-Schenkender, aber auch als Sich-Entziehender. Hier liegt der Quellort aller Rede zu Gott hin. Sie ist bald Preisung, bald ist sie Klage und Bitte. In diesem Loben und Flehen Israels ist letztlich der »Sitz im Leben« für alle Psalmen zu suchen. Freilich sammelten sich diese Gebetsworte dann gewissermaßen alle in jenem Sammelbecken, das der Gottesdienst des Gottesvolkes an seinem Kultort darstellt: Dorthin geht das Volk wie auch der einzelne, wann immer es ihnen verstattet ist; dort, an der besonderen Gnadenstätte, finden Loben und Flehen feste Form und hohe Gestalt; dorthin denkt man, ja wendet man sich in der Gebetshaltung, wenn man in der Ferne ist (3 Kön 8,48; 2 Chr 6,34; Ps 42 u. a.).

Psalmen aus der Patriarchenzeit sind uns nicht überliefert. Der älteste erhaltene Hymnus ist das »Lied der Mirjam«: »Singet Jahwe! Denn hoch erhaben ist er. Roß und Reiter warf er ins Meer!« (Ex 15,21.) Daraus ist (später) das »Meerlied des Moses« erwachsen, das in Ex 15,1–18 in den Erzählungsgang eingefügt ist. Es gibt gute Gründe für die

Annahme, daß diese Preisung der erlösenden Tat Jahwes auch im Bundesfestkult der Wüste eine feste Stellung bekam. Zu den alten Gesängen zählt dann vor allem das Deboralied in Ri 5, das den Sieg Israels über die Kanaanäer feiert. »Horch, Trompeter zwischen den Tränkrinnen! Dort erzählt man die Heilstaten Jahwes! ...« heißt es im Vers 11. Solche Preisung geschieht also durchaus nicht nur bei einer kultischen Begehung.

Die Überlieferung Israels ist sich einig darüber, daß der eigentliche Vater der Psalmodie des Gottesvolkes König David ist (vgl. 2 Sam 23,1; Am 6,5; 2 Chr 7,6 u. a.). Darum sind ihm auch viele der uns noch erhaltenen Psalmen zugeschrieben. Doch läßt sich schwer mehr ausmachen, was nun wirklich von ihm stammt. Die Aufstellung des heiligen Zeltes in der neuen Hauptstadt Jerusalem und der bald erfolgende Bau des Salomonischen Tempels mußten anregend auf den Psalmengesang und seine Entwicklung wirken. Manche Forscher nehmen an, daß auch die in der alten Jebusiterfeste vorgefundene kanaanäische Psalmendichtung nicht ohne Einfluß dabei blieb. Durchschlagende Argumente für diese These gibt es indes nicht. Wenn im Wortgut des Psalters und in den nordkanaanäischen Texten von Ugarit viele Gemeinsamkeiten festgestellt werden können, so beruht dies zumeist auf der Gleichheit der Sprachen, der Ähnlichkeit der poetischen Strukturen und der natürlichen Verwandtschaft vieler Gebetselemente. Da die Psalmen als »Antwort Israels« (G. v. Rad) auf das weisende und waltende Wort Jahwes zu gelten haben, ist die andere Annahme völlig unwahrscheinlich, daß die anonymen Kultsänger der Königszeit die eigentlich schöpferischen Kräfte im Gottesvolke waren, von denen sogar die Propheten abhingen. Wer sich nicht an Konstruktionen, sondern an das Zeugnis Israels selbst hält, für den ist es klar, daß vielmehr die Propheten die Psalmodie des Gottesvolkes mit ihrer Verkündigung indirekt mitgeprägt und mitentfaltet haben. Wenn irgendwo die *lex credendi* für die *lex orandi*, d. h. der Glaube für das Gebet bestimmend war, dann in Israel.

Daß in der Königszeit bis zum Babylonischen Exil ein reiches und berühmtes religiöses Liedgut entstanden ist, ersieht man u. a. aus Ps 137 mit der in V. 3 zitierten Aufforderung der Sieger: »Singt uns eines von den Sionsliedern!« Aber daß unser Psalter damals schon zum allergrößten Teil bestand, ist eine unbewiesene, wenn auch oft aufgestellte Behauptung. Die genaue – sehr mühselige – Analyse der uns erhaltenen Psalmen läßt erkennen, daß die exilische und vor allem die nachexilische Zeit noch eine große Zahl Psalmen selbst hervorgebracht und andere in einer Art »Wiederlesung« (französisch: relecture) von einem neuen Verstehenshorizont her überarbeitet hat. Vorab jene Richtung der nachexilischen Weisheitsschule, die Jahwes Offenbarung als Hauptquelle der Weisheit ansah, hat sich der Psalmendichtung zugewandt bzw. unter den Tempelsängern ihre Anhänger gefunden. Nicht umsonst steht der Psalter in der Tradition neben Job und dem Buch der Sprichwörter. Nur so erklären sich auch die vielen Berührungen der Psalmen mit der nachexilischen Weisheitslehre und die öfters festzustellende anthologische Bezugnahme der Psalmisten auf Texte der ihnen bereits als Heilige Schrift vorliegenden Offenbarung. Wenn eines sicher ist, dann dies: Unser Psalter ist das »Gesangbuch« der nachexilischen Gemeinde gewesen. Vom »Gesangbuch« des ersten Tempels werden manche Teile verlorengegangen und nur ein gewisser Grundbestand in unserem Psalmenbuch erhalten geblieben sein. Dieser alte Teil vermochte die Psalmenschemata und viele fest geprägte Gebetsformen zu übermitteln, die auch die neueren Stücke streckenweise kennzeichnen. Dabei konnte man überkommene Strukturen benutzen, um sie mit neuem Gehalt zu füllen. Das hat auch der größte Psalmenforscher der Neuzeit, Hermann Gunkel (1862–1932), gesehen und darum manche spätere Psalmen als »geistliche Lieder« bezeichnet. Man wirft ihm heutzutage in diesem Punkte meist vor, damit eine moderne christlich-abendländische Kategorie in das AT eingetragen zu haben. Dieser Vorwurf kann höchstens das Wort »geistliche Lieder« treffen, sachlich hat Gunkel durchaus recht behalten für jeden, der sich noch die Freiheit wahrt, die die Forschung beherrschende Kulttheorie auf ihre beweisbaren Maße zurückzustecken.

Die Gattungen der Psalmen

Es gibt, wie neuestens C. Westermann gezeigt hat, eigentlich nur zwei große Psalmengruppen, die durch die beiden Urgestalten menschlichen Wortes zu Gott hin, Loben und Flehen, gekennzeichnet werden. Das Danken ist im Hebräischen nämlich immer auch Loben, das Flehen enthält durchweg Klage und Bitte und auch mehr oder weniger Vertrauensäußerungen. Es haben sich aber in der Gattungsforschung feste Kategorien bzw. Benennungen herausgebildet, welche die reiche Literatur von heute beherrschen. Darum seien sie hier aufgeführt, allerdings unter Wahrung des eingangs Gesagten.

1. Die Hymnen

Sie sind »beschreibendes Lob«, verkünden also preisend das Walten des Bundesgottes in Schöpfung und Heilsgeschichte. Diese »Preisung« hat qualitativ im Bewußtsein Israels einen solchen Rang, daß der ganze Psalter, obwohl in ihm zahlenmäßig die Hymnen eine Minderheit bilden, den Namen »t^ehillim« bekam. Das Wort kommt vom Verbum »hallel« – in unserem Hallelujah! = »preiset Jahwe!« noch erhalten! –, das der Hebräer mit seinem Wort für »leuchten« (halal) zusammenbringt. Er weiß damit, daß der Lobpreis Jahwe »aufglänzen« und »leuchten« läßt. Darum sind für ihn auch »loben« und »leben« eng verwandte Bereiche. Sieht man die Loblieder im Psalter näher an, so erkennt man leicht, daß nicht die Schau auf den »seienden« und im Kosmos schöpferisch waltenden Gott, sondern die Erfahrung des geschichtlich handelnden Bundesgottes das religiöse Bewußtsein Israels am tiefsten prägt. Die ältesten Stücke, das Mirjam- und das Deboralied (Ex 15,21 und Ri 5) sind dafür schon beispielhaft. Sie zeigen aber auch, wie gewichtig das »berichtende Lob«, d. h. der Dank in Israels Hymnodie ist. Er ist auch die Klammer, die die Hymnen mit den sonst ganz andersartigen »Klageliedern« verbindet, in denen er ebenfalls eine bedeutende Rolle spielen kann. Daß die Hymnen *zumeist* für den Kult gedichtet waren und als Gattung dort ihren eigentlichen »Sitz im Leben« hatten, ist richtig (vgl. aber die Ausnahme Ri 5,11). Dennoch ist die Form des Hymnus auch später von der Weisheitslehre übernommen worden, für welche die kultische Ausrichtung kein vordergründiges Interesse beanspruchte.

2. Die Klagelieder

Diese Bezeichnung klingt zwar einseitig, aber sie wird doch insofern als richtig erwiesen, als es durchgehende Reihen von Bitten in der hebräischen Psalmodie nicht gibt. Alles Bitten kommt hier aus einer Not, die bald mehr, bald weniger vor Jahwe im Wort (= Klage) ausgebreitet wird.

a) Die Klagelieder des einzelnen (= individuelle Klagelieder)

Zu ihnen gehört die Mehrzahl der uns erhaltenen Psalmen. Sie beginnen meistens mit einer Anrufung Jahwes und einer ersten Bitte. Den Hauptteil macht dann fast immer die Klage aus. Sie ist meist sehr bildreich, aber oft wenig exakt in der Beschreibung der Not. So können wir uns selten ein genaues Bild über die Situation des Beters machen. Dies kommt einmal von der Bildhaftigkeit der Schilderung, andererseits – und dies scheint wichtiger – davon, daß ein Großteil dieser Psalmen nicht nur als Votivgabe ans Heiligtum gedacht war, sondern auch »Formulare« abgeben sollte für ähnlich gelagerte Nöte. Dieser Schluß legt sich aus vielen Beobachtungen von »Typusformulierungen« nahe, er wird auch ausdrücklich bestätigt durch die Einführung von Ps 102: »Gebet eines Gebeugten, wenn er verzagt ist und seine Klage vor Jahwe ausschüttet.« Solche Notlagen sind allgemeines Unglück, Krankheit, Schuld, Verleumdung, öffentliche Verfemung, ungerechte Anklage, Lebensbedrohung durch Feinde usw. Die »Feinde« sind ein dominantes Thema dieser Klagen. Sie haben im Laufe der Forschung schon die verschiedensten Deutungen erfahren. Festzuhalten ist zunächst, daß die Psalmisten sich gern als »Gebeugte«, »Arme«, »Schwache«, »Gerechte«, »Getreue«, »Schuldlose« usw. bezeichnen. Der Gegensatz zu ihren Widersachern führt weit in die vorexilische Zeit zurück. Elias, Osee, Amos, Isaias und Micha waren alle schon Anwälte der von der bundesbrüchigen (ihr Vergehen betrifft vor allem die zweite Tafel des Moses) Aristokratie bedrückten Bevölkerungsschichten gewesen. Diese verehrten darum in besonderer Weise Jahwe als ihren »Rechtshelfer« und »Beistand«. In Soph 3,12f. wird ihnen verheißen: »Ich werde in dir (= Sion) als Rest übriglassen (im Gericht!) ein gebeugtes und geringes Volk, und es wird im Namen Jahwes Schutz suchen der Rest Israels. Sie werden kein Unrecht tun noch Lügen reden. In ihrem Munde wird keine trügerische Zunge gefunden werden, sondern sie werden weiden und sich lagern, ohne daß jemand sie aufschreckt.« Der soziale Gegensatz war durch Bruch der Bundescharta früh zu einem religiösen geworden. Dies ward er noch mehr in der nachexilischen Zeit, als die Oberschicht unter dem Einfluß der auswärtigen staatlichen Hoheitsträger gern religiös-liberalen Tendenzen huldigte. So wurde in die Auseinandersetzung zwischen »Beugenden« und »Gebeugten« noch stärker als früher ein spezifisch religiöser Akzent hineingetragen, indem die Gegner nicht nur als Mißachter der im Zehngebot geforderten mitmenschlichen Gerechtigkeit, sondern auch als mißgünstige Verächter des religiösen Jahweeifers auftraten. Bildeten auch die »Jahwegetreuen«

noch nicht wie später eine eigene Partei, so doch eine ihrer selbst bewußte und solidarische Gruppe, die sich als eigentlichen Träger der Verheißungen an Israel betrachtete. Ihr vornehmster Versammlungsort war sicher der Tempel, der bevorzugte Gnadenort der Gottesbegegnung und zugleich von urher Asylstätte aller Verfolgten, aber wir werden auch schon in dieser Zeit – als Erbe des Exils! – mit »synagogalen« Zusammenkünften eigener Art und mit geschlossenen Kreisen theologisch ausgerichteter Weisheitspflege, vorab des Schriftstudiums, rechnen müssen.

Die Klage führt von selbst zu Äußerungen des Vertrauens und darauf gegründeter Bitten und schließlich zum Lob- bzw. Dankgelübde. Klage, Vertrauensbezeugung, Bitte und Dankversprechen gehören so zu den Strukturelementen der »Klagelieder«. Sie können manchmal einen besonderen Akzent bekommen und sich sogar gewissermaßen verselbständigen. So kommt es wie von selbst zur Herausbildung neuer Arten: des *Vertrauensliedes* und des individuellen *Danklides*. Letzteres gehört im allgemeinen in die Versammlung am Kultort (vgl. »vor großer Versammlung« Ps 22,26; 35,18; 40,10). Wo ein Klagelied mit einem ausgeprägten Danklied verbunden ist, taucht die Frage auf, ob der Klagepsalm, mitgebracht und neu gesprochen, die Notsituation vergegenwärtigte, um so das »berichtende Lob« noch stärker ins Relief zu bringen, oder ob bereits aus der Erhörungsgewißheit das künftige Danklied formuliert wurde. Wahrscheinlicher ist die erste Annahme. Freilich ist bei all solchen Fragen der »Formular«-Charakter der Psalmen immer mit in Rechnung zu stellen. Wer ihn außer acht läßt, geht gerade in der Suche nach dem »Sitz im Leben« am damaligen Leben vorbei.

b) Das Klagelied des Volkes (= kollektives Klagelied)

In besonderen Notlagen, meist Naturkatastrophen oder Gefährdung und Bedrängnis durch äußere Feinde, versammelte sich das Volk am Heiligtum – im Exil an der gewöhnlichen Thingstätte –, um nach einem vorher ausgerufenen Fasten durch Opfer und Gebet Jahwes Hilfe zu erflehen. Für diese Gelegenheit wurden »Klagelieder« gedichtet bzw. frühere Stücke mit ähnlichem Anlaß als Formulare verwendet. Sie beginnen mit einer Anrufung des Bundesgottes. Im Hauptteil klagt man meist über Gottes Schweigen, erinnert dabei an frühere göttliche Hulderweise, malt die gegenwärtige Not aus und beklagt sich je nach Situation über die äußeren Feinde, gesteht manchmal auch die eigene Schuld ein und schließt den Psalm mit der eindringlichen Bitte um die Wende der Not. Im kollektiven Klagelied ist der »Wir-Stil« dominant. Ob auch einzelne Lieder mit einem »Ich« als Sprecher sich auf das Volk beziehen – dies ist grundsätzlich möglich –, muß von Fall zu Fall durch sorgfältige Analyse entschieden werden.

3. Das Danklied des Volkes

Nach der Befreiung aus seinen Bedrängnissen kam das Volk am Heiligtum bzw. Versammlungsplatz zusammen, um Jahwe zu danken. Jedoch sind uns nicht viele solcher kollektiver Danklieder erhalten. Da es sich beim Danken eigentlich um ein »berichtendes Loben« (Westermann) handelt, hat man sicher oft auf die Hymnen, die dem Anlaß irgendwie angemessen waren, zurückgegriffen.

4. Sondergattungen

Man könnte die hier kurz skizzierten Hauptgattungen der Psalmen, die öfter noch eine Reihe von Unterarten aufweisen (vgl. Gunkel-Begrich, Einleitung in die Psalmen, 1933), Grundschemata nennen, die im Laufe der Geschichte eine Entfaltung, zum Teil aber auch eine gewisse Auflösung und Vermischung erfuhren. Es ist so oftmals schwer, einen Psalm zufriedenstellend in ein Schema einzureihen. An jener Entwicklung, deren Akzent zwar oft mehr auf der inhaltlichen als der formalen Seite der Psalmen liegt, die aber dann doch zu einer Art neuer Sondergattungen der

Psalmodie in Israel geführt hat, sind vor allem prophetischer und weisheitlicher Einfluß beteiligt. Darum kann man mit Fug und Recht von zwei weiteren Klassen von Psalmen sprechen: a) von den prophetisch-eschatologischen, b) von den didaktischen Psalmen.

a) Die prophetisch-eschatologischen Psalmen
In manchen Psalmen trifft man auf das »Orakel«, das eine spezifisch prophetische Gattung darstellt. Man sieht es in der heutigen Forschung weitgehend als »Ausspruch« der sogenannten Kultpropheten an. Aber die Institution dieses Kultprophetentums ist schlecht bezeugt und noch nicht befriedigend geklärt. Darum ist die konkrete Beziehung solcher Texte auf diese prophetischen »Funktionäre« am Heiligtum nicht recht plausibel zu machen. Die meisten dieser prophetischen Sprüche sind hinreichend zu erklären als Resümee klassischer Prophetentexte, die zunächst rein literarisch formuliert und dann vielleicht am Kultort vom amtierenden Priester bzw. von einem Leviten gesprochen wurden.

Viel bedeutsamer sind jedoch jene Psalmen, die ein ganzes prophetisches Thema aufgreifen. Dazu gehören die Lieder vom eschatologischen *Königtum Jahwes* (Ps 47; 93; 96–99, zum Teil 29; 68; 95; 100; 149). Auf sie hat vor allem die Botschaft des Deuterojesajas eingewirkt. Auch die *Sionslieder* (Ps 46; 48; 76) zeigen auf Grund ihrer Beziehungen zu verwandten Prophetentexten eine endzeitliche Ausrichtung.

Schließlich sind die sogenannten *messianischen Psalmen* nicht zu vergessen. Man betrachtet sie heutzutage zumeist als »Königslieder« in dem Sinn, daß sie auf einen historischen König Israels gehen und nur insofern über ihn hinaus verweisen, als der israelitische König immer ein Typus des zukünftigen Heilskönigs ist. Doch dürfte für die uns erhaltenen messianischen Lieder diese Deutung nicht genügen. Sie haben zwar das Schema der »Königslieder« übernommen, sind aber zu ihrer heutigen Gestalt unzweifelhaft im Kontakt mit den messianischen Texten der Propheten gekommen (vgl. Kommentar zu Ps 2; 45; 72; 89; 110 und 132).

b) Die didaktischen Psalmen *(Lehrpsalmen, Weisheitslieder)*
Wie sehr sich Israels Weisheitslehrer der Gattung der Psalmen bedienten, erkennt man klar an Jesus Sirach und der nachkanonischen spätjüdischen Psalmendichtung. Da sich die Weisheitslehre in der nachexilischen Zeit immer mehr mit dem Studium der Heiligen Schrift (als Quelle aller Weisheit!) beschäftigte, zog sie – sie war wie in Mesopotamien-Ägypten, wohl auch in Israel, faktisch oft mit dem Heiligtum verbunden – in zunehmendem Maße die die Torah lehrenden Priester und Leviten und nicht zuletzt die Tempelsänger in ihren Bann. Jedenfalls findet man bei genauerem Studium der Psalmen recht viele in diesem – eben gekennzeichneten – nachexilischen Weisheitsmilieu angesiedelt, so alle »alphabetischen« Psalmen (9/10; 25; 34; 37; 111; 112; 119; 145), dann die Psalmen von der göttlichen Wortoffenbarung (1; 19; 119), die Psalmen über die Heilsgeschichte (78; 105; 106), die Psalmen über die menschliche Existenz (8; 90; 139), die Psalmen über eine gottgewollte Lebensführung (14; 15; 24; 32; 52; 62; 101; 112; 127; 133), die Psalmen über die Vergeltungslehre (34; 37; 49; 73; 92).
Man erkennt gerade an den unter a) und b) genannten Psalmenklassen, wie die ursprünglichen Gattungen in ihren Strukturen oft umgebogen und zugleich ineinandergeflochten wurden, so daß man ein und denselben Psalm je nach den Aspekten, die er bietet, bald in diese, bald in jene Kategorie einreihen kann.

Der Psalter und das neubundliche Gottesvolk
Wie konnte der Psalter Israels das Gebetbuch des neuen Gottesvolkes werden? Diese Frage mag vielen kommen, die im Lesen und Beten der Psalmen ihrer „alttestamentarischen

Unvollkommenheit" gewahr werden. Die Antwort kann nur lauten: Gott hat es heilsgeschichtlich so gefügt. Anstatt sich zu sehr vom „Allzumenschlichen" des AT beeinflussen zu lassen, sollte man sich das Wort des Apostels Paulus über die Würde Israels in die Seele schreiben: „Sie besitzen die Annahme an Sohnes Statt und die Herrlichkeit und den Bund und die Gesetzgebung und den Gottesdienst und die Verheißungen, ihnen gehören die Väter an, und aus ihnen stammt dem Fleische nach der Christus" (Röm 9,4–5). Jesus hat, wie das NT bezeugt, sich bevorzugt in Psalmworten betend dem Vater zugewandt (vgl. Mt 27,46; Lk 23,46 u. a.). Seine Apostel und Jünger haben sich dieses lebendige Beispiel ihres Herrn und Meisters zu eigen gemacht. So kommt es, daß im NT vierzig Psalmen ausdrücklich zitiert werden und an noch viel mehr Stellen wenigstens ein Echo von Psalmworten vernehmlich ist. Gewiß hat man in der Urkirche auch eigene Gebete und Lieder geschaffen, aber die Forschung von heute gewinnt wieder mehr und mehr die Überzeugung, daß auch – vielleicht sogar vornehmlich – die altbundlichen Psalmen gemeint sind, wenn es in Eph 5,19 heißt: »Werdet des Geistes voll, indem ihr zueinander redet in Psalmen, Lobgesängen und geistlichen Liedern. Singet und jubelt dem Herrn in euern Herzen!« (vgl. Kol 3,16). Jedenfalls rückte der Psalter spätestens dann, als sich die Häretiker zur Verbreitung und Festigung ihrer Irrtümer der Hymnodie bedienten (2. Jh.), in seine beherrschende Stellung im Gebet der Kirche ein, die er bis heute behalten und behauptet hat.

Freilich betet das ntl. Gottesvolk die Psalmen auf einer anderen Ebene als Israel. Sie wird markiert durch das Christusereignis. Von daher erhält der Psalter eine neue Ortung und einen neuen Verständnishorizont, ohne aus seinem Wurzelgrund gerissen zu werden. Er nimmt nämlich teil an der allgemeinen Offenheit der altbundlichen Heilsgeschichte auf die neubundliche Vollendung hin. Diese »Gerichtetheit« besteht jedoch in den Psalmen nicht in erster

Linie in einer Zuordnung, die man mit »hie Weissagung – dort Erfüllung« zu charakterisieren pflegt. Der christologische Bezug der Psalmen liegt viel tiefer und ist darum fundamentaler: In den Psalmen – in ihrem Loben und in ihrem Klagen – erscheint der Bundesgott, der sich aus seiner göttlichen Höhe rettend herniederneigt zum Menschen. In diesem Herniederneigen kündigt sich bereits jenes »Herniedersteigen« in der Menschwerdung des Gottessohnes an, von dem das NT Zeugnis gibt. Zugleich wird jenes wesentliche Heilshandeln Gottes offenbar, das als »Erhöhung aus Erniedrigung« bezeichnet werden kann und im Christusgeschehen seine höchste Aufgipfelung erfuhr. In diesem umfassenden Sachverhalt liegt es begründet, daß man in der Kirche von jeher den Psalter in doppelter Weise auf Jesus den Christus beziehen konnte, einmal als Gebet zu ihm als dem menschgewordenen Gott und zum anderen als Gebet Jesu, des Hauptes und Repräsentanten des Gottesvolkes, zum Vater hin. Der Akzent liegt dabei, von der Bibel wie von der Liturgie her – beide sind ja durch und durch heilsgeschichtlich geprägt – auf diesem letzteren Aspekt. Das entspricht auch am meisten dem Charakter des Psalters als Antwort des menschlichen Bundespartners auf das »Wort« des göttlichen Bundespartners, sei dies schaffend und lenkend oder rettend und richtend, oder weisend und offenbarend.

Darum betet das neubundliche Gottesvolk die Psalmen vornehmlich in Vereinigung mit seinem Haupt und Herrn, der Mensch unter Menschen war, mit allem Menschlichen vertraut, der als »Bundgetreuer« verfolgt wurde, litt, starb, vom Vater aber auferweckt und erhöht wurde zu seiner Rechten. Nicht jedes Wort, auch nicht jeder Vers kann und muß im ursprünglichen Sinn voll übernommen werden, dies liegt an der Begrenztheit der atl. Offenbarungsstufe. Vor allem gilt das für die Verwünschung der Feinde. Hierin hat Jesus durch Wort und Beispiel die altbundliche Ebene weit überstiegen. Es wäre darum nicht verwunderlich, wenn die Fluchteile der Psalmen nicht ins offizielle Gebet der Kirche eingegangen wären oder einst daraus verschwinden würden. Unbedingt notwendig ist eine solche Maßnahme freilich nicht; denn Jesus hat zwar die Unterscheidung von Sünde und Sünder den Seinen als Pflicht vorgeschrieben, aber ihnen damit zugleich die Möglichkeit gegeben, den Horizont der psalmistischen Fluchworte auf jene Gegenmächte Gottes hin zu öffnen, die in den menschlichen Gegnern Macht gewinnen. Damit wird jene Blickverschiebung möglich, die vom Geist des Christentums her notwendig ist, um auch die Verwünschungen, die sich hier und da im Psalter finden, in den Mund nehmen zu können. Störend mag dann noch für manche christliche Psalmenbeter der Lohngedanke sein, der an einer Reihe von Stellen hervortritt. Zunächst muß man sich dessen erinnern, daß auch Jesus und das NT in der Verkündigung öfters an das naturhafte Glückseligkeitsstreben anknüpfen, das Gott selbst dem Menschen ins Herz gelegt hat. Sodann ist aber vor allem zu beachten, daß biblisch das sittlich Gute und das Glück – und entsprechend das Böse und das Unheil – nicht durch äußerliche Setzung einander zugeordnet sind, sondern seinshaft zusammengehörig die eine Heils- bzw. Unheilssphäre ausmachen, die der Mensch in seiner personalen Entscheidung gewinnt bzw. behält oder verliert.

Den Psalter gegen Einwürfe als Gebet des neuen Gottesvolkes rechtfertigen zu können, ist gut. Besser aber ist es, ein inneres Verhältnis zu ihm zu finden. Dazu bedarf es zunächst des Hinabstiegs in seine Quellgründe. Der »Ur-Sprung« zeigt auch hier am besten das Wesen. Da sieht man gleichsam die Säfte steigen, die den Psalmen Leben, Kraft und Gestalt geben. So wird wie von selbst offenbar, daß diese Lieder und Gebete in jene Tiefen und Höhen reichen, die dem menschlichen Bundespartner für alle Zeiten Raum des Lebens, des Leidens und des Glücks sind.

DIE PSALMEN

Ps 1. Der wahre Weg zum Leben

Weg und Los der Bundestreuen
1 Selig, wer nicht wandert nach der Gottlosen Rat
 und den Weg der Sünder nicht betritt
 und nicht im Kreis der Spötter sitzt,
2 jedoch an Jahwes Weisung seine Lust hat
 und über seiner Weisung murmelt tags und nachts.
3 Er wird wie ein Baum sein, verpflanzt an Wasserläufe,
 der seine Frucht zur Fruchtzeit spendet,
 und des Laub nicht welkt.
 (Was immer er tut, vollführt er glücklich.)

Das Los der Bundesbrüchigen
4 Nicht so die Gottlosen, [nicht so],
 nein, wie Spreu, die der Wind zerstiebt,
5 so werden Gottlose im Gerichte nicht bestehen
 und Sünder nicht in der Versammlung der Gerechten.
6 Denn Jahwe nimmt sich des Weges der Gerechten an,
 doch der Weg der Gottlosen endet verloren.

A. Der Text ist gut überliefert. 3c ist wohl Einschub aus Jos 1,8. In 4a ist »nicht so« nach G ergänzt.

B. Ps 1 ist ein Lehrgedicht eines Weisheitslehrers, der Jahwes Offenbarung als Quelle aller Weisheit verehrt. Ihr hat er die Hauptgedanken entnommen. Sein Gedankenzug gleicht dem der Weisheitssprüche Spr 10,3; 15,3; 16,9; Is 3,10; Os 14,10. Unverkennbar ist die Verwandtschaft von 2b mit Jos 1,8, V. 3 mit Jer 17,8; Ez 17,22; 47,12, V. 4 mit Os 13,3, V. 6a mit Dt 2,7.

C. Das Schlüsselwort des Psalms heißt »Weisung Jahwes« (vgl. V. 2). Damit verbindet der Israelit mehr den Sinn »Wegweisung« denn »Gesetz«. Der Seele Israels hatte sich von der Nomadenzeit her und vorab durch das oft vergegenwärtigte größte Heilsereignis der Vergangenheit, den

Zug von Ägypten nach dem Gelobten Land, die Erfahrung des Daseins als einer »Wanderschaft« tief eingeprägt. Wandern aber will ans Ziel gelangen. Dazu bedarf es des rechten Weges. Die Gottlosen, die da nach Job 21,14 zu Jahwe sagen: »Geh weg von uns! Deine Wege zu kennen verlangt uns nicht!« wandern und weisen Wege, die ziellos sich verlieren. Nur Gott selbst weist den rechten Weg in seiner Offenbarung (Heilige Schrift). Am knappsten ist seine Wegweisung in dem unsterblichen Wort von Mich 6,8 formuliert: »Gerechtigkeit üben, den Brudersinn lieben, in Dienmut wandern mit seinem Gott.« Wer im Blick auf diese göttliche Willensoffenbarung hörsam und glaubensfroh durchs Leben wandert, erfährt das göttliche Heilswalten in der zeitlichen und insonderheit in der endzeitlichen Existenz. Die Bundesbrüchigen aber verfallen dem Gericht, bei dem auch nach Mal 3,17 ff.; Dan 7,22; Weish 3,7 ff. die im Bund Bewährten (Gerechte) als Mitrichter auftreten und das heilige Gottesvolk der Heilszeit bilden dürfen.

D. Der Psalm skizziert Weg und Ziel der vollkommenen Bundespartnerschaft. Ihre Hochform hat nur einer ganz verwirklicht: Jesus der Christus. Die Weisung des Vaters war sein Leben und seine Lust (vgl. Jo 4,34; Hebr 10,7). Er allein verdient den Vollnamen »der Gerechte« (vgl. Apg 3,14; 1 Petr 3,18; 1 Jo 2,1). »Seines Weges« (d. h. seiner Geschicke) hat sich der Vater in wahrhaft göttlicher Weise angenommen: in der Auferweckung und der Erhöhung zum Richter der Welt. In Jesus wird so der »Gerechte« von Ps 1 für den Christen unübertrefflich anschaubar. Von ihm hört er die gleiche Botschaft: »Selig, wer das Wort Gottes hört und es bewahrt!« (Lk 11,28). Ist schon im AT die wichtigste Wegweisung für den Menschen die Liebe, so erst recht im Wort und Werk Jesu. Sie ist der Weg zum Gottesreich (Mk 12,34) und damit zum Leben (Lk 10, 27). Unser Psalm mit seinen wirkmächtigen Bildern vom immergrünen Fruchtbaum am Wasser und von der Spreu im Wind vermag so auch dem neubundlichen Beter Antrieb zu geben, nach dem wahren und einzigen Leben auszugreifen und damit zugleich die Lebensmächtigkeit des Gottesvolkes in dieser Welt zu bezeugen und zu steigern.

Ps 2. Jahwes König und die Völkerwelt

Weltweiter Aufruhr gegen Jahwe und seinen Gesalbten
1 Warum sind die Völker in Aufruhr und murmeln die Nationen Wahnwitz?
2 Die Könige der Erde treten an, und die Machthaber verschwören sich gegen Jahwe und seinen Gesalbten.
3 »Sprengen wir ihre Fesseln, und werfen wir ab ihre Stricke!«

Die Antwort des Weltenherrschers
4 Der im Himmel Thronende verlacht sie, der Allherr spottet ihrer.
5 Einst herrscht er sie an in seinem Zorn und bestürzt sie in seinem Grimm:
6 »Ich selbst habe meinen König eingesetzt auf Sion, meinem heiligen Berge.«

Das Inthronisationsdekret für den Gesalbten
7 Künden will ich von Jahwes Setzung! Er sprach zu mir: »Mein Sohn bist du, ich selber habe heute dich gezeugt.
8 Heische von mir, so gebe ich die Völker als Erbe dir, als Besitz dir die Enden der Erde!
9 Du magst sie zerschlagen mit ehernem Szepter, wie Töpfergeschirr sie zerhämmern!«

Der Aufruf zur Unterwerfung
10 Nun denn, ihr Könige, nehmt Vernunft an, laßt euch warnen, ihr Lenker der Erde!
11 Dient Jahwe in Furcht und erbebet zitternd!
12 (Küsset den Sohn!) Sonst zürnt er, und ihr geht im Unternehmen zugrunde!
   Denn rasch entbrennt sein Zorn. Selig alle, die sich bergen an ihm!

A. Textlich schwierig ist nur 12a. Denn 11b bedarf keiner Änderung (»erbeben« = Os 10,15). Der übliche Korrekturvorschlag für 11b und 12a (= »küsset seine Füße!« = huldigt ihm!) ist philologisch und theologisch unbefriedigend. Wahrscheinlich ist 12a Glosse, um auch eine Huldigung an den Gesalbten einzufügen.

B. Ps 2 gehört der Gattung nach zu den Königsinthronisationspsalmen. Aber seine vorliegende Gestalt weist in die nachexilische Zeit. Denn neben zwei Aramaismen (V. 1 und V. 9) weist er eine Reihe von erst nach 600 belegbaren Ausdrücken auf (z. B. »sich verschwören«, »der im Himmel Thronende« als Gottestitel, »bestürzen«, »einsetzen«, »Lenker der Erde«). Dazu kommen einige auffallende Parallelen zu andern biblischen Texten (vgl. C), die auf einen schriftkundigen nachexilischen Verfasser schließen lassen. Dieser hat unter Benutzung des alten Schemas eines Königsliedes einen prophetisch-eschatologischen Psalm auf den »kommenden David« (vgl. Jer 23,5; 30,9; Ez 34,23; 37,24), d. h. den Messias gedichtet.

C. Anschauungsstoff zur Schilderung des endzeitlichen Aufruhrs lieferten einmal die von der Geschichte berichteten Aufstände der Nachbarvölker gegen David und zum anderen die Feindschaft gegen das Gottesvolk überhaupt (vgl. Ps 83,3f.). Die Worte der Verschwörer (V. 3) sind nach Jer 2,20; 5,5 bildhafter Ausdruck für die Gehorsamsaufkündigung gegenüber Jahwe. Aber vor dem Himmelsgott sind irdische Mächte ohnmächtig (vgl. Is 40,22–24). Er hat dem Davidshaus nach 2 Sam 7,12ff. ewige Herrschaft zugesagt und Salomon und seinen Nachfolgern verheißen: »Ich werde ihm Vater sein, und er wird mir Sohn sein!« Dieses göttliche Königsdekret wendet der Gesalbte von Ps 2 auf sich an. Der Zusatz: »Ich selber habe heute dich gezeugt«, meint die Adoptivsohnschaft (vgl. Dt 32,18; Num 11,12) und damit die Inthronisation durch Jahwe selbst (vgl. V. 6). Wie einst Salomon (3 Kön 3,5) von Gott in eine enge personale Gemeinschaft des Bittens und Empfangens hineingenommen wurde, so auch der Messias. Doch

das zu Empfangende ist jetzt größer. Wie Israel »Völker« als Erbe zugesagt wurden (Dt 20,16) und dem Jakob eine »Völkerversammlung« mit Kanaan als »Besitztum« (Gen 48,4), so wird hier dem endzeitlichen König die ganze Völkerwelt als sein Reich zugesprochen. Wie bei Mich 5,3 und Zach 9,10 soll der Messias bis zu den »Enden der Erde« herrschen. Er wird entsprechend Is 11,4 mit der universalen Gerichtsvollmacht ausgestattet. Wie Jahwe mit dem »Szepter« dreinschlägt (Is 10,5; 14,6) und seine Feinde gleich Töpfergeschirr zerhämmert (Jer 13,14; 19,11, vgl. Is 51,20–23), so darf der Messias die Feindmächte zerschlagen.
Aus dieser Berufung heraus ergeht in V. 10 das Mahnwort zur Unterwerfung (vgl. Spr 8,32). Der Messias spricht hier wie Gott in Jer 6,8; Weish 6,1. Die »Lenker der Erde« sind nach Ps 148,11; Is 40,23; Spr 8,16 die Machthaber der ganzen Welt. Der Aufruf gleicht Dt 6,13ff.: »Fürchte Jahwe und diene ihm! ... Sonst entbrennt sein Zorn, und er vernichtet dich vom Erdboden!« Daß die Könige, Völker und Reiche (zu ihrem angstvollen Erzittern vor Jahwe vgl. Mich 7,17!), die Jahwe nicht dienen ('abad), zugrunde gehen ('abad, Assonanz!) müssen, verkündet ähnlich Is 60,12. Das Schlußwort des Psalms gleicht Nah 1,6f.: »Wer kann bestehen in der Glut seines Zorns? ... Er nimmt sich aber derer an, die sich bergen an ihm.«

D. Das NT bezeugt, daß der im Psalm auftretende messianische Sionskönig Jesus der Christus ist. Er ist durch die Ausrüstung mit dem Heiligen Geist (Mk 1,10), die Auferweckung von den Toten (Apg 13,33) und die Erhöhung zur Rechten Gottes (Hebr 1,3–5) mit der Messiaswürde bekleidet und so im Sinne des Psalms der göttlichen Sohnschaft des Sionskönigs teilhaftig geworden. Als Erhöhter ist er Herr des »himmlischen Sion« (Gal 4,26; Hebr 12,22) und Haupt der Kirche (Eph 1,22), somit Herrscher über alle himmlischen und irdischen Mächte (Eph 1,21; Apk 1,5).

Zugleich wissen wir aus der Gesamtbotschaft des NT, daß
V. 7 im wörtlichen Sinn an ihm erfüllt ist (»ewiger Sohn
des Vaters, gezeugt, nicht erschaffen«). Gegen ihn haben
sich von Anfang an die Mächte dieser Welt erhoben (Apg
4,24ff.). Aber ihr scheinbarer Sieg hat ihre Niederlage besiegelt (1 Kor 15,55). Dies wird in der Endzeit aller Welt
offenbar gemacht werden. Da wird neben Gottes Allmacht
die alle Feinde niederschmetternde Macht seines Gesalbten
enthüllt werden (Apk 12,10). Mit Schwert und ehernem
Szepter wird er die Völkerwelt richten und »König der
Könige« und »Herr der Herren« sein (Apk 19,15f.).
Für das neubundliche Gottesvolk ist so Ps 2 noch mehr als
für Israel ein Psalm der großen Glaubensgewißheit, daß
der göttliche Geschichtsplan, kulminierend in Jesus dem
Christus, sich siegreich durchsetzen wird. Im gläubigen
Beten des Psalms gewinnen Kirche und Einzelchristen in
einer sie scheinbar übermächtigenden gottlosen Welt von
innen her die Bergung im Reich dessen, »cuius regni non
erit finis« (Credo). Dieses »seines Reiches wird kein Ende
sein« war für Theresia von Avila der Gipfel aller Freude.

Ps 3. Jahwe, der Schild gegen andringende Feinde

(1 Psalm von David auf seiner Flucht vor seinem Sohn
Absalom.)

Klage über Bedränger
2 Jahwe, wie sind meiner Bedränger so viele!
So viele, die wider mich stehen!
3 So viele, die von mir sagen: »Keine Hilfe hat er bei Gott!«

Erprobtes Vertrauen auf Jahwe
4 Doch du, Jahwe, bist Schild um mich her, mein Glanz
bist du und hebst mein Haupt empor.
5 Rufe ich laut zu Jahwe, so erhört er mich von seinem
heiligen Berg.
6 Ich legte mich nieder und schlief, bin erwacht, weil Jahwe
mich hält.

7 Nicht fürchte ich viel Tausende Volks, die rings mich umlagern.

Bitte um Rettung
8 Erhebe dich, Jahwe, hilf mir, mein Gott!
Fürwahr, du zerschlägst all meinen Feinden die Kinnlade, den Gottlosen zerbrichst du die Zähne.

Gewißheit der Erhörung
9 Bei Jahwe ist Hilfe, auf deinem Volke dein Segen!

A. Der Text ist gut erhalten, macht aber in der Deutung der Verbtempora Schwierigkeiten, vorab in Vers 8bc. Gibt das Perfekt eine allgemeine Erfahrung wieder oder zeigt es die Erhörung der Bitte als eingetreten an, oder meint es einen Wunsch (vgl. 1 Chr 17,27), oder ist es prophetisches Perfekt mit Zukunftsbedeutung (= Gewißheit der Erhörung)? Wahrscheinlich letzteres (vgl. 26,12; 36,13).

B. Ps 3 gehört zu jenen »Klageliedern des einzelnen«, die zugleich Vertrauensgebete sind. Einige Ausdrücke und Bilder des Beters gemahnen an einen König. Die Überschrift ist eine nachträgliche Situierung des Psalms. Das Vokabular weist eher in spätere als frühere Zeit. Der Psalmist scheint allerdings eine führende Rolle unter den Jahwetreuen zu spielen. Sie hat er in erster Linie mit dem Ausdruck »dein Volk« im Auge.

C. Dem Psalmisten geht es ähnlich wie Jeremias, der das »Geraune der vielen« hört: »Zeigt ihn an, wir wollen ihn anzeigen!« (Jer 20,10). Wie dieser Prophet bekennt er in solcher Lage sein Vertrauen zu Jahwe (vgl. Jer 20,11). Er erinnert sich dabei der göttlichen Zusage an Abraham: »Fürchte dich nicht, ich bin dir Schild!« (Gen 15,1), wendet das Bild aber an wie Zach 12,8: »An jenem Tage wird Jahwe sich als Schild erweisen rings um die Bewohnerschaft Jerusalems her, daß der Wankende unter ihnen wie David wird ...« (betr. Angriff der Völker gegen Sion). Wohl im Blick auf Os 4,7; Jer 2,11 (Jahwe = Israels Glanz) gibt der Beter seinem Gott den einzigartigen Titel »mein Glanz« und legt hierbei den Akzent auf den sieghaften Beistand des

Bundesgottes (vgl. Zach 12,7). Ähnliches meint »das Haupt emporheben« (vgl. Ps 27,6; Gen 40,13 u. a.). Er kann dies aus seiner Erfahrung erläutern: Die Nacht, dem Chaos verschwistert (Gen 1,2f.), unheilsschwanger (Jer 13,16; Job 34,20), den Übeltätern günstig (Job 24,15f.), konnte ihm durch Jahwes Hut nichts anhaben. Wenn die Feinde auch einem Heerlager gleichen, hat er dennoch keine Angst. Freilich möchte er das Ende der Bedrängnis und sucht es mit dem Jer 2,27 überlieferten großen Notruf Israels herbeizuführen (V. 8a). Er ist dabei der Erhörung gewiß und sieht die Bedränger, jetzt mit wilden Tieren verglichen (vgl. Ps 58,7; Job 29,17), von Gott bereits geschlagen. Das Bild von Kinnlade und Zähnen ist wohl gewählt, um das Kampfmittel seiner Feinde – sie sind zugleich auch Feinde der Sache Gottes! – anzuzeigen: das Wort ihres Mundes, sei es Fluch oder Lüge oder falsche Anklage oder Spott oder all dies in einem.

Das letzte Wort des Psalmisten läßt den Horizont des eigenen Geschicks hinter sich. Sein Blick wendet sich beglückt Jahwe zu (vgl. Jon 2,10) und geht dann in Richtung des göttlichen Heilswillens auf das wahre Gottesvolk der Jahwegetreuen, dem des Beters Liebe gehört.

D. Viele Kirchenväter haben Ps 3 messianisch gedeutet. An dieser Meinung ist so viel richtig, daß er gut in die Situation und den Mund Jesu, des größten Verfolgten und Geretteten der Heilsgeschichte, paßt. Er war von Feinden umlagert (vgl. Mt 26,45ff.; 27,23.43 u. a.). An ihm hat sich Gottes Beistand in einer unerhörten Weise kundgetan, am hellsten in der Todesnacht, die in der Auferweckung endete. Jesus leidet seitdem nicht mehr, dafür aber, wie er vorausgesagt (Jo 15,20), sein Volk, seine Kirche. In diese Bedrängnis stellt sich der Christ hinein, der Ps 3 betet, und gewinnt dabei für Christi Reich und für sich die große Zuversicht, die der Psalm, transparent im Lebenslos Jesu, ihm zuspricht.

Ps 4. In der Hut Jahwes geborgen

(1 Dem Chormeister. Mit Saitenspiel. Ein Davidpsalm.)

Nach erfahrener Hilfe neue Bitte
2 Auf mein Rufen antworte mir, mein Rechtshelfer-Gott!
   In der Enge hast du mir Raum geschaffen.
   Neige dich mir und höre mein Flehen!

Ermahnung der Gegner
3 Ihr Herren, wie lange noch wird meine Ehre geschmäht,
   wie lange liebt ihr den Wahnwitz, suchet die Lüge?
4 Erkennet doch, daß Jahwe [mir] wundersam [seine
   Bundeshuld] erwiesen.
   Jahwe hört hin, wenn ich zu ihm rufe.
5 Zittert, und sündigt nicht mehr! Laßt euer Herz sprechen,
   wenn ihr euch niederwerft, und sonst schweigt!
6 Opfert rechte Opfer und vertrauet auf Jahwe!

Bekenntnis froher Zuversicht gegenüber verbreiteter Resignation
7 Viele sind, die da sagen: »Wer läßt uns Glück schauen?
   [Es wich von uns] das Licht deines Angesichtes.«
8 Jahwe, du gabst mir größere Freude ins Herz, als wenn
   jene reich sind an Korn und Wein.
9 Friedvoll lege ich mich nieder und schlafe sogleich.
   Denn du, Jahwe, läßt mich auch allein in Sicherheit wohnen.

A. In 3a liest die griechisch-lateinische Überlieferung: »Wie lange seid ihr herzensverstockt? Warum...«, aber wegen des Versmaßes (4 + 4) und V. 5 ist diese Lesung unsicher. V. 4 ist nach Ps 31,22 leicht korrigiert. V. 7b verlangt ebenfalls eine kleine Korrektur.

B. Der Psalm ist wie Ps 3 zu den Vertrauensliedern zu rechnen. Der Psalmist will zugleich sein Lebenslos zu einem Lehrstück machen für die Gegner, aber auch für resignierende Glaubensgenossen. Insofern hat der Psalm auch einen weisheitlichen Charakter. In V. 5 ist der Einfluß von Ex 20,20; Os 7,14, in V. 9 der von Dt 33,28 spürbar.

C. Aus Bedrängnis schon einmal befreit, erfleht der Psalmist neue Hilfe von seinem Bundesgott, der auch dem Mahnwort an die reichen und mächtigen Gegner Erfolg zu schenken vermag. Diese sollen ihre Augen öffnen für Jahwes wunderbares Eingreifen zugunsten des von einer schweren Not bedrängten Beters und von der Gegnerschaft (Verachtung, Verleumdung) endlich lassen. Gottesfurcht möge sie von weiterer Sünde abhalten (vgl. Ex 20,20); sie sollen am Heiligtum nicht jenen gleichen, von denen Os 7,14 sagt: »Sie rufen nicht mit ihrem Herzen zu mir, sondern heulen laut, wenn sie sich niederwerfen, ritzen sich um Korn und Wein, sind widerspenstig gegen mich.« Ihr rechtes Opfer sei vor allem ein zerknirschtes Herz, wie Ps 51,19 im Geist von Os 14,3 formuliert, und die Hinkehr zu Jahwe. Auch die an Jahwes Heilswalten Zweifelnden können wieder Vertrauen finden im Anblick der Freude und des Friedens, die dem Psalmisten von Jahwe geschenkt wurden. In einem höheren Sinn ist ihm zuteil geworden, was Dt 33,28 seinem Volke zusagt: »Israel wohnt in Sicherheit, für sich allein Jakobs Volk in einem Land voll Korn und Wein, sein Himmel träufelt Tau.« So ist ihm auch die unheilsschwangere Nacht keine Gefahr.

D. Man könnte sich denken, daß Jesus diesen Psalm oft gebetet hat. Er entspricht so ganz seinem Vertrauen in den Vater, seinen Ermahnungen gegenüber seinen Feinden, seiner Belehrung der Jünger. In letzteren sind auch wir angeredet. Wir haben erkannt, was Gott Wunderbares, Unerhörtes an Jesus getan hat. Dies ist keimhaft auch an uns getan. Darum fordert uns Paulus zur Freude auf (Phil 4,4) und verheißt: »Der Friede Gottes, der alles Begreifen übersteigt, wird eure Herzen und eure Gedanken behüten in Christus Jesus!« (Phil 4,7). Im Licht des neubundlichen Heilswaltens Gottes wird Ps 4 noch mehr zum großen Vertrauensgebet am Abend des Tages und am Abend des Lebens. Im Leben wie im Tode gibt es für den Christen keine absolute Verlassenheit mehr. Er hat, wie selbst Nietzsche es noch wußte, »einen fortwährenden Wächter und

Freund seiner sieben Einsamkeiten«, kann »in endlosem Vertrauen ausruhen«, hat »einen letzten Frieden« (Fröhl. Wissensch., Aph. 285).

Ps 5. Morgengebet zum Richter der Menschen

1 (Dem Chormeister. Mit Flötenspiel. Ein Davidpsalm.)
Bitte um Erhörung
2 Meinen Worten lausche, Jahwe, achte auf mein Gestöhn!
3 Horche auf meinen lauten Wehschrei, mein König und mein Gott! Ja zu dir flehe ich, (4) Jahwe, in der Frühe schon hörst du meinen Ruf.

Hinweis auf Jahwes Haltung gegen Sünder und Gerechte
In der Frühe bringe ich mein Anliegen vor dich und halte Ausschau.
5 Denn du (-) hast keinen Gefallen am Frevel, nicht darf Gast sein bei dir der Böse.
6 Verblendete dürfen dir nicht vor Augen treten.
Du hassest alle Übeltäter, (7) du vernichtest die Lügner, den Mann der Blutschuld und des Truges verabscheut Jahwe.
8 Doch ich darf ob deiner großen Bundeshuld in dein Haus kommen,
darf mich niederwerfen zu deinem heiligen Palaste hin, in Ehrfurcht vor dir.
9 *Bitte um Rechtshilfe*
Jahwe, geleite mich mit deinem gerechten Heilswalten um meiner Widersacher willen!
Mache eben vor mir deinen Weg!

Anklage gegen die Feinde
10 Denn in [ihrem] Munde ist nichts Wahres, ihr Inneres ist Verderben,
ein gähnend Grab ist ihre Kehle, sie machen ihre Zunge glatt.

Forderung eines Strafurteils
11 Laß sie es büßen, Gott! Sie sollen fallen durch ihre Ränke!
Ob ihrer Frevel Menge versprenge sie! Sie sind ja Empörer wider dich.

Ausblick auf Freude und Segen der Jahwetreuen
12 So haben Freude alle, die sich an dir bergen, für immer
 können sie jubeln.
 Du überschirmst sie, und es jauchzen in dir, die deinen
 Namen lieben.
13 Denn du segnest den Gerechten, Jahwe,
 wie mit einem Schild umgibst du ihn mit Huld.

A. Der Text bedarf nur kleiner Korrekturen in V. 5 (Streichung von »Gott«) und 10 (Änderung von »seinem«).

B. Der Psalm zählt zu den »Klageliedern des einzelnen«, ist aber lehrhaft im Blick auf ähnliche Schicksale formuliert. Der Beter ist ein von Feinden unschuldig Angeklagter, der schon in der Morgenfrühe am Tempel Jahwe seine Not vorträgt. Die Verwandtschaft der Sprache und der Gedanken mit anderen Büchern (z. B. V. 4: vorbringen = Job 33,5; 37,19, Ausschau halten = Klagl 4,17; Mich 7,7, V. 9: den Weg ebnen = Is 45,2, V. 10: gähnend Grab = Jer 5,16, V. 12 ähnlich Hab 3,18; Is 61,10; Joel 2,23) läßt an eine nachexilische Abfassung des Psalmes denken.

C. Der – sicher auch ob seiner Jahwetreue – von seinen Feinden unschuldig Verfolgte und Angeklagte (vgl. V. 10) flüchtet zum göttlichen Anwalt von Recht und Gerechtigkeit an den Tempel. Dort ist sein König (vgl. Is 6,5) und *sein* Gott (vgl. Ex 20,2). Er weiß um die unerhörte Gnade, zum Weltengott »mein« sagen zu dürfen. Wer Ehrfurcht vor Jahwe hat und übt, dem wird solche »Bundeshuld« (hebr. *chesed* = innere und äußere personale Verbundenheit und Solidarität) zuteil (V. 8). Doch Jahwes Gericht verfallen, »die stolze Augen, eine falsche Zunge und Hände haben, die unschuldig Blut vergießen, ein Herz, das frevelhafte Ränke plant, und Füße, die zum Bösen eilen, wer Lügen spricht als falscher Zeuge und Zwietracht zwischen Brüdern sät« (Spr 6,16 ff.). Der Psalmist fleht als Opfer solcher Machenschaften um die Bestrafung der Bundesbrüchigen, die sich nicht nur an ihm, sondern gleichsam auch an Gott vergreifen (»Empörer wider dich«). Er hat dabei über sein privates Wohl und Wehe hinaus Gottes Ehre und das Glück der Gleichgesinnten – der Jahwe Liebenden! –, in denen er das wahre Israel verkörpert weiß, im Blick. Und schon steigen von solchem Horizont her Vertrauen und Freude auf.

D. Die Feindschaft zwischen Bundestreuen und Bundesbrüchigen ist im Leben und Leiden Jesu auf den Gipfelpunkt gekommen. Auch er hat sich zum Vater geflüchtet (Lk 22,39 ff.) und »hat unter lautem Rufen und unter Tränen Gebete und Flehrufe vor den gebracht, der ihn vom Tod erretten konnte« (Hebr 5,7).
Aber anders als die verfolgten Psalmisten (V. 11 vgl. Ps 10,15; 31,18; 35,4; 40,15 und öfter) hat er nicht die strafende Gerechtigkeit Gottes über seine menschlichen Widersacher herabgerufen, sondern seine Verzeihung (Lk 23,34) und solches auch von seinen Jüngern verlangt (Mt 5,44). Darum beten wir Christen zwar Ps 5 und sprechen ihn in Vereinigung mit allen verfolgten Gliedern des Gottesvolkes (nach Apg 9,4 = verfolgter Christus!), aber in V. 11 bitten wir nur um das Scheitern der Pläne der gottfeindlichen Kräfte und ihre Entmachtung. Ihr persönliches Endschicksal soll nicht das des »Vaters der Lüge« (Jo 8,44) sein, dem sie dienen.

Ps 6. Bitte um Rettung aus Jahwes Zorngericht

(1 Dem Chormeister. Mit Saitenspiel auf dem Achtsaiter[?].)
Bittrufe in Todesgefahr
2 Jahwe, nicht in deinem Zorn strafe mich, nicht in deinem Grimm züchtige mich!
3 Neige dich mir, Jahwe, denn ich bin so hinfällig,
 heile mich (–), denn mein Gebein ist verstört!
4 Auch mein Lebensodem ist zutiefst verstört.
 Du aber, Jahwe, bis wann? ...

5 Kehre dich her, Jahwe, reiße mich heraus, schaff mir Heil
ob deiner Bundeshuld!

Beweggründe für Jahwes Hilfe
6 Denn im Todesreich rühmt niemand dich,
in der Unterwelt, wer lobpreist dich da?
7 Ich bin erschöpft vor Stöhnen,
ich schwemme allnächtlich mein Lager,
in Tränen löse ich mein Bett auf.
8 Schwach ist mein Auge vor Gram,
gealtert [bin ich] ob all meiner Bedränger.

Sicherheit der Erhörung
9 Weg von mir, all ihr Übeltäter!
Denn Jahwe hört mein lautes Weinen.
10 Jahwe hört mein Flehen,
Jahwe nimmt mein Beten an.
11 (-) Tief verstört werden alle meine Feinde,
müssen augenblicks beschämt kehrtmachen.

A. In V. 3 ist die Wiederholung von »Jahwe« kaum ursprünglich. In V. 8 bezieht sich im hebräischen Text »altern« auf »Auge«. Doch bezeugen die alten Übersetzungen unsere Lesart. In V. 11 folgen wir in der Auslassung von »beschämt werden« der alten syrischen Übersetzung (vgl. auch 11b).

B. Der Gattung nach ist Ps 6 ein individuelles Klagelied. Der Beter ist dem Tode nahe, wahrscheinlich durch Krankheit. Doch weiß der Todverfallene sich zugleich im Feuer der Schadenfreude und Verwünschung der Gegner (V. 8). Er fühlt sich nicht schuldlos und baut auf Jahwes Bundeshuld. Der Schluß (9–11) bezeugt, daß er ihrer jetzt sicher wurde; ob durch innere Erleuchtung oder durch äußeren Zuspruch, etwa ein Wort des Priesters am Tempel, oder durch plötzliche Besserung, bleibt ungewiß. Die weisheitlich eingefärbte Sprache des Psalms (vorab V. 2, »altern« in V. 8 nur noch Job 21,7 u. a.) und ein mehrfach wahrnehmbares Echo von Jer (V. 2: Jer 10,24, V. 3 u. V. 5: Jer 17,14, V. 7: Jer 45,3; 14,17) plädieren eher für ein nachexilisches Abfassungsdatum des Psalms, der wohl zuerst am Tempel vorgetragen und dann als Formular für ähnliche Situationen verwendet wurde.

C. Der Beter des Psalms fühlt sich dem Tode nahe. Wenn die Bitte »heile mich!« nach Jer 17,14 auch aus inneren Nöten gesprochen werden kann, so weist die Häufung »leibhafter« Ausdrücke im Psalm doch mit Wahrscheinlichkeit auf eine schlimme Krankheit hin. Der Psalmist betrachtet sein Leid als Züchtigung von seiten seines väterlich waltenden Gottes (vgl. Dt 8,5; Spr 3,12; 19,18; 29,17) und betet nun ähnlich wie Jeremias: »Züchtige uns, Jahwe, aber in Billigkeit, nicht im Zorn!« (Jer 10,24). Damit erkennt er indirekt eine Schuld an, bittet aber Jahwe, seinem Bundeswillen Raum zu geben und den Tod abzuwenden. Der Hinweis auf den Todesbereich (V. 6) soll nicht nur naiv Gott veranlassen, den Beter zu schonen, sondern ist zugleich Ausdruck der Überzeugung: Wahres Leben – der Aufenthalt in der Unterwelt ist nur Schattendasein! (vgl. Ps 88,11) – ist Loben Jahwes. Schon jetzt ist sein Dasein solchen Lebens bar; denn statt Lobpreis ist es Gestöhn bei Tag und Nacht. Doch plötzlich kann er die hämischen Gegner, die als bundesbrüchige »Übeltäter« sein Ende herbeiwünschen, ja es herbeiführen möchten, von sich weisen. Denn Jahwe schenkt ihm auf irgendeine Weise die Gewißheit der Erhörung, vielleicht sogar schon ihren fühlbaren Beginn.

D. Da Ps 6 ein Sündenbewußtsein einschließt – darum wird er auch zu den Bußpsalmen gezählt –, ist er nicht in Eigentlichkeit im Munde Jesu zu denken. Insofern Jesus aber unsere Krankheiten und Sünden auf sich nahm (Is 53,4.12 vgl. 2 Kor 5,21), können die V. 2–8 als sein uns repräsentierendes Gebet gelten, während der Schluß (9–11) im Munde des erhöhten Christus dann eine Dichte und Leuchtkraft ohnegleichen gewinnt. Diese Worte haben in ihm ihre höchste Gültigkeit erlangt und gelten durch, mit und in ihm auch uns, den Sündern. So wird Ps 6 zum echten Gebet der Christen. In V. 6 blicken sie über die nicht falsche, aber noch beschränkte Schau des AT hinweg schaudernd

in den ewigen Todesbereich und erahnen zugleich beglückt
das Leben der Fülle im ichvergessenen, gottoffenen Lobpreis, der Hochform der Liebe.

Ps 7. Jahwe als Rechtshelfer der fälschlich Angeklagten

(1 Klagelied von David, das er Jahwe sang wegen des Kusch
aus Benjamin)

Bittruf in Verfolgung
2 Jahwe, mein Gott, an dir berge ich mich,
schaffe mir Hilfe vor all meinen Verfolgern und errette mich.
3 Er soll nicht wie ein Löwe mich reißen,
fortschleppen, ohne daß ein Retter da!

Unschuldserklärung im Reinigungseid
4 Jahwe, mein Gott, tat ich solches,
haftet Unrecht an meinen Händen,
5 fügte ich meinen mir Befreundeten Böses zu,
prellte ich den, der grundlos mich bedrängt,
6 so verfolge mich der Feind,
packe zu, zerstampfe mein Leben am Boden
und bette meine Ehre in den Staub!

Anruf des Weltenrichters
7 Steh auf, Jahwe, in deinem Zorn!
Erhebe dich wider das Überwallen meiner Bedränger!
Wache auf zu mir her! Gericht mußt du entbieten!
8 Die Versammlung der Nationen umstehe dich,
und über ihr [throne du] in der Höhe!
9 – Jahwe richtet die Völker. –
Rechte für mich, Jahwe, da ich ohne Unrecht und kein Tadel
an mir ist.
10 [Mache] doch der Bosheit der Gottlosen ein Ende,
aber den Gerechten richte auf,
der du Herzen und Nieren prüfst, du gerechter Gott!

Vertrauensbekenntnis zum göttlichen Rechtswalten
11 Schild ist [mir] Gott, der Heiland der Herzensgeraden.

12 Gott, der gerechte Richter, [langmütig], aber ein Gott,
   der zürnt alle Tage, (13) wenn man sich nicht bekehrt.

Die Gewißheit vom Fall des Feindes
Mag jener sein Schwert schärfen,
seinen Bogen spannen und zielen,
14 so ist's gegen sich selbst, daß er die tödlichen Waffen
   richtet, seine Pfeile zu Brandgeschossen macht.
15 Fürwahr, er geht schwanger mit Unheil,
   hat Untat empfangen und gebiert Trug.
16 Eine Grube bohrt er und schaufelt sie aus,
   da stürzt er selbst ins Fangloch, das er macht.
17 Seine Untat kehrt auf sein eigen Haupt zurück,
   auf seinen Scheitel fährt sein Frevel nieder.
18 Ich lobpreise Jahwe ob seines gerechten Waltens.
   Ich spiele dem Namen Jahwes, des Höchsten.

A. Der Psalm scheint – dafür spricht eine Reihe von Gründen – nachträglich um die V. 7–13a erweitert worden zu sein. In V. 12.13 ist die Naht ob der Schwierigkeiten, die viele Verbesserungsvorschläge hervorriefen, gleichsam mit Händen zu tasten. 13b und 14 sind jedenfalls wieder auf den Frevler zu beziehen (anders das Pianum u. a.). In V. 8 muß man mit den alten Übersetzungen »throne« statt »kehre zurück« lesen. In V. 12 wird mit G »langmütig« einzufügen sein. 9a muß als Glosse gelten (vgl. Is 3,13; Ps 96,10). Die übrigen Änderungen sind geringfügig.

B. Der Psalm ist ein »Klagelied eines einzelnen«, näherhin das Gebet eines zu Unrecht Angeklagten, der seine Unschuld beteuert und bei Jahwe sein Recht sucht. Dieses Thema entfaltet sich zur Bitte an den Weltenrichter in 7–13a. Die Verse 14–17 geben der Gewißheit der Erhörung Ausdruck und leiten zum hymnischen Dank in V. 18 über. Der Psalm hat eine teilweise aramaisierende Sprache und starke gedankliche Anklänge an Jeremias und die nachexilische Weisheit. In der jetzigen Form ist er soviel wie sicher nachexilisch. Die Überschrift ist also nicht historisch zu deuten und basiert im übrigen auf einer uns nicht bekannten Überlieferung. Der Ort eines »Gebetes eines Angeklagten« ist ursprünglich der Tempel (vgl. 3 Kön 8,31 ff.). Unser Psalm ist, wie sein stellenweise stark lehrhafter Charakter erkennen läßt, zugleich als Formular für ähnliche Situationen gedacht. Anscheinend stand das Los des Propheten Jeremias bei der Gestaltung Pate.

C. Der Beter beginnt seinen Notruf mit jener feierlichen Gottesanrede, deren unerhörte Sinnfülle aus der Mitte der Offenbarung kommt (vgl. Ex 20,2; Dt 5,6 [Bundescharta!] und Os 2,25). Jahwe soll ihn retten vor dem »reißenden Löwen«, d. h. dem Ankläger, der auf sein Leben aus ist (vgl. Jer 2,30). In einer bedingt ausgesprochenen Selbstverfluchung erklärt der Psalmist feierlich die Anklage – ein Befreundeter (vgl. Jer 9,3.7; 20,4) bezichtigt ihn eines schweren Eigentumsdeliktes (vgl. Ez 18,8; Dt 23,20) mit Vertrauensbruch – als falsch. In der jetzigen Psalmform ruft er nun Jahwe an, der in Is 33,10 sagt: »Jetzt aber stehe ich auf, jetzt richte ich mich empor, jetzt erhebe ich mich!« (Gericht der Endzeit). Er sieht ihn wie Is 34,1; 57,15ff.; Jer 25,30; Ps 93,4 u. a. als endzeitlichen Richter über der versammelten Menschheit thronen. Jahwes Gerichtsmacht wirkt jetzt schon herein in die Welt. Er schaut dem Menschen ins Innere (= Jer 11,20; 17,10; 20,12), richtet gerecht (= Jer 11,20), straft seine Feinde (= Is 66,14). Im gegenwärtigen Fall wird, dessen ist der Psalmist sicher, das Gericht sich aus den bösen Handlungen des Gegners selbst entwickeln; diese erweisen sich so als Bumerang, wie ganz ähnlich Ps 37,14f.; Is 50,11; 59,4 (= V. 15!); Spr 26,27 (= V. 16); Sir 27,25 (vgl. V. 17) dartun.

D. Wenn man den Blickwinkel des Psalms ein wenig erweitert auf gemeinhin falsche Anklagen von seiten solcher, mit denen man Frieden hielt, ist seine Anwendung auf Jesus, den sogar von einem seiner Erwählten Verratenen, gut möglich. Der Jünger Jesu kann von seinem Herrn die vertrauende Ausschau nach dem Vater als Rechtshelfer in dieser und vorab in der End-Zeit übernehmen und darin Ps 7 zu seinem eigenen Gebet machen. Befindet er selbst sich nicht in der von Jesus angesagten ungerechten Verfolgung (vgl. Mt 10,16–23; Jo 15,18 ff.), so weiß er sich doch solidarisch mit allen Brüdern und Schwestern und mit der Kirche selbst, die irgendwo auf der Welt in falsche Anklage versetzt werden, um den Grund zur Verfolgung zu schaffen. Daß die Mächte der Lüge als solche an ihrem Tun zerbrechen sollen, darf auch der Christ wünschen (vgl. Apk 18,5–6).

Ps 8. Die Herrlichkeit des Schöpfergottes und der Adel des Menschen

(1 Dem Chormeister. Nach githitischer (?) Weise.
Ein Davidpsalm.)

Die Glorie Jahwes als Herrn der Himmelswelt
2 Jahwe, unser Herr, wie herrlich ist dein Name in aller Welt!
[Besungen] wird dein Glanz am Himmel
3 von der Kinder und Säuglinge Mund.
Du hast ein Bollwerk errichtet,
deinen Widersachern zum Trotz,
um den Feind und Rebellen zum Schweigen zu bringen.

Der kleine Mensch im Königsglanz des Erdenherrschers
4 Wenn ich deinen Himmel anschaue,
das Werk deiner Finger,
Mond und Sterne, so du hingestellt,
5 was ist da der Mensch, daß sein du gedenkst,
und das Menschenkind, daß du seiner dich annimmst?
6 Und doch hast du ihn nur wenig den Himmlischen nachgestellt,
hast ihn mit Glorie und Glanz gekrönt,
7 hast ihn zum Herrscher über deiner Hände Werke gemacht,
hast ihm alles zu Füßen gelegt,
8 Schafe und Rinder allsamt,
auch das Getier der Flur,
9 den Vogel am Himmel und die Fische im Meer;
was über die Pfade der Meere hinzieht.
10 Jahwe, unser Herr, wie herrlich ist
dein Name in aller Welt!

Ps 8

A. Die Textüberlieferung von 2b ist gestört. Die kleine Änderung eines Vokals und der Texteinteilung bringt alles in Ordnung. Die übliche Übersetzung: »aus dem Munde der Kinder und Säuglinge hast du ein Bollwerk errichtet ... (andere: Lob bereitet!), um den Feind ... zum Schweigen zu bringen (= vernichten!)«, dürfte selbst für hebräische Phantasie zu stark sein. Ps 86,16–17 gibt keine Stütze für dieses allzu kühne Bild.

B. Der Psalm ist ein weisheitlich geprägter Hymnus auf Gottes Schöpferherrlichkeit und den Anteil des Menschen daran. Der Sprache und Gedankenführung nach ist er als nachexilisch anzusehen. Sein Milieu ist das der »theologischen Weisheit«, die ihre lehrhaften Gedanken aus der Heiligen Schrift schöpft. Der Auf- und Abgesang sollte wohl gemeinschaftlich gesprochen werden (vgl. »*unser* Herr«). V. 4–9 ist einem Einzelsprecher zugedacht. Der Psalm ist so zunächst als Kult- oder Gruppengebet gedichtet – etwa für einen nächtlichen Gottesdienst (vgl. Is 30,29) –, konnte aber auch als Privatgebet Verwendung finden, weil der israelitische Beter sich immer mit dem Gottesvolk in Verbindung weiß.

C. Der Psalmist steht unter dem mächtigen Eindruck des südlichen Sternenhimmels. (Er nennt die Sonne im Psalm nicht!) Dessen Pracht erscheint ihm als Königsglanz Jahwes (vgl. Ps 113,4; 148,13). So redet er ihn an mit der Königstitulatur: unser Herr (vgl. 1 Sam 25,14.17 u. a.) und preist ihn durch Aufweis seiner Rühmung in der ganzen Welt, sogar durch den Mund der Kinder und Säuglinge (bis zu drei Jahren gestillt!) mit ihren Liedern über Mond und Sterne. Zugleich erscheint der Himmel als Gottes Festung (vgl. Ps 150,1), niemandem erreichbar (vgl. Dt 30,12) und Ausgangsort der göttlichen Gerichte (vgl. Ps 18,15; Mich 1,2; Hab 3,11, vor allem Is 40,22–26). Angesichts des gewaltigen göttlichen Schöpfungsbaues wird der Psalmist der menschlichen Winzigkeit gewahr (nach Is 40,22: Menschen klein wie Heuschrecken!). Mit Job 7,17ff. fragt er nach dem Grund der göttlichen Aufmerksamkeit gegenüber dem »Menschlein« (vgl. Job 25,6 =

Made und Wurm), wie man mit M. Buber übersetzen könnte. Da raunt ihm Gen 1,26ff. (»als göttlich Bild erschuf er ihn«) Antwort, und er schaut den Menschen im Königsglanz, der durch seine Bestimmung auf ihm liegt: Gottes lebendiges Hoheitszeichen und sein Wesir (herrscherlicher Repräsentant) auf der Erde zu sein.

D. Nach Mt 21,15f. hat Jesus diesen Psalm in besonderer Weise auf sich bezogen. Auch 1 Kor 15,27; Eph 1,22; Hebr 2,6–9 sehen diesen Psalm in ihm wörtlich verwirklicht. Das ist nicht verwunderlich. Was hier zunächst ganz allgemein vom Menschen als Geschöpf und Bundespartner Gottes gesagt ist, kommt im Haupte der Menschheit (vgl. Eph 1,22; 4,15 u. a.) zu seiner höchsten Erfüllung. Wir Christen schauen beim Beten des Psalms beglückt auf den aus Niedrigkeit zur Rechten des Vaters Erhöhten (vgl. Ps 2), unseren »erstgeborenen Bruder« (Röm 8,29). Dabei erinnern wir uns aber, daß das Lied wie eh und je ganz allgemein für den Menschen gilt, für uns und alle, die Menschenantlitz tragen. Gottes lebendiges Bild in dieser Welt zu sein – das AT kannte sonst keine Gottesbilder! – ist ein unerhörter Adel. Und dies für uns um so mehr, als wir ganz anders als die Alten um jene ungeheuerliche Größe des Kosmos wissen, der in einer Sternennacht über uns aufglänzt wie ein Schmuckstück am königlichen Lichtmantel des Schöpfers (vgl. Ps 104,2).

Ps 9 und 10. Jahwe als Retter der Gebeugten und Richter der Gottlosen

(1 Dem Chormeister. Nach ... [unsicher]. Ein Davidpsalm.)
Froher Dank für die erwiesene Hilfe
2 Ich lobpreise dich, Jahwe, mit all meinem Herzen,
 will erzählen deine Wundertaten.
3 Ich will jubeln und jauchzen in dir,
 deinem Namen spielen, du Höchster.

4 In der Flucht nach rückwärts straucheln meine Feinde
  und vergehen vor deinem Antlitz.
5 Denn du hast meinen Rechtsstreit geführt,
  thronend als gerechter Richter.

Jahwe als Richter der Heidenvölker
6 Du hast die Heidenvölker gescholten, den Gottlosen
  vergehen lassen,
  ihren Namen gelöschet für ewig und immer.
7 Der Feind ist dahin, ein Trümmerfeld auf Dauer,
  Städte hast du entvölkert, ihr Ruhm ist vergangen.
8 [Siehe] Jahwe thront auf ewig,
  hat zum Gericht seinen Sitz aufgestellt.
9 Er ist's, der den Erdkreis in Gerechtigkeit richtet,
  den Nationen nach Gebühr das Urteil spricht.

Jahwe als Hort der Bedrängten
10 Jahwe ist eine Burg dem Bedrückten,
   eine Burg für notvolle Zeiten.
11 Auf dich vertrauen, die deinen Namen kennen,
   denn du, Jahwe, verlässest keinen, der dich sucht.
12 Spielt Jahwe auf, der auf Sion wohnt,
   verkündigt unter den Völkern seine Großtaten!
13 Denn als Bluträcher gedenkt er ihrer,
   vergißt nicht den Schrei der Gebeugten.

Bitte in neuer Not
14 Neige dich mir, sieh an meine Beugung (durch meine Hasser),
   heb mich aus den Toren des Todesreiches empor,
15 auf daß ich all deine Ruhmestaten erzähle,
   in den Toren der Tochter Sion ob deiner Hilfe jauchze.

Erneuter Rückblick auf Jahwes Gericht an den Völkern
16 Versunken sind die Heidenvölker in der Grube, die sie
   machten, im Netz, das sie auslegten, verfing sich ihr eigener
   Fuß.
17 Kund tat sich Jahwe, hielt Gericht,
   er, der ins Werk seiner Hände den Gottlosen verstrickt.
   (Besinnliche Pause.)

Bitte um weitere Hilfe gegen die Heidenvölker
18 Es sollen die Gottlosen zur Unterwelt fahren,
   alle Heidenvölker, die Gottes vergessen.

19 Fürwahr, nicht auf Dauer werde der Arme vergessen,
nicht auf immer vergehe die Hoffnung der Gebeugten!
20 Steh auf, Jahwe, damit das Menschlein nimmer den Starken
zeige, damit die Heidenvölker vor deinem Antlitz gerichtet
werden!
21 Versetze sie in Furcht, Jahwe,
die Heidenvölker sollen erkennen, daß sie nur Menschlein
sind.

Klage über einen hochmütigen und hinterlistigen Feind
10,1 Warum, Jahwe, stehst du ferne,
verhüllst dich in notvollen Zeiten?
 2 Unter der Hoffart der Gottlosen fiebert der Gebeugte,
verfängt sich in den Ränken, die man erdenkt.
 3 Fürwahr, es rühmt sich der Gottlose noch [seiner] Gier,
und der Wucherer preist sich glücklich.
Es höhnt Jahwes (4) hochnäsig der Gottlose:
»Er ahndet nicht, es gibt keinen Gott!«
All seine Ränke (5) haben Bestand
und seine Wege zu jeglicher Zeit.
Es wichen deine Gerichte aus seinem Blick.
Wider alle seine Gegner schnaubt er.
 6 Er spricht in seinem Herzen: »Ich werde nicht wanken
von Geschlecht zu Geschlecht«,
ohne im Unglück zu sein, (7) flucht er.
Sein Mund ist voller Trug und Druck,
unter seiner Zunge wartet Unheil und Untat.
 8 Er sitzt auf der Lauer im Schilf,
heimlich ermordet er den Schuldlosen,
seine Augen spähen nach dem Schwachen aus.
 9 Er lauert heimlich wie ein Löwe im Dickicht,
er lauert darauf, den Gebeugten zu fangen,
fängt den Gebeugten, zieht ihn fort mit seinem Netz.
10 [Er späht] und duckt sich und kauert,
so fallen die Schwachen in seine Gewalt.
11 Er spricht in seinem Herzen: »Gott vergißt,
hält sein Antlitz verborgen, sieht dauernd weg.«

Bitte um Jahwes Beistand
12 Steh auf, Jahwe! Gott, heb deine Hand!
Vergiß nicht die Gebeugten!

13 Warum höhnt der Gottlose Gottes, und sagt in seinem Herzen,
   du würdest nicht ahnden?
14 Du, du hast Unheil und Kummer gesehen,
   blickst hin, um (es) in deine Hand zu legen.
   Auf dich verläßt der Schwache sich, die Waise,
   du bist Helfer!
15 Zerbrich dem Gottlosen und Bösen den Arm,
   ahnde seinen Frevel, daß er nimmer sich finde.
16 Jahwe ist König für ewig und immer.
   Die Heidenvölker verschwinden aus seinem Land.
17 Das Verlangen der Gebeugten hast du, Jahwe, gehört.
   Du festigst ihr Herz, neigst dein Ohr,
18 um Recht zu schaffen Waisen und Bedrückten,
   daß fortan nicht mehr wüte das irdische Menschlein!

A. Der Text ist nicht gut erhalten, besonders dann nicht, wenn das Alphabet ursprünglich die Versfolge konsequent geprägt haben sollte. In 9,8 und 10,10 wurde die alphabetische Anordnung wieder herzustellen versucht. Mehrfach ist auch die herkömmliche Versifikation geändert worden (vgl. 10,3–7), in 10,3 mit kleiner Wortumstellung. Andere ungewisse Textstellen wurden belassen.

B. Ps 9 und 10 stammen vom gleichen Verfasser und waren – darin hat die griechisch-lateinische Überlieferung recht – ursprünglich als ein einziger Psalm gedacht. Schon die alphabetische Anordnung der Versanfänge (in der heutigen Textgestalt nicht mehr überall erkennbar), erst recht aber der anthologische Charakter des Psalms (eine sorgsame Analyse deckt viele Zusammenhänge mit anderen biblischen Texten auf) lassen das nachexilische Weisheitsmilieu bzw. das frühe Schriftgelehrtentum als seinen Mutterboden erkennen. So erklärt sich auch die Verwendung verschiedener Gattungen, z. B. berichtendes Lob (Dank) in 9,2–5 und 10,16–18, beschreibendes Lob (Hymnus) in 9,6–13, individuelle Klage in 10,1–11, Bitten in 9,14; 20f.; 10,15. Dabei ist der erste Teil mehr vom Loben, der zweite Teil mehr vom Flehen geprägt. Der Hintergrund des Psalms ist zweifellos die nachexilische Besatzungszeit, sei es die persische oder frühgriechische. Der Verfasser leidet zusammen mit dem besten Teil seines Volkes unter der heidnischen Besatzungsmacht und jenen Juden, die unter ihrem Einfluß »gottlos« wurden. Der Sprecher vertritt in diesem Psalm also zugleich die treue Jahwegemeinde, die auch in Ps 68,11; 74,21; Hab 3,13; Is 25,4; 26,6 als der »Gebeugte« bzw. »Gedrückte«, »Arme« usw. erscheint (in Klagl 5,3 auch als »Waise«), wie andererseits »der Gottlose« in Hab 3,13; Is 26,10 und »der Feind« in Ps 74, 10.18 kollektiv die Feindmacht bedeuten.

C. Der Psalmist beginnt mit einer frohen Danksagung für ein Ereignis, das ihm und zugleich der jahwetreuen Gemeinde Erleichterung gebracht hat. Seine Liebe ist Lobpreis (vgl. die Formel »mit all meinem Herzen« aus Dt 6,5). Die Demütigung des Feindes, die er eben erlebt, lenkt seinen Blick auf die großen, von den Propheten angesagten Gerichte an den Feindvölkern, die Israel schon erleben durfte, z. B. an Ägypten (761 und 667 v. Chr. durch Assur, 484 durch Xerxes), an Assyrien (Zerstörung Ninives 612 v. Chr.), an Babylon (539 durch die Perser), an Edom (dessen Hauptstadt Bosra in Jer 49,13 »Trümmerfeld auf ewig« genannt), vielleicht sogar am Perserreich (333 durch Alexander d. Gr.). Das veranlaßt den Beter zur Preisung der Richterherrlichkeit Jahwes, die sich am gewaltigsten in der Endzeit offenbaren wird (vgl. 9,9 mit Ps 96,10.13; 98,9). Dieser Weltenrichter ist – und damit rückt der Glanz der Bundeshuld Jahwes in den Blick des Psalmisten – zugleich der Gott des Sion, der sich dem Gottesvolk so eng verbunden hat, daß man den im Verwandtschaftsrecht beheimateten Begriff »Bluträcher« auf ihn anwenden kann. In der nun folgenden Bitte, V. 14, wird offenbar, daß dem Beter und der Gemeinde nun schwere (Todes-)Not bevorsteht. Beachtlich ist dabei die Gegenüberstellung: Tore des Todes – Tore der Tochter Sion (= Jerusalem)! Nach erneutem kurzem Rückblick auf Jahwes Gerichte an der Völkerwelt ruft der Psalmist die gleiche Gerichtsmacht für die Gegenwart zu Hilfe und denkt dabei vielleicht schon an das endzeitliche Völkergericht (vgl. 9,20 mit Joel 4,2.12). Nun kommt er noch einmal auf die gegenwärtige Bedrängnis zurück und beschreibt sie nach der Art und in der Bildersprache des individuellen Klageliedes. Das Problem des selbstsicheren und glücklichen Lebens des Gottlosen ficht ihn an (vgl. Ps 73 und allenthalben im Buche Job) – auf individueller wie auch auf der Völkerebene. Wie es den Schwachen und Armen in Israel oft erging und ergeht (vgl. Anklagereden der Propheten und die individuellen Klagepsalmen), so ergeht es inmitten der Völkerwelt Juda. Auf die bewegende Klage folgt die Bitte (10,12ff.), von Vertrauen getragen (V. 14). Die Zuversicht steigert sich im Blick auf Jahwe als König (vgl. Jer 10,10f. u. a., endzeitlich gefärbtes Motiv!) zur Gewißheit, daß die Feindmacht das Feld räumen muß.

D. Jesus mag diesen Psalm im Hinblick auf sich selbst wie auch in Stellvertretung des neuen Gottesvolkes gebetet haben. Die gleichen Heilstaten wie einst an Israel und noch größere wirkte der Vater für ihn und an ihm. Darum kann er bei Jo 11,41 sagen: »Vater, ich lobpreise dich, daß du mich erhört hast.« Dieses Wort – ein Leitmotiv unseres Psalms – ist sicher auch das wesentliche Wort des erhöhten Herrn. Sein Volk auf Erden aber ist, wie einst die Jahwegemeinde auf Sion, noch auf dem Weg zwischen Rettung und Rettung. Es ist noch nicht den Feindmächten Sünde, Tod und Satan und deren irdischen Werkzeugen entrückt. Seiner Situation entspricht Ps 9 und 10 mit seinem über Verfolgungsnot und Mühsal gespannten Lichtbogen von allen Wundertaten Gottes in der Heilsgeschichte bis zur unverborgenen Königsherrschaft Gottes im neuen Äon. So kann der Psalm ein Präludium sein zum Gesang der triumphierenden Kirche nach Apk 19,1 ff.: »Halleluja! Das Heil und die Herrlichkeit und die Macht ist unseres Gottes! Denn wahrhaft und gerecht sind seine Gerichte! Er hielt Gericht über die große Buhlerin, die mit ihrer Unzucht Verderben brachte über die Erde, und er nahm Rache für das Blut seiner Knechte von ihrer Hand.«

Ps 11 (10). Bei Jahwe ist man geborgen

(1 Dem Chormeister. Von David.)
Der Rat der Freunde zur Flucht
An Jahwe habe ich mich geborgen.
Wie könnt ihr mir sagen: »Fliehe bergwärts wie ein Vogel!
2 Sieh, wie die Gottlosen den Bogen spannen,
ihren Pfeil auf der Sehne richten,
im Dunkel auf Herzensgerade zu schießen.
3 Werden Grundpfeiler zertrümmert,
was richtet da der Gerechte noch aus?«
Vertrauensbekenntnis zu Jahwe als gerechtem Richter
4 Jahwe weilt in seinem heiligen Tempel,
Jahwe hat in den Himmeln seinen Thron.
Seine Augen halten Ausschau,
seine Wimpern prüfen die Menschen.
5 Jahwe prüft den Gerechten und Gottlosen,
wer Gewalttat liebt, den haßt er.
6 Er wird Glühkohlen und Schwefel auf die Gottlosen
regnen lassen,
und Glutwind wird ihres Bechers Anteil sein.
7 Denn gerecht ist Jahwe und liebt rechte Taten.
[Die Rechtschaffenen dürfen sein Antlitz schauen.]

A. Der hebräische Text ist nur in Kleinigkeiten gestört. In V. 1 und V. 6 ist der Konsonantentext falsch vokalisiert, in V. 7 (hebräisch: »Der Rechtschaffene, sie schauen ihr Antlitz«) ist einem Abschreiber ein Konsonant (m) an eine falsche Stelle gerutscht, oder er hat aus theologischen Skrupeln (Schau Gottes!) zu »verbessern« gesucht.

B. Der Psalm ist ein Vertrauenslied mit lehrhafter Tendenz. Von Gott wird nur in der dritten Person geredet. Der Sprache und Gedankenwelt nach haben wir es nicht mit einem vorexilischen Königslied zu tun. Der Psalmist ist ein von Feinden Verfolgter und anscheinend zum Tempel Geflüchteter, der seinen Dialog mit anders ratenden Freunden zu einem Psalm mit Anspielungen an bekannte heilige Texte geformt hat, damit auch andere an seiner Haltung ein Beispiel nähmen.

C. Der erste Satz des Psalmisten faßt gleich den ganzen Psalm zusammen. Er sagt ihn als Bekenntnis zu Freunden, die ihm raten, dem Vogel gleich (vgl. 55,7; 124,7) zu flüchten, und zwar ins ostjudäische Bergland mit seinen Höhlen (vgl. 1 Sam 24; 1 Makk 2,28 und Qumran). Jetzt sei er nur schwer gefährdet – V. 2 muß nicht wörtlich, sondern bildhaft im Sinne der Todfeindschaft verstanden werden – und könne das durch Schuld der Obrigkeit herrschende moralische Chaos (V. 3) auch nicht mehr ändern. Demgegenüber bekennt der Psalmist seinen Glauben an den Sionsgott, der zugleich der über aller Welt thronende Himmelsgott ist (V. 4a = Hab 2,20; der himmlische Palast und Thron wird nach Klagl 2,1; 3 Kön 8,29; Is 66,1 über Sion als Fußschemel gedacht). Diesem Gott entgeht nichts (vgl. Ps 33,13–15; Job 28,24 u. a.), er prüft (Lieblingswort von Jeremias und Job) und entscheidet über Gut und Böse. Die Gottlosen (hier = die Gewalttat Liebenden!) werden die gleiche Strafe empfangen wie nach Gen 19,24 Sodoma und Gomorrha und nach Ez 38,22 Gog und seine Scharen (Feuer und Schwefel). Der Glutwind – im heißen Giftwind (Schirokko) aus der arabischen Wüste jedem Israeliten ahnungsschwer vertraut – ist nach Os 13,15; Is 21,1; 40,7; Jer 4,11 u. a. ein Gerichtsinstrument Gottes. Das beliebte biblische Bild vom Becheranteil (der Becher wurde beim Mahl herumgereicht) meint das Lebenslos. Der Schluß erinnert stark an Is 33,14f.: »Da erbeben auf Sion die Sünder, Zittern erfaßt die Ruchlosen. Wer von uns kann weilen bei fressendem Feuer? ... Wer mit rechten Taten wandert und Rechtschaffenes redet ...!« Jahwes Antlitz schauen heißt im AT zunächst Gottes gnadenhafte Gegenwart am Tempel erfahren (vgl. Ps 27,4 u. a.) und dann überhaupt im Lichte seines segenswilligen Antlitzes stehen (vgl. Gen 33,10; Is 38,11).

D. Vertrauenspsalmen können durchaus im Dialog Jesu mit dem Vater vorgekommen sein. Ps 11 scheint allerdings weniger zu seinem zeitweiligen Ausweichen (vgl. Jo 7,30

u. a.) vor seinen Feinden zu passen. Aber gerade das kann den Sinn des Psalms für uns näher bestimmen: Jesus hat bei allem Aufruf zum Bekennertum nach Mt 10,23 (vgl. Mk 13,14) für bestimmte Situationen die Flucht erlaubt. Dann ist eben »die Stunde noch nicht gekommen« (Jo 7,30). Als sie aber da ist, weist er jeden Gedanken an Flucht mit geradezu harten Worten (Mk 8,33) von sich. Die Zweisamkeit mit dem Vater (vgl. Jo 16,32) gibt ihm die Kraft zum Leiden. Seinem Walten gibt er sich vertrauensvoll anheim und bejaht es (vgl. Jo 19,11; Apg 2,23). Das endzeitliche Gericht über Gut und Böse bringt auch nach seinem und seiner Jünger Wort alles in die endzeitliche Vollendung der Geschichte (zum Bild von Feuer und Schwefel vgl. Lk 17,29f.; Apk 14,10; 19,20; 20,9). Für die in ihm gerecht Gewordenen wird das Wort vom Schauen Gottes unerhörte ewige Wirklichkeit (1 Kor 13,12; Apk 22,4).

Ps 12 (11). Jahwes Beistand in einer Welt voller Gemeinheit

(1 Dem Chormeister. Auf dem Achtsaiter. Ein Davidpsalm.)

Bitte und Klage

2 Schaffe Hilfe, Jahwe, denn der Liebende ist dahin.
 Verschwunden ist die Treue aus den Menschen.
3 Trug reden sie, einer zum andern,
 mit glatter Lippe reden sie, mit zweierlei Herzen.

Ruf nach Jahwes Eingreifen

4 Ausrotten soll Jahwe alle glatten Lippen,
 die großsprecherische Zunge,
5 sie, die da sprechen: »Durch unsere Zunge sind wir mächtig,
 unsere Lippen sind mit uns, wer ist Herr über uns?«

Die göttliche Beistandsverheißung

6 »Ob der Mißhandlung der Gebeugten,
 ob des Ächzens der Armen stehe ich jetzt auf!«
 spricht Jahwe.
 »Ich stelle den ins Heil, wider den man schnaubt.«

Vertrauensbekenntnis
7 Die Worte Jahwes sind lautere Worte,
 (am Eingang zur Erde) geläutertes Silber,
 siebenmal gereinigt.
8 Du, Jahwe, wirst sie einhalten,
 wirst jenen bewahren auf ewig vor diesem Geschlecht da,
9 mögen auch ringsum Frevler einhergehen,
 die Gemeinheit obenan stehen bei den Menschen.

A. Der Text ist nur in V. 6 etwas unsicher überliefert. Wir wählten die schwierigere Lesart. In V. 7 scheint »am Eingang zur Erde« (= Stollenausgang) Glosse zu sein.

B. Der Sprecher dieses zu den Klageliedern zu rechnenden Psalms bleibt im Hintergrund. Dies und die Situationsschilderung läßt darauf schließen, daß er im Namen aller Jahwegetreuen spricht, die in ihrer Minorität eine geschlossene Gruppe darzustellen scheinen. Die Sprache und das Echo anderer Schrifttexte im Psalm weisen in nachexilische Zeit. Das Orakel – hier ausnahmsweise genau wie bei den Propheten formuliert – könnte zur Not als Wort des Priesters oder eines prophetisch Begabten am Kultort verstanden werden, ist aber aller Wahrscheinlichkeit nach eine vom Psalmisten formulierte Zusammenfassung der prophetischen Beistandsverheißungen zugunsten der Gebeugten in Israel. Der lehrhafte Charakter des Psalms liegt jedenfalls klar vor Augen.

C. Angesichts einer Lage, die auch von den Propheten öfters ähnlich beklagt wird (vgl. Is 57,1; 59,13 ff.; Os 4,1; vorab Mich 7,2: »Der Liebende verschwand aus dem Land, ein Redlicher ist unter den Menschen nicht mehr, sie alle lauern auf Bluttat, einer macht auf den andern Jagd«), ruft der Psalmist nach dem göttlichen Eingreifen. Aus seinem Herzen spricht deutlich sein Leiden an den gottlosen Zuständen im Gottesvolk (vgl. Ps 119,158). Die Bitte an Jahwe, fast zum Fluche werdend (V. 4), geht dahin, denen, die blasphemisch: »Wer ist Herr über uns?« rufen, den Meister zu zeigen. Schon bei der Befreiung Israels aus Ägypten hatte das Schauen der Bedrückten und Gebeugten

Jahwes Hilfe herausgefordert (vgl. Ex 3,7; 4,31). Durch die Propheten hat er ihnen allenthalben seinen Beistand zugesagt (vgl. Is 1,17f.; 3,14f.; 10,1f.; Jer 5,28f.; Am 4,1ff. u. a.; Mich 2,2f. u. a.). Das ruft der Gottesspruch, teilweise mit Is 33,10 übereinstimmend, in Erinnerung. Das Gericht an den Bedrückern findet jedoch keine Erwähnung, sondern es wird Rettung und Heil für die Armen (vgl. Soph 3,12) erfleht. Sich und allen Betern sagt der Psalmist, daß die Worte Jahwes lauter sind (vgl. Ps 19,8ff.; 119,140; Spr 30,5) wie reines Silber (vgl. Jer 6,27–30) und von ihm verwirklicht werden (vgl. Jer 1,12). So findet der Gebeugte Bergung in ihm inmitten einer bösen Welt.

D. Wie der Psalmist war Jesus von Feinden umgeben, die ihn mit ihren Worten zu fangen versuchten und zugleich ihr Wort gegen seines stellten (vgl. Jo 8,44). Selbst einer der Apostel war ein Mann mit »glatten Lippen« und »zweierlei Herzen«. Er aber trägt für immer den Titel »Treu und Wahr« (Apk 19,11), nachdem Gott ihn »ins Heil gestellt« (Apk 12,10) hat. Wie dem Herrn ergeht es seiner Kirche, wo und wann sie von den Widersachern zu einer »Kirche des Schweigens« gemacht wird. Freilich gibt es auch in ihr selbst hier und da Zustände, die an die in Ps 12 vorausgesetzte Situation im alten Gottesvolk erinnern. Die Warnungen von Jak 3 gegen Zungensünden, vor allem die aus Mißgunst, sind zu oft vergessen, und das »zweierlei Herz« ist so häufig schmerzliche Wirklichkeit in allen Rängen der Kirche, während man doch »inmitten eines bösen und verkehrten Geschlechtes« Licht für die Welt sein sollte (Phil 2,15). Den Opfern solcher Intrigen bleibt der Trost, daß Gott und Jesus treu und wahr sind auf ewig.

Ps 13 (12). Vertrauensvolles Klagelied in Todesnot

(1 Dem Chormeister. Ein Davidpsalm.)

Fragende Klage
2 Wie lange noch, Jahwe, vergißt du mich? Auf Dauer?
Wie lange noch verbirgst du dein Antlitz vor mir?
3 Wie lange noch muß ich grübeln in mir,
Kummer in meinem Herzen tragen am hellen Tag?
Wie lange noch triumphiert mein Feind über mich?

Bitte um Leben
4 Schau her, erhöre mich, Jahwe, mein Gott!
5 Mach hell meine Augen, sonst entschlafe ich zum Tode!
Sonst prahlt mein Feind: »Ich habe ihn übermocht!«
und meine Bedränger jubeln, daß ich wanke.

Vertrauen und Lobgelübde
6 Doch ich, ich verlasse mich auf deine Bundeshuld.
Mein Herz soll jubeln über dein Heilswalten!
Singen will ich Jahwe, weil er mir Gutes erwies!

A. Der Text bedarf keiner Änderung. Die griechisch-lateinische Überlieferung fügt am Schluß bei: »Ich will spielen dem Namen Jahwes, des Höchsten.«

B. Der Psalm ist ein beispielhaftes individuelles Klagelied mit klarem Aufbau (Klage, Bitte, Vertrauen, Dankversprechen) und voll nobler Nüchternheit (keine Bitte um Bestrafung der Gegner). Der Psalmist leidet unter Feinden; aber die Art des Leidens wird nicht klar. Sein Tod jedenfalls wäre für die Bedränger eine triumphale Selbstbestätigung und »für die Religion eine ungeheure moralische Einbuße« (Nötscher). Die Abfassungszeit ist nicht zu ermitteln. Der Psalm kann sehr wohl »Privatgebet« sein, auch wenn die am Schluß gelobte Preisung zuerst den Dank am Kultort anzielen sollte.

C. Viermal erhebt der Psalmist die Frage: Wie lange noch? Das ist ein Zeichen langer Prüfung und schwindender Geduld. Die Wendungen »vergessen« (vgl. Ps 9,13) und »das

Antlitz verbergen« (vgl. Ps 51,11) beruhen auf der Überzeugung, daß die Bundeshuld Jahwes (vgl. V. 6) personale Zuwendung ist. Darum auch die Eröffnung der Bitte mit: »Schau her, erhöre mich« (= gib mir Antwort)! Die Augen hell machen bedeutet »Leben verleihen« (vgl. Esdr 9,8), und zwar im psychischen wie physischen Sinn (vgl. Job 17,5.7). Der Tod des Jahwegetreuen, gewünscht, vielleicht sogar betrieben von seinen Gegnern, wäre ihr Triumph vor allem Volk. Das führt der Beter seinem Gott lebhaft vor Augen. Aber indem er sich so gleichsam freigesprochen hat von seinen ärgsten Sorgen, schaut auch sein gläubiges Auge wieder klarer und sieht im Vertrauen auf Jahwe die Hilfe schon vor sich – und auch seinen Lobpreis dafür.

D. Wie alle biblischen Menschen hat auch Jesus das Verhältnis zum bundeswilligen Vater im Sprechen zu ihm hin und nicht zuletzt in der Bitte an ihn Leben werden lassen (vgl. Mt 26,44; 27,46; Hebr 5,7). Die feindliche Welt konnte sich zunächst über sein schlimmes Los freuen, aber nur kurz (vgl. Jo 16,20). Aus seinem Sterben wurde Siegen (Kol 2,14f. vgl. 1 Kor 15,55). Daraus erwächst auch die Freude der Seinen (Jo 16,20; Eph 5,19f.). »Wie lange noch?« bleibt allerdings als Frage an Gott weiterbestehen, bis die volle Erlösung da ist (Apk 6,10f.). Darum sollen auch wir sie nachsprechen. Gott liebt es, daß wir, seiner Bundeshuld wirklich vertrauend, unsere Anfechtung ins Wort fassen wie der Psalmist.

Ps 14 (13). Die Gottlosen scheitern an Jahwe, dem Rechtshelfer der Gebeugten

(1 Dem Chormeister. Von David.)
Klage über Verderbtheit der Menschen
Der Verblendete sagt in seinem Herzen:
»Es ist kein Gott mehr!«
Verkommen, verrucht handeln sie,
keiner tut mehr das Gute.

2 Jahwe schaut vom Himmel nieder auf die Menschen,
   daß er sehe, ob da ein Verständiger sei, einer, der nach
   Gott fragt.
3 Alles ist abtrünnig, entartet sind sie allesamt,
   keiner tut mehr das Gute, auch nicht einer.
4 Haben (–) die Übeltäter keine Erkenntnis,
   sie, die im Verzehren meines Volkes das Brot verzehren
   und Jahwe nicht anrufen?

Die Gewißheit des göttlichen Gerichts
5 Darob werden sie mit Schrecken geschlagen,
   denn Gott hält es mit dem gerechten Geschlecht.
6 Im Plane wider den Gebeugten werdet ihr zuschanden.
   Denn Jahwe ist seine Zuflucht.

Verlangen nach Israels Heil
7 O, käme von Sion das Heil für Israel!
   Wenn Jahwe das Geschick seines Volkes wendet,
   soll Jakob frohlocken, Israel jubeln!

A. Der Psalm ist noch einmal als Nr. 53 (52) überliefert, nur V. 5 ist dort anders. In V. 4 ist wohl mit 53,5 »alle« zu streichen.

B. Der Psalm gehört an sich zur Gattung der Klagelieder. Der Sprecher spricht aber nicht private Not, sondern die seines Volkes aus, und dies nach Art eines Propheten und Weisheitslehrers. So hat die Klage 1–4 enge Verwandtschaft mit der prophetischen Scheltrede, und an Stelle der Bitte finden wir einen gläubigen Ausblick im Stil eines Orakels, wobei der Sprecher die Gegner sogar einmal in der zweiten Person anredet (V. 6). Die Bitte erscheint, als Wunsch formuliert, am Schluß. Auch inhaltlich hat der Psalm starke Beziehungen zum Weisheitsschrifttum (vorab V. 2) und zu den Prophetentexten. Die Sprache hat einige sonst nur nachexilisch bezeugte Wendungen (im Milieu der Frommen und frühen Schriftgelehrten!) und ist gegen die religionsfeindlichen mächtigen Kreise im Gottesvolk gerichtet.

C. Die Haltung vieler in Israel und in der Menschheit überhaupt (vgl. Gen 6) ist praktischer Atheismus. Man leugnet nicht Gottes Existenz, aber sein Walten, wie etwa die Zeitgenossen des Jeremias keine Strafe für ihren Bundesbruch erwarteten (5,12) oder die des Sophonias sagten: »Nichts Gutes wirkt Jahwe, nichts Böses« (1,12). Darum leben sie ganz ihrem »Ich«. So wenig wie das »Du« Gottes, ist ihnen das »Du« des Nächsten heilig. »Sie fressen meines Volkes Fleisch, häuten sie ab und zerbrechen ihnen die Knochen, zerstücken sie wie Fleisch im Topfe, wie Braten im Kessel«, so prangerte Michäas die Ausbeutung der Niedrigen durch die Mächtigen an (3,3; vgl. Spr 30,14). Darauf steht als Strafe ein Schreckensgericht (Dt 28,67; Is 33,14): Ihr Planen gegen die Gebeugten wird für sie selbst zum Fangnetz (vgl. Ps 35,4ff.; 119,78), denn Jahwe ist deren Anwalt (Ps 61,4; 62,8f. u. a.). Sicher denkt der Psalmist zugleich an das von den auswärtigen Feinden gebeugte Gottesvolk (Is 25,4; Joel 4,16). Verlangend schaut er aus nach einem innerlich (vgl. Mal 3,19f.) und äußerlich von seinem Bundesgott erneuerten Israel (Joel 4,17), dessen Leben jubelnder Lobpreis ist (vgl. Joel 2,21.23; Is 41,16; 66,10; Zach 10,7).

D. Wir beten den Psalm im Blick auf das, was die Bibel »die Welt« nennt, wohl wissend, daß sie auch in uns und unter uns im Gottesvolke ist. Jesus hat selbst bei aller Liebe zum Menschen keine Illusion über ihn zugelassen (vgl. Mk 7,21–23; Mt 10,16f., Jo 2,23ff.), und sein Apostel Paulus hat Ps 14,1–3 in Röm 3,9ff. (vgl. 1,22ff.; 29–31) zur Kennzeichnung von »Juden und Hellenen allesamt« zitiert. Der Schwerpunkt der Verderbnis liegt nach unserem Psalm, wie nach vielen biblischen Äußerungen, deren Echo er ist, in der »Beugung« des Mitmenschen (vgl. zweite Tafel der Bundescharta). Sie fordert am meisten den Zorn Gottes heraus. Daß er aber der Rechtshelfer der Gebeugten ist, hat er am klarsten an Jesus geoffenbart, an dem alle Pläne der Feinde zunichte wurden. Seinem Volk wird das gleiche frohe Los, aber erst am Ende der Tage, zuteil. V. 7 reißt unseren Blick dorthin. Wir beten diesen Vers im Kontext von Jo 16,20.22; Röm 8,23; Phil 3,20f.; 2 Kor 5,2;

Apk 22,17.20. (Vgl. dazu das Bergengruensche Gedicht »Das quellende Licht« mit seinem Schluß: »Geist und Braut, sie sprechen: komm! – und das Wasser quillt.«)

Ps 15 (14). Der Gast Jahwes

1 (Davidpsalm)
 Jahwe, wer darf Gast sein in deinem Zelt,
 wer wohnen auf deinem heiligen Berg?
2 Der makellos lebt und Gerechtigkeit übt
 und recht denkt in seinem Herzen.
3 Er verleumdet nicht mit seiner Zunge,
 tut seinem Nächsten nichts Böses
 und lädt auf seinen Nachbarn keine Schmach.
4 Verächtlich gilt ihm der Verworfene,
 aber er ehrt, die Jahwe fürchten.
 Hat er zu seinem Schaden geschworen, er ändert's nicht.
5 Sein Geld gibt er nicht um Wucher und läßt sich gegen
 Unschuldige nicht bestechen.
 Wer so handelt, wankt ewig nicht.

A. In 4c ist der Text nicht ganz sicher. Für »zum Schaden« lesen Ġ und S »seinem Nächsten«.

B. Der Gattung nach ist der Psalm eine sogenannte »Thoraliturgie« (vgl. Ps 24 und Is 33,14–16), also eine Erfragung der Bedingungen zum Eintritt in den Tempel (nach 2 Chr 23,19 wurde jeder »Unreine« abgewiesen!). V. 1 ist die Frage der Pilger, der übrige Psalm ist die Antwort des Priesters oder Leviten. Freilich mag Ps 15 schon gar nicht mehr nur für den Kult gedichtet worden, sondern zugleich als allgemeines Lehrstück gedacht sein. In jedem Fall ist in ihm trotz Verwandtschaft mit der Priestersprache die beste Tradition der Propheten und Weisheitslehrer lebendig.

C. Das Weilen am Tempel bedeutet im Gottesvolk nicht nur für Priester und gelegentlich für den Asylflüchtling (vgl. Ex 21,14), sondern für jeden Israeliten soviel wie Gast

Jahwes sein. Zuvor müssen besondere Voraussetzungen erfüllt werden. Charakteristisch für unseren Psalm ist, daß hier nicht die vielen levitischen Reinheitsvorschriften zur Sprache kommen, sondern einzig und allein die Bundescharta des Zehngebots. Dabei liegt der Schwerpunkt der erteilten Auskunft auf dem mitmenschlichen Ethos (zweite mosaische Tafel). Die schwersten Tatsünden brauchen dabei gar nicht aufgezählt zu werden: Sie sind durch die allgemein gehaltene Formel von V. 2 bereits ausgeschlossen (vgl. auch V. 3: dem Nächsten nichts Böses antun). Dafür wird ähnlich wie in Mich 6,8 gewissermaßen die »Innenlinie« des bundesgerechten Verhaltens stärker herausgearbeitet. Sie beginnt mit dem rechten Denken über die Mitmenschen (V. 2c) und führt über das wahre und gute Wort über sie (V. 3) zur Beurteilung der Menschen nach ihrer Bundestreue (V. 4) (also nicht nach ihrer Macht und Stellung, vgl. Ex 23,2) und schließlich zu jenem Verhalten, welches das »Du« des Mitmenschen nie dem »Es« des Mammons opfert (V. 4c und 5), wie es insbesondere im Zinsnehmen zu den damals im Orient üblichen hohen Sätzen – verboten durch Ex 22,24; Lev 25,36 u. a. – und in der weitverbreiteten Bestechlichkeit (vgl. Is 1,23; Mich 3,11 u. a) der Fall war.

D. Die Bundespartnerschaft, wie unser Psalm sie anzielt, ist in Jesus am vollkommensten verwirklicht worden, dem »Heiligen und Gerechten« (Apg 3,14; vgl. 1 Kor 1,30). Gerade an der Schwelle zum Vater war sein Herz von Bruderliebe übervoll (vgl. das Bundesmahlswort: »Mein Blut des Bundes, das für euch vergossen wird ... « [Mk 14,24], die Fußwaschung [Jo 13], die Fürbitte für die Feinde [Lk 23,34], die Zusage an den Schächer [Lk 23,43]). Hierin verlangt er nach Mt 5,24 Nachfolge: Nur durch das Tor des Bruderfriedens darf man vor Gott hintreten! Leider bemühen sich viele, die überzeugte Christen sein wollen, sehr wenig um die rechten Gedanken und Worte über die

Mitmenschen oder nützen diese als Mittel für egoistische
Ziele aus. Selbst Aszetik und Aszese scheinen oft nicht
genügend darum zu wissen, daß die Grundforderung des
bundeswilligen Gottes die bundeswillige Nächstenliebe ist.
Ihre Einübung sollte über allen anderen »Übungen« stehen
(vgl. 1 Jo 3,10; 4,20).

Ps 16 (15). JAHWE ALS ERBTEIL SEINER GETREUEN

1 (Ein Miktam [Bedeutung unbekannt]. Von David.)
Vertrauensvolle Bitte
Behüte mich, Gott, denn an dir berge ich mich.
2 Ich spreche (–): Herr, du, mein Glück!
Abschwörung allen Götzendienstes
3 [Nichtsnutze sind alle Götter im Lande,]
[mögen] alle ihre Anhänger sie auch [herrlich nennen,
4 ihre Götzen mehren, ihnen nachlaufen.]
Niemals werde ich ihnen Opferblut spenden,
niemals ihre Namen auf meine Lippen bringen!
Hymnisches Bekenntnis der Bundesgemeinschaft mit Jahwe
5 Jahwe ist mein Besitz- und Becheranteil.
Du bist's, der mein Los in Händen hält.
6 Die Meßleine fiel mir auf wonnigen Grund,
ja, mein Erbteil entzückt mich.
7 Ich will Jahwe segnen, der mir Rat gibt,
der auch nächtens mein Inneres mahnt.
8 Ich stelle Jahwe mir immer vor Augen,
bleibt er mir zur Rechten, wanke ich nicht.
9 Drum jubelt mein Herz und frohlockt meine Seele,
auch mein Leib darf sicher wohnen.
Gewißheit der Lebensfülle aus Jahwes Hand
10 Fürwahr, du überläßt mein Leben nicht der Unterwelt,
du gibst deinem Getreuen nicht die Grube zu schauen.
11 Du weisest mir den Pfad zum Leben:
Fülle der Freuden in deiner Gegenwart,
Wonnen in deiner Rechten auf ewig.

A. Vom Schluß von V. 2 bis 4a ist der Text überaus unsicher. Das Psalterium Pianum kommt zur Übersetzung: »... für mich gibt es kein Glück ohne dich. Wie wunderbar hat er meine Anhänglichkeit an die Heiligen in seinem Lande gemacht! Die vermehren ihre Schmerzen, die fremden Göttern folgen.« Unsere Lesung und Deutung, den überlieferten Konsonantenbestand möglichst schonend, scheint dem Kontext eher zu entsprechen. In den übrigen Versen sind keine großen Korrekturen erforderlich.

B. Der Psalm ist ein Vertrauenslied, bei dem die Klage im Hintergrund bleibt, um dem hymnischen Bekenntnis den Vorrang zu lassen. Der Verfasser, wohl ein Levit am Tempel, überaus schriftkundig (vgl. C), bekennt seinen festen Glauben an die Bundesgemeinschaft mit Jahwe und sucht deren Tiefe und Tragweite auszuloten und lehrhaft zu formulieren. Wort- und Gedankengut weisen in nachexilische Zeit.

C. Unser Psalmist bezeichnet wie kein anderer Jahwe als sein Glück, d. h. als seine Freude und Lebensfülle (vgl. Job 9,25; 21,25; Pred 6,3 u. a.). Die Götter – hier im Hebräischen »Heilige« genannt (wie in Ex 15,11; vgl. Dan 4,5; 5,11), weil sie vielen als »heilig«, d. h. als höchst verehrungswürdig galten, so daß man ihnen selbst in nachexilischer Zeit noch Kinder opferte (Is 57,5) – sind ihm »Nichtsnutze« (vgl. Is 44,9f.; Jer 10,15). Sind sie denen, die Götzenbilder (Os 4,17; 8,4 u. a.) lieben und die Altäre »mehren« (Os 8,11; 10,1) und Trankopfer spenden, »Besitz« und »Los« (Is 57,6), so ist dem Jahwegläubigen Jahwe selbst der »Besitz« (Jer 10,16), der »Anteil« und »das Los« (Jer 13,25). Diese Bezeichnungen bezogen sich ursprünglich auf die Verlosung des Gelobten Landes an die Stämme und Geschlechter Israels (vgl. Jos 13,7; 14,1 ff.; 17,5; 19,51 u. a.) und sind hier wie anderswo (vgl. Job 20,29; Jer 13,25; Is 54,17) auf das Lebensschicksal übertragen (darum hier die Kombination mit dem Bild vom Becher, vgl. Ps 11,6). In unserem Psalm drücken sie die beglückende personale Bundesgemeinschaft mit Jahwe aus,

wie V. 7 und 8 klar erkennen lassen. Jahwes Rat ist seine Wegweisung in seiner Willensoffenbarung (vgl. Ps 32,8; 94,12; 107,11; Dt 4,36 u. a.), aber auch jeder gute Gedanke, im nächtlichen Nachdenken (Ps 77,11) oder gar im Traume (Job 33,15ff.) erfaßt, kommt von ihm.
In der Zugewendetheit zu Gott tut sich der göttliche Beistand auf (vgl. Job 5,17–27). Der Jahwegetreue darf in Sicherheit wohnen (= Spr 1,33) und wird davor bewahrt, zur Unzeit die »Grube zu schauen« (vgl. Job 33,24.28.30), d. h. Tod und Grab überantwortet zu werden. Er darf die Wahrheit von Spr 15,24 verkosten: »Der Pfad des Lebens führt den Verständigen aufwärts, damit er der Unterwelt fernbleibe!« und erfährt wie die Psalmisten von 17,15; 36,10; 63,3ff. etwas von dem, was Jer 31,12 Israel verheißen ist: »Sie kommen und jubeln auf Sions Höhe, sie strahlen über Jahwes Heil ...! Sie sind wie ein reich bewässerter Garten. Fortan verschmachten sie nicht mehr. Dann freut sich die Jungfrau am Reigentanz, Jüngling und Greis frohlocken.« Aus der Rechten Jahwes quillt gleichsam alles Leben (vgl. Spr 3,16).

D. Jahwe als Quelle des Lebens, ja als das Leben selbst, ist das große Thema, das der Psalmist von seiner altbundlichen Ebene aus anspricht. Er selbst hat dabei kaum soweit gedacht wie die späteren griechich-lateinischen Übersetzer von V. 10 mit: »Du wirst deinen Frommen nicht die Verwesung schauen lassen.« Aber sein Text ist wie Ps 49,16 und 73,24 tatsächlich offen für unerhörte Möglichkeiten des lebenspendenden Heilswaltens des Bundesgottes. Er läßt ein Leben erahnen, das vom Tod nicht verschlungen werden kann und ewige, wonnevolle Bundesgemeinschaft bedeutet. Darum zitieren Petrus (Apg 2,25–28) und Paulus (Apg 13,35–37) in ihrer Predigt den Psalm als Zeugnis für die Auferweckung Jesu und seine Erhöhung zur Rechten des Vaters. Jesus ist uns Beispiel und zugleich Garant dafür, daß wir das Vertrauenslied, erfüllt vom hellen Licht des

neubundlichen Horizonts, beglückt nachsprechen dürfen (vgl. 1 Kor 13,12; Apk 19,7ff.; 22,1ff.).
»Herr – du – mein Glück« – »mein Besitz- und Becheranteil« – »mein Erbteil« sind Gipfelworte des Glaubens, des Vertrauens und der frohen Liebe.

Ps 17 (16). Jahwe als Zuflucht des unschuldig Verfolgten

1 (Ein Gebet. Von David.)
Bitte um Rechtsbeistand
Höre, Jahwe, Wahrhaftiger, achte auf mein Schreien,
lausche meinem Gebet von Lippen ohne Falsch!
2 Von dir her trete mein Recht hervor,
deine Augen mögen erschauen, was recht ist!
Unschuldsbeteuerung
3 Prüfst du mein Herz, schaust nach bei Nacht,
erprobst mich im Feuer, du findest nichts Arges an mir.
Nicht sündigt mein Mund, (4) wie die Menschen tun,
auf das Wort deiner Lippen habe ich acht.
An Pfaden des Rechts (5) haften meine Schritte,
in deinen Geleisen wanken meine Tritte nicht.
Erneute Bitte um Rettung
6 Ich, ich rufe zu dir, denn du, o Gott, wirst mich erhören.
Neige dein Ohr mir, höre mein Wort!
7 Schaffe Wunder deiner Huld, du Heiland derer,
die sich vor den Widersachern in deiner Rechten bergen!
8 Behüte mich wie deines Auges Stern,
im Schatten deiner Flügel verwahre mich
9 vor den Gottlosen, die mir Gewalt antun,
meinen Feinden, die gierig mich umzingeln.
Die Bosheit der Verfolger
10 [In Fett] schließen sie [ihr Herz] ein,
mit ihrem Munde reden sie vermessen.
11 [Sie gehen mir nach,] dann umzingeln sie mich,
richten ihr Augenmerk darauf, niederzustrecken,

12 so wie der Löwe, der nach Beute giert,
und der Junglöwe, der im Hinterhalt kauert.

Strafwunsch
13 Steh auf, Jahwe, tritt ihm entgegen,
stürze ihn nieder, rette mein Leben!
Dein Schwert (14) [soll sie töten], deine Hand, Jahwe!
[Der Tod sei das Ende] ihres Anteils am Leben!
Was du aufgespart, erfülle ihren Leib!
Sie sollen (–) satt werden und
den Rest davon ihren Kindern hinterlassen!

Ausblick
15 Ich aber will gerechtfertigt dein Antlitz erschauen,
mich ersättigen am Aufglänzen deiner Gestalt!

A. Vorab in V. 14 ist der Text recht unsicher überliefert, wie die verschiedenen Wiedergaben dartun. Die hier gebotene Übersetzung bleibt dem hebräischen Konsonantentext nahe und wird der hohen Wahrscheinlichkeit gerecht, daß es sich um einen Strafwunsch handelt. In V. 10a; 11a genügen geringfügige Änderungen, um einen plausiblen Text zu erhalten.

B. Der Psalm, zu den individuellen Klageliedern zählend, ist der Flehruf eines unschuldig Verfolgten um göttliche Rechtshilfe. Er weist im Wortgut einige Verwandtschaft mit Ps 16 auf und stammt wahrscheinlich aus dem gleichen Milieu. Sein Sitz im Leben ist in erster Linie, aber nicht ausschließlich, die Asylsuche am Tempel. Daß er einen sogenannten »Inkubationsschlaf« am Heiligtum voraussetzt, kann aus V. 15 nicht geschlossen werden, da die Übersetzung »beim Erwachen« (auf den Beter bezogen!) fragwürdig ist und die Angabe »bei Nacht« in V. 3 wohl nach Ps 139,11 f. zu erklären ist. Der Psalm ist zugleich als Formular für alle Frommen Israels in ähnlicher Lage bestimmt.

C. Der Beter ist ein Jahwegetreuer, der wegen seiner Bundestreue Verfolgung leidet und, davon tief aufgewühlt, vor Jahwe sein Herz ausschüttet. Weiß er doch, daß Jahwe seine gerechte Sache ans Licht bringen kann (vgl. Jer 51,10). Seine Unschuldsbeteuerung (vgl. Ps 26,4 ff.; Job 23,10–12 u. a.) ist nicht »pharisäisch« zu deuten, da sie nicht absolut, sondern von den Umständen bzw. von den Gegnern her verstanden werden muß. In der Formulierung der Bitte von V. 8 klingt Dt 32,10 an: »Wie seinen Augapfel hat er sein Volk« gehütet. Dt 32,15 mit seiner Schilderung der »Verfettung« Israels und der damit verbundenen Abkehr von Jahwe illustriert gut V. 10a (vgl. dazu Ps 73,7; 119,70; Job 15,27; Is 6,10 u. a.). Das Bild vom Feinde als Löwen ist dem Psalter geläufig (vgl. Ps 7,3; 10,9; 22,14; 57,5 u. a.). Der Strafwunsch von V. 13f. (Tod durch Feinde oder Krankheiten) ist als Akt der Notwehr zu bewerten. Der Psalmist will Ex 20,5 (= Dt 5,9) erfüllt sehen, wonach auch die Kinder den Abfall der Väter mitzubüßen haben. Job 21,19 spricht ebenfalls vom »Aufsparen« der Sündenschuld für die Kinder. Der Ausblick des Psalmisten meint wohl nicht nur die Erfahrung rettender Hilfe durch Jahwes Zuwendung (vgl. Ps 11,7), sondern den besonderen Hulderweis einer Gotteserscheinung (vgl. Ex 24,11), wie sie manchen Gottesmännern, vorab dem Moses, zuteil wurde. Der Psalmist scheint geradezu an Num 12,8 zu denken: »Er schaute Jahwes Gestalt.«

D. Der nach jeglicher Hinsicht unschuldig Verfolgte der Heilsgeschichte ist Jesus (vgl. Jo 8,46; 2 Kor 5,21; Hebr 4,15). Die Unschuldsbeteuerung von V. 3–5 gilt für ihn in absoluter Weise. Auch er hat um Rettung aus der Verfolgung gebetet (vgl. Mt 26,39–44). Der Strafwunsch hatte allerdings in seinem Beten keinen Platz. Er legte Fürbitte ein für seine Verfolger (Lk 23,34), und er gebot solches nach Mt 5,44 auch seinen Gläubigen.

V. 13 und 14 sind für den christlichen Beter nur bildhaftes, aber zugleich beredtes Zeugnis seines leidenschaftlichen Wunsches, der Gottesfeindschaft möge allüberall ein Ende bereitet werden. Die Gerechtigkeitsbeteuerung (V. 3–5) kann er nur in Stellvertretung Jesu ihm nachsprechen und sich damit selbst einen Impuls geben, Jesu Bundestreue zum Vorbild seines eigenen Lebens zu nehmen. In solcher

Perspektive greift dann V. 15 aus nach jener Sättigung, die Mt 5,6 und Apk 7,16 verheißen ist.

Ps 18 (17). Des Königs Sieg in Jahwes Kraft

(1 Dem Chormeister. Von David, dem Knecht Jahwes, der Jahwe die Worte dieses Liedes sang an dem Tage, da ihn Jahwe dem Zugriff all seiner Feinde und der Hand Sauls entrissen hat.)

Hymnisches Vertrauensbekenntnis
2 Er sprach: (Ich liebe dich, Jahwe, meine Stärke.)
3 Jahwe, mein Felsenhort, meine Feste, mein Retter, mein Gott, mein Fels, an dem ich mich berge, mein Schild, Horn meines Heiles, meine hochgepriesene Burg!
4 Rufe ich zu Jahwe, so werde ich von meinen Feinden befreit.

Die tödliche Gefahr
5 Die [Brandung] des Todes umspülte mich, Ströme des Unheils überfielen mich grausig,
6 die Stricke der Unterwelt schnürten mich ein,
die Schlingen des Todes fielen mich an.
7 In meiner Not rief ich zu Jahwe und schrie zu meinem Gott.
Er hörte von seinem Tempel aus mein Rufen,
und mein Schreien drang ihm zu Ohren.

Jahwes machtvolles Eingreifen
8 Da wankte und schwankte die Erde,
die Grundpfeiler der Erde erbebten,
wankten hin und her unter seinem Grimm.
9 Rauch stieg auf aus seiner Nase,
Feuer fraß aus seinem Munde,
(Kohlen wurden davon glühend).
10 Er neigte den Himmel und fuhr hernieder,
Wolkendunkel zu seinen Füßen.
11 Er fuhr auf dem Kerub im Fluge daher
und stieß auf den Fittichen des Sturms herab.
12 Er machte Finsternis zu seiner Hülle ringsum,
zu seinem Gezelte die finsteren Wasser,
Gewölk auf Gewölk.

13 Vom Glanz vor ihm her gingen seine Wolken über in Hagel
und glühende Kohlen.
14 Da donnerte in den Himmeln Jahwe,
der Höchste ließ seinen Donnerruf erschallen.
(Hagel und glühende Kohlen.)
15 Er schoß seine Pfeile ab und streute sie aus,
warf Blitze und schnellte sie hin.
16 Da zeigten sich die Schlünde des [Meeres,]
die Gründe des Festlandes wurden entblößt
vor deinem Drohruf, Jahwe,
vor dem Gebraus deines Zornesodems.
17 Er griff herab aus der Höhe und faßte mich,
zog mich aus großen Wassern.
18 Er entriß mich meinen mächtigen Feinden,
meinen Hassern, die stärker als ich.
19 Sie fielen mich an meinem Unheilstage an,
da ward mir Jahwe Beistand.
20 Er führte mich heraus ins Weite,
rettete mich, weil er mich gern hat.

Jahwes Hilfe, Lohn der Bundestreue
21 Jahwe belohnte mein Rechttun,
vergalt mir die Reinheit meiner Hände.
22 Ich habe ja Jahwes Wege gewahrt,
bin meinem Gott nicht abtrünnig geworden.
23 Ja, alle seine Rechte standen mir vor Augen,
und seine Gesetze wies ich nicht von mir.
24 Ich war lauter vor ihm und hütete mich, schuldig zu werden.
25 So vergalt mir Jahwe mein Rechttun,
die Reinheit meiner Hände, die ihm vor Augen.
26 Dem Liebenden erzeigst du Liebe,
dem Lauteren erweisest du Lauterkeit.
27 Mit dem Reinen verfährst du rein,
mit dem Falschen verkehrt.
28 Ja, du bist's, der dem gebeugten Volke das Heil bringt
und hoffärtige Augen demütigt.
29 Ja, du bist (–) meine Leuchte, Jahwe,
mein Gott macht meine Finsternis zu Glanz.
30 Ja, mit dir erstürme ich Umwallungen,
mit meinem Gott überspringe ich Mauern.

31 Gott – sein Walten ist lauter,
   Jahwes Wort ist schlackenlos,
   Schild ist er allen, die sich an ihm bergen.
32 Denn wer ist Gott, wenn nicht Jahwe,
   und wer Fels außer unserem Gott?
33 Dieser Gott, der mich mit Kraft panzert,
   der einen lauteren Weg mich führt,
34 der meine Füße den Hinden gleich macht
   und mich auf Höhen stellt,
35 der meine Hände kämpfen lehrt,
   meine Arme, den ehernen Bogen zu spannen.
36 Du leihst mir den Schild deines Heils,
   deine Rechte stützt mich,
   deine Herablassung macht mich groß.
37 Du weitest unter mir meine Schritte,
   meine Knöchel knicken nicht.
38 Ich jage meine Feinde und hole sie ein,
   ich kehre nicht um, bis sie vernichtet.
39 Ich schlage sie nieder, sie können sich nimmer erheben,
   sie fallen mir unter die Füße.
40 Du panzerst mich mit kämpferischer Kraft,
   beugst meine Widersacher unter mich.
41 Meiner Feinde Rücken gibst du mir preis,
   meine Hasser kann ich vernichten.
42 Mögen sie auch schreien, niemand befreit sie,
   schreien zu Jahwe, er erhört sie nicht.
43 Ich [zerreibe] sie wie Staub vor dem Wind,
   ich zertrete sie wie Gassenkot.
44 Du rettest mich vor Zehntausenden Kriegsvolks,
   du setzest mich zum Haupt der Nationen,
   Völker, die ich nicht kannte, werden mir dienstbar.
45 Sie hören von mir, da gehorchen sie mir schon,
   Söhne der Fremde huldigen mir.
46 Söhne der Fremde erschlaffen
   und kommen zitternd aus ihren Burgen.

Lobpreis

47 Es lebe Jahwe! Gesegnet sei mein Fels,
   erhaben sei der Gott meines Heils,

48 der Gott, der mir Rache verleiht,
der Völker mir unterjocht.
49 Als Retter vor meinen grimmigen Feinden
erhebst du mich über meine Widersacher,
entreißest mich dem Mann der Gewalttat.
50 Drum will ich dich preisen unter den Nationen,
Jahwe, ich will aufspielen deinem Namen.
51 Er spendet seinem König großes Heil,
erweist seinem Gesalbten Bundeshuld,
dem David und seinem Geschlechte auf ewig.

A. Ps 18 ist in 2 Sam 22 als Einschubtext in die Davidgeschichte noch einmal überliefert. In einigen Details weichen die beiden Fassungen voneinander ab, obwohl sie auf eine gemeinsame Vorlage zurückgehen. Der Psalterfassung ist hier meistens der Vorzug gegeben, außer in V. 2 (»Ich liebe dich ...« ist auch sprachlich und von der Psalmform her fragwürdig!), V. 5 (»Brandung« für »Stricke«), V. 14c (fehlt in 2 Sam), V. 16 (»Meer« für »Wasser«), V. 29 (Auslassung von »erleuchten«), V. 43 (»zerreiben« für »leer machen«). Andere durchgeführte Korrekturen sind unerheblich.

B. Der Psalm ist in seiner jetzigen Gestalt ein Siegesdanklied des Königs. Über die Entstehungsgeschichte des Psalms gehen die Meinungen der Forscher sehr weit auseinander. Er wird heute wieder gern der Davidszeit zugeschrieben (Albright, Weiser u. a.). Aber die Überschrift kann aus allgemeinen Erwägungen kein sicheres Argument dafür abgeben, so wenig wie die Tatsache, daß er in 2 Sam 22 überliefert ist. Dort ist er ja augenscheinlich nach Abfassung des Samueltextes eingeschoben worden – ein in der antiken Geschichtsschreibung üblicher Vorgang! Eine sorgsame Analyse des Wort- und Gedankengutes kommt zu dem Schluß: Mag der Psalm in einem nicht mehr genau angebbaren, aber wohl im zweiten Teil liegenden Kern auf ein Siegeslied Davids oder eines anderen großen Königs zurückgehen, seine jetzige Gestalt »trägt die Züge späterer Neuformulierung« (Kraus). Diese ist soviel wie sicher erst in nachexilischer Zeit zu Ende gekommen. Dann aber ist der König David, auf den der Psalm zweifellos zurückblickt, zugleich – ähnlich wie in den Büchern der Chronik – der »David«, den nach Jer 30,9; Ez 34,24;

37,24 Jahwe als den Heilskönig der Zukunft bestellen wird. Er ist damit gleichzeitig auch Repräsentant des kommenden Gottesvolkes, das die nachexilische Gemeinde als Endziel ihrer selbst erwartete. Mit David, dem »Gewesenen« und dem »Zukünftigen«, fühlen sich Gemeinde und einzelner solidarisch verbunden, und so konnte sein Lied zugleich das ihre sein.

C. Der Beter – im ersten Teil des Psalms nicht klar als König erkennbar – blickt auf den Bundesgott, dessen Rettungstat er an sich erfahren hat, und gibt ihm in einer ungewöhnlichen Häufung Prädikate, die samt und sonders vom Vertrauen beseelte Rühmungen sind. »Horn« ist Ausdruck der göttlichen Macht (vgl. Dt 33,17; Lk 1,69). Der Psalmist ist von Jahwe aus einer lebensgefährlichen Not errettet worden. Er beschreibt sie in fast mythischen Bildern (V. 5–7), die auch sonst im Psalter begegnen, aber keine genaueren Deutungen zulassen. Nach V. 18f. war es Feindesgefahr. Die Befreiung selbst wird in einer gewaltigen Gotteserscheinung dargestellt (V. 8–20), die mit den Schilderungen von Ex 19,18; Ri 5,4; Hab 3,9; Job 36,29; Ps 97,2 verwandt ist. Bemerkenswert ist die Erscheinung der Keruben (vgl. Ps 80,2; 99,1). Sie erinnert an die Keruben (= himmlische Begleitwesen) auf der Bundeslade und liegt auch der Ezechielvision vom Gotteswagen zugrunde (vgl. Ez 1 und 10). Mehr als eine bildhaft-dichterische Darstellung der erfahrenen Errettung dürfte mit alledem nicht gemeint sein. Den Grund der »Herablassung« (vgl. V. 10 und 17) Jahwes sieht der Beter in seiner Bundestreue und spricht (V. 21–27) in einer Sprache, die dem 5. Buch Moses nahesteht, ein Prinzip aus, das die ganze altbundliche Offenbarung durchwebt: In der Bundesliebe ergreift der Mensch das Heil, im Bundesbruch das Unheil. In V. 28 schließt sich der Beter mit dem ganzen Volk zusammen – Wort und Gedanke von V. 28a gleichen in etwa Soph 3,12 und Spr 3,34 – und stellt dabei zwischen »gerecht« und »gebeugt« eine Gleichung auf (vgl. Zach 9,9; Soph 3,13). Sodann belegt er seine Lehre mit seiner eigenen Selbsterfahrung und erweist Jahwes Beistand – in V. 31 (vgl. Dt 32,4; Spr 30,5) und 32 (vgl. Is 44,8; 45,21) ganz allgemein formuliert – als Quelle einer sieghaften Kraft. Jetzt profilieren sich die Züge eines königlichen Helden. V. 35 erinnert an Darstellungen des ägyptischen Pharao: Die Gegner treten als Feinde aus der Völkerwelt auf. Freilich lassen die V. 42 und 49 zugleich an individuelle israelitische Widersacher denken. Im ganzen gleicht der Beter nun dem König von Psalm 2, dem Jahwe hilft, die Herrschaft über die ihm feindliche Welt anzutreten (zu V. 46 vgl. Mich 7,17). Dem entspricht der hymnische Abgesang des Psalms (vgl. 1 Sam 2,10).

D. Wie die nachexilische Gemeinde im Beten dieses Psalms auf David zurückblickte, aber zugleich auch den kommenden »David« erschaute, so hört das neubundliche Gottesvolk hier seinen König, Jesus den Christus, den »Sohn Davids« (Mt 1,1; 9,27; 22,42; Lk 1,32; Röm 1,3; Apk 5,5), sprechen. Im Munde Jesu ist die Rühmung des Vaters (vgl. V. 3) einst und jetzt fortwährende Wirklichkeit. Ihn haben wie keinen anderen die »Wogen des Todes« (vgl. V. 5–7) umbrandet und angefallen in Gethsemani und auf Golgatha. Er rief laut um Beistand (vgl. Mt 26,37f.; 27,46.50; Mk 15,39, vorab Hebr 5,7). Der Vater hat nach Mt 27,51 und 28,2 im Beben der Erde sein Eingreifen angekündigt und dann in der Auferweckung Jesus dem Todesreich entrissen (vgl. 1 Kor 15,55; Hebr 13,20). Er tat dies im Blick auf seine Gehorsamstat (Phil 2,8); war Jesus doch die persongewordene Bundestreue, weil ohne Sünde (Jo 8,46; Hebr 4,15). So durfte er durch Gottes Kraft (2 Kor 13,4) Sieger werden über »die Mächte und Gewalten« (Kol 2,15), also über Sünde, Tod und Hölle (vgl. 1 Kor 15,55). Ihm ist alles unterworfen (Eph 1,21; Phil 2,9; Hebr 2,8; Apk 5,13), und er ist zum »Haupt über alles für seine Kirche« bestimmt (Eph 1,22), die eine Kirche aus Juden und Heiden ist (vgl. 1 Kor 12,13; Apk 5,9). Diese Königsherrschaft wird er durchsetzen, wie Apk 19,15 verheißt: »Aus seinem Munde geht ein scharfes, zweischneidiges Schwert, um damit die Völker zu schlagen. Er wird sie leiten mit eisernem Stab, und er tritt die Kelter des glühenden Zornweins Gottes, des Allherrschers. Auf seinem Gewand, an der Hüfte, steht geschrieben: König der Könige und Herr der Herren.«

Was für den »Erstgeborenen unter vielen Brüdern« (Röm 8,29 vgl. Kol 1,18; Apk 1,5) gilt, hat relative Geltung für seine Kirche wie auch für jeden Christen. Darum kann der Psalm auch ihre Wirklichkeit an- und aussprechen. Auch wir sind »aus der Gewalt der Finsternis Errettete« (Kol 1,13) und werden als solche »gerettet werden durch ihn vor dem Zorne, da wir gerechtfertigt sind durch sein Blut« (Röm 5,9). Zwischen Rettung und Rettung »tragen wir allezeit Jesu Todesleiden an unserm Leibe« (2 Kor 4,10). »Wenn aber ... dieses Sterbliche an uns die Unsterblichkeit angezogen haben wird, wird sich das Wort der Schrift erfüllen: Verschlungen ist der Tod im Siege!« (1 Kor 15,54). So verleiht auch uns Gott den Sieg (1 Kor 15,57; 2 Kor 2,14), und der erhöhte Herr sagt zu uns: »Dem Sieger aber, der ausharrt bis ans Ende in meinen Werken, dem werde ich Macht geben über die Heidenvölker ...« (Apk 2,26). Solche Verheißungsworte sind nicht leer, in ihnen bereits »panzert uns Gott mit Kraft« (V. 33), ist uns »eine Leuchte« (V. 29) und läßt uns »über Mauern springen« (vgl. V. 30).

Ps 19 (18). JAHWES HERRLICHKEIT IN DER SCHÖPFUNG UND IN DER OFFENBARUNG

(1 Dem Chormeister. Ein Davidpsalm.)

Die Lichtbotschaft der Schöpfung
2 Die Himmel sind Künder der Herrlichkeit Gottes,
 und das Wirken seiner Hände offenbart das Firmament.
3 Tag spricht das Wort dem Tage zu,
 Nacht tut der Nacht das Wissen kund.

4 Kein Sprechen ist's, kein Reden,
  unhörbar bleibt ihre Stimme.
5 Über alle Welt geht ihre Schriftlinie aus,
  bis an den Rand des Erdkreises ihre Worte.
  Dem Sonnenball schuf er ein Zelt in ihnen.
6 Der tritt wie ein Bräutigam hervor aus seiner Kammer,
  jauchzt wie ein Held, zu laufen die Bahn.
7 Am Ende der Himmel ist sein Aufgang,
  sein Umschwung ist über ihren Enden,
  und nichts bleibt seiner Glut entzogen.

Der Glanz der göttlichen Willensoffenbarung
8 Die Weisung Jahwes ist ohne Fehl,
  sie gibt Lebenskraft.
  Das Zeugnis Jahwes ist verläßlich,
  es macht den Toren weise.
9 Die Anordnungen Jahwes sind richtig,
  sie entzücken das Herz.
  Das Gebot Jahwes ist hell,
  es erleuchtet die Augen.
10 [Das Wort] Jahwes ist lauter,
  es bestehet auf ewig.
  Die Entscheide Jahwes sind Wahrheit,
  sie sind gerecht allesamt.
11 Kostbarer sind sie als Gold,
  als Feingold in Menge,
  sind süßer als Honig und Wabenseim.
12 Auch dein Knecht ist durch sie belehrt,
  sie wahren, bringt reichen Lohn.
13 Irrungen – wer merket darauf?
  Von unbewußtem Fehlen mach mich frei!
14 Auch vor Vermessenem bewahre deinen Knecht!
  Es soll nicht über mich herrschen!
  Dann bin ich ohne Fehl und frei von schwerem Vergehen.
15 Mögen meines Mundes Worte gefallen
  und meines Herzens Murmeln vor dich kommen,
  Jahwe, mein Fels und Erlöser!

A. Der Text ist gut erhalten. Nur in V. 10 ist wohl für »Furcht« das im Hebräischen klanglich und im Schriftbild verwandte

»Wort« einzusetzen. Die Bedeutung der Wörter ist an zwei Stellen schwierig: a) in V. 5 ist »qaw« zu belassen und nicht als »Schwall«, sondern als »Schnur = Linie« zu deuten, entsprechend der orientalischen Vorstellung von der »Himmelsschrift« (vgl. C). b) in V. 14 muß man dem Beitext nach wohl das Hauptwort »die Frechen« im Sinne von »Vermessenes, Freches« verstehen.

B. Ps 19 gehört zur Gattung der Hymnen – das übliche hymnische Schema ist jedoch sehr frei gehandhabt! –, er ist aber zugleich ein Weisheitslied (mit Belehrung als Ziel). Meist betrachtet man Ps 19 als zusammengesetzt aus einem alten Naturhymnus (1–7) und einem jungen Gesetzeslied (8–15). Doch führt eine genaue innerbiblische Überprüfung des ersten Teils auf sein Wort- und Gedankengut zur nachexilischen Weisheitsschule. Die hymnische Verschiedenheit beider Teile kann hier in der Verschiedenheit der »Gegenstände« eine zureichende Erklärung finden. Beide Teile sind jedenfalls mit großer Sicherheit von vornherein füreinander bestimmt gewesen. Sollten sie verschiedene Verfasser gehabt haben, stammen sie dennoch aus dem gleichen Milieu. Das Lied ist sicher nicht in erster Linie für den Kult geschrieben, auch wenn es dort einen festen Platz bekommen haben mag.

C. Die »Herrlichkeit Gottes« ist dem alten Gottesvolk als niederschmetternder Lichtglanz aus den Gotteserscheinungen der Heilsgeschichte bekannt. Der Verfasser des Psalms sieht ihn im Himmelsgewölbe und den Himmelskörpern, den Lichtgeschöpfen Jahwes, sich widerspiegeln. Wie Israel seinen Schöpfer und Herrn lobpreisend verkündet (vgl. Ps 79,13), so tut es in der Vorstellung des Dichters auch die Himmelswelt, die er somit personifiziert (vgl. Ps 148,3f.). Ihre Worte sind nicht hörbar für den Menschen, aber, in die Himmelsschrift der Sternbilder gefaßt (vgl. Job 38,33), gleichsam lesbar. Der Hauptzeuge der Schöpferherrlichkeit ist die Sonne. Vom Sonnenball wird hier ähnlich wie in den orientalischen Sonnenmythen gesprochen, aber er ist bei aller Personifikation (vgl. Ps 104,19; 148,3) kein Gott, sondern nur Bote und Zeuge des Schöpfers. Als Spender des kosmischen Lichts ist er nicht nur Abbild der göttlichen Lichtherrlichkeit – die nach Is 60,19 Sonne und Mond einst zu ersetzen vermag –, sondern auch Sinnbild seiner Willensoffenbarung, die dem Menschen Licht, d. h. Leben, Glück und Heil, bringt. Dies ist das Thema des zweiten Psalmteils, der hymnisches Bekenntnis und Lehre zugleich ist und in die verständliche Bitte des Psalmisten übergeht, ihn selbst voll teilhaben zu lassen an dieser Lichtwelt, d. h. ihn und sein Leben licht und lauter zu machen. Die Macht der Sünde, hier als Vermessenheit gekennzeichnet, soll nicht Herrschaft haben über ihn (vgl. Gen 4,7). So sind in diesem Psalm wie in Is 40–55 und anderwärts (vgl. Ps 147,12–20; Spr 8,22–36) das kosmische und heilsgeschichtlich-offenbarende Walten Jahwes eng nebeneinandergestellt, ja ineinander verwoben.

Der Orientale liebte es, Sonne und Rechtsordnung vorstellungshaft miteinander zu verbinden, wie neben vielen Beispielen die Darstellung des Sonnengottes auf der Hammurapi-Stele (im Louvre) bezeugt. Auch in Os 6,5; Mal 3,20 und Weish 5,6 sind »Sonne« und »Recht« bzw. »Gerechtigkeit« in Vergleich gebracht. Die alten Völker hatten noch das »Chaos« mit dem unerbittlichen Recht des Stärkeren in Erinnerung und wußten darum um das »Rettende« der Rechtsordnung. Israels Gläubige brachten in dies allgemeine Wissen ihre besonderen Erfahrungen mit dem führenden und weisenden Bundesgott ein (vgl. Ps 1).

D. Jesus sah wie unser Psalmist im Kosmos die waltende Hand Gottes, wie seine Gleichnisse aus der Natur, aber insbesondere Texte wie Mt 5,45 (»er läßt seine Sonne aufgehen ...«) und 6,26–30 (Vögel des Himmels, Blumen des Feldes) bezeugen. Auch nach seinem Apostel Paulus ist Gottes unsichtbares Wesen, seine ewige Kraft und Göttlichkeit »an den geschaffenen Dingen mit der Vernunft erkennbar« (Röm 1,20). Über dem Naturbereich steht für Jesus jedoch das Offenbarungswort des Vaters, aus dem er selber (Jo 4,34) und jeder Mensch lebt (Lk 4,4), das zu hören Verwandtschaft mit ihm (Lk 8,21) und Seligkeit (Lk 11,28) bedeutet.

Die religiöse Schau der Natur fiel den Christen oft schwer, meist aus Angst, in den Bereich des Pantheismus zu geraten. Andererseits scheint heute das Zeitalter der Technik dem Menschen ganz allgemein den Blick in den Kosmos, wie er aus Gottes Händen kommt, zu verstellen. Ein tieferes Betrachten des modernen naturwissenschaftlichen Weltbildes vermöchte allerdings in den Raum unseres Psalms vorzustoßen und ihn zugleich zu erweitern. Das Goethewort »Alles Vergängliche ist nur ein Gleichnis« ist nie überholt. Darum kann Nietzsche die Gottlosigkeit der neuzeitlichen Menschheit ein »Losketten der Erde von ihrer Sonne« nennen (Fröhliche Wissenschaft, Aph. 125). Freilich sieht der heutige Mensch in Gottes Willensoffenbarung zumeist nicht mehr seine Sonne und sein Licht. Er weiß kaum mehr, »was ihm zum Frieden (= Lebensfülle) dient« (Lk 19,42). Im geduldigen Dialog kann ihm der Sinn der atl. Bundescharta, wie unser Psalm sie meint, und die ihr entsprechende Grundweisung Jesu erschlossen werden. Dieser Sinn ist nichts anderes als die huldreiche Berufung des Menschen zu seiner höchsten Erfüllung.

Ps 20 (19). Gebet für den König um Sieg und Segen

(1 Dem Chormeister. Ein Davidpsalm.)

Bitte um den göttlichen Beistand

2 Jahwe erhöre dich am Tage der Not,
   der Name des Gottes Jakobs feie dich!
3 Er entbiete dir Hilfe vom Heiligtum aus,
   und vom Sion her stärke er dich!
4 Er gedenke all deiner Opfergaben,
   erachte für fett dein Brandopfer!
5 Er gebe dir, was dein Herz begehrt,
   und vollführe all dein Planen!

6 Wir wollen jauchzen ob deines Sieges
und im Namen unseres Gottes die Fahne schwingen!
Er vollführe all deine Bitten!

Gewißheit der Erhörung
7 Nun weiß ich es: Jahwe gibt seinem Gesalbten Sieg,
er erhört ihn von seinem heiligen Himmel aus
mit der sieghaften Macht seiner Rechten.
8 Diese sind durch Wagen, jene durch Rosse,
wir aber durch den Namen (–) unseres Gottes [stark].
9 Sie sinken hin und fallen,
wir aber stehen und halten uns aufrecht.

Erneute Bitte um Sieg
10 Jahwe, gib Sieg dem König!
[Erhöre] uns am Tage, da wir rufen!

A. Der hebräische Text bedarf nur kleiner Korrekturen in V. 8b und 10b. Sie entsprechen G.

B. Der Psalm ist ein Königspsalm. Sein Sitz im Leben ist der Kult. Unentschieden bleibt, ob es sich dabei um eine Thronbesteigungsfeier bzw. ihren Jahrestag oder um einen Bittgottesdienst vor einem Kriegszug (vgl. 1 Sam 7,9; 13,9–12) handelt. Der Psalm scheint jedenfalls als Formular für solch einen Anlaß gedichtet zu sein. Den verwendeten Ausdrücken und Gedanken nach kommt als Abfassungstermin am ehesten die spätere Königszeit in Frage. Der Psalm stammt wohl aus dem Kreis der Tempelsänger, die den ersten Teil als kollektives Bittlied und den Schluß als Danklied vortrugen. V. 7 ist wohl als prophetisch gemeinter Spruch des amtierenden Priesters zu deuten.

C. »Der König soll vor uns ausrücken und unsere Kriege führen!«, mit diesen Worten erbat Israel einst die Errichtung des Königtums (1 Sam 8,20). Dem König oblag neben der Wahrung der inneren Rechtsordnung im Gottesvolk die Sicherung von Volk und Land gegen den äußeren Feind. Wie bei anderen Völkern, wußte man erst recht in Israel, daß er dazu des göttlichen Beistands bedurfte; konnte das relativ kleine Volk doch nicht über ähnliche irdische Machtmittel verfügen, wie sie den damaligen Großreichen zu Gebote standen. Die hier formulierte Bitte um den Sieg setzt eine Zeit voraus, da man die heilige Lade nicht mehr als Palladium in den Feldzug mitnahm. Vom Allerheiligsten des Tempels aus sollte gleichsam Jahwes Arm ausgreifen und den König siegreich geleiten. »Name« bedeutet hier – wie in den Schriften der deuteronomistischen Theologenschule – die anrufbare gnädige Gegenwart Jahwes auf dem Sion, wo gewissermaßen die himmlische Sphäre (vgl. V. 7) in die irdische hineinragt. Nach dem Zeugnis des Sprechers von V. 7 hat das Gebet schon Erhörung gefunden. Er schaut bereits die Wende des Kampfes zum Triumph und die Bestätigung der prophetischen Lehre, daß Israels Kraft im vertrauensvoll erbetenen Beistand Jahwes und nicht in militärischer Großrüstung liegt (vgl. Is 30,15f.; 31,1; Zach 4,6).

D. Der Psalm ist nicht messianisch. Aber den König Israels umspielt immer schon das Licht des künftigen Heilkönigtums (vgl. Ps 2). In der nachexilischen königlosen Zeit hat die Gemeinde in diesem Psalm sicher nach dem verheißenen »David« und damit zugleich nach der eigenen sieghaften Befreiung ausgeblickt. Darum kann das neubundliche Gottesvolk ohne willkürliche Umdeutung dieses Gebet im Blick auf seinen König, den »Christus« (= Gesalbten, vgl. Jo 1,41) Jesus, sprechen. Denn nach 1 Kor 15,24ff. ist er in seiner himmlischen Existenz mit der Unterwerfung aller Mächte betraut, bis am Ende der Tage »Gott alles in allem« sein wird. Darauf ist auch die Vaterunser-Bitte: »Zu uns komme dein Königreich!« auszurichten, und dies kann geschehen im Geiste unseres Psalms. In dieser Sicht gewinnt gerade V. 4 eine neue Dimension, weil er uns zurückschauen läßt auf Jesu Opfer und Hingabe, indem wir »eingedenk sind des Christus, deines Sohnes, unseres Herrn ...« (Kanon der heiligen Messe). Durch Jesus verleiht aber der Vater auch uns den Sieg (1 Kor 15,57), in ihm vermögen wir »standhaft und unerschütterlich« zu sein (a.a.O., 15,58). Er wird uns teilnehmen lassen an seinem Siegesmahle (Apk 19,15–18).

Ps 21 (20). Der in Jahwe siegreiche König

(1 Dem Chormeister. Ein Davidpsalm.)

Dankender Preis für Jahwes Heilswalten am König
2 Jahwe, deines Machterweises freut sich der König,
ob deiner Siegeshilfe – wie jubelt er laut!
3 Den Wunsch seines Herzens hast du ihm gewährt,
und das Begehren seiner Lippen ihm nicht verweigert.
4 Ja, du bist ihm begegnet mit glückvollem Segen,
hast auf sein Haupt die Krone aus Feingold gesetzt.
5 Um Leben bat er dich, du hast's ihm gegeben,
Länge der Tage für ewig und immer.
6 Groß ist sein Ruhm ob deiner Siegeshilfe,
Glorie und Glanz legtest du auf ihn.
7 Ja, du machst ihn zum Segen für immer,
erquickst ihn mit Freude vor deinem Antlitz.
8 Ja, der König weiß sich geborgen in Jahwe.
Ob der Bundeshuld des Höchsten wird er nicht wanken.

Neue Heilszusage an den König
9 Erreichen wird deine Hand alle deine Feinde;
deine Rechte wird erreichen deine Hasser.
10 Du wirst sie wie in einen Feuerofen bringen
am Tage, da sie deiner angesichtig werden (–).
[Dein] Zorn wird sie verschlingen, und Feuer wird sie fressen.
11 Ihre Frucht wirst du von der Erde schwinden lassen,
ihren Samen aus den Menschenkindern.
12 Wenn sie Böses dir zudenken, Ränke planen,
sie werden nichts vermögen.
13 Denn du wirst sie umwenden,
mit deinem Bogen ihnen ins Gesicht zielen.

Bitte und Wunsch des Volkes
14 Rage auf, Jahwe, in deiner Macht!
Wir wollen singen und spielen deiner Heldenkraft!

A. Der hebräische Text scheint nur in V. 10 etwas gestört. Der Vers ist überdehnt. Jahwe (in 3 hebr. Hss. fehlend) ist durch spätere Beziehung der V. 9–13 auf Gott in den Text gekommen. Statt »sein Zorn« lese man mit G »dein Zorn«.

B. Ps 21, in vieler Hinsicht Ps 20 verwandt, ist ein Königspsalm, der im ersten Teil (2–8) ein Danklied (berichtendes Lob), im zweiten Teil eine Art Heilsorakel enthält, um in V. 14 mit einer Bitte und einem Gelübde abzuschließen. Einige wenige Ausdrücke finden sich sonst nur in späten Texten. Sie können auf eine Überarbeitung des Psalms, der ursprünglich zum judäischen Königsritual (Jahrestag der Inthronisation – vgl. Os 7,5 – oder Gottesdienst zwischen zwei Feldzügen) gehört haben wird, zurückgehen. Der Psalm setzt einen Sieg oder doch einen sichtbaren Beistand Jahwes voraus (V. 1–7), der sich für die kommende Zeit wiederholen soll. Wahrscheinlich spricht der Liturge selbst (in V. 9–13) den König an und gebraucht für seinen Zuspruch die Form der Orakel der Propheten. Eine echte prophetische Vergewisserung des Sprechers ist dabei nicht absolut vorauszusetzen. Möglicherweise hat er aber nicht nur seine eigene Überzeugung und sein gläubiges Vertrauen befragt, sondern auch ein priesterliches Losorakel (Urim-Tummim). Es könnte auch sein – die hebräischen Verbformen sind mehrdeutig –, daß das Ganze nur Wunschäußerung ist.

C. Das Gottesvolk, das in Ps 20 um Beistand und Sieg für den König bat, hat Erhörung erfahren. Es schaut seinen Herrn im Königsmantel der göttlichen Schutz- und Heilsmacht, sein Haupt mit dem Diadem der Siegeshilfe Jahwes geschmückt. Das ist Grund zu bewegtem Dank. Aber kein »Wir danken dir« klingt auf, sondern etwas viel Größeres: der Lobpreis, der mit dem »Du« beginnt und dieses »Du« immer wieder aufnimmt, um den Glanz Jahwes aus seinen Heilstaten am König zum Aufleuchten zu bringen.

Was am König selbst aufglänzt, ist Widerschein der göttlichen Herrlichkeit und Bundeshuld. Denn »Glorie und Glanz« (V. 6) sind zuerst göttliche Attribute (vgl. Ps 96,6;

104,1). Auch das lange und erfüllte Leben – dies meint V. 5 (vgl. 3 Kön 1,31; Neh 2,3) – ist Impuls der Lebensfülle Jahwes. Darum wird man mit dem Namen des so Gesegneten zukünftige Segenswünsche in Israel formulieren (V. 7).
Noch gibt es Feinde und Hasser des Gottesvolkes und seines Königs. Der Sieg über sie wird ihm im Bilde vom Feuerofen, das sich ähnlich auch in Os 7,6f. findet (vgl. Dan 3), zugesagt. Die ganze Schilderung paßt zugleich auf das göttliche Gerichtswalten (vgl. Mal 3,19). Auch hierin bezeugt sich das »Zusammen« von Jahwe und Israels König (vgl. Ps 2). Zugleich wird man – vorab in V. 13 – an die ägyptischen und mesopotamischen Darstellungen ihrer kämpfenden und siegenden Könige erinnert. Der Triumph seines Königs soll – so gelobt das Gottesvolk am Schluß – Anlaß zu jubelndem Lobpreis des siegverleihenden Bundesgottes sein.

D. Heilsgeschichtlich gesehen, ist der König dieses Psalms Vorläufer und Typus des Christus (= Gesalbten) Jesus. Ihm wurde die erfahrene Nähe des Vaters die große Freude (vgl. Lk 10,21; Jo 15,11). Dessen Heilswalten bereitete ihm in der Auferweckung den Sieg über die Gewalten, die ihn in den Tod gerissen hatten (Röm 6,9). Er ersteht »mit Glorie und Glanz gekrönt« (Hebr 2,9). In ihm dürfen sich darum alle Geschlechter der Erde als gesegnet erfahren (Gen 12,3; 22,18), er ist der für alle Völker verheißene Segen (Gal 3,14). Wer sich ihm jedoch verweigert, begegnet seiner niederwerfenden Gerichtshoheit (Apk 1,12–20). Durch sein Erscheinen wird jede Macht entmachtet und der Vernichtung überantwortet (Apk 19,19–21). Von dieser Endzeit her sollte sich der Horizont des Gottesvolkes aufhellen und ein Vorausecho jener Siegesfreude (vgl. Apk 19,7) in die Herzen aller Christen fallen.

Ps 22 (21). Der aus Gottverlassenheit und Todesnot von Jahwe Erhöhte

(1 Dem Chormeister. Nach »Hinde der Morgenröte« [?].
Ein Davidpsalm.)

Der Schrei aus der Verlassenheit

2 Mein Gott, mein Gott, warum hast du mich verlassen,
fern meinem [Flehruf], meinem Wehgeschrei?

3 (–) Ich rufe des Tags, und du antwortest nicht,
auch des Nachts, und mir wird nicht Stillung.

Blick auf Jahwe, den Gott der Väter

4 Du aber thronst als Allheiliger, du Lobpreis Israels.

5 Auf dich haben unsere Väter vertraut,
sie vertrauten, und du rettetest sie.

6 Zu dir schrien sie und kamen frei,
auf dich vertrauten sie und wurden nicht zuschanden.

Klage über die Verspottung

7 Ich aber bin Wurm und nicht Mensch,
der Leute Hohn und verachtet vom Volke.

8 Alle, die mich sehen, spotten meiner,
verziehen hämisch die Lippen, schütteln den Kopf:

9 »Er hat sich Jahwe überstellt, der errette ihn,
der reiße ihn heraus, wenn er ihn liebt!«

Jahwe, der Vater seines Lebens

10 Fürwahr du bist's, der mich aus dem Schoße zog,
mich an meiner Mutter Brust sicher verwahrte.

11 Auf dich bin ich geworfen von Geburt her,
vom Schoße meiner Mutter an bist du mein Gott.

12 Sei nicht ferne von mir, denn nah ist die Not,
denn kein Helfer ist da!

Die Todesnot inmitten der Feinde

13 Umstellt haben mich viele Stiere,
die Bullen Basans mich umringt.

14 Es halten ihren Rachen auf wider mich
Löwen, reißend und brüllend.

15 Wie Wasser bin ich hingeschüttet,
und all meine Knochen fallen auseinander.
Mein Herz ward wie Wachs,
zergangen in meinen Eingeweiden.

Ps 22 (21)

16 Trocken wie eine Scherbe ist mein [Gaumen],
und meine Zunge klebt mir an den Kiefern.
In den Todesstaub [legte man] mich.
17 Ja, umstellt haben mich Hunde,
eine Rotte von Frevlern mich umzingelt,
sie haben mir Hände und Füße zerschnitten.
18 [Sie zählen] all meine Knochen,
sie beäugen und begaffen mich.
19 Sie teilen meine Kleider unter sich
und werfen über mein Gewand das Los.

Bitte um Errettung
20 Du aber, Jahwe, sei nicht ferne,
du meine Stärke, eile mir zu Hilfe!
21 Entreiße dem Schwerte mein Leben,
den zupackenden Hunden mein einziges Gut!
22 Befreie mich aus dem Rachen des Löwen,
vor den Hörnern der Büffel mich [Armen]!

Das Lobgelübde
23 Ich will deinen Namen meinen Brüdern verkünden,
inmitten der Gemeinde dich lobpreisen.

In lebendiger Vergegenwärtigung der Befreiung
24 Ihr Jahweverehrer, lobpreiset ihn,
aller Same Jakobs, rühmet ihn,
erbebet vor ihm, aller Same Israels!
25 Denn er hat nicht verachtet noch verworfen
das Elend des Gebeugten
und hat nicht sein Antlitz vor ihm verborgen,
und auf sein Rufen zu ihm hat er gehört.

Die beglückte Gemeinde
26 [Erheben] will ich meinen Lobpreis in großer Gemeinde,
meine Gelübde erfüllen vor seinen Verehrern.
27 Essen sollen die Gebeugten und satt werden,
lobpreisen sollen Jahwe, die ihn suchen!
Aufleben soll euch für immer das Herz!

Die Bekehrung der Welt
28 Alle Enden der Erde sollen dessen gedenken
und sich zu Jahwe hinkehren,

vor seinem Antlitz niederfallen alle Geschlechter
der Heidenvölker.
29 Denn Jahwes ist das Königtum und die Herrschaft
über die Heidenvölker.
30 [Nur vor ihm] sollen niederfallen alle
Mächtigen der Erde, vor seinem Antlitz
sich beugen alle dem Staube Verfallenen.

Der Lobpreis der künftigen Geschlechter
Meine Seele wird [ihm] leben,
31 [mein] Same wird ihm dienen.
Man wird vom Herrn erzählen dem künftigen Geschlecht,
32 verkünden seine Heilstat dem nachgeborenen Volk,
daß er sie vollbracht.

A. An einigen Stellen ist der Text unsicher. In V. 2, 16, 22 und 30a ist er unter Annahme üblicher Verlesungsfehler leicht wiederherzustellen. In V. 17c ist mit den alten Übersetzungen statt »wie ein Löwe« ein Zeitwort (*karu*) zu lesen und vom Akkadischen her als »einschneiden, kerben« (Tournay) oder eventuell vom Arabischen her als »binden« (Driver) zu deuten. Möglich wäre auch vom Aramäischen und Späthebräischen aus die Bedeutung: »verunstalten«. Den V. 26 muß entsprechend dem parallelen Halbvers ursprünglich ein Zeitwort eingeleitet haben. V. 18 beginnen die alten Übersetzungen mit 3. p. m. pl. Ihnen muß man auch in V. 30b und 31a folgen. Die übliche Lesung in V. 30 »alle, die in der Erde schlummern« ist fraglich, weil nur durch Korrektur möglich.

B. Der Psalm ist in seinem ersten Teil (V. 2–22) ein individuelles Klagelied, in das wie üblich Bitten und Vertrauensäußerungen eingewoben sind. Das sonst öfters solche Klagelieder abschließende Gelübde (eines Dankopfers oder Dankliedes) ist hier zu einem vollen Danklied erweitert (V. 23–32), das den zweiten Teil des Psalmes bildet und mit einem hymnischen Ausklang endet. Daß es sich in Ps 22 um zwei ursprünglich verschiedene Psalmen handle, ist völlig unwahrscheinlich, und auch der Schluß (V. 28–32) ist nicht als spätere Anfügung anzusehen. Der Verfasser des Liedes – Sprache, Form und Gehalt sind einer Autorschaft Davids ungünstig – spricht sicher aus eigener schmerzlicher Leidenserfahrung, aber er hat als eigentlichen

Sprecher einen Größeren als sich im Auge. Vieles (vgl. C) weist darauf hin, daß er auf die Gestalt des leidenden Jahweknechtes, wie Is 53 sie schildert, blickt. Vielleicht hat in beiden Fällen das babylonische Kultritual vom leidenden, todverfallenen und wiederauflebenden König, das Israel im Exil kennenlernte, auf die Profilierung israelitischer Traditionselemente eingewirkt. Wie dem auch sei, unser Psalmist hat seinen Psalm im engen Anschluß an die spätere prophetische Verkündigung (vgl. C) formuliert und den Leidenden seines Psalms typisierend zu einer urbildlichen Gestalt der Heilsgeschichte gemacht.

C. Der hier Leidende fühlt sich in tiefster Gottverlassenheit, wie sich Israel im Exil verlassen fühlte (vgl. Is 49,14; 60,15; 62,4). Er kann mit Jeremias sprechen: »Von meinen Augen fließen Tränen Tag und Nacht, sie finden keine Stillung.« Und dennoch ist Jahwe für ihn »*sein* Gott« (V. 2). Er ist des Wortes eingedenk: »In der Höhe throne ich als Allheiliger und bin doch mit den Zerschlagenen und Geistgebeugten« (Is 57,15) und erinnert sich der Vergangenheit des Gottesvolkes, in der er verwirklicht sieht, was selbst einem Kuschiten von Jahwe verheißen ward: »Ich will dich entkommen lassen ... Du sollst dein Leben als Beute behalten, weil du auf mich vertraut hast« (Jer 39,18). Der Beter fühlt sich in seiner Zerschlagenheit wie ein Wurm (in Is 41,14 Name für das verbannte Israel!), unmenschlich verunstaltet wie der Jahweknecht in Is 52,14 und darum verachtet wie dieser (Is 49,7; 53,3). Und doch hat er, hierin seinem Volke ähnlich (vgl. Is 44,2.24; 46,3), Jahwe als seinen Vater erfahren, der ihn, wie die Väter in Israel taten (vgl. Gen 50,23; Job 3,12), aus dem Mutterschoß gleichsam auf seine Knie nahm (vgl. Jer 1,5). Darum die innige Bitte von V. 12 (vgl. Is 50,8). Die Todesnot des Sprechers ist von Feinden verursacht, die in den Bildern von Stier – die Bullen des fruchtbaren ostjordanischen Landstrichs Basan sind besonders stattlich –, Löwe, Hund und Büffel (V. 21 f.) dargestellt werden. Die V. 17–19 deuten in jedem Falle auf Gefangennahme und lebensgefährliche Mißhandlung, wahrscheinlich aber direkt auf jene Hinrichtung des großen Jahwegetreuen hin, die Is 53,5 und Zach 12,10 verkünden. Nach assyrischem Recht fallen dabei die Kleider des Angeklagten dem Kläger zu. Gewissermaßen im Tor des Todes stehend, ruft der Leidensmann noch einmal flehentlich um Rettung (V. 20–22). Der Autor des Psalms setzt mit der Formulierung des Dankhymnus voraus, daß Jahwe auf irgendeine Weise die Bitte erhörte. Der hebräische Text »Du hast geantwortet« für »mich Armen« (G) bezeugt die Befreiung sogar ausdrücklich. Wieder wird man unwillkürlich an Is 53,10f. erinnert: »Jahwe fand Gefallen an seinem Zerschlagenen... Er wird Samen schauen, lange leben.« Der den Seinen – es sind die getreuen Jahweverehrer, die »Gebeugten«, die nach Soph 3,12 das Volk der Heilszeit bilden werden – Wiedergegebene lädt sie ein zum Opfermahl (Dt 14,29; 16,11; Lev 7,15), das in der Sicht unseres Psalms zugleich jenes endzeitliche Mahl anzielt, von dem Is 25,6; 55,1; 65,13 sprechen. Dann wird sich die Zusage an Abraham vom universalen Heil erfüllen (Gen 12,3; 22,18), werden Weissagungen wie Is 2,3; Zach 8,20ff.; 14,16ff.; Is 60,1ff. (Hinwendung der Völker nach Jerusalem) Wirklichkeit werden (vgl. Tob 13,13). Die Königsherrschaft Jahwes – vgl. V. 29 mit Abd 21! – wird anbrechen. Auch die Mächtigen müssen sich ihr beugen (Is 49,7), ja alle Sterblichen (= Staubverfallenen, vgl. Gen 3,19; Job 10,9) überhaupt. Die Kunde von Jahwes Heilstat an seinem Erwählten (vgl. Is 41,20; 42,16) soll nicht nur in alle Räume, sondern in alle Zeiten dringen (vgl. Ex 10,2).

D. Ps 22 ist nicht einfach ein prophetischer Text und noch weniger eine »Weissagung« im üblichen Sinne, sondern ein Gebet aus tiefer Leidenserfahrung heraus. Aber diese Erfahrung wird vom Psalmisten in unserem Falle besonders stark ins Licht der Offenbarung gerückt und zugleich auf eine höhere Ebene verwiesen. Er selbst tritt zurück, und jene Leidensgestalt von Is 53 tritt hervor, die als

Repräsentant des Gottesvolkes zugleich kollektive und individuelle Züge trägt. Das Thema »Beugung und Erhöhung« – nicht aber das andere vom Sühneleiden für die Vielen – wird herausgeholt und als typisch für das Heilshandeln Gottes betont. Es hat sich tatsächlich am Gipfelpunkt der Heilsgeschichte in Jesus dem Christus als eines ihrer Grundthemen erwiesen. Darum hat Jesus nach dem Zeugnis von Mk 15,34; Mt 27,46 diesen Psalm als sein Sterbegebet gesprochen. Er ist in jene tiefste Tiefe der Gottverlassenheit und Qual gestiegen, die im Psalm angezeigt war. Sein Schrei blieb nicht ungehört: Gott hat den leidenden Christus in der Erweckung vom Tode und in der Erhöhung zum Haupt der sich bekehrenden Völker in einer Weise erhört, die wunderbar und einzigartig ist. Dies – und nicht bestimmte Detailübereinstimmungen mit der ntl. Leidensgeschichte – macht das große Gewicht dieses Psalms für das neubundliche Gottesvolk aus. Es steigt im Nachbeten des Psalms, des Sterbegebetes seines Erlösers und Herrn, gleichsam in dessen dunkle Leidenstiefe hinab und steigt von dort mit ihm auf ins Morgenlicht der Auferweckungsherrlichkeit, die alle Weltzeit überstrahlt.

Ps 23 (22). Jahwe, der gute Hirt und Gastgeber

1 (Ein Davidpsalm.)
   Geleitet durch Jahwes Hirtenschaft
   Jahwe ist mein Hirt, mir mangelt nichts.
2 Auf grünenden Triften läßt er mich lagern,
   zu den Wassern der Rastplätze führt er mich.
3 Da labt er meine Lebenskraft.
   Er geleitet mich auf rechten Pfaden
   um seines Namens willen.
4 Wandere ich auch durch finstere Schlucht,
   ich fürchte kein Unheil.
   Du bist ja bei mir!

Deine Keule und dein Stab,
sie geben mir Zuversicht.

Geborgen in Jahwes Gastfreundschaft
5 Du deckst vor mir den Tisch
im Angesichte meiner Bedränger.
Du salbst mein Haupt mit Öl,
randvoll ist mein Becher.
6 Nur Gutes und Holdes
sind mein Gefolge lebenslang.
Ich darf [wohnen] im Hause Jahwes
für die Dauer der Tage.

A. Die alten Übersetzungen lesen in V. 6 mit Recht »wohnen« statt des im Hebräischen ähnlich sich schreibenden »zurückkehren«.

B. Ps 23 ist ein Vertrauenslied. Die üblichen Klagemotive finden sich nicht darin. Der Psalm hat den Charakter eines frohen Bekenntnisses. Der Sprecher ist zwar ein einzelner, aber er betet den Psalm zugleich als Glied seines Volkes, dem Jahwe durch die Propheten (vgl. C) die Huld der Hirtenschaft zugesagt hat. Der Verfasser – nach Sprache und Gedankengut nicht in frühe Zeit zu setzen – bekennt nicht nur sein privates Glück, sich am Tempel als Asyl- und Gnadenstätte geborgen zu wissen, sondern will zugleich – in allerdings gedämpfter Lehrhaftigkeit – andere mit seiner beglückenden Erfahrung – sie verrät eine Art »Kultmystik« (G. v. Rad) – vertraut machen. Er formuliert sie im engen – wir könnten sagen: anthologischen – Anschluß an vorgegebene Schrifttexte.

C. Schon Jakob sagt nach Gen 48,15: »Gott, mein Hirte von Jugend auf!« Der Beter des Psalms blickt aber vor allem auf die prophetischen Texte zurück, die von Jahwe als Hirt Israels handeln: Os 4,16; Jer 23,3; Ez 34,11–16; Is 40,11 und 49,9. Ez 34,14 spricht vom »Lagern auf guter Trift und fetter Weide«, Is 49,9 von den Gefangenen: »Sie sollen überall Weide finden ... denn ihr Erbarmer führt sie, an sprudelnde Wasser geleitet er sie.« Der Ausdruck »Rastplätze« erinnert an Is 32,18, wonach Israel auf einer

»Trift des Friedens« und »auf sorglosen Rastplätzen« wohnen wird. Dies alles wendet der Psalmist auf sich selbst an und formuliert damit seine Erfahrung des guten göttlichen Geleits durch ein gefahrvolles Leben. Er denkt dabei hier schon an den Sion als Stätte der Labung. Ist doch Jerusalem nach Is 58,11 zugesagt, »ein wohlbewässerter Garten« und »ein Quellort mit unversieglichen Wassern« zu sein, und dem Tempel in Ez 47,1 ff. verheißen, Quellgebiet von Paradiesesströmen zu werden. Der Beter stellt beglückt fest, daß ihm zuteil wird, um was der Psalmist von 31,4 noch bittet: »Führe mich und geleite mich um deines Namens willen!«, d. h., Jahwes Schutzmacht offenbart sich an ihm dadurch – und dies vor aller Welt –, daß sein Weg ein Weg des Heiles und nicht des Unheils ist (vgl. Spr 2,19; 4,11.26; 8,20). Die Hirten müssen sich in Palästina während der Sommerzeit oft in die tiefen, finsteren Wadis zurückziehen, wo sich noch Grasnarben finden, oder sie müssen von Weideplatz zu Weideplatz wandern. Hier aber drohen wilde Tiere und Räuber, der sich der Hirt mit seiner Keule – sie findet sich heute noch am Gürtel des Hirten Palästinas – und seinem großen Hirtenstab erwehren muß. Für den Psalmisten wird solch gefahrvolles Wandern zum Bild seiner Lebensgänge, der Mahnung von Is 50,10 getreu: »Wer in Finsternis wandert und ohne Licht, der vertraue auf Jahwes Namen und stütze sich auf seinen Gott!«, und der Zusage an die Väter gewiß, die da bei Jakob lautet: »Siehe, ich bin bei dir, ich werde dich behüten, wohin du auch gehst!« (Gen 28,15 vgl. Gen 26,3.24; 31,3; Ex 3,12; Dt 2,7 u. a.).

In V. 5 wechselt der Psalmist in ein neues Bild, ohne aber das Grundthema zu ändern. Er weiß sich als Gast bei Jahwe (vgl. Ps 5,5; 15,1). Im Orient ist die Gastfreundschaft so unverletzlich, daß etwaige Verfolger gleichsam ohnmächtig vor dem Eingang des Zeltes oder Hauses auf ihr »Opfer« warten müssen. Hier ist der Tempel als Asylstätte gemeint, wo der bedrängte Jahwegetreue Bergung und – im Opfermahl, vgl. Ps 22,27! – Erquickung findet. Das Mahl am Tempel ist Mahl mit Jahwe als Tischherrn und Gastgeber, dem auch die sonstigen üblichen Handreichungen bei einer Einladung zugeschrieben werden: das Salben des Hauptes mit Öl (vgl. Am 6,6; Lk 7,46; Mt 26,7) und das immer neue Füllen des Bechers mit Wein (vgl. Ps 16,5). Sicher hat man vor dem heiligen Mahl das Haupt mit feinem Olivenöl eingerieben im Sinne eines Festschmucks (vgl. Ps 45,8; 133,2) und den gefüllten Becher dabei als »Becher des Heiles« verstanden. Für den schriftkundigen Psalmisten ist dieses Mahl auch transparent auf das endzeitliche Mahl hin, von dem Is 25,6; 55,1 f. (vgl. Jer 31, 14.25) sprechen. Statt der menschlichen Verfolger weiß der Beter nun die Heilsgüter Jahwes, die er »Gutes« (= Glück) und »Holdes« (= Bundeshulderweis Jahwes) nennt, hinter und neben sich als sein Gefolge. Am Tempel erfährt er sich so sehr auf dem Gipfel des Lebens, daß er jener Hanna gleicht, die nach Lk 2,37 Tag und Nacht nicht vom Tempel wich. Möglicherweise war er sogar Levit, der von Beruf aus die meiste Zeit dort zubringen durfte.

D. Dieser Psalm hat sicher zu den Lieblingsgebeten Jesu gehört, auch wenn er wie kein anderer um die Vorläufigkeit des Tempels und seines Kultes wußte. Das Wort: »Wußtet ihr nicht, daß ich in dem sein muß, was meines Vaters ist?« (Lk 2,49) ist mit dem Grundtenor unseres Psalms eng verwandt.

Für den Christen ist Ps 23 ein wundersames Lied, weil die Hirtenschaft und Gastfreundschaft Jahwes in Jesus persönliche Gestalt annahm. Der Heilbringer ist schon im AT als guter Hirte angekündigt (vgl. Mich 5,3; Ez 34,23 ff., 37,24 f.), und Jesus hat sich als mit der Hirtenschaft Jahwes betraut vorgestellt (Lk 15,4–7; Jo 10,1–29). In 1 Petr 2,25 heißt es: »Ihr waret wie irrende Schafe, jetzt aber seid ihr hingewendet zum Hirten und Hüter eurer Seelen«, und

Apk 7,17 verkündigt von der Endzeit: »Das Lamm in der Mitte vor dem Throne wird sie weiden und zu den Quellen des lebendigen Wassers führen, und Gott wird jede Träne abwischen von ihren Augen.«

Die Hirtenliebe Jesu führt zu jener Tischbereitung im heiligen Mahl, das er gestiftet hat zum Gedächtnis seiner Hingabe an den Vater für die Brüder (»Ich gebe mein Leben für meine Schafe«, Jo 10,15). Er selber ist dabei das Brot des Lebens und löscht allen Durst (vgl. Jo 6,35.54). In Christus, den »Gott gesalbt hat mit Freudenöl« (Hebr 1,9), hat der Vater »uns gesalbt und besiegelt und das Angeld des Geistes in unsere Herzen gegeben« (2 Kor 1,21f.). Für den neuen Äon aber ist uns verheißen: »Ihr werdet essen und trinken an meinem Tisch in meinem Königreiche!« (Lk 22,30; vgl. Apk 2,7). Dort werden wir ewig in jenem Tempel wohnen dürfen, der da ist »der Herr, Gott, der Allherrscher und das Lamm« (Apk 21,22).

Ps 24 (23). Jahwes Einzug in den Tempel — des Menschen Eintritt ins Heiligtum

(1 Ein Davidpsalm.)

Jahwe, der Weltschöpfer
Jahwes ist die Erde und was sie füllt,
die Welt und ihre Bewohner.
2 Denn er ist's, der sie auf die Meere gegründet
und über Fluten sie festigte.

Der Mensch vor Jahwes Heiligtum
3 Wer darf Jahwes Berg ersteigen,
wer an seiner heiligen Stätte stehen?
4 Wer schuldlose Hände hat und ein lauteres Herz,
[seine] Seele nicht auf Böses richtet
und nicht trügerisch schwört.
5 Der nimmt Segen mit von Jahwe
und Heil von seinem Helfergott.

6 So ist das Geschlecht, das ihn sucht,
das dein Antlitz schauen will, [Gott] Jakobs.

Jahwes Einzug in den Tempel
7 Hebet, Tore, eure Häupter,
hebt euch hoch, ihr ewigen Pforten,
daß einziehe der König der Herrlichkeit!
8 Wer ist dieser König der Herrlichkeit?
Jahwe, der Starke, der Held,
Jahwe, der Held im Kampfe!
9 Hebet, Tore, eure Häupter,
hebt euch hoch, ihr ewigen Pforten,
daß einziehe der König der Herrlichkeit!
10 Wer ist dieser König der Herrlichkeit?
Jahwe der Heerscharen, er ist der König der Herrlichkeit.

A. In V. 4 ist mit einigen Handschriften »seine« statt »meine Seele« zu lesen. In V. 6 ist mit G, S und zwei hebr. Hss. »Gott« einzuschieben.

B. Gattung und Sitz im Leben dieses Psalms sind nicht leicht zu bestimmen. Er scheint aus mehreren Schichten zusammengewachsen zu sein. Der Eingang (1-2) gehört zur Gattung des Hymnus. Dann folgt in V. 3-6 eine sogenannte Thoraliturgie (vgl. Ps 15). Der Schluß, V. 7-10, ist ebenfalls am besten als Liturgietext, wenn auch anderer Art – denn er hat Jahwes Einzug ins Heiligtum zum Thema –, aufzufassen. Gewöhnlich vermutet man, daß der Schlußteil ein am Tempeltor angestimmtes Lied beim Einzug der heiligen Lade ist (anläßlich der Rückkehr von einem Kriegszug oder einer Lade-Prozession); auf die erstmalige Übertragung der Lade von Silo nach Jerusalem (2 Sam 6) oder ihre damalige wiederholte Heimkehr (vgl. 2 Sam 11,11; 15,24) kann es nicht bezogen werden, da es unter David noch keinen Tempel gab, die Tore der Stadt aber kaum gemeint sein können. Von späteren Kriegszügen mit der Lade oder auch von Ladeprozessionen ist uns aus der Bibel nichts bekannt. Der Ausdruck »ewige Pforten« läßt sich schwerlich anders deuten als = »uralte« Pforten. Somit kommt auch die Übertragung der Lade in den neuen Tempel Salomos als Anlaß (vgl. 3 Kön 8,1) so gut wie nicht in Frage. Unbestreitbar ist der kriegerische Charakter der für Jahwe verwendeten Ausdrücke, aber einige von ihnen scheinen nicht alt (»Held« für Jahwe vorexilisch nur in Is 10,21; Dt 10,17, »stark« nur Is 43,17, »Held im Kampfe« nur 2 Chr 13,3, in Ex 15,3 [alt] ist dafür »*iš milchamah*« gesagt!). Die befriedigendste Hypothese für den »Sitz im Leben« des Psalms scheint diese: Das Lied ist ein liturgisches Formular für den Eintritt einer großen Pilgerschar bzw. des Volkes in den Tempel, und zwar am ehesten beim Laubhüttenfest, an dem einst der Salomonische Tempel eingeweiht worden war (3 Kön 8). Nach dem hymnischen Bekenntnis zu Jahwe als Schöpfer- und Weltengott werden erst die Vorbedingungen zum Eintritt in sein Heiligtum verkündet. Dann begeht man den Einzug als kultisch-dramatische Vergegenwärtigung des Heraufzugs aus Ägypten, des Zugs der Lade zum Sion unter David, des Einzugs der Lade in den Tempel unter Salomon und des endzeitlichen Einzugs der Herrlichkeit Jahwes durch das Osttor, wie Ez 43,4 ihn vorausschildert. Diese Torliturgie ist als Wechselgesang zu deuten und der (darauf fußenden) ehemaligen christlichen Palmsonntags-Torliturgie ähnlich zu denken.

C. Das hymnische Bekenntnis des »Introitus« ist vom alten Weltbild bestimmt, wonach die Welt auf Pfeilern im chaotischen Urmeer aufruht (vgl. Ps 104,5; Job 38,4ff. vgl. Is 42,5). Jahwe hat dieses Schöpfungswunder vollbracht und ist darum auch Herr der ganzen Welt und aller ihrer Bereiche, aber auch ihr Hüter, der den Kosmos nicht ins Chaos zurückfallen läßt. Dies soll sich vergegenwärtigen, wer zum Sion als seiner Gnadenstätte kommt. Wer den Tempel betritt, muß der Heiligkeit des Tempelherrn entsprechen. Wieder wird (darin gleicht Ps 24 dem Ps 15) nicht kultische Reinheit, sondern ethische Lauterkeit als Vorbedingung des Zutritts verlangt, und zwar mit Schwerpunkt auf dem echten Verhältnis zum Mitmenschen, das im Herzen und in der Seele beginnt. Wer so denkt, redet und handelt, stellt sich damit in die Sphäre von Heil und Segen und gehört zum wahren Gottesvolk.
Versammelt vor den Toren des Tempels, in dem nach Is 6 »Jahwe der Heerscharen« als »König« mit seiner alle Welt erfüllenden »Herrlichkeit« thronte, gestaltet und erlebt das

Volk den Zug der Vorfahren ins Gelobte Land, bei dem es Jahwe nach der Überlieferung als Herzog (Ex 13,21 u. a.), Kriegsheld (Ex 15,3) und König (Ex 15,18; Num 23,21) erfuhr, der in seiner »Herrlichkeit« die Gegner niederwarf (Ex 15,7), in ihr am Sinai erschien (Ex 24,16; 33,18) und das heilige Zelt, das Urbild des künftigen Tempels, damit erfüllte (Ex 40,34 vgl. Num 14,10). Diese Vorstellung der »Herrlichkeit Jahwes« (vgl. 1 Sam 4,21; 3 Kön 8,11) wie auch die Titulatur »Jahwe der Heerscharen« (vgl. 1 Sam 1,3; 4,4; 17,45) waren eng mit der heiligen Lade als Kriegspalladium (2 Sam 11,11; 15,24) verbunden. Die Aufforderung an die Tore (vgl. Is 14,31), sich hochzurecken, enthält das Bekenntnis, daß Jahwe der Hohe und Erhabene (Is 57,15) ist und der Tempel ihn nicht zu fassen vermag (3 Kön 8,27; Is 66,1). Wie schon die Königstitulatur zumeist auf das endzeitliche Kommen Jahwes hinweist, so gewinnt erst recht die Vorstellung, daß Jahwe in Herrlichkeit in den Tempel einzieht, im Lichte von Ez 43,4 (Einzug der Herrlichkeit Jahwes durch das Osttor des künftigen Tempels) eine endzeitliche Dimension. Sie wurde durch die Bezeichnung von Jahwe als Kriegsheld noch unterstrichen. Denn nach Is 59,20 kommt Jahwe für Sion als Erlöser, nachdem die ganze Welt seine »Herrlichkeit« im Sieg über die Feindvölker erschaut hat (vgl. Is 63,1 ff. = »Kommen« Jahwes auf den Sion nach siegreichem »Keltertreten«).

D. Was unser Psalm von Jahwe aussagt, wird vom NT weithin auf Jesus den Christus übertragen. Ihm gehört die ganze Welt des Sichtbaren und Unsichtbaren, weil alles »in ihm erschaffen wurde« (Kol 1,15 ff.). Er ist »der Herr der Herrlichkeit« (1 Kor 2,8), ist »König der Könige und Herr der Herren« (Apk 19,16). Für seine erste wie für seine zweite Ankunft gilt: »Macht hoch die Tür, die Tor macht weit! Es kommt der Herr der Herrlichkeit.« Ps 24 wird so für den Christen ein adventliches Lied auch außerhalb des liturgischen Advents. Er schaut darin nach vorn in die kommende Weltzeit, in der »Gott und das Lamm« der Tempel sein werden (Apk 21,22), wo die in Seligkeit Gott schauen, »die lauteren Herzens sind« (Mt 5,8), wo die Bösen aller Art keinen Zutritt haben werden (Apk 22,15). In unserer Welt aber sind wir selbst Gottes Haus (Hebr 3,6) und sein Tempel (1 Kor 3,16f.), aber Gott wohnt nur in uns, wenn *wir* die Liebe zum Bruder in uns wohnen lassen (1 Jo 4,12 vgl. 2,9f.; 3,10 u. a.).

Ps 25 (24). Jahwe als Hüter und Lehrer des verfolgten Gläubigen

(1 Von David.)
  Zu dir, Jahwe, hebe ich meine Seele, du mein Gott!
2 Auf dich vertraue ich; ich möchte nicht zuschanden werden,
  meine Feinde mögen nicht über mich triumphieren!
3 Keiner, der auf dich harrt, wird ja zuschanden;
  zuschanden werden, die grundlos die Treue brechen.
4 Mit deinen Wegen, Jahwe, mache mich vertraut,
  deine Pfade lehre mich!
5 Leite mich in deiner Wahrheit, [lehre mich],
  du bist ja mein Helfergott,
  und auf dich harre ich allezeit.
6 Gedenke deines Erbarmens, Jahwe, und deiner Hulderweise,
  sie sind ja von urher.
7 Meiner Jugendsünden [und Übertretungen]
  gedenke nicht, nach deiner Bundeshuld
  gedenke du mein – um deiner Güte willen, Jahwe!
8 Gütig und getreu ist Jahwe,
  drum weist er den Sündern den Weg.
9 Er leitet die Gebeugten in der Rechtsordnung
  und lehrt die Demütigen seinen Weg.
10 Alle Pfade Jahwes sind Bundeshuld und Treue
  denen, die seinen Bund und seine Weisungen wahren.
11 Um deines Namens willen, Jahwe,
  vergib meine Schuld, ist sie auch groß!

12 Wer ist der Mann, der Jahwe fürchtet?
   Ihm weist er den Weg, den wähle er!
13 Seine Seele wird im Glücke nächtigen,
   und sein Same das Land erben.
14 Freundschaft schenkt Jahwe denen, die ihn fürchten,
   und sein Bund ist da, sie zu unterweisen.
15 Meine Augen blicken stets auf Jahwe,
   denn er ist's, der meine Füße aus dem Netze zieht.
16 Wende dich mir zu und sei mir gnädig,
   denn einsam bin ich und gebeugt!
17 Meinem bedrängten Herzen [schaffe Raum],
   [und] führe mich aus meinen Drangsalen heraus!
18 [Nimm weg] meine Beugung und Mühsal
   und verzeihe alle meine Sünden!
19 Sieh doch, wie zahlreich meine Feinde sind,
   wie sie mich hassen mit grausamem Haß!
20 Bewahre mein Leben und reiße mich heraus,
   ich möchte nicht zuschanden werden!
   Denn ich berge mich an dir!
21 Lauterkeit und Geradheit mögen mich behüten!
   Denn ich harre auf dich.
22 Erlöse, o Gott, Israel aus allen seinen Bedrängnissen!

A. Der ursprüngliche Text weist in V. 5 und 7 (vgl. S) Überschüsse auf. In V. 17 ist bei gleichem Konsonantenbestand anders zu vokalisieren. In V. 18 ist wegen der Alphabetfolge für das wenig passende »Siehe doch« (= V. 19) »nimm weg« zu lesen (Parallelwort zu »verzeihen« = »aufheben« in 18b).

B. Ps 25 ist ein sogenannter alphabetisch-akrostichischer Text. Bei ihm sind die Versanfänge alphabetisch gereiht. Dieses Kunstmittel ließ bei einem weniger begabten Autor meist nur eine lockere Gedankenfolge ohne einheitliche Form zu. In Ps 25 herrschen die Elemente des Klageliedes vor, also Klage, Bitte, Vertrauensäußerung. In 8–10 treffen wir auf Motive des Hymnus. Der Verfasser gehört zu den oft Verfolgten der nachexilischen Zeit, die für sich und andere Halt und Belehrung im Studium der Heiligen Schrift suchten. Darum hat er seine Erfahrung in ein Gedicht zusammengefaßt, das zugleich im Sinne und nach der Art der nachexilischen Weisheitsschule wie Ps 119, d. h. in anthologischem Stil, eine Lehre vermitteln sollte. Das Alphabet ist dabei nicht nur Gedächtnisstütze, sondern soll wahrscheinlich zugleich diesen lehrhaften Charakter des Psalms schon rein äußerlich anzeigen.

C. In dem sprechenden Ausdruck »die Seele zu Gott emporheben« (vgl. Ps 24,4; 86,4 u. a.) – so sagte man auch in Mesopotamien – faßt der Psalmist gleich zu Beginn sein Gebet zusammen. Er weiß um die Gnade, daß Jahwe im Bunde sich zu »seinem Gott« gemacht hat (vgl. Ex 20,2 = Bundescharta). Er »vertraut«, d. h. ist der Erhörung sicher, und »harrt«, d. h. schaut angespannt nach ihr aus. Er kennt – wie andere Weisheitslehrer, vgl. Spr 3,5; 16,20; Sir 2,6 u. a. – die prophetischen Zusagen an die Vertrauenden (vorab Jer 17,5 ff.) und wünscht wie Jeremias: »Ich möchte nicht zuschanden werden« (17,18). Aber er will nicht nur Hilfe aus leiblicher Not, sondern mehr: 1. Jahwe soll ihn mit seiner Willensoffenbarung vertraut machen, d. h. sie ihm tief einprägen wie sie auch einüben helfen (vgl. Ps 119,35; Spr 4,11, »Weg«, »Pfad«, »lehren«, »leiten« sind Lieblingsworte der Weisheitssprache!). 2. Jahwe soll ihm seine Sünden verzeihen (V. 7,11 und 18b). Solcher Beistand wurzelt in »Erbarmung« (hebr. = Mütterlichkeit) und »Bundeshuld«, wie Os 2,21 sie schon verkündete. Ob dieser geistigen Güter stimmt der Psalmist nun ein hymnisches Bekenntnis des Bundeswillens Jahwes an (8–10), das Gedanken aus Ex 34,6 f.; Jer 32,40; Os 2,22; Nah 1,7; Mich 7,20 aufklingen läßt. In V. 12–14 kommt er wieder auf dieses Thema zurück, entfaltet es aber nach der Art der Weisheitslehre. Die Wendung »einen Weg wählen« erinnert z. B. an Ps 119,30; Spr 3,31; Job 29,25. Glück wird auch in Job 36,11 dem Jahwetreuen verheißen. »Sein Same wird das Land erben« ist ein Echo der genau gleichen Verheißung an den »gehorsamen Jahweknecht« Kaleb in Num 14,24. Das Wort von der Freundschaft Jahwes (»mit dem Redlichen«) steht ähnlich in Spr 3,32 (vgl. Am 3,7).

Da diese Freundschaft auch Zwiesprache bedeutet, fügt sich der Gedanke vom Bund als Unterweisung logisch an, der ganz der Linie von Dt und Spr 1–9 entspricht.
Nach einem Vertrauensbekenntnis in V. 15 – 15a ist ein Echo zu Dt 11,12; zu 15b vgl. Ps 31,5; Job 18,18 – kommt der Psalmist wieder auf seine verschiedenen Bitten aus dem 1. Teil des Psalms in anderer Formulierung zurück. Ihr Gipfelpunkt ist der einzigartige V. 21. »Lauterkeit und Geradheit« haben nach 3 Kön 9,4 David ausgezeichnet. Der Psalmist wünscht sie sich nicht nur als Tugenden, sondern sie sollen darüber hinaus wie ihn begleitende »Schutzengel« sein! Der Schlußvers ist wohl für die liturgische Verwendung des Psalms später angefügt. Doch erscheint solch eine kollektive Bitte dem Psalm nicht wesensfremd, weil der Psalmist nicht nur individuelle, sondern auch typische Aussagen machen wollte.

D. Dieser »innige persönliche Frömmigkeit atmende Psalm« (Nötscher) steht in vielfacher Hinsicht dem Geist Jesu nahe. Das Bekenntnis der Sünde konnte Jesus allerdings nicht für sich selbst vollziehen. Doch fühlte er sich, wie man aus dem NT leicht ersehen kann, tief in die Existenz der Sünder ein und wußte sich ihnen besonders verbunden (vgl. Mt 9,11; Mk 2,17), um sie in jene Lauterkeit zu führen (vgl. Lk 15,7; 1 Tim 1,15), die unser Psalmist ersehnt und erbetet. Er wollte für uns Sünder sterben (Röm 5,8) und »schämte sich nicht, uns Brüder zu nennen« (Hebr 2,11). Der Verpflichtung, die uns aus solcher Liebe erwächst – der hl. Paulus hat sie uns vielfach in die Seele geschrieben –, nachzukommen, hilft uns auch dieser Psalm. Er kann uns anspornen, in »einem neuen Leben zu wandeln« (Röm 6,4). Dabei bleibt uns der Kampf mit den geistigen Gegenmächten nicht erspart (Eph 6,10–12), doch aus Gottes Gnade und Kraft kann uns eine Rüstung werden (ebd., 6,13–18), wenn wir, wie der Psalmist, daran glauben, daß »unsere Hoffnung nicht zuschanden wird« (Röm 5,5; vgl. 9,33;

Hebr 6,19) und wie er »Hunger und Durst nach der Gerechtigkeit haben« (Mt 5,6), d. h. nach »einem mit Gottes Willen übereinstimmenden Handeln« (J. Schmid). Der Psalm erinnert uns daran, daß auch uns die Schrift als Gottes Wort anempfohlen ist »zur Schulung in der Gerechtigkeit« (2 Tim 3,16). Dort werden wir »von Gott belehrt, einander zu lieben« (1 Thess 4,9). Daß mit solcher Belehrung auch die göttliche Gnade und Kraft zur Einübung und Verwirklichung verbunden ist, um die der Psalmist fleht, legt 1 Jo 2,24 ff. nahe und sagt ausdrücklich Phil 2,13.

Ps 26 (25). Jahwe als Rechtshelfer der unschuldig Angeklagten

Begründete Bitte um den göttlichen Beistand
(1 Von David.)
  Schaffe mir Recht, Jahwe, denn unsträflich ging ich meinen Weg!
  Ich habe Jahwe vertraut ohne Wanken.
2 Prüfe mich, Jahwe, und erprobe mich,
  schmilz mir Nieren und Herz aus!

Beteuerung der Unschuld
3 Denn die Bundesliebe zu dir stand mir vor Augen,
  und in Treue gegen dich wanderte ich dahin.
4 Mit Männern des Trugs saß ich nicht zusammen,
  bei Heimlichtuern trat ich nicht ein.
5 Ich hasse die Versammlung der Frevler,
  und bei den Gottlosen sitze ich nicht.
6 Ich wasche meine Hände in Unschuld
  und umschreite so deinen Altar, Jahwe,
7 um laut den Lobpreis hören zu lassen
  und alle deine Großtaten zu verkünden.
8 Jahwe, ich liebe deines Hauses Stätte,
  den Ort, wo deine Herrlichkeit wohnt!

Erneute Bitte um Beistand
9 Raffe mich nicht mit den Sündern weg
  und mein Leben mit den Blutmenschen,

10 an deren Händen Schandtat klebt,
und deren Rechte gefüllt ist mit Bestechung!
11 Ich gehe doch unsträflich meinen Weg!
Erlöse mich und sei mir gnädig!

Gewißheit der Erlösung
12 Mein Fuß tritt schon auf ebenen Boden,
in den Versammlungen werde ich Jahwe segnen.

A. Der Text ist nur an einigen wenigen und unbedeutenden Stellen nicht ganz gesichert, also ausnahmsweise gut überliefert.

B. Der Psalm ist eng verwandt mit Ps 7 (vgl. auch Ps 17) und ist als Reinigungsgebet eines unschuldig Angeklagten im Tempel zu verstehen (vgl. 3 Kön 8,31ff.). Die Anklage muß auf ein todeswürdiges Verbrechen gelautet haben. Die Unschuldsbeteuerungen sind unter diesem Gesichtspunkt zu werten. Der Psalm ist zugleich als Formular für ähnliche Fälle gedacht. Der Anklagepunkt bleibt ziemlich unbestimmt, und der Verfasser schließt sich stark an die Schrift an, insbesondere an prophetische Texte, womit er gewiß auch einen lehrhaften Nebenzweck verfolgt.

C. Der Beter weiß sich im Tempel vor Gott als seinem Rechtshelfer (vgl. 7,12; Jer 11,20), auf den er von jeher sein Vertrauen setzte, insonderheit aber jetzt, vielleicht eingedenk der Zusage Jahwes an den Kuschiten: »Du wirst dein Leben als Beute behalten, weil du auf mich vertrautest« (Jer 39,18). Das Vertrauen aber ward von Bundestreue begleitet. Darum die Bitte um Überprüfung seiner Person. Denn Jahwe ist nach Jer 11,20; 17,10; 20,12 Prüfer »der Nieren und des Herzens«, d. h. des ganzen Innern. Das starke Wort »ausschmelzen« (ursprünglich, um Edelmetall von unreinen Bestandteilen zu trennen, vgl. Jer 6,29) für das »Testen« des Herzens erinnert an Jer 9,6; Is 48,10; Zach 13,9. Die eigentliche Unschuldsbeteuerung, oder besser der Reinigungseid, beginnt schon in V. 3, in dem der Angeklagte Jahwe seine stetige (vgl. Ps 26,3) Bundesgesinnung (vgl. Os 6,4; Is 57,1) und seine Treue (vgl. Ps 86,11; 3 Kön 2,4; 3,6 [David!]) versichert. Dann verneint er die Anklage, er gehöre zu einem Kreis von schlimmen Frevlern. Welcher konkrete Vorwurf hinter den Ausdrücken »Männer des Trugs« (nur noch Job 11,11), »Heimlichtuer« (nur hier so gebraucht!), »Frevler«, »Gottlose«, »Schandtat« (V. 10, oft = Unzucht, in Os 6,9 = Mord) steckte, ist im unklaren gelassen. Die Stichworte »Bestechung« (V. 10) und »Blutmenschen« (V. 9) deuten jedenfalls auf schwere Übertretungen im Bereich der 2. mosaischen Tafel hin. Zum Reinigungseid gehört als sinnbildliche Reinigungszeremonie die Händewaschung, wie sie ähnlich in Dt 21,6 beschrieben ist (mit dem Begleitwort: »Unsere Hände haben das Blut nicht vergossen«). Das Umschreiten des Altars ist uralter semitischer Brauch, insbesondere bei Bittrufen (vgl. 3 Kön 18,26). Hier hat der Psalmist bereits den Lobpreis im Auge, mit dem er seine Errettung zusammen mit den großen Befreiungstaten Jahwes an seinem Volk verkünden will. Der Tempel, nach Ex 40,34; 3 Kön 8,11; Ez 43,4 mit der »Herrlichkeit« Jahwes erfüllt, ist dem Psalmisten eine Art Heimat, zumal nach seiner Erhörung, die er jetzt erneut (V. 9–11), nur noch flehentlicher und inniger, erbittet. Erlösen heißt ursprünglich »loskaufen, auslösen« (Buber: abgelten), oft aus der Sklaverei, hier aus dem Todesschicksal. Schon sieht der Psalmist sich frei: Das Bild vom ebenen Boden meint das ungehinderte Ausschreitenkönnen (vgl. Is 40,4). Er will hin zu Jahwe gehen! Ihn will der Gerettete, umschart von der Gemeinde in ihren Gottesdiensten, »segnen«, d. h. ihm alle Herrlichkeit zudenken und zusprechen.

D. Der Psalm hat in seinen Unschuldsbeteuerungen nichts mit Pharisäismus zu tun. Die Situation des Beters ist eine ganz andere als die von Lk 18,11 f. (der Pharisäer im Tempel). Im absoluten Sinn der Sündelosigkeit konnte ihn allerdings nur Jesus beten, »der Hohepriester, der heilig ist,

schuldlos, unbefleckt, abgesondert von den Sündern und
erhaben über die Himmel« (Hebr 7,26), den seine Ankläger
keiner Sünde überführen konnten (Jo 8,46; Lk 23,4). Er
wurde zwar mit »Sündern« und »Blutmenschen« (V. 9,
vgl. Mk 15,27) hinweggerafft, aber vom Vater wahrhaft
»ausgelöst« und aus dem Tod dem Leben zurückgegeben.
Der Christ wird im Blick auf sich selbst nach der Gaben-
darbringung das »Lavabo inter innocentes manus meas«
(= Teil II unseres Psalms) zuerst nur als Wunsch beten dürfen,
im Blick auf den Herrn aber sich dann gläubig des Wortes
erinnern: »Er macht uns rein von aller Ungerechtigkeit«
(1 Jo 1,9, vgl. Röm 8,1). Er wird diesen Psalm zugleich im
Geiste von Eph 5,25ff. stellvertretend für die Kirche beten,
die irgendwo in der Welt immer eine unschuldig Verfolgte
ist.

Ps 27 (26). Jahwe ist auf Sion Licht und Heil der Seinen

(1 Von David.)

Höchstes Vertrauen des Befeindeten
Jahwe ist mein Licht und mein Heil.
Wen sollte ich fürchten?
Jahwe ist der Hort meines Lebens,
vor wem sollte mir bangen?

2 Dringen Frevler auf mich ein, mein Fleisch zu fressen,
meine Bedränger und meine Feinde,
sie straucheln und stürzen.

3 Lagert sich ein Heerlager wider mich,
mein Herz kennt keine Furcht.
Entbrennt Krieg gegen mich,
ich bleibe dennoch getrost.

Sehnsucht nach der Bergung am Tempel
4 Eines erbitte ich von Jahwe,
danach verlangt mich:
(zu weilen im Hause Jahwes lebenslang),

zu schauen Jahwes holdes Wesen
und Umschau zu halten in seinem Tempel.
5 Denn er birgt mich in seiner Hütte am Unheilstage,
er umhüllt mich mit der Hülle seines Zeltes,
auf seinen Felsen hebt er mich hoch.
6 Dann erhebt sich mein Herz über meine Feinde ringsum,
und opfern will ich in seinem Zelte Opfer des Jubels,
will singen und spielen Jahwe.

Gebet an der Gnadenstätte
7 Höre, Jahwe, mein lautes Rufen,
sei mir gnädig und antworte mir!
8 Von dir sagte mein Herz: »Suche sein Antlitz!«
Dein Antlitz, Jahwe, suche ich.
9 Verbirg dein Antlitz nicht vor mir,
weise im Zorn deinen Knecht nicht ab!
Meine Hilfe bist du!
Verstoße mich nicht und verlasse mich nicht,
du Gott meines Heils!
10 Würden mich auch Vater und Mutter verlassen,
Jahwe nimmt mich auf!
11 Zeige mir, Jahwe, deinen Weg
und leite mich auf ebener Bahn meiner Widersacher wegen!
12 Gib mich nicht der Gier meiner Bedränger preis!
Denn wider mich stehen falsche Zeugen,
man schnaubt nach Gewalttat [gegen mich].
13 Wenn ich nicht gewiß wäre, die Güte Jahwes
zu schauen im Lande der Lebendigen! ...

Heilszuspruch
14 Harre auf Jahwe, sei stark, fest sei dein Herz,
harre auf Jahwe!

A. Der Text bedarf an einigen Stellen leichter Korrekturen. Wahrscheinlich ist – auch die Grammatik spricht dafür – 4b: »zu weilen... « späterer Einschub aus Ps 23,6. V. 8a ist schwierig. Am plausibelsten ist die hier von Tournay (Bible de Jérusalem) übernommene Lesart. Am Schlusse von V. 12 scheint durch Ähnlichkeit mit der folgenden Silbe ein »mir« = »gegen mich« ausgefallen zu sein. V. 13 bedarf keiner Änderung; der Nachsatz kann (wie auch in unserer Sprache) ausfallen.

B. Ps 27 stellt der Form nach kein einheitliches Lied dar. Folgt doch einem Vertrauenspsalm (1–6) ein Klagelied (7–13). Darum wird Ps 27 öfters in zwei Stücke auseinandergenommen (z. B. Gunkel, Weiser, Castellino), aber Metrum, Hintergrund (andauernde Feindgefahr), Grundstimmung und nicht zuletzt der V. 14 als ein Heilszuspruch an den Beter plädieren eher für eine ursprüngliche Einheit. Die Situation ist diese: Ein unschuldig Verfolgter bekennt – noch fern vom Tempel, wo er Rettung suchen möchte – sein Vertrauen (1–6). Am Heiligtum angekommen, vor dem »Antlitz Jahwes, das er suchte«, fleht er um endgültige Abwendung der gefährlichen Feindschaft der Gegner. Ein Priesterwort stellt ihm diese in Aussicht. – Der Psalm ist eine Nachgestaltung dieser Vorgänge, die ihre Ausdrucksform aus der Überlieferung, insbesondere von den Propheten nimmt (vgl. C). Dabei werden Texte, die vom Volke bzw. von seinem Haupt gelten, individualisiert. Dadurch wird der Psalm zu einem Gebetsformular, in welchem jeder Beter sich »repräsentativ« in das Schicksal des Volkes einbetten kann.

C. Der Psalmist wendet die dem Isaiasbuch vertraute Vorstellung von Jahwe als »Licht Israels« (Is 10,17; 60,19f.) auf sich an und nennt als einziger Autor des AT ohne Umschreibung (z. B. »Gott meines Heils«, Ps 25,5) Jahwe »mein Heil« (sonst nur in Namen ausgesagt, z. B. Jeschajahu = Isaias = Jahwe ist Heil, ähnlich Jeschua = Jesus). Der Titel »Hort meines Lebens« (Sir 51,1) ist ein Echo auf Is 25,4: »Du warst ein Hort dem Geringen, ein Hort dem Armen in seiner Not« (vgl. Jer 16,19; Joel 4,16; Nah 1,7). In dem Vertrauen, das in solchem Bekenntnis fast hymnisch zum Ausdruck kommt, blickt der Beter ohne Furcht auf die hin, die »sein Fleisch fressen wollen«. Die Wendung ist ein kräftiges orientalisches Bild für die Vernichtung bzw. grausame Behandlung (vgl. Jer 30,16; 50,7 u. a.). Vom »Straucheln und Fallen« redet in gleichen Worten die prophetische Vision der Schlacht von Karkemisch (605 v. Chr., Sieg der Babylonier über die Ägypter) durch Jeremias (Jer 46,6). Der Psalmist greift mit seinen Ausdrücken (vgl. V. 3) über die individuelle Sphäre hinaus auf die des Königs bzw. Volkes. Der Gott, auf den er so fest baut, ist der, der nach Is 28,16 in Sion den Eck- und Grundstein seines Reiches gelegt hat, auf dem der Glaubende nicht ins Wanken kommt. Dorthin zieht es den Psalmisten (V. 4ff.), dort wird er die Verwirklichung seiner vertrauensvollen Erwartung erfahren, die wonnevolle Huld Jahwes (vgl. Ps 90,17), die ihn im Tempel als seiner »Hütte« (vgl. Ps 76,3; Klagl 2,6) und seinem »Zelte« (Ps 15,1) birgt und deckt (vgl. Ps 31,21) – wahrscheinlich hat der Psalmist Is 4,6 vor Augen – und »auf einen Felsen hebt« (Ps 61,3), d. h. für den Feind unerreichbar macht. Das Wort »Fels« erinnert zugleich an die enge Verbindung von »Berg Jahwes« und »Fels Israels« (= Jahwe) in Is 30,29. Die »Opfer des Jubels«, die der Beter darbringen will, sind wohl den »Dankopfern« von Ps 107,22 gleichzustellen. Hier fällt dem preisenden und dankenden Wort eine entscheidende Rolle zu (vgl. Os 14,3), wenn auch nicht an eine Ersetzung des Opfertiers durch das Lob (vgl. Ps 51,17f.) gedacht sein dürfte.

Mit V. 7 beginnt das Klage- und Bittlied des Psalmisten im Tempel. Er hat sich die Mahnung zu eigen gemacht, Jahwe zu suchen (Os 5,15; Dt 4,29 u. a.). Mit »verstoßen« gebraucht der Psalmist ein Wort, das sonst immer von der Verstoßung Israels durch Jahwe gebraucht ist (vorzüglich bei Jer, vgl. 7,29; 12,7; 23,33.39). Das innige Vertrauensbekenntnis von V. 10 ist ein Echo auf die Zusage an Israel von Is 49,15: »Vergißt eine Frau ihren Säugling, eine Mutter den Sohn ihres Schoßes? Mögen auch diese vergessen, ich vergesse deiner nicht!« und auf die »Vatertexte« von Os 11,1ff. und Jer 31,20. Aus diesem Bewußtsein formuliert der Psalmist die Bitte von V. 11 (Ps 86,11; vgl. 119,33), ihn in die Heilssphäre zu stellen, in der Jahwes Willen kennen und tun und Segen erlangen eins sind. Dann wird er gerechtfertigt dastehen vor seinen Widersachern, die hier nun näher bestimmt sind als verleumderische Ankläger, die, wie etwa die falschen Zeugen gegen Nabot in 3 Kön 21,10, sein Verderben wollen. Wenn er nicht so tief im Vertrauen »Stand hätte« – das bedeutet eigentlich das verwendete hebräische Zeitwort –, durch Jahwes Güte »im Land der Lebendigen« (Jer 11,19), d. h. am Leben bleiben zu dürfen, müßte er verzweifeln und sich verloren geben. Diese Versuchung wird abgewendet durch den priesterlichen Zuspruch von V. 14, der durch Os 12,7: »Harre beständig auf deinen Gott!« (Gotteswort an Jakob) und die häufige Mahnung der Überlieferung »sei stark und fest!« (Dt 31,7; Jos 1,6f.; 1 Chr 22,13 u. a.) den Charakter eines vollmächtigen Gotteswortes erhält und das erbetene Heil ankündigt.

D. Jesus als Beter fand in diesem Psalm unschwer ein gültiges Wort für seine Seele und seinen Lebensgang. Er, der uns das »Fürchtet euch nicht!« als Folgerung aus dem Vertrauen auf den fürsorglichen Vater zurief (Mt 10,31; vgl. Lk 12,32; Jo 14,27), war ganz in seinem Vater – wie oft sagt er »mein Vater«! – als seinem quellenden Lebensgrund verwurzelt und bewegte sich furchtlos in der ihm feindlichen Welt. Auch wenn der Tempel für ihn nicht mehr die altbundliche Einzigartigkeit als Gnadenort hatte (vgl. Mt 12,6), lenkte er seine Schritte gern zu ihm (vgl. Mt 21,23). Sein Blick ging dabei über die Tempelzinnen hinaus in die eigentliche Wohnstätte Gottes, die er als »Himmel« so oft erwähnte, und zugleich zu jenem »Tempel« hin, der aus dem Heilshandeln des Vaters an ihm erwachsen sollte (vgl. Eph 2,21f.).

Im Leiden zahlte dann aber auch Jesus der Angst den Zoll des Menschlichen am Menschen und »brachte Gebet und Flehen vor den, der ihn vom Tod erretten konnte« (Hebr 5,7), nach dem seine Gegner, auch die falsche Anklage nicht scheuend, »schnaubten«. Ein Bote des Vaters – so berichtet Lk 22,43 – »stärkte ihn«. Wir können in seinem Mund gut den V. 13 unseres Psalms denken. Jesus ward es anders, aber viel gewaltiger gegeben, »die Güte Jahwes zu schauen im Lande der Lebendigen«.

Der Christ kann – für sich und für die Kirche – sich in diesem Psalm zugleich an Jesus den Christus wenden, der sein »wahres Licht« (Jo 1,9; vgl. 8,12) und »der Urheber seines Heiles« ist (Hebr 2,10; vgl. Apg 4,12). Niemand kann ihn davon trennen (Röm 9,31 ff.). Das Sehnsuchtswort des Psalms wird dabei von Phil 1,23 (Verlangen des Apostels, bei Christus zu sein) ins neubundliche Licht gestellt. Vor dem christlichen Blick steht »das Zelt Gottes bei den Menschen« (Apk 21,3) mit seinem Lobgesang (Apk 19,5). Ebenso gewinnt der zweite Teil des Psalms im Mund des Christen ein neues Relief. Denn das Bitten ist eine häufige Aufforderung Jesu. Die Kirche ist immerfort in irgendeinem Teil der Welt verleumdet und verfolgt, falls der den Psalm betende Christ nicht selbst in dieser Lage ist. V. 14 lädt ein, auf allen Heilszuspruch der Offenbarung zu lauschen.

Ps 28 (27). Jahwe, der Retter
aus tödlicher Feindschaft

(1 Von David.)
Anruf und Bitte um Hilfe gegen falsche Ankläger
Zu dir rufe ich, Jahwe, mein Fels,
sei nicht taubstumm gegen mich!
Sonst werde ich, schweigst du vor mir,
denen gleich, die zur Grube fahren.
2 Höre mein flehentliches Rufen,
da ich zu dir schreie, meine Hände
zu deinem heiligen Innenraum erhebe.
3 Raffe mich nicht mit den Gottlosen dahin,
mit den Übeltätern, die »Heil!«
zu ihren Nächsten sagen, aber
Böses in ihrem Herzen hegen.
4 Vergilt ihnen nach ihrem Treiben und nach
der Bosheit ihrer Taten!
Nach dem Werk ihrer Hände vergilt ihnen,
laß ihr Tun auf sie zurückfallen!

5 Denn sie achten nicht auf Jahwes Walten
und auf das Werk seiner Hände.
Er wird sie niederreißen und nicht mehr aufbauen.

Lobpreis für den Beistand
6 Gesegnet sei Jahwe, daß er mein
flehentliches Rufen hörte!
7 Jahwe ist mir Wehr und Schild,
zu ihm hat mein Herz Vertrauen.
Mir ward Hilfe, so jauchzt mein Herz.
Mit meinem Sang lobpreise ich ihn.

Jahwe, Hort und Hirt seines Volkes
8 Jahwe ist Wehr seinem [Volke]
und eine rettende Feste seinem Gesalbten.
9 Befreie dein Volk und segne dein Erbe!
weide sie und trage sie ewiglich!

A. Der Text bedarf nur in V. 8 einer Änderung. Statt »ihnen« ist mit einigen Hss und G S »seinem Volke« (lautlich und graphisch verwandt) zu lesen.

B. Der Psalm gehört zur Klasse der individuellen Klagelieder. Der übliche »Umschwung« zum Dank (vgl. Ps 6,9 u. a.) entfaltet sich hier ähnlich wie bei Ps 22 zu einem echten Danklied. Der »Schauplatz« für das Geschehen ist der Tempel als Gerichts- und Asylstätte (vgl. 3 Kön 1,50). Die Klage bezieht sich auf eine ungerechte Anklage, die eventuell die schwerste Strafe nach sich ziehen könnte. Der Verfasser mag eine ähnliche Situation durchgemacht haben. Er formuliert aber den daraus resultierenden Psalm in so engem Anschluß an andere Schrifttexte, daß man von einem »anthologischen Abfassungsstil« reden muß. Dabei ist die Ebene so gewählt, daß der Beter zugleich Typus des leidenden Gottesvolkes ist. Eine genaue Durchprüfung des Wort- und Gedankengutes – in C spiegelt sie sich nur auszugsweise wider – läßt mit Sicherheit auf nachexilische Abfassung schließen.

C. Der Beter wendet wie Ps 18,3; 19,15 u. a. die bekenntnishafte Aussage »Jahwe = Fels Israels« (Is 30,29; 2 Sam 23,3) zum Anruf »mein Fels« (= sichere Zufluchtsstätte). Seine

Bitte, nicht taubstumm zu sein – eine typische Psalterformel (vgl. 35,22; 39,13 u. a.) – und nicht zu schweigen (vgl. Is 62,1: »Sion zuliebe will ich nicht schweigen!«), will das sichtbare Eingreifen Jahwes herbeirufen. Sonst sieht er sich der Grube, d. h. dem Tode, ausgeliefert. Er wendet sich dabei in der altorientalischen Gebetshaltung (Erheben der Hände) zu jener Stelle im Tempel, von der es 3 Kön 6,19 heißt: »Innen, inmitten des Tempels, errichtete er (Salomon) einen Hinterraum, um hier die Bundeslade Jahwes aufzustellen.« Der Beter will dem Todesbereich, welcher der Anteil der Gottlosen ist, entrissen werden. Diese »Übeltäter« (vgl. Ps 5,6), von denen auch Jer 9,7 sagt: »Heil! spricht man zum Nächsten, aber im Innern nährt man Arglist« (vgl. 9,1 ff.), sind die Ankläger des Beters. Über sie soll das Gericht kommen, das sie dem Psalmisten zugedacht haben. Sie werden auch Is 5,12 beschrieben: »Auf Jahwes Tun blicken sie nicht, schauen nicht auf das Wirken seiner Hände!« Der Bundesgott gilt ihnen nichts, und an sein Gerichtswalten glauben sie nicht. Ihnen soll das Gegenteil dessen werden, was Jer 24,6 den Verbannten von Jahwe verheißen ist: »Ich baue sie auf und reiße sie nicht mehr ein!« (vgl. Jer 45,4).
Nach diesem Bittgebet ist der Beter der Wendung seines Schicksals sicher – auf welche Weise, wird nicht gesagt – und beginnt den Lobpreis mit der alten Formel: »Gesegnet (= gepriesen) sei Jahwe« (vgl. Gen 9,26; 24,27; Ex 18,10 u. a.). Es jauchzt sein Herz wie das der befreiten Tochter Sion in Soph 3,14. Tatsächlich schließt sich der Psalmist am Schluß auch mit seinem Volk zusammen und läßt in V. 8 Ex 15,2 anklingen. »Der Gesalbte« bezeichnet hier wie in Hab 3,13 zunächst das Gottesvolk selbst; sein zukünftiger königlicher Repräsentant wird aber »mitgedacht« sein. In der Schlußbitte ist auch die Zukunft anvisiert. Sie stimmt mit Jer 31,7 (hebr. Text = 9a) und Dt 26,5; 9,26 (9b) überein und beschwört in 9c die Verheißung von Is 40,11: »Jahwe weidet seine Herde wie ein Hirt, ... die Lämmer trägt er an seinem Busen, die Mutterschafe führt er sacht.«

D. Das Gebet eines unter falscher Anklage Todbedrohten steht dem Leidensgang Jesu in seine Herrlichkeit (vgl. Lk 24,26) immer nahe, zumal wenn es in ein Dankgebet für gewährte Hilfe umschwingt. Die Herabrufung des göttlichen Vergeltungsgerichts auf die Gegner (V. 4) ist allerdings dem Mund Jesu fremd. Dennoch muß und darf der neubundliche Beter diesen Vers nicht einfach einklammern. Er erinnert daran, daß auch Jesus Gottes künftige Strafgerichte an denen, »die nicht auf Jahwes Walten achten« (V. 5), angekündigt hat und man diese Worte Jesu nicht aus seiner Gesamtbotschaft streichen kann. Vor allem aber ist über V. 4 das glanzvolle Gesamtthema: »Gott, der Fels, die Wehr, der Schild, die rettende Feste, der Hirt der Seinen« nicht zu vergessen. In ihm tut sich ein großer Horizont auf, der die gesamte Heilsgeschichte umfaßt, vorab den Blick aber hinlenkt zur »überragenden Größe der Macht Gottes, die er an uns, die wir glauben, erweist in der Auswirkung seiner Kraft und Stärke, wie er sie in Christus wirksam werden ließ, da er ihn von den Toten auferweckte und zu seiner Rechten setzte im Himmel, hoch über jede Macht und Gewalt und Kraft und Herrschaft und jeden Namen, der genannt wird, nicht nur in dieser Welt, sondern auch in der zukünftigen« (Eph 1,19–21).

Ps 29 (28). Der Donnerruf des Weltenrichters Jahwe

(1 Ein Davidpsalm.)

Aufruf an die Himmlischen
I
1 Zollt Jahwe, ihr Göttersöhne, zollt Jahwe Glorie und Macht!
2 Zollt Jahwe seines Namens Glorie, fallt nieder vor Jahwe in heiligem Prachtgewand!

Das Gerichtsgewitter über dem Meer
II 3a Der Donnerruf Jahwes über den Wassern, (–) Jahwe über vielen Wassern!

4 Der Donnerruf Jahwes voller Gewalt, der Donnerruf
   Jahwes voller Majestät!

Das Gerichtsgewitter über dem Libanon

III 5 Der Donnerruf Jahwes bricht die Zedern,
   es bricht Jahwe die Zedern des Libanon.
  6 Er läßt den Libanon hüpfen wie ein Kalb und den Sirion
   wie einen jungen Wildstier.

Das Gerichtsgewitter über dem Süden (Negeb)

IV 8 Der Donnerruf Jahwes erschüttert die Wüste,
   es erschüttert Jahwe die Wüste von Kades.
  9a Der Donnerruf Jahwes wirbelt [die hohen Bäume],
  9b es schält [Jahwe] die Wälder ab.

Jahwes Herrlichkeit in Blitz und Donner über Sion

V 7 Der Donnerruf Jahwes schlägt Lohen,
   [es schlägt Jahwe Lohen] von Feuer.
  3b Der Gott der Glorie donnert,
  9c und in seinem Tempel ruft alles: Gloria!

Jahwes Königtum in Gericht und Gnade

VI 10 Jahwe hat auf der Flut gethront [als König],
   es thront Jahwe als König auf ewig.
  11 Jahwe wird seinem Volke Macht geben,
   Jahwe wird sein Volk mit Friedensfülle segnen.

A. Die hier gegebene Übersetzung – wegen der Versumstellungen der Übersicht halber in Strophen eingeteilt – nimmt jenen Aufbau des Textes als ursprünglich an, für den E. Vogt (Biblica 41 [1960] 17–24) mit einleuchtenden Gründen plädiert, mit der Ausnahme freilich, daß in 9b aus 9a nur das Wort »Jahwe« aufgenommen wird. Man darf hier nämlich die Parallele zu 5 und 8 nicht genau durchziehen, weil diese Verse jeweils den ersten Vers der Strophe darstellen und nicht den zweiten wie V. 9. Im zweiten Vers der Strophen hat der Verfasser sichtlich und sicher absichtlich die Klimax jeweils unterlassen. Am Text selbst wurde nur in 9a »Hinden« durch das mit gleichen Konsonanten geschriebene Wort »Hochbäume« ersetzt wegen des Parallelismus zu 9b, einem durch Joel 1,7 gesicherten Stichos. Der Einwand, daß das »Baumthema« schon in der dritten Strophe behandelt worden sei, verkennt, daß es in der Hauptsache um die Schauplätze geht: Libanon–Kades–Bergland Juda.

B. Dieser poetisch großartig gestaltete Psalm vom »Donnerruf Jahwes« (siebenmal!) gehört zur Gattung der Hymnen. Über seine Deutung und Datierung gehen die Ansichten der Exegeten weit auseinander. Er hat sein Vorbild zweifellos in einem altkanaanäischen Gewitterhymnus auf den Wettergott Baal-Hadad. Aber er ist andererseits so »jahwistisch« wie kein anderer Psalm (achtzehnmal »Jahwe« in elf Versen!) und hat im Wort- und Gedankengut so viel Verwandtschaft mit Prophetentexten (vgl. C und meine Analyse des Psalms in der Festschrift für H. Junker, 1961, S. 52–58), daß er – zum mindesten in seiner jetzigen Gestalt – wie Zach 9,14 in die Zeit Alexanders des Großen datiert und mit A. Robert folgendermaßen gedeutet werden muß: »Die Siege der Griechen wecken in den Augen der Gläubigen die Erinnerung an das große, von den Propheten angesagte Gericht. Unser Psalm muß ein Echo auf diesen Seelenzustand sein. Nicht ohne Grund läßt er aus dem Nordwesten das Gewitter kommen, das alle vermessene Größe niederschlägt. Die Griechen sind in dieser Perspektive die Instrumente der Vorsehung, und ihre Erfolge sind das Vorspiel für die Errichtung des Königreiches Gottes. Der Psalm gehört so zur Hymnengattung, ist aber klar eschatologisch« (Dict. Bibl. Suppl. V. 116). Nach der Überschrift von G ist der Psalm jeweils am letzten Tag des Laubhüttenfestes gesungen worden.

C. Der Psalmist wendet sich in Strophe I dem Himmelspalast Jahwes zu und ruft den himmlischen Hofstaat – hier poetisch mit dem alten mythologischen Wort »Göttersöhne« bezeichnet – auf, Jahwe alle Glorie und alle Macht – auch die ihre! – zuzusprechen und dies zu vollziehen als himmlische Liturgie (vgl. 1 Chr 16,28f.) vor dem Auszug Jahwes zu einer Gerichtstheophanie (vgl. 2 Chr 20,21) an den Feindvölkern. In Strophe II tönt nun der Donnerruf Jahwes auf und hallt über das Mittelmeer (vgl. Ez 27,26: viele Wasser = Mittelmeer), von wo in Palästina die Gewitter kommen. Wir werden lebhaft an die Theophanie von Is 30,30 erinnert: »Jahwe läßt seinen majestätischen Donnerruf erschallen, läßt schauen, wie sein Arm herabfährt in tobendem Zorn und verzehrender Feuerflamme, unter Sturm, Gewitter und Hagelgestein." Strophe III ist wie ein

Echo auf Is 2,12 ff.: »Ein Tag ist von Jahwe der Heerscharen bestimmt über alles Stolze und Hohe, über alles Erhabene, daß es niedrig werde, über alle Zedern des Libanon ... Gebeugt wird der Hochmut der Menschen und erniedrigt die Hoffart der Männer, Jahwe allein ist erhaben an jenem Tage« (V. 17). In Zach 11,1 sind mit den vernichteten Zedern des Libanon die Perser gemeint. In Strophe IV wechselt der Schauplatz weit in den Süden, in die »Wüste von Kades«. Nach Zach 9,5 »erbebt« Gaza, die Stadt westlich dieser Wüste, vor dem Gericht über Tyrus (Eroberung durch Alexander den Großen) und erfährt dann das gleiche Schicksal. Jahwes Gericht am »Wald« ist ein Thema von Is 10,33 (Assyrer vor Jerusalem): »Siehe, Jahwe ... schlägt das Gezweig mit schrecklicher Gewalt herunter, die Hochragenden werden gefällt ... Das Waldesdickicht wird mit dem Eisen umgehauen« (vgl. 32,19; Jer 21,14 u.a.; Ez 21,1 ff.; Zach 11,2). Für Strophe V ist Is 29,6 (betr. assyrisches Heer) instruktiv: »Von Jahwe der Heerscharen wirst du heimgesucht mit Donner und Tosen und lautem Donnerruf, mit Wind und Wirbelsturm und fressender Feuerflamme!« In V. 9c tönt das Echo auf Jahwes Gerichtswalten auf: seine Preisung im Himmelspalast und zugleich im Tempel auf Sion (vgl. Ps 148). Strophe VI beschwört die Sintflut, in welcher Jahwe als König Gericht hielt, aber an Noe Gnade walten ließ. Den Kommentar zu diesem unerwarteten Gedanken gibt Is 54,9 ff., wo das Gnadenwalten an Noe als Typus für die ewige Huld Jahwes und den »Bund der Friedensfülle« gegenüber Jerusalem erscheint. Der Psalm schließt mit dem Ausblick auf die Zeit, da Sion Jahwes »Macht anziehen« darf (Is 52,1) und »die Friedensfülle seiner Söhne groß sein wird« (Is 54,13). Aus dem großen Völkergericht wird also Sion als herrliche Königsstadt des endzeitlichen Königreiches Jahwes hervorgehen.

D. Nach einem großen Teil der Textüberlieferung von Mt 6,13 schließt das Vaterunser mit dem Lobpreis: »Denn

dein ist das Königreich und die Kraft und die Herrlichkeit
in Ewigkeit. Amen!« Die alte Kirche hat jedenfalls beim
liturgischen Gebrauch das Vaterunser so geschlossen und
damit auch das Grundthema unseres Psalms kommemoriert.
Jesus selbst hat die endzeitliche Königsherrschaft Gottes
zum Mittelpunkt seiner Verkündigung gemacht. Im Blick
auf sie kann das neubundliche Gottesvolk diesen herrlichen
Psalm beten. Es schaut dabei »den Menschensohn zur Rechten
der Kraft Gottes sitzen« (Mk 14,62), den die in unserem
Psalm gepriesene Macht Gottes erhöht hat (Apg 5,31). Vor
ihm beugt sich alles (Phil 2,10), auch die Engel (Hebr 1,4),
und der Chor aller Wesen ruft: »Dem, der auf dem Throne
sitzt, und dem Lamme sei der Lobpreis und die Ehre und
die Verherrlichung und die Macht in alle Ewigkeit!« (Apk
5,13). Nach dem Gericht über den alten Äon und seine
Mächte (Apk 20,11–15) wird dem neuen Äon das »neue
Jerusalem« als »Zelt Gottes unter den Menschen« geschenkt
(Apk 21,1–3).

Ps 30 (29). JAHWE ALS RETTER AUS TODESNOT

(1 Ein Psalm. Lied zur Tempelweihe. Von David.)

Lob auf den rettenden Gott

2 Ich erhebe dich, Jahwe, denn du zogst mich empor
und ließest meine Feinde nicht jubeln über mich.
3 Jahwe, mein Gott, ich schrie zu dir,
da hast du mich geheilt.
4 Jahwe, aus der Unterwelt holtest du mich empor
und riefst mich ins Leben zurück aus jenen,
die zur Grube fahren.

Preisendes Bekenntnis der göttlichen Gnade

5 Singet Jahwe, ihr seine Getreuen,
und lobpreiset seinen heiligen Namen!
6 Fürwahr, nur ein Weilchen waltet er zornvoll,
aber ein Leben lang gnadenreich.

Nächtigt am Abend Weinen,
zum Morgen ist's Jauchzen.

Schilderung der Not

7 Ich hatte, meines Glückes sicher, gedacht:
Ewig werde ich nicht wanken!
8 Durch deine Gnade, Jahwe, [stand ich] auf schützenden
[Bergen].
Da hast du dein Antlitz verhüllt,
und ich ward verstört.
9 Zu dir, Jahwe, rief ich und ging meinen Herrn
flehentlich an:

Bitte um ein Leben zum Loben

10 »Was hast du von meinem Blut, wenn
ich ins Grab steige?
Lobpreist dich Staub, verkündet er deine Treue?
11 Höre, Jahwe, und sei mir gnädig,
Jahwe, sei mir Helfer!«

Dankender Lobpreis

12 Du hast mir Trauer in Tanz verwandelt,
hast mein Sackgewand gelöst
und mich mit Jubel umgürtet.
13 Drum soll dir singen das Herz und nicht verstummen!
Jahwe, mein Gott, ewig will ich dich lobpreisen!

A. Nur V. 8, wo das Hebräische liest: »du hattest meinem Berge Macht hingestellt«, bedarf einer leichten Änderung, um unseren Text zu erhalten.

B. Der auch poetisch hervorragende Psalm gehört zur Gattung der individuellen Danklieder und weist eine starke hymnische Einfärbung auf. Anlaß ist die Rettung aus großer Todesgefahr, wahrscheinlich aus schwerer Krankheit. Der Psalm ist wohl als Begleittext zum Dankopfer am Tempel gedacht. Der Psalmist kleidet seine Worte in eine Sprache, die sicher nicht zufällig mehrfach eine enge Verwandtschaft mit anderen Schrifttexten (vorab prophetischen) aufweist, und zwar zumeist solchen, die sich auf das Gottesvolk beziehen (vgl. C). Er wollte seine Heilserfahrung damit zu einer typischen ausgestalten, in der sich zugleich das Schicksal seines Volkes bzw. Sions widerspiegelte.

Darum ist es nicht verwunderlich, daß sein »Formular« nach Ausweis der Überschrift wie auch nach rabbinischer Überlieferung Gemeindegebet beim »Fest der Tempelweihe« wurde, das seit der Makkabäerzeit (165 v. Chr., vgl. 1 Makk 4,52ff.) jährlich begangen wurde.

C. Wie das gerettete Israel in Ex 15,2 und Is 25,1 will der Psalmist Jahwe »erheben«, d. h. ihn als hocherhaben preisen. Denn er fühlt sich von ihm emporgezogen wie ein Schöpfeimer aus der Tiefe eines Brunnens – dieses Bild nur hier im AT – und damit der Schadenfreude der Feinde entzogen (vgl. Klagl 2,17). Er hat auf sein Flehen »Heilung« durch Jahwe erfahren, wahrscheinlich als Kranker (vgl. Ps 103,3), möglicherweise aber auch als schwer Verfolgter (Jer 17,14). Er stand jedenfalls schon »mit einem Fuße im Grabe« (V. 4, vgl. Ps 86,13; Jon 2,7). Drum ruft er, gerettet, Jahwes »Getreue« (vgl. 31,24 u. a.) zum Lobpreis seines heiligen Namens auf (Ps 97,12), wobei er wohl an ein Danklied im Tempel denkt. Seine Rettung sieht er im Licht von Is 54,7: »Nur ein kleines Weilchen verließ ich dich ... In grimmem Zorn verbarg ich ein Weilchen mein Antlitz vor dir, doch mit ewiger Huld erbarme ich mich deiner« (Sion) und spricht in einem originellen Bild Ähnliches aus wie Is 51,11: »Freude und Jubel holen sie ein (die nach Sion ›mit Jauchzen‹ Heimkehrenden), Kummer und Seufzen entfliehen« (vgl. Jer 31,9.16; Ps 126,5f.). Nun blickt der Psalmist noch einmal auf den ganzen Vorgang zurück. Er wiegte sich vordem in falscher Sicherheit wie Jerusalem in Jer 22,21, das sich wie »auf dem Libanon wohnend« vorkam (22,23). Da entzog Jahwe sein lebensspendendes Antlitz, und er sah sich verloren (Ps 104,29). Darum sein Gebet (V. 10f.), das in seinem Anfang stark an Gen 37,26 erinnert und in seiner Motivierung Ps 6,6 (siehe dort) und Is 38,18f. ähnelt. Die Erhörung kleidet der Psalmist in Worte, wie sie ähnlich in Jer 31,13 und Is 61,3 Jahwes Heilswalten an Sion schildern.

D. Thema und Tenor des Psalms bringen uns Christen, wenn auch von fern, das Heilswalten Gottes an Jesus in den Blick. Obschon die V. 7 und 10 nicht wortwörtlich im Mund des erhöhten Christus gedacht werden können, erhält das Lied im ganzen doch auf dem Hintergrund des Christusgeschehens eine »Auffüllung« hoher Art. Das Emporziehen aus dem Todesbereich, in dem auch Jesus betete: »Laß diesen Kelch an mir vorübergehen!« (Lk 22,42), und »Mein Gott, mein Gott, warum hast du mich verlassen?« (Mk 15,34), hat sich in der Auferweckung in einem unerhörten Ausmaß ereignet.

Die Kirche betet darum mit Recht diesen Psalm etwa in der Matutin des Himmelfahrtsfestes in Vereinigung mit ihrem himmlischen Herrn und Haupt, und sie kann ihn auch sonst immerfort in dieser Perspektive beten. Darüber hinaus dürfen die neubundlichen Beter sich selbst in das gleiche Heilswalten Gottes eingeschlossen wissen, eingedenk des Apostelwortes: »In Freude dürft ihr Dank sagen dem Vater, der uns befähigt hat zum Anteil seiner Heiligen im Licht. Er hat uns der Macht der Finsternis entrissen und uns in das Reich des Sohnes seiner Liebe versetzt, in dem wir die Erlösung haben, die Vergebung der Sünden« (Kol 1,12f.).

Ps 31 (30). Jahwe, der bergende Bundesgott

(1 Dem Chormeister. Ein Davidpsalm.)
   Flucht aus der Not zum bergenden Gott
2 An dir, Jahwe, berge ich mich,
   laß mich nie zuschanden werden!
   Durch dein Heilswalten laß mich entrinnen!
3 Neige dein Ohr mir zu, in Eile reiße mich heraus!
   Werde mir schützender Fels,
   eine feste Burg, mich zu befreien!
4 Ja, Felsenhort und Feste bist du mir,
   deinem Namen zuliebe wollest du mich führen und geleiten,

5 wollest mich herausholen aus dem Netz, das man heimlich
  mir gelegt!
  Denn du bist meine Zuflucht.
6 In deine Hand befehle ich meinen Geist,
  du erlösest mich, Jahwe, du Gott der Treue.
7 [Du] hassest, die sich halten an eitle Nichtse,
  ich aber habe Vertrauen zu Jahwe.

Dankversprechen
8 Ich will frohlocken und jubeln ob deiner Bundeshuld,
  daß du angesehen meine Beugung,
  dich angenommen meiner bedrängten Seele,
9 und mich nicht in Feindeshand eingeschlossen,
  in die Weite meine Füße gestellt hast.
10 Sei mir gnädig, denn ich bin bedrängt!
   Schwach wird vor Gram mein Auge, meine Seele, mein Leib.

Schilderung des Leidens
11 Ja, in Qual verzehrt sich mein Leben,
   und meine Jahre in Stöhnen.
   Im [Elend] zerfällt meine Kraft, meine Gebeine werden
   morsch.
12 Vor all meinen Bedrängern ward ich zum Hohn, und meinen
   Nachbarn zur [Last], zum Schrecken meinen Vertrauten;
   wer mich draußen sieht, geht mir aus dem Weg.
13 Vergessen bin ich, aus dem Sinn, gleich einem Toten,
   bin geworden wie ein weggeworfener Topf.
14 Ja, viele höre ich zischeln, Grauen ist überall,
   sie beraten zusammen wider mich,
   sinnen darauf, mir das Leben zu nehmen.

Vertrauen auf Jahwe
15 Ich aber setze mein Vertrauen auf dich, Jahwe,
   und spreche: »Mein Gott bist du!«
16 In deiner Hand sind meine Gezeiten,
   entreiße mich der Hand meiner Feinde und Verfolger!

Bitte um Hilfe und Rechtfertigung vor den Feinden
17 Laß dein Antlitz aufleuchten über deinem Knecht,
   befreie mich in deiner Bundeshuld!
18 Jahwe, laß mich nicht zuschanden werden!
   Denn ich rufe zu dir.

Zuschanden werden mögen die Gottlosen,
verstummen zur Unterwelt hin!
19 Stummheit soll die Lügenlippen binden,
die frech den Gerechten verleumden
in Hochmut und Verachtung.

Danklied
20 Wie reich ist deine Güte, Jahwe,
die du denen verwahrst, die dich fürchten,
denen bereitest, die sich bei dir bergen vor den Menschen!
21 Du behütest sie in der Hut deines Antlitzes
vor den Rotten der Menschen,
verwahrst sie wie in einer Hütte
vor dem Hader der Zungen.
22 Gesegnet sei Jahwe! Denn wundersame Huld hat er mir
erwiesen (in fester Stadt).
23 Schon hatte ich in meiner Bestürzung gesprochen:
»Ich bin verstoßen aus deinen Augen!«
Doch du hast mein lautes Flehen gehört,
da ich zu dir schrie.

Ermahnung zu Liebe und Treue
24 Liebet Jahwe, ihr seine Getreuen alle!
Die Treuen bewahrt Jahwe, doch zahlt er dem,
der Hoffart übt, reichlich heim.
25 Seid stark und unverzagt, ihr alle,
die ihr Jahwes harret!

A. In V. 7 ist statt »ich hasse« (hebr.) mit GSHie »du hassest« zu lesen. In V. 11b hat ein hebräischer Abschreiber, der Os 14,2 im Ohr hatte, für ursprüngliches »Elend« (GSAq) das graphisch verwandte »Schuld« gelesen. In V. 12 ist für hebräisch »gar sehr« ein Substantiv gleicher Schreibweise zu wählen. Die Angabe »in fester Stadt« (22) ist als Glosse, die David oder einen der späteren Könige (Ezechias?) als Beter voraussetzt, zu betrachten.

B. Der Psalm, der »von der Psychologik des Gebetslebens bestimmt wird und naturgetreu die lebendige Bewegung der Gefühle, Stimmungen und Gedanken einer Seele spiegelt, die in ihrer Not bei Gott Halt sucht und findet« (Weiser), ist ein individuelles Klagelied, das (vgl. auch Ps 18 und 30) zwei einander ähnliche Teile aufweist (I. 2–9; II. 10–25), die beide die Elemente Klage, Bitte, Vertrauensäußerung enthalten und auf einen Dankhymnus hinlaufen, der in Teil II voller entwickelt ist. Hinter dem Psalm stehen sicher persönliche Erfahrungen, aber die Formulierung hat durch deutliche Anlehnung an andere Schrifttexte eine Ausweitung ins Typische erfahren. Das ist wohl auch der Grund, daß die Leidensumstände nicht recht deutlich werden. Manches deutet auf eine schwere, aufsehenerregende Krankheit hin, wie bei Job, anderes – und das in der Mehrzahl – auf eine vor allem seelisch qualvolle Verfolgung, die auf Tod abzielt (V. 14), wie bei Jeremias, der mehrfach sichtlich den Typus für den Beter darstellt. Ob zwischen V. 19 und V. 20 ein priesterliches Heilsorakel zu denken ist, wird nicht ganz klar. Jedenfalls setzt der Umschwung wenigstens die Erhörungsgewißheit voraus.

C. In tiefer Not birgt sich der Beter bei seinem Gott, der nach Is 57,13 verheißt: »Wer sich an mir birgt, wird erben das Land« (= das Sion der Endzeit). Jahwes »Heilswalten« – das ist ein Lieblingsausdruck von Deutero-Isaias – soll ihn retten. Für ihn ist Jahwe, ähnlich wie für den Palmisten von Ps 18,3, eine für die Feinde, die ihn wie mit einem Netz zu fangen versuchen (vgl. Ez 19,8), unzugängliche Feste (vgl. 2 Sam 5,17). Jahwe als dem »Gott der Treue« (Jer 10,10) vertraut er seinen »Geist«, d. h. seinen Lebensodem an, der ihn aus dem Todesbereich (Os 13,14) und der Feinde Gewalt (Jer 15,21) wie einst Israel aus Ägypten »erlösen« (vgl. Dt 7,8; 9,26; 13,6 u. a.) kann. Auf ihn baut er und hält sich nicht an »eitle Nichtse« (= Jon 2,9), d. h. an nichtige Götzen (Jer 8,19; 3 Kön 16,13). Darum vergegenwärtigt er schon seinen zukünftigen Dankesjubel (vgl. Ps 9,3) dafür, daß Jahwe, wie einst in Ägypten das Elend seines Volkes (Ex 4,31), so auch das seine mitleidsvoll ansieht und ihn nicht wie Sion »in Feindeshand einschließt« (Klagl 2,7).
In V. 10 beginnt der Beter von neuem sein Flehen und schildert dabei sein Elend: Bedrängnis (Klagl 1,20), Leibesschwäche (vgl. Ps 6,8), dauernde Qual (Jer 20,18; 45,3),

Kräfteverfall (Neh 4,4). So ist er für die Gegner Zielscheibe des Spottes (vgl. Ps 109,25; Jer 15,15), seinen (eigentlich zur Hilfe verpflichteten) Nachbarn eine Last, es geht ihm wie Job, der sich in 19,13–15 beklagt, allen Verwandten und Vertrauten ein Fremder geworden zu sein, er kommt sich vor wie ein weggeworfenes Gefäß (vgl. Os 8,8; Jer 22,28). Aber den Verlassenen will man sogar beseitigen, so klagt er mit den Worten des Jeremias (20,3.10). In dieser Lage bleibt als Stütze nur der Bundesgott, zu dem er »*mein* Gott« sagen darf (vgl. Eingang des Dekalogs) und das ergreifende Wort: »In deiner Hand sind meine Gezeiten!«, d. h. hier die (heilvolle) Zukunft (vgl. Is 33,6). Er wendet die Zusage an Jeremias: »Ich entreiße dich der Hand der Bösen« (15,21) und den Wunsch des Priestersegens Num 6,25 (»Es lasse Jahwe sein Antlitz aufleuchten zu dir!«), zur persönlichen Bitte. Die Gegner, die ihn hohnvoll mit falscher Anklage zu Tode bringen wollen, sollen das ihm zugedachte Los, das »Verstummen« in der Unterwelt des Schweigens (vgl. Ps 88,12), selber erfahren müssen (V. 18f., ähnlich Jer 17,18). In der Gewißheit der Erhörung stimmt der Psalmist nun einen Dankhymnus an, der zunächst allgemein die reiche Güte Jahwes gegenüber den Seinen preist (vgl. Is 63,7f.). In V. 22 kommt er auf seine eigene Erfahrung zu sprechen (= Ps 4,4), die aus Bestürzung (ganz ähnlich Jon 2,5) zur Begnadung führte. Zum Schluß ermuntert er die Gemeinde zur Hinwendung zum Bundesgott als Hort der Treuen und Hoffenden. Sein »Liebet Jahwe« ruft Dt 6,5; 10,12 (»das Hauptgebot«) in Erinnerung und stellt Jahwe vor wie Dt 7,9: »Er bewahrt die Huld denen, die ihn lieben ..., zahlt aber denen heim, die ihn hassen.« Zu V. 25 vgl. Ps 27,14.

D. Der Psalm hat wie Ps 22 für das neubundliche Gottesvolk deswegen eine besondere Bedeutung, weil er nach Lk 23,46 das Sterbegebet Jesu war. Da heißt es: »Jesus aber rief mit lauter Stimme: ›Vater, in deine Hände befehle ich meinen Geist!‹ (= V. 6 unseres Psalms.) Nach diesen Worten verschied er.« Zum mindesten ist anzunehmen, daß Jesus diesen Psalm als Begleittext seiner Passion liebte und daraus sein letztes Wort – bei ihm ein Wort absoluter Hingabe! – wählte. Von daher erhält der Psalm einen neuen Horizont, eine neue Tiefe. Die Leidensgestalt des Jeremias hat zum Teil schon die »Jahweknechtlieder« in Deutero-Isaias inspiriert und ist ein Realtypus Jesu Christi.

Der Erzmärtyrer Stephanus hat uns Christen das Beispiel gegeben, in unserem Sterben nach dem Vorbild unseres Herrn Ps 31,6 zu sprechen (Apg 7,59). Auch wenn unser Tod kein Verfolgungstod ist, sind wir doch gleichsam von jenen Feindmächten umstellt, die das NT »Sünde, Tod und Satan« nennt. Darauf lassen sich die Verse, welche die Gegner erwähnen, sinngemäß anwenden. Auch in den vielen Lebensnöten vor dem Sterben ist der Psalm ein großes Gebet für den Christen, nicht zuletzt in seinem Schlußteil, der 2 Kor 1,3 in Erinnerung ruft: »Gepriesen sei der Gott und Vater unseres Herrn Jesus Christus, der Vater der Erbarmungen und der Gott alles Trostes, der uns tröstet in all unserer Drangsal, damit auch wir diejenigen, die in irgendeiner Bedrängnis sind, zu trösten vermögen mit dem Trost, durch den wir selbst von Gott getröstet werden.« In jedem Falle aber kann der christliche Beter sich in diesem Psalm immerfort zum Repräsentanten der leidenden und streitenden Kirche machen, die im Bundesgott Bergung sucht.

Ps 32 (31). Jahwe, der vergebende Bundesgott

(1 Von David. Weisheitsgedicht.)

Preisung der Vergebung
Selig, wem Frevel weggenommen, Sünde zugedeckt ist!
2 Selig der Mensch, dem Jahwe die Schuld nicht anrechnet!
(in dessen Geist kein Trug ist).

Vom Unheil der Schuld zum Heil der Gnade
3 Da ich schwieg, verfiel mein Gebein,
 ich mußte den ganzen Tag aufschreien.
4 Denn tags und nachts wuchtete deine Hand auf mir,
 mein [Herz] ward [zu einem Feld] unter Sommergluten.
5 So habe ich meine Sünde dir bekannt
 und meine Schuld nicht verhehlt.
 Ich sprach: »Ich will Jahwe meine Frevel bekennen!«,
 und du nahmst meine Sündenschuld hinweg.

Belehrende Mahnung, sich Jahwe zuzuwenden
6 Darum soll jeder Getreue zu dir flehen
 zur Zeit [der Bedrängnis], beim
 Heranfluten vieler Wasser,
 sie werden ihn nicht erreichen!
7 Du bist mir Schutz, behütest mich vor Drangsal,
 mit Jubelliedern der Rettung umgibst du mich.
8 Ich will dich weise machen und dich den Weg lehren,
 den du wandern sollst.
 Ich will einen Rat geben, da mein Auge auf dir ruht.
9 Sei nicht wie ein Pferd, wie ein Maultier ohne Verstand,
 nur mit Zaum und Zügel ist sein Gang zu bändigen (sonst
 naht es dir nicht).
10 Zahlreich sind die Leiden für den Gottlosen,
 wer aber auf Jahwe vertraut, den umgibt er mit Bundeshuld.

Aufforderung zum Lobpreis
11 Jubelt über Jahwe und frohlockt, ihr Gerechten,
 und jauchzt, ihr Herzensgeraden alle!

A. Der Text ist an einigen Stellen schlecht überliefert und nicht mehr sicher zu rekonstruieren. In V. 4b – der jetzige Konsonantenbestand ist durch G bestätigt, wenn auch anders vokalisiert! – ist wohl mit einer hebräischen Handschrift »mein Herz« einzufügen. Die Lesung »zu einem Feld« ergibt sich durch eine winzige Aussprachänderung des unverständlichen Ausdrucks: »mein Ölkuchen« im MT. In V. 6 enthält die hebräische Wendung »in der Zeit des Friedens nur« keinen befriedigenden Sinn und bedarf einer kleinen Änderung. V. 9c ist ausmalende Glosse, wahrscheinlich auch 2b.

B. Der Psalm, in der christlichen Tradition unter die sieben Bußpsalmen gerechnet, ist eigentlich ein individuelles Danklied für vergebene Schuld, das, wie dies öfters der Fall ist, lehrhafte Motive enthält. Nur tritt hier der Lehrzweck besonders stark ins Relief, und so macht der Psalm seiner Überschrift »Weisheitsgedicht« (d. h. kunstvoller und belehrender Psalm zugleich) alle Ehre. Sein Autor ist ein jahwetreuer Weisheitslehrer der nachexilischen Zeit, den das Leiden läuterte und der seine Heilserfahrung seinen Gesinnungsfreunden (= »Getreue, Gerechte, Herzensgerade«!) und seinen Schülern – die er wohlwollend überwacht, vgl. V. 8 b – in seinem Lied vermitteln will. V. 8/9 können dabei schwerlich als Gottesspruch aufgefaßt werden (gegen Kraus). Zwar setzt die direkte Anrede in der 2. Person Singular plötzlich ein, aber sie entspricht dem Mahnspruch des Weisheitslehrers und der personifizierten göttlichen Weisheit, wie wir ihn in Spr 1-9 antreffen.

C. Der Psalmist beginnt in der Form einer Seligpreisung, die der Weisheitsdichtung eigen ist (vgl. Ps 1,1); ihr Inhalt aber geht auf die Heilserfahrung der Sündenvergebung. Der Ausdruck »die Sünde bedecken« ist rein bildhaft zu verstehen und meint, wie hier und in Ps 85,3 das übergeordnete Parallelwort »wegtragen« klar bezeugt, die wirkliche »rückstandslose« Verzeihung. Ähnliches meint »nicht anrechnen«. Die Seligpreisung illustriert der Beter von V. 3 durch Schilderung der eigenen Erfahrung: Er »schwieg«, d. h. verschwieg Gott seine Schuld, bis eine schlimme Krankheit, nach V. 4 von schwerem Fieber begleitet, ihn zu Erkenntnis, Anerkenntnis – vgl. Jer 3,12f.: »Ich grolle nicht ewig, doch deine Schuld mußt du einsehen!« – und Bekenntnis seiner Sünden zwang. Solches Bekenntnis verlangt Jahwe nach Os 14,3: »Nehmt Worte mit euch, kehret zu Jahwe um, sprechet alle zu ihm: Du kannst alle Schuld vergeben ...« (vgl. Lev 5,5; Num 5,7; Neh 9,2-37 u. a.). Der Wegnahme seiner Sündenschuld wurde der Psalmist gewiß einmal im Glauben an das Wort der Propheten von dem den Umkehrenden gnädigen Gott (vgl. Os 14,3; Jer

3,12f. u. a., vorab Jer 36,3 und Is 55,7), sodann vielleicht durch ein lossprechendes Wort (vgl. 2 Sam 12,13) des Priesters am Tempel, hier aber vor allem durch die Erfahrung der (im Zusammenhang vorausgesetzten) Heilung. An ihm hat sich Spr 28,13 bewährt: »Wer seine Sünden verhehlt, hat keinen Segen, wer sie bekennt und sie läßt, wird Erbarmen finden.« Aus dieser Erfahrung der Sündenvergebung und Heilszuwendung zieht der Psalmist in V. 6f. eine Lehre für seine Glaubensbrüder, die in ähnliche Bedrängnis kommen. Die dabei erwähnten »Fluten« sind Bild für tödliche Gefahren (vgl. Is 8,7; 30,28 u. a.). Die Lehre des Psalms wird in V. 8ff. weiter entfaltet. Sie ähnelt hier Spr 26,3; Sir 30,8 und bedeutet: Weisheit ist »Willigkeit« gegenüber Gott, zu der man sich nicht erst unter dem Zwang der Not bewegen läßt. So wird man Jahwes beschützender Huld teilhaftig.

D. Jesus hat die Sünde als persönliche Tat nicht erfahren. Aber in seinem Leiden ist er gleichsam in den Abgrund hinabgestiegen, den die Schuld zwischen Gott und dem Menschen aufreißt. Insofern gilt 2 Kor 5,21: »Gott hat den, der von keiner Sünde wußte, für uns zur Sünde gemacht.« Wenn Jesus diesen Psalm betete, dann in Stellvertretung für uns Sünder, in der er das im Psalm geschilderte Leiden für uns auf sich nahm. Ein Hauptakzent des Liedes liegt in den Eingangsversen. Diese Seligpreisung der Vergebung läßt ein Thema zum Erklingen bringen, das dann im NT volltönend durch die Botschaft des Apostels Paulus geht: die Freude über das Versöhnungs- und Erlösungswerk Jesu an der ganzen Menschheit (vgl. Röm 15,8–13; Phil 3,1; 4,4ff.). Er zitiert, obschon in etwas anderem Zusammenhang, auch den Eingang unseres Psalms in Röm 4,7f., um an seiner Botschaft zu erweisen, daß die Sündenvergebung als freie Gnadentat Gottes geschieht. Auch dies sagt Ps 32 in der Tat ganz deutlich. Gottes Erbarmen setzt keine »Werke« voraus. Es erfordert nur eines: die personale

Zuwendung zum vergebenden Gott, die sich hier konkretisiert im bekennenden Eingeständnis der eigenen Sündhaftigkeit. 1 Jo 1,8f. bestätigt dies: »Wenn wir sagen, daß wir keine Sünden haben, so betrügen wir uns selbst, und die Wahrheit ist nicht in uns. Bekennen wir aber unsere Sünden, so ist Gott treu und gerecht, daß er uns die Sünden vergibt und uns reinigt von aller Ungerechtigkeit.« Wenn dieses schöpferische Heilswalten Gottes uns auf eine neue Ebene gestellt hat, dann allerdings gilt es – so will es der Psalm und mit ihm die gesamte Offenbarung –, den Weg der »Weisheit«, d. h. der liebenden Bundestreue, zu wandern wie etwa der hl. Augustinus, dem Ps 32 im Rückblick auf seinen Lebensgang eines seiner Lieblingsgebete war.

Ps 33 (32). Jahwe, der gewaltige Herr des Kosmos und der Geschichte

Aufruf zum Lobpreis
1 Jauchzet, ihr Gerechten, über Jahwe,
   den Redlichen ziemt Lobpreis.
2 Lobet Jahwe zur Zither,
   auf zehnsaitiger Harfe spielt ihm auf!
3 Singt ihm einen neuen Gesang,
   rührt die Saiten zu herrlichem Jubelschall!

Das getreue und wirkmächtige Wort
4 Denn Jahwes Wort ist gerade,
   und all sein Tun ist Treue.
5 Er liebt Recht und Gerechtigkeit,
   der Bundeshuld Jahwes ist die Erde voll.
6 Durch Jahwes Wort wurden die Himmel,
   durch den Hauch seines Mundes ihr ganzes Heer.
7 Er versammelt wie zu einem Wall die Meereswasser,
   faßt in Speichern die Urfluten.
8 Fürchten soll sich vor Jahwe die ganze Erde,
   erzittern sollen vor ihm alle Bewohner der Welt.
9 Denn er spricht, und es geschieht,
   er befiehlt, und es steht da.

Der göttliche Heilsplan
10 Jahwe vereitelt den Ratschluß der Heiden,
    macht zunichte die Pläne der Völker.
11 Jahwes Ratschluß hat ewig Bestand,
    die Pläne seines Herzens von Geschlecht zu Geschlecht.
12 Selig der Stamm, dessen Gott Jahwe ist,
    selig das Volk, das er sich zum Erbteil erkor.

Das Walten Jahwes über aller Welt
13 Vom Himmel nieder blickt Jahwe,
    er sieht alle Menschen.
14 Von der Stätte, wo er thront,
    schaut er auf alle Bewohner der Erde,
15 der da allemal ihr Herz gebildet,
    der acht hat auf all ihre Taten.
16 Nichts hilft dem König die Fülle der Heermacht,
    der Held rettet sich nicht durch die Fülle der Kraft.
17 Trug sind Rosse zum Siegen,
    in ihrer Kraftfülle helfen sie doch nicht entrinnen.
18 Fürwahr, Jahwes Auge ruht auf seinen Verehrern,
    auf denen, die seiner Bundeshuld harren,
19 daß er ihr Leben dem Tode entreiße
    und sie erhalte in der Hungersnot.
20 Unsere Seele wartet auf Jahwe,
    er ist uns Hilfe und Schild.

Vertrauen mit Freude
21 Ja, über ihn jubelt unser Herz,
    ja, seinem heiligen Namen vertrauen wir.

Bitte
22 Deine Bundeshuld, Jahwe, sei über uns,
    da wir auf dich hoffen!

A. Der Text ist gut überliefert. In V. 7 lesen die meisten alten Übersetzungen und neueren Erklärer »wie im Schlauche«. Doch bleibt auch bei MT der Parallelismus (»Speicher«) noch gewahrt.

B. Ps 33 mit seinen 22 Versen (Zahl des hebräischen Alphabets!) gehört zweifellos zur Gattung der Hymnen. Sein »Mutterboden« ist aber eindeutig jene Weisheitsschule der nachexilischen Zeit, in der man die Offenbarung, wie sie sich in den heiligen Büchern bezeugt, zur Basis des Studiums macht und in »anthologischer« Art lehrhafte Texte verfaßt. Der Hymnus dient im vorliegenden Fall als »Gefäß«, aber ohne deswegen etwas von seinem Glanz einzubüßen oder nur Mittel der Belehrung zu sein. Er bleibt ein Lobpreis des Gottesvolkes und soll als solcher – wenn auch sicher nicht ausschließlich – am Tempel von der Gemeinde in gläubiger Ergriffenheit gesungen und so zugleich tief »erfahren« werden. Die Textanalyse zeigt auf mittlere nachexilische Zeit. Vielleicht steht hinter dem Thema vom Trug menschlicher Macht der Untergang Alexanders des Großen, der nach Dan 11,3f. trotz seiner Heldenhaftigkeit scheiterte.

C. Der Psalm beginnt wie die klassische Form des Hymnus mit einer Aufforderung. Hier werden die »Gerechten« und die »Redlichen« (Lieblingswörter der Psalmen und Sprüche), d. h. die Jahwegetreuen, zu denen der Psalmist sich selber zählt, zum großen Lob im Tempel aufgerufen. (Darum die Erwähnung der meistgebrauchten Musikinstrumente!) Sein Lied will ein »neuer Gesang« sein und damit Is 42,10 entsprechen: »Singet Jahwe einen neuen Gesang!«, wenn auch der Hymnus selbst keinen besonderen endzeitlichen Akzent hat (anders 96,1; 98,1).
Die Motive des Lobens werden aus der Heilserfahrung des Gottesvolks und aus der göttlichen Offenbarung – beide greifbar in den heiligen Büchern – genommen. So stehen hinter V. 4 die Texte: »Ich, Jahwe, rede, was recht ist, verkünde, was wahr ist« (Is 45,19) und: »Er ist ein Gott der Treue, nicht des Truges, gerecht und gerade« (Dt 32,4). V. 5 erinnert an Jer 9,23: »Ich bin Jahwe, der Bundeshuld und Recht und Gerechtigkeit übt auf der Erde.« V. 6 verweist auf Gen 1. Hinter V. 7 wird Ex 15,8 sichtbar: »Die Wogen standen wie ein Wall, es erstarrten die Fluten inmitten des Meeres.« Dieses Wunder am Schilfmeer wurde einst den Israeliten zum Heil, den Feinden zum Unheil. Daraus erwächst wie von selbst V. 8 mit seinem Gerichtsgedanken (vgl. Mich 7,15.17). V. 9 faßt die Botschaft von Gen 1 zusammen und formuliert sie ähnlich wie Is 48,13: »Ich rufe

ihnen (= Himmel und Erde), und sie stehen allesamt da!«
In V. 10 werden die Gerichtsdrohungen der Propheten
gegen die Heidenvölker greifbar, vor allem Is 8,10: »Faßt
einen Ratschluß, er wird zunichte, verkündet ein Wort, es
wird nicht bestehen.« V. 11 ist ein Echo auf Is 40,8; 46,10;
51,6.8. Der Erwählungsglückwunsch von V. 12 ruht auf
dem Deuteronomium (vgl. 4,7.20.32–40; 7,6f. u. ö.). In
V. 13 und 14 treffen wir auf Job 28,24; Spr 15,3 und Is 40,22.
V. 16 beschwört einen typisch prophetischen Gedanken
(vgl. Am 2,14ff., Os 10,13; Zach 4,6; Dt 8,17). Bei V. 17
begegnet uns ähnliches; faßt er doch die vielen Äußerungen
der Propheten über dieses Thema ähnlich zusammen wie
Spr 21,31: »Man rüstet das Roß für den Tag der Schlacht,
aber bei Jahwe steht der Sieg.« Die Gleichsetzung von
»Verehrern Jahwes« mit den auf ihn »Harrenden« verrät
ebenfalls prophetischen Einfluß (vgl. Is 30,18; 33,2; 59,9
u. a.). V. 19 geht Job 5,19f. parallel: »In sechserlei Nöten
rettet er dich, in sieben trifft dich kein Unheil. In der Hungersnot kauft er dich los vom Tode.«
Das Ende des Psalms (20–22) zieht in ähnlichen Formulierungen, wie sie auch sonst im Psalter begegnen, den
»existentiellen« Schluß aus der hymnischen Schilderung
des göttlichen Waltens.

D. Ps 33 hat (vorab in den V. 4–9) eine bedeutsame Stelle
in der atl. Entfaltung der Theologie vom göttlichen Wort,
die in Ps 119,89 (»Ewig steht dein Wort im Himmel«) ihren
Höhepunkt erreicht. Diese Linie führt hin bis zu Jo 1,3:
»Alles ist durch das Wort geworden, und ohne dieses ist
nichts geworden, was geworden ist«, und über diese
»Brücke« zu Kol 1,16: »In ihm ist alles erschaffen ...
alles ist durch ihn und auf ihn hin erschaffen.« In solcher
Perspektive eignet sich Ps 33, nicht nur als »Lied mit Jesus
Christus« gebetet und gesungen zu werden, sondern vor
allem als »Lied auf Jesus den Christus« als das ewige Wort
des Vaters. So gewinnen auch die Verse vom göttlichen

Heilsplan (10–12) auf neubundlicher Ebene ein neues Relief.
Auf sie fällt besonderes Licht von Eph 3,8ff. aus, wo die
Rede ist vom »unergründlichen Reichtum Jesu Christi«,
von der »Verwirklichung des Geheimnisses, das von Ewigkeit her in Gott, dem Schöpfer aller Dinge, verborgen war,
damit jetzt den Mächten und Gewalten im Himmel die vielgestaltige Weisheit Gottes kund werde durch die Kirche
nach dem von Ewigkeit her bestehenden Ratschluß, den
er ausgeführt hat in Jesus Christus unserem Herrn«. Der
Blick der V. 13–19 geht vom Boden des ntl. Gottesvolkes
aus zum erhöhten Herrn, der nach Eph 1,20 über allen
Mächten thront, nach Apk 19,19 sie alle besiegt, nach Apk
2,23 »Nieren und Herzen erforscht«, nach Apk 12,6 die
Kirche schützt und nährt, deren aus der großen Drangsal
gerettete Heilige nicht mehr hungern und dürsten werden
(Apk 7,16). In solcher Sicht wird Ps 33 zu einem »Vorausklang« des großen Dankliedes der Endzeit (Apk 19,1ff.).

Ps 34 (33)
Dank und Lehre eines von Jahwe Erretteten

(1. Von David, als er vor Abimelek seinen Verstand entstellte,
so daß dieser ihn vertrieb und er wegging.)

Lobpreis Jahwes, des Helfers der Gebeugten
2 Ich will segnen Jahwe zu aller Zeit,
 ständig sei sein Lob in meinem Munde!
3 Jahwes rühmt sich meine Seele.
 Die Gebeugten sollen es hören und jubeln.
4 Erhöht Jahwe mit mir,
 seinen Namen laßt uns miteinander erheben!

Persönliche Erfahrung seiner Hilfe
5 Ich suchte Jahwe, da erhörte er mich
 und entriß mich allen meinen Ängsten.
6 [Blicket] auf ihn, [so] werdet ihr strahlen,
 und [euer] Antlitz muß nicht erröten.
7 Hier ist ein Gebeugter, der rief, und Jahwe hörte hin
 und befreite ihn von allen seinen Nöten.

Heilswalten Jahwes an seinen Verehrern
8 Es lagert sich Jahwes Engel rings um seine Verehrer
und errettet sie.
9 Kostet und seht, wie gut Jahwe ist,
selig der Mann, der sich an ihm birgt.
10 Fürchtet Jahwe, ihr seine Heiligen,
denn seine Verehrer kennen nicht Mangel.
11 [Reiche] werden arm und hungern,
doch die Jahwe suchen, denen mangelt kein Gut.

Anleitung zum Leben in wahrer Weisheit
12 Kommt, ihr Söhne, hört mir zu,
Jahwefurcht will ich euch lehren.
13 Wer ist der Mann, der Lust hat am Leben
und Tage liebt, da er Glück schaut?
14 Hüte deine Zunge vor Bösem,
deine Lippen vor Trugwort!
15 Meide das Böse und tue das Gute,
suche Frieden und jage danach!
16 Jahwes Augen wenden sich den Gerechten zu,
seine Ohren ihrem Schreien.
18 Rufen sie, so hört Jahwe hin
und entreißt sie allen ihren Nöten.
17 Jahwes Antlitz steht wider die Sünder,
ihr Gedächtnis von der Erde zu tilgen.
19 Nahe ist Jahwe gebrochenen Herzen
und befreit, die zerschlagenen Geistes sind.
20 Viel muß der Gerechte leiden,
aber alledem entreißt ihn Jahwe.
21 Er behütet alle seine Gebeine,
nicht eines davon wird gebrochen.
22 Den Gottlosen tötet das Unheil,
wer den Gerechten haßt, muß es büßen.
23 Erlöser ist Jahwe für das Leben seiner Knechte.
Straflos bleibt, wer sich an ihm birgt.

A. In 6 bedarf MT: »sie blickten auf ihn« und »ihr Angesicht« einer kleinen Korrektur. Unsere Änderung wird durch die meisten alten Übersetzungen empfohlen. In 11 ist für »Junglöwen« (MT) mit G »Reiche« (graphisch verwandt) zu lesen. 17 und 18 bedürfen dem Kontext nach einer Umstellung. Die Alphabetfolge wurde an dieser Stelle erst spät festgelegt (vgl. Klgl 2–4), und MT folgte ihr dann.

B. Ps 34 ist ein Lehrgedicht, das die Gattung des individuellen Dankliedes als »Gefäß« seiner Bemühung benützt, zum Leben in wahrer Weisheit anzuleiten. Daß hier der Akzent des Liedes liegt, zeigt auch die alphabetisch-akrostichische Struktur: Die Versanfänge ergeben das hebräische Alphabet. Nur der Schlußvers steht außer dieser Reihe, und ein Buchstabe (waw) ist ausgelassen. Der Psalm verwendet das Dankmotiv aber kaum nur als fiktiven »Aufhänger«. Der Verfasser, ein Weisheitslehrer, hat sicher eine solche Erfahrung gemacht, wie er sie in V. 5 und 7 kurz erwähnt. Es kommt ihm aber darauf an, mit ihr das allgemeine Thema vom göttlichen Walten und dem entsprechenden menschlichen Verhalten anzuschlagen, um es dann breit auszuführen. Dabei knüpft er (»anthologisch«) an Schrifttexte an bzw. verarbeitet ihre Thematik. Das Gedicht ist frühestens in die mittlere nachexilische Zeit zu setzen. Die Überschrift enthielt ursprünglich wohl einfach die Zuschrift »von David«. Der Zusatz spielt auf 1 Sam 21,11–15 an, verballhornt aber den Namen Akischs, des Königs (melek!) von Gat.

C. Zur Überschrift siehe B. Der Psalmist stellt sich in seinem hymnischen Aufgesang mitten in die Versammlung der »Gebeugten«, denen er sich durch Schicksal und Gesinnung zugehörig weiß. Sie sollen mit ihm Jahwe »großmachen« (= erhöhen = Ps 69,31) und zugleich aus seiner Heilserfahrung neuen Mut schöpfen. Von Gottes Größe spricht vor allem das Deuteronomium (3,24; 7,21 u. ö.). Der Beter begründet sein Lob, indem er seinen Fall in den Rang eines allgemeinen Beispiels des göttlichen Gnadenwaltens erhebt. Das »Suchen Jahwes« (V. 5 und 11) – eine besonders den Propheten eigentümliche Wendung – meint die innere und äußere Zuwendung zum Bundesgott. »Strahlen« und »nicht erröten« sind Gaben, wie sie in Is 60,5 und 54,4 dem neuen Sion zugesagt werden. Jahwes »Engel« ist die Verkörperung der göttlichen Beistandsmacht (vgl.

Ex 14,19), sein »Lagern« entspricht der Zusage von Zach 9,8: »Ich will mich lagern als Wache um mein Haus« (= Juda). Der Psalmist scheut sich in V. 9 nicht, das sinnenhafte Wort »kosten, schmecken« auf die Güte Jahwes (vgl. Ps 100,5; Jer 33,11) zu beziehen (vgl. Gen 2,9; 3,6). In V. 10 wendet er die Benennung der Bewohner des neuen Sion als »Heilige« in Is 4,3 auf die Gegenwart an und stellt ihnen (wie auch in 11) irdische Segensgüter in Aussicht, während der Reiche – gemeint ist der reiche Frevler wie Job 27,13ff. – alles verliert (a.a.O., 27,19). Der Vers ist wie ein Echo zu Is 65,13: »Fürwahr, meine Knechte werden essen, ihr (= die Abtrünnigen) werdet hungern!«

In V. 12 beginnt der Psalmist genau wie der Weisheitslehrer zu reden (Spr 5,7; 7,24; vgl. 5,13). Er will dabei Dt 4,10 verwirklichen helfen: »Ich will sie meine Worte hören lassen, sie sollen mich immerdar zu fürchten lernen.« Gerade nach der Botschaft des Deuteronomiums und der Sprüche ist »Jahwefurcht« aber etwas Erfüllendes und Auszeichnendes für den Menschen. Dies will der Psalmist durch die Frage von V. 13 unterstreichen, die das urmenschliche Verlangen nach Glück anspricht (Parallelen dazu finden sich in der ägyptischen Weisheitslehre. Vgl. Couroyer, Rev. Bibl. 1950, S. 174). Die Antwort geht in V. 14 Spr 4,24; 13,3; 21,23, in V. 15 Spr 3,7; 13,19; 16,6 parallel. Hier wird die alte Prophetenweisung von Am 5,14f. aufgegriffen: »Suchet das Gute und hasset das Böse, damit ihr am Leben bleibt! ... Hasset das Böse und liebet das Gute!« Nach Mich 6,8 gehört aber zum Guten wesenhaft Gerechtigkeit und Brudersinn, worauf hier im Wort »Friede« = gelebte Freundschaftsgesinnung (vgl. Jer 20,10; Esdr 9,12; Zach 8,19) angezielt ist. In den folgenden motivierenden Sentenzen über das Gerichts- und Heilswalten Jahwes überträgt der Verfasser ganz im Stile der nachexilischen Weisheit die Lehre der Propheten auf die Ebene des allgemeinen Menschenlebens. So ruft V. 16a Jer 24,6;

40,4; Ez 20,17 u. a. in Erinnerung, V. 16b Is 59,1, V. 17 ist ein Echo von Jer 21,10; 44,11, V. 19 spricht die frohe Botschaft von Is 57,15 aus: »In der Höhe, als Heiliger wohne ich und bin doch bei den Zerschlagenen und Geistgebeugten, zu beleben den Geist der Gebeugten, zu beleben das Herz der Zerschlagenen« (vgl. 61,1: »die gebrochenen Herzen heilen«). Gemeint sind die schwer innerlich und äußerlich Geprüften, die sich für Gott offenhalten. V. 21 gibt der Hut Gottes einen besonders sprechenden Ausdruck: Die leibliche Unversehrtheit – auch dem Paschalamm durfte kein Knochen zerbrochen werden! (Ex 12,46) – wird zum Sinnbild der Unversehrtheit im Ganzen. Anders geht es dem Gottlosen: Seine Bosheit fällt als Unheil auf ihn zurück und fällt ihn zugleich.

D. Der Psalm hat trotz einer gewissen Künstlichkeit Leben in sich, das aus Glaube und Erfahrung gespeist wird. Auch seine (irdische!) Vergeltungslehre ist nicht einfach »naiv«. Der Psalmist weiß von »Leiden« und »Beugung«, aber ebenso auch von der Aufrichtung durch Jahwe. Wenn er sich auch das Problem des Jobbuches nicht stellt, so muß man doch anerkennen, daß er nicht fixiert auf den »Lohn« blickt, sondern in Jahwe und der Nähe zu ihm das eigentliche Glück des Menschen sieht (und lehrt!).
Wenn man den im Psalm anskizzierten Linien des göttlichen Heilswaltens entlangblickt über ihren »irdischen« Horizont hinaus, erreicht man unschwer die neubundliche Ebene. Die »Furcht Jahwes«, um die es dem Psalmisten wesentlich geht, ist ein Herzensanliegen dessen, über den Is 11,2 den »Geist der Furcht Jahwes« vorausschaut. Jesus ist darum der Weisheitslehrer schlechthin. Wie für ihn selbst das Wort des Vaters Leben war, so lehrt er die Seinen: »Selig, die das Wort Gottes hören und es bewahren!« (Lk 11,28). Daß der Gotteswille unabdingbar den mitmenschlichen Frieden im Auge hat (vgl. V. 14 und 15!) – Gottesfurcht also ohne Nächstenliebe undenkbar ist –, hat

niemand so klar gelehrt wie Jesus selbst, und seine Apostel sind ihm hierin als Lehrer aufs genaueste gefolgt. 1 Petr 3,8ff. mit der Mahnung: »Seid einmütig, mitfühlend, brüderlich, barmherzig, bescheiden!« (usw.) zitiert als Beleg dafür die V. 13-17 unseres Psalms. Wieviel wird dieser erklärte Gotteswille auch im neubundlichen Gottesvolk vergessen! Ist solches aber nicht »praktische Häresie«, die nach der biblischen Offenbarung der Schwere der Glaubenshäresien nicht nachstehen dürfte? »Kostet und seht, wie gut der Herr ist!« (V. 9) wird in seiner neubundlichen Fülle nur den »Brüderlichen« zuteil (vgl. Mt 25,35ff.).

Ps 35 (34). Jahwe als mächtiger Rechtshelfer gegen verleumderische Ankläger

1 (Von David)

Bitte um Schutz
Befehde, Jahwe, die mich befehden!
Bekämpfe meine Bekämpfer!
2 Ergreife Klein- und Großschild!
Erhebe dich, mir zu helfen!

Bitte um das Scheitern der Gegner
3 Zücke Speer und [Spieß] gegen meine Verfolger!
Sprich zu meiner Seele: »Deine Rettung bin ich.«
4 Schande und Schmach überkomme, die mir nach dem
Leben trachten!
Lasse rückwärts weichen, mit Schimpf bedeckt,
die Böses wider mich planen.
5a Sie seien wie Spreu vor dem Wind!
6b Der Engel Jahwes jage sie!
6a Ihr Weg sei finster und schlüpfrig!
5b Der Engel Jahwes stoße sie!

Klage
7 Denn ohne Grund legten sie mir ihr Netz,
hoben ohne Grund mir eine Fanggrube aus.

Erneute Bitte

8 Verderben überkomme ihn unvermerkt!
Sein Netz, das er legte, fange ihn selbst!
Zum Verderben falle er drein!

Lobgelübde an Jahwe als Retter der Gebeugten

9 Ich aber will jauchzen über Jahwe,
mich seiner Rettung freuen!
10 All meine Gebeine sollen rufen:
Jahwe, wer ist wie du?
Du entreißt den Gebeugten dem, der stärker als er,
und den (Gebeugten und) Armen seinem Berauber.
11 Sie [stellen] frevlerische Zeugen auf.
Wovon ich nichts weiß, darüber vernehmen sie mich.

Klage über die gegnerischen Machenschaften

12 Sie zahlen mir Böses statt Gutes aus,
sie [trachten] mir nach dem Leben.
13 Doch ich legte das Sackgewand an, als sie erkrankten,
kasteite mich mit Fasten
– o daß mein Gebet zurückkehrte in meine Brust! –,
14 als ginge es um meinen Freund oder Bruder.
Ich ging umher wie in Trauer um die Mutter,
ungepflegt und niedergebeugt.
15 Bei meinem Sturze jedoch jubelten sie,
taten sich zusammen, ja taten
sich zusammen wider mich, unvermerkt
zuschlagend, sie rissen und gaben nicht Ruhe.
16 [In Ruchlosigkeit spotten sie höhnisch],
fletschen ihre Zähne wider mich.

Bitte um göttliches Eingreifen

17 Herr, wie lange siehst du zu?
Rette mein Leben vor den [Brüllenden],
vor den Löwen mein einziges Gut.

Dankversprechen

18 Ich will dir danken in großer Gemeinde,
in einem starken Volke dich lobpreisen.
19 Nicht sollen über mich jubeln meine verlogenen Feinde,
nicht mit den Augen zwinkern, die mich grundlos hassen!

Erneute Klage
20 Denn sie reden Friedloses,
  wider die Stillen im Lande ersinnen sie listige Pläne.
21 Gegen mich rissen sie ihr Maul auf,
  sprachen: »Ha! Ha! unser Auge hat es gesehen!«

Erneute Bitte um Hilfe
22 Du siehst es, Jahwe, so schweige nicht!
  Herr, bleib mir nicht ferne!
23 Rege dich, erwache für mein Recht,
  mein Gott und Herr, für meinen Rechtsstreit!
24 Rechte für mich nach deiner Gerechtigkeit, Jahwe,
  mein Gott,
  nicht dürfen sie über mich jubeln!
25 Nicht sollen sie in ihrem Herzen sagen:
  »Ha! Was wir begehrten!«
  Sollen nicht sagen: »Wir haben ihn verschlungen!«
26 Schande und Schimpf überkomme sie alle,
  die über mein Unglück jubeln!
  Schande und Schmach sei deren Kleid,
  die wider mich großtun!

Sehnsucht nach dem Lobpreis Jahwes, des Retters
27 Frohlocken und jubeln sollen, die meine Rechtfertigung
  wollen!
  Sie sollen allezeit sagen dürfen:
  Groß ist Jahwe!
  Er will das Heil seines Knechtes.
28 So wird meine Zunge deine Gerechtigkeit bekennen,
  den ganzen Tag deinen Lobpreis.

A. Der Text ist an einigen Stellen in verderbtem Zustand. Auch seine Vers-Aufteilung ist öfters undurchsichtig. In V. 3 ist »sgr« als Substantiv (= Spieß oder Beil?) zu lesen (MT: »sperre!«). 5b und 6b bedürfen der Umstellung. In V. 11 ist das Verbum dem Zusammenhang nach aktivisch zu lesen. In V. 12 liegt versehentliche Doppelung eines »l« vor. V. 16 hilft G ins Lot bringen. In V. 17 ergibt eine winzige graphische Änderung aus »ihr Verderben«, »die Brüllenden«, was der Kontext fordert.

B. Seiner Form nach gehört unser umfangreicher Psalm zur Gattung der individuellen Klagelieder und steht insbesondere

Ps 22, 55, 59, 69, 109 nahe. Die Anordnung der üblichen Klagen, Bitten, Wünsche, hymnischen Dankversprechen ist nicht sehr durchsichtig, dazu der Rhythmus öfters uneben, und man vermutet darum, daß der Psalm im Laufe der Zeit Überarbeitungen erfahren hat. Viel spricht z. B. dafür, daß V. 18 nicht ursprünglich ist. Der erste Teil (1–10) könnte auch als Psalm für sich stehen. Dennoch wird man bei der Deutung vom gegebenen Zustand ausgehen müssen, der in mancher Hinsicht Verwandtschaft mit Klgl 3 aufweist. Der Beter des Psalms ist ein einzelner. Er muß in einem schlimmen Unglück, wohl in schwerer Krankheit (vgl. V. 13), eine gefährliche Anklage über sich ergehen lassen, die man vielleicht auf sein Unheil gründet. Jedenfalls gleicht seine jetzige Lage in vielem der des Jeremias in Jer 20,10: »Meine nächsten Freunde lauern alle darauf, ob ich nicht strauchle: er läßt sich vielleicht betören! So bekommen wir ihn in unsere Gewalt und können uns an ihm rächen!« Aus solcher Erfahrung heraus gestaltet der Psalmist seinen Psalm. Aber wie eine ganze Reihe von Versen deutlich erkennen lassen (siehe C), formt er ihn im Kontakt mit anderen Schrifttexten, also anthologisch! Er wollte zugleich den Typus der so oft angefochtenen Gruppe der Jahwegetreuen – hier die »Stillen im Lande« genannt – in den Blick bringen. Von daher erklären sich seine häufigen Bezugnahmen auf »Volks«- bzw. »Sions«texte. Daraus, wie früher gelegentlich, den Schluß zu ziehen, das »Ich« dieses Psalms sei die Gemeinde, geht zu weit. Aber der Psalmist formulierte doch so, daß seine Gesinnungsgenossen sich nicht nur einzeln, sondern als »Gesamt« im Sinne des eigentlichen »Israel« in seinen Worten mitfinden konnten. Der Psalm in seiner jetzigen Gestalt ist nicht vor dem 4. Jh. anzusetzen.

C. Das Flehen des Psalmisten geht zunächst zu Jahwe als dem »Kriegshelden« (vgl. Is 42,13; 52,10; 59,17; Jer 50,25; Zach 9,13–15). Er wendet die Zusage von Is 49,25: »Ich will befehden, die dich (= Sion) befehden« und Texte, in denen Jahwe als Kämpfer für Israel erscheint (vgl. Ex 14,14. 25; Dt 1,30; 20,4; Zach 14,3 u. a.), zur persönlichen Bitte. Er malt das Bild vom »Krieger« lebhaft aus in der Aufzählung der Rüstung (vgl. Is 59,17): Klein- und Großschild

(Jer 46,3), Speer (2 Chr 23,9 u. a., als Waffe Gottes Hab 3,11) und Spieß (Kriegsrolle von Qumran V. 7. 9). Dann wendet sich der Blick auf die Feinde. Die Bitte in V. 4a gleicht der Zusage Is 41,11 (an Israel), 4b klingt an Is 42,17 an. Böses planen gegen Mitmenschen ist in den Gottesworten von Zach 7,10; 8,17 verboten (Zusammenhang mit dem Gerichtswesen). 5 (und 6b) benützt Is 17,13, wo der assyrische Feind als von Jahwe »dahingejagt wie die Spreu der Berge vor dem Wind« erscheint. 6 (und 5b) schließt an Jer 23,12 an, wo den bundesbrüchigen Propheten und Priestern angesagt wird: »Ihr Weg wird schlüpfrig, sie werden im Dunkel gestoßen und fallen darauf!« Der Psalmist stellt wohl aus theologischen Gründen (Transzendenz Gottes!) den Engel Jahwes als ausführendes Organ heraus (vgl. 1 Chr 21,12. 15.18). Das hinterlistige Tun der Feinde wird in 7 und 8 in traditionellen Bildern geschildert (vgl. Ps 7,16; 31,5), wobei 8a Is 47,11c wiederholt (gegen Babel). Im Danklied (9f.) wird die Unvergleichlichkeit Jahwes – sonst auf seine gewaltige Macht bezogen (Ex 8,6; 15,11; Is 40,25) – von seinem Heilswalten am Schwachen ausgesagt. Die Formulierung faßt Worte aus Jeremias zusammen (Jahwe entreißt das Leben der Armen den Übeltätern 20,13, Jahwe erlöst Jakob aus der Hand dessen, der stärker als er, 31,11, Jahwe gebietet, den Beraubten der Hand des Bedrückers zu entreißen, 21,12; 22,3). Nach V. 11 verletzen die Gegner das Bundesgesetz Ex 23,1, indem sie »frevlerische Zeugen« auftreten lassen. Der Psalmist bekennt in V. 13f., daß er den jetzigen Feinden gegenüber ganz anders handelte. Wie David für sein todkrankes Kind (2 Sam 12,16), so fastete er fürbittend für sie (vgl. Jer 18,20). Dabei »beugte man wie die Binse das Haupt, bettete sich in Sack und Asche« (Is 58,5). Das reut den Beter jetzt. Denn die Gegner fallen ihn in seinem Unglück an wie ein Rudel Raubtiere (vgl. Ps 22,13f. 17.21f.). Doch er glaubt an Rettung und sieht sich wie der Psalmist von Ps 22,23 schon beim Lobpreis inmitten einer großen Kultgemeinde. Dann (V. 19f.) geht sein Blick wieder auf die Gegner. Diese Lügner freuen sich bereits schadenfroh über ihn und zwinkern mit den Augen – eine gut orientalische Gebärde der Heimtücke, vgl. Spr 6, 13; 10,10. Der nur hier auftretende Ausdruck »die Stillen im Lande« ist wohl von Jer 31,2; 50,34 aus gebildet und meint die von Jahwes Huld nach der Rückkehr aus der Gefangenschaft mit Ruhe und Frieden beschenkten Jahwegetreuen, unter die sich der Psalmist rechnet. Jetzt im Unglück, geht es ihm wie Jerusalem in seiner Zerstörung, von dem es Klagl 2,16 heißt: »All deine Feinde reißen über dich ihr Maul auf, zischen und fletschen die Zähne, sagen: Wir haben sie verschlungen. Ha! dies ist der Tag, den wir erwünscht. Wir haben's erreicht! Wir haben's gesehen!« (= V. 21 und 25, vgl. Ez 25,3; 26,2 u. a.). Der Tenor der mit festen Psalterformeln durchsetzten Bitte V. 22f. geht Klagl 3,59 parallel: »Du siehst meine Bedrückung, Jahwe, so schaffe mir Recht!« Das sprechende Bild von der Schmach als Kleid findet sich auch in Job 8,22; Ps 109,29. Am Schluß kommt der Psalmist wieder auf seine Gesinnungsgenossen zurück, die, anders als seine über das Unglück jubelnden Gegner, seine Rechtfertigung ersehnen. Wie in Ps 40,17 und 70,5 werden sie »immerdar sagen: Groß ist Jahwe!« (vgl. Mal 1,5). Auch in Is 57,19 läßt Jahwe den Gebeugten verkünden: »Heil, Heil den Fernen und Nahen! Ich will sie heilen!« (vgl. 54,13).

D. Trotz des anthologischen Stils und mancher üblicher Psalterformeln ist unser Psalm von starkem Leben durchpulst. Gerade auch die Bitten um die Beschämung der Gegner zeigen dies. Sie dürfen kein Grund sein, den Psalm im Namen von Mt 5,44 (»Betet für die, die euch verfolgen!«) im christlichen Raum in den letzten Rang zu stellen. Denn die atl. Ebene, auf der sie liegen, ist vom Psalmganzen überstiegen. Im Typus des hier Verfolgten erscheinen wesentliche Konturen Jesu. Nach Jo 15,25 hat der Herr den 19. Vers unseres Psalms auf sich angewendet:

»Sie hassen mich ohne Grund« (vgl. V. 7!). Dieser Haß führte zu den vielen verleumderischen Anklagen wie der Gotteslästerung (Mk 2,7), der Besessenheit (Mk 3,22), der Rebellion gegen das Gesetz (Mk 3,2 u. a.) und gegen den Kaiser (Lk 23,2) bis zur Aufstellung falscher Zeugen (Mk 14,55–60), um ihn dem Tode zu überliefern. Unter denen, die das »Kreuzige ihn!« riefen, waren sicher auch solche, die seine Güte in Wort und Tat erfahren hatten. Einer seiner Apostel wurde Helfershelfer seiner Gegner, die sich »zusammentaten gegen ihn« (V. 15): Pharisäer, Sadduzäer, Herodes, Pilatus. Seine Bewacher »trieben ihren Spott mit ihm. Sie schlugen ihn, indem sie dabei sein Antlitz verhüllten, und fragten: ›Weissage, wer schlug dich?‹« (Lk 22,63). Ihre Auftraggeber verhöhnten ihn noch am Kreuz (Lk 23,35). In der Vorausschau all dessen rief Jesus wie der Psalmist um Rettung (Mk 14,36; vgl. Hebr 5,7).

Das neubundliche Gottesvolk kann sich darum im Beten dieses Psalms mit Jesus, dem Haupt, vereinen im Sinne von Hebr 12,2f.: »Laßt uns dabei (gemeint ist in der Belastung durch Sünde und Leid, 12,1) aufblicken zu Jesus, dem Begründer und Vollender des Glaubens, der für die ihm bestimmte Freude das Kreuz erduldete, die Schmach nicht achtete und zur Rechten des Thrones Gottes sich gesetzt hat. Ja, betrachtet ihn, der solchen Widerspruch von den Sündern gegen sich erduldete, damit ihr nicht erschlafft in eurer Seele und den Mut nicht sinken laßt!«

Ps 36 (35). Das Unleben der Gottesferne und die Lebensfülle der Jahwegemeinschaft

(1 Dem Chormeister. Vom Knechte Jahwes, von David.)

Das Scheinleben des Gottlosen

2 [Angenehm ist] der Frevel dem Gottlosen im Innern [seines] Herzens.
Es gibt keine Gottesfurcht vor seinen Augen.

3 Denn er ist von sich selbst zu angetan,
   daß er seine Schuld fände und verabscheute.
4 Seines Mundes Worte sind Bosheit und Trug,
   er gab es auf, weise und gut zu handeln.
5 Bosheit heckt er auf seinem Lager aus.
   Er betritt einen schlimmen Weg,
   vor Bösem scheut er nicht zurück.

Das Lebensglück des Jahwegetreuen
6 Jahwe, in die Himmel reicht deine Bundeshuld,
   und deine Treue bis zu den Wolken.
7 Deine Bundesgerechtigkeit gleicht den Gottesbergen,
   dein Rechtswalten dem großen Urmeer.
   Menschen und Tieren bist du Helfer, Jahwe.
8 O Gott, wie köstlich ist deine Bundeshuld!
   Die Menschenkinder dürfen sich im Schatten
   deiner Flügel bergen,
9 dürfen sich laben am Fett deines Hauses,
   am Bach deiner Wonnen läßt du sie trinken.

Bitte um die ständige Gnade der Jahwegemeinschaft
10 Ja, bei dir ist die Quelle des Lebens,
   in deinem Lichte schauen wir Licht.
11 Erhalte deine Bundeshuld denen, die dich kennen,
   deine Bundesgerechtigkeit den Herzensgeraden!
12 Des Übermuts Fuß trete nicht auf mich,
   die Faust der Gottlosen mache mich nicht heimatlos!

Erfüllung
13 Da – die Frevler fallen, stürzen, können nimmer aufstehn.

A. Der Text ist an einigen Stellen in schlechtem Zustand.
V. 2 ist so überliefert: »Spruch des Frevels zum Gottlosen:
Im Innern meines Herzens ist nicht Gottesfurcht vor seinen
Augen.« G S Hie und einige hebräische Handschriften lesen mit
Recht: seines Herzens. Eine leichte Veränderung des in solchem
Zusammenhang fast unmöglichen Wortes »Spruch« ergibt
unsere Übersetzung. V. 3a bedarf wohl keiner Korrektur, auch
wenn der Text zu Bedenken Anlaß gibt. In V. 8 liest MT: »die
Himmlischen und (die Menschenkinder)«, was aber von V. 9
aus fragwürdig ist. Am besten ist noch, »Gott« (im Vokativ)
für »Himmlische« zu übersetzen.

B. Die im Psalm vorausgesetzte Situation ist die eines individuellen Klageliedes, aber sie ist nicht in dessen übliche Form gefaßt. Hier hat sich das Klagelied zu einem Weisheitsgedicht weiterentwickelt. Schon die Gegenüberstellung vom Leben der Gottlosen und dem bei Jahwe am Tempel sich bergenden Bundesgetreuen ist kennzeichnend dafür (vgl. Ps 1). Die immanente Bezugnahme des schriftgelehrten Verfassers auf andere Offenbarungstexte (vgl. C) läßt sodann mit Sicherheit das nachexilische Weisheitsmilieu erkennen. Dessenungeachtet spricht echte Erfahrung aus dem schönen Psalm, eine Erfahrung, die nicht in der stillen Studierstube, sondern am Tempel gemacht wurde und wird. Sie ist freilich »reflektiert« in einem Geist, der sich aus der Heiligen Schrift nährt. Es geht dem Psalmisten dabei nicht um den privaten mystischen Bereich »Gott und die Seele«, sondern um die Gemeinschaft der Jahwegetreuen, die er durch seine Lebenslehre – sie ist in V. 6–10 ein echtes hymnisches Bekenntnis! – aufrichten und stärken will.

C. Die Zeichnung des Gottlosen beginnt mit einer Sentenz, die Job 20,12 gleicht: »Das Böse schmeckt seinem Munde süß.« Er läßt gleichsam die Gottesfurcht – hier »Schrecken vor Gott« – hinter sich (vgl. Job 6,14). In V. 3 spiegelt sich die Lehre der Propheten und Weisen über Hoffart, Verblendung und Selbstüberheblichkeit (z. B. Spr 21,2.4). Auch die V. 4–5 umschreiben in herkömmlichen, besonders der Weisheitslehre und dem Psalter vertrauten Wendungen den Frevler, dessen Weg ein Unheils- und Todesweg ist.
In der Gegenrichtung dieses Todesweges steht Jahwe. Er ist leuchtende und lockende Quelle des Lebens für alle, die sich zu ihm wenden. Dieses Thema bindet die V. 6–10 zusammen und macht sie zu einem Meisterwerk psalmodischer Frömmigkeit. In einer Formel, die inhaltlich gleich in Ps 57,11; 108,5 wiederkehrt (vgl. Jer 51,9), spricht der Psalmist in V. 6 die Unermeßlichkeit des göttlichen *Heilswillens* aus. V. 7 preist Jahwes »Gerechtigkeit« gegenüber seinen Bundesverheißungen, meint also – wie in verwandten

Formulierungen in Deutero-Isaias (z. B. 46,12f.; 51,6) – das göttliche *Heilswalten*. Der Vergleich mit den »Gottesbergen«, d. h. den gewaltigen Gebirgen, meint die Festigkeit und Ewigkeit und illustriert auf seine Weise Is 54,10: »Mögen selbst Berge weichen, Hügel wanken, meine Huld weicht nicht, mein Heilsbund wankt nicht!« Das »Urmeer«-motiv soll die geradezu »mythische« Macht des Waltens Gottes vergegenwärtigen, aber wahrscheinlich auch an die Bedeutung des »Urmeeres« im Gericht an Ägypten und bei der Erlösung Israels erinnern (vgl. Ex 15,5.8; Is 51,10). Aber nicht nur der Mensch, auch das Getier ist von der göttlichen Fürsorge umschlossen, so bekennt unser Psalmist in Übereinstimmung mit Ex 20,10; Dt 22,6 u. a.; Ps 104,14f.; 145,16f.; Job 38,39ff. Die köstliche Erfahrung der Bundeshuld Jahwes kann dem Menschen an Jahwes Heiligtum werden. Hier beim Allerheiligsten – in der Heilssphäre der ausgespannten Kerubenflügel – wird ihm Asyl, d. h. Schutz vor Verfolgung (V. 8), Teilnahme am mit Jahwe verbindenden Opfermahl, das erquickt (Is 43,24), sättigt (Jer 31,14), Freude spendet (Dt 12,7.12.18). Das Bild vom »Trinkenlassen aus dem Strom der Wonnen Jahwes« knüpft wohl an den Trank beim Opfermahl an (vgl. Dt 14,26), ist aber transparent auf die Verheißungen, welche aus dem endzeitlichen Sion einen Garten Eden (Is 51,3) und aus dem Tempel den Quellort von Paradiesesströmen (vgl. Gen 2,10) machen (Ez 47,1ff.; Joel 4,18; Zach 14,8). Der Tempel ist für den Beter vor allem aber deshalb der heilige Bezirk des hohen Lebens, weil man dort »*bei* Jahwe« ist. Er ist nach Jer 2,13; 17,13 der »Quell mit sprudelndem Wasser«. Da spendet er durch sein weisendes Wort und durch sein heilendes Machtwort das Leben (Dt 8,3). In seinem Hause, wo der Priestersegen gesprochen wird, begegnet man dem »Licht seines Antlitzes« (Num 6,25) und erfährt so Segen und Glück. Denn Licht (Ps 4,7) bedeutet das Heil schlechthin (Is 45,7; 59,9; Jer 13,16; Spr 13,9).

An dieses hymnische Bekenntnis schließt sich die Bitte an, jene Verheißung an Sion von Jer 31,3 (ewige Erhaltung der Bundeshuld) an allen, »die Jahwe kennen«, d. h. liebend anerkennen (vgl. Os 2,22), und »Herzensgeraden« (typischer Psalterausdruck für die Bundesgetreuen, vgl. 7,11; 11,2; 32,11 u. a.) wahrzumachen. Das bedeutet für den Psalmisten vor allem, daß die hochmütigen Gegner (vgl. Ps 10,2) ihm die gepriesene Heimat am Tempel nicht nehmen dürfen (vgl. Am 7,17). Da wird ihm auf irgendeine Weise Gewißheit, daß seine Feinde für immer scheitern (V. 13).

D. Die Lehre vom »Unleben« des Sünders, der sein eigenes Ich zum »Gesetz« seines Handelns macht, hat im NT noch eine schärfere Profilierung erfahren. Wessen Herz für Gott nicht mehr offen ist, ist finster und geistig blind und darum dem sittlichen Chaos ausgeliefert, so bezeugen, wenn auch in verschiedenen Sichten, gemeinsam Mt 6,22f.; Jo 3,19f.; Röm 1,21ff.
Den hymnischen Teil des Psalms (6–10) hat Jesus sicher bewegten Herzens gebetet, da er sich selbst als die menschgewordene Liebe des Vaters zu den Menschen wußte. Durch ihn erhalten diese Verse jenen neuen Verständnishorizont, den Jo 3,16; 1 Jo 4,9–19; Röm 8,31ff. u. a. aufreißen. Jesus ist aber nicht nur lebendigstes Zeugnis der göttlichen Bundeshuld zum Menschen, seine eigene personale Liebe zu uns ist unermeßlich (Eph 3,17–19). Auch sie hat sich im Opfermahl verleiblicht (Jo 13,1f.). Angesichts dieses Mahles erhalten die V. 8–10 unseres Psalms eine Aussagefülle ohnegleichen (vgl. Jo 4,14; 6,57). Durch sie kommt auch jenes endzeitliche Mahl in Sicht, zu dem das ntl. Bundesmahl nur eine Vorstufe ist (vgl. Mk 14,25; Apk 19,9). Jede Feindmacht wird dann für immer gefallen sein (Apk 14,8; 18,2).

Ps 37 (36). Jahwes Heilswalten an seinen Getreuen und das Los der Gottlosen

1 (Von David.)
  Ereifre dich nicht über Frevler,
  beneide nicht die Unrechttäter!
2 Denn wie Gras welken sie schnell dahin
  und verdorren wie grünendes Gesproß.
3 Vertraue auf Jahwe und tue das Gute,
  so bleibst du im Lande und weidest in Sicherheit.
4 Hab an Jahwe deine Lust,
  und er gibt dir, was dein Herz erheischt!
5 Stelle Jahwe deinen Weg anheim
  und vertraue auf ihn! Er wird es machen.
6 Er läßt wie Licht dein Recht aufgehen
  und deine Rechtfertigung wie Mittagshelle.
7 Sei stille zu Jahwe und hoffe auf ihn!
  Ereifre dich nicht über einen, dem sein Weg gelingt,
  über einen Mann, der Ränke tut.
8 Lasse vom Zorn und gib das Grollen auf,
  ereifre dich nicht, es führt nur zum Bösen!
9 Denn Frevler werden ausgetilgt,
  die aber Jahwes harren, werden das Land besitzen.
10 Noch eine kleine Weile, dann ist der Gottlose dahin.
   Blickst du auf seinen Platz, so ist er nicht mehr da.
11 Aber die Gebeugten werden das Land besitzen,
   und ihre Lust haben an der Fülle des Heils.
12 Ränke plant der Frevler gegen den Gerechten
   und knirscht mit den Zähnen wider ihn.
13 Der Allherr lacht seiner,
   er sieht seinen Tag ja kommen.
14 Das Schwert zücken die Gottlosen und spannen
   ihren Bogen, um den Gebeugten und Armen
   zu fällen, zu morden die Rechtschaffenen.
15 Ihr Schwert dringt ins eigene Herz,
   und ihre Bogen brechen.
16 Besser geringer Besitz des Gerechten
   als [großer] Reichtum der Gottlosen!
17 Denn die Arme der Gottlosen brechen,
   die Gerechten aber stützt Jahwe.

18 Jahwe kennt die Tage der Makellosen,
ihr Erbe bleibt für immer.
19 Sie werden nicht zuschanden in Zeiten des Unheils,
und in den Tagen des Hungers essen sie sich satt.
20 Fürwahr, die Gottlosen gehen unter,
und Jahwes Feinde – wie der Fluren Pracht vergehen sie,
vergehen [wie] Rauch.
21 Borgen muß der Gottlose und kann nicht zahlen,
doch der Gerechte kann mild sein und spenden.
22 Denn, die er segnet, werden das Land besitzen,
aber die er verflucht, werden ausgetilgt.
23 Von Jahwe werden die Schritte des Mannes gelenkt,
wessen Weg ihm gefällt, den festigt er.
24 Fällt er, wird er nicht hingestreckt,
denn Jahwe stützt seine Hand.
25 Ich bin jung gewesen und alt geworden,
doch keinen Gerechten sah ich verlassen
noch seinen Nachwuchs betteln um Brot.
26 Alle Tage kann er mild sein und borgen,
und sein Nachwuchs wird zum Segen.
27 Meide das Böse und tue das Gute,
so bleibst du wohnen auf immer.
28 Denn Jahwe liebt Recht und verläßt seine Getreuen nicht.
Auf immer werden die [Bösen vernichtet],
und der Gottlosen Nachwuchs wird ausgetilgt.
29 Die Gerechten werden das Land besitzen und dürfen
auf ewig drauf wohnen.
30 Der Mund des Gerechten spricht Weisheit,
und seine Zunge redet, was recht ist.
31 Die Weisung seines Gottes ist in seinem Herzen,
und seine Schritte wanken nicht.
32 Der Gottlose lauert dem Gerechten auf
und sucht ihn zu töten.
33 Doch Jahwe überläßt ihn seiner Hand nicht,
läßt ihn nicht verdammen, wenn man ihn richtet.
34 Harre auf Jahwe, bewahre seinen Weg,
so erhöht er dich, das Land zu besitzen.
Du darfst die Austilgung der Gottlosen schauen.

35 Ich sah einen Gottlosen voller Gewalttätigkeit,
[aufgereckt wie eine Libanonzeder!]
36 [Ich] kam wieder vorüber – da war er dahin.
Ich suchte ihn – er ward nicht mehr zu finden.
37 Beobachte den Makellosen und besieh den Redlichen,
eines solchen Mannes Ende ist Heil.
38 Die Abtrünnigen aber werden allesamt vernichtet,
der Gottlosen Ende ist Vertilgung.
39 Die Rettung der Gerechten kommt von Jahwe.
Er ist ihr Hort in Zeiten der Not.
40 Jahwe hilft ihnen und läßt sie entrinnen,
entrinnen den Gottlosen und macht sie frei.
Denn sie bergen sich an ihm.

A. Der Text ist an einigen Stellen unsicher überliefert. In V. 16 lasen G S Hie mit Recht »groß« im Singular und bezogen es auf Reichtum. In V. 20 ist mit einem großen Teil der Zeugen (hebr. Hss G S Hie) »wie« statt »im« Rauch zu lesen. V. 23 ergibt mit einer kleinen vokalischen Änderung unsere Lesung, die nach dem Beitext der von MT (»sie werden gefestigt und sein Weg gefällt«) weit vorzuziehen ist. In V. 28 hat nur unsere Lesung, die auf G beruht, Sinn. Sie allein wird dem alphabetischen und gedanklichen Zusammenhang gerecht. Auch in V. 35 hat G die bessere Lesart. Mit MT: »schamlos wie ein grüner Eingeborener« ist nichts anzufangen. In V. 37 lasen G V Hie Abstrakta. Doch hat auch MT manches für sich.

B. Der Psalm, eine Art Sentenzensammlung, ist auf dem Hintergrund des Gegensatzes (vgl. 14 und 32) zwischen »Gottlosen« und »Jahwegetreuen« entstanden, aber nicht in der Form eines Klageliedes, sondern eines Weisheitsgedichtes. Schon seine alphabetisch-akrostichische Anordnung (vgl. Ps 34) – die Anfangsbuchstaben jedes zweiten Verses ergeben hier zusammen das hebräische Alphabet – weist auf eine weisheitliche Belehrung hin, erst recht der Inhalt, der oft teils wörtlich, teils gedanklich mit anderen Weisheitssprüchen oder Lehren der Heiligen Schrift (besonders Isaias') übereinstimmt. Es kommt aus diesen Gründen nur ein mittel- oder spätnachexilisches Datum für die Entstehung des Psalms in Betracht.

C. Die einzelnen Verse unseres Psalms sind Sentenzen zum Thema »Geschick der Gottlosen – Geschick der Jahwegetreuen« und bedürfen zumeist keiner besonderen Erklärung zu ihrem Verständnis. Anders ist es mit der Zustimmung zur vorgetragenen Lehre. Sie fällt nicht nur dem modernen Menschen schwer, sie wurde schon im Buch Job zu korrigieren versucht. Denn Ps 37 würde gut in den Mund der Dialogpartner des großen Dulders passen. Der Psalm erhält darum in manchen Kommentaren eine schlechte Benotung (»naive Vergeltungslehre«, »Lohnethik« usw.). Darum muß eine Erklärung des Psalms ihn zunächst einmal als Ganzes in den Blick nehmen.

Es ist klare Lehre der Propheten, daß der Bundespartner Israel bei Bundestreue in der Segens- und Heilssphäre Jahwes bleibt, bei Bundesbruch aber – gleichsam durch die »Bruchstelle« hindurch – in den Unheilsbereich fällt. Dieses »Gesetz« mußte auch, so dachte man bei fortschreitender Entfaltung des Individualbewußtseins in Israel, für den Einzelmenschen gelten. Doch da erhoben sich aus der Lebenserfahrung schwere Bedenken. Schon Jeremias formuliert sie: »Bereden möchte ich mit dir nur ein einzig Ding: Warum gerät der Weg der Gottlosen, sind alle Treulosen sorglos?« (12,1; vgl. Mal 2,17; 3,14 u. a.). Die Antwort auf diese Frage konnte im AT nicht durch den Hinweis auf eine Vergeltung im Jenseits gefunden werden, da es keine entwickelte Jenseitsvorstellung dieser Art gab. Darum versuchte man in der Weisheitslehre im festen Glauben an die göttliche Gerechtigkeit die Lehre vom nur vorübergehenden Glück der Frevler bzw. Unglück der Gerechten, für die sich aus dem Leben auch sehr viele Beispiele anführen ließen. Unser Autor gehört dieser Richtung an. Er versichert für sich selber, daß er noch keine schlagenden Gegenbeispiele erlebte (vgl. V. 25). Mag diese Erfahrung auch mit Sicherheit unvollständig und darum unser Psalm in der Deutung der irdischen Gegebenheiten relativ sein, so ist er dennoch insofern von theologischem Rang,

als er einmal die Grundgesinnung Gottes, die zuverlässige
Liebe zu seinen Bundesgetreuen, und zum anderen die
allgemeine Gültigkeit der These bezeugt, daß Bundestreue
ein Bleiben in der Gnade, Bundesbruch ein Einbrechen in
den Unheilsbereich bedeutet. Er wird hierin von der ganzen
Offenbarung bestätigt und ist darum weit davon entfernt,
einer »Lohnmoral« im üblichen Sinne das Wort zu reden.
Die auffallendste, mehrmals (V. 9, 11, 22, 29) wiederkehrende Wendung ist »das Land besitzen«. Darin ist auf
die Bundesgabe des Gelobten Landes angespielt. Der Bundestreue darf für sich und seinen Nachwuchs darauf vertrauen, daß er einen Anteil daran behalten wird (V. 3, vgl.
Is 14,30; 33,16). Dieses »Vertrauen«, »Hoffen«, »Harren«
auf Jahwe (vgl. V. 3, 5, 7, 9, 34) ist ein Leitmotiv des
Psalms. Darin trifft sich der Weisheitslehrer mit dem Propheten. Darum ist auch sein Horizont nach vorn in Richtung zukünftigen Heilswaltens Jahwes nicht einfach verschlossen, wie schon Ps 1 gezeigt hat. Gewiß enthält unser
Psalm keine endzeitlichen Aussagen, aber er behält eine wenn
auch völlig unbestimmte Offenheit dahin. Er hält sicher
nicht umsonst engen Kontakt mit prophetischen Schriften,
auch wenn er diese Aussagen, seinem eigenen literarischen
Genus getreu, auf die weisheitliche, d. h. das Einzelleben
betreffende Ebene projiziert (vgl. V. 2 und Is 40,6f., V. 3 und
Is 14,30; 33,6, V. 4 und Is 58,14, V. 6 und Is 58,10; Jer 51,10,
V. 9 und Is 57,13; 60,21; 65,9, V. 10 und Os 1,4 u. a., V. 20
und Is 51,6, V. 31 und Is 51,7, V. 34 und Is 66,24).

D. Die theologischen Grundlehren des Psalms: 1. Der
bundeswillige Gott bleibt seinen Verheißungen treu,
2. Bundestreue hält in der Bundesgnade, Bundesbruch ist
Heilsbruch, also Unheil, werden in der neubundlichen
Offenbarung nicht aufgehoben, sondern noch vertieft. Dazu
kommt die typische ntl. Erweiterung des Horizontes über
das Irdische hinaus. Sie bringt den Aussagen des Psalms
Bewährung und Fülle.

So gesehen, gewinnt Ps 37 auch im Munde Jesu, des endgültigen Weisheitslehrers, einen großen Sinn. Nach Mt 5,5 hat er mit seiner Seligpreisung »Selig sind die Sanftmütigen, denn sie werden das Land besitzen!« auf V. 11 unseres Psalms zurückgegriffen. In Lk 6,20–26 hat er neben die Seligpreisungen der Armen und Gebeugten die Wehrufe über die Reichen und Lachenden gestellt, was ganz der Linie unseres Gedichts entspricht. Solches wird in den Gleichnissen vom habsüchtigen Reichen (Lk 12,16–21) und vom reichen Prasser und armen Lazarus (Lk 16,19–31) illustriert. Sie sind fruchtbarer ntl. Begleittext zu Ps 37.

Ps 38 (37). Jahwe, das Heil des kranken, sündigen und angefeindeten Beters

(1 Ein Davidpsalm. Zum Gedenken.)

Bitte um Abwendung der Sündenstrafe
2 Jahwe, nicht in deinem Zorn strafe mich,
und nicht in deinem Grimm züchtige mich.

Klage über die schwere Krankheit
3 Deine Pfeile sind in mich herabgefahren,
und deine Hand fuhr auf mich nieder.
4 Nichts blieb gesund an meinem Fleisch ob deines Grolls
nichts heil an meinem Gebein ob meiner Sünde.
5 Ja, meine Vergehen wachsen mir über den Kopf,
wie eine schwere Last sind sie mir allzu schwer.
6 Stinkig und faulig sind meine Wunden
ob meiner Torheit.
7 Mir schwindelt, ich bin ganz tief gebeugt,
den ganzen Tag gehe ich in Trauer umher.
8 Fürwahr, meine Lenden sind voller Brand,
nichts blieb gesund an meinem Fleisch.
9 Ich bin erschöpft und ganz zerschlagen,
ich muß aufschreien vor dem Tumult meines Herzens.
10 Herr, dir ist gegenwärtig all mein Verlangen,
und mein Stöhnen ist dir nicht verborgen.

11 Mein Pulsschlag flattert, meine Kraft hat mich verlassen,
auch das Licht meiner Augen ist nicht mehr mit mir.

Klage über die Gegnerschaft der Mitmenschen
12 Meine Lieben und Freunde rücken ab von meiner
Heimsuchung,
meine Nächsten bleiben in der Ferne stehen.
13 Die mir nach dem Leben trachten, legen mir Schlingen,
die mein Unglück wollen, reden Schlimmes und ersinnen
Ränke den ganzen Tag.

Beweggründe für eine mögliche Erhörung
14 Ich aber bin wie ein Tauber, höre nicht, bin wie ein
Stummer, der seinen Mund nicht auftut.
15 Ich bin wie ein Mensch, der nicht mehr hört,
dessen Mund keine Entgegnung kennt.
16 Denn auf dich, Jahwe, hoffe ich,
du, du wirst antworten, Herr, mein Gott.
17 Denn ich denke: Sie sollen nicht jubeln über mich,
wenn mein Fuß wankt, nicht wider mich großtun!
18 Ich bin ja auf meinen Sturz gefaßt,
und mein Schmerz ist mir immer vor Augen.

Sündenbekenntnis
19 Ja, ich bekenne meine Schuld,
ich bin bekümmert über meine Sünde.
20 Die meinem Leben feind, sind stark,
und viele sind's, die mich lügnerisch hassen.
21 Sie zahlen mir mit Bösem das Gute heim,
sie befehden mich, weil ich dem Guten nachjage.

Hilferuf
22 Verlasse mich nicht, Jahwe,
mein Gott, sei mir nicht fern.
23 Eile, mir zu helfen, Herr, mein Heil!

A. An einigen, aber unwichtigen Stellen scheint der Text nicht
ganz gesichert. Doch sind Korrekturen nicht unbedingt notwendig.

B. Der Zusatz der Überschrift »Zum Gedenken« (= Ps 70,1),
den die jüdische Überlieferung mit dem Weihrauchopfer beim
Speiseopfer in Beziehung bringt (vgl. Lev 2,2.9 u. a.), ist un-

geklärt. Der Psalm gehört zur Gattung der individuellen Klagelieder und ist näherhin ein Bußpsalm, der Not und Schuld in einem engen Zusammenhang sieht. Hinter ihm steht eine echte Erfahrung des Verfassers. Doch hat er seinen Text ins Typische geweitet, gleichsam mit einem Seitenblick auf den Leidenden von Ps 22 und Is 53. Zugleich geht durch den Psalm eine lehrhafte Tendenz, die sich in der Anlehnung an andere Texte und in der »alphabetisierenden« Form – der Psalm hat so viele Verse wie das hebräische Alphabet Lettern – anzeigt.

C. Der Psalm beginnt mit dem fast gleichen Flehruf wie Ps 6, mit dem er auch sonst Verwandtschaft aufweist (siehe dort!). Als Motiv gibt der Sprecher seine schwere Krankheit an, die zunächst mit dem verbreiteten orientalischen Bild von den Pfeilen (vgl. Ez 5,16) gekennzeichnet wird. Die folgende Beschreibung, mit Is 1,6 verwandt, dazu V. 6 und V. 12 mit seinem gern für den Aussatz verwendeten Wort »Heimsuchung« (vgl. Lev 13,2ff.), lassen an diese schlimme Krankheit denken, ohne sie allerdings eindeutig zu bezeichnen. In V. 5 bringt der Beter seinen Zustand mit seiner Sündhaftigkeit in einen ursächlichen Zusammenhang und spricht dies fast mit den gleichen Worten aus wie die Gemeinde im Schuldbekenntnis von Esdr 9,6. Die weitere Beschreibung der Krankheit (6–9) ähnelt Is 21,3 und Job 30,27–30. V. 11 (wörtlich: »Mein Herz fährt hin und her«) meint das, was die Medizin »Pulsflattern« nennt. Nach V. 12 erfährt der Sprecher ähnliches wie Jeremias (12,6; 20,10; vgl. Job 19,13ff.): Die Freunde verlassen ihn und schließen sich den Gegnern an. Diese nehmen anscheinend das Leiden des Beters zum Anlaß, um ihn besonderer Frevel zu zeihen. Er verhält sich dabei wie der Jahweknecht von Is 53,7: »Er tat seinen Mund nicht auf, wie das Lamm, das zur Schlachtbank geführt wird ...« Der Grund dafür ist sein tiefes Vertrauen auf Jahwe, der selbst Antwort geben, d.h. ihm verzeihen und ihn heilen wird. Diese Antwort soll auch die Feinde verstummen lassen, die bereits sein baldiges Ende bejubeln. Der Sprecher bekennt in diesem Zusammenhang noch einmal seine Schuld (V. 19), aber es muß sich dabei um anderes handeln als die lügnerischen Anklagen (V. 20) der Gegner, die ihn anscheinend des schweren Bruches der mitmenschlichen Gerechtigkeit (2. mosaische Tafel) zeihen, während der Beter hier seine Unschuld beteuert. Ja, er sieht gerade in seinem Bemühen um beispielhaftes Verhalten zum Nächsten den Ansatzpunkt des feindlichen Hasses – eine tiefenpsychologisch treffende Beobachtung! Die Bitten von V. 22 (vgl. 22,12; 35,22) und V. 23 (vgl. 22,20; 71,12), die den Abschluß bilden, sind typische Psalterformeln.

D. Ps 38 als Gebet eines von Gott mit Krankheit geschlagenen, von den Menschen gemiedenen und angefeindeten, seiner eigenen Sündhaftigkeit bewußten Jahwegetreuen ist als Zeugnis altbundlicher Gläubigkeit um so eindrucksamer, als hier keinerlei Hader mit Gott und keine Verwünschungen gegen die Feinde antönen. Insofern ist der Psalm geradezu schon mit dem Geist Jesu erfüllt. Auch wenn Jesus selbst keine Schuld zu bekennen hatte, so trat er doch in die Solidarität mit den Sündern ein (Röm 8,3) und wurde »der Mann der Schmerzen, mit Krankheit vertraut« (Is 53,3), der »unsere Krankheiten trug, unsere Schmerzen auf sich lud« (Is 53,4), und ward zum »verstummenden Lamm« (Is 53,7). Insofern kann sein Gottesvolk, das ja immer ein Volk der Sünder ist, in Vereinigung mit seinem büßenden Herrn diesen Psalm beten, wie es ihn eh und je in der Matutin des Karfreitags und als 3. Bußpsalm gesprochen hat. In den alten Übersetzungen findet sich als Zeugnis solch sinnvollen Gebrauchs in V. 21 der sprechende (spätere) Zusatz: »Sie haben mich verworfen, den Geliebten, wie einen abscheulichen Leichnam«, und die koptische Übersetzung fügt den erläuternden christologischen Hinweis bei: »Sie haben mein Fleisch angenagelt.«

Ps 39 (38). Jahwe, die Hoffnung im vergänglichen, leidvollen Leben

1 (Dem Chormeister. Von Jedutun. Ein Davidpsalm.)

Bericht über den Versuch, zu schweigen
2 Ich hatte gesagt: Ich will meine Wege davor hüten,
   mit der Zunge mich zu verfehlen,
   will verwahren meinen Mund mit einer Sperre,
   solange der Gottlose vor mir steht.
3 Stumm und still ward ich, ich schwieg, fern vom Glück.
   Da wurde mein Schmerz aufgewühlt,
4 mein Herz erglühte mir in der Brust,
   bei meinem Seufzen entbrannte ein Feuer,
   da mußte meine Zunge sprechen:

Bitte um Erkenntnis
5 »Jahwe, tu mir mein Ende kund,
   was da sei das Maß meiner Tage,
   auf daß ich wisse, wie vergänglich ich bin!«

Leise Klage über die Nichtigkeit des Lebens
6 Siehe, nur handbreit hast du meine Tage gemacht,
   und meine Dauer ist wie ein Nichts vor dir.
   Nur ganz und gar Hauch, so steht ein jeglicher Mensch da.
7 Nur als ein Schattenbild wandert jedermann dahin.
   Nur ein Hauch sind [die Reichtümer], die er anhäuft.
   Er weiß nicht, wer sie einheimst.

Vertrauensvolle Bitte um Rettung
8 Und nun, worauf soll ich harren, Herr?
   Meine Hoffnung gilt dir!
9 All [denen, die an mir freveln], entreiße mich!
   Mach mich nicht zum Hohn des Toren!
10 Ich bin verstummt, tue den Mund nicht auf,
   denn du hast es gefügt.
11 Nimm deine Heimsuchung von mir,
   unter der Wucht deiner Hand vergehe ich.
12 Züchtigst du einen Mann ob der Schuld,
   so zerstörst du wie die Motte seine Pracht.
   Nur ein Hauch ist ein jeglicher Mensch.

13 Höre mein Flehen, Jahwe, und vernimm mein Schreien!
Zu meinen Tränen schweige nicht!
Denn ich bin ja ein Gast bei dir,
ein Beisasse wie alle meine Väter.
14 [Schau] weg von mir, daß ich fröhlich aufblicken kann,
ehe ich hinfahre und nicht mehr bin.

A. Der Text ist nur an wenigen Stellen unsicher. Der verbessernden Hand bedürfen vorab V. 7 (»Reichtümer« für »sie lärmen«, graphisch verwandt!), V. 9 (»Frevler« statt »Frevel«, nur Vokalverschreibung!) und V. 14 (»schau« für »verklebe«, Konsonantenumstellung!).

B. Unser Psalm gehört zur großen Gattung der individuellen Klagelieder, hat aber merkwürdige Eigentümlichkeiten, die dem üblichen Schema wenig entsprechen. Doch ist dies kein genügender Grund zu Textumstellungen. Die Situation des Sprechers ist gekennzeichnet durch eine schwere Heimsuchung (höchstwahrscheinlich eine tödliche Krankheit), die Feinden Anlaß zu falschen Beschuldigungen gibt. Gerade ihretwegen versucht der Psalmist immer wieder zu schweigen (V. 2c und 10). Die Formulierung des teilweise biographisch anmutenden Psalms (vgl. 2–4) kommt aus tiefer Leiderfahrung, sie ist aber zugleich zur Belehrung bestimmt. Die Weisheitslehre von »Job« und »Prediger« findet sich hier gleichsam vereint. Der Psalm ist darum zu den späten Stücken des Psalters zu zählen. Die Angabe der Überschrift »von (oder für?) Jedutun« ist wohl von 1 Chr 9,16 u. a. aus gemacht, wo das Wort als Name eines Musikmeisters Davids erscheint.

C. Der Psalmist greift zurück in die »Vorgeschichte« seines Betens. Ursprünglich wollte er in seinem Unglück schweigen, um dem Gottlosen durch gewagte Worte zu Gott hin (vgl. Job 2,10) keinen Anlaß zu geben, über ihn und seinen Gott zu lästern. Denn es gab nach Mal 3,14 genug Leute, die sagten: »Gott zu dienen ist unnütz«. In stiller Ergebung war er so auf die Ehre des Bundesgottes bedacht. Doch fand er auf diese Weise keine Erleichterung. Es ging ihm wie in anderer Lage (Verschweigung prophetischer Rede!)

dem Jeremias: Eine Art inneren Feuers zwang ihn zum Reden (Jer 20,9). Er bricht aber nicht in lauten Wehschrei aus, sondern erbittet zunächst Gewißheit über das geahnte, aber noch ungewisse nahe Ende und zugleich die Gnade, der Todverfallenheit seines und des menschlichen Lebens überhaupt klar ins Auge zu blicken. Letzteres wird ihm auch zuteil. In gedämpfter Klage, die Gott anrühren soll, spricht er die Wahrheit über die Nichtigkeit der menschlichen Existenz aus (6–7). Er benützt dazu (wie das Buch des »Predigers«!) das Leitwort: »Hauch, Dunst, Nichtigkeit«. Hier wie im verwandten Text Job 7,6–10 haben wir ein Echo zu Is 40,6: »Alles Fleisch ist wie Gras, all seine Pracht wie die Blume der Flur. Das Gras verdorrt, die Blume verwelkt, wenn Jahwes Odem sie anbläst.« Darum ist auch Sammeln von Reichtümern eitel (Pred 2,26; Job 27,16 u. a.). Die Konsequenz aus alledem wäre Resignation. Aber der Psalmist hat dennoch eine Hoffnung: Jahwe und seinen Bundeswillen. Dieser soll ihn aus dem gegenwärtigen Dunkel holen: aus der Anfeindung (V. 9) und aus der schweren Krankheit (V. 10), die eine zerstörerische – darum das Bild von der Kleidermotte (vgl. Job 13,28; Is 51,8)! – Züchtigung ist (V. 12). In V. 13 erinnert der Psalmist seinen Gott daran, daß er zwar nur »Gast« und »Beisasse« im »Land Jahwes« (vgl. Lev 25,23), d. h. ein Vorübergehender, sei (vgl. 1 Chr 29,15), aber eben darum Gott ihm Gastfreundschaft erzeigen möge. Seine Schlußbitte verwendet nicht das übliche Bild vom gnädigen Herblicken Jahwes für die Heilszuwendung, sondern – wie Job 14,6 – die Vorstellung vom Abwenden des strafenden Gottesblicks. Das »fröhliche Aufblicken« ist auch bei Job die große Sehnsucht des Leidenden (Job 9,27; 10,20).

D. Ps 39 gehört gerade in seiner Eigentümlichkeit zu den großen Bezeugungen altbundlicher Existenz. Die durchwaltende Hinfälligkeit alles Menschlichen – sein »Sein zum Tode« – kommt hier zu um so erschütternderer Aussage, als noch keine endzeitliche Bestimmung des Einzelmenschen den Knoten der Rätselhaftigkeit des leidvollen Lebens auflöst. Vor der undurchdringlichen Mauer der Todesgrenze dennoch Glauben und Vertrauen zu Gott zu bekennen, ist eine unerhörte Tat. Auch wenn keine Vollantwort Gottes auf die Frage nach dem Sinn des »tränenvollen« (V. 13) Daseins erwartet wird – sondern eben nur die Teilantwort der Hilfe aus gegenwärtiger, nicht ganz unverschuldeter (V. 12) Not –, so steht hinter dem Psalm doch die Ahnung, daß der dunkle Abgrund des Lebens irgendwie auslotbar sein müsse. Weiter kommt unser Psalmist nicht, sowenig wie die Bücher Job und Prediger.

Die Offenbarung des Neuen Bundes hat das Leiden Jesu – das Leiden eines ganz Unschuldigen – in die Mitte des göttlichen Heilswaltens gestellt und damit die düstere Leidenslinie zur hellen Lebenslinie der Heilsgeschichte gemacht. Damit lichtet sich das Dunkel unseres Psalms, er spricht nur noch die eine Seite menschlicher Existenz aus. Aber sein Wort hat dennoch Wucht und Wahrheit behalten. Selbst Jesus sprach nach Lk 12,50 angesichts seines Todesleidens: »Wie ist mir bange!« und bat um den Vorübergang des Leidenskelches (Lk 22,42). Das »Du hast es gefügt!« (V. 10) aber wurde bei ihm zum »Dein Wille geschehe!« (ebd.) und machte aus Bitte und Klage Ergebung und Gehorsam. So wurde sein »Hingang« zum Weg des Lebens für alle, so daß sein Apostel Paulus sogar voll Verlangen dem Tode entgegenzublicken vermochte (2 Kor 5,1ff.; Phil 1,21).

Ps 40 (39). Danklied und Bittpsalm zu Jahwe als helfendem Bundesgott

I (1 Dem Chormeister. Von David. Ein Psalm.)
   Rettung als Antwort auf Vertrauen und Flehen
   2 Unverwandt harrte ich auf Jahwe.
   Da neigte er sich zu mir und hörte mein Schreien.

3 Er zog mich empor aus dem grausigen Verlies,
   aus Morast und Schlamm,
   stellte meine Füße auf Felsengrund
   und festigte meine Schritte.
4 Er legte in meinen Mund ein neues Lied,
   einen Lobgesang für unseren Gott.
   Viele sollen es schauen und erschauern
   und auf Jahwe vertrauen.
5 Selig der Mann, der Jahwe zu seiner Zuversicht macht,
   sich nicht an Überhebliche hält und Lügenbolde.

Hymnischer Dank

6 In Menge hast du, Jahwe, mein Gott, deine
   Großtaten und Pläne an uns vollführt.
   Nichts ist dir zu vergleichen.
   Wollte ich künden und melden davon,
   zu viele sind es zum Erzählen.
7 Schlacht- und Speiseopfer begehrtest du nicht,
   doch Ohren hast du mir gegraben.
   Brand- und Sündopfer heischtest du nicht.
8 Da sagte ich: Siehe, ich komme!
   In der Buchrolle ist es mir aufgeschrieben.
9 Deinen Willen zu tun, mein Gott, begehre ich,
   und deine Weisung ist mir Innerstes.
10 Die Frohbotschaft des Heils künde ich
   in großer Versammlung,
   Siehe, meine Lippen halte ich nicht verschlossen!
   Jahwe, du weißt es.
11 Deine Bundesgerechtigkeit verberge ich nicht
   in meinem Herzen,
   von deinem getreuen Befreiertum spreche ich.
   Ich verhehle nicht deine Bundeshuld und
   deine Treue vor großer Versammlung.
12 Du, Jahwe, wirst dein Erbarmen nicht vor mir
   verschließen,
   deine Bundeshuld und deine Treue werden mich
   allezeit hüten.

Klage in tiefer Not

II 13 Denn Leiden umfingen mich, ungezählte,
   meine Sünden holten mich ein,

nicht vermag ich mehr aufzusehen,
ihrer sind mehr als die Haare meines Hauptes.
Mein Herz hat mich verlassen.

Bitte um eigene Rettung und Beschämung der Gegner
14 Geruhe, Jahwe, mich herauszureißen,
Jahwe, eile, mir zu helfen!
15 Zuschanden und beschämt werden sollen alle,
die mir nach dem Leben trachten (es wegzuraffen).
Rückwärts fliehen müßten, mit Schimpf bedeckt,
die mein Unheil wollen.
16 Erstarren sollten ob ihrer Schande,
die mir sagen: Ha! Ha!
17 Frohlocken und jubeln mögen in dir alle,
die dich suchen.
Sie sollen allezeit sagen: »Groß ist Jahwe!«,
sie, die da lieben dein Befreiertum.
18 Ich, ich bin gebeugt und arm.
Der Herr gedenkt meiner.
Meine Hilfe und Rettung bist du!
Mein Gott, säume nicht!

A. Der Text ist einigermaßen gut erhalten. An einigen Stellen scheint er nachträglich überladen worden zu sein, z. B. in V. 15. In V. 18 ist »er gedenkt meiner« vielleicht Verlesung zu »eile mir herbei«, wie Psalm 70,6 formgerechter liest.

B. Der Psalm ist ursprünglich ein reines Danklied gewesen, das mit V. 12 endete. Ihm wurde das individuelle Klagelied (14–18), das als Ps 70 überliefert ist, angefügt.
Als Klammervers hat der Redaktor V. 13 geschaffen. Beide Teile weisen nachexilische Spuren auf. Der Sprecher des Psalms ist auch in Teil I ein einzelner, der sich freilich mehrfach ins »Wir« der Gemeinde einschließt. Er gehört zu jenen Weisheitslehrern, die sich der Schrift als Quelle der Weisheit zuwandten. Die Bücher der Propheten waren dabei seine Lieblingstexte (vgl. C).

C. I. Der Psalmist nahm sich das harrende Ausschauen nach Jahwe, wie es nach Is 8,17 der große Prophet von sich bezeugt, zum Beispiel und fand sich erhört. Er hatte sich schon in der Unterwelt gefühlt und beschreibt den Zustand mit einer Anspielung an Jer 38,6, wo der leidende Prophet in einer als Verlies dienenden schlammigen Zisterne dem Tod entgegensieht. Doch Jahwes Eingreifen hat ihn »emporgeholt« (vgl. Ps 30,4; Jon 2,7) und auf einen Weg der Sicherheit gestellt (vgl. Ps 18,37). Seine Gnade hat ihm einen Lobpreis eingegeben (V. 4), der als »neues Lied« den erfahrenen Heilserweis hineinstellt in die Reihe der Heilstaten an Israel (vgl. Is 42,10). »Schauen« und »erschauern« (M. Buber, auch im Hebräischen Alliteration der Verben!) ist hier wie in Is 41,5 die Verfassung der Zuschauer, die sich daraufhin Jahwe zuwenden. Der Psalmist faßt den Vorgang in einen allgemeinen weisheitlichen Lehrspruch, der im ersten Halbvers mit Jer 17,7 übereinstimmt: »Gesegnet der Mann, der auf Jahwe vertraut und dessen Zuversicht Jahwe ist« und im zweiten inhaltlich dem Gegenspruch nahesteht: »Verflucht der Mann, der auf Menschen vertraut und auf Fleisch sich stützt« (Jer 17,5). Auch in V. 6 bleibt der in V. 4 eröffnete Horizont der großen Heilsgeschichte. Der Vers ist wie ein Echo zu Dt 4,34 (vgl. Ps 92,6; 104,24 u. a.). Nun wäre nach herkömmlichem Brauch ein Dankopfer fällig (Lev 3). Aber der Psalmist, der den in der Heiligen Schrift niedergelegten Gotteswillen sehr gut kennt, will hierin Schüler jener Propheten sein, die den Lebensvollzug nach der ethischen Bundescharta des Dekalogs über jegliches rituelle Opfer stellen (Am 5,22; Os 6,6; Is 1,11; Mich 6,8; Jer 6,20; 7,22 u. a.). Dafür hat Gott ihm das Ohr »gegraben« (vgl. Is 50,5), um diesen wesentlichen Gotteswillen zu vernehmen und gehorsam zu sein (vgl. 1 Sam 15,22). Daran hat er Gefallen und erfährt damit bereits etwas von dem, was Jer 31,33 verheißen hat: »Ich lege meine Weisung in ihr Inneres und schreibe sie ihnen ins Herz!« An der Kultstätte aber – vor großer Versammlung!, V. 10 und 11 – ist die öffentliche Verkündigung und der Lobpreis des Bundeswillens und Bundeswaltens Jahwes sein Dankopfer.

II. V. 13 ist Klammervers zum Teil II (=Ps 70). Hier werden Leiden und Sünden personifiziert (vgl. Gen 4,7) und treten wie sonst die Feinde als umringende Mächte in Erscheinung (vgl. Ps 22,13.17). Hinter ihnen stehen tatsächlich Verfolger, die den Tod des Psalmisten wollen. Sie sollen rückwärts weichen müssen (Ps 35,4.26) und so für ihr »ha! ha!« (Ps 35,21.25), d.h. für ihre spöttische Schadenfreude, Vergeltung finden. Umgekehrt sollen alle Jahwegetreuen sich zu einer Dankliturgie vereinen mit dem Ruf: »Jahwe ist groß!« (Ps 35,27). Dann fällt der Blick wieder auf das gegenwärtige Elend. Dieses ist für Jahwe Anlaß, des Psalmisten in Mitleid zu gedenken (vgl. Jer 31,20). Die Schlußbitte ist ein Echo auf die Verheißung: Is 46,13: »Ich laß nahen mein Heil, es bleibt nicht fern, meine Befreiung säumt nicht!«

D. I. Ps 40,7–10 ist im NT eine berühmte Stelle geworden, da sie im Hebräerbrief (10,5f.) – allerdings in ein wenig veränderter Fassung – Jesus beim Eintritt in die Welt in den Mund gelegt wird. Das ganze Danklied paßt jedenfalls auf Jesus den Christus. »Unverwandt auf Gott harren« (V. 2), »emporgezogen werden« aus dem Todesbereich (V. 3), ein in der Heilsgeschichte exemplarisches Heilswalten, das »erschauern« und »vertrauen« läßt (V. 4), die liebende Preisung der Heilstaten Gottes (V. 6), der sittlichpersonale Gotteswille als Herzenssache (V. 7–9), die Frohbotschaft vom heilswilligen Bundesgott (V. 10–12) – das alles sind Züge, die wir in Jesus dem Christus in unerhört erfüllter Weise wiederfinden. Im Blick auf ihn und in Vereinigung mit ihm kann das neubundliche Gottesvolk im Sinne von Eph 2,4–7; 1 Petr 1,3 diesen herrlichen Dankpsalm beten. II. Der zweite Psalmteil läßt, wie die vielen anderen Klagelieder des Psalms, den neubundlichen Beter auf einen Leidenden schauen, »einen Gebeugten und Armen«, in dem in wesentlichen Zügen Jesus, der größte Leidensmann der Heilsgeschichte, vorgebildet ist. Auch er bat an der Todesschwelle den Vater um Hilfe und dachte zugleich an den Trost und die Freude, die das Scheitern der gottfeindlichen Mächte an der Allmacht seines Vaters den Seinen einbringen würde.

Ps 41 (40). Jahwe, der Heiland der Kranken

(1 Dem Chormeister. Ein Davidpsalm.)

Seligpreisung der Barmherzigkeit
2 Selig, wer für den Schwachen ein Herz hat!
   Am Unheilstage läßt Jahwe ihn entrinnen.
3 Jahwe behütet ihn und erhält ihn,
   so daß er selig gepriesen wird auf Erden.
   [Er gibt] ihn der Gier seiner Feinde nicht preis!
4 Jahwe stützt ihn auf dem Bette des Siechtums.
   Sein ganzes Krankenlager verwandelst du.

Rückschau im Bitt- und Klagelied
5 Ich sprach: Jahwe, sei mir gnädig, heile
   mich, denn ich sündigte wider dich!
6 Meine Feinde reden Böses wider mich:
   »Wann stirbt er endlich und vergeht sein Name?«
7 Kommt einer zu Besuch, so redet er Trug,
   sein Herz reimt sich Böses zusammen, er geht hinaus,
   redet davon auf der Gasse.
8 Eins gegen mich, tuscheln alle meine
   Hasser über mich, denken Schlimmes von mir:
9 »Ein unheimlich Ding hat sich in ihn ergossen,
   nachdem er einmal liegt, steht er nicht mehr auf!«
10 Auch mein Freund, dem ich traute,
    der mein Brot gegessen, tat groß wider mich ( ).
11 Doch du, Jahwe, sei mir gnädig und richte mich wieder auf,
    auf daß ich ihnen [den Lohn] heimzahle.
12 Daran erkenne ich, daß du mich gerne hast,
    wenn mein Feind nicht jauchzen darf über mich.

Dankbares Bekenntnis
13 Nun aber hältst du mich ob meiner Unschuld
    und läßt mich stehen vor deinem Angesicht auf ewig.
14 Gesegnet sei Jahwe, Israels Gott,
    von Ewigkeit zu Ewigkeit. Amen. Amen.

A. Mit allen alten Übersetzungen muß man, was auch der Liedgattung entspricht, in 3b »er gibt nicht« statt »gib ihn nicht« lesen. In V. 10 ist das Schlußwort »Lohn« metrisch überschüssig und im Zusammenhang sinnlos – auch die Übersetzung »Ferse« ergibt keinen rechten Sinn! Es muß vom Schluß von 11, wohin es gut paßt, durch Abschreibefehler an die jetzige Stelle gekommen sein.

B. Unser Psalm folgt nicht dem herkömmlichen Schema der Gattungen. Aufs Ganze gesehen ist er ein Danklied. Die »Lehre« wird dabei vorausgenommen (2–4). Dann folgt eine Beschreibung der Erfahrung des Psalmisten. Er gibt sie in der Form des Klageliedes, das er betete (5–12). V. 13 – er ist der eigentliche Schluß des Psalms – setzt die Heilung der Krankheit und damit die Befreiung aus der Not voraus und ist ein Bekenntnis dieses Gnadenwaltens, das nun Gegenwart und Zukunft prägt. Dieser Dank wird am Heiligtum gesprochen sein und wird durch Lehre und Bericht ins rechte Licht gesetzt. Sprache und Art des Psalms verweisen in die nachexilische Weisheitsschule.

C. Der einleitende Segensspruch, Spr 14,21 gleich, gilt dem, der für den Schwachen ein Herz hat. Den besten Kommentar dazu gibt Spr 14,31: »Wer einen Schwachen bedrückt, lästert seinen Schöpfer. Der aber ehrt ihn, der sich des Schwachen erbarmt.« Ein solcher hat des großen Erbarmergottes Gunst und Gnade. Ihm wird das Krankenlager wieder zum Bett des Gesunden (V. 4). Aus solchem Wissen heraus hat auch der Psalmist um Heilung gebeten und seine Sünden bekannt. Seine Gegner freilich, die ihn bestimmter Verbrechen zeihen, haben seinen Tod gewünscht. Heuchlerisch kamen sie selbst den Kranken besuchen, doch nur um zu sehen, wie weit ihr Wunsch schon Wirklichkeit war, und verbreiteten dann Lügen über seinen angeblich die schwere Sündhaftigkeit dokumentierenden hoffnungslosen Zustand (7–9). Selbst die Freunde (vgl. Ps 38,12; Jer 20,10; Job 19,13ff.) stimmten in das böse Gerede ein. Aber Jahwe blieb ihm als Zuflucht. Ihm galt das Gebet um Heilung, die zugleich die Gegner Lügen strafen sollte. Das wäre dem Psalmisten sicher »Heimzahlung« (V. 11) genug (vgl. 12). Dieses Bittgebet war nicht umsonst. In V. 13 bezeugt der Psalmist, daß er das an sich erfahren hat, was Is 41,10 Israel und 42,1 dem Gottesknecht zugesagt ist: den Halt durch Jahwe. Als Anlaß dafür denkt er an seine »Unschuld«. Nachdem er in V. 5 seine Fehlerhaftigkeit bekannt hat, ist klar, daß »Unschuld« hier auf die verleumderischen Äußerungen der Feinde zu beziehen, also relativ zu nehmen ist. Jetzt darf der Psalmist wieder auf lange »vor Jahwes Antlitz stehen« (vgl. Ps 16,11), d. h. am Tempel Gast des Bundesgottes sein.

V. 14 gehört nicht mehr zum Psalm selbst, sondern ist eine allgemeine Preisungsformel (vgl. Neh 9,5; Dan 2,20), die das erste Buch des Psalters abschließen will.

D. In Ps 41 ist die Seligpreisung des Erbarmens gegenüber dem Hilflosen aus doppeltem Grund thematischer Eingang:
1. Der Psalmist hat die übliche Erbarmungslosigkeit der Mitmenschen am eigenen Leib in seiner Krankheit erlebt.
2. Er hat aber auch das göttliche Erbarmen an sich erfahren und führt dies – in der diskreten Form der allgemeinen Seligpreisung – darauf zurück, daß er selbst Brudersinn übte (vgl. Job 29,12–16). Seine Lehre findet sich in allen Teilen des AT (Gesetz, Propheten, Weisheitslehre). Darum ist es nicht verwunderlich, wenn das NT sie allenthalben zur Basis christlicher Existenz macht. Nach Matthäus wiederholte Jesus sogar zweimal das Prophetenwort (Os 6,6): »Barmherzigkeit will ich und nicht Opfer!« (Mt 9,13; 12,7) und stellte das endgültige Gericht ganz auf diese These ab. Jesus hat die Erbarmungslosigkeit der Menschen selbst in seiner nächsten Umgebung erleben müssen. In Jo 13,18 ist V. 10 unseres Psalms auf Judas angewandt. In der Tat verweist der Leidende von Ps 41 das christliche Auge auf den leidenden Herrn, aber vorab auf das große Heilswalten der göttlichen Liebe an ihm. Sein Wort »Selig sind die Barmherzigen, denn sie werden Barmherzigkeit erlangen!« (Mt 5,7) hat sich an ihm am leuchtendsten erfüllt und sollte darum gleichsam das »ewige Licht« im Gottesvolk des Neuen Bundes sein.

Ps 42/43. Heimweh nach Jahwe und seinem bergenden Heiligtum

(1 Dem Chormeister. Von den Korachsöhnen.
Ein Weisheitsgedicht.)

Verlangen nach Jahwes Nähe im Tempel

2 Wie der Hirsch lechzt über den Bachbetten, so lechzt meine
Seele nach dir, Jahwe.
3 Es dürstet meine Seele nach Jahwe, dem lebendigen Gott.
Wann darf ich hintreten
und vor Jahwes Antlitz erscheinen?
4 Meine Tränen sind mein Brot tags und nachts.
Sagt man doch den ganzen Tag zu mir:
»Wo ist dein Gott?«
5 Daran will ich denken mit überwallender Seele,
wie ich das Gedränge durchquere und vordringe zu Jahwes
Haus,
beim Schalle des Jauchzens und Preisens,
im Tosen der feiernden Menge.
6 Warum bist du aufgelöst, meine Seele, und voller Unrast in mir?
Harre auf Jahwe! Denn ich werde ihn wieder preisen dürfen
als meines Angesichtes Heil und meinen Gott.

Klage über höhnende Anfeindung

7 In mir ist aufgelöst meine Seele.
Darum denke ich deiner im Lande des Jordan
und Hermongebirges, vom Berge Misar her.
8 Flut ruft der Flut im Donner deiner Wasserstürze,
all deine Brecher und Wogen überrollen mich.
9 Tags [schaue ich aus] nach Jahwe, nach seiner Bundeshuld des
Nachts. Ein Lied zu ihm begleitet mich,
ein Gebet zum Gott meines Lebens.
10 Sagen muß ich zu Gott, meinem Fels:
Warum hast du meiner vergessen?
Warum wandere ich in Trauer dahin, vom Feinde bedrängt?

11 Zur Mordqual in meinem Gebein
   wird mir der Hohn meiner Bedränger.
   Fragen sie mich doch den ganzen Tag: »Wo ist dein Gott?«
12 Warum bist du aufgelöst, meine Seele,
   und voller Unrast in mir?
   Harre auf Jahwe!
   Denn ich werde ihn wieder preisen dürfen
   als meines Angesichtes Heil und meinen Gott.

Bitte um die Gnade der Heimkehr zur Gottesstätte

Ps 43

1 Rechte für mich, Jahwe, und führe meine Sache
  vor gottlosem Volk!
  Den Männern des Trugs und des Unrechts laß mich entrinnen!
2 Denn du bist der Gott meiner Zuflucht!
  Warum hast du mich verworfen?
  Warum wandere ich in Trauer einher,
  vom Feinde bedrängt?
3 Sende dein Licht und deine Treue!
  Sie sollen mich geleiten, mich hinbringen
  zu deinem heiligen Berg und deinen Wohnungen.
4 So werde ich zu [deinem] Altar hintreten,
  zum Gott, der je und je mein Leben erfreut.
  Jubelnd werde ich dich preisen zur Zither,
  Jahwe, du mein Gott.
5 Warum bist du aufgelöst, meine Seele,
  und voller Unrast in mir?
  Harre auf Jahwe!
  Denn ich werde ihn wieder preisen dürfen
  als meines Angesichtes Heil und meinen Gott.

A. 5b ist textlich nicht ganz sicher. Jedenfalls ist aber das Objekt des »Denkens« futurisch aufzufassen (vgl. Job 36,24; 40,32). V. 9 (hebräisch: »Tags entbietet Jahwe seine Huld und in der Nacht sein Lied«) ist dem inhaltlichen, aber auch dem formalen (Klage!) Zusammenhang nach unplausibel. Eine etwas andere Lesung des Verbums ergibt einen sinnvollen Text (vgl. Mich 7,7). In 43,4 liest die griechisch-lateinische Tradition »...zum Gott, der meine Jugend erfreut.« Es liegt aber ein Mißverständnis des hebräischen Textes nach Dan 1,10 vor. Das Wort *gil* heißt hier nur »Lebensring«, »Altersstufe«. Mit 4 Hss und Hie ist wohl »dein« statt »Gottes« (Altar) zu lesen.

B. Die in den meisten Handschriften getrennt überlieferten Ps 42 und 43 bildeten ursprünglich eine Einheit und gehören nach Form und Inhalt zusammen (vgl. u. a. den gleichen Refrain: 42,6.12; 43,5). Das Lied zählt zur Gattung der individuellen Klagelieder. Ein schriftgelehrter Tempelsänger – die in der Überschrift genannten Korachiten sind nach 2 Chr 20,19 eine Levitengruppe – hat es in seiner Sehnsucht nach dem Sion im Gebiet der Jordanquellen gedichtet (vgl. 42,7) und später am Tempel deponiert. Es war wohl als Liedformular für die Pilger aus der Diaspora gedacht. Warum der Verfasser sich in der ihn befeindenden nichtisraelitischen Umgebung aufhalten mußte, bleibt unklar. V. 2 lehnt sich in Bild und Vokabular so eng an Joel 1,20 an (»lechzen« nur an diesen beiden Stellen im AT!) – vgl. auch 42,4 mit Joel 2,17 –, daß der Psalm nicht vor dem 4. Jh. anzusetzen ist, wofür auch eine Reihe anderer Indizien plädieren (vgl. C).

C. Die prophetischen Texte: »Jahwe, ich rufe zu dir... Selbst das Getier des Feldes lechzt nach dir. Denn die Bachbetten sind *vertrocknet,* und Feuer fraß die Auen der Trift« (Joel 1,19 f.), und »Auf, all ihr Durstigen, kommt zum Wasser!« (Is 55,1 betr. Heimkehr nach Sion) sind der Kommentar zu V. 2 und 3. Der »lebendige Gott« ist zugleich der lebenspendende Bundesgott (Os 2,1, Jos 3,10), vor dem jeder gläubige Israelit an den jährlichen Hauptfesten »erscheint« (Dt 16,16). Der Psalmist erfährt persönlich die Schmähung der Heiden, die da sagen: »Wo ist denn ihr Gott?« (Joel 2,17), und weint darüber, wie die Priester nach Joel 2,17 tun sollen (vgl. Jer 8,23; 14,17). Er sucht und findet einen Halt in der Zuversicht, durch Jahwes Gnade wieder heimkehren zu dürfen, und beschwört dazu die bewegende Erinnerung an die Tempelfeste (V. 5–6). Dort wird die neu erfahrene Bundeshuld Jahwes ihn beglückt sprechen lassen: »Mein Gott!« (vgl. Os 2,25).
Die Gegenwart freilich ist noch dunkel und lastend. Im Gebiet der Jordanquellen – der Berg Misar ist nicht sicher zu

bestimmen – sieht er sich (V. 10 und 43,2), wie einst Israel in Ägypten, »bedrängt« (Ex 3,9; Dt 26,7) von »gottlosem Volk« (43,1), das seinen Glauben nicht teilt, aber auch keine Mitmenschlichkeit übt (beides zusammen meint hier das hebräische Wort »gott-los«). Durch die stürzenden Wasser des jungen Jordan angeregt, vergleicht der Psalmist seine Lage mit dem Gericht der Sintflut und zugleich mit der Situation eines Ertrinkenden (8b = Jon 2,4b!!). Sie dünkt ihm »ein Vergessensein« (V. 10), ja ein »Verworfensein« (43,2) von seiten Jahwes. Aber wiederum beruhigt er mit dem Zuspruch von V. 6 sein Herz. Bergender Fels (vgl. Is 30,29; 31,9) und Hort der Zuflucht (vgl. Is 25,4) kann ihm nur der Bundesgott selbst sein. Ihm gilt darum sein Flehen um Beistand, der als Rechtsbeistand in einem Prozeß (beliebte prophetische Kategorie) verstanden wird. Das Bild wechselt in 43,3: Jahwe soll ihm ein befreiendes Geleit senden, nämlich sein »Licht« als behütende und beglückende Lebensmacht (vgl. Job 29,2f.) und seine »Bundestreue«, welche die ganze Heilsgeschichte Israels begleitete (vgl. Gen 32,10; Ex 34,6; Dt 7,9; 32,4 u. a.). Sie können den Beter zu seinem Ziele bringen, zum Altar am Tempel. Dort fließt ihm in Jahwes Huld die Quelle aller Freude. Ist das Kennzeichen für Jahwes Haus doch »Freude und Jubel« (Joel 1,16; vgl. Is 30,29), und beides ist von Jahwe nach Is 29,19 gerade den Gebeugten und Armen zugedacht.

D. Nicht nur den altbundlichen Gotteszeugen, auch Jesus selbst und seinen Aposteln war der Sion eine Stätte höchster Verehrung. Jesus hat den Tempel als Haus seines Vaters geliebt (Lk 2,49) und oft aufgesucht. Aber er gleicht auch darin unserem Psalmisten, daß er – wegen der Feindschaft Jerusalems – hauptsächlich am oberen Jordan leben und wirken mußte. Die Kulmination seiner Existenz erstrebte und erfuhr er jedoch in der Gottesstadt, und dies nach dem göttlichen Heilsplan in jener unerhörten Bedeutung, daß die Heilsfunktion des Sion und seines Tempels fortan auf ewige

Zeiten auf ihn selbst überging (vgl. Jo 2,19f.; Mk 14,58; 15,29 u. a.). In diesem neuen Verständnishorizont darf der Christ unseren Psalm beten im Verlangen nach der in Jesus anschau-, hör- und tastbar gewordenen göttlichen Bundeshuld, wie sie in der eucharistischen Feier ihm begegnet. Die Kirche verwendet darum den Schlußteil des Psalms (= Ps 43) an der Schwelle ihrer Meßliturgie. Er gehört allerdings – so war es auch früher – der in ihm vorausgesetzten Situation nach nicht an den Altar selbst, sondern in den Aufbruch zu ihm hin.

Waren der Sion und sein Tempel bereits im AT für das gläubige Volk von endzeitlichem Glanze umleuchtet (vgl. Is 2,2f.; 4,5f.; 33,20ff.; 60,1ff. u. a.), so ist Jesus im NT gleichsam die Endzeit selbst. Noch ist er als Ende und Fülle der Welt nicht glorios enthüllt. Die Offenbarung seiner Herrlichkeit und damit das ewige Hochzeitsmahl mit ihm (vgl. Mt 22,1ff.; Apk 19,7.9) – die Kulmination der Eucharistie (Mt 26,29) – stehen noch aus. Unser Psalm kann uns darum Wallfahrergebet auf der Wanderschaft dorthin werden, wie dies Siegbert Stehmann in seinem Gedicht »Der Hirsch« uns zeigt, dessen Schluß lautet: »Und wie der Hirsch nach frischem Wasser schreit, schreit meine Seele nach dem Herrn der Zeit. Sie neigt sich tief, trinkt sich am Bache satt. Und wie der Hirsch, der sich gesättigt hat, geht sie gelassen durch die Dunkelheit.«

Ps 44 (43). NOTSCHREI DES GEPRÜFTEN GOTTESVOLKES

(1 Dem Chormeister. Von den Korachsöhnen.
  Ein Weisheitsgedicht.)

Rühmung der einstigen Machttaten Jahwes

2 Jahwe, mit unsern Ohren haben wir gehört,
  unsere Väter haben uns erzählt vom Werk,
  das du in ihren Tagen gewirkt, in den Tagen
  der Vorzeit, du mit eigener Hand.

3 Heidenvölker hast du vertrieben, sie aber eingepflanzt,
hast Nationen zerschlagen, sie aber entfaltet.

4 Wahrlich, nicht durch ihr Schwert besetzten
sie das Land, nicht ihr Arm verlieh ihnen Sieg,
sondern deine Rechte und dein Arm und dein
leuchtendes Antlitz. Denn du hattest sie lieb.

Vertrauen zum Gottkönig

5 Du bist mein König [und mein Gott, der] Jakob Heil
entbietet.

6 In dir stoßen wir unsere Bedränger nieder,
in deinem Namen zertreten wir unsere Widersacher.

7 Denn nicht meinem Bogen vertraue ich,
und nicht mein Schwert verleiht mir Sieg.

8 Nein, du gibst uns Sieg über unsere Bedränger
und machst unsere Hasser zuschanden.

9 Jahwes rühmen wir uns immerzu und preisen
deinen Namen auf ewig.

Klage über Feindesnot

10 Und doch hast du [uns] verworfen und mit
Schmach bedeckt, und ziehst nicht aus mit unseren Heeren.

11 Du wendest uns rückwärts vor dem Bedränger,
und unsere Hasser machen sich Beute.

12 Du gibst uns hin wie Schlachtvieh,
zerstreust uns unter die Heidenvölker.

13 Du verkaufst dein Volk um ein Nichts,
wirst nicht reich an ihrem Erlös.

14 Du machst uns zum Schimpf unserer Nachbarn,
zum Spott und Hohn unserer Umwohner.

15 Du machst uns zum Sprichwort der Heidenvölker,
zum Kopfschütteln der Nationen.

16 Immerzu steht meine Schmach mir vor Augen,
und Schande bedeckt mein Antlitz

17 ob der Worte des Spötters und Lästerers,
im Anblick des Feindes und Rachgierigen.

Unschuldsbeteuerung

18 All das überkam uns, wiewohl wir deiner nicht
vergaßen und deinen Bund nicht verleugneten.

19 Nicht wich rückwärts unser Herz, noch bog
unser Schritt von deinem Pfade ab,

20 daß du uns zerschlugst am Ort der Schakale
und uns mit Finsternis zudecktest.

21 Hätten wir den Namen unseres Gottes vergessen
und unsere Hände einem fremden Gotte zugestreckt,

22 würde Jahwe dem nicht nachgehen?
Er kennt ja die Geheimnisse des Herzens.

23 Fürwahr, um deinetwillen mordet man uns immerzu,
erachtet man uns als Schlachtvieh.

Hilferufe

24 Auf! Warum schläfst du, Allherr?
Erwache, verwirf nicht auf die Dauer!

25 Warum verbirgst du dein Antlitz,
vergißt unsere Beugung und Drangsal?

26 Ja, unsere Kehle ist in den Staub gebeugt,
es klebt unser Leib an der Erde.

27 Erhebe dich, uns zur Hilfe!
Und erlöse uns ob deiner Bundeshuld!

A. Der Text ist relativ gut überliefert. In V. 5 sind die Konsonanten nach G Aq S anders abzuteilen (MT: »O Gott, entbiete«). In V. 10 ist »uns« zu ergänzen (4 Hss u. S).

B. Der Psalm ist ein Volksklagelied mit hymnischer Einleitung. Seine Formelemente werden in den Zwischenüberschriften deutlich. In V. 5, 7 und 16 tritt ein einzelner Sprecher hervor, von dem es unklar bleibt, ob er nur in der Rezitation des Psalms Repräsentant der Gemeinde oder ob er ihr politisch-militärisches Haupt ist. Als »Sitz im Leben« des Psalms haben wir uns eine gottesdienstliche Versammlung – diesmal wahrscheinlich nicht in Jerusalem (vgl. V. 20) – zu denken. Die vorausgesetzte Situation weist in vielem auf die Makkabäerzeit, wie schon manche Kirchenväter erkannten (vgl. z. B. V. 20 mit 1 Makk

2,29–35 und V. 23 mit der religiösen Verfolgung durch Antiochus Epiphanes). Aber die Unschuldserklärung (V. 18–23) harmonisiert wenig mit 1 Makk 1,12 ff.45.55, es sei denn, sie bezöge sich nur auf die Gruppe der Jahwegetreuen. Sie, sodann die Sprache (»Geheimnisse« v.V. 22 z. B. nur noch in Job 11,6; 28,11) und die deutlichen Reminiszenzen des Psalms an andere Bibeltexte (vgl. C) sprechen auch gegen eine Ansetzung des Psalms im 6. Jahrhundert. Als Entstehungszeit kommt wohl am ehesten die Zeit um 350 v. Chr. in Frage, als Juda nach der Teilnahme an einem Aufstand gegen Artaxerxes III. Ochos schwer – u. a. auch durch Deportation – büßen mußte. Die V. 18 ff. lassen sich dann auf die Reform durch Esra beziehen (ab 398 v. Chr.). Einer rabbinischen Nachricht zufolge ist der Psalm (wenigstens sein Schlußteil V. 24 ff.) in der Makkabäerzeit täglich von einem Leviten öffentlich gesungen worden. Vielleicht hat er damals auch eine anpassende Überarbeitung erfahren. Der Verfasser war jedenfalls ein schriftkundiger Angehöriger der Gruppe der Jahwegetreuen (»Frommen«).

C. Nach Dt 4,9 muß im Gottesvolk jede Generation ihren Kindern und Kindeskindern die Heilsereignisse der Moseszeit – sie ist auch Is 51,9 mit den »Tagen der Vorzeit« gemeint – weiterverkünden. Die »starke Hand« Jahwes hat Israel aus Ägypten befreit (Ex 13,3.9.14 u. a.; Dt 6,21 u. a.) und durch »Vertreibung und Beerbung der Heidenvölker« (Dt 11,23 f.) im Gelobten Land »eingepflanzt« (Jer 11,17). Nicht des Volkes militärische Kraft konnte solches bewirken (Dt 8,17; Jos 24,8.12 f.), sondern nur die Macht der Liebe Jahwes (vgl. Is 42,1). So »war Jahwe, sein Gott, mit ihm, Königsjubel erschallte in ihm« (Num 23,21). Diese lebendigen Erinnerungen beschwört unser Psalmist, um das Vertrauen zu fundieren, daß Verheißungen wie Os 1,7; Is 33,22; Dt 20,3 f.; Zach 9,13–16; 10,5 – sie kommentieren V. 6–8 – wirklichkeitsmächtig sind. So ist von der Vergangenheit, aber auch von der Zukunft her das ständige »Rühmen« und »Preisen« Jahwes durch die Leviten (1 Chr 23,30) gerechtfertigt (V. 9). Die Gegenwart freilich hat ein anderes Gesicht: Niederlage, Verschleppung, Verkauftsein durch Jahwe selbst (vgl. Jer 15,13; 17,3 [corr.] Dt 32,30; Is 52,3). Verhöhnung von seiten der Völker (Jer 18,16; Ez 36,4; Dt 28,37). Aber nicht wie bei diesen Strafankündigungen der Propheten folgt das hier beklagte Unheil auf einen Bruch des Bundes. Man darf vielmehr für sich den Titel von Is 63,8 in Anspruch nehmen: »Söhne, die (den Bund) nicht verleugnen« (vgl. V. 18). Daß man »am Ort der Schakale« (= Wüste, vgl. Jer 2,6; 9,10; Is 34,13; 43,20) weilen und sich als Schlachtvieh der Feinde (vgl. Jer 12,3) betrachten muß, ist gerade durch die Bundestreue verursacht, wie auch Gott bekannt sein muß (zu V. 22f. vgl. Jer 17,9f.). Darum ruft man dem Beispiel der Väter (Dt 26,6–8) folgend aus der Erniedrigung im Staub (Is 52,2) nach dem »Aufwachen« des Armes Jahwes (Is 51,9), ja Jahwes selbst. Er soll sein Pfand Israel auslösen, also Erlöser wie einst bei der Befreiung aus Ägypten sein (Dt 7,8; 9,26; 13,6 u. a.; Neh 1,10; Mich 6,4).

D. Paulus hat, wie die Zitierung von V. 23 in Röm 8,36 erweist, unsern Psalm als passendes Gebet für die verfolgte missionarische Urkirche angesehen. Er läßt sich in der Tat auch gut im neubundlichen Horizont beten. Das Gottesvolk ist immer in einem oder mehreren seiner »Stämme« (= Gliedkirchen der verschiedenen Länder) verfolgt, und zwar gerade um Jesu willen (vgl. Mt 5,11f.; Lk 11,49; Jo 15,20). »Wenn ein Glied leidet, so leiden alle Glieder« (1 Kor 12,26). Dessen muß die Gesamtkirche eingedenk sein, nicht zuletzt im solidarischen Flehen zum Rettergott. So wenden wir uns in diesem Psalm, »ob nun in Drangsalen duldend oder in glücklichen Verhältnissen frohlokkend« (Augustinus), zu Gott, zunächst aller seiner Machttaten in der Heilsgeschichte, vorab der an Jesus und seiner jungen Kirche rühmend gedenkend (V. 2–4), sodann auf den Herrn der Geschichte allein und nicht auf irdische Machtmittel vertrauend (5–9), hierauf unsere verfolgten

Brüder benennend (10–17), ihre relative Unschuld, vor allem aber die absolute Sündelosigkeit Jesu erwähnend (18–23), schließlich um die Vollerlösung für die Gesamtkirche rufend (24–27).

Ps 45 (44). Hochzeitslied für Jahwes König und seine Gemahlin

(1 Dem Chormeister. Nach [der Weise:] »Lilien ...«
Von den Korachsöhnen. Ein Weisheitsgedicht.
Ein Liebeslied.)

Aufgesang

2 Mein Herz wallt auf zu schönem Wort,
ich spreche mein Gedicht dem König zu.
Meine Zunge ist der Griffel eines gewandten Schreibers.

Wort an den königlichen Bräutigam

3 Du bist schön, der schönste der Adamssöhne.
Anmut ist über deine Lippen gegossen.
So hat dich Jahwe gesegnet auf ewig.

4 Gürte dein Schwert an die Hüfte, du Held!
In deiner Hoheit und Hehre

5 Glück auf! Besteige den Kriegswagen für die Sache der Treue,
der Demut [und] der Gerechtigkeit!
[Spanne deine Bogensehne] zu Schreckenstaten deiner Rechten!

6 Deine Pfeile sind scharf, Völker unterliegen dir,
die Königsfeinde verlieren jeden Mut.

7 Dein Thron ist Jahwes Thron für ewig und immer.
Ein Zepter der Geradheit ist deiner Herrschaft Zepter.

8 Du liebst das Recht und hassest den Frevel.
Drum hat dich Jahwe, dein Gott, gesalbt mit Freudenöl
wie keinen deinesgleichen.

9 Von Myrrhe und Aloe (–) duften all deine Gewänder,
aus Elfenbeinpalästen erfreut dich Saitenspiel.

10 Königstöchter stehen unter deinen Geliebten,
die Königsbraut zu deiner Rechten in Ophirgold.

Wort an die Braut

11 Höre, Tochter, sieh her und neige dein Ohr!
Vergiß dein Volk und dein Vaterhaus!
12 So wird der König deine Schönheit begehren.
Da er dein Herr ist, wirf dich vor ihm nieder!
13 Die Tochter Tyrus wird durch Gaben dein Antlitz erfreuen,
die Reichsten der Völker
14 mit allerlei Kostbarkeiten (-), in Gold gefaßt.
Die Königstochter, gekleidet
15 in Brokat, wird in die inneren Gemächer zum König
geleitet. Jungfrauen sind ihr Gefolge. Ihre Gefährtinnen,
herbeigebracht, werden zu [ihr] geleitet.
16 Unter Freudenruf und Jauchzen ziehen sie ein in den
Königspalast.
17 Statt deiner Väter werden dir Söhne sein,
du wirst sie zu Fürsten machen in aller Welt.
18 Deinen Namen will ich allen Geschlechtern ins
Gedächtnis schreiben.
So werden die Völker dich preisen für ewig und immer.

A. Die Wortfolge ist an einigen Stellen in Unordnung. Da die V. 2 und 3 die metrische Struktur von dreimal 2+2 Hebungen zeigen, kann sie vorsichtig zur Textkorrektur herangezogen werden. In V. 5 führte eine Wortverschiebung und unbedeutende Umvokalisierung zum obigen vor V. 6 sehr plausiblen Text. In V. 9 ist »kassia« (= Zimt) metrisch überzählig. In V. 14 und 15 können die Wörter belassen werden, bedürfen aber einer entzerrenden Umstellung, um Metrum und Sinn gerecht zu werden. Die Verwirrung ist wohl u. a. durch die Mehrdeutigkeit des ursprünglichen Konsonantenbestandes verursacht worden. In V. 15 hat man »ihr« statt »dir«, in V. 17f. feminine Possessivpronomina zu lesen. Der jetzige MT kam durch die Meinung eines Abschreibers zustande, der Schluß des Psalms sei an den König, statt an die Königin gerichtet (schon Augustinus sieht in den Schlußversen die Kirche angeredet).

B. Ps 45 ist der Gattung nach ein Hochzeitslied für den König des Gottesvolkes. Da er nach Vokabular, Stil und biblischen Anspielungen nachexilisch (wohl 4. Jh.) anzusetzen ist, ist sein König nicht einer der historischen Herrscher Israels, sondern der »König des Glaubens«. Der Verfasser, ein »Schreiber«, d.h. Schriftgelehrter am Tempel, setzt den erwarteten Heilskönig als »größeren Salomon« bereits gegenwärtig und läßt ihn in der Vermählung mit dem endzeitlichen Gottesvolk Jahwes Stelle vertreten. Dazu benützt er das ihm vertraute Schema des königlichen Hochzeitsliedes unter kunstvoller Verwendung historischer und prophetischer Überlieferungsstoffe (vgl. C.). So kommt es zu diesem einzigartigen, dem Hohenlied verwandten Stück im Psalter. Das Lied ist nicht für einen konkreten Kultakt bestimmt, sondern für die Verlebendigung des messianischen Glaubens und Hoffens der Gemeinde. Es konnte aber besonders wirksam am Tempel zum Vortrag gebracht werden, weil im Hintergrund des zweiten Teils das endzeitliche Sion der Prophetie steht und unter dem Königspalast (V. 16) der Tempel selbst gemeint ist (vgl. zum anthologischen Stil und zum allegorischen Sinn unseres Psalms die gründliche Studie von R. Tournay in Suppl. Vetus Testam. IX, 168–212).

C. Der nur noch Esdr 7,6 vorkommende Ausdruck »gewandter Schreiber« (dort: in der Torah des Moses) weist auf das Schriftgelehrtenmilieu hin, dem der Verfasser zugehört. Die Erwähnung der Schönheit des Königs erinnert an den eschatologischen Text Is 33,17, seine Benennung »Held« an den messianischen Titel »Gott-Held« von Is 9,5. »Hoheit und Hehre« sind Königsprädikate (Ps 21,6), die auch gern auf Jahwe angewandt werden (1 Chr 16,27; Job 40,10 u. a.). Salomon ist ein König der Kriegswagen (vgl. 2 Chr 1,14). Als Krieger soll der von Jahwe mit Schönheit und Majestät Begnadete den Kriegswagen besteigen, aber zur Durchsetzung ideeller Güter. »Gerechtigkeit ist der Gurt seiner Hüften und Treue der Gürtel seiner Lenden«, sagt Is 11,5 vom Messias. Die »Demut« weist darauf hin, daß der König selber »gebeugt« (im religiösen Sinne) ist (Zach 9,9), aber zugleich »den Geringen ein gerechter

Rechtshelfer ist und in Geradheit das Urteil spricht für die Gebeugten im Lande« (Is 11,4). Zugleich ist vom Psalmisten das ägyptische Bild vom König als Bogenschützen mitten im Kampfgetümmel – wie in Ps 18,35 – beschworen (V. 6). Dann führt er uns in den Thronsaal, wo wir den König erblicken als neuen Salomon, »der sich auf den Thron Jahwes als König setzte« (1 Chr 29,23; vgl. 28,5; 2 Chr 9,8) im Glanz eines »auf immer befestigten Königtums «(1 Chr 28,7), »Recht und Gerechtigkeit übend« (3 Kön 10,9). Das »Freudenöl« (nur noch Is 61,3) bedeutet die Salbung (= Berufung) zum endzeitlichen Königtum, was andern Königen, auch wenn sie wie Kyros Jahwes Gesalbte heißen mögen (Is 45,1), nicht zuteil wird.

Wie in Hl 3,6 König Salomon »umduftet von Myrrhe und Weihrauch und jeglichem Kaufmannsgewürz« zur Hochzeit erscheint, so tritt in unserem Psalm der König in V. 9 als Bräutigam auf, hier von Musik der Leviten aus dem Tempel – er ist zum wenigsten im Plural »Paläste aus Elfenbein« (von Salomon in Israel eingeführt, 3 Kön 10,22) mit gemeint – begleitet. Sein Glanz wird durch die deutliche Erinnerung an die Nebenfrauen Salomons aus fremden Königshäusern (3 Kön 11,3; Hl 6,8) unterstrichen. Sie sind hier Repräsentantinnen ihrer Völker (vgl. V. 13ff.). Die als Hauptfrau Erkorene – ihre Benennung *(schegal,* nur noch Neh 2,6) weist nach Mesopotamien, woher Israel stammt (Abraham und Sara) – ist von Geschmeide aus Ophirgold (von Salomon nach 3 Kön 9,28; 10,11 nach Jerusalem eingeführt) bedeckt (vgl. Ez 16,10f.).

Nun (V. 11) wird die Braut selbst angeredet in der auffallend direkten Art, wie Jahwe und die Propheten Israel ansprechen. Der Inhalt der Mahnung beschwört vernehmlich Gen 12,1 (Gottesspruch an Abraham). So wird die Braut begehrenswert, wie Sara, die Schöne (Gen 12,11), vom Pharao begehrt wurde (12,14). Abraham aber ist der Vater Israels und Sara Israels Mutter (Is 51,1f.). In V. 11/12 ist also deutlich Israel selbst als Braut eingeführt, die ihre heidnischen Vorfahren (Jos 24,2; Ez 16,3) endgültig vergessen soll. Das endzeitliche Israel empfängt nach Is 60,5; 61,6; 66,12 die Huldigungsgeschenke der Völker, wie Salomon sie einst (meist Gold) empfing (3 Kön 5,1; 10,15.25). Daß V. 13 Tyrus allen voran nennt, erinnert an den Bund Davids und Salomons mit Hiram von Tyrus (3 Kön 5,15; 9,11 ff.). Nach Is 2,2f.; 56,7; 60,3 ff. 14; 66,18 ff. werden die Völker zum Sion kommen und sich dem endzeitlichen Israel anschließen. Diese eschatologische Zukunft, deren Signum die Freude ist (»Ich will Jerusalem umschaffen zum Jauchzen und sein Volk zum Frohlocken«, Is 65,18), wird in V. 15 und 16 angesprochen. V. 17 redet die Gemahlin, d. h. Israel an. Ähnlich wie Sara (= Fürstin) »zu Völkern werden und Könige von Nationen aus ihr hervorgehen sollten« (Gen 17,16), soll Israel zuerst sich lösen von den Vätern (V. 11), zuletzt aus seinen Söhnen die Fürsten (= *sarim*, anklingend an Sara) der Welt stellen. In V. 18 bekennt der Psalmist, daß er mit seinem Lied beitragen wolle, daß Gen 49,8 (»Dich, Juda, werden deine Brüder preisen«) in neuer Weise sich erfülle gemäß Is 62,7: »Jahwe wird Jerusalem zum Lobpreis der Welt machen«.

D. Ps 45 ist theologisch höchst bedeutsam. Wird in ihm doch nicht nur wie in anderen messianischen Texten das Königtum Jahwes auf den Heilbringer übertragen, sondern er erhält auch die Funktion, Jahwe als endzeitlichen Gemahl des Gottesvolks zu vertreten, also die Verheißung von Os 2,21: »Auf ewig traue ich dich mir an!« in ihre messianische Erfüllung zu bringen. Hier ist aus dem Bräutigam des Hohenliedes unzweideutig der Messiasbräutigam geworden. Damit aber erreicht der Psalm die Höhe des Neuen Bundes. Die altkirchliche Deutung von Ps 45 auf Jesus den Christus und seine Kirche – sie beruht auf Hebr 1,8f. – ist also keine »anpassende«, sondern eine authentische Auslegung. Ohne Bruch verlängert sich die Linie des Psalms in die Bräutigam-Braut-Texte des NT hinein: Mt 9,15; Jo 3,29; Eph 5,22 ff.; Apk 21,2; 22,17. Wie für die altbundliche

Gemeinde unser Psalm einen eschatologischen Horizont hatte, so auch noch für uns. Das Bräutigam-Braut-Verhältnis Christus–Kirche ist zwar bereits real gesetzt und wird fort und fort durch die sakramentale Ehe im Gottesvolk bezeugt, aber seine erfahrbare Fülle steht noch aus. Erst am Ende der Tage wird Jesus sichtbar Herr der Welt sein, also den Sinn von Ps 45,6 voll verwirklichen, und dann erst »sprechen Geist und Braut« vernehmbar: »Komm!« (Apk 22,17). Die Schau dorthin und das Wissen um die Gnade, zum »Hochzeitsmahle« eingeladen zu sein (Mt 22,9; Apk 19,9), schaffen den Raum und die Atmosphäre zum fruchtbaren Betrachten und Beten unseres Psalms.

Ps 46 (45). Geborgen in Jahwes Königsstadt

1 (Dem Chormeister. Von den Korachsöhnen.
Nach [der Weise:] »Jungfrauen ...«. Ein Lied.)

Jahwe ist Hort im Ansturm des Chaos

2 Jahwe ist uns Zuflucht und Hort,
als Hilfe in Nöten hoch bewährt.

3 Drum wird uns nicht bang, mag die Erde auch wogen
und die Berge wanken mitten ins Meer,

4 mögen dessen Wasser toben und brodeln,
mögen die Berge erbeben ob seinem Aufbäumen.

Seine bergende Burg ist Jerusalem

5 Eines Stromes Arme erfreuen Jahwes Stadt,
er [macht] die Wohnstätte des Allerhöchsten [unverletzlich].

6 Jahwe ist in ihrer Mitte, so wankt sie nimmer,
es hilft ihr Jahwe bei Anbruch des Morgens.

7 Völker toben, Reiche wanken.
Er läßt seinen Donnerruf erdröhnen, da zergeht die Erde.

8 Jahwe der Heerscharen ist mit uns,
eine Burg ist uns Jakobs Gott!

Seine Macht bricht alles menschliche Gemächte
9 Kommt her, schaut her auf Jahwes Taten,
der da Entsetzen verbreitet auf Erden!
10 Er beendet die Kriege bis an die Grenzen der Erde.
Den Bogen zerbricht er, zerschlägt die Lanze,
die Wagen verbrennt er im Feuer.
11 Laßt ab und erkennt, daß ich Jahwe bin,
erhaben unter den Völkern, erhaben über die Erde!
12 Jahwe der Heerscharen ist mit uns,
eine Burg ist uns Jakobs Gott.

A. In 5a ist wohl mit G statt »heilig (ist)« »er heiligt«, d. h. »er macht unverletzlich«, zu lesen. Sonst sind keine Korrekturen notwendig.

B. Ps 46 ist ein hymnisch durchstimmtes Vertrauenslied des Volkes. Es gehört formal zu den poetischen Musterstücken des Psalters, was noch in der Übersetzung – sie kann den wogenden Rhythmus, die Lautmalerei und überhaupt die feinen Stilmittel der hebräischen Sprache nur entfernt wiedergeben – spürbar ist. Der Verfasser ist aber nicht nur ein großer Dichter und Sänger, sondern ein schriftkundiger Theologe gewesen, der seine Hauptleitmotive den prophetischen Schriften entnahm (anthologischer Abfassungsstil, vgl. C.). Er hat mit seinem Lied, das in erster Linie für die Aufführung am Tempel bestimmt war, das Glaubensbewußtsein der nachexilischen Gemeinde (4 Jh. v. Chr.?) mit den Sionsverheißungen des Bundesgottes speisen und stärken wollen, indem er für das innere Auge um Tempel und Stadt eine Art endzeitlicher Aura schuf. Der große Heilserweis von 701 v. Chr., als Jerusalem vor den Assyrern, wie Isaias angesagt, errettet worden war, stand in spätester Zeit noch im Gedächtnis der Gemeinde. Er erschien wie ein »Angeld« des eschatologischen Kommenden. Dieses Zukunftsheil war durch die es ankündigenden Worte der Propheten bereits im Aufkeimen, war in ihnen gleichsam in seiner »Vorhut« da. Nur wer den Glauben an die Wirkmacht des prophetischen Wortes im altbundlichen Gottesvolk in Rechnung setzt, kann verstehen, daß dieser Glaube zum »Sitz im Leben« der Psalmen gehört und daß auf diesem Nährboden eschatologische Kultlieder erwachsen konnten.

C. Der Psalm beginnt mit einem Vertrauensbekenntnis (vgl. Is 33,22), das auf prophetischer Zusage wie etwa der von Joel 4,16 b »Jahwe ist Zuflucht seinem Volke und ein Hort den Söhnen Israels« (vgl. Jer 16,19) und zugleich auf den Erfahrungen der Heilsgeschichte beruht. Nicht zu bangen, hat besonders Deutero-Isaias Sion und seinem Volke zugerufen (40,9; 41,10.14 u. a.).
In gewaltigen Bildern, die aus dem Mythus vom Chaoskampf stammen, beschwören die V. 3 und 4 die möglichen Nöte Jerusalems. Dieser Mythus ist bereits in Is 17,12 und Jer 47,2f. »historisiert« und auf das Andringen feindlicher Völker gegen die Gottesstadt angewendet, so sicher im Gefolge dieser Text auch hier (vgl. 7 a). Hinter V. 5 steht die Kontrastvorstellung von den Paradiesesströmen, ebenfalls ein Thema eines kanaanäischen Mythus, aber auch von Ez 47,1 ff.; Joel 4,18; Zach 14,8 (auf Jerusalem bezogen); Is 30,25; 41,18; 43,19. Nicht nur alles befruchtend wirkt dieser Strom, sondern er zieht eine schützende Grenze (vgl. Ex 19,23) und macht die heilige Stadt unbetretbar für die Heiden (vgl. Is 52,1). V. 5 enthält also den gleichen Gedanken wie Is 33,21. Soph 3,15: »Jahwe in deiner (Tochter Jerusalem!) Mitte ist König von Israel. Du hast fortan kein Unheil zu fürchten«, Ex 14,27f. (Gericht über die Ägypter »beim Anbruch des Morgens«) und 4 Kön 19,35 (nächtliche Vernichtung der Assyrer vor Jerusalem) finden in V. 6 ihr Echo. V. 7 wird durch Joel 4,16a (s.V.1) illustriert: »Jahwe brüllt vom Sion her, von Jerusalem aus läßt er seinen Donnerruf erdröhnen, daß Himmel und Erde erbeben.« V. 8 (= V. 12) verweist auf Is 8,8.10 (»Gott mit uns« [= Immanuel!] angesichts der Überflutung durch die Assyrer). Im Hinweis auf Jahwes Großtaten in Vergangenheit und Gegenwart fordert V. 9 ähnlich wie Is 33,13 die Völker auf, sich dem Gott Israels zuzuwenden. Die größte, sie direkt betreffende Tat steht aber noch aus: die in Is 2,4; 9,4; Os 2,20; Ez 39,3 angesagte endzeitliche Ausmerzung von Kriegsgerät und Krieg. In V. 11 gewinnt die Mahnung des Psalmisten von

V. 9 die Form eines direkten Gottesspruchs an die ganze Völkerwelt. Die Formel vom »Erkennen, daß ich Jahwe bin« ist typisch ezechielisch (5,13; 6,10 u. oft). Das Wort von der Erhabenheit Jahwes über alle Welt ruft Is 2,11–17 ins Gedächtnis, aber auch Is 40,15: »Seht, Völker sind wie ein Tropfen am Eimer, wie ein Stäubchen an der Waage gelten sie ihm. Fürwahr, Kontinente sind an Gewicht dem Sandkorn gleich...«

D. Das endzeitlich ausgerichtete Thema unseres Psalms von dem in allen Nöten, besonders in der kommenden Weltkatastrophe die heilige Stadt rettenden und bergenden Bundesgott tönt in die neubundliche Offenbarung weiter und erfährt hier eine besondere (transzendente) Entfaltung. »Ich sah einen neuen Himmel und eine neue Erde. Denn der erste Himmel und die erste Erde sind vergangen, auch das Meer ist nicht mehr. Ich sah die heilige Stadt, das neue Jerusalem, aus dem Himmel von Gott her niedersteigen... Ich hörte eine laute Stimme vom Throne her rufen: ›Seht, das Gezelt Gottes unter den Menschen. Er wird bei ihnen wohnen, und sie werden sein Volk sein, und er selbst wird als Gott bei ihnen sein‹« (Apk 21,1 ff.), und: »Und er zeigte mir seinen Strom mit dem Wasser des Lebens, schimmernd wie Kristall, der vom Throne Gottes und des Lammes hervorkam« (Apk 22,1), vergegenwärtigen in gewaltigen Bildern und Chiffren den neuen Äon, nach dem auch unser Psalm bereits ausblickt. Aber wie für seinen alttestamentlichen Beter ein Vorglanz dieser Wirklichkeit über Jerusalem lag, ist auch für uns die heilige Stadt schon eine zum Teil gegenwärtige Größe, und zwar in der Kirche. Sagt den neubundlichen Betern von Ps 46 doch Hebr 12,22: »Ihr seid hingetreten zum Berge Sion, zur Stadt des lebendigen Gottes, zum himmlischen Jerusalem, zu ungezählten Engeln, zum Freudenfest, zur Gemeinde der Erstgeborenen, die im Himmel eingetragen sind, zu Gott, dem Richter aller, zu den Geistern der vollendeten Gerechten und zu Jesus, dem

Mittler des Neuen Bundes, und zum Blute der Besprengung, das wirksamer redet als das Blut Abels.« Der Psalm hilft, diesen Glauben in lebensmächtige Zuversicht und durchhaltenden Starkmut zu übersetzen.

Ps 47 (46). Jahwe als König über Israel und die ganze Welt

(1 Dem Chormeister. Von den Korachsöhnen. Ein Psalm.)

Hoch auf Israels Helfergott

2 Ihr Völker alle, klatscht in die Hände,
jauchzt Jahwe zu mit lautem Jubel!

3 Denn Jahwe, der Höchste, ist furchtgebietend,
ist Großkönig über alle Welt.

4 Er beugt Völker unter uns und Nationen unter unsere Füße.

5 Er suchte uns das Erbland aus, den Stolz Jakobs, den er liebt.

6 Herauf steigt Jahwe unter Siegesjauchzen,
Jahwe beim Schalle der Posaunen.

Hoch auf den göttlichen König der Völker

7 Spielt unserm Gott, spielt auf!
Spielt unserm König, spielt auf!

8 Denn König über alle Welt ist Jahwe.
Spielt ein kunstvolles Lied!

9 König ist Jahwe über die Heidenvölker,
Jahwe thront auf seinem heiligen Thronsitz.

10 Die Fürsten der Völker versammeln sich
[mit] dem Volk des Gottes Abrahams.
Denn Jahwes sind die Schilde der Erde.
Hoch erhaben ist er.

A. Der Text ist – außer der späteren Ersetzung des Jahwenamens – fast intakt überliefert. In V. 10 ist wohl (s. G V) »mit« durch Haplographie (»mit« und »Volk« haben die gleichen Konsonanten) ausgefallen. MT: »als Volk ...« ist allerdings nicht unmöglich.

B. Ps 47 gehört zu den »Jahwe-Königs-Hymnen« (vgl. 93, 96, 97, 98, 99). Er ist ein Kultlied mit unleugbar (vgl. V. 10) eschatologischem Ausblick (vgl. Ps 46). In seiner jetzigen Form – eine andere ist darunter jedoch nicht erkennbar – ist er nicht vorexilisch, sondern deutlich von Dt-Is und anderen nachexilischen Prophetentexten beeinflußt. Auch der Ausdruck »Gott Abrahams« – ohne Hinzufügung von Isaak und Jakob – findet sich sonst überhaupt erst in deuterokanonischen Texten (Est 13,15; 14,18). Nach jüdischer Tradition hat man diesen Psalm einst siebenmal am Tempel gesungen, bevor die Posaunen das neue Jahr einbliesen.

C. Gleich der Eingang reißt einen universalen Horizont auf: die ganze Völkerwelt soll in die Hände klatschen, wie man bei der Königskrönung mit dem Ruf: »Es lebe der König!«, zu tun pflegte (4 Kön 11,12). Sie sollen Jahwe zujubeln als »Großkönig über alle Welt« (V. 3). Ist doch Jahwe der »Gott der Götter, der Herr der Herren, der große, starke und furchtgebietende Gott« (Dt 7,17), der von sich sagt: »Großkönig bin ich, mein Name ist furchtgebietend unter den Heidenvölkern« (Mal 1,14). Die Gemeinde bezeugt dies (V. 4f.) im Hinweis auf die Landgabe, die Israel unter Besiegung der Völker dieses Raumes (vgl. Jos 10,24: Fuß auf dem Nacken der Besiegten!) zum Herrn Kanaans machte, der »Zierde aller Länder« (Ez 20,6), des »Stolzes Jakobs« (Am 8,7, vgl. Jer 3,19), »den er liebt« (Mal 1,2). Is 43,4 verkündet, daß Jahwe, der »Jakob schuf« (43,1), Länder und Nationen für ihn hingibt (»weil ich dich liebe!«). All dies sagt der Psalmist auffallenderweise nicht im Perfekt, um anzudeuten, daß solches Walten Jahwes an Israel sich wiederholen wird. Damit sieht er es in der Perspektive des Deutero-Isaias. Darum meint V. 6 nicht nur den einstigen Einzug ins Gelobte Land, auch nicht nur die feierliche Ladeprozession nach dem Sion unter David (2 Sam 6,15), die »unter Siegesjauchzen und Posaunenschall« vor sich ging, sondern auch – im Lichte von Ez 43,2.4 und Is 52,7ff. – den Antritt der endzeitlichen Königsherrschaft über alle

Welt, von der die Heimkehr nach dem Exil nur ein winziges »Angeld« war. Diese eschatologische Ausrichtung tritt im zweiten Psalmteil noch viel stärker ins Relief, vorab in V. 10. Die »Schilde der Erde« sind die Könige (vgl. Ps 84,10; 89,19) der Völkerwelt. Daß sie sich einst mit »dem Volk des Gottes Abrahams« (singulärer Ausdruck!) vor Jahwes Thronsitz auf dem Sion versammeln, ist die Botschaft der eschatologischen Texte Is 2,2ff. (= Mich 4,1ff.); 19,22ff.; 60,10f. (Könige). Damit kommen die Verheißungen von Gen 12,3; 17,6; 35,11 in ihre letzte Erfüllung.

D. Der auf die Endzeit hin offene Charakter des Psalms macht es dem neubundlichen Beter leicht, dieses Lied mit der Offenbarung der Christus-Heilszeit weiter aufzufüllen. Seit den ältesten Zeiten verwendet die Kirche Ps 47 wegen V. 6 als Himmelfahrtspsalm. Als der zur Rechten des Vaters Erhöhte ist er mit dem Königtum Gottes über die Welt belehnt und »der Herr der Herren, der König der Könige« (Apk 17,14; 19,16). Zu seinem Volk aus »Juden und Heiden« (Röm 9,24) gehören in der pilgernden Kirche bereits Menschen aller Rassen und Stämme, bis im neuen Äon Apk 5,13 Wirklichkeit wird: »Jegliches Geschöpf, im Himmel und auf der Erde und unter der Erde und auf dem Meere, samt allem darin und darauf, hörte ich sprechen: ›Dem, der auf dem Throne sitzt, und dem Lamme sei der Lobpreis und die Ehre und die Verherrlichung und die Macht in alle Ewigkeit!‹« Dann wird auch das Jesuswort voll erfüllt sein: »Viele werden von Osten und Westen kommen und mit Abraham, Isaak und Jakob im Reich des Himmels zu Tische liegen« (Mt 8,11)! In solchem Verstehenshorizont wird Ps 47 zu einem frohen Hymnus des dem Ende der Geschichte zuwandernden Gottesvolkes.

Ps 48 (47). Die Herrlichkeit
der unbezwingbaren Gottesstadt

(1 Lied. Psalm der Korachsöhne.)

Preis Jahwes und seiner Sionsstadt

2 Groß ist Jahwe und hoch zu rühmen in unseres Gottes Stadt.
3 Sein heiliger Berg, eine prangende Höhe,
ist die Wonne der ganzen Welt.
Der Berg Sion, der äußerste Nordberg,
ist des Großkönigs Stadt.
4 Jahwe ist in ihren Palästen, er erweist sich als Schutzburg.

Die vergebliche Belagerung

5 Sieh doch, Könige taten sich zusammen,
rückten vereint heran.
6 Sie schauten, sogleich erstarrten sie, wurden verwirrt,
hasteten fort.
7 Ein Zittern ergriff sie dort, Wehen wie eine Gebärende,
8 [wie wenn] der Oststurm Tarsisschiffe zerschmettert.

Beglückende Erfahrung der »Ewigen Stadt«

9 Wie wir's gehört,
so schauen wir es an der Stadt Jahwes der Heere,
an der Stadt unseres Gottes: Jahwe hält sie aufrecht auf ewig.
10 Wir gedenken deiner Bundeshuld, Jahwe,
im Innern deines Tempels.
11 Wie dein Name, Jahwe,
so ergeht dein Lobpreis bis an der Erde Enden.
Mit Heil gefüllt ist deine Rechte.
12 Es jubelt der Berg Sion, es jauchzen Judas Töchter
ob deiner Gerichte.

Aufruf zur Festprozession

13 Umschreitet den Sion, umkreiset ihn, zählet seine Türme!
14 Betrachtet seine Umwallung! Mustert seine Paläste,
um dem künftigen Geschlecht zu erzählen:
15 So ist Jahwe, unser Gott, für ewig und immer.
Er ist es, der uns [in Ewigkeit] geleitet!

A. MT hat in V. 8 bis auf einige Hss: »im (Oststurm)«. Das dürfte auf die Meinung eines Abschreibers, das Verbum sei als »du zerschmetterst« (im Zusammenhang kaum möglich) zu deuten, zurückgehen. Richtig bleibt allerdings, daß die Tarsisschiffe zugleich die Feindesmacht symbolisieren. Das Schlußwort von V. 15 (MT: »über das Sterben« [vgl. C]) ist wohl mit vielen Hss und G als »in Ewigkeiten« (konsonantengleich!) zu lesen.

B. Der Psalm ist ein Sionshymnus. Er ist als Kultlied für Festpilger gedichtet (vgl. V. 10f.), aber kein eigentliches Prozessionslied, sondern nur die Einleitung des feiernden Umzugs (vgl. V. 13ff. und Jos 6,3.7). Ein solcher ist Neh 12,27ff. – allerdings einen Sonderanlaß (Wiederaufbau der Mauern) betreffend – beschrieben (vgl. 6,15f.). Der Verfasser hat »anthologisch« auf Geschichtsüberlieferungen und Prophetentexte – sein Lieblingsbuch war anscheinend das Isaiasbuch – zurückgegriffen, aber auch umlaufende mythische Vorstellungen verwertet (V. 3). Die eschatologische Ausrichtung seiner Gedanken ist deutlich zu erkennen (vgl. C) und ist zu seiner Zeit (mittlere Nachexilszeit) mit ihren endzeitlichen Sionshoffnungen (Isaiasapokalypsen, Trito-Isaias usw.) auch nicht verwunderlich. Am Schluß ist die lehrhafte Abzweckung dieses Kultliedes nicht zu überhören.

C. Zuerst und zuletzt in diesem Psalm erfährt der Bundesgott selbst die Rühmung. Hauptanlaß hierfür ist der stete – auch zukünftige – heilsmächtige Schutz, den Jahwe seinem »heiligen Berge« Sion, der »Wonne der ganzen Welt« (vgl. Klagl 2,15), angedeihen läßt (vgl. Ps 46). Dessen Kennzeichnung als »prangende Höhe« und als der »äußerste Nordberg« (mythologische Bezeichnung des Berges, auf dem als Göttersitz die Schicksale der Welt entschieden werden, vgl. Is 14,13) erinnern an die Verheißung: »Am Ende der Tage wird der Berg des Hauses Jahwes festgegründet dastehen als Haupt der Berge und erhaben über die Höhen« (Is 2,2 = Mich 4,1). Der Psalmist verwendet dieses mythisch gefärbte Bild für den göttlichen Schutz. Ja, der »Großkönig« (vgl. Mal 1,14) Jahwe selbst ist die Schutzburg Jerusalems, wie V. 4 in Weiterführung von Is 33,16 sagt (vgl. Ps 46,8.12). Als illustrierendes Beispiel wird die wundersame Rettung der Stadt von dem Assyrerkönig Sanherib (701 v. Chr., vgl. 4 Kön 19,35) in meisterlicher Anskizzierung vergegenwärtigt (5–8). Der dabei erkennbare Bezug auf Is 13,7ff. (endzeitlich) zeugt dafür, daß das Ereignis von 701 v. Chr. dem Verfasser Typus und Symbol alles künftigen Heilshandelns Jahwes an Sion ist. V. 8 bringt dazu einen sehr hintergründigen Vergleich, der angesichts Ez 27,25f. (Jahwefeindin Tyrus = vom Ostwind zerschmettertes Tarsisschiff) mehr im Auge hat als nur den Untergang von großen Schiffen, die bis Tarsis (wohl Tartessus in Spanien) fahren. Wie V. 9 bezeugt, kennen die Beter die große Rettungstat von 701 nur vom Hören; was sie sehen, ist die wiedererbaute ummauerte Stadt. Für sie ist also Wirklichkeit, was Is 62,7 noch aussteht: »Jahwe richtet Jerusalem auf und macht es zum Lobpreis auf Erden« (vgl. V.9 und 11). V. 11 b und 12 stehen Ps 97,6 nahe (endzeitlicher Psalm!) und stimmen gedanklich mit Is 51,3; 65,18; 66,10 überein. In den angekündigten Jubel werden mit Sion – so erwartet es der Psalmist – auch die andern Städte Judas (= »Töchter« vgl. Jos 17,16) einstimmen.

Der Schluß des Psalms zieht eine konkrete Folgerung aus den hymnischen Aussagen: Er ruft zur Festprozession auf, ist aber zugleich Ermahnung, das dabei Erschaute (vgl. Is 33,20) tief in die gläubige Seele zu schreiben und in den im Psalmwort neueröffneten Glaubenshorizont (vgl. auch Mal 1,11) einzuzeichnen. Die Erfahrung, daß »Jahwe geleitet« (Is 49,10; 63,14), soll von einer Generation zur andern bezeugt und weitergegeben werden.

D. Die Heilstaten Jahwes an Sion sind auch am neubundlichen Gottesvolk getan. Denn die eine Heilsgeschichte verbindet Alten und Neuen Bund. Gewiß sind Jerusalem und der Sion, topographisch genommen, in der Zeitenwende nur das Tor in den Jesus-Christus-Äon geworden (aber das ist nicht wenig!). Auch für jeden Christen bleibt Jerusalem die »heilige Stadt« schlechthin. Ihre im Psalm letztlich angezielte Rolle und Heilsfunktion ist jedoch lebendig geblieben im »oberen, aber freien Jerusalem, das unsere Mutter ist« (Gal 4,26). Diesem ist die Unüberwindlichkeit endgültig zugesagt (Mt 16,18). Doch in einer wesentlichen Hinsicht wartet auch der Christ zusammen mit Abraham »auf die festgegründete Stadt, deren Bildner und Erbauer Gott ist« (Hebr 11,10). Die pilgernde Kirche ist nämlich nicht die Letztgestalt der Gottesstadt. Was in ihr vor-leuchtet, weist auf jene Größe, die der Seher der Apk in 21,9–22,5 schildert und die Fenster unserer mittelalterlichen Kathedralen uns nahebringen. So helfen biblisches Wort und künstlerisches Bild mit, uns den Kern von Ps 48 freizulegen, einen Kern von großer Köstlichkeit, wie auch die liturgische Verwendung des Psalms von der Gottesstadt (Offizium von Weihnachten, Pfingsten, Dreifaltigkeit, Kirchweihe usw.) unterstreicht.

Ps 49 (48). Die Nichtigkeit irdischen Prangens angesichts des Todes und des wahren Lebens

(1 Dem Chormeister. Von den Korachsöhnen. Ein Psalm.)

Aufruf des Weisheitslehrers

2 Hört dies, all ihr Völker, vernehmt es,
all ihr Bewohner der Welt!

3 Ihr Einfachen und ihr Vornehmen, ihr allesamt,
reich und arm!

4 Mein Mund spricht Weisheit,
und meines Herzens Sinnen ist Einsicht.

5 Ich neige dem Weisheitsspruch mein Ohr,
löse zur Leier meine Rätselfrage.

Das Problem

6 Warum bange ich in bösen Tagen,
wenn mich der Frevel von Betrügern umringt,

7 die da bauen auf ihr Vermögen
und mit ihrem großen Reichtum protzen?

Die erste Antwort

8 Keiner kann den Bruder loskaufen,
keiner Jahwe sein eigenes Lösegeld zahlen.

9 Zu teuer ist der Loskauf [seines] Lebens,
und [ein Dasein] auf ewig,

10 daß er weiterlebe für immer und nie die Grube schaue.

11 Fürwahr, er sieht: die Weisen sterben,
Tor und Narr vergehen zusammen und hinterlassen
ihr Vermögen andern.

12 [Die Gräber] sind ihre Häuser für ewig,
ihre Bleiben von Geschlecht zu Geschlecht,
ob sie auch Länder ihr eigen genannt.

13 Aber der Mensch in seinem Prangen ist [ohne Einsicht],
er gleicht dem Vieh, das man abtut.

14 Dies ist das Los derer, die auf sich selbst vertrauen,
das [Ende] jener, denen die eigene Rede gefällt.

15 Sie sind wie eine Herde, die man in die Unterwelt pfercht;
der Tod weidet sie, sie [steigen geradewegs ins Grab hinab],
ihre Gestalt zerfällt, die Unterwelt ist ihr Reich.

Die zweite Antwort und ihre Folgerungen

16 Dagegen kauft Jahwe mein Leben los,
der Hand der Unterwelt fürwahr entrückt er mich.

17 Bange nicht, wenn einer reich wird,
wenn der Glanz seines Hauses sich mehrt!

18 Denn im Sterben nimmt er all das nicht mit,
sein Glanz folgt ihm nicht hinab.

19 Mag er sich in seinem Leben glücklich preisen,
dich wird man loben, daß du gut an dir gehandelt hast.

20 [Er] muß zum Geschlecht seiner Väter,
die das Licht nie mehr schauen.

21 Der Mensch in seinem Prangen ist ohne Einsicht,
gleich dem Vieh, das man abtut.

A. Der Text ist mancherorts schlecht erhalten und nicht mehr sicher herstellbar. In V. 9 ist vermutlich statt »er hat aufgehört« *(chadal)* »Lebensdauer« *(cheled)* zu lesen, außerdem paßt »seines« (G) besser zum Kontext als »ihr« (TM). In V. 12 lies mit G S T »Gräber« statt »ihr Inneres«, in V. 13 mit V. 21 und G S »ohne Einsicht« statt »ohne Bleibe« ..., in V. 14 »ihr Ende« (T) statt »nach ihnen«. In V. 15 b liest MT: »es herrschen über sie die Gerechten am Morgen«, was offenbar eine von (kollektiven) endzeitlichen Vorstellungen beeinflußte – im Kontext wenig plausible – Deutung des Konsonantenbestandes ist. Unsere Lesung beruht auf möglichster Schonung des Überlieferungsbestandes. Aus demselben Grunde wurden V. 8 und 19 belassen.

B. Ps 49 ist ein Lehrpsalm über das Vergeltungsproblem und steht in Gedanke und Wort Ps 73 nahe. Vokabular und Inhalt – er geht über den von Ps 37 und der einschlägigen Weisheitstexte weit hinaus – weisen auf eine spätere Abfassung (vielleicht um 200 v. Chr.) hin. Der Verfasser gehört zum Kreis der »Armen Jahwes«, aus denen die Gruppen der Pharisäer und Essener mit ihrem betonten Auferstehungsglauben hervorgegangen sind.

C. Der Psalm hebt an im Stil der prophetischen Offenbarungsrede, hat aber in seiner exklusiven Universalität nicht seinesgleichen im AT. Damit hebt der Psalmist von vornherein die Einzigartigkeit seiner Botschaft hervor. Er tritt wie ein Weisheitslehrer auf (V. 4), aber er bezeugt seine Lehre als göttlichen Weisheitsspruch (V. 5), weil aus göttlicher Eingebung (vgl. 4 Kön 3,15: Saitenspiel zur prophetischen Ekstase). Dann legt er die am eigenen Leibe schmerzlich erfahrene Lebensproblematik dar (V. 6f.): das irdische Glück derer, die nur auf den Mammon als auf ihren Götzen bauen und ihm auch die Mitmenschlichkeit opfern. Die erste Antwort darauf ist der Tradition gemäß der Hinweis auf den Tod, der alles Irdische seiner Nichtigkeit überführt (10–12). Die Blindheit dafür, also das »Un-verhältnis« zum Tod – der Gedanke ist fast modern (existentialphilosophisch!) – drückt den Menschen auf die Tierstufe herab (V. 13 und 21). V. 14/15 gestaltet diese Aussage in das eindruckstiefe Bild vom »Hirten Tod« (vgl. Os 13,14; Jer 9,20; Job 18,14). Dann erfolgt in V. 16 die zweite Antwort auf das »Rätsel«, die der Verfasser als neue Botschaft bezeugt: Jahwe erlöst seinen Getreuen – er ist ein »Armer im Geiste«, wie der ganze Tenor des Psalms dartut – im »Entrücken aus der Hand der Unterwelt«. Der Psalmist spricht sich nicht näher darüber aus, ob er an ein doppeltes Los der Verstorbenen im Jenseits denkt oder gar an eine Entrückung wie bei Henoch (Gen 5,24) und Elias (4 Kön 2,3 f.) oder – am wahrscheinlichsten – an die Auferweckung der Toten (Is 26,19; Dan 12,2). Die Deutung auf eine Rettung vor einem vorzeitigen Tod scheidet jedoch angesichts der feierlichen Einleitung (V. 2 ff.) und auch des Verbums »entrücken« aus (vgl. auch V. 20). Der Psalmist ist in jedem Falle dessen gewiß und lehrt es zugleich vollmächtig, daß der Jahwegetreue am Lebensbereich Jahwes, der dem Todesreich je und je überlegen ist, Anteil erhält und damit sich selbst das größte Gut gewinnt (V. 19).

D. Unser Psalm führt das Vergeltungsproblem nahe an die auflichtende Botschaft des NT heran. Seine Thematik hat Jesus aufgenommen und endgültig beantwortet. Er spricht vom »Trug des Reichtums« (Mk 4,19), von den »Schätzen auf Erden, wo Motte und Wurm sie zerstören« (Mt 6,19), vom Gegengott Mammon (Mt 6,24), von der Nutzlosigkeit, die ganze Welt zu gewinnen (Mk 8,36). Im Gleichnis vom reichen Prasser und armen Lazarus (Lk 16,19–31) werden Diesseits und Jenseits in ihrem Verhältnis zueinander so gezeichnet, wie unser Psalm es zum erstenmal in der Offenbarung anskizziert. Der leuchtendste Kommentar zu Ps 49 sind aber Leben, Sterben und Verherrlichung Jesu selbst. Darin wird allerdings zugleich die Sentenz von V. 8 f. kontrapunktisch ergänzt und überboten: Jesus wollte und konnte »das Lösegeld für viele« (Mk 10,45), d. h. »für alle« (1 Tim 2,6) zahlen (vgl. 1 Petr 1,18). Vom NT her gewinnt unser Psalm also ein eindrucksvolles Relief. Er weist hinüber zum unsterblichen Gebet des alles Irdische dahingebenden Nikolaus von Flüe: »Herr, nimm mir alles, was mich hindert zu dir! ... Herr, nimm mich mir und gib mich ganz zu eigen dir!«

Ps 50 (49). Die wahre Jahweverehrung

(1 Ein Psalm von Asaph.)

Aufgebot zum Prozeß Jahwes mit seinem Volk

Der Gott der Götter, Jahwe, spricht und ruft die Erde
vom Aufgang der Sonne bis zu ihrem Untergang.

2 Vom Sion her, der Schönheit Krone, glänzt Jahwe auf.

3 Es kommt unser Gott und schweigt nicht.
Feuer frißt vor ihm her, und rings um ihn stürmt es gewaltig.

4 Er entbietet den Himmel droben und die Erde
zum Gericht an seinem Volke.

5 »Versammelt mir die Meinen, die den Bund mit mir
beim Schlachtopfer schlossen!«

6 Die Himmel verkünden seine Gerechtigkeit,
daß er [ein Gott des Rechtes] ist.

Die erste Anklage: falscher Opferdienst

7 Höre, mein Volk, ich will sprechen,
Israel, ich will zeugen gegen dich! Jahwe, dein Gott, bin ich!

8 Nicht ob deiner Schlachtopfer gehe ich mit dir ins Gericht,
und deine Brandopfer habe ich stets vor Augen.

9 Doch ich nehme keinen Farren aus deinem Hause
noch Böcke aus deinen Pferchen an.

10 Mir gehört ja alles Wild des Waldes,
das Getier auf [meinen] Bergen nach Tausenden.

11 Ich bin vertraut mit allen Vögeln [in der Höhe],
das Gewimmel des Feldes ist bei mir.

12 Hätte ich Hunger, ich würde es dir nicht sagen,
denn mein ist der Erdkreis und seine Fülle.

13 Esse ich etwa das Fleisch der Stiere,
   trinke ich das Blut der Böcke?
14 Opfere Jahwe Dank und zahle dem Höchsten
   so deine Gelübde!
15 Und rufe mich an am Tage der Drangsal,
   so werde ich dich frei machen, und du wirst mich ehren!

Die zweite Anklage: Bundesbruch am Nächsten

16 (Zum Frevler aber sagt Jahwe:)
   Was zählst du meine Satzungen auf
   und führst den Bund mit mir in deinem Mund?
17 Du bist doch einer, der Zucht haßt
   und mein Wort hinter sich wirft!
18 Siehst du einen Dieb, schließt du dich ihm an,
   und bei Ehebrechern hast du dein Teil.
19 Deinen Mund schickst du nach Bösem aus,
   und deiner Zunge Vorspann ist Betrug.
20 Du setzt dich hin, redest wider deinen Bruder,
   verunglimpfst den Sohn deiner Mutter.
21 Das hast du getan! Schwiege ich, so dächtest du,
   ich sei deinesgleichen.
   So gehe ich mit dir ins Gericht
   und bereite es dir vor Augen.

Schlußermahnung

22 Habt darum acht darauf, ihr Gottvergessenen!
   Sonst zerreiße ich und niemand entreißt!
23 Wer Dank opfert, der ehrt mich,
   und wer [rechtschaffen lebt], den werde ich das Gottesheil
   schauen lassen.

A. In V. 6 muß man des Parallelismus wegen die Konsonanten von MT: »daß Gott Richter ist«, wohl anders abteilen. In V. 11 ist »Berge« an sich schon unwahrscheinlich. Darin muß das graphisch verwandte Wort »Höhe« stecken, wie G S T nahelegen. Der Anfang von V. 16 ist nachträgliche Einfügung, welche die Tatsache abmildert, daß alle Kultteilnehmer ohne Ausnahme angesprochen sind. In V. 23 ist MT: »der den Weg legt«, und

G S: »dort ist der Weg«, verderbter Text. Unsere Lesart kommt durch eine einzige Konsonantenänderung zustande.

B. Der Psalm ist den sprachlichen Eigentümlichkeiten nach (u. a. Aramaismen und spätbezeugte Wörter, z. B. *cheled* = Welt in V. 1) nachexilisch, auch wenn seine Gedanken hauptsächlich aus der vorexilischen Prophetie geschöpft sind. Der Psalmist ist so sehr der prophetischen Tradition verhaftet, daß er auch die Form (Prozeß mit Israel und Gottesspruch) ihnen entlehnt. Ihm liegt am Herzen, am Tempel und damit im Kult durch das Vortragen dieses Psalms – mit eigenem Sprecher für die Gottessprüche – die wesentliche mosaische und prophetische Bundesweisung den Kultteilnehmern immer aufs neue einzuprägen. Die Verkündigung des Gottesrechts war in Israel alter gottesdienstlicher Brauch. Sicher steht der Psalm in einem, wenn auch im einzelnen schwierig bestimmbaren Zusammenhang damit.

C. Der Eingang des Psalms – »Gott der Götter« ist ein Superlativ mit der Bedeutung: »die Gottheit schlechthin« (vgl. Jos 22,22) – ruft die Gotteserscheinung vom Sinai in Erinnerung, die man auf dem durch göttliche Erwählung verherrlichten Sion im Kult vergegenwärtigte, um sie als sichtbares Ereignis wieder für die Endzeit zu erwarten (Is 63,19 ff.; 66,15 ff.). Die Theophanie meint die Erscheinung zu einem Gericht, welches das Gottesrecht im Bundesvolk wiederherstellen soll. Der Vorgang betrifft so Wesentliches, daß dazu (in weiterführender Anlehnung an Is 1,2; Mich 6,1 f.; Dt 31,28) Himmel und Erde als Gerichtshelfer beschworen werden. Sie wissen und verkünden es gleichsam, daß Jahwe im Prozeß mit Israel im Recht ist. Der Gegenstand der Verhandlung ist der Bund, der einst mit einem Bundesopfer geschlossen wurde (Ex 24,5 ff.), seitdem an besonderen Festen, aber auch in jedem Opfer, vorab im Schlachtopfer (= Mahlopfer), vergegenwärtigt und erneuert wird. Man hat aber offenbar vergessen – das setzt der Psalmist mit den vorexilischen Propheten voraus –, daß das Tieropfer nicht Mitte und Wesen des Bundes ist (vgl. Ex

24,7). Darauf weist schon unmißverständlich V.7b: »Jahwe, dein Gott, bin ich!« hin, die göttliche Präsentationsformel über dem Dekalog, der kein direktes Opfergebot enthält. Das bedeutet nicht eine grundsätzliche Verwerfung der Opfer (vgl. 5 und 8). Aber »Gott lebt nicht von ihnen!«, wie das Opferdenken und die Opferpraxis zu unterstellen scheinen, wodurch die absolute Transzendenz und Personalität Jahwes verdunkelt wird. Der Mensch gibt Gott nichts, was er nicht schon hat, wohl aber gibt Gott dem Menschen alles, das soll der Mensch im Preisen und Danken anerkennen. »Opfere Jahwe Dank!« (V. 14 und 23) schließt das Dankopfer (= Mahlopfer) nicht aus, bezeichnet aber (vgl. auch V. 15) eindeutig das aus dem Herzen kommende personale Wort zum personalen Gott hin als Seele aller kultischen Gottesbegegnung (vgl. Os 14,3). Zur personalen Verwirklichung des Bundes gehört allerdings nicht nur das echte Gebetswort, sondern die Befolgung – also mehr als das Wissen und Zitieren – der Bundesweisung (vgl. Ex 24,7), wie sie im Zehngebot ergangen ist. Vorab das mitmenschliche Ethos (5., 6., 7., 8. Gebot) wird hier angeführt (V. 17–20), auf das auch die Propheten immer wieder den Finger legten (vgl. Am 5,11; Is 1,11; Os 6,6; Mich 6,8; Jer 7,21). Der Schlußvers des Psalms faßt zusammen: Der Bundesgott will als menschliche Antwort auf sein Walten Dank und Brudersinn.

D. Ps 50 liegt in der Mittelachse der Offenbarung. Nimmt er doch die prophetische Botschaft vom wesentlichen Gotteswillen auf und versucht, ihr gerade am Kultort immer erneut Geltung zu verschaffen. Von ihm führt eine gerade Linie zur Botschaft Jesu. In ihr steht die Gottes- und Nächstenliebe über dem Opferdienst (vgl. Mk 12,33; Mt 5,23f.; 9,13: »Barmherzigkeit will ich und nicht Opfer!« = 12,7). Im Verkehr mit Gott, dem Vater, hat bei Jesus das Loben und Danken einen ersten Rang (Mt 5,16; Lk 7,16), wofür er selbst das große Beispiel gibt (Lk 10,21; Jo 11,41; Mk 8,6;

14,22f. u. a.). In der »eucharistia« sind lobpreisender Dank und die Bruderliebe – die Leitmotive von Ps 50! – wundersam geeint. Durch sie ist der Christ dem Zwiespalt, den der erste Teil des Psalms anspricht, enthoben, sofern er nicht einseitig und liebesträge auf das »opus operatum« baut, sondern Gott »mit der Frucht seiner Lippen« durch Jesus Lob und Dank spendet (Hebr 13,15). Immer aber bleibt der zweite Teil von Ps 50 höchst aktuell: »Wer den Bruder nicht liebt, ist nicht aus Gott« (1 Jo 3,10). Auch der Empfang der Eucharistie ist ohne diesen Brudersinn nichtig. Prophetie, Zungenreden, Erkenntnis, ja auch Glaube und Hoffnung haben als Größtes und allein Ewiges über sich die Liebe (1 Kor 13,1.8.13). »Was nützt das alles, wenn die Kirche nicht frömmer wird und die Menschen nicht mehr liebt?« (K. Rahner).

Ps 51 (50). Gebet um Sündenvergebung und Herzenserneuerung

(1 Dem Chormeister. Ein Psalm von David,
2 als der Prophet Nathan zu ihm kam, weil er
   zu Bethsabe gegangen war.)

Einführende Bitte

3 Neige dich mir, Jahwe, in deiner Bundeshuld,
   in der Fülle deines Erbarmens lösche meine Frevel aus!
4 Wasche mich ganz ab von meiner Schuld
   und von meiner Sünde reinige mich!

Anerkenntnis und Bekenntnis der Schuld

5 Fürwahr, ich selber erkenne meine Frevel,
   und meine Sünde steht immer vor mir.
6 Wider dich allein habe ich gesündigt
   und das in deinen Augen Böse getan.
   So hast du recht mit deinem Urteil,
   stehst lauter da in deinem Richten.

7 Wahrlich, als Schuldiger bin ich geboren,
und als Sünder empfing mich meine Mutter.
8 Wahrlich, du willst die Wahrheit auch im verborgenen Bereich
und lehrst mich Weisheit in geheimen Dingen.

Bitte um Entsündigung

9 Entsündige mich mit Ysop, so werde ich rein,
wasche mich ab, so werde ich heller als Schnee!
10 Laß mich Wonne und Jubel erfahren,
die Gebeine sollen jauchzen, die du zerschlagen.
11 Verstecke dein Antlitz vor meinen Sünden,
und alle meine Verschuldungen lösche aus!

Bitte um einen neuen Geist

12 Ein reines Herz erschaffe mir, Jahwe,
und erneuere in mir einen festen Geist!
13 Schleudere mich nicht von deinem Antlitz weg,
und deinen heiligen Geist nimm nicht von mir!
14 Laß mir die Wonne deines Heils wiederkehren
und in einem hochherzigen Geist gib mir Halt!

Dankgelübde

15 Dann will ich die Frevler deine Wege lehren,
daß die Sünder umkehren zu dir!
16 Errette mich vor dem Verbluten, Jahwe (-),
daß meine Zunge über dein Heilswalten juble!
17 Herr, du mögest meine Lippen öffnen,
daß mein Mund dein Lob verkünde!
18 Denn du liebst nicht Schlachtopfer,
und brächte ich Brandopfer, du möchtest sie nicht.
19 [Mein] Schlachtopfer, Jahwe, ist ein zerbrochener Geist,
ein zerbrochenes und zerknirschtes Herz
verachtest du nicht, Jahwe.

Fürbitte für Sion

20 Tu in Gnaden Sion Gutes an,
bau die Mauern Jerusalems auf!
21 Dann werden dir rechte Opfer gefallen, (-)
dann bringt man Farren auf deinen Altar.

A. Der Text ist gut erhalten. In V. 16 stört »Gott meines Heils« das Metrum und ist darum wohl späterer Einschub. In V. 19 ist »mein« zu lesen statt »(Schlachtopfer) Gottes« (Vokalisationsfrage). In V. 21 ist die überschüssige Angabe »Brandopfer und Ganzopfer« wahrscheinlich eine spätere liturgische Präzisierung.

B. Ps 51 gehört seiner Form nach zur Gattung der individuellen Klage- und Bittlieder, seinem Inhalt nach ist er ein Bußlied. Die Überschrift ist eine nachträgliche Situierung des Psalms, zu der manche Details (z. B. V. 6 und 8) schlecht passen. Die Analyse (vgl. C) erweist das Lied als nachexilisch und den Prophetenbüchern, vorab Jeremias (mit seiner Einschau ins menschliche Innere), Ezechiel, Tr-Isaias tributär. Hinter dem Psalm steht echte Erfahrung und tiefbohrende Reflexion. Aber der Verfasser hat zugleich – und zwar im Lichte der Prophetenlehre – ein »Lehrziel« im Auge. Sein Psalm soll ganz offensichtlich auch ein Formular sein für die ihre Schuld zum Tempel tragenden oder auch »im stillen Kämmerlein« Jahwe vorlegenden Gläubigen, ja für die ganze Gemeinde, wie die angeführten Prophetenstellen, aber auch die vielleicht später – im Sinne einer pädagogisch zurechtrückenden Akzentsetzung – angefügten V. 20–21 vermuten lassen.

C. Der Psalmist beginnt, sosehr er mit sich und seiner Sündigkeit beschäftigt ist, mit einer Anrufung des barmherzigen Bundesgottes. Dessen Barmherzigkeit (hebr. = Mütterlichkeit!) wird insbesondere in Bußgebeten angesprochen (Neh 9,19.27 f. 31; Dan 9,9.18). Die gehäuften Bitten: »Lösche aus!« (vgl. Is 43,25: »Ich lösche deine Frevel aus!«), »Wasche mich!« (sonst nie von Jahwe ausgesagt, aber vom menschlichen Bußbemühen in Jer 2,22; 4,14), »Reinige mich!« (vgl. Jer 33,8; Ez 36,33: »Ich reinige sie bzw. euch«), deuten in ihrer Singularität schon darauf hin, wie stark der Psalmist sich von der Sünde befleckt weiß. Das eigentliche Bekenntnis formuliert er wie Is 59,12 (V. 5). Ohne Beschönigung spricht er Jahwe das Recht zu, ihn zu richten. Diese Verurteilung wird als bereits ergangen bzw. erkennbar vorausgesetzt. Denn 10 b und 16 lassen eine töd-

liche Erkrankung des Beters vermuten. Aber sie ist – selbst wenn sie erst den Anlaß zur Gewissenserforschung gab – nicht sein größter Kummer. Was ihn zutiefst getroffen hat, ist die Erkenntnis einer ihn von Geburt her durchwaltenden Sündigkeit bzw. Geneigtheit zur Sünde (vgl. Gen 8,21: »das Herz des Menschen zum Bösen geneigt von Jugend an«, ferner Job 14,4; 15,14; Spr 20,9; Jer 17,9). Diese Einsicht in die eigenen abgründigen Tiefen ist als göttlich geschenkte und vom Menschen ergriffene Weisheit Gott wohlgefällig (V. 8).
Da die Sündhaftigkeit dem Beter wie eine innere Lepra vorkommt, verwendet er die Lev 14,3 ff. beschriebene rituelle Leprareinigung mit Ysop (Eiserigkraut) als Bild für die Formulierung seiner Bitte in V. 9 a. V. 9 b basiert auf Is 1,18. Aber nicht nur reinigende Vergebung der Schuld will der Psalmist, er erfleht das »Erschaffen« – das Wort wird sonst nur für besondere göttliche Schöpfungsakte verwendet – eines neuen, lauteren Herzens und Geistes (vgl. Jer 24,7; 31,33; 32,39; Ez 11,19; 36,26) und die Begabung mit dem Heiligen Geist, wie Jahwe ihn nach Is 63,11 (nur noch hier im AT dieser Ausdruck!) Moses ins Innere legte. So wird sein eigener Geist hochherzig und willfährig werden (V. 14). Dann aber wird er zugleich beitragen – darin soll sein Danken bestehen – zur Umkehr anderer. Vom Dankopfer ist also der lobpreisende Dankpsalm (vgl. V. 15–17) ihm am wichtigsten und in diesem wiederum der missionarische Impuls. V. 18 ist nicht schlechthin absolut, sondern im Sinne von Ps 50 zu nehmen. Die »Seele« des Opfers ist dem Psalmisten das Entscheidende, und sie ist für ihn nichts anderes als des Menschen Seele, also sein Geist und sein Herz, das die Brechung seiner Gottverschlossenheit durch das Leiden annimmt, um ob seiner Sünden Ekel zu empfinden, wie der Psalm im Anschluß an Ez 6,9 (vgl. Is 57,15) bekennt und lehrt (bei Jer 23,9 zum erstenmal »zerbrochenes Herz«, aber ob der Sündhaftigkeit des Volkes). Der Schluß weitet den Horizont. Das Jerusalem der Zeit vor

Nehemias (Mauerbau um 445 v. Chr.) liegt vor dem Blick. Dann wird Sion wieder vollendet sein, und die teuersten Opfer (Stiere) werden zugleich im Sinne von Ps 50 und 51 »rechte Opfer« sein.

D. Ps 51 läßt an Tiefe und Horizont die meisten Klage- und Bittlieder des Psalters weit hinter sich. Der Verfasser hat die bis in den menschlichen Seelengrund reichende Gestörtheit des Gottverhältnisses in den Blick bekommen. Er war unterwegs zu Jo 2,25 (»Jesus wußte, was im Menschen war«), zu Röm 7,14–23 (das unerlöste Menschsein) und zu Röm 5,12–19 (biblische Basis der Erbsündelehre). Wichtiger noch als solche lehrhaften Zusammenhänge ist die existentielle Funktion dieses Bußgebetes für uns. Wer es im Bekenntnis, daß Gott recht hat mit seinem Urteil (V. 6 = Röm 3,4), mit »zerbrochenem Herzen« betet – der Psalm kann selber sogar viel zum Aufbrechen des Herzens und zu neuem Aufbruch des Geistes beitragen –, folgt den vielfältigen Aufrufen Jesu zum Umdenken und zur tätigen Reue und vermag wieder in heilsamem Schrecken das Gerichtszeichen des Kreuzes über dem Menschen zu erkennen. Um so lebendiger und gefüllter werden dann die Bitten um ein im Heiligen Geist – er ist nach Jo 15,26; 16,7; Röm 8,9 u. a. der Geist Jesu Christi – erlöstes und geläutertes Herz, dem die große Verheißung von Mt 5,8 gilt: »Selig die Herzensreinen, denn sie werden Gott schauen!« Sind doch »alle, die vom Geiste Gottes geleitet werden, Kinder Gottes« (Röm 8,14). Diese je und je neue, weil erneuerte Gestalt erfleht der Christ in der Schlußbitte des Psalms auch seiner Kirche, die Ps 51 (50) seit ältester Zeit als Bußpsalm betet und beten läßt.

Ps 52 (51). Vertrauen auf Jahwe, reichen Gewaltmenschen zum Trotz

(1 Dem Chormeister. Ein Weisheitsgedicht. Von David,
2 als der Edomiter Doeg kam und Saul meldete:
David ist ins Haus Achimelechs gegangen.)

Verweis für den Feind

3 Was rühmst du dich der Bosheit, du Held der Schmach (–) ?
4 Den ganzen Tag planst du Unheil.
Deine Zunge ist wie ein geschliffenes Messer,
du Ränkeschmied!
5 Du liebst das Böse statt des Guten,
die Lüge statt der rechten Rede.
6 Du liebst alle Worte, die verderben, du Trugzunge!

Gerichtsankündigung

7 Darum wird Gott dich niederreißen auf immer,
wird dich wegfegen und wegraffen aus dem Zelt,
dich samt der Wurzel ausreißen aus dem Land des Lebens.
8 Die Gerechten werden es schauen und erschauern
und auch lachen über ihn:
9 Seht, da ist der Mann, der Jahwe nicht zu seinem Horte nahm,
vielmehr auf seines Reichtums Größe baute
und sich stark wußte in seinem Frevel!

Vertrauen und Dank

10 Ich jedoch, einem grünenden Ölbaum
im Hause Jahwes ähnlich,
baue auf Jahwes Bundeshuld für ewig und immer.
11 Ich will dir lobsingen auf ewig, [Jahwe],
denn du hast es gewirkt,
will auf deinen huldreichen Namen hoffen
im Angesichte deiner Getreuen.

A. In V. 3 kann MT: »die Gnade Gottes den ganzen Tag« nicht ursprünglich sein. Man muß, G folgend, »Gott« als spätere Ergänzung betrachten und das doppeldeutige Wort *chesed* (Gnade) in seinem aramäischen Sinn: Schimpf, Schmach (=

Lev 20,17), nehmen. In V. 11 muß »hoffen« nicht korrigiert werden, dagegen ist in 11a des Metrums wegen wohl Jahwe einzufügen.

B. Der Psalm ist nur schwer einer Gattung zuzuteilen. Am ehesten noch läßt er sich verstehen als Vertrauenslied, das die prophetischen Redeformen der Schelte und des Strafspruchs mit einem Vertrauensbekenntnis und Dankversprechen verbindet. Die Situierung des Psalms durch die Überschrift (vgl. dazu 1 Sam 22,9ff.) ist wohl nachträglich vorgenommen, in jedem Falle aber künstlich. Der Verfasser ist ein dem Tempel nahestehender Jahwegläubiger aus dem Kreis der »Armen Jahwes« (vielleicht ein Levit), der eine schwere Bedrohung seiner Existenz durch einen reichen und einflußreichen Gewaltmenschen durchzustehen hatte. Als Grundlage nahm er wohl – formale und inhaltliche Übereinstimmungen sprechen dafür – Is 22,15–19. Die Abfassungszeit ist nach Jeremias, also nachexilisch (Tempel! V. 10) anzusetzen. Der Psalm ist wohl von vornherein zugleich als Formular und Lehrstück für Glaubens- und Leidensgefährten gedichtet und wurde als solcher, obschon sein näherer »Sitz im Leben« unbestimmbar bleibt, am Tempel gebetet.

C. Nach Jer 9,22f. soll man sich nicht einmal der guten Dinge rühmen. Der Feind des Psalmisten aber prahlt sogar mit seiner Bosheit (vgl. Ps 10,3f.), in der er seinen Gegner durch falsche Anklage moralisch, wenn nicht gar physisch, vernichten will. Darum, dessen ist der Beter angesichts der prophetischen Gerichtsworte gegen menschliche Vermessenheit (vgl. Is 2,11; 13,11; Jer 49,16; Abd 3) sicher, wird Jahwe eingreifen und ihn »niederreißen« und »auswurzeln« (vgl. Job 19,10), d. h. von der Erde vertilgen (vgl. Job 18,14 und Is 22,17–19). Dieses Gottesgericht wird den Jahwegetreuen ein erschreckendes, aber auch befreiendes Beispiel sein. Der Psalmist selbst sieht sich – in deutlicher Bezugnahme auf V. 7 – als erhebendes Gegenbeispiel, und zwar im Lichte von Jer 17,7f. (»Der auf Jahwe Bauende ist wie ein grünender Baum«, vgl. auch Jer 11,16: Israel ein grünender Ölbaum). Wahrscheinlich standen Ölbäume (oft Hunderte von Jahren hindurch mit jährlichem Ertrag von über hundert Kilogramm) auch auf dem Tempelplatz. In jedem Fall ist für den Verfasser der Tempel die bevorzugte Stätte, wo er im Verein mit den Jahwegetreuen für das bereits Empfangene dankt und der Offenbarung – »Name« ist hier ein anderes Wort dafür – neuer Huld harrt.

D. Wie soll der Christ diesen so stark in der alttestamentlichen Welt beheimateten Psalm beten? Er befindet sich persönlich ja meist nicht in der hier vorausgesetzten Lage. Aber eben darauf kommt es beim Psalmbeten nicht in erster Linie an. In den Psalmen hat der neubundliche Gläubige die große Möglichkeit, seinen Bewußtseinshorizont zu weiten und sich als Glied des Gottesvolkes im ganzen und dessen Hauptes Jesu Christi zu wissen. Jesus aber und seine Kirche lebten und leben dieses Los, von vielen Mächtigen und Mächten dieser Welt bedrängt und sogar mit Vernichtung bedroht zu werden. Unser Psalm bezeugt auf seine ihm eigentümliche Weise, daß, von Gott her gesehen, jede gottferne Macht und Pracht jenem wuchernden Unkraut gleicht, das bei künstlich gesteigerter Vitalität nur um so schneller dem Vergehen anheimfällt. Gott läßt am Ende, so könnten wir in einem dem Psalmschluß verwandten Bilde sagen, nur jene Bäume wahrhaft in den Himmel wachsen, die in seinen Vorhöfen gepflanzt sind. Die Kirche wendet V. 10–11 im Introitus der Apostelvigilien auf die Apostel an, um die Apostel exemplarisch als solche »Gottesbäume« zu feiern.

Ps 53 (52) = Ps 14 (13)

Der Psalm ist die sogenannte »elohistische« Redaktion des Ps 14 (13). Nur V. 6 lautet hier etwas anders als der entsprechende V. 5f. von Ps 14, nämlich:

»Darob befällt sie Schrecken, ohne Grund zum Schrecken.
Fürwahr, Gott zerstreut die Gebeine dessen, der dich umlagert.
Du darfst sie beschämen, denn Gott hat sie verworfen.«
Zum übrigen vgl. Ps 14 (vgl. S. 63 ff.).

Ps 54 (53). Jahwe als Helfer gegen Todfeinde

(1 Dem Chormeister. Mit Saitenspiel.
  Ein Weisheitslied von David,
2 als die Siphiter kamen, um Saul zu melden:
  »David hält sich bei uns verborgen«.)

Bitte um Rettung

3 Jahwe, durch deinen Namen befreie mich,
  und durch deine Macht schaffe mir Recht!
4 Jahwe, höre mein Flehen, lausche den Worten meines Mundes!

Klage

5 Denn [Hochmütige] stehen wider mich,
  und Gewaltmenschen trachten mir nach dem Leben.
  Sie haben Gott nicht vor Augen.

Vertrauensbekenntnis

6 Doch siehe, Jahwe ist mir Helfer,
  der Allherr ist Schutzmacht für mein Leben.
7 Das Unheil kehre sich auf meine Gegner,
  in deiner Treue, Jahwe, vernichte sie!

Dankgelübde

8 Gerne will ich dir opfern und deinen Namen preisen, (–)
  daß er so gütig ist,
  daß er mich aller Bedrängnis entriß
  und mein Auge sich an meinen Feinden weiden durfte.

A. In V. 5 ist dem Parallelismus gemäß das Wort »Hochmütige« (einige Hss T und Ps 86,14) als ursprünglich zu lesen. Es ist graphisch nur wenig von der jetzigen Lesart »Fremde« verschieden. In V. 8 dürfte »Jahwe« (das Metrum störend) spätere Einschiebung sein.

B. Ps 54 ist ein klassisch geformtes individuelles Klagelied, das einer aus dem Kreis der »Gebeugten Jahwes« mit Verwendung prophetischer Äußerungen als Gebet – hauptsächlich zum Gebrauch am Tempel, wo nach 3 Kön 8,16 der Name Jahwes wohnt – für sich und seinesgleichen schrieb. Der stark an Jeremias und die deuteronomische Theologie des Namens Jahwe erinnernde Psalm ist nachexilisch zu datieren. Die Angabe der Überschrift (vgl. 1 Sam 23,14ff.) hat nur die Bedeutung einer (nachträglichen?) Zueignung. Die Lesart »Fremde« (V. 5) gab die Möglichkeit, den Psalm im Blick auf die Unterdrückung durch äußere Feinde zu beten.

C. Dem in seiner Not fast verzweifelnden Jeremias sagte Jahwe zu: »Ich bin mit dir, um dich zu befreien und herauszureißen. Ich entreiße dich der Hand der Bösen und löse dich aus der Faust der Gewaltmenschen!« (Jer 15,20f.). Solches erbittet unser Psalmist auch für sich. Merkwürdig erscheint uns dabei seine Wendung: »durch deinen Namen!« Sie wird erläutert vom parallelen Ausdruck »durch deine Macht«. »Groß ist dein Name in Macht«, in dieser Aussage bringt Jer 10,6 beide Begriffe zusammen. Der Name Jahwes ist für den Hebräer nicht eine bloße Bezeichnung Gottes, sondern Gottes in die Welt hereinwirkende Mächtigkeit, in der er sich je und je als gegenwärtig offenbart. Die Hochmütigen und Gewaltmenschen verschließen allerdings die Augen vor dieser Offenbarungsmacht und wähnen dann, auf solche Weise den Jahwegetreuen ungestraft ins Unheil stürzen zu können. Aber sie vergessen dabei, was Jahwe dem »Würmlein Jakob« (Is 41,14) und damit beispielhaft allen seinen gebeugten Getreuen zugesagt hat: »Fürchte dich nicht, ich bin ja mit dir! Blicke nicht ängstlich um dich, ich bin ja dein Gott! Ich mache dich stark, ich helfe dir, ich halte dich fest...!« (Is 41,10). In der Verwirklichung dieser und ähnlicher Heilszusagen soll Jahwe, so betet der Psalmist, seine Treue erweisen und die Feinde jener Unheilssphäre überantworten, die sie durch ihr böses Planen selbst in Aktion setzten. Er ist sich der Erhörung dieser Bitte gewiß und gelobt in großer Willigkeit ein Dankopfer, das vor allem in einem Gottes mächtigen Namen zum Aufstrahlen bringenden Lobpreis bestehen soll.

D. Unser Psalm stellt wie viele andere ihm verwandte Stücke den neubundlichen Beter mitten in die Auseinandersetzung zwischen dem bekennenden Gottesglauben und der erklärten Gottesfeindschaft. Diese Situation ist ja auch dem neuen Gottesvolk nicht fremd. Durchprägt doch solcher Gegensatz die ganze Heilsgeschichte und umschließt insbesondere das Lebenslos Jesu. »Wer mich haßt, haßt auch meinen Vater«, so zeichnet Jo 15,23 die Lage aus, die unser Psalm anskizziert. Auch Jesus wollte, daß im Gegeneinander von Licht und Finsternis Gottes Macht und Bundestreue herrlich und sieghaft aufglänzen sollten (Jo 12,28). In der Ausmalung dieses Triumphes ist er freilich zurückhaltender als die Psalmisten. Hat er doch zwischen Feindschaft und Feinden unterschieden und unterscheiden gelehrt. In diesem Lichte muß man auch unseren Psalm beten und darf in seinen Strafwünschen nur das Scheitern der gottfeindlichen Mächte und ihrer Pläne erbitten. Dann aber bleibt Ps 54 ein großartiges und kraftvolles Gebet des Gläubigen für sein Gottesvolk und sich selbst, ein Gebet, in dem Namen, Macht und Treue des Bundesgottes einen neuen Klang gewinnen.

Ps 55 (54). Jahwe ist Zuflucht für den in Feindesnot vom Freunde Verratenen

(1 Dem Chormeister. Mit Saitenspiel.
Ein Weisheitslied von David.)

Anrufung

2 Lausche, Jahwe, meinem Flehen,
verbirg dich nicht vor meinem Bittgang!

3 Höre mir zu und schenke mir Antwort!
  Ich bin unstet vor Kummer.

Klage

4 Ich bin verstört durch das Schreien der Feinde,
  ob der Bedrängung durch Frevler. Denn sie lassen Unheil
  wider mich los und befehden mich grimmig.

5 Mein Herz windet sich in meiner Brust,
  Todesschrecken haben mich überfallen.

6 Angst und Zittern kommen mich an,
  Schauder decken mich zu.

Fluchtgedanken

7 Drum sage ich: Hätte ich doch Schwingen wie die Tauben,
  ich entflöge und suchte Ruhe.

8 Ja, weit weg möchte ich flüchten,
  möchte nächtigen in der Wüste!

9 Ich möchte enteilen zu einem mich rettenden Ort,
  rettend vor dem reißenden Wind, vor dem Wettersturm.

Gesteigerte Klage

10 Verwirre, Allherr, zerspalte ihre Zunge!
   Denn Gewalttat und Fehde sehe ich in der Stadt.

11 Tags und nachts schleichen sie auf ihren Mauern um sie herum.
   Unheil und Unbill sind da drinnen!

12 Verderben lauert da drinnen!
   Von ihrem Marktplatz wandern Bedrückung und Trug
   nicht fort.

13 Fürwahr, [würde] ein Feind mich lästern, ich wollte es tragen!
   Würde mein Hasser wider mich großtun,
   ich könnte mich vor ihm verstecken!

14 So aber bist du es, ein Mensch meinesgleichen,
   mein Gefährte und mein Vertrauter,

15 die wir miteinander die Wonne der Gemeinschaft kosteten
   im Hause Jahwes.

Der Ruf nach dem Strafgericht

[Sie] sollen dahingehen in Unruhe!

16 Es komme der Tod über sie!
Sie sollen lebendig zur Unterwelt fahren!
Denn Böses, Grauen erregend, ist in ihrem Innern.

Vertrauen auf die göttliche Hilfe

17 Ich aber rufe zu Jahwe, und er wird mich befreien.
18 Am Abend, am Morgen, am Mittag seufze ich und stöhne.
19 Er wird mein Schreien hören, wird in Frieden mein Leben loskaufen aus dem Kampf wider mich, bei dem ja zu viele um mich sind.
20 Gott wird mich erhören und sie niederbeugen,
er, der von urher thront,
sie, bei denen es keine Sinnesänderung
und keine Furcht Jahwes gibt.

Erneute Anklage

21 Jener legt Hand an [seine Freunde], entweiht seinen Bund.
22 Glatter [als] Butter ist sein Mund,
doch Kampf meint sein Herz.
Sanfter als Öl sind seine Worte, und doch sind es Dolche!

Heilszuspruch

23 Wirf auf Jahwe deine Last, er wird für dich sorgen!
Er gibt niemals zu, daß ein Gerechter wanke.

Festes Vertrauen

24 Du aber, Jahwe, wirst sie in die tiefste Grube stürzen,
diese Männer des Bluts und des Trugs
erreichen nicht die Hälfte ihrer Tage.
Ich aber baue auf dich.

A. Der Text ist an mehreren Stellen sehr unsicher, ja verderbt. Korrekturen müssen sich freilich auf ein Minimum beschränken. In V. 13 verlangt der Kontext die Lesart von G (»wenn« statt »nicht«). 15c (»wir gehen in Unruhe«) muß metrisch zum folgenden Vers gehören und bedarf in jedem Fall einer Verbesserung. V. 16b bleibt ungewiß. In V. 21 muß »gegen seine Friedenszustände« umvokalisiert werden (vgl. Ps 69,23). In V. 22a ist (nach 22b) der Komparativ zu setzen.

B. Ps 55 gibt Anlaß zu Zweifeln über seine Einheit. Aber auch wenn zwei ursprünglich getrennte individuelle Klagelieder in ihm vereinigt sein sollten, dann sicher wegen des gleichen Themas vom verräterischen Freund. Der Psalm wurzelt gewiß in schmerzlicher persönlicher Erfahrung – V. 14f. würde gut auf einen schwerenttäuschten Leviten passen –, aber er entwirft, und zwar in Anlehnung an die Propheten, vorab an Jeremias, damit zugleich ein typisches Schicksal. Vokabular (u. a. Aramaismen), Stil und Gehalt lassen ein eher spätes als frühes nachexilisches Abfassungsdatum vermuten. Der Heilszuspruch von V. 23 läßt an ein Gebet am Tempel mit priesterlicher Heilszusage denken.

C. Der Psalmist sieht sich in Jerusalem, der »heiligen Stadt«, einer Lage ausgesetzt, wie sie Jer 6,6 in einem Gottesspruch kennzeichnet: »Wehe der Stadt des Truges! Alles in ihr ist Bedrückung. Wie der Brunnen sein Wasser frisch hält, so hält sie ihre Bosheit frisch! Unrecht und Gewalttat hört man in ihr« (vgl. V. 11–12). Jeremias zieht in 9,1 ff. die Konsequenz: »Hätte ich eine nächtliche Bleibe am Weg in der Wüste, ich verließe mein Volk und trennte mich von ihm. Denn alle sind sie ja Ehebrecher, eine Rotte von Treulosen. Sie spannen ihre Zunge wie einen Bogen, Trug, nicht Treue hat die Herrschaft im Lande... Nehmt euch in acht vor dem Freund, und keinem Bruder vertraut! Denn jeder Bruder übt listig Betrug, und jeder Freund geht aus auf Verleumdung. Einer täuscht den anderen, und die Wahrheit reden sie nicht« (vgl. Mich 7,1–6). Ganz ähnlich denkt und spricht der Psalmist (vgl. V. 7–15) und wünscht ein Strafgericht herbei wie jenes über die Rotte Korach (Num 16,32f.). Beim dreimaligen täglichen Beten (vgl. Dan 6,11.14) wird ihm die Gewißheit des Erlöstwerdens, die er sich – Prophetenworte ermuntern dazu, vgl. Is 50,10; Ez 34,12 u. a. – in V. 23 zusprechen läßt.

D. Unser Psalm gibt jener schmerzlichsten menschlichen Erfahrung Ausdruck, daß »der Mensch dem Menschen ein Wolf ist«. Immer wieder bürden die Menschen einander

selbst das größte Lebenskreuz auf. Auch Jesu Leiden ist
ihm auferlegt von seinen Brüdern. Sie meinten sogar, Gott
einen Dienst erweisen zu sollen mit ihrer tödlichen Feindschaft
gegen Jesus und seine Jünger (vgl. Jo 16,2f.). Das
Bitterste für ihn mußte der treulose Verrat eines seiner
engsten Erwählten sein, der mit ihm jahrelang »die Wonne
der Gemeinschaft kostete« (vgl. Mt 26,21 ff.). Wieviel
Schmerz birgt das Wort: »Judas, mit einem Kusse (er ist das
innigste Freundschaftszeichen!) lieferst du den Menschensohn
aus« (Lk 22,48)! Auch den Seinen sagt Jesus den
Verrat durch die Allernächsten voraus (Mk 13,12f.). Über
das schlimme Ende solchen Tuns ist auch Jesu Prognose
hart und unerbittlich (vgl. Mk 14,21).
Der christliche Beter von Ps 55 erblickt also in dessen Horizont
die Passion des Herrn. Darum haben die Väter das
Lied öfters messianisch gedeutet. In jedem Fall läßt es sich,
wie der hl. Augustinus schon empfiehlt, als Gebet der leidenden
Kirche sprechen, in der Jesus wie einst noch immer
verfolgt und verraten wird. Aber Bruderverrat gibt es leider
auch innerhalb des neubundlichen Gottesvolkes, sogar
unter den »Frommen«. Nicht nur unser Psalm, sondern die
ganze biblische Offenbarung lehrt jedoch eindringlich, daß
es keine wahre Frömmigkeit gibt, die nicht »fromm«, d. h.
loyal, treu und gut ist zum Mitmenschen.

Ps 56 (55). Jahwes bergende Macht

(1 Dem Chormeister. Nach [der Weise:]
»Verstummte Taube der Ferne.«
Von David. Ein Miktam [vgl. Ps 16,1].
Als ihn die Philister zu Gath ergriffen.)

Bitte und Klage

2 Neige dich mir gnädig, Jahwe!
Denn Menschen stellen mir nach.
Den ganzen Tag dringen sie kämpfend auf mich ein.

3 Meine Gegner stellen den ganzen Tag mir nach.
  Ja, viele sinds, die mich bekämpfen (–).

Vertrauensbekenntnis

4 Höchster, am Tage, da ich bange, baue ich auf dich!
5 In Jahwe lobpreise ich sein Wort,
  auf Jahwe baue ich ohne Furcht.
  Was kann Fleisch mir antun?

Anklage

6 Den ganzen Tag reden sie Kränkendes wider mich,
  gegen mich richten sie all ihre Gedanken unheilsvoll.
7 Sie lauern, sie spähen, beobachten meine Spuren,
  indes sie mir nach dem Leben trachten.

Ruf nach dem Richtergott

8 Ob des Frevels gebe es [kein] Entrinnen für sie!
  Grimmig stürze die Völker nieder, Jahwe!
9 Mein Elend hast du aufgezeichnet,
  gesammelt sind meine Tränen in deinem Schlauch
  (nicht wahr, in deinem Buch?).
10 Also müssen meine Feinde rückwärts weichen am Tage,
  da ich rufe.
  Das weiß ich, daß Jahwe für mich ist.

Erlösungsgewißheit und Dank

11 In Jahwe lobpreise ich das Wort
  (in Jahwe lobpreise ich das Wort),
12 auf Jahwe baue ich ohne Furcht.
  Was kann ein Mensch mir antun?
13 Auf mir liegen, Jahwe, Gelübde zu dir,
  ich will dir Dankopfer entrichten.
14 Denn du entreißt mich dem Tode,
  [bewahrst] meine Füße vor dem Fall,
  daß ich wandere vor Jahwe im Lichte des Lebens.

A. Der Text ist mehrfach versehrt. In V. 3 muß das letzte Wort zu V. 4 herübergezogen werden (vgl. Ps 32,9). In V. 8 ist eine Verneinung notwendig. Sie ist wegen Haplographie der beiden ganz ähnlichen hebräischen Wörter »Unheil« und »Nichts« –

letzteres lesen G S Hie – beim Abschreiben entfallen. In V. 14 hat MT: »nicht wahr, meine Füße vorm Fall?« Das könnte Glosse sein (vgl. V. 9), aber dem Gesamtzusammenhang und Metrum nach ist »nicht wahr« vielleicht eher Verstümmelung von »du bewahrst« (vgl. Ps 119,101).

B. Der Psalm ist ein individuelles Klagelied mit betontem Vertrauensbekenntnis. Er zeigt einige Spuren der Überarbeitung. Ob diese anläßlich seiner historischen Situierung durch die Überschrift (vgl. 1 Sam 21,11–16) geschehen ist, läßt sich nicht ausmachen. Möglicherweise ist der Psalm von seinem nachexilischen Verfasser auch gleich in Zusammenschau seiner Situation mit der des Königs David in 1 Sam 21,11ff. und 30,6 gedichtet worden. So würde sich sein »königliches« Kolorit (vgl. C) noch leichter erklären. Wenn die alten Übersetzungen das Gottesvolk als Beter dieses Psalms ansahen, so ist daran richtig, daß der Verfasser seine Not mit den Bedrängnissen »Israels« verknüpfte und sich als Verfolgter in einem repräsentativen Bezug zur gebeugten Gemeinde wußte.

C. Die Gegnerschaft, die der Psalm beklagt, ist mehrfach dem militärischen Kampf nachgestaltet (z. B. 2f., 8, 10). Doch spricht der allgemeine Tenor für eine innerisraelitische Feindschaft, wie sie auch andere Psalmisten beklagen. Auch die Bitte um den Völkersturz (vgl. Ez 31,16) in V. 8 ist in einem solchen Zusammenhang nicht einfachhin ein Fremdkörper (vgl. Ps 7,9; 9,6ff.). Denn die Gruppe der verfolgten Jahwegetreuen sieht ihr Schicksal immer zugleich im Horizont der »Weltgeschichte Jahwes«. Zudem haben die Besatzungsmächte der nachexilischen Zeit des öfteren die religiös »Liberalen« und ihre Aggressivität gegen die strengen Jahwisten unterstützt. Der theologische Schwerpunkt des Psalms liegt in V. 5 und 11. Der Hintergrund dieses Preises auf Jahwes machtvoll waltendes Geschichtswort und das unerschütterliche Vertrauen darauf ist in den eindrucksvollen Worten des Isaias gegeben: »Wehe denen, die nach Ägypten um Hilfe ziehen und sich auf Rosse stützen wollen! ... Doch auf den Heiligen Israels schauen sie nicht! ... Er erhebt sich gegen das Haus der Bösen und die Hilfe der Übeltäter. Ist doch Ägypten Mensch und nicht Gott, sind doch seine Rosse Fleisch und nicht Geist. Wenn Jahwe seine Hand ausstreckt, dann strauchelt der Schützer und fällt sein Schützling. Sie kommen allesamt um« (Is 31,1 ff., vgl. Jer 17,5). Is 40,6 ff. sagt zum Leitmotiv unseres Psalms: »Alles Fleisch ist wie Gras... Das Gras verdorrt, doch unseres Gottes Wort bestehet auf ewig.« Der Psalmist ist der solchen Worten entsprechenden Hilfe Jahwes gewiß, der nach Is 25,8 »die Tränen von jeglichem Antlitz abwischen wird«. Dafür gebraucht er das kühne und singuläre Bild von V. 9 b, das durch eine Glosse – sie benützt in Fortführung von V. 9 a die geläufigere Vorstellung vom Lebensbuch (vgl. Ps 139,16; Mal 3,16; Job 19,23) – erläutert wird.

D. Das Gottvertrauen, das aus unserem Psalm spricht, hat die Seele Jesu gleichsam bis an ihren Rand gefüllt und seine mühselige und bedrängte Wanderschaft begleitet und ans Ziel gebracht. Aus dieser Erfahrung teilt er auch den Seinen mit und sagt ihnen das stärkende Wort: »Fürchtet euch nicht vor denen, die den Leib töten können, aber darüber hinaus nichts weiter zu tun vermögen!« (Lk 12,4). Er selbst wird des Bundesgottes Gnadengegenwart für sein Volk sein bis zum Ende der Zeiten (Mt 28,20), bis erfüllt wird, was Apk 21,4 verheißt: »Er wird jede Träne wegwischen von ihren Augen. Der Tod wird nicht mehr sein und nicht Trauer und nicht Klage und nicht Mühsal. Denn was vorher war, ist vergangen.« In dieser Glaubensperspektive hat Paulus im Anklang an unseren Psalm (V. 10b) dem neuen Gottesvolk das große Wort ins Gedächtnis geschrieben: »Wenn Gott für uns ist, wer ist gegen uns?« (Röm 8,31). Der Schlußvers des Psalms gewann eine neue Dimension durch Jo 8,12: »Ich bin das Licht der Welt. Wer mir nachfolgt, wandert nicht in der Finsternis, sondern hat das Licht des Lebens.«

Ps 57 (56). Jahwes herrliche Schutzmacht

(1 Dem Chormeister. [Nach der Weise:] »Zerstöre nicht«.
Von David, als er vor Saul in die Höhle floh.
Ein Miktam [vgl. Ps 16,1].)

Bitte um Rettung vor den Feinden

2 Neige dich mir gnädig, Jahwe, neige dich mir gnädig!
Denn an dir sucht mein Lebensodem Bergung,
im Schatten deiner Flügel suche ich Bergung,
bis das Unheil vorüber.

3 Ich schreie zu Jahwe, dem Allerhöchsten,
zu Gott, meinem Vollender.

4 Er sende mir vom Himmel her Befreiung,
beschäme den, der mir nachstellt!
(Jahwe sende seine Huld und Treue!)

5 Ich muß inmitten von Löwen weilen, von solchen,
die nach Menschen gieren.
Ihre Zähne sind Speer und Pfeil,
ihre Zunge ein scharfes Schwert.

6 Erhebe dich über die Himmel, Jahwe,
über alle Erde strahle deine Herrlichkeit!

Erlösungsgewißheit und Dank

7 Ein Netz legten sie meinen Schritten,
beugten meine Lebenskraft.
Sie hoben vor mir eine Grube aus,
sie selbst fallen mitten hinein!

8 Getrost ist mein Herz, Jahwe, getrost ist mein Herz.
Singen will ich und spielen!

9 Wache auf, meine Seele! Wache auf, Leier und Laute!
Ich will das Morgenrot wecken!

10 Ich will dir lobsingen, Allherr, unter den Völkern,
will dir aufspielen unter den Nationen!

11 Denn groß ist deine Bundeshuld bis in die Himmel,
groß bis zu den Wolken deine Treue.

12 Erhebe dich über die Himmel, Jahwe,
über alle Erde strahle deine Herrlichkeit!

A. Der Text ist gut überliefert. Auch die alten Versionen weichen nur unbedeutend vom MT ab.

B. Der Psalm weist eine gewisse Verwandtschaft mit Psalm 56 auf. Das Vertrauensbekenntnis dieses Klageliedes entfaltet sich freilich viel stärker zum Dank (vgl. Ps 22). Dieser Dankteil (V. 8–12) ist auch in 108,2–6 überliefert, während Ps 108,7–14 Ps 60,7–14 entspricht. Man muß darum damit rechnen, daß dieses hymnische Stück bei unserem Psalm ursprünglich ist. Dafür spricht auch der Refrain 6 = 12. Der Psalm bewegt sich zumeist in auch sonst gebräuchlichen Formeln. Er ist darum kaum früh anzusetzen.

C. Im Eingang läßt der Psalmist erkennen, daß er sich im Tempel befindet. Denn das verwendete Bild vom »Schatten der göttlichen Flügel« hat wohl eine doppelte Wurzel: einmal ist es von der Bergung der Jungen unter den Flügeln des Adlers genommen (Dt 32,11, Bild des Verhältnisses Jahwe-Israel; vgl. auch Ex 19,4), zum anderen befindet sich der Tempelbesucher im Schutzbereich der über der heiligen Lade angebrachten Kerubenflügel. Die Äußerungen über die Widersacher – zum Bild vom Löwen vgl. Ps 22,14.22 (vgl. S. 90 f.) – deuten darauf hin, daß es dabei nicht nur um Ehrabschneider und verwünschende Hasser geht, sondern um Ankläger, die auf den Tod des Angeklagten aus sind. Der Beter, der sich nach menschlichem Ermessen verloren weiß, blickt zu dem einen hin, der ihn noch retten kann, zu seinem Bundesgott. Hat doch gerade im Tempel der große Isaias ihn schauen dürfen, wie er als thronender König in die Himmel aufragte und die Seraphim riefen: »Seiner Herrlichkeit ist alle Erde voll!« (Is 6,3). In lebhafter Vergegenwärtigung der berühmten Vision des Propheten erhebt der Beter in V. 6 und 12 die Bitte, ihn in dieser göttlichen Königsherrlichkeit zu bergen. So kommt es zu dem Umschwung in V. 8: Des Psalmisten Herz wird »fest«, wie es wörtlich heißt. Es füllt sich mit Zuversicht und Freude, und beide drängen ins preisende Wort. Dieses soll gleichsam das befreiende Morgenrot herbeirufen, das die dunkle Nacht lichtet (zur Personifikation der Morgenröte vgl. Job 3,9; 38,12 u. a., zu Jahwes Hilfe am Morgen Is 8,20; 9,1). Schon aber denkt der Sänger über das eigene Selbst hinaus. Im Heilswalten Jahwes an ihm wird er des Widerscheins himmelweiter Bundeshuld und des gewaltigen Heilshandelns Jahwes an der ganzen Welt gewahr, wie die Propheten es für die Zukunft ansagten. Er ersehnt die Völkerwallfahrt zum Sion (Is 2,2 ff. u. a.) – so werden wir V. 10 eher deuten dürfen als auf eine Diasporasituation des Psalmisten – als geeigneten Rahmen für seinen Lobpreis.

D. Der Psalmenbeter Jesus konnte Ps 57 – wie Ps 22 – unschwer als auf ihn, seine Passion und Auferweckung bebesonders gut passendes Gebet sprechen. Des Vaters Heilshandeln an ihm sollte wahrhaft jene universale Bedeutung gewinnen, die unser Psalm antönen läßt. Der Jesusjünger, in Jesu Gesamtschicksal eingefügt, vermag im Nachbeten dieses Psalms den ganzen neubundlichen Heilshorizont in den Blick zu bekommen. Begleittext dazu sei Kol 1,11 ff.: »Gestärkt mit aller Kraft gemäß der Macht seiner Herrlichkeit zu aller Ausdauer und Geduld, möget ihr in Freude Dank sagen dem Vater, der uns befähigt hat, Anteil zu erhalten am Erbe seiner Heiligen im Licht. Er hat uns der Macht der Finsternis entrissen und in das Reich des Sohnes seiner Liebe versetzt...« (vgl. 1 Petr 5,8–11).

Ps 58 (57). Jahwe, der einzige Hort der Rechtlosen

(1 Dem Chormeister. [Nach der Weise:] »Zerstöre nicht!« Von David. Ein Miktam.)

Anklageerhebung gegen die Machthaber
2 Sprecht ihr wahrhaftig Recht, ihr [Götter]?
 Richtet ihr in Geradheit die Menschen?

3 Nein, vorsätzlich übt ihr Unrecht auf Erden,
eure Hände wägen Unbill ab.
4 Die Frevler sind entartet,
sind vom Mutterleib an auf Abwegen,
vom Mutterschoß an reden sie Lüge.
5 Sie haben Gift in sich wie Schlangengift,
gleichen der tauben Otter, die ihr Ohr verschließt,
6 die nicht hören will auf die Stimme der Beschwörer,
des kundigen Zaubersprechers.

Strafantrag

7 O Gott, zerbrich ihnen die Zähne im Maul!
Zerschmettere das Gebiß der Löwen, Jahwe!
8 Zerfließen sollen sie wie Wasser, das sich verläuft,
verwelken wie [Gras], das man zertritt.
9 Sie sollen sein wie die Schnecke,
die zerfließt im Dahinziehen,
wie einer Frau Fehlgeburt, welche die Sonne nicht schaut.
10 Ehe [sie Stacheln treiben wie ein] Dornstrauch:
ob frisch, ob [verbrannt], es wehe ihn weg!

Die Durchsetzung des Gottesrechts

11 Der Gerechte jubelt, wenn er Rache schaut,
wenn er seine Füße im Blute des Frevlers badet.
12 Und die Menschen sagen: »Wahrlich, es gibt einen Lohn
für den Gerechten,
wahrlich, es gibt einen Gott, der Gericht hält auf Erden!«

A. In V. 2 ist die sicher ursprüngliche Anrede »Götter« (vgl. Ps 82,1) durch eine kleine Umvokalisierung wieder herzustellen. V. 8b (Buber: »Spanne der nur, wie gekappt sind seine Pfeile«) ist in sich unverständlich und im Kontext unmöglich. Unter Annahme einer Konsonantenverwechslung ist »seine Pfeile« als »Gras« zu lesen und die Wortfolge entsprechend umzustellen. V. 10 bedarf zum wenigsten der Änderung von »Zornglut« *(charon)* in »verbrannt« *(charur)*. Aber auch der 1. Stichos »bevor eure Töpfe den Dornstrauch spüren« ist kaum zu halten. Da »Töpfe« und »Dornen« hebräisch gleich lauten, ist »euer«

als verstümmeltes »wie« und »spüren« durch Buchstabenumstellung als »treiben« zu lesen.

B. Ps 58 gehört seinem Tenor nach zur Gattung der Klagelieder, ist aber im übrigen von eigener Art. Er will auf seine Weise der prophetischen Forderung nach Gerechtigkeit Gehör verschaffen und unter Anrufung des Richtergottes jener Ungerechtigkeit steuern, die aus dem Mitmenschen ein Objekt und Mittel des egoistischen Machttriebes macht. Prophetisches und sapientielles Gut ist in dem ziemlich sicher nachexilischen Gerichtspsalm lebendig.

C. Der Psalmist beginnt mit einer scheltenden Anrede wie einige Prophetenreden. Er bezeichnet die Richter und Machthaber als »Götter« (vgl. Ps 82,1). Das mag verschiedene Gründe haben: 1. Sie vertreten Jahwe (vgl. Ex 21,6; 22,7; Dt 19,17). 2. Nach der kanaanäischen Mythologie ist das Gerichtswesen vom Obergott den Untergöttern übertragen, die es aber schlecht verwalten. Diese Vorstellung ist hier allem Anschein nach in ironischer Weise »entmythologisiert« (vgl. Ps 82). Gegen ungerechtes Gericht protestieren die Propheten immer wieder (vgl. Am 5,7; 6,12; Is 1,23; 5,23; 10,1f.; Mich 3,11; Jer 5,27ff. u. a.). Da die Machtpositionen und öffentlichen Funktionen gewöhnlich von den Vätern den Söhnen weitergegeben werden, entwickeln sie sich zum Familien- bzw. Standesprivileg. So wird auch das Unrechttun, wie der Psalmist sagt (V. 4), gleichsam vererbt, wird zur »Giftschlangennatur«, zur entschiedenen und verstockten »Unhörsamkeit« gegenüber der Gottesforderung der Gerechtigkeit (V. 5f.). In einer Reihe von sprechenden Bildern mit grellem orientalischem Kolorit ruft der Psalmist in V. 7–10 die göttliche Strafantwort auf solchen Bundesbruch herab (zu V. 7 vgl. Job 29,17; Spr 30,14; zu V. 8 Job 11,16; Is 40,6; zu V. 9 Job 3,16; 20,6f.; Pred 6,3ff.; zu V. 10 Ez 28,24; Mich 7,4; Nah 1,10; Os 13,3; zu V. 11 Ps 52,8; 68,24). Der Schluß ersehnt und erschaut den Sieg der Gerechtigkeit durch Gott selbst, jetzt schon und im großen Endgericht.

D. Der Psalm ist kein persönlicher Rachepsalm, sondern vom Psalmisten als Notwehrschrei des zertretenen Gottesrechts im Gottesvolk und in der Menschheit gestaltet. Dieses Gottesrecht will den Menschen vor dem Menschen schützen (vgl. Mich 6,8). Unter diesem Blickwinkel, dem einzig der Sache angemessenen, ist der so »alttestamentarisch« erscheinende Psalm auch uns verständlich. In Apk 6,10 rufen die ermordeten Gerechten: »Wie lange noch, du heiliger und wahrhaftiger Herr, richtest du nicht und rächst nicht unser Blut an den Bewohnern der Erde?«, und Apk 18,20 kennt die triumphierende Freude am Untergang der dämonischen Stadt Babylon, die da »trunken vom Blute der Heiligen und vom Blute der Zeugen Jesu« (17,6) vermessen sagt: »Als Königin sitze ich auf dem Thron. Ich bin nicht Witwe und werde keine Trübsal schauen« (18,7). Wer Gerechtigkeit fordert, muß sie allerdings auch selbst üben und sie als Mitte aller Offenbarungsreligion (vgl. Mich 6,8) im Wort bekennen und in der Tat bezeugen. Haben Kirche und Christen immer also getan?

Ps 59 (58). Jahwe als aller Welt sichtbarer Schutzherr seiner verfolgten Getreuen

(1 Dem Chormeister. [Nach der Weise:] »Zerstöre nicht!«
Von David. Ein Miktam.
Als Saul das Haus bewachen ließ, um ihn zu töten.)

Hilferuf

2 Entreiße mich meinen Feinden, mein Gott,
vor meinen Widersachern sichere mich!

3 Entreiße mich den Übeltätern, und von den Blutmenschen
befreie mich!

Klage und Unschuldserklärung

4 Wahrlich, man trachtet mir nach dem Leben,
Mächtige stellen mir nach!
Frevel und Sünde habe ich nicht, Jahwe.

5 Auf mich, der ohne Schuld,
   stürzen sie zu und stellen sich auf.

Bitte um Jahwes richterliches Eingreifen
   Wach auf zu mir her und schaue!
6 Ja, Jahwe der Heerscharen, Israels Gott,
   erwache und suche alle Heidenvölker heim!
   Begnadige nicht all diese frevlerischen Verräter!

Anklagende Schilderung der Feinde
7 Sie stellen sich ein am Abend,
   heulen wie die Hunde und streifen in der Stadt herum.
8 Wahrlich, sie geifern mit ihrem Munde,
   Schwerter sind zwischen ihren Lippen. (Denn wer hört es?)

Vertrauensbekenntnis
9 Doch du, Jahwe, du lachst ihrer,
   du spottest aller Heidenvölker.
10 [Mein] Hort, auf dich hin will ich wachen!
   Ja, Jahwe ist meine Burg.
11 Mein huldreicher Gott kommt mir entgegen,
   Jahwe läßt mich auf meine Gegner niederschauen.

Erneutes Urteilsbegehren
12 Töte sie nicht, daß mein Volk nicht vergesse!
   In deiner Macht zerstreue sie und wirf sie nieder,
   du, unser Schild, Allherr!
13 Sünde ist ihr Mund, Sünde das Wort ihrer Lippen,
   sie sollen drum sich verfangen in ihrem Hochmut!
14 Ob des Fluches, ob der Lüge, die sie erzählen,
   mache in Zorn ein Ende mit ihnen,
   mache ein Ende mit ihnen, daß keiner mehr sei!
   So wird man erkennen, daß Jahwe Schutzherr ist
   über Jakob, bis zu den Grenzen der Erde.

Wiederholung der Anklage
15 Sie stellen sich ein am Abend,
   heulen wie die Hunde und streifen in der Stadt herum.
16 Sie laufen umher nach Fraß und bleiben,
   wenn sie nicht satt werden, die ganze Nacht.

Dankgelübde

17 Ich aber werde deine Macht besingen,
werde am Morgen deine Bundeshuld bejubeln!
Denn du bist mir zur Burg geworden,
zur Zuflucht am Tage meiner Bedrängnis.
18 Mein Hort, zu dir hin will ich aufspielen!
Denn Jahwe ist meine Burg, mein huldreicher Gott.

A. 8c ist metrisch überschüssig. Es scheint eine Glosse in Anlehnung an 10,4; 14,1 u. a. zu sein (betr. »Atheismus« der Frevler). In 10 lies mit einem Teil der Textzeugen »mein« statt »sein« (vgl. V. 18). V. 12a ist angesichts 12b und 14 etwas zweifelhaft, aber vgl. C.

B. Der Form nach ist Ps 59 das Klagelied eines unschuldig Angeklagten. Seine Struktur ist freilich recht eigenartig und erscheint gestört. Auch inhaltlich macht der Psalm den Eindruck eines – im kollektiven Sinne – überarbeiteten Textes. Schlechthin notwendig ist diese Annahme indessen nicht, so wenig wie die Situierung des Psalms in die Diaspora. Es scheint, daß der Psalmist sich zugleich als Repräsentant jener Gruppe von Jahwegetreuen weiß, die schwere Kämpfe auszufechten hat gegen die herrschenden, mit der Besatzungsmacht sympathisierenden und religiös indifferenten Kreise. Der »Hintergrund« des Psalms ähnelt dem von Trito-Isaias und der großen Is-Apokalypse (Is 24–27). Die Überschrift ist eine wohl nachträgliche, jedenfalls aber künstliche Fixierung des Psalms im Leben Davids (1 Sam 19,11f.).

C. Mit sich steigernden Ausdrücken für die Gegner läßt der Psalmist erkennen (V. 2/3), wie groß die Gefahr ist: es geht um Leben und Tod. Nach V. 8 und 13f. handelt es sich um eine falsche Anklage. Die Unschuldsbeteuerungen (4c, 5a) beziehen sich also auf die vorgebrachten Anschuldigungen. Der Vergleich der Feinde mit den Hunden (V. 7 und 15f. [einer Plage der orientalischen Städte!]) deutet auf ihr gemeinsames widerliches Wühlen im Leben des Angeklagten. Sie sind »frevlerische Verräter« (V. 6), nicht nur am Psalmisten, sondern auch am Bundesvolk. Denn sie machen offenbar mit der fremden Besatzungsmacht gemeinsame Sache. Jedenfalls schaut der Beter sie in einer Front mit den Jahwe feindlichen Heidenvölkern (V. 6 und 9, zu letzterem vgl. Ps 2,4; 37,13). Er betet um die Erfüllung von Is 26,21: »Jahwe zieht von seiner Stätte aus, um heimzusuchen die schuldigen Bewohner der Erde« (vgl. Is 64,2), und geht mit Is 26,10 einig: »Wird dem Frevler Gnade zuteil, lernt er keine Gerechtigkeit« (V. 6). Nach dem jetzigen Text von V. 12, der an die Kainsgeschichte (Gen 4,14f.) erinnert, sollen die Feindmächte nicht plötzlich ausgerottet, sondern niedergeworfen und entmachtet werden zum bleibenden Glaubenszeugnis für das gläubige »Israel«. V. 14 ist übertreibend formuliert, wahrscheinlich in Anlehnung an Jer 5,3: »Du machtest ein Ende mit ihnen, sie aber weigern sich, Zucht anzunehmen.« In jedem Falle soll durch das göttliche Gerichtshandeln auf der ganzen Welt Jahwes Schutzmacht über seine Getreuen (vgl. Is 63,19) offenbar werden (vgl. Is 24,13–16; Ez 38,22f.). Die feste Hoffnung darauf entbindet die hymnische Stimmung des Psalmschlusses.

D. Dem Psalmisten geht es nicht in erster Linie um sein eigenes Wohl und Wehe, sondern um die aller Welt kundwerdende Bestätigung seines Glaubens an Jahwes mächtiges Richterwalten, letztlich also um die Offenbarung der Gottesherrschaft. Unser Psalm bewegt sich im Kerngedanken auf die Bitte hin: »Zu uns komme dein Reich« (Mt 6,10; Lk 11,2). Die in ihm vorausgesetzte Not hat in der von den Evangelien vielfältig geschilderten Feindschaft, die Jesus umgab, ihre höchste Verdichtung erfahren. Unser Herr hat zwar nicht in den scharfen Worten von Ps 59 an den göttlichen Richter appelliert, aber er hat doch »vom Strafgericht über dieses Volk« gesprochen (Lk 21,23f.) und hat auch harte Worte für die Kennzeichnung seiner Feinde gefunden (»Schlangenbrut«, »Natterngezücht« Mt

3,7; 12,34; 23,33, »Fuchs« Lk 13,32, »Verfluchte« Mt 25,41). Seine Aufforderung, für die Verfolger zu beten (Mt 5,44), schließt also den klaren Blick und das schneidende Wort gegenüber aller Gottwidrigkeit und Unmenschlichkeit nicht aus. Darum ist unser Psalm auch noch im Mund des Christen ein mögliches Gebet, wenn er dabei – etwa im Lichte von Lk 10,16 – des in seiner Kirche verfolgten Herrn gedenkt und den Dankhymnus der über die gottfeindliche Macht triumphierenden endzeitlichen Gerechten im Ohr hat, der so schließt: »Dein gerechtes Richten ist offenbar geworden« (Apk 15,4).

Ps 60 (59). Flehruf zu Jahwe um Wiederherstellung Israels

(1 Dem Chormeister. Nach »Lilien«. Zeugnis. Ein Miktam.
Von David. Zum Lehren.

2 Als er gegen Aram Naharajim und Aram Soba kämpfte
und Joab umkehrte,
um Edom im Salztal zu schlagen, 12000 Mann.)

Klage und Bitte

3 Jahwe, du hast uns verworfen, zerbrochen, hast gezürnt.
Stelle uns wieder her!

4 Du hast die Erde erschüttert und zerspalten.
Heile ihre Brüche, sie wankt ja!

5 Du hast dein Volk Schweres durchmachen lassen,
hast uns Taumelwein zu trinken gegeben.

6 Gib deinen Verehrern ein Panier
als Zufluchtszeichen vor dem Bogen!

7 Damit freikommen deine Lieben,
schaffe Heil mit deiner Rechten und antworte uns!

Erhörungsorakel

8 Jahwe versprach bei seiner Heiligkeit:
»Im Triumph will ich Sichem zuteilen
und das Tal von Sukkot zumessen!

9 Mein ist Gilead, mein Manasse.
   Ephraim ist meines Hauptes Helm, Juda mein Zepter.
10 Moab ist mein Waschbecken,
   auf Edom werfe ich meinen Schuh.
   Über das Philisterland werde [ich] jauchzen!«

Erneute Bitte

11 Wer bringt mich in die starke Stadt,
   wer führt mich nach Edom,
12 wenn nicht du, Jahwe, der du uns verworfen,
   der du nicht mehr ausziehst mit unsern Heerscharen?
13 Gewähre uns doch Hilfe gegen den Feind!
   Wahn ist Befreiung durch Menschen.

Vertrauensbekenntnis

14 Mit Jahwe werden wir Mächtiges vollführen.
   Er wird unsere Widersacher niederstampfen.

A. In V. 10b ist statt »über mich jauchze, Philisterland!« (= ironische Aufforderung?) wohl mit dem Paralleltext Ps 108,10 und ST unsere Lesart anzunehmen.

B. Ps 60 ist ein Volksklagelied, das neben seinen gewöhnlichen Elementen (Klage, Bitte, Vertrauen) auch ein Heilsorakel (V. 8–10) enthält. Solche kollektiven Lieder sind meist für einen Bußgottesdienst am Tempel gedichtet. Der Verfasser unseres Psalms hat dabei auf prophetische Texte (vgl. C) zurückgegriffen. Der Psalm gehört in die Zeit, als man schmerzlich auf die Katastrophe von 586 zurückblickte und Edom, das sich des judäischen Südens bemächtigt hatte, »als Pfahl im Fleische« und Repräsentanten der feindlichen Mächte ansah. Das Orakel mit seiner apokalyptischen Einfärbung ist nicht älter als der Psalm anzusetzen; es wurde höchstwahrscheinlich der Verheißung von Is 11,13f. mit der Bestimmung nachgestaltet, am Kultort als prophetischer Zuspruch verwendet zu werden. Hinter Ps 60 steht die nachexilische Erwartung von der Wiederaufrichtung des davidischen Reiches und der Besiegung aller Feindmächte. Die Überschrift mit ihrer Anspielung auf 2 Sam 8 ist als Zueignung zu betrachten.

C. Dies von Jahwe verhängte Strafgericht, ein wahres »Erdbeben« für die Betroffenen (vgl. Is 24,19), kann nur die Zerstörung Jerusalems und den Untergang des davidischen Königreiches (587 v. Chr.) meinen. Das auf Jer 25,15ff.; Is 51,17.22 (betr. Katastrophe von 586) basierende Bild vom Taumelwein bestätigt es. Die Bitte um ein Panier ruft Is 11,12 in Erinnerung: »Jahwe richtet auf ein Panier für die Völker, zu sammeln die Versprengten Israels, heimzubringen die Zerstreuten Judas von den vier Säumen der Erde.« Nach 11,10 ist der Messias, der in Jerusalem seine »herrliche Wohnstätte« hat, damit gemeint. Der »Bogen«, die Waffe des siegreichen Verfolgers, ist Sinnbild der Feindmächte. V. 7 lehnt sich an Is 11,11 an: »Jahwe wird abermals seine Hand erheben, um loszukaufen den Rest seines Volkes« (Hintergrund: nachexilische Diasporasituation). Auf die Bitte des Psalmisten gibt in V. 8–10 ein prophetisches Orakel Antwort, ein Schwur Jahwes »bei seiner Heiligkeit« (= Am 4,2; Ps 89,36), d. h. bei seiner eigenen Absolutheit. Dabei stellt sich Gott als triumphierender Krieger vor (vgl. Is 42,13), der das 722 vernichtete Reich Israel – Sichem und Sukkot (am Jabbok) sind wegen ihrer Rolle in der Jakobsgeschichte (Gen 33,17f.) als dessen repräsentative Städte genannt – seinem Volk wieder zuteilt, inbegriffen das Ostjordanland (= Galaad, Dt 34,1), wie überhaupt den ganzen Siedlungsraum der Nordstämme, deren Häupter Ephraim und Manasse (Josephstämme) sind. Juda spielt in Harmonie mit Ephraim die Königsrolle (Gen 49,10). Zum israelitischen Territorium werden noch Moab (wegen des zugehörigen Toten Meeres oder auch des tiefen Arnontales mit einem Waschbecken verglichen), Edom (die Besitzergreifung geschieht in Israel mit dem Schuh, vgl. Dt 25,9; Ruth 4,7) und Philistäa als Vasallengebiete geschlagen. So wird der Umfang des davidischen Reiches wieder hergestellt. Dieses Orakel stimmt überein mit Is 11,13f.: »Ephraim wird nicht mehr auf Juda eifern, und Juda wird nicht mehr Ephraim bedrängen, sondern sie

stürmen meerwärts zum Abhang der Philister, plündern vereint die Söhne des Ostens. Edom und Moab kommen in den Besitz ihrer Hand..." (vgl. Zach 9,13).
Im Schlußteil des Psalms (V. 11 ff.) spricht ein Repräsentant des Gottesvolkes in der Rolle eines militärischen Befehlshabers. Man wünscht sich die Erfüllung der prophetischen Zusage für die Gegenwart, in der ein siegreicher Feldzug nach Edom und seiner Felsenhauptstadt Bosra als vordringlich erscheint. Diese Verse haben mit Ez 25,12; 35,1–15; Is 34,5–15; 63,1–3; Abd 15–18 einen gemeinsamen historischen Hintergrund (»Edom als Erbfeind«, vgl. B).

D. Die Worte unseres Psalms erscheinen wie eingeschlossen in ihren altbundlichen Horizont. Wie sollen sie neubundliches Gebet werden? Der Vergleich der Situation beider Gottesvölker schafft die nötige Brücke. Auch wir schauen zurück auf Katastrophen: auf die der Glaubens- und Kirchenspaltungen, auf die Zerschlagung des Christentums in vielen Ländern und Völkern, auf die »Diaspora«-Existenz der Kirche in der modernen säkularisierten Welt. Nur der Aufblick zum Bundesgott und seinen endzeitlichen Verheißungen gibt Tröstung und Zuversicht. In Jesus dem Christus hat er bereits das »Panier«, das große Zufluchts- und Rettungszeichen aufgerichtet, aber aller Welt unabweislich sichtbar wird es erst am Ende der Tage. Dann wird das Gottesvolk zusammen mit den »Besiegelten aus allen Stämmen der Kinder Israels« (Apk 7,4) jene »große Schar« bilden, »die niemand zu zählen vermag, aus allen Nationen und Stämmen, Völkern und Sprachen« (Apk 7,9). Gott hat uns in Jesus zugeschworen: »Siehe, ich mache alles neu!« (Apk 21,5).

Ps 61 (60). Der messianische Sion, die Sehnsucht des Jahwegläubigen

(1 Dem Chormeister. Zum Saitenspiel. Von David.)

Bitte um Heimkehr nach Sion

2 Höre, Jahwe, mein Schreien, merke auf mein Flehen!
3 Vom Ende der Erde rufe ich zu dir,
indes mein Herz verzagt.
Auf den Felsen, für mich unerreichbar hoch,
geleite mich!

Vertrauen und Wunsch

4 Denn du bist Bergung mir,
ein starker Turm vor dem Feind.
5 Ich möchte Gast sein in deinem Zelt, auf ewige Zeiten,
möchte mich bergen in der Hut deiner Flügel.

Erhörungsgewisser Ausblick

6 Denn du, Jahwe, hörst mein Gelübde,
du erfüllst den [Wunsch] derer, die deinen Namen fürchten.
7 Tage wirst du zu des Königs Tagen fügen.
Seine Jahre sind: Geschlecht auf Geschlecht.
8 Er thronet ewig vor Jahwes Angesicht!
Huld und Treue (–) werden ihn behüten!
9 Also will ich immerdar deinem Namen aufspielen,
meine Gelübde erfüllen Tag um Tag!

A. In V. 6 ist der überlieferte Text: »du gibst das Besitztum derer, die«, wohl mit den meisten Kommentaren – durch eine winzige Konsonantenänderung – zu korrigieren (vgl. Ps 21,3). In V. 8 harmonisiert »entbiete« wenig mit 8a (Jahwe in 3. Pers.) und 7a (Indikativ). 2 Hss Hie Symm. lesen zudem das Wort nicht.

B. Ps 61 ist ein individuelles Klagelied mit einem starken Vertrauensakzent. Der Beter ist ein vom Sion weit entfernter Jahwegläubiger, möglicherweise ein Levit. Der Psalm ist damit zugleich als Gebetsformular für die in großer Entfernung von Jerusalem wohnenden Juden, vorab die der Diaspora, gedacht.

Im Wortgut finden sich Hinweise auf nachexilische Abfassung (z. B. die Bezeichnung der Gruppe der Frommen als »die, die den Namen Jahwes fürchten«, außerhalb des Psalters nur in Mal 3,20 und Neh 1,11 bezeugt, ferner das Verbum »entbieten«, falls es ursprünglich sein sollte). Der vertrauensvolle Ausblick auf den König (7-8) ist kein störender Fremdkörper, auch dann nicht, wenn er ursprünglich die Form einer (den vorexilischen Königsbitten nachgestalteten) Bitte gehabt haben sollte (vgl. C). Wer den Psalm noch in vorexilischer Zeit ansetzt, muß dennoch zugeben, daß er die allermeiste Zeit – über ein halbes Jahrtausend hin – nur mit messianischem Verständnis der V. 7-8 gebetet werden konnte.

C. Der Psalmist ruft »vom Ende der Erde« her, d. h. von weit her (vgl. Is 5,26). Möglicherweise will er damit zugleich sagen, daß seine Lage an das Totenreich »grenzt«. Der für ihn jetzt unerreichbar hohe Fels ist der Sion, zugleich aber damit das von Jahwe beschützte Leben (vgl. V. 4 und Ps 27,5). Der Gedanke von V. 4 findet sich auch in Spr 18,10: »Ein starker Turm ist der Name Jahwes (= der im Tempel ›wohnende‹ Gott), auf ihn flüchtet der Gerechte und ist in Sicherheit«. V. 5 spricht klar vom Tempel. Er ist Jahwes »Zelt« (Erinnerung an das vorsalomonische Zeltheiligtum Ex 33,7; 2 Sam 6,17), und die Kerubenflügel (vgl. 3 Kön 6,24) über der Lade im Allerheiligsten sind sein besonderer Schutzbereich. Zugleich ist in der Wendung »in der Hut der Flügel bergen« das Bild vom Vogelweibchen über dem Nest (vgl. Is 31,5; betr. Jahwe über Jerusalem) anwesend. Ein Wunsch wie V. 5 paßt am meisten auf einen Angehörigen des Tempelpersonals, ist aber auch im Munde jedes anderen Jahwegläubigen (= »den Namen Jahwes fürchten« Mal 3,20; Neh 1,11) denkbar. Zu den Wünschen der Jahwegetreuen gehört die messianische Zeit (vgl. Mal 3,1 f.) und dann der messianische König selbst (vgl. Os 3,5: »sie suchen David, ihren König«, nachexilische Erweiterung nach Jer 30,9; Ez 34,23f.). Bei seinem Kommen jauchzen sie (Zach 9,9). Der Psalmist stößt mit seiner

Sehnsucht nach einer ewigen Heimat im Tempel im Vertrauensbekenntnis auf jenen, der als ewiger König erwartet wird. Er nimmt dabei wie Ps 72,5 die Weissagung von 2 Sam 7,16; 1 Chr 17,14; Is 9,6 auf. Das gälte auch, wenn der Text ursprünglich die Gestalt einer Königsbitte gehabt haben sollte (etwa als Bitte eines 598 v. Chr. nach Babylon verbannten Leviten für den König Sedekias).

D. Die Sehnsucht nach der Gottesnähe und nach dem ewigen, messianischen Sion, die den Psalm bewegt und prägt, ist bzw. sollte auch im Neuen Bund ein steter Impuls sein. Diese beiden Güter sind in Jesus dem Christus eins geworden und »erfüllt«. Die Bergung vor dem Feind und die Gastfreundschaft mit Gott sind dem neutestamentlichen Gläubigen in Jesus in einer unüberbietbaren Weise geschenkt. Er selbst hat seinen bergenden Bundeswillen verglichen mit dem Tun der »Henne, die ihre Küken unter ihre Flügel sammelt« (Mt 23,37). In ihm hat Gott auch das Sionskönigtum kulminieren lassen. Jesus ist in der Niedrigkeit seiner ersten Ankunft bereits König, wenn auch »nicht von dieser Welt« (Jo 18,36 f.); er ist es erst recht als der zur Rechten des Vaters Erhöhte (vgl. Apg 17,7; Apk 1,5) und als herrscherlicher Richter der Endzeit (Mt 25,34.40; 1 Kor 15,25; Apk 17,14; 19,16). Die Sehnsucht nach ihm hat den hl. Paulus ausrufen lassen: »Für mich ist das Leben Christus und Sterben Gewinn!« (Phil 1,21). Er macht daraus aber keine trunkene Todesmystik, sondern bekennt mit uns demütig, daß »wir bekümmert seufzen, weil wir nicht (des Leibes!) entkleidet, sondern überkleidet werden wollen, damit das Sterbliche aufgesogen werde vom Leben« (2 Kor 5,4). Letztlich freilich gilt: »Ob wir nun leben, ob wir nun sterben, wir sind des Herrn!« (Röm 14,8). »Seines Reiches wird kein Ende sein«, verkündet das Credo, und dies sollte wie dem Psalmisten (V. 9) auch dem Christen (nach dem Beispiel der hl. Theresia von Avila) die große Freude seines Lebens sein.

Ps 62 (61). Ruhe in Jahwe, dem einzigen Hort und Heil

(1 Dem Chormeister. Nach der Weise Jedutuns.
Ein Davidpsalm.)

Vertrauen auf Jahwe

2 Nur in Jahwe wird meiner Seele Stillung,
von ihm nur kommt mir Rettung.

3 Nur er ist mein Fels und meine Rettung, meine Burg,
so daß ich nicht wanke (–).

Anklageerhebung gegen die Feinde

4 Wie lange noch stürzt ihr euch auf einen Mann,
ihr alle, ihn zu ermorden,
wie auf eine Wand, die schon schwankt,
auf eine Mauer, die fällt?

5 Nur [Täuschungen] hecken sie aus,
am Verführen haben sie ihre Lust.
Die Lüge im Munde, wünschen sie Segen,
in ihrem Innern aber fluchen sie.

Selbstermunterung

6 Nur in Jahwe suche Stillung, meine Seele,
denn von ihm her kommt mir Hoffnung.

7 Nur er ist mein Fels und meine Rettung, meine Burg,
so daß ich nicht wanke.

8 Auf Jahwe ruht mein Heil und meine Ehre.
Mein starker Fels, meine Bergung ist Gott.

Belehrung der Volksgemeinde

9 Bauet auf ihn, o Volk, zu jeder Zeit,
schüttet vor ihm euer Herz aus!
Jahwe ist uns Bergung.

10 Hauch nur sind die Menschenkinder,
Trug die Herrensöhne.
Auf der Waage schnellen sie hoch,
leichter als ein Hauch allesamt.

11 Bauet nicht auf Bedrückung und setzt nicht auf eitle Hoffnung,
auf unrecht Gut!
Wenn der Reichtum wächst, hängt euer Herz nicht daran!
12 Eines hat Jahwe gesprochen, zwei Dinge habe ich gehört:
13 daß die Macht bei Jahwe ist, und bei dir, o Herr,
die Bundeshuld,
daß du es bist, der jedem nach seinem Tun vergilt.

A. Am Ende von V. 3 ist »viel« als Glosse zu streichen (vgl. V. 7). In V. 5 ist statt »von seiner Erhebung« (MT) dem Zusammenhange nach als »Täuschungen« (konsonantengleich!) zu lesen.

B. Ps 62 ist ein individuelles Vertrauenslied (aus dem Klagelied entwickelte Gattung!). Sicher hat er eine seiner Wurzeln in der Selbsterfahrung des Psalmisten. Dieser aber gehört offensichtlich dem Weisheitsmilieu an (vgl. C V. 9ff.) und hat sein Lied zugleich als Lehre gestaltet, einmal für seine Leidensgefährten, dann aber für die am Tempel versammelte Volksgemeinde überhaupt (vgl. V. 9). Er gründet seine Weisheitslehre deutlich (vgl. C) – im anthologischen Stil! – auf die Propheten, vor allem auf Ezechiel. Eine vorexilische Ansetzung des Psalms ist darum so unplausibel wie eine Interpretation im Sinne eines formellen Kultliedes.

C. »Stillung« ist beruhigende Hoffnung (Ps 37,7). Jahwe allein kann sie geben. Irdisch-menschlich gesehen ist die Lage des Psalmisten hoffnungslos. Er steht allein wie gegen ein Heer, das gerade die Mauern einer Stadt nimmt (V. 4). Der Angriff der Feinde erfolgt jedoch – und das erscheint gefährlicher – indirekt: sie verdecken einstweilen die Fallgrube, die sie, wahrscheinlich durch Verführung zu falscher Zeugnisabgabe vor Gericht, vorbereiten. Hier bleibt nur die Hoffnung auf Jahwe (vgl. Mich 7,7; Jer 29,11: Hoffnung = Zukunft!). Er ist der »Fels der Rettung« (Dt 32,15) und »die Bergung für sein Volk« (Joel 4,16). Das ruft der Psalmist der ganzen Volksgemeinde in Erinnerung (V. 9) und lehrt es, einem Weisheitslehrer gleich, die Folgerungen daraus zu ziehen. Die Menschen, ob hoch oder nieder, sind nichtig. Sind doch nach Is 40,15 selbst Völker vor Jahwe nur wie ein Stäubchen auf der Waagschale (zur Lebenswaage vgl. Job 31,6; Dan 5,27 und ägyptische Darstellungen). Nichtig sind auch die Lebensgüter, vorab der Reichtum. Zuallererst der durch Ungerechtigkeit und Bedrückung der armen Mitmenschen erworbene. »Das Volk des Landes verübt Bedrückung und raubt unrechtes Gut. Sie tun den Gebeugten und Armen Gewalt an und bedrücken widerrechtlich den Fremden«, so kennzeichnet Ez 22,29 das Bürgertum vor Jerusalems Untergang (vgl. Jer 6,6). Alle Propheten haben gegen solchen Bundesbruch angekämpft und ihn »tödlich« genannt (vgl. Jer 17,11; Ez 18,18). Der Psalmist predigt zwar so wenig wie die Propheten die Armut als Ideal, aber er mahnt zur inneren Distanz auch vom rechtmäßig erworbenen Reichtum (vgl. u. a. Spr 15,16; Job 31,24f.; Koh 5,9ff.). Auf eines allein kommt es an: auf den Bezug zu Jahwe, der in Macht und Liebe – beide gibt es im Vollsinne nur bei ihm – dem Menschen zugekehrt ist. Dieser hat darum die Wahl, an der Macht Jahwes zu scheitern oder in seiner Bundesliebe die Fülle zu finden. Das ist allgemeine Lehre der Propheten, insbesondere Ezechiels (Kap. 18). Auf dieses prophetische Wort verweist der Psalmist in einem »Zahlenspruch« (vgl. Job 40,5; Spr 30, 15–31), der die Eindringlichkeit des Wortes steigert. Als zusammenfassendes Motto könnte man Is 26,4 über den Psalm schreiben: »Bauet auf Jahwe immerzu, denn Jahwe ist ein ewiger Fels.«

D. Für Jesus, den großen Psalmenbeter, war unser Psalm sicher ein Gebet, das er als besonders angemessen für sein eigenes Herz, für sein Leben und seine Geschicke empfand. Das ganze NT ist ein unseren Text in einem neuen Lichte kommentierender und erfüllender Kontext. Vorab die Lehre von V. 9–12 klingt wie aus Jesu Mund zu uns gesprochen (vgl. z. B. Lk 12,15.22–34; Mk 4,19). Diese Worte meinen nicht Weltpessimismus und nicht misanthropische Abwer-

tung des Menschen, sie wollen jedoch die Gewichte der
Einschätzung von Mensch und Welt und Erde recht verteilen und dem Menschen seine höchste Entfaltungsmöglichkeit und Lebensfülle aufweisen, die da ist die personale
Zugewendetheit zu seinem bundeswilligen Gott. Dabei ist
nicht nur der einzelne angesprochen, sondern auch das
Gottesvolk als Kirche (vgl. V. 9). Bedeutsam ist auch die
Botschaft des Psalmschlusses: Was bei den Menschen oft so
schmerzlich getrennt ist, nämlich die Macht und die Liebe,
das ist in Gott verheißungsvoll geeint. Seine Liebe hat die
Allmacht zur Verfügung und damit ungeahnte Möglichkeiten für die eschatologische Kulmination der Bundesgemeinschaft für den, der durch positive Zuwendung zum
Bundesgott in ihr bleibt. Letzteres ist mit dem biblischen
Vergeltungsgedanken gemeint. Darum trägt auch das NT
keine Bedenken, V. 13 b in seine Botschaft aufzunehmen in
Mt 16,27; Röm 2,6f.; 2 Tim 4,14; Apk 2,23; 20,12; 22,12.

Ps 63 (62). Jahwes Gnade ist mehr als das Leben

(1 Ein Psalm von David, als er in der Wüste war.)

Warten auf Jahwes Hulderweis

2 Jahwe, du bist es, den ich suche,
nach dir dürstet meine Seele.
Nach dir schmachtet mein Leib [wie] dürres,
lechzendes Land ohne Wasser.

3 Also schaue ich im Heiligtum nach dir aus,
um deine Macht und Herrlichkeit zu erfahren.

Preis der göttlichen Gnade

4 Denn deine Bundeshuld ist beglückender als das Leben.
Meine Lippen sollen dich preisen!

5 So will ich dich segnen mein Leben lang,
in deinem Namen meine Hände erheben!

6 Wie an Fett und Mark sättige sich meine Seele,
   mit jubelnden Lippen lobpreise mein Mund.
7 Sooft ich auf meinem Lager dein gedenke,
   will ich die ganze Nacht über dich murmeln.
8 Fürwahr, du bist mir Hilfe geworden,
   im Schatten deiner Flügel darf ich jubeln.
9 Meine Seele haftet an dir, deine Rechte hält mich.

*Ausblick auf die Vergeltung von Bundesbruch
und Bundestreue*

10 Doch jene, die mir [vergebens] nach dem Leben trachten,
   müssen in die Tiefen der Erde hinab.
11 Man gibt [sie] der Gewalt des Schwertes preis,
   eine Beute der Schakale werden sie sein.
12 Der König aber wird sich Jahwes freuen.
   Rühmen wird sich dürfen, wer bei ihm schwört.
   Denn den Lügnern wird der Mund gestopft.

A. In V. 2 könnte »im Land« höchstens bildhaft gemeint sein (vgl. V. 4). Wahrscheinlich ist »wie« (Hebr. Hss S Symm.) ursprünglich (vgl. B). In V. 10 ist wohl an Stelle »zum Verderben« (MT) – im Kontext unnötige Doppelung! – durch Vokaländerung mit G »vergebens« zu lesen. In V. 11 ist dem Textzusammenhang nach »sie« statt »ihn« anzunehmen.

B. Ps 63 ist bei all seiner unklassischen Eigenart der großen Gattung der individuellen Klagelieder zuzuweisen mit ihren Strukturelementen: Klage, Erhörungsgewißheit, Dankgelübde. Die vorausgesetzte Situation scheint diese: Ein von gottlosen Feinden verfolgter Jahwegetreuer ist zum Tempel als Asyl geflüchtet und wartet dort mit tiefem Gottvertrauen auf seine Rechtfertigung. Doch stellt er diese nicht mit direkten Bitten in die Mitte seines Sprechens, sondern richtet sein Herz auf Glück und Gnade der Bundesgemeinschaft als solcher. Sprachliche und sachliche Indizien plädieren für ein nachexilisches Abfassungsdatum. Der Psalm ist offenbar nachträglich »davidisiert« und dem in die Wüste fliehenden David (vor Saul, 1 Sam 22ff., vor Absalom, 2 Sam 15) in den Mund gelegt worden. Das hatte die Textänderungen von V. 2 und 11 und die Änderung von V. 12

in einen »Königsvers« zur Folge. Ursprünglich hieß es V. 12 sicher: »Der Gerechte wird sich Jahwes freuen und sich rühmen jeder, der bei ihm (bei Jahwe! vgl. Dt 6,13, Is 48,1) schwört«, wie ein Blick auf Ps 64,11; 107,42; Job 5,16 zeigt.

C. Im regenarmen Palästina ist der Vergleich der Sehnsucht nach Jahwe mit dem »Durst« des Landes ein besonders starkes Bild (vgl. 143,6; 42,3). Weil der Hebräer den Menschen vor allem als leibseelische Ganzheit sieht, kann er auch dem Leib den »Durst« nach Jahwe zusprechen. Als so »Dürstender« ist der Psalmist zum Tempel gekommen (V. 3), zum Asyl aller Bedrängten (vgl. V. 10). Es geht ihm aber augenscheinlich mehr als nur um Rettung und Rechtfertigung; am Heiligtum erfährt er zugleich die beglückende Bundesgemeinschaft mit Jahwe, die für ihn das höchste Gut dieser Erde ist (V. 4). Dafür will er in stetem dankbarem Gedenken – auch in durchwachten Nächten! – den göttlichen Geber preisen. Solcher Lobpreis ist ihm, wie er in V. 6 (wenn er auch zugleich auf das Opfermahl anspielt, vgl. Ps 36,9) bekennt, erfüllendes Leben. Der Bundesbruch der Gegner aber hat den frühen »Bruch« des Lebens in einem gewaltsamen Tod zur Folge. Die nicht ursprüngliche Aussage über den König ist nach der Überschrift literarisch auf David zu beziehen (vgl. B), meint aber mit David und seinen Anhängern (= den »beim König Schwörenden«, vgl. Gen 42,15; 1 Sam 17,55) die von Jahwe Gerechtfertigten überhaupt und damit zugleich ihr kommendes Haupt, den messianischen Heilskönig. Sie alle dürfen leben und loben, die gottlosen Lügner aber müssen verstummen (vgl. Ps 107,42; Job 5,16).

D. Lk 2,43 (Der Zwölfjährige im Tempel) illustriert, wie schon der junge Jesus mit unserem Psalmisten die Liebe zur Gnadenstätte des Tempels teilt. Auch später lenkt er, obwohl er wie kein anderer um die Vergänglichkeit dieses »Gotteshauses« weiß, immer wieder seine Schritte zu ihm,

dabei öfters in ähnlich großer Gefahr wie unser Psalmist.
Seine große Sehnsucht gilt dem Vater, wie das Johannesevangelium allenthalben bezeugt (16,28; 17,5; 20,17 u. a.).
Sie wird erfüllt in Jesu Erhöhung zur Rechten Gottes. Den
erhöhten Herrn läßt Apk 3,21 sprechen: »Den Sieger werde
ich mit mir auf meinem Throne sitzen lassen, wie auch ich
gesiegt und mich mit meinem Vater auf seinen Thron gesetzt habe.« Damit ist in einem Bilde die höchste Gnade
umschrieben, die dem Menschen zuteil werden kann. Wenn
der neubundliche Beter von Psalm 63 noch Texte des hl.
Paulus über die Liebe Jesu als letzte bergende Heimat des
Gläubigen (vgl. Eph 3,19; Gal 2,20) dazunimmt, muß es
ihm leichtfallen, das Gefäß dieses Psalms mit seinem unerhörten Bekenntnis: »Deine Huld ist mehr als das Leben!«,
randvoll zu machen (vgl. auch Phil 1,21; 3,7). Wer dazu
besonderer Einstimmung bedarf, lese W. Bergengruens
Heimweh-Gedicht »Das quellende Licht«!

Ps 64 (63). Jahwes Gericht an den Verleumdern

(1 Dem Chormeister. Ein Davidpsalm.)

Bitte um Hilfe

2 Höre, Jahwe, mein lautes Klagen,
vor Feindesschrecken bewahre mein Leben!

3 Birg mich vor der Rotte der Bösen,
vor dem Treiben der Übeltäter!

Klage und Anklage

4 Sie schärfen ihre Zunge wie ein Schwert,
zielen mit ihrem Pfeil, dem giftigen Wort,

5 um im Hinterhalt auf den Schuldlosen zu schießen.
Plötzlich schießen sie auf ihn ohne jegliche Scheu.

6 Sie vereinbaren einen bösen Plan,
erzählen, wie sie Schlingen legen wollen,
sie sagen: »Wer wird es bemerken?«

7 Sie ersinnen Freveltaten, [verbergen]
den ersonnenen Anschlag.
Das Innere eines jeden, das Herz, ist ein Abgrund.

Gewißheit der göttlichen Vergeltung

8 Aber treffen wird sie Jahwe mit dem Pfeil,
plötzlich werden sie verwundet.
9 [Er bringt sie zu Fall wegen ihrer Zunge.]
Alle, die sie ansehen, schütteln den Kopf.
10 Da bangen alle Menschen, verkünden Jahwes Tun
und lernen sein Walten verstehen.
11 Der Gerechte wird sich Jahwes freuen und sich an ihm bergen.
Es werden sich rühmen dürfen alle redlichen Herzen.

A. V. 7 wird mit Recht als verderbt angesehen. Eine Ersetzung von »wir sind vollkommen« (MT) durch »sie verbergen« (Annahme eines kleinen Hörfehlers!) wird von einer Reihe hebräischer Hss befürwortet. Damit wird ein plausibler Sinn erreicht. V. 9 (MT: »Sie bringen ihn zu Fall, über sie ihre Zunge!«) bedarf einer Korrektur durch Konsonantenumstellung.

B. Ps 64 ist ein individuelles Klagelied. Der Beter spricht aber zugleich als Typus aller verfolgten Jahwegetreuen seiner Tage. Der Autor hat seinen Psalm zugleich als Formular für den Gebrauch der oft am Tempel Asyl und göttliche Hilfe suchenden Glaubensbrüder verfaßt. Zeitlich ist Ps 64 schwer festzulegen.

C. Der Psalmist sieht sich einer Mauer der Feindschaft gegenüber. Bundesbrüchige und damit jahwefeindliche Kreise wollen sein Verderben. Sie suchen ihr Ziel mit Hilfe der »bösen Zunge« zu verwirklichen. Wie überall, so gehört auch in Israel das böse Wort über andere zu den verbreitetsten Sünden gegen die gottgebotene Mitmenschlichkeit. Wo Ehrabschneidung und Verleumdung sich zur falschen Anklage vor Gericht verdichteten, ging es oft um Leben und Tod, wie die Nabotgeschichte in 3 Kön 21 und die Susanna-Perikope von Dan 13 illustrieren. Jedenfalls sieht sich unser Psalmist in einer ähnlichen Lage wie der vielbefeindete

Prophet Jeremias, dessen Gegner beschlossen: »Auf, laßt uns Anschläge gegen Jeremias planen...und auf jedes seiner Worte achtgeben!« (Jer 18,18). Er weiß sich nach V. 5 im Sinne der Anklage »unschuldig« und »gerecht« (nicht vollkommen und einfachhin sündlos!). Mit menschlicher Hilfe kann er aber nicht rechnen. So vertraut er sich ganz seinem Bundesgott als Anwalt und Rechtshelfer an, dem Machthaber über alle Gewalt und Dämonie der Menschen. Jahwes Walten kann die Weichen umstellen und die tödliche Waffe der Feinde zu einem Bumerang machen. Der Beter wünscht aber nicht deren Tod, sondern nur ihre »Verwundung«, d. h. ihre Entmächtigung vor aller Welt; und dies nicht nur um seiner Errettung willen, sondern vorab wegen der Ehre Gottes selbst (V. 10f.).

D. Die in Ps 64 vorausgesetzte Situation ist im Geschick Jesu wahrhaft exemplarisch geworden. Darum hat Augustinus den Psalm auf das Leiden Christi hin ausgelegt. Wenn wir ihn auch nicht als Prophetie deuten, liegt doch eine auffallende Ähnlichkeit der Konstellation vor. Von Jesus sagten sogar seine Verwandten, er sei von Sinnen (Mk 3,21). So ist es nicht verwunderlich, daß seine Gegner das Schlimmste über ihn verbreiteten, wie etwa, er sei ein Besessener (Mk 3,22; Jo 7,20; 8,48), ein Schwindler (Jo 7,47), ein revolutionärer Thronprätendent (Lk 23,2), ein Tempelschänder und Gotteslästerer (Mk 14,57–64). Aus solchen Verleumdungen wurde ein Netz, das im Prozeß Jesu gleichsam über dem Opfer zugezogen wurde. Gott freilich plante alle bösen Pläne der Verleumder um. Aus Christi Tod erwuchs die Entmächtigung aller gottwidrigen Mächte, aus dem anscheinenden Unheil das große Heil, angesichts dessen sogar Verfolger wie etwa Paulus Bekenner und rühmende Verkündiger wurden. Der christliche Beter wird den Psalm seinem verfolgten Herrn und den urchristlichen Zeugen nachbeten, d. h. sich geistig mit ihnen vereinen. In Verfolgungszeiten fällt das besonders leicht. Immer aber wird ihm

Ps 64 Anlaß sein, darüber nachzudenken, daß das Reich der Finsternis im unguten Gedanken und im bösen Wort über den Mitmenschen beginnt und so mitten im Gottesvolk sich einwurzeln kann. In jeglichem Bruch der Mitmenschlichkeit bricht das Zerstörende und Dämonische ein, in welchem Namen das Vorgehen immer auch geschehen mag und zu rechtfertigen versucht wird.

Ps 65 (64). Jahwe, der mächtige Geber aller guten Gaben

(1 Dem Chormeister. Ein Davidpsalm. Ein Lied.)

Der huldreiche Bundesgott auf Sion

2 Dir [gebührt] Lobpreis, Jahwe, auf dem Sion,
dir erfülle man Gelübde,
3 du Gebetserhörer.
Zu dir kommt alles Fleisch mit seinem Schuldbekenntnis.
4 Übermächtigten [uns] unsere Frevel, du löschst sie aus.
5 Selig, wen du erwählst, dir nahen läßt,
daß er in deinen Höfen zelte!
Sättigen wollen wir uns an den Gütern deines Hauses,
deines heiligen Tempels!

Der schöpferisch waltende Herr der Welt

6 In furchtgebietendem, gerechtem Walten erhörst du uns,
du Gott unseres Heils,
du Hoffnung aller Weltenden und fernen [Gestade].
7 Du, der da festigt die Berge mit seiner Kraft,
der sich umgürtet mit Stärke,
8 der da befriedet das Brausen der Meere,
das Brausen ihrer Wogen und das Tosen der Nationen.
9 Es erschauern die Bewohner der Weltenden
vor deinen Zeichen,
die Pforten des Morgens und des Abends läßt du jauchzen.

Der Spender der Fruchtbarkeit

10 Du suchst gnädig die Erde heim und tränkst sie,
   machst sie überreich.
   Der Gottesbach ist voller Wasser.
   Du bereitest ihnen Getreide.
   Ja, so bereitest du die Erde:
11 Ihre Furchen tränkst du, ebnest ihre Schollen,
   im Regen machst du sie weich, segnest ihre Gewächse.
12 Du krönst das Jahr mit deinen guten Gaben,
   und deine Wagenspuren triefen von Fett.
13 Es triefen die Auen der Steppe,
   und in Jubel gürten sich die Höhen.
14 Die Weiden überkleiden sich mit Herden,
   und die Talgründe hüllen sich in Korn.
   Sie brechen in Jubel aus, ja sie singen.

A. In V. 2 ist »Stille« (MT) mit den alten Übersetzungen etwas umzuvokalisieren in »gebührend«. In V. 4 ist statt »mich« (MT) »uns« zu lesen (G V). Für »Gestade« (ijjim, vgl. Is 66,19) statt »Meer« (jam, MT) spricht das Adjektiv (Plur.!), der Kontext und T.

B. Ps 65 gehört der Gattung der Hymnen an. Möglicherweise ist er aus zwei Psalmen (I 2-9: Geschichtlicher Hymnus, II 10-14 Erntedanklied) zusammengewachsen zu einem allgemeinen Preislied auf »Jahwe als mächtigen Geber aller guten Gaben«, das bei den verschiedensten Anlässen – also nicht nur nach einer auf Dürre folgenden Regenspende – vom Volke am Tempel als Dankhymnus gesungen wurde. Der Psalm (nachexilisch) läßt eine Reihe von Prophetentexten »mittönen« (vgl. C).

C. Der Psalm setzt ein wie die Präfation des lateinischen Meßkanons (»Es ist wahrhaftig würdig und recht, gebührend und heilsam...«). Lobpreis und Gelübdeerfüllung am Tempel sind Danksagung für gewendete Not, damit aber auch für die Schuldvergebung, die in der göttlichen Hilfe einbeschlossen ist. Ja, diese Verzeihung ist dem Psalmisten das vor allem andern Dankwürdige und zugleich Beglückende.

Er hat Os 14,3 gut im Gedächtnis: »Nehmt Worte mit euch und kehrt euch hin zu Jahwe. Sagt zu ihm: Nimm die Schuld völlig hinweg. So werden wir Gutes empfangen und es mit der Frucht unserer Lippen entgelten!« Die vorausgehende Verzeihung auch großer Schuld und damit die neugewährte Erwählung und Zulassung in die Heilssphäre – vgl. die Reinigung des Propheten in Is 6 – findet im Opfermahl ihre bezeichnendste Verleiblichung (V. 5). Da wird die gewährte Nähe gleichsam zur Tischgemeinschaft und sogar zum »Zelten« mit und bei Jahwe. Seine verzeihende Gnade offenbart Gott am meisten in den großen Heilstaten an seinem Volk. Sie sind in V. 6 beschworen, ohne im einzelnen genannt zu werden. Der Hintergrund ist aber gut erkennbar: »Ich lasse meine Gerechtigkeit nahen. Mein Heil ergeht und meine Arme richten die Völker. Auf mich harren die Gestade und auf mich hoffen sie« (Is 51,5). Der Psalmist denkt an die Befreiung aus dem babylonischen Exil (vgl. Is 41,1 f.), zugleich aber an die zukünftige Heimkehr aller Zerstreuten und die Hinkehr aller Völker zum Sion (vgl. Jer 31,10, vorab Is 66,19 f.). Wie Deutero-Isaias allenthalben, untermalt unser Psalm die Größe des Heilsgottes durch die Schilderung seiner kosmischen Schöpfermacht, die »der Erde Enden erbeben« (Is 41,5) und Orient und Okzident (= die Sonnenpforten, vgl. Ps 19,7) »jauchzen läßt« (vgl. Ps 19,6; Job 38,7).

Das kosmische Walten Jahwes bringt der Erde, vorab dem Gelobten Land, den Erntesegen. Er beginnt mit dem Regen (= Gottesbach) aus den Himmelswassern (vgl. Job 38,25; Gen 1,7). So kommt es zur »Krönung« des Jahres mit der »Erntekrone« und zur Spendung des Öls und überhaupt allen »Fetts«, d. h. aller köstlichen Nahrung (vgl. Is 55,1; Job 36,16). Dabei wird in einer ungemein sprechenden und hochpoetischen Weise auf das ursprünglich mythische Bild vom Gotteswagen (vgl. Dt 33,26; Is 66,15) zurückgegriffen. Der Psalmist hört das Leben und Weben der Natur zugleich als großen Gesang (vgl. Is 44,23), in den er mit seinem

Preislied selbst einstimmen will. Dieser dritte Psalmenteil hat zugleich, ähnlich dem zweiten, eine endzeitliche Aura (vgl. Is 30,23; 51,3; Ez 47; Joel 4,18; Zach 14,8).

D. Dankhymnen wie Ps 65 waren sicher Lieblingsgebete Jesu. Nahm er Brot in seine Hände, dankte er zuerst (vgl. Mk 6,41; 8,6; Jo 6,23), wie es Brauch der frommen Juden war. So verfuhr er auch bei Brot und Becher in der Stiftung seines Bundesmahles (Mk 14,22f.). Sein ganzes vom Vater ermöglichtes Heilswerk nahm er in seinen dankenden Lobpreis hinein (Lk 10,21; Jo 11,41). Noch das »Lied des Lammes«, also des erhöhten Herrn, lautet: »Groß und wunderbar sind deine Werke, Herr, allmächtiger Gott!« (Apk 15,3). Er erwartet drum von seinen Erlösten, daß sie im Danken Gott die Ehre geben (Lk 17,18). Darum ermahnt sein Apostel Paulus so eindringlich zum Singen der Hymnen und Dankpsalmen (Kol 3,15ff.; vgl. Eph 5,20; 1 Thess 5,18; Phil 4,6) und zeigt sich selber als beständig Dankenden, vor allem für die Erlösung (vgl. Röm 7,25; 1 Kor 15,57; 1 Thess 1,2; 2,13; 1 Kor 1,4 u. a.).
Inmitten solcher Rahmentexte vermag Ps 65 zu einem gefüllten Gebet des neubundlichen Gottesvolkes zu werden, das um die größte Gabe Gottes (zwischen erster und zweiter Ankunft Jesu), die Eucharistie, kreist. Aber er lehrt uns zugleich eine Weite des Blicks und ein Mitschwingen der Gemütskräfte, wie man sie im Christentum oft vermißt. Hier sind Altar und Welt, Übernatur und Natur, Geistiges und Leibliches nicht geschiedene Bereiche, sondern als Ganzes umgriffen von Gottes spendender Hand und einer alles umfassenden menschlichen Dankantwort.

Ps 66 (65). LOBPREIS DER VON JAHWE ERRETTETEN

(1 Dem Chormeister. Ein Lied. Ein Psalm.)

Hymnische Feier der göttlichen Macht
Jauchzt Jahwe zu, alle Lande!
2 Spielt auf zu seines Namens Herrlichkeit!
Macht herrlich seinen Lobpreis!
3 Sprecht zu Jahwe: »Wie erregen deine Taten Staunen!
Ob deiner gewaltigen Macht
müssen deine Feinde dir huldigen.
4 Alle Lande neigen sich dir und spielen dir auf,
spielen auf deinem Namen.«
5 Kommt und schaut die Großtaten Jahwes!
Staunen erregt sein Walten über den Menschenkindern.
6 Er wandelt das Meer zu trockenem Land,
durch den Strom ziehen sie zu Fuß.
Darob wollen wir seiner uns freuen!
7 In seiner Macht ist er Herrscher auf ewig,
seine Augen mustern die Heidenvölker.
Empörer können sich nicht erheben.

Dank für die Erlösung aus der Verbannung
8 Segnet, ihr Völker, unseren Gott,
laßt hell seinen Lobpreis erschallen!
9 Er übergab uns dem Leben und ließ unsern Fuß nicht wanken.
10 Gewiß, du hast uns geprüft, Jahwe,
uns geläutert, wie man Silber läutert.
11 Du hast uns ins Fangnetz gebracht,
hast Ketten uns an die Hüften gelegt.
12 Du hast Menschen über unser Haupt dahinfahren lassen,
wir kamen in Feuer und Wasser hinein.
Doch du führtest uns hinaus in die Fülle.

Dankgottesdienst
13 Ich komme in dein Haus mit Brandopfern,
erfülle dir meine Gelübde.

14 Zu ihnen haben meine Lippen sich aufgetan,
   sie hat mein Mund in meiner Not versprochen.
15 Brandopfer fetter Tiere bringe ich dir dar,
   zusammen mit dem Opferrauch von Widdern,
   Rinder richte ich zu und Böcke.
16 Kommt und hört, daß ich erzähle,
   all ihr Jahweverehrer, was er an mir getan!
17 Zu ihm hin schrie mein Mund,
   aber Lob war schon unter meiner Zunge.
18 Hätte ich Frevel in meinem Herzen erschaut,
   hätte der Herr nicht gehört.
19 Doch fürwahr, Jahwe hat gehört,
   hat geachtet auf mein lautes Rufen.
20 Gesegnet sei Jahwe! Er hat mein Flehen nicht weggewendet
   und auch nicht seine Bundeshuld von mir.

A. V. 2b bedarf keiner Korrektur. In 6b ist »darob« zu übersetzen (vgl. Ps 14,5; Job 35,12; Koh 3,17). In V. 11 ist »Ketten« ein unsicheres Wort, weil nur von T so übersetzt. Eventuell bedeutet es auch »Bedrängnis«.

B. Ps 66 ist als ganzer ein Danklied. Sein 1. Teil (1–12) ist ein kollektives Lob- (1–7) und Dankgebet (8–12), sein 2. Teil (13–20) ein individueller Dankpsalm. Darum betrachtet man zumeist Ps 66 als Komposition zweier ursprünglich selbständiger Lieder. Doch deuten Anzeichen darauf hin, daß der Beter von V. 13ff. das Haupt der Volksgemeinde ist, der für sie und für sich Jahwes Heilshandeln in einer großen Feindnot erfahren hat. In diesem Falle wäre eine ursprüngliche Einheit des Psalms plausibel. Es ist sogar nicht auszuschließen, daß der Psalm als Formular für bedeutsame Dankopfer in der nachexilischen (vgl. C) Gemeinde entworfen wurde, wobei der Horizont der anwesenden Versammlung (V. 16) auf das große Erlösungshandeln Jahwes in der Heilsgeschichte ausgeweitet werden sollte.

C. Der Aufgesang (1–4) fordert die ganze Welt zum Lobpreis auf. In ihm soll Jahwes Herrlichkeit zum Aufleuchten kommen. Der Grund dafür sind die göttlichen Machterweise, vor denen alle widergöttlichen Mächte kapitulieren müssen. Ähnlich wie unser Psalm rief Deutero-Isaias alle Welt auf, mit Israel ins Gotteslob einzustimmen (vgl. Is 42,10; 44,23; 49,13). Das erste Hauptstück (5–7) konkretisiert das hehre göttliche Walten. Das Thema vom Durchzug durch das Schilfmeer und durch den Jordan beim Zug von Ägypten nach Kanaan klingt auf, also das große Erlösungsthema des Alten Bundes. Diese Heilstat des Bundesgottes von einst wurde zum verheißenden Typus alles späteren göttlichen Heilswaltens. Wiederum ist Deutero-Isaias der große Zeuge dafür (vgl. Is 44,27; 50,2). Er verkündet auch, daß die Heimkehr aus der Babylonischen Gefangenschaft den Heraufzug Israels aus Ägypten ins Gelobte Land wiederhole (vgl. Is 43,16–21). Gerade diesen Gedanken greift der Psalmist im zweiten Hauptstück (V. 8–12) auf. Er schaut allerdings schon auf das Ende des Exils (= Läuterungsgericht, »Fangnetz«, »Ketten«, »Überfahrenwerden«, »Feuer und Wasser«) zurück. Dieses Ende, durch den von Deutero-Isaias prophezeiten Sieg des Perserkönigs Kyros über die Neubabylonier herbeigeführt (vgl. Is 41), war ein neuer Lebensanfang für das in den Augen der Völker bereits totgeglaubte Israel. Darum soll die ganze Menschheit in das Gotteslob der »Erlösten« mit einstimmen.

Das individuelle Danklied (V. 13 ff.) begleitet reiche Gelübdeopfer. Erscheint hier der Opferdienst nicht überraschend hoch gewertet? Der Folgetext wehrt einer solchen Deutung. Sein Opfergottesdienst ist dem Psalmisten vorab die große Gelegenheit der Rühmung Jahwes als Rechtshelfer der unschuldig Angeklagten und Verfolgten im Zeichen und im bekennenden Wort.

D. Im Neuen Bund sind die Tieropfer ein für allemal abgelöst durch die Ganzhingabe Jesu am Kreuze (vgl. Hebr 9,12; 10,8). Durch sein Bundesmahl reicht sie in alle Zeiten und Räume hinein. Das eucharistische Mahlopfer ist das eine absolute Dankopfer geworden. Darin dankt vorab und

zuerst der, den der Vater aus unerhörter Todesnot ob seiner
Unschuld errettet hat (vgl. Hebr 5,7). Er konnte im absoluten Sinne sagen, daß er in seinem Herzen keine Sünde
schaue (V. 18, vgl. Jo 8,46). In der Eucharistiefeier bringen
auch wir – und damit gewinnen wir zugleich den weiten
Horizont des ersten Psalmteils mit seinem Blick auf das
große Heilswalten Gottes – ein frohes (vgl. V. 6) Dankopfer dar: »Daher sind wir denn eingedenk, wir, deine
Diener, o Herr, aber auch dein heiliges Volk, des heilbrin-
genden Leidens, der Auferstehung von den Toten und der
glorreichen Himmelfahrt deines Sohnes, unseres Herrn
Jesus Christus, und bringen so deiner erhabenen Majestät
von deinen Geschenken und Gaben ein reines Opfer dar,
ein heiliges Opfer, ein makelloses Opfer, das heilige Brot
des ewigen Lebens und den Kelch des immerwährenden
Heils« (»Unde et memores« im Meßkanon).

Ps 67 (66). Die Preisung Jahwes
als weltweites Echo seines Segens

(1 Dem Chormeister. Mit Saitenspiel. Ein Psalm. Ein Lied.)

2 Jahwe neige sich uns und segne uns,
    er lasse sein Antlitz bei uns leuchten!

3 So werde auf Erden dein Walten kund,
    unter allen Heidenvölkern deine Hilfe!

4 Loben sollen dich die Völker, Jahwe,
    loben sollen dich die Völker allesamt!

5 Jubeln und jauchzen sollen die Nationen,
    daß du die Völker gerecht regierst
    und auf Erden die Nationen geleitest.

6 Loben sollen dich die Völker,
    loben sollen dich die Völker allesamt!

7 Die Erde gab ihren Ertrag. Es segne uns Jahwe, unser Gott!
    Es segne uns Jahwe,
    auf daß ihn alle Enden der Erde verehren!

A. In V. 5 schieben manche Übersetzungen nach einer griechischen Hs (Sin) ein: »du richtest den Erdkreis in Gerechtigkeit!« In V. 7a ist die Wunschform »es segne« zweifelhaft, aber nicht unmöglich. Daß der Refrain von V. 4 und 6 am Ende nochmals wiederholt worden sei, ist eine Vermutung. Der Endvers konnte gut den Anfangsvers variierend aufnehmen.

B. In Ps 67 sind Strukturelemente des Klagelieds und des Danklieds zu einem Psalm eigener Art verbunden. Er ist sicher als Formular für die beiden Erntefeste (Pfingsten und Laubhüttenfest, vgl. Ex 23,16) gedichtet, aber sollte weit mehr als ein Erntedanklied sein. Der »Ertrag der Erde« (V. 7) ist nur der Anknüpfungspunkt, um die Jahwegemeinde über sich selbst hinausblicken zu lassen auf ihre ureigenste zukünftige Bestimmung, nämlich in ihrer eigenen glückhaften Existenz Jahwe als huldreichen Gott der ganzen Welt vor Augen zu führen.

C. In der Eingangsbitte nimmt die Gemeinde den Priestersegen (Num 6,24f.) auf, der am Schluß der Gottesdienste gesprochen wurde, bzw. erbittet ihn. In seiner Formulierung ist eine Erfahrung aus dem mit-menschlichen Bereich ins Göttliche geweitet: das Antlitz des Bundesgottes erscheint freundlich aufgelichtet und segenswillig strahlend wie das Angesicht eines über sein Kind geneigten Vaters. Der solch göttlicher Huld entspringende Segen für Israel soll aber – darauf ist der ganze Tenor des Psalms aus – nicht der Hauptzweck der Bitte sein. Im Glück Israels sollen vielmehr alle Völker den Glanz Jahwes erkennen und zum Gegenstand ihres Gotteslobes machen. Das ist ein Leitmotiv der Verkündigung von Deutero-Isaias (z. B. 43,9f.; 45,15.22f.), welches sein großes Echo in Jer 33,9f. fand: »Jerusalem wird ... zum Preis und zur Zier bei allen Völkern der Erde, die von all dem Guten hören, das ich wirke. Sie werden sich fürchten und zittern bei all dem Guten und dem Heil, das ich schaffe.« Ps 67 lebt ganz aus diesem Gedanken und bezeugt damit jene höchste Liebe, die Gott alle Ehre und allen Glanz zudenkt. In ihr gewinnt die dankbare Freude über die reiche Ernte (V. 7, vgl. Lv 26,4; Dt 11,14) ihren rechten

Ort. Die empfangenen Güter werden dabei als Angeld des kommenden universalen Heils empfunden. Darum die gehäuften Segensbitten, die nach diesem Größeren ausgreifen.

D. Ps 67 weiß noch mehr als der ihm gedanklich verwandte Ps 65, »daß es Höheres gibt als eine reiche Ernte« (Nötscher). Wiewohl er nicht messianisch ist, stehen an seinem Horizont dennoch die Segensgüter der messianischen Zeit. Darum hatten viele Kirchenväter nicht einfach unrecht, wenn sie ihn als deren alttestamentliches Vorauszeugnis ausdeuteten. Die neubundliche Gottesgemeinde darf in jedem Fall ihre Heilsgüter in den offenen Bogen dieses Liedes hineinstellen (vgl. Apg 28,28). Deren höchstes ist Jesus selbst und sein Heiliger Geist. Aber noch ist die in ihm angebrochene Gottesherrschaft nicht aller Welt sichtbar. Darum die tägliche Bitte: »Zu uns komme dein Königreich!« (Mt 6,10; Lk 11,2). Ps 67 kann uns dazu anleiten, diese vorab endzeitlich gemeinte Bitte zunächst als Segensbitte für die Kirche zu beten, damit sie aller Welt als »Stadt auf dem Berge« (Mt 5,14), d. h. als Stätte der großen Gottes- und Menschenliebe erscheine und so den Offenbarungsgott selbst allen Völkern aufleuchten lasse.

Ps 68 (67). Der triumphierende Bundesgott

(1 Dem Chormeister. Von David. Ein Psalm. Ein Lied.)

Aufgesang: Jahwes Aufbruch zum Gericht

2 Es erhebt sich Jahwe. Da zerstieben seine Feinde,
und vor ihm fliehen seine Hasser.

3 Wie Rauch verweht, wenn es weht,
wie Wachs zerfließt vor dem Feuer,
so vergehen die Gottlosen vor Jahwes Antlitz.

4 Die Gerechten aber freuen sich,
jubeln vor Jahwes Antlitz, sie jauchzen vor Freude.

Lobpreis des mächtigen Helfergottes

5 Singet Jahwe, spielt seinem Namen auf!
  Bahnt den Weg dem über Steppen Daherfahrenden!
  In Jahwe [freuet euch], umjubelt ihn.

6 Ein Vater der Waisen und ein Anwalt der Witwen
  ist Jahwe in seiner heiligen Wohnstatt.

7 Jahwe ist es, der Heimatlosen Behausung gibt
  und Gefangene ins Glück herausführt.
  Nur die Störrigen müssen in der Dürre wohnen.

Schilderung der Heilstaten Jahwes
a) Die Wunder in der Wüste

8 Jahwe, als du auszogst, deinem Volke voran,
  als durch die Wüste du schrittest,

9 da erbebte die Erde, auch die Himmel zerflossen
  angesichts Jahwes (–), angesichts Jahwes,
  des Gottes Israels.

10 Einen Regen von Gaben gossest du aus.
   Deinem erschöpften Erbteil halfst du auf.

11 Dein Getier ließ sich bei ihm nieder,
   du versorgtest damit in deiner Güte den Gebeugten, Jahwe.

b) Die triumphale Sicherung der Landnahme

12 Es läßt der Allherr einen Machtspruch ergehen,
   der Freudenbotinnen ist's eine große Schar:

13 »Die Könige der Heere flüchten, flüchten!
   Die Hüterin des Hauses aber darf Beute verteilen.

14 Wenn ihr auch zwischen den Packsätteln ruht,
   die Flügel der Taube bedecken sich dennoch mit Silber
   und ihre Schwingen mit grüngelbem Feingold.

15 Da der Allmächtige die Könige zerstreute,
   schimmert es auf ihr [wie Schnee] auf dem Schwarzberg.«

Verherrlichung des Sion

16 Ein Gottesberg ist der Basansberg,
   eine hohe Kuppe ist der Basansberg!

17 Warum schaut ihr scheel, ihr hohen Kuppen, auf den Berg,
   den Jahwe sich als seinen Sitz erkor?
   Ja, Jahwe wohnt dort für immer!

18 Die Kriegswagen Jahwes
sind zehntausendmal Tausende voll Erhabenheit.
Der Allherr [kam] auf ihnen vom Sinai ins Heiligtum.

19 Du bist zur Höhe hinaufgezogen, hast Gefangene gemacht,
hast Gaben empfangen unter Menschen – auch störrigen! –
um da zu wohnen, Gott Jahwe.

Lobpreis des Befreiergottes

20 Gesegnet sei der Allherr Tag um Tag!
Er trägt uns. Gott ist unsere Hilfe.

21 Gott ist uns ein Gott der Rettertaten,
und Jahwe, der Allherr, verfügt über die Ausgänge zum Tod.

22 Sicher wird Jahwe das Haupt seiner Feinde zerschmettern,
den Haarscheitel dessen, der in seiner Schuld dahinlebt.

23 Der Allherr sprach: »Aus Basan führe ich her,
führe her aus Meerestiefen,

24 daß dein Fuß im Blute bade, die Zunge deiner Hunde
an deinen Feinden ihren Anteil nehme!«

Schilderung der Festprozession

25 Man schaut deine Einzüge, Jahwe,
die Einzüge meines Gottes, meines Königs, ins Heiligtum.

26 Vorauf die Sänger, dahinter die Saitenspieler
inmitten paukenschlagender Mädchen.

27 In Chören segnen sie Jahwe,
segnen Jahwe in Israels [Festgemeinde].

28 Da ist Benjamin, klein, doch ihr Führer,
da die Fürsten von Juda, ihr wogendes Rufen,
da die Fürsten von Sabulon, die Fürsten von Nephtali.

Bitte um Jahwes endzeitliche Machterweise

29 [Entbiete], Jahwe, deine Macht, die Macht, Jahwe,
die du an uns erwiesen,

30 von deinem Tempel über Jerusalem aus!
Dir sollen Könige Gaben bringen!

31 Bedrohe das Tier im Schilf,
die Horde der Stiere unter den Völkerkälbern.
[Sie sollen sich unterwerfen mit Gaben von Gold und] Silber!
Zerstreue die Völker, die an Schlachten sich freuen!

32 Es sollen kommen die [Vornehmen] aus Ägypten,
Äthiopien [erhebe] seine Hände zu Jahwe!

Lobpreis des Weltenherrschers auf dem Sion

33 Ihr Königreiche der Erde, singet Jahwe,
spielt dem Allherrn auf!

34 Er ist's, der dahinfährt über die Himmel, die Urhimmel.
Horch, er läßt seinen Donnerruf erschallen,
den machtvollen Donnerruf.

35 Zollt Jahwe Macht! Über Israel waltet seine Hoheit,
seine Macht bis zu den Wolken.

36 Sieghaft waltet Jahwe von [seinem] Heiligtum aus.
Der Gott Israels ist es,
der [seinem] Volke Macht und Stärke gibt.
Gesegnet sei Jahwe!

A. Ps 68 ist der am schlechtesten erhaltene Psalm. Darum sind seine Wiedergaben an den verderbten Stellen verwirrend mannigfaltig. Unsere Übersetzung zielt auf ein Minimum an Korrekturen. In V. 5 wird das hebräische Wort für »Steppen« nach den Texten von Ugarit in diesem Zusammenhang meist als »Wolken« gedeutet. Kontext und Is 40,3 raten davon ab. Aus »in Jah ist sein Name« (MT) läßt sich durch Hinzufügung eines Konsonanten unser Text (»freuet euch«) gewinnen. In V. 9 ist »das ist der Sinai« eine Glosse aus Ri 5,5 (auch dort Glosse!). In V. 15b muß man dem ganzen Zusammenhang nach statt »es schneit« (taschleg) »wie Schnee« (kascheleg) lesen. In V. 18 ist wohl »kam« (hebräisch ba) wegen Ähnlichkeit mit »auf ihnen« (bam) verlorengegangen. V. 19c könnte Glosse sein. In V. 27 ist das Verbum indikativisch zu vokalisieren und dem Parallelismus gemäß statt »aus der Quelle Israels« durch eine kleine Änderung »aus (bzw. in) der Festgemeinde« zu lesen. In V. 29 lies mit G S T den Imperativ statt des Indikativs! In V. 31 ist zunächst das Partizip des in seiner Bedeutung unsicheren Verbs (»sich hinwerfen«?) wohl durch den Infinitiv zu ersetzen und dann mit einer Konsonantenumstellung unser plausibler Text zu erstellen. In V. 32 ist durch eine kleine Umvokalisation das passende Wort »Vornehme« zu gewinnen. Eine Konsonantenumstellung (»läßt die Hände laufen« [MT] ergibt keinen Sinn) führt zu »erhebt«. In V. 36a ist bei »Heiligtum« mit G Hie 3. Person (statt 2.) zu lesen und in b mit G S »sein« einzufügen.

B. Ps 68 ist in seiner jetzigen Gestalt offenbar als Lied für eine feierliche Festprozession gedacht. Der Schlußteil (29–36) muß in jedem Falle nachexilisch angesetzt werden (vgl. C). Mit ihm teilen aber auch die V. 22–24 den eschatologisch-apokalyptischen Ausblick. Die V. 5–7 blicken auf eine Befreiung aus der Gefangenschaft zurück und sind dankender Lobpreis dafür. Es kann sich angesichts des Schlußteils nur um die Exilsbeendigung oder ein ähnliches Ereignis der nachexilischen Zeit handeln, etwa die Heimkehrerlaubnis für 120000 Juden aus Ägypten unter Ptolemäus Philadelphus (285–247 v. Chr., Josephus Flavius, Antiqu. XII,1). Solch ein Geschehen nahm der Verfasser zum Anlaß, um ein Prozessionslied zu schaffen, das zugleich alle großen Heilstaten der Vergangenheit in den hymnischen Dank einbezog und gleichzeitig die prekäre Lage der kleinen nachexilischen Sionsgemeinde – diese Lage ist ja der Mutterboden aller Apokalyptik – vor Jahwe tragen und im Licht seiner Verheißung für das Auge des Glaubens erhellen sollte. Im Rückgriff auf die Vergangenheit mag der Autor, der archaisierenden Tendenz seines Zeitalters tributär, ältere und sogar alte Hymnenstücke in seinen Psalm hereingenommen haben. Am meisten scheint er vom Deboralied (Ri 5) inspiriert zu sein.

C. Der Eingang nimmt Num 10,35 auf: Wenn sich die Lade in Bewegung setzte, rief Moses: »Erhebe dich, Jahwe, daß deine Feinde zerstieben und deine Hasser vor dir fliehen!« Das Wort konnte auch auf die Wanderung Israels durch die Geschichte bezogen und drum in jeder Epoche wiederholt werden (vgl. Is 33,3), am passendsten in einer Festprozession, in der man kultisch das vergangene Heilsgeschehen vergegenwärtigte. Der Folgetext beschwört denn auch zunächst eine allen noch vor Augen stehende Befreiung vieler aus dem Elend der Gefangenschaft (6/7), sodann – in die Frühe der Geschichte zurückgreifend – den Auszug aus Ägypten (V. 8), die Theophanie am Sinai (V. 9) und das lebenserhaltende Geleit in der Wüste (vgl. Ex 16) mit dem

Mannaregen (V. 10) und der Wachtelspende (V. 11). In V. 12 ruft der Psalm in der Form eines Botenspruches jene entscheidende Schlacht Israels mit den Kanaanäerkönigen in Erinnerung, die das Gelobte Land als Heimat des Gottesvolkes sicherstellte (Ri 5). Damals haben tapfere Frauen wie Debora und Jael – die »Hüterin (G: »Schöne«) des Hauses« könnte sich auf beide beziehen, auf Debora, die »Mutter Israels« (Ri 5,7), im übertragenen, auf Jael im wörtlichen Sinne (Ri 5,24 ff.) – zum glückhaften Ausgang entscheidend beigetragen. V. 14a bezieht sich auf die Rüge der beim Kampf abwesenden Stämme durch Ri 5,16 f. Die Taube meint Israel (vgl. Ps 74,19; Os 7,11; 11,11; Is 60,8; Hl 2,14; 5,2 u. a.). Silber und Gold sind die Kriegsbeute (Jos 22,8). Der Vorgang wird illustriert durch 2 Sam 1,24: »Israels Töchter, weinet um Saul, der ... mit goldenem Schmuck eure Kleider bedeckte!« Der Schmuck nahm sich aus wie Schnee auf dem Schwarzberg (nach Ri 9,48 ein bewaldeter Berg bei Sichem). In V. 16 klingt das Sionsthema auf, wobei der Sion als den höchsten Bergen (= Gottesbergen) in Israels erobertem Gebiet, denen am Rande Basans (= Hauranmassiv, 1840 m hoch), überlegen gefeiert wird. Die Eroberung der Jebusiterfeste Jerusalem unter David (2 Sam 5,6) und die Ladeprozession auf den Sion (2 Sam 6,12) werden in V. 18 f. als Triumphzug des »Herrn der Heerscharen« in geradezu mythischen Farben vergegenwärtigt.

Von V. 20 ab wird die Heilslinie aus der Vergangenheit in die Gegenwart und Zukunft ausgezogen. Jahwe wird zunächst hymnisch gefeiert als Hilfe und Heil. Er – nicht der kanaanäische Todesgott Mot – ist der Herr des Lebens. Die Gegner wird er dem Tod überantworten, Israel aber zusammenführen aus allen Räumen und ihm (vgl. Zach 12,2 ff. u. a.) die Feindvölker in die rächende Hand geben. Als »Modell« dafür wird in V. 23 f. die Berufung Jehus aus dem Ostjordanland (4 Kön 9,1 ff.) beschworen, der, wie Elias (3 Kön 21,19 f.) angekündigt hatte, an Achabs Haus ein Blutgericht vollzog und die Königin Jezabel den Hunden vorwarf (4 Kön 9,36; 10,11.17). Die Heilszukunft wird zusammen mit den Heilsereignissen der Vergangenheit in der kultischen Prozession dargestellt (25–28). Die Südstämme (der Name Benjamin bedeutet wohl zugleich Jerusalem, das zu seinem Territorium gerechnet werden kann) und Zabulon und Nephtali als Vertreter der Nordstämme – sie spielten in dem in V. 12f. geschilderten Kampf die entscheidende Rolle (vgl. Ri 4,6–10) – treten dabei als Teilnehmer auf. Vielleicht hat der Verfasser des Psalms bei seiner Schilderung die Passahfeier des Königs Ezechias vor Augen gehabt (2 Chr 30), an der auch Männer aus den Nordstämmen teilnahmen (2 Chr 30,11.18). Die Verse 29–36 formulieren das Gebet der auf dem Sion versammelten Kultgemeinde. Es wird gespeist aus prophetischen Verheißungen: Ez 29,2f. (Jahwes Vorgehen gegen Ägypten, »den Drachen am Nil«); Jer 46,20f. (die Jungkuh Ägypten samt ihren Mastkälbern (Söldnern) von den Bremsen aus dem Norden überfallen); Is 18,7 (Äthiopiens Geschenke an Jahwe, vgl. Soph 3,10); Is 19,21ff. (Bekehrung Ägyptens, vgl. Zach 14,18); Is 60,6 (Rühmung Jahwes durch die Völker). Der Schluß erinnert an 2 Chr 30,8, also an einen schon die Festprozession von V. 25ff. illustrierenden Text.

D. Eph 4,8 benützt V. 19 in der Überlieferungsform: »Hinaufgestiegen zur Höhe, führte er gefangen die Gefangenschaft, gab Gaben den Menschen«, um den in der Himmelfahrt erhöhten Christus als den seine Gaben verschenkenden Sieger zu kennzeichnen. Diese »akkomodative« Exegese gab den Anlaß dazu, diesen Psalm in der Kirche für die liturgischen Texte des Himmelfahrtsfestes besonders heranzuziehen. Er gehört auch zum Ritual der Kirchweihe und zur Nokturn der Pfingstoktav. In der Tat bietet sich dieses Lied vom triumphierenden Bundesgott und seinen Gnaden mit seiner endzeitlichen »Offenheit« geradezu an, vom neubundlichen Glaubenshorizont her neu verstanden und aufgefüllt zu werden. Der triumphierende erhöhte Herr tritt dabei in die Mitte solcher Schau. In ihm konvergieren alle Linien des in Ps 68 gefeierten göttlichen Heilswaltens. Von ihm her haben in der Frühzeit der Kirche die vom Satan Versuchten die V. 2ff. beschwörend gesprochen (Athanasius, Vita Antonii c. 13) und zuletzt noch Pius XI. den ungerechten Angriffskrieg verdammt mit V. 31: »Zerstreue die Völker, die an Schlachten sich freuen!«

Ps 69 (68). Der verfolgte Gottesjünger

(1 Dem Chormeister. Nach [der Weise]: »Lilien«. Von David.)

Bittruf und erste Klage

2 Rette mich, Jahwe!
Die Wasser gehen mir schon bis an den Hals.

3 Ich versinke in abgründigem Schlamm und finde keinen Halt.
In tiefe Wasser bin ich geraten,
und die Strömung spült mich fort.

4 Ich bin müde vom Schreien, meine Kehle brennt,
meine Augen ermatten im Harren auf meinen Gott.

5 Mehr als Haare auf meinem Haupt sind derer,
die mich grundlos hassen.
Mächtig sind meine Verderber, die mich mit Lüge befeinden.
Wo ich nicht geraubt, da soll ich erstatten.

Bekenntnis

6 Jahwe, du kennst meine Torheit,
und meine Verschuldungen sind dir nicht verborgen.

Bitte und weitere Klage

7 Nicht sollen in Schande kommen durch mich,
die auf dich harren, Jahwe der Heerscharen!
Nicht beschämt werden sollen durch mich,
die nach dir suchen, Gott Israels!

8 Denn deinetwegen trage ich Schmach,
bedeckt Beschämung mein Antlitz.

9 Fremd bin ich meinen Brüdern,
   ein Unbekannter für die Söhne meiner Mutter.

10 Denn der Eifer um dein Haus hat mich verzehrt,
   die Schmähungen deiner Schmäher
   sind auf mich gefallen.

11 Hielt ich unter Fasten Wehklage,
   so brachte es mir Schmähungen ein.

12 Nahm ich Sackleinen zum Gewand, so ward ich ihr Gespött.

13 Die am Tore sitzen, hecheln mich durch,
   die Zecher trällern Lieder über mich.

Bitten und Wünsche

14 Ich jedoch richte mein Gebet zu dir, Jahwe,
   zur Zeit der Gnade, o Gott,
   in deiner großen Huld antworte mir mit deiner treuen Hilfe!

15 Entreiß mich dem Morast, daß ich nicht versinke!
   Daß ich meinen Hassern entrinne und den tiefen Wassern.

16 Die Wasserströmung soll mich nicht fortreißen,
   der Abgrund mich nicht verschlingen
   noch der Brunnen seinen Schlund über mir schließen!

17 Antworte mir, Jahwe, nach deiner gütigen Bundeshuld!
   Nach deinem großen Erbarmen wende dich zu mir!

18 Verbirg dein Antlitz nicht vor deinem Knecht!
   Ich bin ja in Not, antworte mir schnell!

19 Nahe dich mir und kaufe mich los,
   um meiner Feinde willen löse mich aus!

Erneute Klage

20 Du kennst meine Schmach (–),
   vor Augen stehen dir all meine Bedränger.

21 Die Schmach bricht mir das Herz,
   heillos ist meine Schande und Schmähung.
   Ich hoffte auf Mitleid – vergebens!
   Auf Tröster, aber ich fand keinen.

22 Sie gaben als Speise mir Gift
   und Essig als Trank für meinen Durst.

Bitten um das göttliche Strafgericht über die Feinde

23 Es werde ihr gedeckter Tisch vor ihnen zur Falle
und [ihre Opfermähler] zum Fangstrick!

24 Ihre Augen sollen sich verfinstern, daß sie nicht sehen,
und bringe du ihre Hüften für immer zum Wanken.

25 Ergieße deinen Grimm über sie,
deine Zornesglut soll sie treffen!

26 Ihre Lagerstatt werde zur Schaueröde,
in ihren Zelten soll niemand mehr wohnen.

27 Wen du selber geschlagen, den verfolgen sie und
[mehren] das Leid der von dir Getroffenen.

28 Häufe ihnen Schuld auf Schuld,
daß sie nicht eingehn in dein Heil!

29 Sie seien aus dem Buche des Lebens gelöscht,
nicht bei den Gerechten verzeichnet!

30 Ich aber bin gebeugt und voller Schmerzen,
deine Hilfe, Jahwe, richte mich auf!

Vorausgenommenes Danklied

31 Preisen will ich Jahwes Namen im Lied,
ihn hocherheben im Lobgesang!

32 Dies gefällt Jahwe besser als Rinder,
als Farren mit Hörnern und Klauen.

33 Die Gebeugten schauen es, freuen sich.
Ihr Jahwesucher, euer Herz lebe auf!

34 Denn Jahwe hört zu den Armen hin
und verschmäht seine Gefangenen nicht.

35 Ihn sollen preisen Himmel und Erde,
die Meere und alles, was sich regt darin!

36 Denn Jahwe wird Sion retten und wird bauen Judas Städte.
Man wird dort Wohnung haben und Besitz.

37 Der Same seiner Knechte wird es erben,
und die seinen Namen lieben, werden darin Heimat finden.

A. In 15b wird um des Parallelismus und Metrums willen der gut überlieferte Text öfters korrigiert in »zieh mich empor!« o. ä. In V. 20/21 ist offenbar die Textfolge gestört: »meine Schande und Schmähung« gehört in die nächste Zeile. In V. 23 ist mit T dem Parallelismus gemäß in Vokaländerung »ihre Opfermähler« statt »ihren Vertrauten« zu lesen. In V. 27 kann MT: »erzählen«, kaum richtig sein. Wir lesen mit G S das graphisch verwandte »sie mehren«.

B. Ps 69 ist ein individuelles Klagelied aus früher nachexilischer Zeit (vgl. V.36), bei dem das Dankgelübde am Schluß zu einem Danklied ausgestaltet ist. Mancherlei Anzeichen scheinen für ein Zusammenwachsen des Psalms aus mehreren Liedern zu plädieren, notwendig ist indessen eine solche Annahme nicht. Auch der Schluß muß nicht nachträglich sein. Den Hintergrund von Ps 69 bilden wohl jene Auseinandersetzungen in der nachexilischen Gemeinde, von denen wir durch Aggäus, Esra und Nehemias wissen. Hierbei waren die »Liberalen« zeitweise sehr mächtig und erfreuten sich der Unterstützung der örtlichen Besatzungsmacht. Unser Psalmist gehört zu jenen Jahwegetreuen – vielleicht ist er sogar eines ihrer Häupter –, die der Eifer für Jahwes Haus »verzehrt«, dies aber nicht im Sinne des Opferkults, sondern der prophetischen Botschaft vom Vorrang der Herzenshingabe an den Bundesgott. Er mußte dafür Verfolgung erdulden. Krank, fälschlich angeklagt und verhaftet, formuliert er augenscheinlich in Anlehnung an das Schicksal und die Klagen des Jeremias (vgl. V. 4 mit Jer 45,3; V. 8 mit 15,15; 51,51; V. 9 mit 12,6; V. 20 mit 18,23; 15,18; V. 33 mit 20,13; V. 36 mit 33,7) seinen Psalm.

C. In beredten Bildern (vgl. Is 8,8; Jon 2,6; Klagl 3,54) beschreibt der Psalmist seine Lebensgefahr (V. 2f.). Die Erwähnung des Schlamms (vgl. V. 15f.) wird auf einen Aufenthalt im Verlies (vgl. V. 34; Jer 38,6 und akkadische Parallelen) hinweisen. Dann verstehen sich V. 4 (Ermattung vom Schreien) und 5 (Anklage wegen unrechtmäßigen Besitzes) gut. So unschuldig er sich im mitmenschlichen Bereich aber auch fühlt, vor Gott weiß er sich innerlich als Sünder (V. 6). Freilich eiferte er im übrigen – und das war mit ein Grund zu seiner Verfolgung – in der Gemeinschaft der Jahwegetreuen um Jahwes Ehre und besonders um seinen Tempel (V. 10). Daß es ihm jetzt so übel ergeht, schmerzt ihn auch deshalb, weil Jahwes Ehre (vgl. Jer 15,15)

und das Ansehen, aber auch der Glaube seiner Gesinnungsgenossen auf dem Spiele stehen. Seine Blutsverwandten haben sich schon lange von ihm abgesetzt (V. 9). Sein Los (neben Gefangenschaft wahrscheinlich auch Krankheit, vgl. 11 f.; 27) gibt den Gesprächsstoff am Tore (d. h. am Versammlungsplatz) und in den Kneipen ab (V. 13). Alles, was die Menschen ihm antun, gleicht einer Giftspeise (statt des »Trostbrotes«; vgl. Klagl 4,10) für einen Hungrigen (vgl. 4 Kön 4,40) und einem Essigtrank für einen Dürstenden (V. 22). Was die Gegner ihm zudenken und bereiten, soll sich, so wünscht der verzweifelte Psalmist, durch Gottes richterliche Verfügung gewissermaßen als Bumerang für sie erweisen. Er geht darin so weit, daß er auf Nichtvergebung und Verstockung (V. 28) und damit auf einen jähen Tod (V. 29) plädiert. Beide Verse nehmen kontrapunktisch Bezug auf Ex 32,32, wo Moses um Verzeihung der Schuld für sein Volk bittet und dafür selber aus dem Buche Jahwes gestrichen sein will. Der Psalmist kann sich dabei auf die Erwiderung Jahwes stützen: »Nur wer sich persönlich wider mich versündigt hat, den streiche ich aus meinem Buche« (Ex 32,33), und auf die Ansage der Heimsuchung der Sünder (32,34). Jedenfalls meint dieser Strafwunsch nicht die ewige Verdammnis im ntl. Sinne, allerhöchstens einschlußweise die Nichtanteilnahme an der künftigen Heilszeit (vgl. Is 4,3; Dan 12,1).
Der Psalmist selber will für sich nicht nur die Errettung aus der Todesnot; für ihn ist, so läßt der Schlußteil des Psalms erkennen, das Leben Loben Jahwes, und zwar ein Loben inmitten der wie er Begnadeten in einem neuerbauten Jerusalem (vgl. Is 61,4) und einem wiederhergestellten Juda (vgl. Ez 36,10). Dieses Preisen und Danken steht ihm über allem Opferdienst (vgl. Ps 50,14; 51,18), wie ihn gerade seine mächtigen und reichen Gegner pflegen mögen.

D. Ps 69 gehört zu den im NT am meisten zitierten Psalmen. Darum haben ihn viele Kirchenväter als messianisch betrachtet. V. 6, der allerdings nicht unbedingt ursprünglich sein müßte, spricht dagegen. Richtig freilich ist, daß sich unser Psalmist in jener typischen Leidenssituation des verfolgten Gottesjüngers sieht, die seit dem tragischen Lebensschicksal des Jeremias als Existenzweise des künftigen Heilbringers immer mehr erahnt wird (vgl. Is 53; Ps 22). Insofern bot er reichlich Gelegenheit zur Zitation im NT (V. 5 in Jo 15,25; V. 10 in Jo 2,17; Röm 15,3; V. 23 in Röm 11,9f.; vgl. zu V. 22 die Entsprechungen in Mk 15,36; Jo 19,29). Zu schaffen macht dem neubundlichen Beter angesichts der Forderung und des Beispiels Jesu (vgl. Mt 5,44; Lk 23,34) der »Fluchteil« (V. 23–29). Auch wenn er als Notwehrruf und Strafplädoyer menschlich verständlich ist (vgl. C), so kann er dennoch nicht unsere Bitte werden. Wir müssen ihn in Anlehnung an Apk 16,1 (Echo auf V. 25) und Apk 3,5; 13,8; 17,8; 20,12.15; 21,27 (alle ein Echo auf V. 29) zur prophetischen Ansage des endzeitlichen Gerichts »umverstehen«.

Ps 70 (69)
Bitte zu Jahwe als helfendem Bundesgott

Dieser Psalm, hier als selbständiges Lied ausgewiesen, stimmt mit Ps 40,14–18 überein (vgl. S. 168 ff.). Die Überschrift lautet: Dem Chormeister. Von David. Zur Erinnerung (?).

Ps 71 (70). Jahwe als Zuflucht im Alter

Vertrauensbekenntnisse und Bitten

1 An dir, Jahwe, berge ich mich.
   Laß mich nie zuschanden werden!
2 In deinem Heilswalten reiße mich heraus,
   laß mich entrinnen!
   Leih mir dein Ohr und rette mich!

3 Sei mir ein Felsen-Obdach, eine [feste Burg],
mich zu befreien!
Ja, Felsenhort und Feste bist du mir.

4 Mein Gott, laß mich der Hand des Gottlosen entrinnen,
der Faust des Frevlers und Bedrückers!

5 Denn du bist meine Hoffnung, Allherr,
Jahwe, du bist meine Zuversicht von jung auf.

6 An dir habe ich eine Stütze vom Mutterleibe an,
vom Schoße meiner Mutter her bist du meine [Stärke],
dir galt stets mein Lobpreis.

7 Wie ein Wahrzeichen bin ich vielen,
aber du bist mir machtvolle Bergung.

8 Mein Mund ist voll von deinem Preis,
den ganzen Tag von deinem Ruhm.

9 Verwirf mich nicht zur Zeit des Alters,
beim Ermatten meiner Kraft verlaß mich nicht!

Klagen und Bitten

10 Denn meine Feinde reden über mich,
die mir Auflauernden beraten miteinander.

11 »Jahwe verließ ihn. Verfolgt ihn und faßt ihn!
Denn keiner ist, der entreißt.«

12 Jahwe, sei nicht mehr fern! Mein Gott, eile mir zu Hilfe!

13 Schande und Ende allen, die mich befehden!
In Schimpf und Schmach sollen sich kleiden,
die mein Unheil betreiben!

Lob- und Dankversprechen

14 Ich aber will immerfort harren
und mehren all deinen Lobpreis.

15 Mein Mund soll dein Heilswalten verkünden,
den ganzen Tag deine Hilfe.
(Ich kenne nicht die Aufzählung [?].)

16 Ich werde kommen mit den Großtaten des Allherrn Jahwe.
Dein Heilswalten ohnegleichen werde ich ausrufen.

17 Jahwe, von jung auf hast du mich unterwiesen,
und bis jetzt verkündige ich deine Wundertaten.

18 Auch bis ins Alter und Greisentum, Jahwe,
verlaß mich nicht, daß ich von deinem Arm künde
dem ganzen künftigen Geschlecht,
19 von deiner Stärke und deinem Heilswalten, Jahwe,
bis in Himmelshöhen.
Übergroßes hast du vollbracht, Jahwe,
wer ist wie du?
20 Du ließest mich Nöte erleben, zahlreich und schwer.
Du schenkst mich dem Leben zurück.
Aus den Urgründen der Erde bringst du mich wieder herauf.
21 Erhöhe meine Ehre und wende dich her, mich zu trösten!
22 Alsdann will ich dir dankend singen zur Harfe,
lobsingen deiner Treue, mein Gott,
will dir spielen auf der Leier, Heiliger Israels.
23 Meine Lippen werden jubeln, wenn ich dir aufspiele,
und meine Seele, die du losgekauft.
24 Auch meine Zunge soll den ganzen Tag murmeln
von deinem Heilswalten, daß zuschanden sind,
daß beschämt sind, die mein Unheil betrieben.

A. V. 3b ist sicher nach Ps 31,3 und G V zu korrigieren (MT: »stets zu kommen hast du geboten«, Verwirrung des Konsonantenbestandes). In V. 6 hat MT eine sonst unbekannte Form der Wortwurzel »abschneiden«. »Mein Entbinder« (Buber) ist nach 6a unwahrscheinlich. »Mein Anteil« (Tournay) würde besser passen. G V Hie plädieren für das ähnlich klingende »meine Stärke«. V. 15 wartet ebenfalls mit einer unüblichen Wortform auf, die »Aufzählung« oder auch »Buchstaben« bedeuten könnte. In beiden Fällen ist mit einer Glosse zu rechnen, im letzteren mit einer ursprünglichen Randglosse, die sich wohl auf den etwas unsicheren Konsonantenbestand von V. 16a (oft korrigiert) bezog.

B. Ps 71 gehört zur Gattung der individuellen Klagelieder. Aber deren Grundstruktur ist sehr frei gehandhabt. Die weitgestreuten Bitten z. B. sind noch in das schon einem eigentlichen Danklied sich nähernde Lobgelübde verwoben. Auch inhaltlich zeigt der Psalm »Auflösungserscheinungen«. Er nimmt teils fast wörtlich (vgl. V. 1–3 mit Ps 31,2–4, V. 12 mit 22,12 und vorab 38,22f.), teils zum wenigsten gedanklich andere Psalmentexte auf (vgl. V. 6 mit 22,10; V. 13 mit 35,4; 40,15, V. 15 mit 35,28, V. 19b mit 35,10, V. 20 mit 9,14 u.a.). Der Verfasser ist also mit der Psalmodie, aber auch mit der übrigen Tradition, vorab mit Jeremias, sehr vertraut. Sein Psalm ist allerdings mehr als eine »Zitatensammlung«, auch wenn er nicht die volle Höhe des »anthologischen Stils« aufweist. Die an den Lebensnerv gehende Glück- und Leiderfahrung eines alten Mannes – vielleicht eines levitischen Psalmensängers – der späteren Nachexilszeit füllt die traditionsgebundenen Formen. Der Autor hat seinem Gebet aber zugleich typische Züge aufgeprägt und dies so sehr, daß der Psalm, wie ein Teil der Textzeugen in V. 20 erkennen läßt, zeitweise kollektiv verstanden bzw. gebetet wurde. Ist doch Israel eine Art Person, der die Propheten Jugend (Os 2,17; Jer 2,2) und Alter (Os 7,9; Is 46,4) zusprechen.

C. Der Psalmist trägt – in V. 1–3 unter Verwendung von Ps 31,2–4 – seine Not bittend vor Jahwe. In V. 4 wendet er die Verheißung von Jer 15,21 zur Bitte. Es ist ein Unheil, das ihn jetzt im Alter (V. 9; 18) getroffen hat, wahrscheinlich eine lebensgefährliche Krankheit (vgl. 20b), die seinen Gegnern Anlaß zum Angriff auf ihn durch Schmähung und Anklageerhebung gibt (V. 10–13). Er gilt ihnen als »Wahrzeichen« des göttlichen Zorngerichts (V. 7). So scheint das bisherige Licht über seinem Leben endgültig zu erlöschen. Darum wendet er sich in eindringlichen Bitten an den Bundesgott, den er seit Geburt als Stütze und Stärke erfahren (V. 5f.; vgl. Jer 17,7.14; 1,5) und gerühmt hat (V. 8; 17). Das Lobpreisen Jahwes war anscheinend schon immer das Herzstück seines Lebens. Er hat sich von jung auf in die Wundertaten der Heilsgeschichte – es sind damit zumeist die Ereignisse der Mosesgeschichte gemeint (vgl. Ex 3,20; 34,10; Jos 3,5; Ri 6,13; Ps 78,4; 106,7 u. a.) – vertieft und sie rühmend verkündet (V. 17). Das möchte er auch in Zukunft noch tun (V. 18). »Arm Jahwes« (V. 18) verweist als Ausdruck wiederum auf die Wunder des Exodus (Ex 6,6; Dt 4,34), aber auch auf das von Deutero-Isaias angesagte Heilswalten (Is 40,10; 51,5; 52,10). Der Psalmist schaut das Heilshandeln Jahwes an ihm also im Horizont der großen Heilsgeschichte.

D. Ps 71 ist ein Klage- und Bittlied mit einem sehr gezügelten Pathos und stark mit Vertrauens- und Lobmotiven durchsetzt. Darum und auch seiner Verwandtschaft mit Ps 22 wegen mag er ein Psalm gewesen sein, in dem Jesus – trotz der Worte vom Alter, die nur auf die Ähnlichkeit der Situation im Angesicht des baldigen Todes paßten – sich und seinen Weg vor dem Vater zur Sprache brachte. Deshalb ist unser Psalm im kirchlichen Stundengebet auch der Donnerstagskomplet und der Matutin des Gründonnerstags zugeteilt. Darum kann auch der Christ, dem das Alter noch ferne Zukunft ist, in Vereinigung mit seinem Herrn diesen Psalm zu seinem Gebet machen, vor allem auch im Blick auf das »alternde« und immer wieder »zu verjüngende« Gottesvolk. Denn das innerste Anliegen dieses Liedes ist die Rühmung des Bundesgottes in der Überlieferung seiner Heilstaten von Geschlecht zu Geschlecht. Darum enthält es so ziemlich alle Ausdrücke für »loben«, welche die hebräische Hymnodie kennt. Wem aber unter den Betern die Lebenstage sich längen und an mitmenschlichem Licht und Wärme verlieren, der mag an diesem Psalm lernen, wie die Worte des Vertrauens und der Lobpreisung zu Gott hin der Neige des Lebens ein verheißendes und sogar beglückendes Abendrot schenken können.

Ps 72 (71). Jahwes Friedenskönig

1 (Von Salomo.)

Bitte um den charismatischen Heilskönig
Jahwe, verleihe dein Gerichtswalten dem König
und dein Rechtswalten dem Königssohn,

2 [daß] er dein Volk in Gerechtigkeit regiere
und deine Gebeugten nach dem Recht!

Sein Heilswalten in Israel

3 So werden die Berge Frieden tragen für das Volk
und die Hügel Gerechtigkeit.

4 Er wird den Gebeugten im Volke Recht verschaffen,
den Söhnen der Armen Heil, doch den Bedrücker schlagen.

5 Er wird [dauern] mit der Sonne und länger als der Mond,
von Geschlecht zu Geschlecht.

6 Er wird herabkommen wie Regen auf die abgemähte Flur,
wie Schauer, die das Land befeuchten.

7 In seinen Tagen wird die [Gerechtigkeit] sprossen
und Fülle des Friedens, bis kein Mond mehr scheint.

Seine Weltherrschaft

8 Er wird herrschen von Meer zu Meer,
vom Euphrat bis an die Enden der Erde.

9 Vor ihm werden sich die Mächte der Wüste beugen,
und seine Feinde werden den Staub lecken.

10 Die Könige von Tarsis und den Gestaden
werden Gaben bringen,
die Könige von Saba und Seba Tribut entrichten.

11 Huldigen müssen ihm alle Könige,
alle Heidenvölker ihm dienen.

Der Heilskönig als Heilbringer der Armen

12 Denn er errettet den Armen, der um Hilfe schreit,
den Gebeugten, der keinen Helfer hat.

13 Des Geringen und Armen erbarmt er sich
und bringt dem Leben der Armen Heil.

14 Aus Druck und Gewalt erlöst er sie,
denn kostbar ist ihr Blut in seinen Augen.

Das Gebet für den Heilbringerkönig

15 (Solange er lebt, wird man ihm Gold aus Saba geben.)
Man wird für ihn ohne Unterlaß beten,
allezeit ihm Segen erflehen:

16 »Fülle an Korn sei im Lande,
   auf dem Gipfel der Berge rausche seine Frucht
   wie der Libanon, der Stadt mögen Menschen entblühen
   wie die Pflanzen der Erde!

17 Sein Name bestehe ewig! Länger, als die Sonne währt,
   sprosse sein Name! In ihm sollen alle [Geschlechter der Erde]
   sich Segen wünschen,
   alle Heidenvölker sollen ihn glücklich preisen!«

Schlußdoxologie

18 Gesegnet sei Jahwe, Israels Gott,
   der allein Wundertaten vollbringt!

19 Gesegnet sei sein herrlicher Name auf ewig!
   Seine Herrlichkeit erfülle die ganze Erde!
   Amen und Amen!

20 (Zu Ende sind die Gebete Davids, des Sohnes Isais).

A. In V. 2 liest G einen finalen Infinitiv, was formal besser paßt als der futurische Indikativ. In V. 5 ist MT: »sie werden dich fürchten«, verlesen bzw. retuschiert. Die Konsonanten bedürfen, wie G bezeugt, einer kleinen Umstellung. In V. 7 ist dem Parallelismus gemäß statt »der Gerechte« mit 3 Hss G S Hie »Gerechtigkeit« zu lesen. V. 15a scheint ein Einschub zu sein (vgl. V. 10), der das folgende Gebet für den Messias plausibler machen, d. h. als Dankgebet für seine Freigebigkeit interpretieren sollte. V. 17b ist nach G wiedergegeben, wofür auch Grammatik und Metrum sprechen.

B. Zweierlei kennzeichnet Ps 72: 1. Er gehört zur Gattung der Königslieder. 2. In seiner jetzigen Gestalt ist er sicher ein Lied auf und für den Messias (vgl. C). Letzteres wird durch die Königsfürbitte (V. 15) keineswegs ausgeschlossen. Es folgt aus ihr nur, daß das Messiasbild hier noch nicht voll ausgezeichnet ist. Ob unser Psalm eine literarische Vorgeschichte dieser Art hat, daß ein vorexilisches Gebet für den König messianisch überarbeitet wurde, ist schwierig zu entscheiden. Den Gegebenheiten genügt die Annahme, daß das Schema des Königsliedes aufgegriffen, messianisch umgeformt und aufgefüllt wurde. Daß die Fürbitte dabei teilweise in die Form hymnischer Prophetie überging (vgl.

Deutero-Isaias und Deutero-Zacharias), ist eine verständliche Weiterentwicklung des Königsliedes. Nicht erst G hat die Futurformen aufgebracht, sie finden sich, zum Teil wenigstens, auch schon im MT. Das NT zitiert den Psalm nicht ausdrücklich; aber das ist kein Beweis gegen seine Messianität. In Mt 2,11 finden wir immerhin ein Echo auf V. 10 und 15a und in Lk 1,68 ein solches auf V. 18a. Die Überschrift hält die Tatsache fest, daß der Psalm im Messias einen Salomo in Idealgestalt erblickt.

C. Es ist im alten Orient allgemeine Überzeugung, daß der König von der Gottheit zum Hüter von Recht und Gerechtigkeit bestellt ist (vgl. die Hammurabi-Stele im Louvre). Unser Psalm gestaltet diesen Glauben, der auch die messianische Erwartung prägt (vgl. Is 9,6; Jer 23,5; 33,15), zur Bitte wie Salomon: »Schenk deinem Knecht (= dem Davidssohn, 3 Kön 3,9) ein hörsames Herz, daß er dein Volk richte und zwischen Gut und Böse unterscheide!« Als Volk Gottes gelten hier die »Gebeugten« (V. 2) wie in Soph 3,12. Der König soll Is 11,4 (messianisch!) verwirklichen: »Er richtet in Gerechtigkeit die Geringen und spricht in Geradheit den Gebeugten im Lande Recht (vgl. 32,1). Er schlägt den Gewaltmenschen mit seines Mundes Stab und tötet den Frevler mit seiner Lippen Hauch« (zum letzteren vgl. V. 4). V. 3 ruft zunächst Ez 36,8 in Erinnerung: »Ihr Berge Israels ... sollt eure Frucht tragen für mein Volk Israel!«, und dann vorab Is 32,16f.: »Dann (d. h. nach Sendung des »Königs der Gerechtigkeit«, 32,1, und Ausgießung des Gottesgeistes, 32,15) wohnt in der Wüste das Recht, und Gerechtigkeit weilt im Fruchtgarten. Die Gerechtigkeit wird Frieden hervorbringen und das Recht Sicherheit für immer.« Friede und Recht sind jedenfalls die Heilsgüter der messianischen Zeit (vgl. Is 2,4; 9,5f.; Zach 9,10). V. 5 basiert auf Wünschen wie 3 Kön 1,31: »König David soll ewig leben!«, gestaltet sie aber zu einer Ansage und übertrifft sie weit durch eine unvergleichliche Ewigkeitsaussage (formuliert in Anlehnung an Jer 31,35f.; vgl. auch 33,20f.), die

2 Sam 7,16 (Ewigkeit des Hauses Davids) noch über 1 Chr 17,14 hinaus »individualisiert«. V. 6 und 7 nehmen offenbar Is 45,8 auf: »Ihr Wolken, laßt Gerechtigkeit rieseln, daß reife das Heil und Gerechtigkeit sprosse zumal« (vgl. auch Is 61,11). In V. 8 treffen wir auf die gleiche messianische Aussage wie in Zach 9,10: »Seine Herrschaft reicht von Meer zu Meer, vom Strom (Euphrat!) bis zu den Enden der Erde!« (= über den ganzen Alten Orient, das Salomonische Reich weit übertreffend). Die »Mächte der Wüste« – selbst den großen alten Imperien war die Beherrschung und Sicherung der arabischen Wüste äußerst schwer gefallen! – meinen meist Tiere und Dämonen der Wüste (vgl. Is 13,21; 23,13; 34,14; Jer 50,39), hier aber in erster Linie die unbezwinglichen Beduinen als Repräsentanten der Feindmächte überhaupt. »Staub lecken« beschwört unmittelbar die in Is 49,23 und Mich 7,17 angesagte heilszeitliche Unterwerfung der Heidenvölker unter Israel. In V. 10f. kommt wie in Is 45,14; 49,23; 60,5–17 die ganze Welt zur Unterwerfung auf den Sion. Saba ist aus der Salomongeschichte bekannt (3 Kön 10,1 ff., auch Is 60,6 genannt), ebenso Tarsis (3 Kön 10,22), während Seba (anscheinend an Äthiopien angrenzend, vgl. Gen 10,7; 1 Chr 1,9) in der heilszeitlichen Botschaft von Deutero-Isaias (43,3; 45,14) eine Rolle spielt. Dieser Rang über allen Königen und Reichen wird dem König verliehen, weil er nach V. 12–14 das Königsideal (vgl. Spr 29,14: »Ein König, der getreu den Armen Recht verschafft, dessen Thron steht fest für alle Zeit«) erfüllt, d. h. aber in der Sicht unseres Psalmisten (vgl. V. 2), weil er der messianische König ist (vgl. Is 11,4f.; Jer 23,5; 33,15). Er zeichnet ihn in V. 12–14 wie Job 29,12–17 den weisen Gerechten. Dessen glückliches Regiment spiegelt das ununterbrochene »Fürbittgebet für den König« (vgl. Ps 20). Sein Inhalt bezieht sich zunächst auf die von den Propheten angesagte Fruchtbarkeit der Heilszeit (Is 30,23; Ez 34,26f. [messianisch]; Os 2,23f.; Joel 4,18) und den Menschenreichtum Sions (Is 49,21; 54,1 ff.; 66,7 ff.). Sodann soll in ihm, so

wünscht man es ihm, Gen 22,18 in Erfüllung gehen, d. h., er soll der »Same« Abrahams sein (vgl. Gen 22,18), der für alle Zeiten das Segenszeichen aller Völker ist. Die Schlußverse – zugleich auch die Unterschrift unter das zweite Psalterbuch – verweisen, auch wenn sie später angefügt sein sollten, unter Anspielung auf die Königsherrlichkeit Jahwes, die einmal die ganze Erde erfüllen wird (Is 6,3), auf den Bundesgott, der im Heilskönig sein Heilswalten krönt.

D. Der heilsgeschichtliche Blick ins NT vom AT her gibt der neubundlichen Botschaft oft erst richtig Profil und Relief. Das gilt nicht zuletzt für die Züge im Leben und Werk des Heilsbringers selbst. Darum hat die Kirche dieses messianische Königslied in die Matutin von Weihnachten, Epiphanie, vom Gründonnerstag und Christkönigsfest aufgenommen. Ganz von selbst kommen dabei einschlägige ntl. Texte in den Blick wie etwa Lk 1,32f. (ewige Übergabe des Davidsthrones an den Christus), Jo 5,22.30; Apg 10,42 (Übergabe des Gerichts an den Sohn), Hebr 7,2 (in Melchisedek »anwesender« König der Gerechtigkeit und des Friedens), Mt 5,3; 11,5; Lk 4,18; 14,13.21 (Heilbringer der Armen), Mt 21,5; Jo 12,15 (Einzug des demütigen Friedensfürsten) u. a. Aber in der ersten Ankunft Jesu ist der Horizont von Ps 72 nicht schlechthin ausgefüllt worden. Denn die Christen blicken noch, hierin Schulter an Schulter mit den altbundlichen Gläubigen, aus nach der Vollerlösung durch die aller Welt offenbare »Königsankunft« Jesu des Christus. Noch liegt nicht nur die Welt in Wehen, sondern auch die Kirche, die trotz der Heiligung durch ihren Herrn eine »Kirche der Sünder« ist und bleibt. Darum ist nur der ein ganzer und wacher Christ, in dem die Sehnsucht von 1 Kor 16,22 wach ist, die da ruft: »Maranatha!« = »Unser Herr, komme!« In dieser Sicht – sie zeigt sich auch in Mt 25,34.40; 1 Kor 15,28; Apk 5,9 ff.; 11,15; 17,14; 19,16 – wird Ps 72 auch zu einem Herzensgebet des Christen, und auch die »Königsfürbitte«, d. h. das Gebet um Ausbreitung des

Namens und Reiches Christi, empfängt darin ihren letzten
Sinn und ihre hohe Form.

Ps 73 (72)
In Jahwe lichtet sich das menschliche Geschick

1 (Psalm. Von Asaph.)

Anfechtung im Glauben

Fürwahr, gut ist Jahwe mit Israel,
mit denen, die lauteren Herzens sind.

2 Und doch strauchelten beinahe meine Füße,
um ein Haar glitten meine Schritte aus.

3 Denn eifersüchtig wurde ich auf die Prahler,
als ich das Glück der Gottlosen sah.

Das Glück der Gottlosen

4 Keine Leiden drücken [sie, gesund] und feist ist ihr Wanst.

5 Sie stecken nicht in der Menschenmühsal,
werden nicht wie andere Leute geplagt.

6 Darum ist Hochmut ihr Halsband,
die Gewalttat das Kleid, das sie deckt.

7 Aus einem Fettherzen kommt ihr [Verschulden] hervor,
das Innere läuft über von bösen Plänen.

8 Sie höhnen und reden voller Bosheit,
von hoch droben drohen sie mit Unterdrückung.

9 Sie setzen ihr Maul an den Himmel,
und ihre Zunge spaziert über die Erde hin.

10 Darum wendet [mein] Volk sich dorthin,
und Wasser in Fülle schlürft man von ihnen.

11 Sie sagen: »Wie sollte Gott es wissen?
Gibt es ein Wissen beim Allerhöchsten?«

12 Schau, so geht es den Gottlosen:
stets unbehelligt häufen sie Reichtum auf Reichtum.

Quälendes Fragen und Suchen

13 Fürwahr, umsonst bewahrte ich also mein Herz lauter
und wusch in Unschuld meine Hände.

14 Ich werde ja den ganzen Tag geplagt,
gezüchtigt Morgen für Morgen.

15 Hätte ich nun gesagt: ich will Gleiches verkünden,
dann hätte ich das Geschlecht deiner Kinder verraten.

16 Drum sann ich nach, dies zu verstehen.
Eine Qual war es für mich,

17 bis ich eintrat in Gottes Heiligtum
und Einsicht gewann in ihr letztes Geschick.

Unheil als letztes Geschick der Frevler

18 Fürwahr, auf schlüpfrigen Boden stellst du sie,
läßt sie in Täuschungen fallen.

19 Wie werden sie im Nu zum Entsetzen,
vergehen in einem Ende mit Schrecken!

20 Wie einen Traum beim Erwachen, Herr,
so verachtest du, wenn du aufstehst, ihr Schattenbild.

21 Als sich mein Herz verbitterte
und ich im Innersten mich quälte,

22 da war ich töricht und ohne Einsicht,
war ein Riesenvieh vor dir.

Unlösbare Gottesgemeinschaft als Los des Getreuen

23 Nun aber bin ich immer bei dir.
Du hast meine rechte Hand erfaßt.

24 Mit deinem Rat wirst du mich geleiten
und hernach mich in Herrlichkeit entrücken.

25 Wen habe ich im Himmel [neben dir]?
Neben dir begehre ich nichts auf Erden.

26 Mein Fleisch und mein Herz schwinden dahin,
(–) aber mein Anteil bleibt Jahwe auf ewig.

27 Wahrlich, die dir Fernen gehen unter,
du vernichtest jeden, der bundesbrüchig dich verläßt.

28 Mir aber ist die Nähe zu Jahwe köstliches Gut.
Den Allherrn Jahwe machte ich zu meiner Bergung.
So kann ich all deine Taten verkünden.

A. In V. 1 könnte das einhellig überlieferte »Israel« aus ursprünglichem: »Gott mit dem Redlichen« entstanden sein. In V. 4 muß man wohl die Silben anders abteilen (MT: »zu ihrem Tod«). In V. 7 ist »ihr Auge« (MT) mit G S anders zu lesen. In V. 10 haben G S »mein« statt »sein« (MT). In V. 25 ist dem durchgängigen Metrum nach ein »neben dir« durch Haplographie entfallen. In V. 26 ist das metrisch überschüssige »Fels meines Herzens« unplausibel.

B. Ps 73 ist ein Weisheitsgedicht (vgl. Ps 37 und 49), das im Auseinanderklaffen von Glaubensüberzeugung und Wirklichkeitserfahrung seine Wurzel hat und in der Problemstellung mit Jer 12,1 ff. und dem Jobbuch verwandt ist. Unzweifelhaft entspringt der Psalm dem »erlebten Leben«, will aber zugleich ein Lehrgedicht sein, in welchem der Verfasser als Weisheitslehrer, die Offenbarung als Quelle seiner Weisheit ausschöpfend, den Jahwegetreuen einen lichtvollen Weg durch ähnliche Anfechtungen aufzeigen will. Trotz V. 17 ist Ps 73 nicht als Kultlied anzusprechen (vgl. C). Er entstammt eher der späten als der frühen Nachexilszeit.

C. Thesenartig setzt V. 1 mit einer Offenbarungslehre (vgl. Dt 28,1–14) ein. Israel ist dabei als das ideale Gottesvolk verstanden, das durch die Gruppe der Jahwegetreuen repräsentiert wird (vgl. Ps 72,3; 149,4). In V. 2f. bekennt aber der Psalmist die schlimme Anfechtung im Glauben, die ihm – wie Jeremias (12,1) – das Glück der Gottlosen bereitet hat. Bei deren Beschreibung werden Prophetenstellen lebendig wie etwa Jer 5,26 ff.: »Gottlose finden sich in meinem Volk ... Ihre Häuser sind gefüllt mit Betrug. Darum sind sie mächtig und reich. Fett sind sie und feist. Ob sie auch schlimme Dinge verüben, sie haben Erfolg.« Solchem Wohlergehen entspringt Hochmut (vgl. Is 2,16f.; 28,1; Ez 28,16f.; Weish 5,8) und Bedrückung der Niedrigen (vgl. Am 4,1). Die mit dem Reichtum verbundene »Herzensverfettung« (vgl. Is 6,10; Ps 17,10; 119,70) führt zu Verstockung und Revolte gegen Gott und sein Gesetz (vgl. Dt 32,15; Neh 9,25). Ihr großsprecherisches Maul macht vor nichts halt, auch nicht vor dem Himmelsbereich und vor Gott (V. 9 und 11, vgl. Job 21,14f.; Mal 3,14f.). Vielen im Volke imponieren Wesen und Wort solcher »Emanzipierten«, die so einen ergebenen Anhang um sich scharen können. Die Beobachtung solchen Triumphes focht den Psalmisten lange und tief an, »bis er eintrat in Gottes Heiligtum und Einsicht gewann«. Hier wird kaum an ein besonderes Tempelerlebnis gedacht sein. Wir werden vielmehr bei diesem Weisheitslehrer als »Gottes Heiligtum« und Quelle seiner Einsicht die Heilige Schrift vermuten müssen. Sie ist letztlich das »Haus der Weisheit« (vgl. Spr 9,1ff.; Sir 14,23ff.), in welchem er dessen sicher wird, daß nur das »letzte Geschick« entscheidet: der Weg des Bundesbruchs ist unfehlbar ein »Weg, der verloren endet« (vgl. Ps 1,6). Umgekehrt hält die Bundestreue den Menschen in der Heilssphäre des Bundes. Des Bundesgottes Hand ist auch im Leid noch da. Ja, im Versenken in die Offenbarung und die in ihr sich bezeugende göttliche Bundesliebe wird es dem gläubigen Verfasser zur Gewißheit, daß auch Tod und Unterwelt keine ihn von Jahwe scheidenden Mächte sein können (vgl. Ps 49,16). Anders lassen sich die Verse 23–26 schwerlich verstehen. Wichtiger freilich als das »Was« und »Wie« – ob er an Entrückung wie bei Henoch und Elias oder an ein glückhaftes Jenseits oder an die Auferstehung von den Toten (Is 26,19; Dan 12,2f.) dachte, bleibt völlig offen und ist wohl falsch gefragt – ist ihm das »Daß« einer glückhaften endzeitlichen Bundesgemeinschaft mit seinem Gott. Neugierlos überläßt er der Bundesliebe Jahwes ihre schöpfungsmächtige Freiheit.

D. Ps 73 gehört zu jenen Psalmen, die ohne jede Schwierigkeit »christlich« gebetet werden können, ja dem christlichen Bewußtsein einen starken Impuls zu geben und es sogar zu prägen vermögen. Er spricht in packender Sprache jene Heilslinie aus, die aus der Erniedrigung in die Erhöhung führt, dabei hinüberschwingt über die Grenzen dieses Äons in die Lebenssphäre Gottes selbst und im Christusgeschehen glanzvoll anschaubar geworden ist. Im Wort »Selig, die lauteren Herzens sind (= V. 1), denn sie werden Gott schauen« (Mt 5,8) ist unser Psalm lapidar zusammengefaßt. Im Gleichnis vom verlorenen Sohn sagt der Vater: »Kind, du bist immer bei mir, und all das Meine ist dein« (Lk 15,31). Hier klingt das Thema der großen endzeitlichen Gottesgemeinschaft auf, das in unserem Psalm anhebt und in Röm 8,38 sein Crescendo erfährt: »Ich bin sicher, weder Tod noch Leben, weder Engel noch Mächte, weder Gegenwärtiges noch Zukünftiges, noch Kräfte, weder Höhe noch Tiefe noch irgendein anderes Geschöpf wird uns trennen können von der Liebe Gottes, die da ist in Christus Jesus, unserem Herrn.« Dieses Allerletzte und Allerhöchste verstellen wir uns mit der Frage, wie man es sich konkret vorstellen soll. Lassen wir uns vom Psalmisten belehren: der Himmel ist Gott selbst und das ewige Angenommen- und Geliebtsein von ihm. Dies genügt dem ahnenden Herzen und bedarf keiner Erläuterung durch beschreibende Vorstellungen.

Ps 74 (73). Die Jahwegemeinde angesichts der Trümmer des Tempels

1 (Ein Weisheitsgedicht. Von Asaph.)

Klagen und Bitten

Warum, Jahwe, verwirfst du auf die Dauer,
warum raucht dein Zorn gegen die Herde deiner Weide?

2 Gedenke deiner Gemeinde,
der du in der Vorzeit das Leben gegeben,
die du erlöst hast als Stamm, der dir eigen,
des Berges Sion, auf dem du Wohnung genommen!

3 Erhebe deine Schritte zu den Trümmern ohne Ende!
Alles hat der Feind verwüstet im Heiligtum.

4 Es brüllten deine Widersacher im Innern deiner Feierstätte,
ihre Feldzeichen stellten sie als Zeichen auf.

5 Es schallte, wie wenn man im dichten Gehölz
die Äxte schwingt.

6 [Das Holzwerk] mitsamt seiner Schnitzerei
zerschlugen sie mit Beil und Hacke.

7 Sie übergaben dein Heiligtum dem Feuer,
entweihten bis auf den Grund die Wohnung deines Namens.

8 Sie sprachen bei sich: »[Unterdrücken] wir sie allesamt!«
Sie brannten alle Gottesstätten im Lande nieder.

9 Zeichen für uns bekommen wir nicht mehr zu schauen,
kein Prophet ist mehr da, keiner ist bei uns,
der wüßte, wie lange noch.

10 Wie lange noch, Jahwe, darf höhnen der Bedränger?
Darf der Feind deinen Namen dauernd schmähen?

11 Warum ziehst du deine Hand zurück
und [hält sich] deine Rechte im Mantelbausch?

Vertrauende Preisung der göttlichen Macht

12 Du, Jahwe, bist doch mein König von ureinst her,
der da Heilstaten wirkt mitten auf Erden.

13 Du, ja du hast durch deine Macht das Meer zerspalten,
hast zerschmettert die Drachenhäupter über den Wassern.

14 Du, ja du hast Leviathans Köpfe zerschlagen,
hast ihn [den Haien] zu fressen gegeben.

15 Du, ja du hast Quell und Bach entspündet,
hast ständige Ströme ausgetrocknet.

16 Dein ist der Tag, dein auch die Nacht,
du hast die Mondleuchte und die Sonne hingestellt.

17 Du, ja du hast alle Grenzmarken der Erde bestimmt,
Sommer und Winter hast du gebildet.

Erneute Bitten

18 Denke doch, Jahwe, daran, wie der Feind schmäht
und ein törichtes Volk deinen Namen lästert!

19 Gib nicht dem Getier das Leben deiner Turteltaube preis,
deiner Gebeugten Dasein vergiß nicht auf die Dauer!

20 Blicke auf den Bund!
Denn voll sind die finstern Verliese im Lande,
sind Stätten der Gewalttat.

21 Der Bedrückte [bleibe] nicht in Schimpf und Schande,
die Gebeugten und Armen sollen deinen Namen preisen dürfen!

22 Erhebe dich, Jahwe, führe deine Sache!
Denke deiner täglichen Schmähung durch den Toren!

23 Vergiß nicht das Geschrei deiner Widersacher,
das Toben deiner Gegner, das stetig emporbrandet!

A. In V. 6 ist für MT: »und dann ihre Schnitzereien« (nach V. 5 völlig unplausibel) unser Text (graphisch verwandt!) als ursprünglich anzunehmen. In V. 8 ist »ihr Sproß« *(ninam)* durch die graphisch verwandte Verbform *(nonem)* zu ersetzen. In V. 11b ist das Verbum als passives Partizip zu vokalisieren. In V. 14 ist der überlieferte Dativ »dem Volk, den Wüstentieren« eine Verlesung für »Haifische« (gleiche Konsonanten, Wort nur hier). In V. 21 ergibt eine Umvokalisierung »bleiben« statt »umkehren«.

B. Ps 74 gehört zu den Volksklageliedern. Die nach der Klage übliche Vertrauensäußerung hat hier die Form eines Hymnus (12–17), den (vgl. V. 12) ein einzelner Sprecher für die ganze – am Platz des zerstörten Tempels versammelte – Gemeinde vorträgt. Die Analyse des Psalms ergibt, daß nur eine totale und langdauernde Zerstörung des Heiligtums, d. h. praktisch die letzten Jahrzehnte vor dem Wiederaufbau des Tempels (520–515 v. Chr.) in Frage kommen. Die Tempelschändungen der makkabäischen Zeit (1 Makk 1,21 ff.; 4,38 u. a.) haben solche Ausmaße nicht erreicht. Andererseits lassen sich einige Verse – wie 8.20, aber auch 10.18 – nur mühsam auf das 6., dagegen ausgezeichnet auf das 2. Jh. beziehen. Diese Sachlage drängt zum Schluß, daß Ps 74 in seiner Substanz auf die Zeit von 550–520 zurückgeht, später aber anpassende Erweiterungen erfuhr.

C. Die Not, welche die »Herde der Weide Jahwes« (Jer 23,1; Ez 34,31) getroffen hat, muß schon lange andauern. Die Sionsgemeinde, sich mit dem Israel der Patriarchenzeit und des Auszugs aus Ägypten eins wissend, beklagt die völlige Zerstörung des Tempels durch ein fremdes Heer, das seine siegreichen Feldzeichen (mit Göttersymbolen) an der heiligen Gottesstätte aufpflanzt (V. 4–7). Das kann sich nur auf die Plünderung, Brandschatzung und völlige Zerstörung des Tempels von 586 v.Chr. beziehen (4 Kön 24,13; 25,9). V. 8 dagegen kann kaum anders als auf die späteren Synagogen bezogen werden (also auf eine spätere Katastrophe), muß also eingefügt sein. Die Gottverlassenheit von V. 9 paßt gut in die Zeit, bevor Jerusalem nach langen Jahrzehnten in Aggäus und Zacharias wieder Propheten sah. Der Bundesgott erscheint dabei als völlig untätig (V. 11). Und doch schaut der Psalm von der Not weg auf Jahwes Größe, wie die Israel erwiesenen Heilstaten der Vorzeit (V. 12) und die Schöpfertaten der Urzeit (13–17) sie aufglänzen lassen. Dabei ist in V. 13f. auf den Mythos vom Kampf der Götter mit den Chaosdrachen angespielt, wie ihn die Kanaanäer (Funde von Ugarit) aus Mesopotamien übernommen hatten. Die mythische Erzählung, hier monotheisiert, ist poetisches Kleid geworden, um die Übermacht Jahwes über alle Mächte darzutun (vgl. den gleichen Mythos, aber vollkommen historisiert, in Is 51,9ff.). Dabei werden kosmisches und geschichtliches Walten Gottes eng ineinander gesehen (vgl. V. 15a mit Ps 104,10 und zugleich mit Ex 17,6; V. 15b mit Jos 3,16, dazu die rein »kosmischen« Verse 16/17). Nach solch hymnischer Preisung der göttlichen Macht tönen folgerichtig die Erlösungsbitten von 18–23 auf. Gleicht die Gottesgemeinde doch gegenwärtig einer wehrlosen gefangenen Taube (vgl. Is 38,14; 59,11; Nah 2,8). Im Wort »Taube« tönt zugleich ein Name für Israel an (vgl. Os 7,11; 11,11), der in Hl 2,14; 5,2 ein Kosename für die Braut (= Israel) geworden ist.

D. In seiner Abschiedsrede vor den Presbytern von Ephesus läßt Paulus Ps 74,2 anklingen (Apg 20,28). Danach ist das neubundliche Gottesvolk die Herde, die »der Herr sich erwarb mit seinem eigenen Blut« (vgl. auch 1 Petr 2,9). Seine Lage gleicht in mancher Weltgegend und in dieser und jener Geschichtsphase immer wieder der Lage der altbundlichen Gemeinde von Ps 74. Darüber hinaus weckt eine irdische »Gesamtbilanz« der Kirche – die Verfälschungen von seiten ihrer Gegner seien von vornherein abgerechnet! – eher Resignation denn Optimismus. Die Klage des Psalms ist also unschwer »christlich« zu aktualisieren. Sie leitet uns sogar an, den Akzent des Sehens und des Flehens in einer solchen Notlage auf die angetastete Ehre Gottes und nicht allein auf das eigene Leid zu setzen. Der hymnische Psalmteil (12–17) aber gemahnt uns, ganz von uns weg und zur göttlichen Allmacht hinzublicken, die sich im Kosmos – wir kennen die in ihm wirkenden Schöpfungsmächte viel besser als die Alten – und in den Heilstaten Gottes in der Geschichte, vorab in der Auferweckung Jesu und damit in der schöpferischen Setzung eines neuen Äons, manifestiert.

Ps 75 (74)
Jahwe spricht das letzte Wort der Geschichte

(1 Dem Chormeister. [Nach der Weise:] »Zerstöre nicht!«
Ein Psalm von Asaph. Ein Lied.)

Preisung des göttlichen Waltens

2 Wir lobsingen dir, Jahwe, wir lobsingen.
[Die deinen Namen anrufen], erzählen deine Wundertaten.

Gottesspruch

3 »Zur Frist, die ich in die Hand nehme,
halte ich selber gerechtes Gericht.

4 Mag die Erde wanken samt ihren Bewohnern, ich bin es,
der ihre Säulen fest gefügt hat.«

Warnrede

5 Ich warne die Verblendeten: »Seid nicht verblendet!«,
und die Gottlosen: »Reckt nicht das Horn!

6 Reckt euer Horn nicht in die Höhe,
sprecht nicht mit frech erhobenem Hals:

7 »Nichts kommt von Osten oder Westen,
   nichts aus der Wüste [oder von den] Bergen!«
8 Fürwahr, Jahwe ist der Richter:
   den einen erniedrigt, den andern erhöht er.
9 Ja, ein Becher ist in Jahwes Hand,
   schäumender Wein, reich gewürzt.
   Davon schenkt er aus, sogar seine Hefe müssen sie schlürfen.
   Trinken müssen alle Gottlosen der Erde.

Preisende Verkündigung des Gerichtsspruches Jahwes

10 Ich aber werde künden auf ewig
    und werde dem Gotte Jakobs dabei aufspielen:
11 »Ich schlage allen Gottlosen die Hörner ab,
    hoch ragen die Hörner der Gerechten!«

A. In 2b sind nach G S die Konsonanten anders als bei MT (»nahe ist dein Name«) abzuteilen. In 7b erwartet man statt »Wüste der Berge« mit mehreren Hss eine vierte Ortsangabe, nämlich den Norden, hier die Berge (des Libanon).

B. Ps 75 ist schwer einer der üblichen Gattungen zuzuteilen. Am ehesten ist er als aus dem Glauben erwachsenes und eschatologisch ausgerichtetes Triumphlied der nachexilischen Gemeinde, in der die Jahwegetreuen sich als das eigentliche Israel fühlen, anzusprechen. Er trägt die Merkmale des damals üblichen anthologischen Stils (vgl. C).

C. Die versammelte Jahwegemeinde preist – aufzählend – das göttliche Heilswalten, wie es in den hymnischen Geschichtspsalmen und den Volksdankliedern geschieht. Doch befindet sie sich in einer Bedrängnis, in der sie schon lange Ausschau hält nach einem Eingreifen Jahwes. Darum läßt der Psalmist einen Sprecher auftreten, der die prophetische Botschaft vom künftigen Gericht Jahwes ausruft (V. 3f.). Er tut dies in Anlehnung an Hab 2,3: »Eine Offenbarung ist dies noch auf Frist, doch drängt sie zum Ende und täuscht nicht. Wenn sie sich verzögert, warte dennoch darauf! Sicher trifft sie ein, sie bleibt nicht aus!« Wie bei Habakuk ist auch in unserem Spruch vor allem das Gericht an den äußeren

Feinden gemeint. V. 4 bringt den Gedanken vom Weltenchaos ins Spiel (vgl. Is 24,19f.) und will sagen: Wie Jahwe als Schöpfer die Erde gefestigt (1 Sam 2,8; Job 38,4), so wird seine Ordnungsmacht auch im Menschenbereich sich durchsetzen (vgl. Is 24,21). Ab V. 5 übernimmt der Sprecher die Rolle des prophetischen Warners. Wie in Is 14,5; Ez 7,21; Hab 1,13 umgreift der Ausdruck »Gottlose« neben den Bundesbrüchigen in Israel die Weltmächte. Denn das »Recken des Horns« (= Einsatz der eigenen Macht) erinnert deutlich auch an das »Horn« der Gegner Sions in Klgl 2,17; Zach 2,4 (»sie erhoben das Horn wider Juda«); Jer 48,25. Der schwierige V. 7 bezieht sich wohl auf herausfordernde Reden, welche das geschichtliche Gerichtswalten Jahwes leugnen, da alle vier Weltgegenden »gesichert und still daliegen« (Zach 1,11). Das aber ist Trug, denn Jahwe waltet als Richter und verfügt über Erniedrigung und Erhöhung (= 1 Sam 2,7; vgl. Dan 2,21: Gott setzt Könige ab und ein). Das Bild von Jahwes Zornwein, der taumeln macht (vgl. Ps 60,5), ist den Propheten entlehnt (Jer 25,15; 49,12; Ez 23,31; Hab 2,15; Is 51,17) und meint bei ihnen immer das Gericht an Völkern. Die »Gottlosen der Erde« (V. 9) sind nach Ez 7,21 die Heiden. Solches Gericht, das dem »Israel der Gerechten« Freiheit und Macht bringt (11b; vgl. Ez 29,21), weil Jer 48,25: »Abgeschlagen wird Moabs Horn!« (Spruch Jahwes), universale Geltung gewinnt (11a; vgl. Zach 2,4), will das Gottesvolk (vom Sprecher repräsentiert) jubelnd allen Äonen verkünden

D. Die Anfechtung der Gottesgemeinde unseres Psalms gehört immer zum Wege der Pilgerschaft: Gott ist doch allmächtig, warum ist seine Sache in dieser Welt so ohnmächtig? In dieser Situation muß sich der Glaube einerseits im fortwährenden Gotteslob bezeugen und andererseits Gott allem gegenteiligen Anschein zum Trotz die biblisch geoffenbarte Versicherung abnehmen, daß er jeweils und am Ende ein für allemal das letzte Wort der

Geschichte spricht. Scheint dieses auch im Verzuge, so ist es dennoch bereits am Zuge. Denn es ist in der prophetischen Ansage der Gotteszeugen gleichsam schon eingesät in die Furchen der Menschheitsgeschichte. »Die Ankunft des Herrn hat sich genaht – der Richter steht vor der Tür« (Jak 5,8) gilt von jedem Augenblick des nicht umkehrbaren Geschichtsweges des einzelnen und des ganzen Gottesvolkes und damit der Menschheit. Die in Ps 75 anskizzierte Geschichtsschau wird im NT vollmächtig ausgezeichnet durch die Apokalypse des Johannes, z. B. in 14,9f: »Wenn einer das Tier und das Bild anbetet und annimmt das Malzeichen auf seiner Stirne oder Hand, so wird er trinken müssen vom Glutwein Gottes, der ungemischt eingegossen ist in den Becher seines Zorns...« Hier wird uns auch der endzeitliche Sieg des Christkönigs über alle Mächte angesagt (19,15–21). »Er ist der von Gott bestimmte Richter über Lebende und Tote« (Apg 10,42).

Ps 76 (75). Jahwe, Sions Gott, ist Herr der Welt

(1 Dem Chormeister. Mit Saitenspiel.
 Ein Psalm von Asaph. Ein Lied.)

Der bewährte Schutzherr seiner Wohnstatt

2 Kund ist in Juda Jahwe, in Israel ist groß sein Name.

3 Es entstand in Salem sein Gezelt
 und seine Wohnstatt auf dem Sion.

4 Hier zerbrach er des Bogens Blitze,
 Schild und Schwert und Kriegswehr.

5 Umleuchtet warst du, Herrlicher,
 ob der Berge von Beute, die man plünderte.

6 Die mutigen Recken schlummerten ihren Schlaf,
 all die Helden fanden ihre Hände nicht.

7 Vor deinem Drohruf, Gott Jakobs, erstarrten Wagen und Roß.

Der allmächtige Richter der Welt

8 Furchtgebietend bist du,
und wer kann vor dir bestehen, sobald du zürnst?

9 Vom Himmel her machst du das Urteil kund.
Die Erde gerät in Furcht und verstummt,

10 wenn Jahwe sich zum Gericht erhebt,
um alle Gebeugten auf Erden zu befreien.

11 Fürwahr, der Grimm der Menschen bringt dir Lobpreis,
mit dem der Grimmglut entronnenen Rest gürtest du dich.

Huldigung der Getreuen

12 Machet Gelübde und erfüllet sie Jahwe, eurem Gott,
alle rings um ihn her sollen Gaben bringen
dem furchtbar Gewaltigen.

13 Er demütigt die Fürsten,
furchtgebietend ist er den Königen der Erde.

A. Der Anfang von V. 6 »sie wurden geplündert« muß des Metrums und der Sache wegen noch zu V. 5 gezogen werden. Dieser bedarf keiner Korrektur, wiewohl G »Berge der Ewigkeit« übersetzt. Auch V. 11 (Psalterium Pianum: »Noch Edoms Zorn wird dich verherrlichen und Emaths Rest dich feiern«) sollte belassen werden (vgl. C).

B. Ps 76 gehört mit den Ps 46 und 48 zu den Sionsliedern, einer Untergattung der Hymnen. Darin wird der die heilige Stadt schützende Bundesgott als Herr und Richter der Welt gefeiert. Der Psalm ist sicher in erster Linie für den Gottesdienst bestimmt, hat aber keine besondere kultische Begehung zum Anlaß. Sein Verfasser schließt sich in seinen Gedanken und Formulierungen, sicher mit Absicht, an Prophetentexte an (anthologischer Stil).

C. Zum Eingang vgl. Ps 48,2. Salem (vgl. Gen 14,18) ist abkürzender Symbolname für Jerusalem (= Friedensstadt, vgl. Ps 122,6). Die V. 4–7 feiern die Befreiung Jerusalems vor den Assyrern (701 v. Chr.). 4 Kön 19,35 berichtet darüber: »In jener Nacht zog der Engel Jahwes aus. Er erschlug im assyrischen Lager 185000 Mann. Beim Aufstehen am andern Morgen fand man überall Leichen. Da brach Sanherib, der König von Assur, auf, zog heimwärts und blieb in Ninive.« Dieses Heilsereignis blieb über Jahrhunderte hin im Gedächtnis lebendig (vgl. Ps 46; 48; 2 Makk 8,19; Sir 48,21). Unser Psalm beschwört es als Typus alles göttlichen Heilswaltens an Sion. Daran sollen die »Gebeugten«, die sich als der von den Propheten verkündete »Rest« (Is 10,20; 11,11; Am 5,15; Mich 4,7; 5,6; Soph 3,13 u. a.) und damit als Keim des erneuerten Gottesvolkes der Zukunft fühlen, sich aufrichten. Deshalb beschwört V. 8 Stellen wie Dt 7,21; 10,17; Mal 3,2 (»Wer hält bei seinem Erscheinen stand?«); Nah 1,6 (»Wer hält seinem Zorn stand?«), welche die furchtgebietende Macht Jahwes feiern. Nach Zach 1,14 und 8,2 ergießt sich sein Zorn aus Liebe zu Sion über die Völker. Soph 2,3 stellt »allen Gebeugten im Lande« die Errettung aus dem Zorngericht in Aussicht. Unser Psalm erweitert die Perspektive auf eine Befreiung aller Gebeugten auf Erden (V. 10). Der Sinn des umstrittenen V. 11 ist offenbar folgender: Jahwes Überlegenheit wird sich gerade darin erweisen, daß er seine Getreuen dem Ingrimm ihrer Bedränger entreißt (vgl. Is 37,29 ff.), in seinen Zorngerichten sie verschont und ihnen die Bundeshuld erweist, die er nach Jer 13,11 Israel im ganzen zugedacht hatte: »Wie der Gürtel sich den Lenden des Mannes anschmiegt, so wollte ich das ganze Volk Israel und das ganze Haus Juda an mich schmiegen. Sie sollten mein Volk, mein Ruhm, mein Preis und meine Zierde sein, doch sie hörten nicht.« Die Beter unseres Psalms aber gehören zu den Hörenden und wissen sich als die »rings um Jahwe her«, also schon jetzt »als Gürtel ihn umgürtend«. Dafür sollen sie Dankopfer darbringen (V. 12). V. 13 ruft Soph 2,11 ins Gedächtnis: »Furchtbar erweist sich Jahwe wider sie (d. h. die Schmäher des Jahwevolkes, V. 10), alle Götter der Erde läßt er vergehen« (vgl. Is 37,20).

D. Das bei Ps 46 und 48 unter D Gesagte gilt auch für Ps 76. Das Vergangenheit, Gegenwart und Endzeit gläubig umgreifende Lied kann mithelfen, dem Glaubensbewußtsein der immer unter mannigfachen Schwierigkeiten pilgernden Kirche die eschatologische Prägung zu geben, die von der biblischen Offenbarung her gefordert ist, aber im Laufe der Zeiten durch eine überwiegende Betrachtung der Kirche als »Heilsanstalt« stark verwischt wurde. Darüber hinaus gibt der Psalm Anregung, über die Kirche als »Volk der Armen und Gebeugten« nachzudenken, das Macht und Gericht gläubig seinem Herrn überläßt und seine höchste Ehre darin sieht, »rings um ihn her« (V. 12) sein zu dürfen, ihm auch noch im Erleiden dankend das »Gloria in excelsis« zuzusprechen und gleichsam zu seinem »Gürtel« bestimmt zu sein (V. 11).

Ps 77 (76). Die schwere Gegenwart und die Grosstaten Jahwes von einst

(1 Dem Chormeister. Nach der Weise Jedutuns.
Von Asaph. Ein Psalm.)

Klagen und Zweifel

2 Mein Rufen geht zu Jahwe, ja, ich schreie,
mein Rufen geht zu Jahwe, daß er mich höre.

3 Am Tage suche ich bedrängt den Herrn,
des Nachts ist meine Hand unermüdlich ausgestreckt.
Meine Seele will sich nicht trösten lassen.

4 Gedenke ich Jahwes, so muß ich stöhnen,
sinne ich nach, so wird mein Geist ohnmächtig.

5 Du hältst meine Augenlider wach,
ich bin verstört und kann nicht mehr sprechen.

6 Ich überdenke die Tage der Vorzeit,
der Jahre der Urzeit gedenke ich.

7 Ich [murmle] nächtens in meinem Herzen,
  ich sinne nach, es forscht mein Geist:

8 Verwirft der Herr für ewige Zeiten?
  Wird er nie mehr Gnade erweisen?

9 Ist seine Huld für dauernd zu Ende?
  Ist es aus mit dem Heilswort für und für?

10 Vergißt Gott, sich gnädig zu neigen?
   Hält er sein Erbarmen im Zorn verschlossen?

Verheißende Beschwörung der Erlösertaten Jahwes

11 Da sagte ich mir: es besänftigt mich,
   daß des Allerhöchsten Walten sich ändern kann.

12 Ich gedenke der Großtaten Jahwes,
   ja, gedenken will ich deiner früheren Wunder!

13 Ich murmle dein ganzes Walten vor mich hin,
   und über all deine Taten sinne ich nach.

14 Jahwe, heilig ist dein Weg.
   Welcher Gott ist groß wie [unser] Gott?

15 Du bist der Gott, der Wunder tut,
   du hast unter den Völkern deine Macht geoffenbart.

16 Du hast mit deinem Arm dein Volk erlöst,
   die Söhne Jakobs und Josephs.

17 Es erschauten dich die Wasser, Jahwe,
   es erschauten dich die Wasser und bebten,
   ja, es erschraken die Urfluten.

18 Die Wolken gossen Wasser,
   von Donner erdröhnte das Gewölk,
   auch deine Pfeile schwirrten umher.

19 Dein Donnerhall rollte in den Rädern dahin,
   die Blitze erhellten die Welt,
   es erschrak und schwankte die Erde.

20 Durchs Meer ging dein Weg, Jahwe,
   dein Pfad durch gewaltige Wasser,
   doch deine Spuren blieben unsichtbar.

21 Du geleitetest wie eine Herde dein Volk
   durch die Hand des Moses und Aaron.

A. In V. 7 – sein erstes Wort »ich gedenke« gehört noch zu 6 – verlangen der Parallelismus und G S statt »mein Saitenspiel« das graphisch ähnliche Wort »ich murmle«. V. 11 muß dem Stil nach (vgl. Ps 55,7; Job 29,18), der Überlieferung nach (Pausezeichen nach V. 10) und der Stellung im Psalm nach (mittlerer Vers und vor dem sonst völlig abrupt beginnenden hymnischen Teil) einen Übergang darstellen. Darum ist sein Text belassen und der Infinitiv »ändern« nicht perfektisch übersetzt. In V. 14 plädieren G S für »unser (Gott)«.

B. Ps 77 ist ein Lied eigener Art. Sein erster Teil (1–10) ist der Form nach ein individuelles Klagelied. Im 2. Teil (11–21) gewinnt der Psalm hymnischen Charakter. Die Einheit des Liedes erklärt sich aus der besonderen Situation des Psalmisten: Er leidet persönlich schwer unter dem schlimmen Los seines Volkes, ringt sich aber zu neuer Hoffnung durch in der hymnischen Beschwörung des Erlöserwaltens Jahwes am Schilfmeer. In ihm sieht er einen verheißenden Typus des zukünftigen Heils. Der Autor hat seinen Psalm in Anlehnung an andere Schrifttexte (vgl. C) so formuliert, daß er auch an der Kultstätte – dann ist der Sprecher Repräsentant der versammelten Gemeinde – gesungen werden kann. Alles spricht für eine nachexilische, noch hinter Tr-Isaias liegende Abfassung des Psalms.

C. Der Psalmist setzt mit einer eigenwilligen Formulierung ein, die den Schmerz unterstreicht. Seine Untröstlichkeit (vgl. Is 40,1f.) betrifft aber nicht, wie bei einem individuellen Klagelied zu erwarten wäre, irgendeine persönliche Gefährdung, sondern das schlimme Los seines Volkes. Der schreiende Gegensatz zwischen der Helle der Vorzeit (vgl. Dt 32,7ff.) und dem Dunkel der Gegenwart – er ist von Jahwe selbst gesetzt! (vgl. V. 4f.) – wühlt ihn Tag und Nacht auf (vgl. Klagl 3,20). Was aber für Klagl 3,22.31ff. Gewißheit ist, ist für ihn bange Frage wie für Is 63,15: »Wo bleibt dein Eifer und deine Kraft, deines Herzens Wallung und dein Erbarmen?« Aber dann (V. 11) fängt er sich bei dem Gedanken, daß Jahwes Walten sich ändern kann (vgl. Is 52,7f.). Wie Deutero-Isaias vertieft sich der Psalmist in die »erste« Heilszeit des Auszugs aus Ägypten und der

Landnahme und holt sie in hymnischen Aussagen gleichsam herauf in die Gegenwart. Er hat Ex 15,11 im Ohr: »Wer gleicht dir unter den Göttern, Jahwe? Wer gleicht dir strahlend in Heiligkeit, furchtgebietend in Ruhmestaten, Wunder vollbringend?« (V. 14f.). »Heilig« meint hier also »den ganz anderen«, den Unvergleichlichen. Als solcher ist er der Erlösergott, und Israel weiß sich darum für alle Zeiten als das Volk, das er »mit starkem Arm« erlöst hat (Neh 1,10; vgl. Ex 15,12f.). Von V. 17 ab werden das Meerwunder und die Offenbarung am Sinai (unter Blitz und Donner) in ein einziges Bild, das seine Farben dem Mythos vom Götter-Chaos-Kampf entlehnt (ähnlich wie Is 51,9ff. und Hab 3,8ff.), zusammengefaßt, wobei letztere Stelle (eschatologischer Hymnus auf den als Wagenkämpfer dargestellten Bundesgott) sichtlich Pate stand. Der Schlußvers (21) rekapituliert Is 63,11–14 und Mich 6,4.

D. Ps 77 gibt ein großes Beispiel: Das Grundanliegen des Beters ist das Los der Gottesgemeinde im ganzen und hat Vorrang vor den Sorgen um seine persönlich-private Existenz. Hier weht also etwas vom Geist des Vaterunsers und inkarniert sich in solidarischer Mit-Menschlichkeit, wie der Offenbarungsgott sie beständig fordert. Auch für das neue Gottesvolk kommen immer wieder Lagen, in denen der Gegensatz zwischen Einst und Jetzt, aber auch der zwischen Verheißung und Wirklichkeit Schmerz bereitet. Unser Psalm zeigt den Weg zur Bewältigung: In der feiernden Rückschau auf die Heilsereignisse des Anfangs – hier der Heilstaten des Vaters durch und an Jesus (vgl. Gebet nach der Wandlung) – ist uns die Möglichkeit geschenkt, eine Quelle des Vertrauens zu gewinnen und den verborgenen Horizont aller Geschichte neu zu erschauen. Ist doch »Glaube die feste Zuversicht auf das, was wir erhoffen, die Überzeugung von dem, was wir nicht sehen. In ihm haben die Alten (vgl. unseren Psalmisten!) sich ein gutes Zeugnis erworben« (Hebr 11,1f.).

Ps 78 (77). Die Geschichte des Jahwebundes als Lehre und Mahnung

1 (Ein Weisheitsgedicht. Von Asaph.)

Aufruf zur Hörsamkeit gegenüber der Geschichte

Lausche, mein Volk, meiner Unterweisung,
neigt euer Ohr den Worten meines Mundes!

2 Ich will meinen Mund auftun zum Spruch,
will vorbringen Rätsel aus der Vorzeit.

3 Was wir gehört und erfahren,
und was unsere Väter erzählten,

4 das wollen wir vor ihren Söhnen nicht verbergen,
sondern dem späteren Geschlecht erzählen:
die Ruhmestaten Jahwes und seine Macht und seine Wunder,
die er getan.

5 Er stellte eine Satzung in Jakob auf
und gab eine Weisung in Israel,
da er unsern Vätern befahl, sie ihren Söhnen zu künden.

6 Wissen soll es das spätere Geschlecht,
die Söhne, die geboren werden.
Sie sollen aufstehn und es wieder ihren Söhnen erzählen,

7 damit sie auf Jahwe ihre Zuversicht setzen
und die Großtaten Gottes nicht vergessen
und seine Gebote einhalten.

8 Sie sollen nicht ihren Vätern gleichen,
einem trotzigen und widerspenstigen Geschlecht,
einem Geschlecht ohne Herzensfestigkeit,
dessen Geist Gott die Treue nicht hielt.

9 (Ephraims Söhne, als Bogenschützen gewappnet,
wandten sich rückwärts am Tage der Schlacht.)

10 Sie wahrten Jahwes Bund nicht und weigerten sich,
nach seiner Weisung zu wandern.

11 Sie vergaßen seiner Großtaten und Wunder,
die er sie schauen ließ.

Die Heilswunder in Ägypten und in der Wüste

12 Vor den Augen ihrer Väter tat er Wunderzeichen,
im Lande Ägypten, in den Gefilden von Tanis.

13 Er spaltete das Meer und ließ sie hindurchziehen
und staute die Wasser zu einem Wall.

14 Er gab in der Wolke ihnen bei Tage Geleit
und im Feuerscheine die ganze Nacht.

15 Er spaltete Felsen in der Wüste
und tränkte sie mit reichlicher Flut.

16 Er ließ Bäche aus dem Stein entspringen
und Wasser herabfließen in Strömen.

Undank und Unglaube

17 Sie aber fuhren fort, wider ihn zu sündigen,
dem Höchsten zu trotzen in der Öde.

18 Sie versuchten Gott mit ihrem Herzen,
forderten Speise für ihre Gier.

19 Sie redeten wider Jahwe und sprachen:
»Vermag Gott auch in der Wüste den Tisch zu decken?

20 Gewiß schlug er den Felsen,
daß die Wasser flossen und die Bäche strömten.
Aber vermag er auch Brot zu geben
und Fleisch für sein Volk zu beschaffen?«

Strafe und neue Gnade

21 Darum ergrimmte Jahwe, als er das hörte,
Feuer entbrannte wider Jakob,
und Zorn stieg auf gegen Israel,

22 weil sie Jahwe nicht glaubten
und nicht auf seine Hilfe bauten.

23 Dennoch gebot er den Wolken droben,
und die Tore des Himmels tat er auf,

24 ließ Manna auf sie regnen als Speise
und gab ihnen Himmelsnahrung.

25 Das Brot der Starken aß ein jeder,
Zehrung sandte er ihnen zur Sättigung.

26 Er ließ den Ostwind aufbrechen am Himmel
und holte in seiner Macht den Südwind herbei,

27 ließ Fleisch auf sie regnen wie Staub
und wie Sand am Meere gefiederte Vögel.

28 Mitten in sein Heerlager [fielen] sie,
rings um seine Wohnstatt.

29 Sie aßen und wurden völlig satt.
Was sie wünschten, brachte er ihnen.

Verstockung trotz neuer Heimsuchungen

30 Sie ließen von ihrer Gier nicht ab.
Noch hatten sie Speise im Mund,

31 als Jahwes Zorn sich wider sie erhob.
Er verbreitete Tod unter ihren stattlichen Männern
und knickte Israels junge Mannschaft.

32 Trotz alledem sündigten sie weiter
und bauten nicht auf seine Wunder.

33 Da ließ er ihre Tage im Nichts enden,
ihre Jahre in jähem Schrecken.

Bekehrungen ohne Standhaftigkeit in der Gnade

34 Wenn er Tod unter ihnen verbreitete, suchten sie ihn,
kehrten um und fragten nach Gott.

35 Sie dachten daran, daß Jahwe ihr Fels,
der höchste Gott ihr Erlöser war.

36 Doch sie täuschten ihn mit ihrem Mund,
und mit ihrer Zunge logen sie ihm etwas vor.

37 Ihr Herz hielt nicht zu ihm,
und sie waren seinem Bunde nicht treu.

38 Er aber erließ ihnen barmherzig die Schuld
und verhängte keine Vertilgung.
Oftmals hielt er seinen Zorn zurück
und weckte all seinen Grimm nicht auf.

39 Er dachte daran, daß sie nur Fleisch sind,
ein Hauch, der dahingeht ohne Wiederkehr.

40 Wie oft erbitterten sie ihn in der Wüste,
kränkten ihn im öden Land!

41 Immer wieder versuchten sie Gott
und betrübten den Heiligen Israels.

Die Rettungstaten Jahwes in Ägypten

42 Sie gedachten nicht mehr seiner Hand,
des Tages, da er sie vom Bedränger erlöste,

43 da er seine Zeichen wirkte in Ägypten
und seine Wunder auf den Gefilden von Tanis.

44 Er wandelte in Blut ihre Ströme,
auch die Bäche, so daß sie nichts zu trinken hatten.

45 Er sandte ihnen Ungeziefer, sie zu fressen,
und Frösche, um sie zu vernichten.

46 Er gab dem Fresser ihre Ernte preis
und ihrer Mühe Ertrag der Heuschrecke.

47 Er schlug mit Hagel ihre Weinstöcke
und ihre Maulbeerbäume mit Schloßen.

48 Er gab ihr Vieh der [Pest] preis
und ihre Herden den Seuchen.

49 Er sandte unter sie die Glut seines Zorns,
Ingrimm, Wut und Drangsal, eine Schar von Unheilsboten.

50 Er bahnte seinem Zorn einen Weg,
verschonte sie nicht vor dem Sterben,
ihr Leben gab er der Pest preis.

51 Er schlug alle Erstgeburt in Ägypten,
die Erstlinge der Manneskraft in den Gezelten Chams.

52 Er ließ Schafen gleich aufbrechen sein Volk
und geleitete es wie eine Herde in der Wüste.

53 Er leitete sie sicher, sie brauchten nicht zu bangen,
das Meer deckte ihre Feinde.

Das Gelobte Land – Land der Untreue

54 Er brachte sie in sein heiliges Gebiet, zu diesem Berge,
den seine Rechte sich erworben.

55 Er vertrieb vor ihnen die Völker, verloste sie als Erbteil
und ließ in ihren Zelten die Stämme Israels wohnen.

56 Doch sie versuchten und erbitterten Jahwe, den Höchsten,
und hielten seine Satzungen nicht.

57 Sie wurden abtrünnig und bundesbrüchig wie ihre Väter,
wandten sich zurück wie ein tückischer Bogen.

58 Sie weckten seinen Ärger mit ihren Höhen,
sein Eifern mit ihren Götzen.

Die Heimsuchungen der Richterzeit

59 Jahwe nahm es wahr und wallte zornig auf,
   verwarf mit Schärfe Israel.

60 Er zerschlug die Wohnstatt in Silo,
   das Zelt, das er aufgeschlagen hatte unter den Menschen.

61 Er gab sein Machtpalladium in Gefangenschaft,
   seine herrliche Lade in Feindeshand.

62 Er gab sein Volk dem Schwerte preis,
   wallte zornig auf gegen sein Erbe.

63 Feuer fraß dessen junge Mannschaft,
   und seinen Jungfrauen ward kein Brautlied gesungen.

64 Seine Priester fielen durchs Schwert,
   und ihre Witwen hielten Totenklage.

Neue Gnade in der Erwählung Davids und des Sion

65 Da erwachte vom Schlafe der Allherr,
   wie ein Recke, der vom Weinrausch ernüchtert.

66 Er schlug seiner Feinde Rücken
   und gab sie ewiger Schande preis.

67 Er verwarf das Zelt Josephs,
   erwählte nicht den Stamm Ephraim.

68 Er erwählte den Stamm Juda,
   den Berg Sion, den er liebte.

69 Er erbaute wie [Himmelshöhen] sein Heiligtum,
   wie die Erde, die er für ewig gegründet.

70 Er erwählte David, seinen Knecht,
   und nahm ihn von den Hürden der Schafe weg.

71 Von den Muttertieren holte er ihn fort,
   daß er weide Jakob, sein Volk, und Israel, sein Erbe.

72 Er weidete sie mit lauterem Herzen
   und geleitete sie mit kluger Hand.

A. Der Psalm ist textlich gut überliefert. V. 9 ist entweder verderbt oder – viel wahrscheinlicher – eine Glosse, die in Anlehnung an V. 67 und vielleicht auch im Blick auf das nachexilische samaritanische Schisma (vgl. Zach 11,14) schon an dieser Stelle dem Nordreich die Hauptschuld zuschieben möchte. Im übrigen ist die Anspielung schwer deutbar. In V. 28 ist mit G S Hie »fallen« nicht »fallen lassen« (MT) zu lesen. In V. 48 lies statt »Hagel« das konsonantisch verwandte »Pest« (1 Hs, Symm.). In V. 69 ist »wie hohe« (MT) bei Belassung des Konsonantenbestandes in »wie Himmelshöhen« zu verbessern (vgl. Ps 148,1; Job 16,19).

B. Dieser Geschichtspsalm begreift sich selbst als »Lehrpsalm« (V. 1 f.). Er bewegt sich, obwohl er vornehmlich J E als Materialquellen benützt, ganz in der Linie der »prophetisch« geprägten deuteronomistischen Geschichtsschreibung. Sein Mutterboden ist die »theologische Weisheit« der Nachexilszeit, die in den »Worten« Jahwes – Wort als Sprachwort und zugleich als Tatwort verstanden (vgl. Dt 4,9: »Vergiß nicht die ›Worte‹, die deine Augen schauten!«) – den Zuspruch der Weisheit sucht. Ein solcher Psalm kann die Funktion einer Lehrpredigt am Kultort (Tempel und Synagoge) wie auch im Kreis der schriftbeflissenen Weisheitsschüler übernehmen. In der Gegenüberstellung Juda (Jerusalem) – Ephraim (Samaria) spiegeln sich wohl die nachexilischen Auseinandersetzungen zwischen den Judäern und Samaritanern. In David den Gipfel des Bundes zu sehen und zu feiern, bezeugt eine geistige Nähe des Psalmisten zum Verfasser der Chronikbücher.

C. Der Psalmist beginnt wie ein Weisheitslehrer (vgl. Spr 3,1; 4,2). Die Quelle der Weisheit ist für ihn die Offenbarung, in diesem Falle die überlieferte Heilsgeschichte. Deren Hauptereignisse mußten immerfort »den Kindern und Kindeskindern« (Dt 4,9) »erzählt« werden (V. 4–7; vgl. Dt 6,7; 32,7). Dazu gehören die Wunder des Auszugs (Ex 10,2), aber auch der Bundesschluß vom Sinai (V. 7: »Gebote«, V. 10: »Bund« und »Weisung«). Hier erweist sich der Einfluß des Deuteronomiums, das die Sprache und die Gedanken unseres Psalms sichtlich geprägt hat. Typisch dafür ist auch, daß die »Lehre aus der Geschichte« erhoben und verkündet werden soll, wie dies fortlaufend in der deuteronomistischen Geschichtsschreibung (vorab in 3 und 4 Kön) geschieht. Die schriftlich und mündlich überlieferten Erzählungen aus der Frühzeit Israels geben dem Psalmisten reichlich Stoff, um einerseits die unbegreifliche Liebe des Bundesgottes ins rechte Licht zu rücken und andererseits die schweren Schatten einzuzeichnen, welche die jeweilige Antwort Israels auf die großen Initiativen Jahwes charakterisieren. Die Ereignisse selbst, die im Psalm beschworen werden, sind meist sogar aus unseren Schulbibeln bekannt und bedürfen keiner ausführlichen Kommentierung, mit Ausnahme weniger Details: 1. Tanis (V. 12 und 43) ist eine große Stadt in Unterägypten (Is 30,4), die im Pentateuch nicht erwähnt wird. 2. Das den Israeliten unbekannte (vgl. Dt 8,3) Manna (= erhärteter Ausfluß der Mannatamariske) ist hier (V. 25) poetisch als »Brot der Starken« (= Engel, Ps 103,20), d. h. als Himmelsbrot (vgl. Weish 16,20) bezeichnet. 3. Das mit dem Wind herbeigebrachte Fleisch meint die Wachtelspende von Ex 16,13 und Num 11,31. 4. Die ägyptischen Plagen, die in V. 42 ff. mit dem Mittel der Rückblende eingeblendet werden, sind auf sieben reduziert und nicht in der gleichen Reihenfolge wie in Ex 7–10 gebracht. 5. Die Vernichtung Silos (V. 60), des Zentralheiligtums der zwölf Stämme in der Richterzeit, wird nur hier klar bezeugt. Vom Raub der Bundeslade durch die Philister berichtet 1 Sam 4. Das »fressende Feuer« in V. 63 meint den göttlichen Zorn, der sich in schweren Kriegsverlusten anzeigte. V. 64 spielt auf den Tod der Söhne des Oberpriesters Heli an (1 Sam 4,11). 6. V. 65 ff. vergegenwärtigt in einem kühnen Bilde – solche Bilder haben in der Bibel die Funktion der Illustrierung des göttlichen Tuns, nicht des Seins Gottes! – die unerwartete Wendung der Philisternot, die mit der Erwählung des Judäers David zum König über Gesamtisrael unlösbar zusammenhängt.

D. Ps 78 hat auch dem neubundlichen Gottesvolk eine wesentliche Botschaft zu bestellen bzw. in Erinnerung zu rufen. Zunächst diese: Die Heilsgeschichte selbst ist Wort und Aussage Gottes, die gehört werden kann und muß.

Zum Credo gehören darum nicht nur »Lehren«, sondern auch Gottes Taten. Petrus und die Apostel bekannten darum unter Hinweis auf die Auferweckung Jesu und seine Erhöhung durch den Vater: »Wir sind Zeugen für diese ›Worte‹ (= Heilsereignisse)« (Apg 5,32; vgl. 13,42). Eine weitere Botschaft von Ps 78 ist folgende: Der Bund Gott–Gottesvolk ist eine Heilssphäre, die dem Gott zugewandten Bundespartner Leben und Lebenswachstum verbürgt. Folgerichtig wird die Abkehr von Gott Abkehr vom Heil und Hinkehr zum Unheil. Diese Abwendung erscheint unter mannigfachem Titel: 1. Vergessen der Heilstaten des liebenden und getreuen Gottes (V. 7; 11; 42); 2. Unglaube und Unvertrauen (V. 19–22), also das Gegenteil von »sich festmachen in Gott« (= hebr. Wort für glauben, V. 22). 3. Die Gier der Trieberfüllung (V. 18; 30), Ursache auch des in V. 58 gerügten Baalsdienstes. 4. Die »Schizophrenie« von Lippen und Herz, Konfession und Leben (V. 34–37).

Dem allem gegenüber tritt um so mehr ins Licht die Bundesliebe des göttlichen Bundespartners (V. 38f.), der »ein barmherziger und gütiger Gott ist, langmütig und reich an Bundeshuld und Treue« (Ex 34,6). Hinter seinen Gerichten steht das Bemühen um die »Umerziehung« seines Volkes. Sein bundeswilliges »Ja« weicht nicht dem bundesbrüchigen »Nein«. Er gibt seinen Heilsplan nicht auf. Dieser gewinnt in Ps 78 seine Kulmination im Heilskönig David. Aber David ist der Typus jenes kommenden Heilbringers – auch für den Psalmisten, vgl. Ez 37,24f. –, der nach dem NT das endgültige Geschichtswort Gottes ist (2 Kor 1,19f.; Hebr 1,1f.; Apk 3,14). Auf ihn und sein Volk sind die Sionsverheißungen übergegangen (V. 68f.), von ihm gilt im höchsten Wortverstand: »Er weidet sein Volk mit lauterem Herzen und geleitet es mit kluger Hand« (V. 72; vgl. Mt 18,12–14; Jo 10,1–28; Hebr 13,20; 1 Petr 2,25; 5,4). Sein Hirtentum führt zur Mannagabe im neuen Äon (Apk 2,17).

Ps 79 (78). Volksklage vor Jahwe über die Verwüstung der Gottesstadt

1 (Ein Psalm von Asaph.)

Klage

Jahwe, die Heidenvölker sind in dein Eigentum eingedrungen,
sie haben deinen heiligen Tempel entweiht,
Jerusalem in Trümmer gelegt.

2 Sie gaben die Leichen deiner Knechte
den Vögeln des Himmels zum Fraß,
das Fleisch deiner Getreuen dem Getier der Erde.

3 Sie vergossen deren Blut wie Wasser rings um Jerusalem,
und niemand begrub.

4 Wir sind unsern Nachbarn zum Schimpf geworden,
zum Spott und Hohn den Umwohnern.

Bitten

5 Wie lange, Jahwe, willst du zürnen? Auf die Dauer?
Wie lange soll dein Eifern wie Feuer brennen?

6 Gieße deinen Grimm auf die Heidenvölker aus,
die dich nicht anerkennen,
auf die Reiche, die deinen Namen nicht anrufen!

7 Denn sie haben Jakob gefressen und seine Heimat verwüstet.

8 Rechne uns nicht die Schuld der Vorfahren an!
Schnell soll dein Erbarmen uns entgegenkommen!
Wir sind ja so schwach!

9 Hilf uns, Gott unseres Heils,
um der Herrlichkeit deines Namens willen!
Errette uns und vergib unsere Sünden deines Namens wegen!

10 Warum sollen die Heidenvölker sagen:
»Wo ist denn ihr Gott?«
Vor unsern Augen werde unter den Heidenvölkern
offenbar die Rache für das vergossene Blut deiner Knechte!

11 Vor dein Angesicht dringe das Stöhnen der Gefangenen!
Kraft deines starken Armes erhalte die Todgeweihten!

12 Zahle siebenfach unsern Nachbarn
in den Schoß zurück den Schimpf,
den sie dir angetan, o Herr!

Dankgelübde
13 Wir aber sind dein Volk, die Herde deiner Weide,
wir wollen dankend dir lobsingen auf ewig,
von Geschlecht zu Geschlecht deinen Ruhm verkünden!

A. Der Text ist sehr gut überliefert. MT und alte Übersetzungen weichen nur in Kleinigkeiten voneinander ab.

B. Ps 79 ist ein Volksklagelied, das offenbar für den Kult an einem der in Notzeiten ausgerufenen Bußtage verfaßt ist. Das Metrum ist sehr uneinheitlich, und manche Verse des Psalms ähneln auffallend anderen Psalmtexten (4/44,14; 5/89,47; 8/142,7; 10a/115,2; 11a/102,21; 13a/100,3). Dies alles gibt der Vermutung Raum, daß der Psalm in seiner jetzigen Form überarbeitet ist. Sein historischer Hintergrund ist darum umstritten. Doch kommt am ehesten (vgl. C) die Zeit nach der großen Katastrophe von 587/586 in Frage (wie bei Ps 74). Wahrscheinlich hat aber der stark vom Jeremias-Buch beeinflußte Psalm bei ähnlichen späteren Anlässen, zuletzt in der Makkabäerzeit (vgl. Ps 74), aktualisierende Adaptationen erfahren. In 1 Mkk 7,17 wird V. 2f. zitiert.

C. Israel ist Jahwes »Erbe« bzw. »Eigentum« (Dt 4,20; 9,26). Die schlimmste Katastrophe für das Gottesvolk ist die Schändung des Jahwetempels (vgl. Klagl 1,10; Is 63,18). Es ist eingetreten, was Mich 3,12 (um 700 v. Chr.) ankündigte: »Der Sion wird umgepflügt wie ein Feld, Jerusalem zertrümmert, zur Waldeshöhe der Tempelberg« (= Jer 26,18). Besonders schwer – die Ruhe der Toten in der Unterwelt ist nach damaliger Auffassung nur durch ein Begräbnis des Leichnams garantiert (vgl. Am 2,1 und die Bestattungspflicht auch für Hingerichtete Dt 21,23) – drückte auch das Eintreffen von Jer 7,33: »Die Leichen dieses Volkes da dienen den Vögeln des Himmels und dem wilden Getier zum Fraß, und niemand verscheucht sie« (vgl. 14,16). Das alles ruft den Hohn und Spott der Nachbarvölker auf den Plan (V. 4; Jer 19,8). So kommt es in V. 5 zur für die Klage typischen Frage an Gott (vgl. Ps 13,2; 74,1; 89,47). Die Bitte um Ablenkung des göttlichen Zorns auf die Heiden (V. 6) und die

Begründung dazu stimmt fast wörtlich mit Jer 10,25 (nicht von Jeremias) überein. Das »Nicht-Kennen« und »Nicht-Anrufen« Jahwes meint wohl wie in Ex 5,2 einen verschuldeten Mangel. Die betende Gemeinde hält weder die Väter noch sich selbst für unschuldig (V. 8f.) und beruft sich darum nur auf das göttliche Erbarmen und das Mitleid mit der Hinfälligkeit des Volkes (wie der Prophet Amos in 7,2.5). V. 9 nimmt auf Ez 20,44 (Heilshandeln Jahwes um seines Namens willen) Bezug und findet in V. 10a seine Erläuterung (vgl. Joel 2,17; Dt 9,28). Die Bitte um Rache in V. 10b teilt diesen Eifer um die Ehre Jahwes. V. 11 setzt die Todesgefahr für viele Gefangene voraus. V. 12 fleht um den siebenfachen, d. h. vollkommenen »Lohn« – man entlohnte oft mit Naturalien, die man in den hingehaltenen Gewandbausch legte – für die Nachbarvölker, die sich bei der Katastrophe von 587 besonders feindselig gezeigt hatten (Ammon, Moab, Edom, vgl. Ez 25). In Anlehnung an Jer 23,1 (vgl. Ez 34,31) nennt sich die Gemeinde »Herde der Weide Jahwes«, d. h. Herde, die Jahwe weidet (V. 13), und gelobt ewigen Dank für die künftige Befreiung.

D. Die Gerichtswünsche in V. 6 und 12 scheinen mit dem Geist des NT schlecht vereinbarlich. Sicher hat Jesus mit seinem Gebot: »Betet für die, welche euch verfolgen!« (Mt 5,44), und seinem Beispiel am Kreuz (Lk 23,34) die altbundliche Stufe der »Flüche« weit hinter sich gelassen. Aber dieses Gebet für die Feinde bezieht sich auf die persönlich-individuelle Begnadigung vor dem Richterstuhl Gottes, keineswegs jedoch auf das irdische Gedeihen der Feindmächte. In Apk 6,10 rufen denn auch die um Gottes willen Hingemordeten: »Wie lange noch, du heiliger und wahrhaftiger Herr, richtest du nicht und rächst nicht unser Blut an den Bewohnern der Erde?« Das ist ein deutliches Echo zu V. 5 unseres Psalms, und Apk 16,6 greift ähnlich auf V. 3 zurück. Wenn V. 6 und 12 als (aus einer Notwehrsituation der Glaubens- und Lebensexistenz des Gottesvolkes formulierte) Bitten um Entmachtung der Verfolger verstanden werden, wird Ps 79 für die Kirche, die in manchen Gliedkirchen sich einer ähnlichen Situation wie die altbundliche Gottesgemeinde unseres Psalms gegenübersieht, ein gutes Gefäß ihres Flehens. Denn der Schwerpunkt des Psalms liegt auf der Anrufung des unverdienten Erbarmens Gottes (V. 8–9). Hier wird der Blick dafür aufgetan, daß der Vorfahren Schuld und die eigenen Sünden den Raum des beklagten Unheils mitbereiteten. Es gibt einen hintergründigen Zusammenhang alles Bösen in der Welt. Wenn sogar unser Psalm dessen eingedenk ist, sollten es die Christen erst recht sein und nie mit der pharisäischen Versuchung spielen: »Hier Lauterkeit, dort Bosheit.«

Ps 80 (79). Gebet zu Jahwe als dem Hirten Israels um Wiederherstellung des Gottesvolkes

(1 Dem Chormeister. Nach »Lilien«. Ein Zeugnis.

Bitte um Jahwes machtvolles Eingreifen

2 Hirt Israels, lausche,
 der du Joseph leitest wie eine Herde,
 der du auf den Kerubim thronst, erscheine glanzvoll

3 vor Ephraim, Benjamin und Manasse!
 Wecke auf deine Heldenmacht
 und komme zu unserer Rettung!

4 Jahwe [der Heerscharen], stelle uns wieder her.
 Laß dein Antlitz leuchten, so sind wir gerettet!

Klage über die Not des Volkes

5 Jahwe (–) der Heerscharen,
 wie lange zürnst du noch trotz dem Beten deines Volkes?

6 Du speisest es mit dem Brote der Tränen
 und tränkst es mit Tränen, Krug um Krug.

7 Du machst uns zum Zankapfel für unsere Nachbarn,
 und unsere Feinde spotten unser.

8 Jahwe der Heerscharen, stelle uns wieder her!
Laß dein Antlitz leuchten, so sind wir gerettet!

Das frühere Heilswalten Jahwes

9 Einen Weinstock hobst du in Ägypten aus,
vertriebst Völker und pflanztest ihn ein.

10 Du hast ihm einen Platz gerodet,
er schlug Wurzeln und überwuchs das Land.

11 Berge wurden von seinem Schatten bedeckt,
von seinen Ranken Gottes Zedern.

12 Seine Rebzweige streckte er bis zum Meer,
bis zum Euphrat seine Schößlinge.

Die schwere Gegenwart

13 Warum hast du seine Ummauerung eingerissen,
daß ihn abpflückt jeder, der des Weges kommt?

14 Der Eber aus dem Wald frißt ihn kahl,
das Getier des Feldes weidet ihn ab.

Erneutes Bitten

15 Jahwe der Heerscharen, kehre doch wieder!
Blicke vom Himmel herab und schaue
und nimm dich dieses Weinstocks an!

16 Beschütze ihn, den deine Rechte gepflanzt!
(Und den Sohn, den du dir großzogst!)

17 Sie haben ihn im Feuer verbrannt wie Kehricht.
Mögen sie vor deinem zürnenden Anblick vergehen!

18 Deine Hand walte über dem Mann deiner Rechten,
über dem Menschensohn, den du dir großzogst!

Dankgelübde

19 Wir aber wollen nicht von dir weichen!
Lasse uns aufleben, so werden wir deinen Namen ausrufen!

20 Jahwe der Heerscharen, stelle uns wieder her!
Laß dein Antlitz leuchten, so sind wir gerettet!

A. In V. 4 ist mit S um des Metrums willen der volle Jahwetitel vorauszusetzen, wie in 5 das dazwischengeschobene »Gott« zu streichen ist. 16b ist metrisch und gedanklich überschüssig und als Glosse (von V. 18 genommen) zu werten.

B. Ps 80 ist ein Volksklagelied, das in der Refrainbitte von
V. 4, 8, 15, 20 seinen besonderen Akzent setzt. In der dabei gebrauchten feierlichen Anrede Jahwes wie auch in der Einblendung seines früheren Heilswaltens (V. 9–12) ist das übliche Vertrauensmotiv einbeschlossen. Der historische Hintergrund des Psalms ist umstritten. Zumeist glaubt man der betonten Nennung der Nordstämme nur gerecht werden zu können, wenn man den Psalm in den Jahren nach der Zerstörung des Nordreiches (722 v. Chr.) oder wenigstens in der Regierungszeit des Königs Josias von Juda (639–609) ansetzt, der den Versuch machte, den alten Zwölfstämmeverband wiederherzustellen. Aber die Analyse des Psalms (vgl. C), der spätestens ab V. 9 ganz Israel im Auge hat, plädiert stark für ein frühnachexilisches Datum. Die eben wiedererstandene judäische Jahwegemeinde mußte sich der Verheißung Ez 37,15 ff. (vgl. Os 2,2) erinnern, wonach Juda und Joseph einmal wieder das eine Volk Israel bilden dürfen. Diese Erwartung lebendig zu halten und in den Bußgottesdiensten im Wort vor Gott zu tragen, dürfte die Aufgabe unseres Psalms gewesen sein. Der Verfasser des Psalms erweist sich in ihm als schriftkundiger, vorab den Propheten geistig verbundener Sänger.

C. »Wohlan, ich selbst will meine Schafe suchen und für sie sorgen.« So eröffnet Jahwe in Ez 34,11 seine Hirtensorge für das zerstreute Gottesvolk. Unser Psalmist wendet diesen Zuspruch zum Gebet. Sein Anliegen ist die Wiederherstellung Israels zum vereinigten Reich. Darum werden die an Juda anschließenden Nordstämme – es sind zugleich die Stämme der Rachel, die Jer 31,15 als Mutter des verwaisten Nordreichs die Heimkehr der Söhne ersehnt – besonders genannt. Ihr Gebiet lag damals also im Dunkel der Bedrängnis und wartete auf den Lichtglanz Jahwes, wie Is 8,22 f. von Galiläa gesagt wird. Der Ruf: »Wecke deine Heldenmacht!«, ruft Is 51,9 ff. in Erinnerung, wo Jahwe auf solches Rufen eine zusagende Antwort gibt. Der Titel »Jahwe der Heerscharen«, den der Psalm so gern verwendet (4.5.8.15. 20), spricht Gott jene universale Souveränität zu, die eine Erhörung der großen Bitte vermag. Freilich »raucht« Jahwe (sein Zorn!) bislang noch trotz alles Flehens (V. 5), und Tränen sind Israels »Speise und Trank« (vgl. Ps 42,4; 102,10), und dies nicht zuletzt durch den Hohn der Nachbarvölker (vgl. Ps 79,4). Darum beschwören 9–12 Jahwes früheres Heilswalten in einem Bild, das Is 5,1–7 (das Weinberglied), Os 10,1 (Israel als üppiger Weinstock), Jer 2,21 (Israel als von Jahwe gepflanzte Edelrebe) aufnimmt. V. 12 spielt dabei auf das Imperium Davids und Salomons an, dessen Einflußzone bis zum mittleren Euphrat ging (vgl. 3 Kön 5,1). Die Klagen und Bitten von V. 13ff. verbleiben im Gleichnis, geben aber den Durchblick frei auf die schon Is 5,5f. (»Wegreißen will ich seinen Zaun..., zerbrechen seine Mauer...«) angesagte Zerstörung. Von Is 5,7 her (»Der Mann Juda ist deine wonnevolle Pflanzung«) erklärt sich auch V. 18. Hier ist »Mann« und »Menschensohn« (vgl. Dan 7,13.22.27) kollektiv gemeint, wie auch der Glossator von V. 16 bezeugt. Der Psalmist nimmt also hier Ex 4,22; Os 11,1; Jer 31,20 (Israel bzw. Ephraim als Sohn Jahwes) auf (vgl. Is 1,2). Der Vers ist freilich so formuliert, daß er zugleich das Haupt des Gottesvolkes – zur Zeit der Abfassung des Psalms wohl Serubbabel (um 520 v. Chr.) oder auch Nehemias (um 450) oder Esra (um 400), später den erwarteten Messias – in die Bitte mit einschloß. V. 19 bringt die gelobte Antwort auf Gottes erbetene Gnade: Treue zu ihm und Rühmung seines Namens vor aller Welt.

D. Die in Ps 80 ins Gebetswort gefaßte Situation Israels ist dem Neuen Bund und seinem Gottesvolk nicht fremd. Das Christentum verliert geographisch und geistesgeschichtlich immer wieder Boden, manchmal mehr, als es gewinnt. Am schlimmsten aber ist seine Zerspaltenheit. Wo die Christen das selbst nicht besonders schmerzlich empfinden, bringen die Stimmen der Nichtchristen über das Christentum es immer neu ins Bewußtsein. Wer Jesus und sein Werk wirklich liebt, muß von tiefem Schmerz über diese von allen, die seinen Namen tragen, mitverschuldete Lage erfüllt sein. In dieser Not kann sich Ps 80 als »ökumenisch« durchstimmtes Gebet aller christlichen Konfessionen ansiedeln. Denn die Wiederherstellung der ursprünglichen organischen – nicht uniformen! – Einheit kann letztlich nur Gott bewirken bzw. Jesus, der sich als den mit der Hirtenschaft Jahwes Betrauten bezeugte (Mt 18,12–14; Lk 15,4–7; Jo 10,1–28), der »große Hirt der Schafe« (Hebr 13,20), der »Hirt der Seelen« (1 Petr 2,25). Zu ihm blicken wir als neubundliche Beter von Ps 80 hin und erbitten von ihm die Vollverwirklichung des Weinstockgleichnisses (Jo 15,1–6) in der ganzen Welt.

Ps 81 (80)
Lobgesang und Lehrpredigt im Festkult Jahwes

(1 Dem Chormeister. Nach githitischer (?) Weise. Von Asaph.)

Aufruf zum Festjubel

2 Jauchzet Jahwe zu, unserem Hort,
umjubelt den Gott Jakobs!

3 Hebt an zum Spiel, schlaget die Pauke,
die liebliche Leier samt der Harfe!

4 Stoßt beim Neumond in die Posaune,
beim Vollmond, am Tag unseres Festes!

5 Denn so ist es Satzung für Israel,
Rechtsordnung für Jakobs Gott.

6 Er legte es fest als Bestimmung in Joseph,
da er gegen das Land Ägypten zog.

Der Bote mit der Gottesbotschaft

Eine Stimme, mir unvertraut, vernehme ich:

7 »Ich habe seinen Schultern die Bürde abgenommen,
seine Hände kamen los vom Lastkorb.

8 In der Drangsal riefst du zu mir, und ich machte dich frei,
ich antwortete dir im Donnergewölk,
ich prüfte dich am Haderwasser.

9 Höre, mein Volk, daß ich dich ermahne!
  Israel, daß du doch auf mich hörtest!
10 Keinen andern Gott darf es bei dir geben,
   und keinen fremden Gott darfst du anbeten!
11 Ich bin Jahwe, dein Gott,
   der dich aus dem Lande Ägypten herausführte.
   Öffne weit deinen Mund, und ich will ihn füllen!
12 Aber mein Volk hörte nicht auf meine Stimme,
   und Israel willfahrte mir nicht.
13 So überließ ich sie der Verstockung ihres Herzens,
   sie wanderten nach ihren Plänen.
14 O daß doch mein Volk auf mich hörte!
   Daß Israel auf meinen Wegen wanderte!
15 In Kürze würde ich seine Feinde niederzwingen
   und meine Hand wider seine Bedränger kehren.
16 [Seine] Hasser müßten ihm huldigen,
   und ihr Los währte ewig.
17 [Ich] würde es nähren mit des Weizens Mark,
   aus dem Felsen mit Honig dich sättigen«.

A. In V. 16 ist »Jahwe« in einem Gottesspruch unwahrscheinlich (wenn auch nicht ausgeschlossen!). »Ihm« bezieht sich dem Zusammenhang nach auf Israel (vgl. Ps 18,45; Dt 33,29). Darum wird »Jahwe« Mißdeutung eines ursprünglich (possessiven) *Waw* sein. Diese hatte auch die unplausible Lesart »er wird nähren« in V. 17 zur Folge.

B. Ps 81 ist nicht ohne weiteres den üblichen Gattungen einzuordnen, obwohl er der Form nach nicht allein steht (vgl. Ps 95 und auch Ps 50). Er ist aus zwei deutlich unterschiedenen Teilen, einem Hymnus (1–6 b) und einer prophetischen Gottesrede (6 c–17) zusammengesetzt. Dieser Tatbestand ist nicht durch eine nachträgliche Komposition zweier ursprünglich selbständiger Psalmen zu erklären, sondern durch den kultischen Rahmen des Psalms. Der Hymnus verweist nämlich auf die Feier des Laubhüttenfestes (vgl. C), gab aber auch ein geeignetes Formular für jede andere große Festfeier ab. Bei solchen Festversammlungen hatten, wie das Deuteronomium zeigt und Neh 8,18 für das Laubhüttenfest eigens bezeugt, die Verkündigung des Gottesrechts und die Mahnpredigt einen festen liturgischen Platz. Öfters haben auch die Propheten einen solchen Anlaß für die Ausrichtung ihrer Botschaft benützt (vgl. Am 5,21 ff; 7,10; Is 1,10 ff. u. a.). Der Verfasser unseres Psalms hat für eine solche Wortverkündigung im Kult die Gottesrede auf der Basis entsprechender Offenbarungstexte verfaßt und einem Sprecher zugedacht, der nach dem Aufruf der Festversammlung und der Leviten zur hymnischen Feier das Wort Gottes zu Gehör zu bringen hatte. Zeitlich ist der Psalm nach dem Deuteronomium und nach Jeremias, also vielleicht erst in nachexilischer Zeit anzusetzen. Die Nennung Josephs (V. 6) weist nicht auf nordisraelitische Herkunft, sondern erinnert daran, daß die Festversammlung in Jerusalem als Idealrepräsentation des alten Zwölfstämmebundes zu verstehen ist.

C. Der Psalm beginnt als Hymnus mit der »klassischen« Aufforderung zum Lobpreis (vgl. Ps 29 u. a.). Die Situation wird gut illustriert durch Berichte des Chronisten über Festjubel und Tempelmusik in Esdr 3,10 und 2 Chr 5,12 ff. Das hier vorausgesetzte Fest ist nach V. 4 und der jüdischen Überlieferung das Laubhüttenfest, dessen Festkreis nach Num 29 mit dem Neumond des siebten Monats als einer Art Vorfest eingeleitet wurde und das (nach der Feier des Versöhnungstages am »10. VII.« jüdischer Zählung) am Vollmondtag (»15. VII.«) voll einsetzte und eine Woche lang gefeiert wurde. Ursprünglich ein Herbstlesefest, wurde es später mit der Erinnerung an die gnädige Führung Jahwes in der Wüste verbunden, behielt aber den Charakter des fröhlichsten Festes Israels bei. Von ihm heißt es Lev 23,41: »Ihr sollt es als ein Fest Jahwes sieben Tage lang feiern. Es ist dies eine ewige Satzung für eure Geschlechter.« Daran erinnert V. 5f. In den Festversammlungen wurde auch das Gottesrecht der Bundescharta ausgerufen. Darum tritt in 6c ein Sprecher auf, der die Gottesrede V. 7–17 als prophetischen Botenspruch, der nicht aus Eigenem kommt und in keinem menschlichen Wort gründet, vorzutragen hat.

Zuerst ruft Jahwe seine Erlösungstat am Fronvolk Israel in Ägypten in Erinnerung (V. 7, vgl. Ex 5,15 ff. und 6,6). Damals hörte nach Ex 3,7 f. und 6,5 Jahwe das Schreien und Stöhnen der Seinen. Die »Antwort im Donnergewölk« meint sowohl die hilfreiche Gegenwart in der Wolkensäule am Schilfmeer (Ex 13,21; 14,19 f.) wie die Bundesoffenbarung am Sinai (Ex 19,16 ff.). Die Prüfung am »Haderwasser« (Meriba) ruft Num 20,2–13 (Wasserspende aus dem Felsen, Ex 17,7) in Erinnerung. Solches Erlöserwalten des Bundesgottes erheischt eine bundeswillige Antwort der Erlösten (V. 9). Gemeint ist die Befolgung der Bundesweisung des Zehngebots, von dem als Teil für das Ganze das erste Gebot zitiert wird (Ex 20,3; Dt 5,7). Auch das »Evangelium« der Charta, die Selbstvorstellung Jahwes als Erlösergott (Ex 20,2; Dt 5,6), wird als wesenhaft dazugehörig verkündet (V. 11). Ihr zugleich verheißender Charakter wird durch 11c (Zusage des Segens in der Erfüllung aller Bedürfnisse) unterstrichen. Doch Israel hat damals schon (vgl. Dt 9,7 f.) und immer wieder Weisung und Verheißung Jahwes in den Wind geschlagen. »Sie hörten nicht und neigten ihr Ohr nicht, sondern wanderten nach eigenen Plänen, in der Verstocktheit ihres bösen Herzens« (Jer 7,24 = V. 12 f., vgl. Jer 11,8 u. a.; Dt 29,18). Diese Schelte wird in V. 14–17 mit einem Heilsangebot verbunden, das, wie oft bei den Propheten, eine Umstimmung und Bekehrung hervorrufen soll. Es ist vergleichbar mit Is 48,17 f.: »Also spricht Jahwe, dein Erlöser, der Heilige Israels: ›Ich bin Jahwe, dein Gott, der dir zum Nutzen Lehren erteilt, der dich auf den Weg führt, den du zu gehen hast. O hättest du doch meine Gebote beachtet, so wäre dein Glück wie ein Strom und dein Heil wie die Wogen des Meeres!‹« Der Schlußvers beschwört Dt 32,13: »Jahwe nährte sein Volk mit des Gefildes Ertrag, mit Honig aus dem Felsen, mit Öl aus dem Kieselgestein säugte er es« (Anspielung auf die Bienenwaben in den Felsen und die Ölbäume zwischen hartem Gestein).

D. Der hymnische Teil des Psalms bringt uns in Erinnerung, daß die liturgische Feier ein »Fröhlichsein vor Gott« (vgl. Lev 23,40; Dt 16,11.14 u. a.) bedeutet. Wo also die anteilnehmende Freude durch bloßes – bemühtes und mühseliges – Pflichtbewußtsein ersetzt ist, da ist nicht mehr »Gottesdienst« im Sinne Gottes. Auch hierin gilt: »Einen fröhlichen Geber hat Gott lieb« (2 Kor 9,7). Freilich ist nicht nur immer das träge Herz daran schuld, daß die Liturgie nicht zieht und lockt. Ihre Gestalt darf nie für alle Völker, Räume und Zeiten »uniform« und »unwandelbar« sein, sonst wird – ganz abgesehen von ihrem Verständnis – der gottgewollte frohe Mitvollzug unmöglich. Die »Gottesrede« des zweiten Psalmteils macht durch ihr bloßes Vorhandensein darauf aufmerksam, wie wesentlich in der Offenbarungsreligion das göttliche Wort, allen vernehmbar, zur Liturgie gehört. Es ist nicht »Vormesse«, sondern zentrales Ereignis. Als Weisungs- und Verheißungswort tritt es würdevoll neben das »Wandlungswort« des Herrn. Dem Inhalt nach hört die neubundliche Gemeinde in Ps 81 im Wort von der geschehenen Erlösung die Botschaft vom Christusereignis mittönen, und Jesus selbst ist der Sprecher, der das Wort seines Vaters verkündet (vgl. Jo 8,26; 14,24). In seinem Namen schon (Jesus = Jahwe ist Heil) besiegelt er die Botschaft vom Erlösergott. Auch er (vgl. V. 10) verkündet die Weisung: »Ihr könnt nicht Gott dienen und zugleich dem Mammon (als Gegengott)!« (Mt 6,24). In V. 9 und 14 hören wir sein beschwörendes Wort mit: »Wenn doch an diesem Tage auch du es erkenntest, was dir zum Frieden dient!« (Lk 19,42). Er, der mit irdischem Brote viele sättigte (Mk 8,8), verkündet in Mt 7,9–11 Ähnliches vom brotspendenden Vater wie der Schluß unseres Psalms, ja, er hat mit dem eucharistischen Brot (vgl. Jo 6,52; Mk 14,22) diese Zusage in unerahntem Maße überboten.

Ps 82 (81). Des Weltenrichters Warnung
   an die ungerechten Richter

(1 Ein Psalm. Von Asaph.)
   Jahwe steht da in der Gottesversammlung,
   inmitten der Götter hält er Gericht:
2 »Wie lange noch wollt ihr ungerecht richten
   und die Frevler begünstigen?
3 Sprecht dem Schwachen und Verwaisten Recht,
   dem Gebeugten und Armen laßt Gerechtigkeit widerfahren!
4 Macht frei den Schwachen und Bedürftigen,
   entreißt ihn der Hand der Frevler!
5 Ihr da, ohne Verstand und Einsicht,
   in der Verfinsterung lebend!
   Es wanken alle Grundfesten der Erde.
6 Ich hatte gesagt: »Götter seid ihr
   und Söhne des Allerhöchsten allesamt!«
7 Doch wahrlich, wie Menschen müßt ihr sterben
   und fallen wie jeder der Fürsten!
8 Steh auf, Jahwe, halte Gericht über die Erde,
   denn dir sind alle Völker zu eigen.

A. Der Text ist gut überliefert. Vielleicht stand in V. 3 ursprünglich »dem Bedrückten« (dak) statt »dem Schwachen« *(dal)*, das sich nochmals in V. 4 findet (vgl. GS).

B. Ps 82 gehört zur Sonderklasse der prophetischen Psalmen (cf. Einl. S. 24f.). Er ist näherhin die psalmodische Transposition der Gattung »Gerichtsrede« der Propheten (vgl. Ps 50). Sein Thema behandelt die gerechte Handhabung des Gottesrechts im Gottesvolk und basiert auf den einschlägigen Prophetentexten. Der Verfasser wählte unter Verwendung der mythologischen Motive der Götterversammlung und des Göttersturzes eine mythisch-poetische Einkleidung für sein Werk, das in erster Linie für den Vortrag im Volksgottesdienst gedacht war. Dieses Vorgehen ist kein Zeichen für ein frühes Abfassungsdatum, im Gegenteil, wie gerade die analogen Fälle in Ez 28 und Is 14 dartun. Die Nachahmung von Is 3,13 ff. und anderer Prophetentexte spricht ebenfalls gegen ein »hohes Alter des Psalms« (Kraus).

C. Die »Götterversammlung« – V. 1 sagt allerdings Gottesversammlung – ist ein klassisches Thema der Mythen und für Kanaan besonders durch die Funde von Ugarit (Ratsversammlung der Götter unter Vorsitz des höchsten Gottes El) belegt. Noch stärker als in V. 1 tritt in V. 6 f. der mythische Mutterboden zutage: die schuldig befundenen Götter werden dem Tode überantwortet. Wie weit sind solche mythischen Vorstellungen jeweils in die Jahwereligion integriert? Die Antwort auf diese Frage nach dem Ausmaß der jeweiligen Entmythologisierung entscheidet über das Verständnis der Texte.
Nach Thema und Anlage ist unser Psalm Is 3,13 ff. verwandt: »Jahwe steht da, einen Rechtsstreit zu führen, er tritt auf, zu richten sein Volk. Ins Gericht geht Jahwe mit den Vornehmen und Fürsten seines Volks: Ihr habt abgeweidet den Weinberg! Das den Armen geraubte Gut ist in den Häusern bei euch. Wie kommt ihr dazu, mein Volk zu zermahlen, zu zerstoßen der Armen Antlitz?« In Is 3,24ff. erfolgt dann das Gericht, das den Tod (das Fallen! vgl. V. 7) der Männer und die Niederlage Sions verhängt. Ps 82 greift aus dem allgemein herrschenden Unrecht das parteiische Gerichtswesen heraus, das den sozial Schwachen den Rechtsschutz verwehrt und die Aristokratie begünstigt. Das genau aber entspricht der Anklage der Propheten gegen die hohen Beamten und Richter. Sagt doch z. B. Mich 3,9 ff.: »Ihr Häupter Jakobs, hört doch, ihr Leiter des Hauses Israel, die ihr verabscheut das Recht und alles Gerade verdreht! Ihr baut Sion mit Blutschuld und gründet Jerusalem auf Frevel. Ihre Häupter sprechen Recht um Geschenke...« Die Weisung unseres Psalms (V. 3f.) aber findet sich ähnlich bei Is 1,17: »Lernet Gutes zu wirken! Trachtet nach dem Recht! Steuert dem Gewalttätigen! Schaffet Recht dem

Verwaisten, tretet ein für die Witwe!« Nirgendwo findet man bei den einschlägigen Texten der Propheten auch nur im entferntesten den Hinweis, daß himmlische Mächte verantwortlich seien für das Rechtswesen im Bundesvolk. Aus diesen offenliegenden Bezügen zur prophetischen Verkündigung erwächst als Auflage, die »Gottesversammlung« (V. 1) im Sinne der »Jahweversammlung« (Num 27,17; 31,16; Jos 22,16f.), also der israelitischen Volksgemeinde zu verstehen und die »Götter« wie in Ps 58,2 (vgl. dort) als mythisch-poetische Bezeichnung für die Richter zu deuten. Läßt sich aber V. 6f. auch noch in diesen Rahmen einordnen? Nach alttestamentlicher Denk- und Darstellungsweise sehr wohl. Das gleiche mythologische Thema von der Überantwortung eines Gotteswesens an den Tod wird nämlich in Ez 28,11–19 auf den König des stolzen Tyrus in der Weise übertragen, daß geradezu eine Identifikation beider vorgenommen wird. Diese mythische Schilderung ist aber selbstverständlich nur poetische Einkleidung eines irdisch-historischen Sachverhalts. Im selben Sinne ist V. 6f. unseres Psalms zu interpretieren. Wie über den König von Tyrus, wird hier über die ungerechten Richter, die »in Verfinsterung leben«, weil sie nicht im Lichte des Rechts walten – Licht und Recht sind im Alten Orient verwandte Begriffe (vgl. Os 6,5; Mal 3,20) – und damit der Volksgemeinschaft das Fundament entziehen (V. 5), das göttliche Todesurteil verhängt. Damit ist ein jähes Ende – vgl. den Straftod der Söhne Helis (1 Sam 2,34; 4,11) –, vor dem auch Amt, Würde und Macht nicht schützen können, gemeint für den Fall, daß sie die Ermahnungen von V. 3 und 4 nicht endlich zu Herzen nehmen. Das »Wie lange?« von V. 2 wird also nur kurze Zeit dauern, da nur die Wahl zwischen Umkehr oder Tod besteht. Im Schlußvers bittet die Gemeinde Jahwe als obersten Gerichtsherrn, durch ein umfassendes Eingreifen seine Rechtsordnung nicht nur im Gottesvolke, sondern auf der ganzen Welt durchzusetzen. Der Horizont weitet sich hier ins Universale wie in Ps 9,20; 58,12; 76,9f. Ist

Jahwe doch Herr aller Völker (vgl. Am 9,7; Is 2,4; 51,4; Zach 2,15 u. a.).

D. In Jo 10,34f. benützt Jesus Ps 82,6, um seinen jüdischen Gegnern zu sagen: »Wenn es (sc. euer Gesetz) jene Götter genannt hat, an die das Wort Gottes erging, dürft ihr dann von dem, den der Vater geheiligt und in die Welt gesandt hat, sagen: Du lästerst, weil ich gesagt habe: Ich bin Gottes Sohn?« Dieses Schriftargument sollte damals die Schriftgelehrten zum Schweigen bringen. Für uns unterstreicht es noch einmal, daß das Richteramt »Gottes Sache« (Dt 1,17) und das Richten nach Recht und Gerechtigkeit ihm ein heiliges Anliegen ist. Diese Botschaft von Ps 82 ist auch für das neubundliche Gottesvolk je und je aktuell und betrifft dabei nicht nur jene Christen, die als staatliche Richter fungieren. Hier wird im Grunde den Armen, Waisen, Elenden und Geringen und damit jeglichem Menschen von Gott selbst jene Menschenwürde zugesprochen, die für alle übrigen, welche Ämter sie auch, selbst in der Kirche, haben mögen, unantastbar sein muß. Wer sie verletzt, verletzt Gott selbst und kann sich niemals auf die »Wahrung der Ehre Gottes« berufen. Gott hat in Ps 82 und noch oft eindeutig erklärt, daß er die mitmenschliche Gerechtigkeit als eine Grundform seiner Ehrung erachtet und erheischt.

Ps 83 (82). Anrufung des Bundesgottes wider die Verschwörung der Völker

(1 Ein Lied. Ein Psalm. Von Asaph.)

Ruf nach dem göttlichen Eingreifen

2 Jahwe, bleibe nicht stumm, schweige nicht,
   halte nicht still, o Gott!

Klage über die Feindschaft der Völker

3 Denn siehe, deine Feinde toben,
   und deine Hasser erheben das Haupt.

4 Gegen dein Volk hecken sie eine Verschwörung aus,
 beraten sich wider deine Schützlinge.

5 Sie sprechen: »Auf, wir wollen sie vertilgen als Volk,
 Israels Name werde nimmer genannt!«

6 Ja, einmütig halten sie Rat, schließen gegen dich ein Bündnis,

7 die Zelte Edoms und Moabs, die Ismaeliter und Hagariter,

8 Gebal und Ammon und Amalek,
 Philistaea samt den Bewohnern von Tyrus.

9 Auch Assur verbündet sich ihnen,
 wird zum Arm der Söhne Lots.

Bitten um die Bestrafung der verschworenen Feinde

10 Handle an ihnen wie an Madian, an Sisera
 und an Jabin am Kisonbache!

11 Vernichtung traf sie bei Endor,
 sie wurden zum Dung für die Ackererde.

12 Mache ihre Fürsten wie Oreb und Zeeb,
 wie Zebach und Salmunna mache all ihre Führer!

13 Sprechen sie doch: »Wir wollen Jahwes Gefilde erobern!«

14 Mein Gott, mache sie der Raddistel gleich,
 wie Spreu vor dem Wind!

15 Wie Feuer, das den Wald in Brand setzt,
 wie die Lohe, die Berge umlodert!

16 So jage sie mit deinem Wirbelwind
 und verstöre sie mit deinem Wettersturm!

17 Erfülle ihr Antlitz mit Schmach,
 daß sie deinen Namen suchen, Jahwe!

18 Beschämt und verstört seien sie für alle Zeit,
 in Schande sollen sie untergehen!

19 Sie sollen erfahren, daß du, dessen Name Jahwe ist,
 allein der Höchste bist über aller Welt!

A. In V. 7 ist dem Zusammenhang und Metrum nach wohl Moab vor Ismaeliter zu rücken. Vielleicht stand »Madian« von V. 10 ursprünglich am Anfang von V. 11.

B. Ps 83 ist ein Volksklagelied aus einer Zeit großer völkischer Bedrängnis durch äußere Feinde. Doch herrscht kein offener Krieg, es ist nur von haßerfüllten Vernichtungsplänen die Rede. In V. 14 nimmt der Sprecher der Gottesgemeinde in ihrem Namen das Wort. Über die zeitliche Ansetzung des Psalms gibt es eine ganze Skala von Meinungen (8. Jh. bis Makkabäerzeit). Vokabular (z. B. 2a nur noch in Is 62,6f.) und inhaltliche Bezüge zu anderen Texten (z. B. V. 2 deutlich an Is 62,1 angelehnt) weisen klar auf die nachexilische Epoche. Eine genauere Datierung ist jedoch weder möglich noch nötig (vgl. C). Der Autor ist im Milieu der früheren Schriftgelehrten zu suchen, die den anthologischen Abfassungsstil liebten und pflegten.

C. Der Psalm beginnt mit einer eindringlichen Bitte um das Eingreifen Jahwes, die sich auf göttliche Zusagen wie Is 62,1 stützt: »Sion zuliebe will ich nicht schweigen. Jerusalems wegen halte ich nicht still, bis hervorgeht wie Lichtglanz ihr Recht und ihr Heil wie eine Fackel entbrennt« (vgl. Is 42,14). Die Feinde, die das Volk bedrängen, werden wie schon in Ri 5,31 als Jahwefeinde charakterisiert. Sie haben sich zu einer umfassenden Koalition gegen Israel verschworen. Dabei werden zehn Völker genannt: die Edomiter, Moabiter, Ismaeliter, Hagariter, Ammoniter, Amalekiter sind die Feinde im südlichen und östlichen Halbrund um Kanaan. Gebal bezeichnet hier sicher nicht wie gewöhnlich Byblos, sondern – dem Kontext nach – die Landschaft um Petra (Südosten). Die Feinde im Westen repräsentieren die Philister (Südwesten) und Tyrus (Nordwesten). Assur, das für sich steht und als mächtiger Helfer Moabs und Ammons (= Lots Söhne, Gen 19,30–38) bezeichnet wird, kann hier kaum die Assyrer meinen, sondern ist einfach der Name der mesopotamischen Macht zur Zeit des Psalmisten. Beweis dafür ist die Kriegsrolle von Qumran, worin Assur die Syrer bezeichnet. Ein gleichzeitiges und umfassendes Bündnis der genannten Völker gegen Israel ist geschichtlich nicht nur unbekannt, sondern auch völlig unwahrscheinlich. Darum liegt der Schluß nahe,

»daß hier keine bestimmte Lage mit geschichtlicher Treue geschildert, sondern eine Anzahl von Völkern dichterisch frei zusammengestellt wird, deren Feindseligkeit in Geschichte und Gegenwart sich geäußert hatte oder typisch war« (Nötscher). Ihnen soll es, so bitten die V. 10–12, ergehen wie den Feinden nach der Landnahme, also wie dem unter Debora und Barak besiegten Kanaanäerkönig Jabin und seinem Feldherrn Sisera (vgl. Ri 4f.) und wie den von Gedeon vernichteten Madianitern und ihren in V. 12 genannten Führern (vgl. Ri 7f.). In einer Reihe grandioser Bilder, die aus Prophetentexten genommen sind (zu V. 14 vgl. Is 17,13, zu V. 15 vgl. Is 9,17; Ez 21,3, zu V. 16 vgl. Is 29,6), wird das göttliche Strafgericht herabgerufen. Trotz der starken Ausdrücke ist aber nicht die Ausrottung erfleht, sondern eine Niederbeugung, die zur Hinkehr zu Jahwe führen soll (V. 17 und 19).

D. Um dem wegen seiner Strafwünsche vielbefochtenen Psalm gerecht zu werden, ist ein Dreifaches zu beachten: 1. Die hier vorausgesetzte Lage ist eine Notwehrsituation, in welcher die Gottesgemeinde von Jerusalem angesichts der waffenstarrenden Feindseligkeit ringsum (mit ihrem erklärten Willen der »Ausradierung« Israels!) an ihren einzig noch verbliebenen Helfer, den Bundesgott und seine Macht, appelliert. 2. Die Beter wissen sich als Volk Gottes und erwählte Fackelträger seiner Offenbarung auf Erden. Deshalb geht es hier nicht nur um den völkischen Bestand, sondern auch um Gottes Sache in der Menschheit und ihrer Geschichte. V. 3 nennt drum die Gegner auch direkt »Feinde« und »Hasser« Jahwes. 3. Die Heilsgeschichte der Vergangenheit hat Jahwe als Schutzmacht für Israel und als Gerichtsherrn über die Völker erwiesen. Man erfleht also die Wiederholung von Gottestaten, die bisher schon die Heilsgeschichte gelenkt und ihre Akzente gesetzt haben.
Ist vom AT her unser Psalm durchaus legitimiert, so muß er freilich auf neubundlicher Ebene in seinem Verständ-

nishorizont geweitet werden. Die genannten Feindnamen werden hier zu Chiffren für die gottfeindlichen Mächte überhaupt, in und hinter denen Sünde, Tod und Satan am Werke sind (vgl. Apk 13 und 20,7–10). Ihrer immer neuen Entmachtung gilt das Flehen der christlichen Beter dieses Psalms. Die Bitte von V. 17 – sie sollte nicht überlesen werden! – hat dabei den stärksten Akzent zu bekommen. Als allerletzter und allerhöchster Wunsch hat ja erst recht dem Christen zu gelten, daß alle Menschen »Gottes Namen suchen«. Die Kirche sieht im von Feinden umringten Israel Jesus in seiner Passion vorgebildet und betet den Psalm darum in der Freitagsmatutin.

Ps 84 (83). Jahwes Heiligtum, die Wonne der Pilger

(1 Dem Chormeister. Nach der githitischen (?) Weise.
Von den Korachsöhnen. Ein Psalm.)

Sehnsucht nach der Wohnstätte Jahwes

2 Wie lieb ist mir deine Wohnstätte, Jahwe der Heerscharen!
3 Es sehnt sich, ja verzehrt sich meine Seele
 nach den Vorhöfen Jahwes.
 Mein Herz und mein Leib, sie schreien dem lebendigen
 Gott entgegen.
4 Selbst der Sperling hat ein Haus gefunden
 und die Schwalbe ein Nest für sich, darin sie ihre Jungen legt:
 deine Altäre, Jahwe der Heere, mein König und mein Gott.

Seligpreisung der Tempeldiener und der Pilger

5 Selig, die in deinem Hause wohnen,
 fort und fort dich preisen!
6 Selig die Menschen, deren Kraft in dir gründet,
 deren Herz den Pilgerstraßen gehört!
7 Ziehen sie durch das Baka-Tal,
 machen sie einen Quellgrund daraus,
 auch der Herbstregen hüllt es in Segen.

8 Sie ziehen von Bollwerk zu Bollwerk,
dann erscheint [ihnen] Gott auf dem Sion.

Fürbitte für das Haupt der Tempelgemeinde

9 Jahwe der Heerscharen, höre mein Flehen,
lausche mir, Gott Jakobs!
10 Auf unseren Schild blicke, Jahwe,
schau auf das Antlitz deines Gesalbten!

Das Glück bei Jahwe

11 Wahrlich, ein Tag in deinen Vorhöfen
übertrifft tausend [daheim].
Lieber will ich im Hause meines Gottes
an der Schwelle stehen,
als in den Zelten des Frevels wohnen.
12 Denn Sonne und Schild ist Jahwe,
er verleiht Huld und Ehre.
Er versagt das Glück denen nicht, die lauter leben.
13 Jahwe der Heerscharen, selig die Menschen,
die auf dich bauen!

A. Der Textzustand läßt manches zu wünschen übrig. In V. 8 muß »Gottheit bzw. Götter« *(elohim)* dem graphisch verwandten »ihnen« *(alehem)* weichen. In V. 11 fordern Zusammenhang und Metrum die Annahme, daß wegen graphischer Ähnlichkeit mit dem Verbum, das zu V. 12 gehört, ein ursprüngliches »daheim« (= »in meiner Kammer«) ausgefallen ist.

B. Ps 84 gehört zu der Gattung der Sionslieder, hat aber zugleich die Gestalt eines Wallfahrtsliedes. Der Psalmist, ein jahwegetreuer und glaubensfroher Laie, hat aus seiner Pilgererfahrung und seiner Glaubensschau ein Lied gedichtet, das offenbar dazu bestimmt war, beim Aufweg zum Sion, angesichts des Tempels, von den Pilgern zum Laubhüttenfest angestimmt zu werden. In seiner formalen Struktur und auch im Metrum waltet keine strenge Gesetzmäßigkeit. V. 9 und 10, gattungsgeschichtlich in der »Königsbitte« beheimatet, werden öfters als später eingeschoben betrachtet. Doch ist diese Annahme nicht unbedingt gefordert.

C. Der Aufgesang ahmt den Segensspruch Balaams von Num 24,5 nach: »Wie schön sind, o Jakob, deine Zelte und deine Wohnungen, Israel!« Der Psalmist wendet jedoch diesen Ausruf dem Tempel zu, der Gnadenstätte Jahwes inmitten des Bundesvolkes. Da ihm »Jahwes Gnade mehr als das Leben« ist – dieses Bekenntnis von Ps 63,4 ist sicher auch das seine –, fühlt er sich wie verzehrt von der Sehnsucht zum Tempel (vgl. Ps 42,2f.). Er kennt die Vogelnester dort – noch heute umfliegen dort nistende Schwalbenschwärme die Omar-Moschee auf dem Tempelplatz – und denkt Sperling und Schwalbe nach, die am Tempel ihre »Heimat« haben. Erst recht preist er die Priester und Leviten glücklich, die am Tempel amtieren und dort wohnen dürfen, um Jahwe im Lobpreis nahe zu sein. Doch gilt dem Beter auch schon das zeitweilige Weilen der Festpilger in den Tempelvorhöfen als große Gnade (V. 6). In der Kraft ihres Gottes scheuen sie den weitesten Anmarschweg nicht. Das Baka-Tal (= Tal der Zürgelbäume, einer saftigen, fruchttragenden Ulmenart) ist höchstwahrscheinlich das heutige Wadi el-Meisé im Nordwesten der Stadt, in das die Hauptpilgerstraßen aus Westen, Süden und Norden mündeten (da »baka« an das hebräische Wort für »Weinen« erinnert, haben die alten Übersetzungen den Ausdruck mit »Tal der Tränen« wiedergegeben). Daß die Pilger mit ihren Füßen das Tal zu einem Quellgrund machen, ist eine wohl von Is 41,17f. beeinflußte poetisch überhöhende Schilderung des Durchzugs bei der Herbstregenzeit (vgl. 7b) im Oktober. Der Psalmist hat also das Laubhüttenfest (Ende Oktober) im Auge. In V. 8 ist auch die Übersetzung »von Kraft zu Kraft« möglich – dann wäre hier der Gedanke zu finden, der Anblick der Stadt gäbe den Ermüdeten neue Kräfte –, doch werden dem Zusammenhang nach eher die Vorwerke und verschiedenen Mauerzüge der Festung Jerusalem gemeint sein. Das »Erscheinen« Gottes (vgl. Lev 9,4) bedeutet so wenig wie das »Schauen seines Angesichts« eine visionäre Erfahrung, sondern eine gottesdienstliche Begegnung im Glauben und in der Gnade. Ab V. 9 gilt der Pilger als am Ziel seiner Wünsche angekommen. Sein erstes Wort ist die Fürbitte für das Haupt des Volkes und den schützenden Garanten des Heiligtums, den »Gesalbten«. Das ist in vorexilischer Zeit der König, nach dem Exil der Hohepriester (vgl. Lev 4,3; 6,15). Dann überläßt sich der Beter wieder ganz seinem Glück und faßt es in Bekenntnis und Lehre zusammen (V. 11–13). Dabei bleiben einige Einzelheiten für uns unklar (enthält etwa das »Stehen an der Tempelschwelle« den Gedanken, »Bettler vor Gott« zu sein? Ferner: Bedeutet »Zelte des Frevels« die Diaspora oder das Wohnen bei bundesbrüchigen Israeliten?), aber im ganzen sind diese Verse ein tief beeindruckendes Zeugnis froher und gelebter Gläubigkeit.

D. Der Atem eines starken und lebendigen Glaubens weht durch dieses Pilgerlied und streift auch uns mit seinem Hauch. Wie ist der altbundliche Gläubige doch erfüllt vom Glück der Gnadengegenwart seines Bundesgottes und damit von der Sehnsucht nach dem »lebendigen Gott« (V. 3)! Die göttliche Heilssphäre ist für ihn Richt- und Gipfelpunkt des Lebens, der alles andere relativiert. Vergleichen wir nun aber die Heilsgüter des Alten Bundes mit denen des Neuen, so werden wir tief beschämt von diesem Lebensentwurf und der ihn tragenden Kraft des Glaubens und der Liebe. Wir werden so von diesem Psalm zum mahnenden Wort Jesu geführt: »Viele Propheten und Könige verlangten zu sehen, was ihr seht, und haben es nicht gesehen, und zu hören, was ihr hört, und haben es nicht gehört« (Lk 10,24). Zu uns ist in der Tat die im Alten Bund ersehnte Fülle der göttlichen Heilsgnade wirklich gekommen und »zeltet unter uns« (Jo 1,14) im fleischgewordenen Wort. »In ihm ist das Leben, und das Leben ist das Licht der Menschen« (Jo 1,4; vgl. 1,9; 1 Jo 1,2). Dies geschieht fort und fort im eucharistischen Kommen Jesu. Da wird gegenwärtig, was im Tempel nur »vorausgeschattet« war. Eben darum aber kann uns Ps 84 zu einem »Hohen Liede« werden, dessen Blickwinkel uns auf diese Wirklichkeit stößt. Die Kirche empfiehlt diesen Psalm als Vorbereitungsgebet für das eucharistische Opfermahl und betet ihn in der Matutin von Fronleichnam, vom Fest der Verklärung Christi und der Kirchweihe. Wenn wir uns diesem Lied öffnen, strömt sein bewegter und bewegender Glaube in uns ein und hilft uns, lebendig zu werden vor dem lebendigen Gott.

Ps 85 (84). Das Gottesvolk auf der Wanderschaft zwischen Anfangsheil und Endheil

(1 Dem Chormeister. Von den Korachsöhnen. Ein Psalm.)

Die Gnade der Heimkehr aus der Gefangenschaft

2 Begnadigt hast du, Jahwe, dein Land,
hast Jakob wiederhergestellt.

3 Du nahmst deines Volkes Schuld hinweg,
bedecktest all ihre Sünde.

4 Du zogst all deinen Grimm zurück,
dämpftest die Glut deines Zorns.

Bitten um neuerliche Hilfe

5 Stelle uns wieder her, Gott unseres Heils!
Zerbrich deinen Groll wider uns!

6 Willst du auf ewig uns zürnen,
hinziehen deinen Zorn auf jeglich Geschlecht?

7 Willst du uns nicht wieder aufleben lassen,
daß dein Volk sich deiner freue?

8 Erzeige uns, Jahwe, deine Bundeshuld,
und gewähre uns dein Heil!

Der tröstende Zuspruch

9 Hören will ich, was Gott redet!
Jahwe redet fürwahr von Friedensfülle
für sein Volk und für seine Getreuen,
falls sie nimmer zur Torheit sich kehren.

10 Wahrlich, nahe ist seinen Verehrern sein Heil,
   daß die Herrlichkeit wohne in unserem Land.
11 Die Huld und die Treue treffen einander,
   die Bundesgerechtigkeit und die Friedensfülle küssen sich.
12 Die Treue sproßt aus der Erde hervor,
   und die Bundesgerechtigkeit neigt sich vom Himmel herab.
13 Ja, Jahwe spendet das Gute,
   und unser Land gibt seinen Ertrag.
14 Die Bundesgerechtigkeit schreitet ihm vorauf
   und macht ihre Tritte zu einer Straße.

A. Gewöhnlich wird am Text dieses Psalms herumgebessert, aber MT kann überall belassen werden, auch in 14b, wo man gern »Frieden« oder »Heil« für »machen« einsetzt, ohne zu erklären, wie es zu der jetzigen schwierigeren Lesart gekommen sein soll. 14b könnte auch übersetzt werden: »er achtet auf den Weg ihrer Schritte« oder »sie achtet auf den Weg seiner Schritte«. Beides ist aber grammatikalisch und inhaltlich unwahrscheinlicher.

B. Ps 85, in Aufbau und Inhalt mit Ps 126 verwandt, gehört zur Gattung des Volksklagelieds. Die V. 5-8, welche die Not der Gegenwart ins klagende und bittende Wort fassen, bilden seinen Kern. Ihm ist eine hymnisch gestaltete Rückschau auf das Heilswalten der Exilsbeendigung vorangestellt. Die Funktion des Vertrauensbekenntnisses und des Dankgelübdes übernimmt der als prophetisches Heilsorakel (als Strukturelement mancher Einzelklagelieder bekannt!) geformte dritte Psalmteil (9-14). Da die Volksklage im öffentlichen Bußgottesdienst ihren Sitz im Leben hat, ist auch Ps 85 als Formular für solch einen Anlaß zu denken, wobei der Heilszuspruch vom Priester übernommen wurde. Der historische Hintergrund des Liedes sind die nachexilischen Nöte. Eine genauere zeitliche Fixierung ist nicht möglich, des allgemeinen Liedcharakters wegen auch zum Verständnis nicht nötig.

C. Der Psalm setzt mit einer Rückschau ein. Kanaan ist nicht nur Israels (V. 10), sondern Jahwes Land (Jer 2,7 u.a.). Zudem ist Land und Volk engstens miteinander verbunden (vgl. Os 1,2). Die »Wiederherstellung« – nach Am 9,14; Soph 2,7; 3,20; Jer 29,14 u. a. die Heimkehr aus dem Exil – ist für »Jakob« (Lieblingsausdruck von Deutero-Isaias für das Gottesvolk) Wirklichkeit geworden. Damit ist die große Schuld, die zur Katastrophe geführt hatte, vergeben, scheint also Is 54,8 erfüllt: »In übersprudelndem Zorn verbarg ich ein Weilchen mein Antlitz vor dir, doch mit ewiger Huld erbarme ich mich deiner.« Aber die Lage nach der gnadenvollen Wende von 538 (Erlaubnis des Cyrus zur Heimkehr der Verbannten) hat längst nicht die Fülle erreicht, die man sich auf Grund der Botschaft des Deutero-Isaias erhoffte. Das »Wiederaufleben« (V. 7) war beschwerlich. Agg 1,6 sagt darüber: »Ihr sät viel, erntet aber wenig. Ihr eßt, aber ihr werdet nicht satt. Ihr trinkt, aber es reicht nicht zum Satttrinken. Ihr kleidet euch, aber es reicht nicht zum Warmhalten. Wer um Lohn arbeitet, der arbeitet in einen löcherigen Beutel.« Dazu kamen die Feindseligkeiten der Nachbarvölker beim Bau des Tempels (Esdr 4) und später beim Mauerbau (Neh 4) und das persische Besatzungsregime überhaupt (Neh 9,36f.). Um die Abwendung solchen »Zürnens Jahwes« (Zach 1,12) und um »Wiederbelebung« wie in Os 6,1ff. betet darum die Gemeinde in V. 5–8.

In V. 9–14 läßt der Autor des Psalms einen Botschafter Jahwes auftreten – für das Beten des Psalms am Tempel ist dabei sicher an den assistierenden Priester gedacht –, der die aus den einschlägigen Prophetentexten erhobene tröstliche Antwort zuspricht. Hinter V. 9 steht der Form nach Hab 2,1 und der Botschaft nach (Friedensfülle) Is 48,18; 52,7; 54,10, hinter V. 10 Is 51,5: »Plötzlich ist meine Gerechtigkeit nahe, mein Heil ergeht...« und Ez 43,4: »Die Herrlichkeit Jahwes zieht ein in den Tempel« (vom »Wohnen« spricht Ez 43,7, vgl. auch Is 4,5). Die Basis für die herrlichen V. 11/12 bildet Is 45,8: »Tauet, ihr Himmel, von droben, und ihr Wolken, laßt rieseln Gerechtigkeit! Die Erde tue sich auf und bringe das Heil hervor, und Gerechtigkeit sprosse zugleich! Ich bin Jahwe, der dies alles wirkt.« Zugleich tritt Os 2,21 in den Blick: »Ich traue dich mir auf ewig an um Recht und Gerechtigkeit, um Huld und Erbarmen, ich traue dich mir an um beständige Treue!« Dabei geht es um die göttlichen Heilsmächte, die sein eigenes Denken und Handeln kennzeichnen und verwirklichen, erst in zweiter Linie um die Antwort des Menschen (vgl. Os 2,22). Das mißverständliche Wort »Gerechtigkeit« bedeutet dabei immer »Bundesgerechtigkeit«, d. h. letztlich das bundgetreue Heilswalten Jahwes. Dieses wirkt sich nach Os 2,23f. bis hinein in die Fruchtbarkeit des Bodens aus (V. 13). In V. 14 tritt die Bundesgerechtigkeit – sie umfaßt alle anderen Bundesgüter – noch einmal als Person auf und bahnt der Heilsgeschichte die Straße, auf der Jahwe mit dem Gottesvolke dahinzieht (vgl. Is 40,3f.; 43,16.19; 51,10; 52,12).

D. Die Situation der in Ps 85 betenden Gottesgemeinde ist eine für die Heilsgeschichte geradezu typische: die Wanderschaft zwischen Anfangsheil und Endheil, Erlösung und Vollerlösung. Dies gilt ebenso für das neubundliche Gottesvolk. Es lebt und wandert zwischen der Ankunft Jesu in Niedrigkeit (und der damit gesetzten Erlösung) und der Ankunft des erhöhten Christus in Herrlichkeit. Paulus beschreibt diese Zwischenexistenz so: »Wir selbst, die wir die Erstlingsgabe des Geistes besitzen, ja wir seufzen in uns, wartend auf die Kindschaft, die Erlösung unseres Leibes« (Röm 8,23). »Solange wir noch im Leibe (d. h. in dieser Welt) daheim sind, sind wir als Fremdlinge fern vom Herrn« (2 Kor 5,6). Ps 85, eines der schönsten Lieder des Psalters, vermag darum auch für uns ein vollgültiges und bewegendes Gebet zu werden. In den ersten Teil (2–4) beziehen wir das Gnadenwalten Gottes an der Menschheit in und durch Jesus den Christus ein. Im Mittelteil (5–8) sind wir solidarisch mit den verfolgten und den mühsam und erfolgsarm dahinlebenden Regionalkirchen und Gliedern am Leibe Christi, 1 Kor 12,26 eingedenk: »Wenn ein Glied leidet, so

leiden alle Glieder mit.« Auch die Mühen unserer eigenen
Wanderschaft als Christen können in diesem Klage- und
Bittgebet Ausdruck finden. Im dritten Psalmteil wird uns
eine doppelte Tröstung zugesprochen: 1. In Jesus dem
Christus sind alle Heilsmächte des Bundesgottes vereint in
die Welt gekommen und am Werk, vgl. Jo 1,17 (Gnade
und Wahrheit), Tit 2,11 (»Erschienen ist die Gnade Gottes
als Heil für alle Menschen«), Lk 2,14; Jo 14,27; 16,33;
Apg 10,36; Eph 2,14; Kol 1,20; 3,15 (Friedensfülle), Röm
3,24ff.; 5,17; 1 Kor 1,30; 2 Kor 5,21 (Bundesgerechtigkeit),
1 Kor 1,9; 2 Kor 1,19f. (Treue). 2. Sie werden zur erfahr-
baren Fülle im kommenden Äon, dem »Neuen Himmel und
der Neuen Erde« (vgl. Is 65,17ff.; Apk 21,1ff.). Darum
verwendet die Kirche Verse unseres Psalms in der Advents-
liturgie, den Psalm selber in der Matutin von Weihnachten
und im Totenoffizium.

Ps 86 (85)
Der mächtige und barmherzige Bundesgott – die Zuflucht der Gebeugten und Armen

(1 Ein Gebet. Von David.)

Bitten um Hilfe

Neige, Jahwe, dein Ohr, antworte mir!
Denn ich bin gebeugt und arm.

2 Behüte mein Leben, denn ich bin dir ergeben!
Befreie deinen Knecht, (–) der da baut auf dich.

3 Du bist mein Gott! Neige dich mir gnädig, Herr!
Denn zu dir rufe ich den ganzen Tag.

4 Erfreue das Leben deines Knechtes!
Denn zu dir, Herr, erhebe ich meine Seele.

Vertrauensmotive

5 Du bist ja gütig, Herr, und vergebungswillig
und reich an Bundeshuld für alle, die zu dir rufen.

6 Lausche, Jahwe, meinem Flehen,
   achte auf mein lautes Bitten!
7 Am Tage meiner Bedrängnis rufe ich zu dir.
   Denn du wirst mir antworten.
8 Keiner ist wie du, o Herr, unter den Göttern,
   nichts gleicht deinen Taten, die du getan.
9 Alle Völker (–) werden kommen und niederfallen vor dir
   und deinem Namen die Ehre geben.
10 Denn groß bist du und wundertätig,
   du allein bist Gott.

Dankgelöbnis

11 Weise mir, Jahwe, deinen Weg,
   daß ich wandere in deiner Treue!
   Einige mein Herz zum Fürchten deines Namens!
12 Ich will dir dankend lobsingen, Jahwe, mein Gott,
   aus meinem ganzen Herzen
   und ewig deinen Namen ehren.
13 Denn deine Bundeshuld erweist sich groß an mir:
   du entreißt mein Leben der tiefsten Unterwelt.

Erneutes Klagen, Vertrauen und Bitten

14 Jahwe, Vermessene stehen wider mich,
   und eine Rotte von Gewaltmenschen
   trachtet mir nach dem Leben.
   Sie haben dich nicht vor Augen.
15 Du aber, Herr, bist ein barmherziger und gnädiger Gott,
   langmütig und reich an Bundeshuld und Treue.
16 Wende dich zu mir und neige dich mir gnädig!
   Leihe deine Kraft deinem Knecht
   und befreie den Sohn deiner Magd!
17 Wirke an mir ein Zeichen zum Heil!
   So sollen meine Hasser beschämt schauen,
   wie du, Jahwe, mir hilfst und mich tröstest.

A. Der Text ist relativ gut überliefert. Er bedarf aus metrischen Gründen nur zweier kleiner Umstellungen. In V. 2b muß »Du bist mein Gott« nach V. 3 gezogen werden, in V. 8b ist aus V. 9a »die du gemacht bzw. getan« zu ergänzen.

B. Ps 86 gehört zur Gattung der individuellen Klagelieder. Seine Struktur ist allerdings recht locker, so daß man schon in V. 14–17 einen weiteren, ursprünglich selbständigen Psalm vermutet hat. Doch müssen wegen des gemeinsamen Wort- und Gedankengutes alle Teile auf einen einzigen Autor zurückgeführt werden. Er bringt seine Lebensbedrohung durch Feinde, wahrscheinlich falsche Ankläger, in zwei Bittgängen vor Jahwe und setzt das Dankgelöbnis statt an das Ende in die Mitte des Psalms, gewissermaßen als »Scharnier« beider Teile. Der Verfasser ist so sehr in der Psalmodie und der Heiligen Schrift überhaupt zu Hause, daß er sein Anliegen oft in schon anderwärts geprägten Formulierungen zur Sprache bringt. Dennoch geht ein bewegter religiöser Atem durch den ganzen Psalm, der auch andere Beter erfassen und ihnen zugleich bedeutsame Offenbarungstexte neu »einhauchen« wollte. Das Lied entstammt augenscheinlich dem spätnachexilischen Schriftgelehrtenmilieu mit seiner Vorliebe für den anthologischen Stil.

C. In geläufigen psalmodischen Formeln fleht der Beter, »gebeugt und arm« (vgl. Ps 35,10; 37,14 u. a.), also einer der bedrängten Jahwegetreuen, die im »Armenrecht« ihre Sache vor den göttlichen Richter bringen, um die Hilfe seines Bundesgottes. »Du bist mein Gott« (V. 3) ist das bewegte Echo auf die große Bundeszusage: »Ich bin Jahwe, dein Gott...« (Ex 20,2). V. 5 wiederholt im selben Sinne die Selbstoffenbarung Jahwes von Ex 34,6; Num 14,18 (vgl. Ex 20,6) und eröffnet damit das hymnisch durchtönte Vertrauensbekenntnis von V. 5–10. V. 8 nimmt das Thema der qualitativen Alleinzigkeit Jahwes von Ex 15,11; Dt 3,24; Jer 10,6; Is 45,21 auf (vgl. Ps 35,10; 71,19 u. a.). Darauf basiert V. 9 mit seinem endzeitlichen Ausblick (s. Is 45,23; Ps 66,4 u. a.). Für sich selbst ersehnt der Beter die Gott wohlgefällige Existenz der treuen Wanderschaft mit Jahwe, dem sein ganzes, ungeteiltes Herz gehören soll. Darin liegt zwar auch ein Versprechen eigener Anstrengung – und somit tönt hier schon das Dankmotiv mit –, aber er weiß, daß er dazu der göttlichen Gnade bedarf, die er als weisendes und helfendes Licht erfleht. »Deine Treue« meint sowohl die heil- und machtvolle Bundestreue Gottes selbst (vgl. Os 2,22) wie die menschliche Entsprechung dazu. Der dankende Lobpreis ist für den Psalmisten Ausdruck jener Liebe »aus ganzem Herzen«, die in dem berühmten Text Dt 6,5 (= 10,12) gefordert wird. Er ist gewiß (V. 13), daß Gott ihm diese Gelegenheit zum Danken durch die Befreiung aus der schweren Todesgefahr (angezeigt in der gähnenden Tiefe der Unterwelt, vgl. Ez 32,23) schenkt. All diese Gedanken und Motive werden im zweiten Bittgang (14–17) vom Beter, der sich in der Bezeichnung »Sohn deiner Magd« (V. 16) als Sklave Jahwes bekennt (vgl. Ex 23,12), variierend wiederholt.

D. Der Psalmist tritt mit der Selbstbezeichnung »Gebeugter und Armer« vor Gott (V. 1). Damit meint er nicht mehr nur ein passivisches Schicksal, sondern zugleich eine aktive Übernahme seines Lebensloses, um das von Mich 6,8 geforderte »in Dienmut wandern mit Gott« zu verwirklichen. Hier (wie auch anderswo im AT) tönt ein Thema an, das im NT bei Jesus zum höchsten Aufklingen kommt. »Er nahm Knechtsgestalt an« (Phil 2,7), »wurde um unsertwillen arm« (2 Kor 8,9), sah sich gesandt, den Armen die Frohbotschaft auszurichten (Mt 11,5; Lk 4,18), empfahl immer wieder die Loslösung von den Gütern dieser Welt (Mk 10,21; Lk 6,20 u. a.), vor allem aber jene »Armut im Geiste« (Mt 5,3), die in Erkenntnis, Anerkenntnis und Bekenntnis der eigenen Armseligkeit und Nichtigkeit Gott gegenübertritt (Lk 17,10; 18,13). Der solchermaßen »Arme« überantwortet sich mit Vertrauen jenem Gott, der durch V. 5 und 15 unseres Psalms hindurch als der Barmherzige, im Hebr. eigentlich »der Mütterliche«, sich offenbart. Als solcher schenkt er die Erlösung vom Tode, wie er in »der Entreißung Jesu aus der tiefsten Unterwelt« (vgl. V. 13) exemplarisch dargetan hat. Hierin setzte er in unüberbietbarer Weise das in V. 17 erflehte »Zeichen zum

Heil« für den von »einer Rotte von Gewaltmenschen«
Getöteten (V. 14). Dem von den Mächten Sünde, Tod und
Satan umringten Jünger Jesu wird somit Ps 86 zu einem
großen und gefüllten Gebetswort.

Ps 87 (86). Die Gottesstadt auf dem Sion, Haupt und Heimat der Völker

(1 Von den Korachsöhnen. Ein Psalm. Ein Lied.)
  Seine Gründung auf heiligen Bergen,
2 Sions Tore, liebt Jahwe mehr als
  alle Wohnstätten Jakobs.
3 Herrliches [verkündet er] über dich:
4 »Ich zähle Ägypten und Babel zu denen, die mich kennen.
  Seht Philistäa und Tyrus zusammen mit Äthiopien:
  dieses und dieses ist da geboren.
5 Und zu Sion sagt man: [Mutter].
  Ein jeder ist darin geboren.«
  (Er hat es gefestigt, der Höchste.)
6 Jahwe verzeichnet in [der Stammrolle]
  die Völker: »dieses und dieses ist da geboren.«
7 Sie aber singen wie Reigentänzer:
  »All meine Quellen sind in dir!«

A. Der Zustand des Textes ist nicht der beste. Viele Kommentatoren glauben, daß Verse und Halbverse durcheinandergerieten. Doch bleiben alle Umstellungen reichlich ungewiß. Darum beläßt man am besten die Textfolge und bringt im übrigen nur sparsam Korrekturen an. So wird man in V. 3 (als der Einleitung des Gottesspruches von V. 4) angemessener »er verkündet« (vgl. Ez 1,28; 2,8) statt »es wird verkündet« (ungeläufig!) vokalisieren. In V. 4 wird die mögliche Übersetzung »ich erwähne ... vor ...« nicht durch Jer 4,6 (korrupt) bestätigt. Grammatikalisch ist unsere Wiedergabe (»zu denen ...«) möglich (Ges.-Kautzsch 119 u), und der Zusammenhang fordert sie. In V. 5 ist nach G »Mutter« durch Haplographie ausgefallen.

Auch das Metrum spricht für diese Annahme. 5c ist dem Kontext nach – hier jedenfalls – Glosse (= 48,9). In V.6 muß statt »Schreiben« »Schrift« (= Stammrolle, Esdr 2, 62) vokalisiert werden. V. 7 ist textlich einigermaßen ungewiß, wie die Unterschiede in den alten Textzeugen zeigen.

B. Ps 87 ist ein Sionslied (vgl. Ps 46; 48; 132) mit endzeitlichem Ausblick und mit einer bemerkenswert universalen Weite. Sein historischer Hintergrund sind die weltweite Diaspora und die beginnende Proselytenbewegung. Möglicherweise spiegelt V. 2 auch die Auseinandersetzungen mit den Samaritanern um die wahre Gottesstätte (4. Jh. v. Chr., Echo davon noch in Jo 4,20). Für welche kultische Begehung unser Psalm bestimmt war, bleibt unklar. Wir wissen nicht, ob es eine »Tanzprozession«, wie sie 2 Sam 6 geschildert wird, als dauernde Einrichtung gab. An sich bot das frohgestimmte achttägige Laubhüttenfest Gelegenheit genug, Ps 87 als Kultlied zu verwenden, wobei ein levitischer Sprecher das Orakel V. 4f. vorzutragen hatte. Auch als Lied der Pilger beim Einzug in die Gottesstadt war Ps 87 geeignet, wie auch als »Heimatlied« der Diaspora. Sein Rahmen ist jedenfalls kein streng kultischer. Das schriftgelehrte Milieu, aus dem der das »Schreiben« eigentümlich feiernde Psalm (V. 6) kommt, förderte auch das allgemeine »geistliche Lied«.

C. Die Bezeichnung Sions als »Jahwes Gründung auf heiligen Bergen« greift poetisch in die mythische Vorzeit zurück, meint aber sicher in erster Linie die Eroberung des Sionsberges durch David und die Errichtung des Zentralheiligtums Israels daselbst. Die »Tore« bedeuten die Stadt. Jerusalem wurde von Jahwe allen anderen Stätten, auch allen anderen ehrwürdigen Heiligtümern Kanaans vorgezogen, wurde also die eigentliche Gottesstadt (vgl. V. 3; Ps 48,2f.). Ihr sagt Jahwe in einem Gottesspruch Herrliches zu: Die Menschen aus Ägypten und Babel, also aus West und Ost, die Nahen aus Kanaan und die Fernen in Äthiopien tragen gleichsam im Geburtsschein die Ortsangabe Jerusalem. Das betrifft einmal alle Diasporajuden, die in fremden Ländern ganze Kolonien bildeten (z. B. Elephantine bei

Assuan in Oberägypten), sodann die Proselyten im engeren wie im weiteren Sinn (= Gottesfürchtige), mit denen wir in der nachexilischen Zeit immer stärker rechnen dürfen. Für sie alle ist Jerusalem die Stadt Jahwes, ihres Bundesgottes. Der feierliche Gottesspruch greift aber sicher weiter und in die Zukunft aus. Er wird zum Echo von Zach 2,15: »Viele Völker schließen sich Jahwe an zu jener Zeit. Sie werden ihm gehören als Volk. Sie wohnen in deiner Mitte« (vgl. Is 2,2ff. und 60,1ff.) und von Is 19,23ff.: »Ägypten samt Assur werden Jahwe dienen. An jenem Tage wird Israel der dritte im Bunde mit Ägypten und Assur sein, ein Segen inmitten der Erde, wozu Jahwe es gemacht hat, indem er sprach: ›Gesegnet sei Ägypten, mein Volk, und Assur, das Werk meiner Hände, und Israel, mein Eigentum.‹« Diese Tragweite von V. 4 wird durch V. 5 unterstrichen: Man wird Sion »Mutter aller Menschen« nennen. Hier ist nicht nur die Redeweise im Spiele, die Hauptstadt eines Volkes Mutter zu nennen (vgl. Jer 50,12 betr. Babel), auch nicht nur die in der alten Welt sehr wirksame Verbindung von Mutterstadt und Tochterstadt, sondern es wird vorab die Botschaft von Is 50,1; 54,1; 62,4f.; 66,7 (Sion als Gemahlin Jahwes Mutter vieler Kinder) im Gedankenzug von V. 4 und der dazugehörigen Prophetentexte universal ausgeweitet. V. 6 spricht dasselbe in einem neuen, wenn auch verwandten Bilde aus: Jahwe legt wie in Is 4,3 und Ez 13,9 eine Bürgerliste für das heilszeitliche Jerusalem an, die zugleich das »Buch des Lebens« bedeutet (vgl. Is 4,3; Ps 69,29; Ex 32,32; Dan 12,1; Mal 3,16), und trägt die Völker bzw. ihren aus den Katastrophen geretteten Rest (vgl. Zach 9,7) darin ein. Der Schlußvers schaut sie beim Gottesdienst als Sänger (vgl. 2 Chr 5,12) und Reigentänzer (vgl. 2 Sam 6,14, ferner den Fackeltanz unter Musik und Psalmengesang am Laubhüttenfest). Hier geht Jer 31,4 in eine universale Erfüllung: »Jungfrau Israel, wieder schmückst du dich mit deinen Pauken, ziehst aus im Reigen der Fröhlichen« (vgl. 31,13). Der Gesang wendet das Bekenntnis von Ps

36,10: »Bei dir (Jahwe) ist die Quelle des Lebens«, und die Zusage von Is 12,3: »Ihr schöpft Wasser in Freuden aus den Quellen des Heils!« (vgl. Jer 2,13), auf den Sion selbst an. Ist doch der Tempel nach Ez 47,1ff.; Joel 4,18; Zach 14,8 in der Endzeit der Quellort der Paradiesesströme.

D. Nach der Botschaft des NT ist die heilsgeschichtliche Rolle des Sion auf das neue Gottesvolk und sein Haupt Jesus Christus übergegangen (vgl. Gal 4,26). In der Linie unseres Psalms liegt vorab Hebr 12,22–24: »Ihr seid hinzugetreten zum Berge Sion, zur Stadt des lebendigen Gottes, zum himmlischen Jerusalem, zu den zahllosen Engelscharen, zur festlichen Gemeinde der Erstgeborenen, die im Himmel *aufgezeichnet* sind, zu Jesus, dem Mittler des Neuen Bundes, und zur Besprengung mit seinem Blute, das mächtiger redet als das Blut Abels.« Um der ganzen Menschheit in der Kirche eine geistige Einheit und Heimat zu schaffen unter dem einen Haupte, wurden die Apostel dazu bestellt, Jesu »Zeugen zu sein in Jerusalem und in ganz Judäa und Samaria und bis an die Grenzen der Erde« (Apg 1,8). Die Gerufenen sind »nicht nur aus den Juden, sondern auch aus den Heidenvölkern« (Röm 9,24). Die Apostel verkünden ihnen allen, »Juden sowohl als Hellenen, den Christus als Gotteskraft und Gottes Weisheit« (1 Kor 1,24). »Da gilt nicht mehr Hellene und Jude, nicht Beschneidung und Unbeschnittensein, nicht Barbar, Skythe, Knecht, Freier, sondern alles und in allem der Christus« (Kol 3,11). Jetzt ist niemand mehr »ausgeschlossen von der Bürgerschaft Israels, Fremdling für die Bündnisse der Verheißung« (Eph 2,12). So gilt gerade den Heidenchristen das Apostelwort: »Ihr seid nicht mehr Fremdlinge und Beisassen, sondern Mitbürger der Heiligen und Hausgenossen Gottes, aufgebaut auf dem Fundament der Apostel und Propheten, dessen Eckstein Christus Jesus ist, in dem zusammengefügt der ganze Bau emporwächst zu einem heiligen Tempel im Herrn« (Eph 2,19f.). Im Horizont dieser Texte wird Ps 87 ein dankerfüllter Hymnus des neubundlichen Sionsvolkes, das um seinen Quellgrund (vgl. V. 7b) weiß und den Geist und die Braut sprechen hört: »Komm! Wen dürstet, der komme, und wer will, der empfange umsonst die Wasser des Lebens« Apk 22,17).

Ps 88 (87)
Gebet eines Todgeweihten zum Gott des Lebens

1 (Ein Lied. Ein Psalm von den Korachsöhnen.
Dem Chormeister. Nach »Krankheit« zu singen [?].
Ein Weisheitsgedicht von Heman, dem Esrachiten.)

Bittrufe ohne Unterlaß

2 Jahwe, du Gott meines Heils,
tagsüber schreie ich, nächtens stehe ich vor dir.

3 Mein Flehen kommt vor dein Antlitz,
neige dein Ohr meinen Klagerufen!

Klagen über die Todesnot

4 Denn ich bin gesättigt mit Unheil,
mein Leben berührt schon die Unterwelt.

5 Ich zähle zu denen, die zur Grube fahren,
ich wurde zum kraftlosen Mann,

6 ein unter die Toten Entlassener wie die Erschlagenen,
die im Grabe liegen,
derer du nicht mehr gedenkst.
Sind sie doch abgeschnitten von deinem Walten.

7 Du brachtest mich in die unterste Grube,
in Finsternisse, in abgründige Tiefen.

8 Auf mir lastet dein Grimm,
und mit all deinen Brechern tauchest du mich unter.

9 Du hast mir meine Vertrauten entfremdet,
hast mich ihnen zum Abscheu gemacht.
Im Kerker bin ich und kann nicht heraus.

10 Mein Auge verschmachtet vor Elend.
Ich rufe zu dir, Jahwe, alle Tage,
breite meine Hände dir entgegen.

Klagende Fragen an Gott

11 Tust du an den Toten Wunder
oder stehen die Totengeister auf, dir zu lobsingen?
12 Erzählt man im Grabe von deiner Huld,
von deiner Treue im Totenreich?
13 Tut man in der Finsternis deine Wundermacht kund,
und dein Heilswalten im Lande des Vergessens?

Erneute Bitten und Klagen

14 Ich aber schreie, Jahwe, zu dir,
am Morgen schon dringt mein Flehen vor dich.
15 Warum, Jahwe, verwirfst du mich,
verbirgst dein Antlitz vor mir?
16 Gebeugt bin ich und ein Sterbender von jung auf,
ich muß deine Schrecken tragen, bin zerrüttet.
17 Über mich fuhren deine Zorngluten,
deine Schrecknisse machten mich stumm.
18 Sie umfluten mich den ganzen Tag wie Wasser,
sie schlagen über mir zusammen.
19 Du hast mir entfremdet Freund und Gefährten,
meine Vertrauten sind die Finsternisse.

A. Der Text ist an einigen Stellen (V. 2; 16; 17) nicht ganz gesichert. Doch besteht keine zwingende Notwendigkeit zu Änderungen.

B. Ps 88 ist ein individuelles Klagelied im ausgeprägtesten Sinne des Wortes. Die Formelemente des Vertrauens und des Dankversprechens fehlen in diesem engen Geflecht von Bitten und Klagen. Dennoch bildet die vertrauende Zuversicht, die in der eröffnenden Anrufung »Gott meines Heils« aufblitzt, den ermöglichenden Quellgrund des eindringlichen Flehens und gerade auch der charakteristisch alttestamentlichen Fragen von 11–13, die indirekt auch ein Dankgelöbnis enthalten. Der Psalm, der in manchem an das Buch Job erinnert, ist wohl in früher nachexilischer Zeit entstanden und zugleich als Formular für andere Kranke in Lebensgefahr gedacht. Selbst die Gemeinde konnte ihn gelegentlich auf ihre Lage anwenden.

C. Die sehr dunklen Farben des Psalms sind in der Anrufung Jahwes als »Gott meines Heils« (V. 2) etwas aufgelichtet. Vom »Heils-Gott« predigen vorab Is 49,6; 51,6.8; 56,1; 62,1. Glaube und Hoffnung des Psalmisten sind also noch nicht dahin, sondern ermöglichen erst sein eindringliches Klagen und Bitten. Wie Job »gesättigt ist mit Schmach« (10,15) und bekennt: »Mein Geist ist verwirrt, meine Tage sind ausgelöscht, Gräber sind mein Anteil« (17,1), so stellt sich in einer erschreckenden Skizze seines Zustandes der Psalmist vor: Er rührt bereits an die Unterwelt (vgl. Spr 5,5), d. h. er ist dem Totenreich ganz nahe, ja sieht sich ihm schon überantwortet. Beginnt doch die Machtsphäre des Todes nach altorientalischer Auffassung bereits in der Krankheit. Das Totenreich ist zwar der Hand Gottes grundsätzlich noch zugänglich (Am 9,2), aber man ist dort vom lebenspendenden, im Lebensvollzug des Gottesvolkes sich offenbarenden Heilswalten Jahwes abgeschnitten (V. 6c; vgl. Is 53,8). In dieses Reich des Todes fühlt sich der Psalmist nicht von Dämonen, sondern von Gottes Hand selbst hinabgedrückt (V. 7f.). Den Grund dafür spricht er nicht aus, verzichtet also sowohl auf ein Schuldbekenntnis wie auf eine Unschuldsbeteuerung. Die Todeskrankheit, ein »Gottesschrecken«, der ihn von jung an zeichnet (V. 16f.), hat ihn zur menschlichen Einsamkeit verdammt und ist für ihn wie ein Kerker (V. 9b). Man vermutet darum in ihr den Aussatz (vgl. Lev 13,45ff.). Mit den Fragen von V. 11–13, welche die düstere Gottesferne des »Reiches der Schatten« beschwören (vgl. Ps 6,6; 30,10; 31,13; Job 10,21f.; Is 14,10f. und vorab 38,18), will der Beter auf wirksame Weise das göttliche Erbarmen auf sich lenken, um dann erneut mit unverminderter Eindringlichkeit sein Bitten und Klagen vor den Bundesgott zu tragen (V. 14–19).

D. So menschlich ergreifend Ps 88 ist, so enttäuschend scheint sein Offenbarungsniveau. Seine Jenseitsvorstellung mag für viele Christen geradezu schockierend sein, zumal wenn sie die entwickelten Jenseitserwartungen der Ägypter und der Platoschule kennen. Wir haben uns jedoch damit abzufinden, daß der Offenbarungsgott die Geheimnisse der eschatologischen Existenz des Einzelmenschen stufenweise enthüllte und dabei, seinem Schöpfungsentwurf des Menschen als eines leibhaften Personwesens getreu, den Akzent schon im AT auf die endzeitliche Auferweckung legte. Zudem bedurften nach der Botschaft des NT auch die verstorbenen Gerechten im Totenreich der Erlösung durch Jesus Christus. Wenn wir dieses alles bei der Beurteilung unseres Psalms einrechnen, dann geht uns Glaubensgröße und Glaubenskraft, die den Psalmisten beseelten, erst richtig auf: Er läßt auch ohne tröstenden Ausblick auf ein lichtes Jenseits nicht von seinem Gott. Und gerade in seinen Fragen V. 11 ff. bezeugt er seine große Auffassung menschlicher Existenz: Leben ist für ihn Lieben Gottes im Loben Gottes. Danach verlangt ihn mit allen Fasern seines Wesens. Gibt er uns Christen darin nicht ein aufrüttelndes Beispiel?

Im übrigen weist uns die Kirche durch Verwendung von Ps 88 in den Metten des Karfreitags (3. Nokturn) und Karsamtags (2. Nokturn) einen positiven Weg, ihn »christlich« zu beten. Sie sieht in ihm das Todesleiden Jesu vorgebildet. In der Tat ist Jesu Gang in den Tod ein Weg durch tiefste seelische Verlassenheit von seiten Gottes (Mk 15,34) und der Menschen (Lk 23,49). Nach Lk 12,50 bangte er schon lange davor, erst recht im Vollzug selbst (vgl. Mt 26,42), so daß Hebr 5,7 sagen kann: »In den Tagen seines Fleisches hat er unter lautem Rufen und unter Tränen Gebete und Flehrufe vor den gebracht, der ihn vom Tod erretten konnte.« Ps 88 kann uns dazu anleiten, mit dem todgeweihten Herrn die Dunkelheit und Bedrängnisse seiner Seele zu teilen.

Ps 89 (88)
Das gottgesetzte Königtum Davids einst und jetzt

(1 Ein Weisheitsgedicht. Von Ethan, dem Ezrachiten).
Lobpreis der göttlichen Macht, Gnade und Treue
2 [Deine] Hulderweise, Jahwe, will ich ewig besingen,
kundtun für alle Geschlechter deine Treue
mit meinem Mund.
3 Denn [du hast] gesprochen:
Für ewig ist [meine] Bundeshuld erbaut.
In den Himmeln ist festgemacht [meine] Treue.
4 Ich habe mit meinem Erwählten einen Bund geschlossen,
habe David, meinem Knechte, zugeschworen:
5 Auf ewig mache ich fest deinen Stamm,
erbaue für alle Geschlechter deinen Thron!
6 Die Himmel lobpreisen deine Wundermacht, Jahwe,
dazu deine Treue [die] Versammlung der Heiligen.
7 Denn wer in den Wolken kommt Jahwe gleich,
wer unter den Göttersöhnen ähnelt Jahwe?
8 Gott, übergewaltig im Rate der Heiligen,
furchtgebietend über allen rings um ihn her,
9 Jahwe der Heerscharen, wer ist wie du?
[Deine Macht] und deine Treue umstehen dich.
10 Du bist Herrscher über das hochfahrende Meer.
Toben seine Wogen, du bist's, der sie bändigt.
11 Du, ja du hast Rahab zerschlagen, durchbohrt,
mit deinem starken Arm die Feinde zerstreut.
12 Dein ist der Himmel, dein auch die Erde,
die Welt und ihre Fülle, du hast sie gegründet.
13 Nordberg und Süden, du hast sie erschaffen,
Tabor und Hermon jauchzen deinem Namen.
14 Du hast einen Arm voller Heldenkraft,
stark ist deine Hand, hocherhoben deine Rechte.
15 Gerechtigkeit und Recht sind die Stützen deines Thrones,
Bundeshuld und Treue stehen vor deinem Angesicht.

16 Selig das Volk, das Siegesjubel kennt!
   Jahwe, im Lichte deines Angesichts leben sie.
17 Deinem Namen jubeln sie den ganzen Tag,
   durch dein Heilswalten sind sie erhöht.
18 Denn du bist der Glanz ihrer Macht,
   und durch deine Gnade erhöhst du unser Horn.
19 Fürwahr, Jahwe gehört unser Schild,
   dem Heiligen Israels unser König.

Rückschau auf die Verheißungen an David

20 Einst hast du in einem Gesicht deinen Getreuen verkündet:
   »Ich habe Heil auf einen Recken gelegt,
   habe einen jungen Krieger aus dem Volke erhöht.
21 Ich habe David, meinen Knecht, gefunden,
   mit meinem heiligen Öl ihn gesalbt.
22 Meine Hand hält ihn fest,
   ja, mein Arm macht ihn stark,
23 kein Feind überlistet ihn,
   kein Frevler zwingt ihn nieder.
24 Ich zerschmettere vor ihm her seine Bedränger
   und seine Hasser stoße ich nieder.
25 Meine Treue und meine Huld begleiten ihn,
   durch meinen Namen ist hoch sein Horn.
26 Ich lege seine Hand auf das Meer und
   auf die Ströme seine Rechte.
27 Er rufe mir zu: Mein Vater bist du,
   mein Gott und Fels meines Heiles.
28 Ja, ich setze ihn ein als Erstgeborenen,
   als Höchsten unter den Königen der Erde.
29 Auf ewig bewahre ich ihm meine Huld,
   und mein Bund bleibt ihm treu.
30 Ich erhalte seinen Stamm für immer
   und seinen Thron wie die Tage des Himmels.
31 Verlassen seine Söhne meine Weisung,
   und leben sie nicht in meinen Rechtssatzungen,
32 entweihen sie meine Gesetze und
   halten meine Gebote nicht,

33 ahnde ich ihren Frevel mit der Rute,
und mit Schlägen ihre Schuld.

34 Aber meine Huld breche ich ihm nicht,
und meine Treue verleugne ich nicht.

35 Ich entweihe meinen Bund nicht,
ändere nicht die Äußerung meiner Lippen.

36 Eines schwur ich bei meiner Heiligkeit,
wahrlich, ich täusche David nicht:

37 ›Sein Stamm soll auf ewig dauern,
sein Thron wie die Sonne vor mir,

38 wie der Mond soll er ewig bestehen,
der treue Zeuge in den Wolken.‹«

Klage über die Gegenwart

39 Doch du hast verworfen, verstoßen,
walltest zornig auf gegen deinen Gesalbten.

40 Du gabst den Bund mit deinem Knechte preis,
entweihtest sein Diadem in den Staub hinein.

41 Du rissest all seine Mauern ein,
legtest seine Festungen in Schutt.

42 Ihn plünderten alle, die des Weges zogen,
er ward zum Hohn seiner Nachbarn.

43 Du erhöhtest die rechte Hand seiner Bedränger,
erfreutest all seine Feinde.

44 Ja, seines Schwertes Stärke kehrtest du um,
ließest ihn den Kampf nicht bestehen.

45 [Du vernichtetest sein Hoheitszepter],
seinen Thron stürztest du zur Erde.

46 Du hast seiner Jugend Tage verkürzt,
hast ihn mit Schande umhüllt.

Bitten um die Wende der Not

47 Wie lange, Jahwe, verbirgst du dich? Auf die Dauer?
Und soll dein Grimm wie Feuer brennen?

48 Gedenke, [o Herr], was das Leben ist!
Wie nichtig hast du alle Menschen geschaffen!

49 Wer ist der Mann, der lebt,
   ohne den Tod schauen zu müssen?
   Wer entkommt der Hand der Unterwelt?
50 Wo sind deine früheren Hulderweise, o Herr,
   die du David zugeschworen in Treuen?
51 Gedenke, o Herr, der Verhöhnung deiner Knechte,
   wie ich in meinem Busen trage all [die Angriffe] der Völker,
52 womit deine Feinde, Jahwe, höhnen,
   womit sie verhöhnen die Spuren deines Gesalbten!
53 Gesegnet sei Jahwe in Ewigkeit!
   Amen und Amen.

A. In V. 2 muß man des Parallelismus wegen mit G und Theodotion »deine« lesen. In V. 3 ist »ich habe gesprochen: Für ewig ist die Huld erbaut ... deine Treue« stilwidrig und wohl dadurch verursacht, daß »deine Treue« von V. 2 von einem Abschreiber versehentlich auch in V. 3 gelesen wurde. In V. 6 müssen »Himmel« und »Versammlung der Heiligen« ursprünglich parallel gebraucht gewesen sein. In V. 9 ist »mächtig ist Jahwe« dem Zusammenhang nach eine Verlesung von »deine Macht«. In V. 45 ist der erste Halbvers metrisch zu kurz und ist auch inhaltlich bedenklich (»du machtest seiner Lauterkeit ein Ende«). Unter möglichster Schonung des Konsonantenbestandes ergibt sich unter Belassung des Verbums die Lesung »Hoheitszepter«. In V. 48 muß der Eingang des Metrums und der Grammatik wegen wie in 51 gelesen werden. Die jetzige Lesart (»Gedenke ich ...«) ist durch Verlust eines Konsonanten entstanden. V. 51b ist im jetzigen Zustand (»all die vielen, die Völker«) fast unübersetzbar bzw. unplausibel. Unsere Lesart ergibt sich durch Vokalisationsänderung.

B. Ps 89 ist auffallend lang und der Form nach ein komplexes Gebilde aus Hymnus, Gottesorakel und Klagelied. Auch das Metrum ist im ganzen uneinheitlich: 4 + 4 in V. 2–16 (mit Ausnahme von V. 4f.) und 48–52, und 3 + 3 in V. 17–46 (Ausnahme V. 47: 4 +3). Diese Beobachtungen führten zur Vermutung, der Autor habe seinen Psalm unter Verwendung anderer Psalmen bzw. Psalmstücke abgefaßt. Darüber läßt sich allerdings kaum Gewißheit erlangen. Als Abfassungsdatum erscheint die Zeit um

520 am wahrscheinlichsten (vgl. C). Denn damals erwartete man, wie die Propheten Aggäus und Zacharias bezeugen, sehnsüchtig die Wiederherstellung des davidischen, wenn nicht gar des messianischen Königtums, wie sie Is 55,3 zugesagt war. Diese Erwartung ist der Mutterboden unseres Psalms. Ein besonderer kultischer Anlaß ist »als Sitz im Leben« nicht zu erkennen.

C. Der hymnische Teil des Psalms (1–19) beginnt mit einem Preis auf den »inneren« göttlichen Lebensgrund des Bundes: 1. auf Jahwes Bundeshuld, d. h. seinen im Entschluß zum Bund und zu der in dessen fortwährender Verwirklichung sich bezeugenden Liebe, und 2. auf Jahwes Bundestreue d. h. sein Festhalten am einmal beschrittenen Heilsweg. V. 3 bringt als veranschaulichenden Grund für den Lobpreis den ewigen und festen »Bau« von Huld und Treue in der Heilsgeschichte in den Blick, d. h. nichts anderes – denn »bauen« und »feststehen« bzw. »festigen« und »auf ewig« sind die Leitmotive der Nathanszusage in 2 Sam 7,12ff. – als das davidische Herrscherhaus und seine heilsgeschichtliche Bestimmung. V. 4 spricht das auch formell und namentlich aus, wobei die Erwählung Davids mit 2 Sam 23,5 und Is 55,3 als »Bund« bezeichnet wird. V. 5 zitiert in geraffter Weise denn auch 2 Sam 7,13f.16.

Die V. 6–15 blenden eine Schau in die himmlische Welt ein, um die Alleinzigkeit des Bundesgottes zu feiern. Wohl hat er die »Versammlung der Heiligen« (vgl. V. 8; Job 5,1; 15,15; Zach 14,5; Dan 4,14; 8,13; Weish 5,5) um sich, die unter Verwendung eines mythischen Motivs sogar »Göttersöhne« (V. 7 = Ps 29,1) genannt werden, aber diese haben nur die »Macht«, Jahwe zu lobpreisen (Ps 29,1; Is 6,3). Jahwe überragt sie alle, und wirklich zugeordnet sind ihm nur seine eigene Macht und Treue (V .9) bzw. nach V. 15 seine hohen göttlichen Eigenschaften insgesamt, die den Bund durchwalten (vgl. Os 2,21f.). Er allein ist der Schöpfer, dem auch das Unbändigste auf Erden, das Meer, untertan ist (V. 10; Gen 1,9f.; Job 38,8ff.). Hat er doch dessen »Mutter«, das Chaos, verkörpert im Urdrachen Rahab

(Job 9,13), zerschmettert (Job 26,12) und dann »Himmel und Erde«, d. h. den Kosmos gegründet (V. 12, vgl. Gen 1,8f.). Auch die als Göttersitze verehrten Berge (zu »Nordberg«, hier wohl der Dschebel-el-akra nördlich Ugarit, vgl. Ps 48,3, mit »Süden« ist vielleicht der Amanus, ein Teil des Antilibanon, gemeint; der Tabor und der Hermon waren ebenfalls alte Kultstätten) sind seine Gründung und erkennen dies gleichsam – durch ihre herausragende Stattlichkeit – auch an. Jahwes feiernden Jubel im vernehmbaren Wort und damit im eigentlichen Sinne kennt allerdings nur das Gottesvolk (V. 16f.), das den Bundesgott als die Quelle seiner Kraft – »Horn« ist nur ein aus der Tierwelt genommener bildhafter Ausdruck für sie – erfährt. V. 19 (Jahwe in dritter Person) ist ein Klammervers zwischen Teil I und II des Psalms. Er greift auf V. 4f. zurück und rundet den Hymnus dahin ab, daß die Kraft Jahwes sich im König »sammelt«, der somit »Schild« (vgl. Ps 7,11) seines Volkes ist (vgl. 1 Sam 2,10).

Der zweite Teil beginnt mit V. 20 und entfaltet bis V. 28 die Nathanzusage von 2 Sam 7, deren Kern in 11 und 16 zu greifen ist: »Jahwe tut dir kund, daß er dir ein Haus bauen wird. Dein Haus und dein Königtum sollen auf Ewigkeit vor dir bestehen. Dein Thron soll auf Ewigkeit gefestigt sein!« Auf diesem Fundament baut die Orakelfolge unseres Psalms auf. Daß diese Entfaltungen aus »einer kultprophetischen Neuformulierung und Aktualisierung« stammen (Kraus), ist eine unbeweisbare Annahme. Orakel in anderen Psalmen legen vielmehr den Schluß nahe, daß die jeweiligen Autoren sie unter Verwendung eines breiten Überlieferungsgutes selbst formulierten. V. 20 wird illustriert durch 1 Sam 16,18: »Er (der junge David) ist ein kraftvoller Recke und kriegstüchtiger Mann«, V. 21 durch 1 Sam 16,1ff., V. 22 durch Is 42,1, V. 23f. durch 2 Sam 7,10f., V. 25 durch V. 3, V. 26 durch Gen 15,18 (Abrahams Same); Ex 23,31, Dt 11,24 (Israel); 3 Kön 5,1 (Salomo); Ps 72,8 (der messianische König), V. 27 durch 2 Sam 7,14, V. 28 durch Ex 4,22; Jer

31,9 (betr. das Gottesvolk, vgl. Dt 26,19), V. 29 durch Is 55,3, V. 30 durch 2 Sam 7,12f., V. 31–35 durch 2 Sam 7,14f., V. 36 durch V. 3, V. 37f. durch Ps 72,5.7.17 (messianisch). Das Gesamtorakel setzt also die Davidsgestalt ins Hochrelief und legt messianischen Glanz darauf. Um so dunkler erscheint die in V. 39 ff. beklagte Wirklichkeit: der Davidssproß auf dem Königsthron und mit ihm die Dynastie sind entmächtigt (V. 40), des Thrones beraubt, ja, der Thron selbst ist umgeworfen, d. h. nicht mehr existent (V. 45). V. 46 ist schwer zu deuten. Er könnte sich auf den 609 im Alter von 39 Jahren gefallenen König Josias, den letzten großen Repräsentanten der Davididen, oder auch auf den im Alter von 18 Jahren im Jahre 597 nach Babylon in Gefangenschaft gebrachten König Jojachin (vgl. 4 Kön 24,12) wie auch auf die Dynastie selbst beziehen, die relativ früh – jedenfalls angesichts der Nathanzusage – Thron und Reich verlor. V. 41 ff. können kaum anders als von der Zerstörung Jerusalems (586 v. Chr.) und von der Rache und dem Hohn der Nachbarvölker (Edom, Moab, Ammon) verstanden werden (vgl. Klagl 2,16f.).

Der Schlußteil wird, wenn V. 51b richtig überliefert ist, von einem Repräsentanten des unter seiner Erniedrigung leidenden Volkes gesprochen, der wohl zugleich Vertreter der Dynastie – wie etwa Jojachin, der 561 begnadigt wurde (vgl. 4 Kön 25,27ff.), oder zeitlich wahrscheinlicher sein Enkel Zorobabel (vgl. Neh 12,1) – war. Doch konnte jeder liturgische Sprecher als Mund der Gesamtgemeinde diese Rolle übernehmen, wie ja in diesem dritten Teil Volk und davidisches Haupt engst miteinander verflochten sind, was gerade die Formulierung 51b (vgl. Klagl 3,45f.; Joel 2,17, in beiden ist Israel von den Völkern geschmäht und befeindet!) zeigt. Das Höhnen der Feinde trifft Jahwe selbst, zugleich ist es ein Verhöhnen »der Spuren seines Gesalbten«, d. h. des geschichtlichen Wegs der Davidsdynastie. Der Ausdruck »Spuren« (vgl. Ps 77,20; Hl 1,8) weist in jedem Falle auf ein »Vorbei!« hin. V. 53 ist eine doxologische Schlußformel, die das Ende des dritten Psalmenbuches anzeigt.

D. Ps 89 läßt uns in die schwerste Glaubensprüfung der altbundlichen Heilsgeschichte hineinblicken: Jahwe, den man als allmächtigen, allem Chaos, aber auch allen Himmelsmächten schlechthin überlegenen Schöpfergott, aber auch als liebenden und getreuen Bundesgott bekennt und besingt, hat anscheinend den ewigen Bund mit David, dem königlichen Haupt Israels, widerrufen. Wie soll man die messianischen Zusagen an das Davidshaus mit der erbärmlichen Wirklichkeit der Gegenwart in Übereinstimmung bringen? Man vermag es nicht. Allerdings verzweifelt man auch nicht. Der Bundesgott kann immer noch eingreifen und die lange Prüfungszeit (V. 47) beenden. Dieser Glaube leuchtet nicht nur aus dem hymnischen Teil des Psalms, er bewegt und prägt auch die Klagen und Bitten. Die neubundliche Offenbarung hat auf die große Frage dieses Psalms die göttliche Antwort gegeben: Der Bund mit David ist in Wirklichkeit nie gelöst worden, auch wenn seine irdischen Formen der Vergänglichkeit der Geschichte überantwortet blieben. Die Ankündigung der Geburt Jesu hebt jede scheinbare Aufkündigung des Davidsbundes mit den Worten auf: »Gott der Herr wird ihm den Thron seines Vaters David geben, und er wird herrschen über das Haus Jakobs ewiglich, und seines Reiches wird kein Ende sein« (Lk 1,32f.). Und Paulus bezeugt unter Zitierung von Ps 89,21a: »Aus Davids Nachkommenschaft ließ Gott, der Verheißung getreu, für Israel einen Retter kommen, nämlich Jesus« (Apg 13,23). Ist doch der Sohn Gottes »hervorgegangen aus Davids Geschlecht dem Fleische nach« (Röm 1,3). In ihm kam das Königsorakel unseres Psalms (V. 20-38) in seine höchstmögliche Erfüllung. Für jede seiner Aussagen lassen sich entsprechende und sie zugleich überbietende neutestamentliche Stellen finden, vorab zu V. 27 (»mein Vater bist du«, vgl. Mt 11,25-27 und oft) und

V. 28 (»Erstgeborener«, »Höchster der Erdenkönige« = Apk 1,5, vgl. Röm 8,29; Kol 1,15; Hebr 1,6; 1 Kor 15,25; Apk 17,14; 19,16). Ist aber dann für die Klage des Psalms im neubundlichen Raum noch Platz? Gewiß. Denn die Offenbarung des Königtums Jesu in Herrlichkeit steht auch für uns noch aus, und das in doppelter Hinsicht: 1. »Solange wir daheim sind im Leibe, sind wir als Fremdlinge fern vom Herrn« (2 Kor 5,6). 2. »Unser Heimatrecht ist im Himmel, von wo wir den Heiland erwarten, den Herrn Jesus Christus. Er wird umgestalten unseren armseligen Leib, daß er teilhabe an der Gestalt seines verherrlichten Leibes vermöge der Kraft, mit der er sich auch zu unterwerfen vermag das All« (Phil 3,20f.). Das Gottesvolk ist nach wie vor im Zustand der Pilgerschaft und hat oft schwere Wegstrecken, umsäumt von den Ruinen seiner zeitweiligen »Herrlichkeit«, zu durchwandern, befochten von der großen Schmähung (V. 51f.). Diese Situation bringt sich in den Klagen und Bitten von V. 39–53 ins zureichende Wort. Doch wird dieses Wort jetzt mehr als einst von der Antwort umgriffen und aufgehoben, die das Königsorakel von V. 20–38, im neubundlichen und endzeitlichen Horizont verstanden, im vorhinein gibt.

Ps 90 (89). DER VERGÄNGLICHE MENSCH
VOR DEM EWIGEN GOTT

(1 Gebet. Von Moses, dem Gottesmann.)

Gott und Mensch

   Herr, Obdach bist du uns gewesen
   von Geschlecht zu Geschlecht.

2 Ehe noch die Berge geboren wurden
   und Erde und Festland in Wehen lagen,
   von Ewigkeit her zu Ewigkeit hin bist du Gott.

3 Du kehrst den Menschen zum zermalmten Staub hin
   und sprichst: Kehrt hin, ihr Menschenkinder!

4 Ja, ihrer tausend Jahre sind in deinen Augen
   wie der gestrige Tag, wenn er vorüber,
   oder wie eine Wache in der Nacht.

5 Du schwemmst sie fort, ein Schlaf werden sie,
   [—] werden wie Gras, das dahingeht.

6 Am Morgen blüht es und geht dann dahin,
   zum Abend ist es welk und dürr.

Gottes Zorn über die Sünde

7 Ja, unser Ende kommt ob deines Zorns,
   in deinem Grimm werden wir verstört.

8 Du hältst unsere Verschuldungen dir vor Augen,
   unser Geheimstes ins Licht deines Antlitzes.

9 Ja, all unsere Tage vergehen in deinem Ingrimm.
   Wir enden unsere Jahre wie ein Seufzen.

10 Die Tage unserer Jahre sind siebzig Jahre,
und bei Kraft werden es achtzig,
und ihr Umtrieb ist Ungemach und Unheil.
Ja, eilends ziehen sie vorüber, und wir fliegen davon.

11 Wer ermißt deines Zornes Gewalt,
und [wer fürchtet] deines Ingrimms [Wucht]?

12 Zu zählen unsere Tage, das lehre uns,
damit wir ein weises Herz erlangen!

Bitte um neue Huld

13 Kehre dich her, Jahwe! Wie lange noch?
Habe Mitleid mit deinen Knechten!

14 Sättige uns am Morgen mit deiner Bundeshuld,
daß wir frohlocken und jubeln durch all unsere Tage!

15 Laß uns jubeln so viele Tage, wie du uns niederdrücktest,
so viele Jahre, wie wir Unheil erlebten.

16 Sichtbar werde deinen Knechten dein Walten
und deine Herrlichkeit über ihren Söhnen!

17 Das holde Wesen des Herrn, unseres Gottes, walte über uns!
Und festige du das Werk unserer Hände für uns!
Das Werk unserer Hände, festige du es!

A. Der Text ist an einigen Stellen unsicher. V. 5 wird oft korrigiert. Doch ist nur »am Morgen« ob seiner ungewöhnlichen Stellung im Satz als Einschub (aus V. 6!) zu streichen. In V. 11 b muß man den Konsonantenbestand anders auflösen (in Paralléle zu 11 a!).

B. Ps 90 ist der Gattung der Volksklagelieder zuzurechnen, ist aber zugleich ein charakteristisches Stück der spätnachexilischen Weisheit. Der Verfasser sieht die drückende Situation seines Volkes, die er im Lichte von Ez (vgl. V. 7f.) als Zorngericht über die Sünde interpretiert, im Horizont der allgemein von Gott über den Menschen verhängten Hinfälligkeit. In dieser Hinsicht zeigt der Autor eine gewisse Resignation, wie wir sie in Pred und z. T. auch in Job antreffen. Andererseits ist er der Schriftoffenbarung tief verbunden und damit der Blickrichtung der »theologischen Weisheit« und ihrer häufig gehandhabten »anthologischen Methode« (vgl. die unter C. aufgeführten Bezugnahmen!). Er nennt seinen Psalm »Gebet des Moses«, weil er den Bitteil von Mosesworten ausgehen läßt (vgl. V. 13 unter C.). Der Psalm war wohl in erster Linie für die betende Gemeinde bzw. Gruppe bestimmt.

C. Der Psalmist verzichtet außer in V. 13 auf den Bundesnamen Jahwe und setzt am Anfang und Ende den Majestätstitel: Herr. Im Wort »Obdach« (vgl. Ps 71,3; 91,9) – manchmal Benennung des Tempels (Ps 26,8 u. a.), öfter auch »Unterschlupf« – ist jedoch an den Bund erinnert. Im Vordergrund aber bleibt der Blick auf die Seinsdistanz von Gott und Mensch. Sie wird im Gegensatz von Ewigkeit und Zeitlichkeit nahegebracht. Die Berge, sonst ein Symbol der Unerschütterlichkeit (Ps 36,7; Is 54,10) und Ewigkeit (Dt 33, 15), sind hier »Gewordene« und geben in ihrer Werdelinie (»Geburt« aus der Erde, vgl. Job 38,8f.) den Blick frei auf den ungewordenen, schlechthin ewigen Schöpfergott (vgl. Spr 8,25: die göttliche Weisheit, vorgängig vor allen Bergen). Über den Menschen aber ist von Gott die Vergänglichkeit als Los verhängt (vgl. Gen 3,19). V. 3 erinnert dabei an Job 4,19, wo die Menschen genannt werden: »Bewohner von Lehmhäusern, die auf Staub gegründet sind und *zermalmt* werden«. Darum sind tausend Menschenjahre – der Autor denkt wohl an die Zahlenangaben der Urgeschichte in Gen 5 – vor Gott keine bemerkenswerte Erstreckung in der Zeit (Nachtwache = vier Stunden). Die vergänglichen Menschen werden von Gottes »Ungewitter« fortgeschwemmt. Ihr Entschlafen kennt kein Aufwachen mehr für diese Welt (vgl. Job 14,12 u. a.). Is 40,6 erfüllt sich an ihnen: »Alles Fleisch ist Gras ...«

Das hat das Gottesvolk an sich erfahren (V. 7). An ihm wirkt sich Gottes Zorngericht, das Ez 5,12f.; 13,14f. ankündigten, ob seiner »Verschuldungen« (vgl. Ez 24,23; 36,31.33) aus. Jahwes »Ingrimm« (Ez 22,21.31) bewirkt das »Seufzen«, von dem Ez 2,10 spricht. V. 10 ordnet Israels

Not wieder in die allgemeine menschliche Hinfälligkeit ein. Der »paradiesische« Bileam-Spruch von Num 23,21: »Nicht erblickt man Unheil in Jakob, nicht schaut man Ungemach in Israel«, hat sich nicht verwirklicht. Darum die skeptische Weisheitsfrage von V. 11 (vgl. Pred 2,19; 3,21; 6,12; 8,1) und die Bitte von V. 12, die sich als Konsequenz aus der Unberechenbarkeit des göttlichen Waltens ergibt: Der Beter erfleht vom göttlichen Weisheitslehrer die Gnade, bewußt jeden Tag, der zu leben bleibt, aus Gottes Hand entgegenzunehmen und in Befolgung der göttlichen Weisung »weise« zu gestalten (vgl. Spr 2,10; 14,33; Os 14,10; Dt 4,6).

Der Schlußteil des Psalms setzt in V. 13 mit einer Bitte ein, die Worte des Moses aufnimmt (Ex 32,12; Dt 32,36). Das Erbarmen Jahwes soll im Sinne von Is 61,7 sich auswirken: »Die Schmach wird ihm (Israel) doppelt ersetzt, ewige Freude wird ihm zuteil«, und Is 60,2 sich erfüllen: »Über dir strahlt Jahwe, und sein Lichtglanz wird über dir sichtbar!« Der Beter schließt mit einer deuteronomisch gefärbten Formel (vgl. Dt 2,7; 14,29; 16,15 u. a.).

D. »Von Ewigkeit her zu Ewigkeit hin bist du Gott!« ist nicht nur eine Feststellung mit ungeheurer Konsequenz für die Daseinsschau des Menschen, sondern zugleich ein hymnisches Bekenntnis zum »Du« Gottes hin, um so heller tönend, wenn es wie in Ps 90 aus dem Dunkel der menschlichen Hinfälligkeit gesprochen wird. Das ist die höchste Möglichkeit des Menschen, wie David in 1 Chr 29,11, von sich wegblickend, zu Gott zu sagen: »Jahwe, dein ist die Größe und die Kraft und der Ruhm und der Glanz und die Majestät!« Dieses Wort legte die Urkirche auch Jesus in den Mund (vgl. Mt 6,13; Zwölfapostellehre 8,2). In der Tat hat Jesus Christus nach dem Zeugnis des NT ganz aus dieser Schau zum Vater hin gelebt und gekündet. Sie gab ihm die Kraft, sich unter das Zorngericht Gottes zu stellen, von dem auch Ps 90 spricht (»Ihn ließ Jahwe treffen unser aller Verschuldung«, Is 53,6), und »die Sünde der Vielen zu

tragen« (Is 53,12). Ihm aber wurde, was unser Psalm in
V. 13–17 erfleht, in Fülle zuteil: »Aus dem Ungemach, das
er auf sich genommen, erschaut er das Licht und sättigt
sich« (Is 53,11). Ja, er wurde als Erhöhter so tief in Gottes
Lebensfülle hineingenommen, daß er selber lebt und
regiert »von Ewigkeit zu Ewigkeit« (Apk 1,18; 11,15). Die
Seinen in dieser Welt sind noch auf dem Wege dahin.
Darum sind die Klagen von Ps 90 auch noch die des neubundlichen Gottesvolkes. Aber das Licht am Horizont ist
schlechthin verheißend geworden: In Jesus dem Christus
ist die Menschheit bereits in ihrem Haupte aller Hinfälligkeit und Vergänglichkeit enthoben. Die Christen beten so
den Psalm unter dem Worte von Hebr 7,24f.: »Jesus hat
das unvergängliche Priestertum, weil er in Ewigkeit bleibt.
Daher vermag er die, welche durch ihn hintreten vor Gott,
völlig zu retten, da er immerdar lebt, um für sie einzutreten.«

Ps 91 (90). Jahwes Heilsmacht
birgt seine Getreuen

Sentenz über das Vertrauen

1 Wohnen [darf] im Schutz des Allerhöchsten
  und nächtigen im Schatten des Gewaltigen,

2 wer zu Jahwe sagt: »Meine Zuflucht und mein Hort,
  mein Gott, auf den ich baue!«

Entfaltender Zuspruch

3 Ja, er ist es, der dich dem Klappnetz des Voglers entreißt,
  dem [Wort] des Verderbens.

4 Mit seinen Schwingen schirmt er dich,
  unter seinen Flügeln darfst du dich bergen.
  Schild und Wehr ist seine Treue.

5 Fürchte dich nicht vor den Schrecken der Nacht,
  vor dem Pfeil, der am Tage fliegt,

6 vor der Pest, die umgeht im Dunkel,
vor der Seuche, die am Mittag wütet.

7 Fallen tausend an deiner Seite
und zehntausend zu deiner Rechten,
dich erreicht es nicht.

8 Blicke nur mit deinen Augen hin,
du wirst die Vergeltung an den Gottlosen schauen.

9 Denn [für dich] ist Jahwe die Zuflucht,
den Allerhöchsten nahmst du zum Obdach.

10 Kein Unheil widerfährt dir,
keine Plage naht deinem Zelt.

11 Denn seine Engel entbietet er für dich,
dich zu behüten auf all deinen Wegen.

12 Auf den Händen tragen sie dich,
daß dein Fuß an keinen Stein stoße.

13 Über Löwen und Ottern schreitest du hin,
zertrittst Junglöwen und Drachen.

Verheißender Gottesspruch

14 »Weil er mir anhangt, rette ich ihn,
ich schütze ihn, weil er meinen Namen kennt.

15 Ruft er zu mir, so antworte ich ihm,
ich bin mit ihm in der Drangsal,
ich mache ihn frei und bring ihn zu Ehren.

16 Mit langem Leben sättige ich ihn
und lasse mein Heil ihn erfahren.«

A. V. 1 und 2 sind grammatikalisch schwierig. Zwei kleine Vokaländerungen ergeben unseren Text, der in sich und im Kontext am meisten befriedigt (vgl. V. 9). V. 3 ist »Pest« (des Verderbens) wegen V. 6 fraglich. Es empfiehlt sich eine Vokaländerung (*middebar* vgl. Ps 38,13; Spr 17,4). In 9 ist laut Kontext bei »Zuflucht« das Suffix der 2. Pers. Sing. zu lesen.

B. Ps 91 ist dem Thema nach ein ausgesprochener Vertrauenspsalm (vgl. Ps 46). Seine Form aber ist eigenartig und nur durch seine Herkunft aus dem nachexilischen Weisheitsmilieu erklärbar. Als formale Parallelen sind etwa Job 5,17–27 und Spr 3, 13–26 – beide auch z. T. gedanklich mit unserm Psalm verwandt! – instruktiv. Nach allgemeinen Sentenzen folgen Anreden in der zweiten Person, wobei der Weisheitslehrer zum Weisheitsschüler spricht. Beide Bücher kennen wie unser Psalmschluß als letzte Instanz auch die Gottesrede in der ersten Person (vgl. Job 38ff.; Spr 1,22ff.; 8,4ff.). Der Autor des Psalms hat allerdings thematisch den Akzent auf das »prophetische« Thema des Vertrauens gesetzt und einen Psalm geschaffen, der am Tempel vom amtierenden Priester bzw. Leviten dem Beter zugesprochen werden konnte. Zugleich wurde die typisch sapientelle Möglichkeit eröffnet, daß jeder Beter auch persönlich-privat den Psalm »betete« bzw. ihn sich selber zusprach. Anthologische Bezugnahmen auf die Tradition sind bei mehreren Versen unverkennbar (vgl. C.).

C. Jeremias nannte Jahwe »meine Zuflucht am Tage des Unheils« (17,17) und verkündete allgemein: »Selig der Mann, der auf Jahwe baut!« (17,7). Seinem Schüler Baruch wird der Gottesspruch zuteil: »Aus aller Gefahr errette ich dich ..., weil du auf mich bautest!« (39,18). Solch einem Vertrauenden wird in Ps 91 gleich eingangs der göttliche Schutz zugesagt, der im Asylrecht des Tempels sich manifestiert, sich aber keineswegs darauf beschränkt (vgl. die weitere Entfaltung und auch Num 14,9: »Schatten« = schützende Gottheit). Das Bild von V. 3 ist Os 9,8 entnommen (Machenschaften gegen den Propheten). »Wort des Verderbens« meint nach Ps 5,10; 38,13 die falsche Anklage. V. 4 entleiht Dt 32,11 und Is 31,5 das Bild von den bergenden göttlichen Flügeln und individualisiert es. Zur Hervorhebung der Treue Gottes vgl. Dt 32,4; Jer 10,10 u. a.! »Schrecken der Nacht« (V. 5) bedeuten die Überfallversuche der Feinde (vgl. Hl 3,8). Jahwes Schutz ist wie eine Leibwache, die auch den »dämonischen« Krankheiten (»Pest bei Nacht« weist auf Ex 12,29; 4 Kön 19,35 hin, »Seuche am Mittag« auf Hitzschlag und Fieberanfälle, vgl. Jer 15,8) Einhalt gebietet. V. 7 sieht die Rettung wohl im Horizont von Ex 12,23 und 14,30 (Katastrophe der

Ägypter, vgl. auch V. 8), dehnt aber kühn den Schutz auch auf den einzelnen Gläubigen aus. Die Aussage ist kaum absolut gemeint, sondern ist Schilderungsmittel für die wunderbaren Möglichkeiten göttlichen Beistandes. Die Lehre von 8–10 lehnt sich inhaltlich an Spr 12,21 an: »Nichts Böses widerfährt (gleiche Verbform, und nur hier!) dem Gerechten, aber die Gottlosen sind des Unheils voll« (zu 10b vgl. Job 5,24). V. 11 ist individualisierende Anwendung von Ex 23,20: »Siehe, ich sende einen Engel vor dir her, dich zu behüten auf dem Wege!« (Zusage an Israel). Das Bild von den tragenden Händen basiert auf Dt 1,31; Is 40,11; 46,4 (Jahwe trägt Israel) und kombiniert es mit Spr 3,23: »Keinen Anstoß wird dein Fuß erleiden.« In V. 13 finden Job 5,22; Is 11,8; Ez 34,25 ein Echo. Der Gottesspruch wendet das Wort vom Anhangen Jahwes an Israel (Dt 7,7; 10,15) um und lehnt sich inhaltlich an Dt 5,10 an (Jahwe übt Gnade an den Kindern derer, die ihn lieben). V. 15 stützt sich auf das Zeugnis von Ex 22,22.26 (Bundesbuch!) und noch mehr auf den ähnlichen Gottesspruch von Jer 33,3. Die Zusage des »Mit-Seins« ruft Is 43,2 (ähnlicher Kontext!), Gen 26,3 (Abraham), 31,3 (Jakob), Ex 3,12 (Moses), Jos 1,5 (Josue) in Erinnerung. In V. 16 wird ein charakteristisches Weisheitsthema (vgl. Job 5,26; Spr 3,2.10; 10,27) »Gotteswort« und gewinnt in der Heilszusage deuterojesajanischen Klang (vgl. Is 51,6.8 u. a.).

D. Ps 91 ist ein Zuspruch zum Vertrauen, der selber, gemessen an den Lebenserfahrungen, wenig vertrauenswürdig erscheint. Aber will der Psalm überhaupt von seinen »realistischen« Zusagen her begriffen werden? In Mt 4,6f. setzt Jesus der Aufforderung des Satans, mit Ps 91,11 zu experimentieren, das Bibelwort entgegen: »Du sollst den Herrn, deinen Gott nicht versuchen!« (Dt 6,16). Der Psalm will also dem Menschen keineswegs ein Mittel – das Gottvertrauen – empfehlen, mit dem er sich gegen irdischleibliche Gefahren feien kann. V. 15 setzt ja ausdrücklich

Drangsale voraus. Die Botschaft unseres Psalms ist in V. 1–2 enthalten und wird in 3–13 nur illustriert nach dem Motto: So sehr wendet Jahwe sich dir zu und greift mit seiner Heilsmacht, die jeglicher Unheilsmacht überlegen ist, nach dir aus, wenn du dich ihm vertrauensvoll anheimgibst. »Ich lasse ihn schauen mein Heil« (V. 16) gilt letztlich in jedem denkbaren Falle. Is 53 (Erhöhung des erniedrigten Jahwe-Knechtes!) zeigt im AT das größte Beispiel dafür auf. Darum hat Jesus, der sein Leben und Sterben im Sinne von Is 53 verstand, unseren Psalm sicher mit Ergriffenheit und Zuversicht gebetet, ganz im Sinne von Jo 16,32: »Ich bin nicht allein. Der Vater ist mit mir.« Dieses Wort gilt im abgewandelten Sinne für das Gottesvolk und jedes seiner Glieder, und unter diesem Wort können wir angesichts aller widergöttlichen Mächte und ihrer Unheilssphäre Ps 91 sprechen. Die Herwendung Gottes wird uns dabei gleichsam Haus und Heimat, Schild und Wehr und vorab »Zukunft« (»Zu-uns-kommen«) des Endheils.

Ps 92 (91). Jahwes herrliches und gerechtes Walten

(1 Ein Psalm. Ein Lied zum Sabbat-Tag.)

Aufgesang

2 Gut ist es, Jahwe zu lobsingen,
aufzuspielen deinem Namen, Höchster,

3 zu verkünden am Morgen deine Bundeshuld
und deine Treue in den Nächten,

4 zur zehnsaitigen Laute und zur Harfe,
zum Tönen der Leier.

5 Denn du läßt mich jubeln, Jahwe, über dein Walten,
über die Werke deiner Hände jauchze ich.

Jahwe ist erhaben über die Gottesfeinde

6 Wie groß sind deine Werke, Jahwe!
  Unergründlich sind deine Gedanken.

7 Ein Dummkopf weiß nicht darum,
  ein Tölpel erkennt dies nicht.

8 Mögen die Gottlosen ins Kraut schießen
  und aufblühen alle Übeltäter,
  es geschieht zu ihrer Vernichtung auf immer.

9 Du aber bist hocherhaben auf ewig, Jahwe.

10 Siehe deine Feinde, Jahwe,
   siehe, deine Feinde gehen unter!
   Zersprengt werden alle Übeltäter.

Jahwe gibt den Seinen Heil und Glück

11 Doch mir reckst du wie dem Wildstier das Horn,
   befeuchtest [mich] mit frischem Öl.

12 Mein Auge blickt nieder auf meine Verleumder,
   auf meine Widersacher [—] herunter hören meine Ohren.

13 Der Gerechte sprießt empor wie die Palme,
   wie die Libanonzeder wächst er hoch.

14 Die ans Haus Jahwes verpflanzt sind,
   sprießen empor in den Vorhöfen unseres Gottes.

15 Noch im Greisenalter tragen sie Frucht,
   bleiben markig und frisch,

16 um zu künden, daß recht ist Jahwe, mein Fels,
   und kein Unrecht an ihm.

A. Der Text ist recht gut erhalten. In V. 11 ist mit S T das zweite Verbum mit Suffix der ersten Person zu lesen. In 12 ist aus metrischen Gründen das erläuternde »Bösewichte« als späterer Einschub zu streichen.

B. Ps 92 ist ein »Dankhymnus« mit lehrhafter Tendenz. Der Verfasser ist mit dem Gedankengut der Weisheit, aber auch mit der Heiligen Schrift insgesamt gut vertraut (vgl. C.). V. 3f. und 14 lassen vermuten, daß er zu den Tempelsängern gehörte (vgl. 1 Chr 23,5.30). Er hat offenbar lange unter schwerer Anfeindung gelitten und das Lied als Dankbekenntnis vor der Kultgemeinde bzw. vor den mit ihm Dankenden gedichtet. Dabei sollte seine Erfahrung mit Gott, reflektiert im Lichte der nachexilischen, also schriftzugewandten Weisheit, zu einer einprägsamen und allgemeingültigen (darum wiederholbaren!) Belehrung werden.

C. Der dankende Lobgesang ist »gut«, weil er einmal der göttlichen Weisung entspricht, also gottgefällig wie die rechte Lebensführung ist (Dt 8,10f.), und zum andern die Lebensfülle (gut = köstlich) des gläubigen Israeliten ausmacht (vgl. Ps 6,6). Anders als die der orgiastischen Musik Verfallenen von Is 5,12, »die auf das Werk der Hände Jahwes nicht achten«, will er musizierend Jahwes gnädiges Walten besingen.

»Das große Werk Jahwes« ist nach Dt 11,7; Ri 2,7 die Erlösung aus Ägypten, damit aber zugleich alles künftige Erlösungshandeln Jahwes. Die Unfaßlichkeit der Wege und Gedanken Jahwes bezieht sich nach Is 55,8f. gerade auf sein Heilswalten. Den Bundesgott nicht zu sehen und zu suchen, ist verderbliche Torheit (Jer 4,22; 10,21; die Termini »Dummkopf« und »Tölpel« sind typisch weisheitlich). Wohl wird den Gottlosen zuweilen das große Gelingen zuteil, aber es gilt Ez 7,11: »Die Vergewaltigung blüht, die Überheblichkeit sproßt ..., aber nichts wird bleiben von ihrem Gepränge.« Ihr Los ist nach Dt 28,20.24.45 u. a. die Vernichtung. »Hoffärtige Augen werden gesenkt, gebeugt wird der Vornehmen Hochmut. Erhaben ist allein Jahwe an jenem Tag« (Is 2,11). »Wer dir feind ist, wird untergehen, Jahwe!« verkündet schon Ri 5,31 (vgl. Is 60,12).

Der Psalmist beschwört nun im Bilde vom Horn des Wildstiers (Num 23,22 und Dt 33,17) die starke Hilfe Jahwes für Israel, die er selber erfahren durfte (zum Freudenöl vgl. Is 61,3). Seine Feinde liegen überwunden zu Boden (V. 12). Er wendet seine Heilserfahrung aber sofort ins Positive und Allgemeine (V. 13). Er spricht vom »Gerechten«, d. h. Jahwegetreuen und vergleicht ihn (zum »Baumthema« vgl. Ps 1,3; Jer 17,8; Ez 17,22ff.) mit der Palme, die zwanzig Meter hoch und zweihundert Jahre alt werden kann, ja mit der Zeder, die das Doppelte zu erreichen vermag. In V. 14 setzt der Psalmist die Sphäre der »Gerechtigkeit« mit dem Tempel in eins. Das gilt am meisten für das Tempelpersonal, im übrigen aber auch für jeden Israeliten, der am Tempel den Bundesgott verehrt und seiner dort vernommenen Weisung das Herz öffnet. Von ihnen gilt: »Die Jahwe vertrauen, erneuern die Kraft. Sie bilden Flügel den Adlern gleich, sie laufen und werden nicht matt, ziehen dahin und ermüden nicht« (Is 40,31). Das Verkündigen der unwandelbaren Treue Jahwes – V. 16 greift Dt 32,4 auf! – ist denen, die Gott fürs Alter verwahrt (vgl. Spr 9,11; 16,31), ein »Quell, der ewig frischt, ewig sich kredenzt und mit seinem blanken Gischt alle Nacht beglänzt« (Bergengruen).

D. Der Psalmist ist ein großer Dankender. Die hellen Stunden seines Lebens sind ihm Anlaß, »Gott die Ehre zu geben«, wie Jesus es Lk 17,16ff. uns ans Herz legt. Er blickt dabei in doppelter Weise über sich hinaus: 1. Das ganze heilsgeschichtliche Walten Jahwes wird ihm Anlaß zum preisenden Jubel. 2. Er weiß sich der Gemeinschaft der Mitgläubigen verbunden und will sie mit seinem Zeugnis erleuchten und mit seinem Spiel und Gesang auf das Loben als Fülle des Lebens verweisen.

Das Heilswalten Jahwes, das Thema unseres Psalms ist, hat in der Auferweckung und Erhöhung Jesu seinen Gipfel erreicht. Wie Jesus selbst aus jeder Heilstat an ihm als Dankender hervorging, verrät neben Jo 11,41; Lk 10,21: »In jener Stunde frohlockte Jesus im Heiligen Geiste und sprach: Ich preise dich, Vater, Herr des Himmels und der Erde, daß du dies verborgen hast vor Weisen und Klugen, den Kleinen aber geoffenbart hast.« Die Weisen und Klugen dieser Welt werden in der Tat durch Blindheit gegen das göttliche Walten zu Toren (V. 7), wie auch 1 Kor 1,20 bestätigt: »Da die Welt in ihrer Weisheit Gott in seiner Weisheit nicht erkannte, gefiel es Gott, durch die Torheit der Verkündigung die zu retten, die glauben.« Als Glaubende blicken wir durch unseren Psalm auf den Christus hin, an dem die Aussagen über den erretteten und erhöhten Gerechten (V. 11–16) eine unerhörte Erfüllung fanden. Wir beginnen darum den Psalm unter dem Wort von Eph 5,19f.: »Lobsingt dem Herrn und jubiliert in euren Herzen! Saget allezeit und für alles Dank vor Gott, dem Vater!« (vgl. Kol 3,17). Und wir hören dabei hinüber zum endzeitlichen Dankgesang des Gottesvolkes: »Groß und wunderbar sind deine Werke, Herr, Gott, Allherrscher. Gerecht und wahrhaftig sind deine Wege, König der Völker« (Apk 15,3). Solche Preisung schenkt auch unserem Alter Sinn und Fülle wie den Alten Simeon und Anna (Lk 2,25ff.; 36ff.), an die unser Psalm in V. 14ff. als Beispiele denken läßt.

Ps 93 (92). JAHWE, DER KÖNIG DER WELT

1 Jahwe ist König, in Hoheit gewandet,
   gewandet hat sich Jahwe, sich umgürtet mit Macht.
   Ja, [du] hast den Erdkreis fest gegründet,
   daß er nicht wankt.

2 Fest steht dein Thron von uran,
   von Ewigkeit her bist du.

3 Es erhoben die Fluten, Jahwe,
   es erhoben die Fluten ihr Tosen,
   es erheben die Fluten ihr Brausen.

4 Mehr als das Getöse der großen Wasser,
   gewaltiger als die Brandung des Meeres
   ist gewaltig in der Höhe Jahwe.

5 Deine Zeugnisse sind wahrhaft verlässig.
   Deinem Hause kommt Heiligkeit zu, Jahwe,
   für die Dauer der Tage.

A. In 1b ist dem Zusammenhang nach das Verbum kausativ zu lesen (vgl. Jer 10,12; 51,15).

B. Mit Ps 47 und 96–99 gehört unser Psalm zur Gattung der Jahwe-Königs-Hymnen. Die Sprache und das Gedankengut (vgl. C.) verbieten eine Ansetzung des Psalms in vorexilischer Zeit. Gerade auch die Beschwörung des Schöpfungsgeschehens weist in den Einflußkreis von Dt-Is. Der zugleich endzeitliche Ausblick des Psalms ist unverkennbar (vgl. C.). Nach G und Hie wurde er am Vorabend des Sabbat am Tempel gesungen. Ursprünglich mag er vornehmlich für das Laubhüttenfest gedichtet worden sein.

C. Im Jerusalemer Tempel erschien Jahwe dem Propheten Isaias in Königsgestalt (Is 6,5). Der Sion gilt als »die Stadt des Großkönigs« (Ps 48,3). In der hymnischen Preisung des ersten Zuges Jahwes zum Sion klingt darum das Jahwe-König-Motiv auf (Ex 15,18). Deutero-Isaias läßt beim zweiten Zuge Jahwes Sion die frohe Kunde ansagen: »Dein Gott ist König!« (Is 52,7). Seine Zukunftsschilderungen greifen dabei hinüber in die endzeitliche Sionsstadt. Nach der Isaias-Apokalypse (Is 24,21 ff.) wird das Königtum Jahwes allen Mächten des Himmels und der Erde in der Endzeit sieghaft enthüllt: »König ist Jahwe der Heerscharen auf dem Berge Sion und in Jerusalem« (vgl. Zach 14,16).

Unser Psalm greift dieses große Thema hymnisch auf. Er vergegenwärtigt Jahwe im Königsgewand der »Hoheit« (Is 26,10) und in der Kriegerrüstung (vgl. Is 8,9) der »Macht« (Is 51,9). Nach unserem Psalmisten wurzelt das Königtum Jahwes in seinem Schöpfertum, das der Welt im Uranfang Gestalt und feste Ordnung gab. Der Hinweis auf die »Fluten« spielt auf den mesopotamischen und insonderheit auf den kanaanäischen Schöpfungsmythus an, nach welchem die aufrührerischen Wasser von der Gottheit erst niedergerungen werden mußten. Doch werden die »Fluten« spätestens in V. 3c (Verbum jetzt im Präsens bzw. Futur)

Sinnbild des feindlichen Völkergewoges gegen Jerusalem, wie es Is 5,30; 8,7; 17,12; Jer 6,23; 46,7f. u. a. ähnlich schildern. Jahwe erweist sich in seiner Allmacht ihnen allen überlegen (vgl. Ps 29; Ex 15,6.10f.; Is 2,10ff.; 51,9ff.; Zach 12,9; 2 Chr 20,6 u. a.), als »in der Höhe Thronender« (Is 57,15) ist er unangreifbar und obsiegend (vgl. Ps 8,3), und sein donnernder Gerichtsruf wird allen Erdenlärm überdröhnen (vgl. Jer 25,30f.). An seiner unverletzbaren Heiligkeit hat auch der Tempel Anteil, wie Jahwe es in seiner unwandelbaren Wortoffenbarung (= Zeugnisse) bestimmt hat (vgl. Is 24,23; 33,19ff.; 52,1; Ez 43,4ff.; Joel 4,17).

D. Die Verkündigung der Königsherrschaft Gottes durch Jesus (vgl. Mt 3,2; 4,17; 10,7 u. a.) ermöglicht ein wahrhaft christliches Beten der Psalmen vom Königtum Jahwes, die ja dieses zentrale neubundliche Thema im AT hymnisch intonieren. Wie für die altbundliche Gemeinde, so schlägt unser Psalm auch für das neutestamentliche Gottesvolk einen weiten und leuchtenden Bogen von der Schöpfungstat Gottes über sein gewaltiges Heilshandeln in der Geschichte bis zur endzeitlichen Offenbarung der göttlichen Königsherrlichkeit. Nur ist die Funktion des Sion im christlichen Blick auf Jesus den Christus übergegangen. Er selbst ist dabei so in die Machtsphäre Gottes hineingezogen worden, daß er persönlich teilhat an Gottes Königsherrschaft. Wir beten Ps 93 darum im Lichte von Eph 1,20ff.: »Gott ließ seine Macht in Christus wirksam werden, da er ihn auferweckte von den Toten und ihn zu seiner Rechten im Himmel setzte, hoch über jede Macht und Gewalt und Kraft und Herrschaft und jeden Namen, der genannt wird, nicht nur in dieser Welt, sondern auch in der zukünftigen.« Unsere Stimme gesellt sich zu den »lauten Stimmen im Himmel, die da rufen: Die Herrschaft über die Welt ist unserm Herrn zuteil geworden und seinem Gesalbten, und er wird herrschen in alle Ewigkeit« (Apk 11,15).

Ps 94 (93). Jahwe, der Gott des Gottesrechts

Appell an das Gottesgericht

1 Du Gott der Vergeltung, Jahwe,
du Gott der Vergeltung, erscheine in Glanz!

2 Erhebe dich, Richter der Welt!
Zahle es den Stolzen heim!

Klage und Anklage

3 Wie lange sollen die Gottlosen, Jahwe,
wie lange sollen die Gottlosen frohlocken?

4 Sie geifern, reden frech,
sie brüsten sich, all die Übeltäter.

5 Dein Volk, Jahwe, zerstoßen sie,
dein Erbe bedrücken sie.

6 Witwen und Fremde bringen sie um,
Verwaiste ermorden sie.

7 Sie sprechen dabei: Jahwe sieht's nicht,
Jakobs Gott merkt es nicht.

Belehrung der Angeklagten

8 Merkt es doch, ihr Dummköpfe im Volk!
Ihr Tölpel, wann werdet ihr klug?

9 Der das Ohr eingepflanzt, sollte der nicht hören?
Der das Auge gebildet, sollte der nicht sehen?

10 Der Völker zurechtweist, sollte der nicht züchtigen?
Der die Menschen lehrt, [sollte der ohne Wissen sein?]

11 Jahwe kennt das Sinnen der Menschen:
nur Windhauch sind sie.

Vertrauen auf Jahwes Walten

12 Selig der Mann, den du, Jahwe, zurechtweist
und aus deiner Weisung belehrst!

13 So gibst du ihm Ruhe vor schlimmen Tagen,
bis dem Gottlosen die Grube gegraben.

14 Denn Jahwe verstößt nicht sein Volk,
und sein Erbe verläßt er nicht.

15 Ja, zur Gerechtigkeit kehrt das Gerichtswesen zurück,
und hinter ihr drein gehen alle, die redlichen Herzens sind.

Bekenntnis der erfahrenen Hilfe

16 Wer steht für mich auf wider die Bösen?
Wer tritt für mich ein gegen die Übeltäter?

17 Wäre nicht Jahwe meine Hilfe gewesen,
hätte ich beinahe im Schweigen gewohnt.

18 Wenn ich sagte: »Es wankt mein Fuß!«,
so stützte mich deine Bundeshuld, Jahwe.

19 Wenn sich mir häuften die Sorgen in meiner Brust,
dann labten deine Tröstungen meine Seele.

Rechtsbeugung, aber ungebeugte Zuversicht

20 Hat denn Gemeinschaft mit dir das Tribunal des Verderbens,
das Pein bereitet, der Satzung zuwider?

21 Sie verbünden sich wider das Leben des Gerechten
und verurteilen unschuldiges Blut.

22 Da wird mir Jahwe zur Burg
und mein Gott zu meinem bergenden Fels.

23 Er kehrt wider sie selbst ihren Frevel,
ob ihrer Bosheit tilgt er sie aus;
es tilgt sie aus Jahwe, unser Gott.

A. In V. 10b ergibt die Doppelschreibung eines »m« (vgl. Jer 10,14) eine befriedigende Entsprechung zu 10a. In V. 21a ist das Verbum in seiner genauen Bedeutung unsicher, jedenfalls aber mit »Schar, Bande« *(gedud)* verwandt.

B. Ps 94 gehört trotz eigenwilliger Form zur Gattung der individuellen Klagelieder. Manche Forscher betrachten ihn als Komposition aus einer kollektiven Klage und einer Einzelklage. Doch spricht eine genaue Analyse dagegen (vgl. C. und vorab die Entsprechung von V. 5 und 14!). Richtig ist nur, daß der Verfasser Motive aus dem Thema »Jahwes Hilfe gegen Israels Feinde«

verwertet. Die angeklagten Feinde sind aber eindeutig die mächtigen Gegner des Gottesrechts im Gottesvolk selbst (vgl. Is 3,15 und V. 5). In der nachexilischen Zeit herrschten hier wieder ähnliche Zustände wie vor dem Exil (vgl. Mal 3,5). Der Psalmist ist ihr Opfer, aber er schafft in Ps 94 ein Lied, das als Formular für viele seinesgleichen dienen soll. Ihr Ideal ist das Volk »nach dem Herzen Jahwes«, also mit einem gelebten Gottesrecht. Der Autor gibt seinem Psalm die Kulisse einer Appellation vor Gottes Gericht. Dies ermöglicht ihm, sowohl die einschlägigen Torah- und Prophetentexte als Folie zu benutzen wie auch in der Rolle des Anklägers nebenbei belehrend (gleich einem Weisheitslehrer!) auftreten zu können.

C. Der Psalm beginnt mit einer Bitte um eine Gerichtstheophanie des »Gottes der Vergeltung« (vgl. Dt 32,34f.; Jer 51,56). Nach Is 2,11f. wird er »die Hoffart der Menschen und den Stolz der Männer« beugen. Das Gottesrecht vom Sinai schrieb vor: »Einen Fremden sollst du nicht bedrücken und bedrängen ... Witwen und Waisen sollt ihr nicht bedrücken!« (Ex 22,20 f.). Aber die verantwortlichen Führer – sie stellten auch die Richter! – hielten sich oft nicht daran. So muß schon Isaias ausrufen: »Wehe denen, die Gesetze voll Unheil erlassen und Schriftstücke voll Pein niederschreiben, um die Armen vom Gerichte zu verdrängen und den Gebeugten meines Volkes das Recht zu rauben, daß die Witwen ihre Beute werden und sie die Waisen plündern« (vgl. V. 6 und V. 20!). In 1,21 bezeichnet der Prophet Jerusalem als eine Stadt voller »Mörder« und fragt in 3,15: »Wie kommt ihr dazu, *mein* Volk zu zerstoßen (im Mörser!) und das Gesicht der Gebeugten zu zermahlen (in der Mühle!)?« (vgl. V. 5 unseres Psalms!). So war es noch um 600 v. Chr. (vgl. Jer 7,6 und Ez 22,7 = gegen die Blutstadt Jerusalem!), so noch im 5. Jahrhundert (vgl. Mal 3,5) und sogar im 1. Jahrhundert v. Chr. (vgl. Weish 2,10.20).
Der Psalmist versucht nicht nur, Jahwe zum Eingreifen, sondern auch die »Angeklagten« selbst zur Umkehr zu

bewegen. Darum spricht er von V. 8–13 im Stile des Weisheitslehrers (zu V. 9 vgl. Spr 20,12; zu V. 10: Job 5,17 und Spr 24,12; zu V. 11: Job 7,7.16 und Prediger; zu V. 12: Job 5,17 und Spr 3,12 sowie Ps 119; zu V. 13: Spr 26,27 und Pred 10,8). Die »Dummköpfe« sind nach Jer 10,21 die »Hirten«, die nicht nach Jahwe fragen; und »klug werden« bedeutet nach Jer 9,23: Jahwe als solchen anerkennen, der die Welt regiert in Gnade und Gericht. Mit einem breiten Erfolg seiner Mahnrede rechnet der Psalmist aber nicht. Darum wendet er sich erneut dem Thema »Jahwe, unser Rechtshelfer« zu und erläutert es durch ein Bekenntnis seiner Erfahrung mit Jahwe (V. 16–19, bei V. 19 Bild aus Is 66,11f.). Dann bezeugt er seine Zuversicht, daß Jahwe handeln wird wie der weise König von Spr 20,26: »Er zerstreut die Gottlosen und kehrt wider sie selbst ihren Frevel.«

D. Unser Psalm ist kein persönlicher Rachepsalm, wiewohl der Psalmist auch seine eigene Beugung in sein Gebet hineinnimmt. Sein Ausgangspunkt ist dem von Pred 4,1 ähnlich: »Ich sah all die Bedrückungen, die unter der Sonne geschehen, sah die Tränen der Unterdrückten fließen, und niemand tröstete sie. Von der Hand ihrer Bedrücker erlitten sie Gewalt, und niemand tröstete sie.« Im Bundesvolk war solch ein Zustand eine Blasphemie gegen den Bundesgott. Aus der Liebe zu Jahwe und zugleich zu seinem Volk kommt der Atem dieses Psalms und rührt uns als solcher tief an, auch wenn in ihm noch nicht die Höhenluft des neubundlichen Betens für die Feinde (vgl. Mk 11,25; Lk 23,34) spürbar ist.

Die Grundgedanken von Ps 94 sind dem Herzen und dem Munde Jesu durchaus nicht fremd. Der Verrat des Gottesrechts in seinem Volke bewegt ihn tief und ruft sein vielfaches Wehe heraus (lies Mt 23!). Darum ist seine Gerichtspredigt nie ein »sanftes Säuseln«, sondern von einem unerhörten Ernst getragen, weil im Angesichte des heiligen

Gottes gesprochen. Auch die Verkündigung der Apostel verzichtet niemals auf das Thema vom Zorngericht Gottes (vgl. Röm 1,18; 2,5; Eph 5,6 u. a.).
Wir dürfen freilich Ps 91 nicht einfach als Gebet gegen die Feinde der Kirche ummünzen. Der Psalm beklagt die Zustände im Gottesvolk selbst. Solange hier nicht die jesuanische Bruderliebe von oben nach unten als Grundprinzip des Gottesrechtes waltet, ist eine Anklage der »gottfeindlichen Welt« pharisäisch. Ps 91 leitet uns an, die antigöttlichen Mächte in der Christenheit selbst – und damit auch in uns – zu sehen und gegen sie um den Beistand Gottes zu beten, der in Jesus dem Christus »über alle Mächte und Gewalten triumphiert« (Kol 2,15).

Ps 95 (94). Preisung des Gottkönigs und Hörsamkeit gegenüber seiner Weisung

Aufruf zum Festjubel

1 Kommt, laßt uns Jahwe zujubeln!
   Wir wollen zujauchzen dem Felsen unseres Heiles!

2 Laßt uns vor sein Angesicht treten mit Lobgesang,
   in Liedern laßt uns jauchzen zu ihm!

Jahwe, der Schöpfer der Welt

3 Denn ein großer Gott ist Jahwe,
   ein großer König über alle Götter.

4 In seiner Hand sind die Tiefen der Erde,
   und die Gipfel der Berge sind sein.

5 Sein ist das Meer, er hat es gemacht,
   und das Festland, seine Hände haben es geformt.

Jahwe, der Hirte des Gottesvolkes

6 Ziehet ein! Laßt uns niederfallen, uns hinbeugen,
   laßt uns knien vor Jahwe, der uns schuf.

7 Denn er ist unser Gott, und wir sind das Volk seiner Weide
und die Herde seiner Hand.

Prophetische Mahnrede

O daß ihr heute auf seine Stimme hörtet!

8 »Verhärtet nicht euer Herz wie zu Meriba,
wie am Tage von Massa in der Wüste!

9 Dort haben mich eure Väter versucht,
auf die Probe gestellt, obschon sie mein Walten geschaut.

10 Vierzig Jahre ekelte mir vor [diesem] Geschlecht,
und ich sagte: Ein Volk irrenden Herzens sind sie,
sie kennen meine Wege nicht.

11 So schwur ich denn in meinem Zorn:
Nie sollen sie kommen zu meiner Ruhestatt!«

A. V. 7 ist metrisch schwierig. Öfter wird darum unter Verwertung von S und T der Text korrigiert in »sein Volk und die Herde seiner Weide« (vgl. Ps 74,1 u. a.) und »Hand« als Verlesung für »erkennet« zum folgenden Vers genommen. In V. 10 plädieren G S Hie für Einfügung von »dieses«.

B. Ps 95 ist als Prozessionshymnus für den Einzug der Gläubigen in den Tempel gedichtet. Die prophetische Vermahnung von 7c bis 11 ist kein ursprünglich eigenständiger Psalm, sondern gehört zum liturgischen Ritual eines solchen Einzugs zum Gottesdienst mit seiner Verkündigung des Gottesrechts (vgl. Ps 81 unter B., nach Form und Inhalt mit Ps 95 verwandt). Ursprünglich wird Ps 95 für das Laubhüttenfest mit seiner Gesetzesvorlesung (Dt 31,11) geschaffen worden sein. Doch konnte er bei jedem Festgottesdienst als Einzugslied Verwendung finden. Die Verbindung von Schöpfungs- und Erlösungsmotiv, wie sie sonst für Dt-Is charakteristisch ist, ferner die detaillierte Benützung der Geschichte als Lehrmeisterin und schließlich sprachliche Merkmale weisen auf die frühe Nachexilszeit als Entstehungsdatum.

C. Mit starken Ausdrücken fordert der Psalm beim Einzug in den Tempel (vgl. V. 2) zum Lobpreis Jahwes auf, der den Titel »Fels unseres Heiles« (vgl. Dt 32,15; Ps 89,27)

erhält. Dieses plastische Bild beschwört zunächst die allgemeine Erfahrung des in der Gefahr bergenden Felsens (vgl. Num 24,21; Is 33,16), sodann die Erinnerung an den wasserspendenden Felsen in der Wüste (Ex 17,1 ff.; Num 20,8), schließlich den Gedanken an den Felsengrund, auf dem der Tempel stand. Die Begründung des Jubels in V. 3 lehnt sich an Dt 10,17 an: »Jahwe, euer Gott, ist der Gott der Götter und der Herr der Herren, der große, starke, furchtgebietende Gott.« Der Königstitel erinnert dabei an die Tempelvision des Isaias (Is 6,5). Die Größe und Herrlichkeit Jahwes wird unter zwei Aspekten hymnisch gefeiert: 1. Er ist der unendliche Schöpfer, der die ganze Erdenwelt gleichsam mit seiner Hand umschließt, eine Welt, die in der Senkrechten von der unerforschlichen Meerestiefe (vgl. Job 38,16) bis zu den höchsten Höhen der Berge (vgl. Is 40,12) reicht und in der Waagerechten Festland und Ozeane, beide von Jahwe erschaffen (Gen 1; Is 45,18), in sich begreift. 2. Jahwe ist der Bundesgott, der sich das Gottesvolk schuf (Is 44,2; Dt 32,6.15), mit dem er wie ein Hirt mit seiner Herde (vgl. Ps 80,2; Is 40,11; Jer 31,10; Ez 34,11) durch die Geschichte zieht.
Der Hymnus verstummt in V. 7 plötzlich, und im Namen des gepriesenen Gottes hebt ein Botenspruch an, wohl vorgetragen von einem Priester bzw. Leviten. Im Gottesdienst der Offenbarungsreligion geht es – das will der Gottesspruch laut ins Bewußtsein rufen – nicht letztlich um Gebet und Opfer, sondern um das Öffnen der Herzen für den Gotteswillen und das Gottesrecht der Bundescharta, das in jedem feierlichen Gottesdienst verkündet wird. Darum die starke Betonung des »heute« (7c). Einst hat Jahwe sein Herz verhärtet: Wiewohl das Volk die Heilstaten Jahwes beim Auszug aus Ägypten erfahren und am Sinai sein heilsmächtiges Bundeswort vernommen hatte, murrte es schon bei Meriba (= Haderwasser, vgl. Ex 17,1 ff.; Num 20,13) und bei Massa (= Versuchung, vgl. Ex 17,7; Dt 6,16). So hat Israel seinen Gott trotz seiner Machterweise »zehnmal

versucht« (Num 14,22). Darum durfte das Wüstengeschlecht das Gelobte Land, »die Ruhestatt und das Erbe« (Dt 12,9) nicht schauen und erleben (Num 14,27–35). Diese Reaktion Gottes – der Psalmist verwendet dafür das Wort »ekeln« aus Ez 6,9 und überträgt es auf Gott – soll immerfort eine ernste Warnung sein. Das unterstreicht auch der plötzliche Abbruch des Gotteswortes und damit des Psalms.

D. »Singt in Dankbarkeit aus der Tiefe eurer Herzen Gott Psalmen und Hymnen und geistliche Lieder!« so ruft Kol 3,16 – ähnlich Eph 5,19 (»Lobsingt und jubiliert dem Herrn mit euren Herzen!«) – das neubundliche Gottesvolk auf. Ps 95 gehört nicht als letzter zu den Psalmen, bei denen Christenmund ins Gebet des altbundlichen Gottesvolkes volltönend einstimmen kann. Die Kirche läßt seit alters ihr Stundengebet mit ihm als »Invitatorium« (= Einladungsruf) eröffnen. Unser Blick in den Kosmos (vgl. Apk 14,7) weitet sich dabei heute ins Unvorstellbare, und dennoch gilt auch für diese Riesenwelten: »Sie sind in Jahwes Hand« (V. 4). Auch das Wort: »Wir sind das Volk seiner Weide und die Herde seiner Hand!« (V. 7) erhält nach der Erscheinung des Hirtentums Gottes in Jesus (vgl. Mt 15,24; 18,12 ff.; Jo 10,1 ff.; Hebr 13,20 u. a.) einen neuen Klang.
Beim Lobgesang darf es aber nicht bleiben, nicht im AT (»Hinweg von mir mit dem Lärm deiner Lieder! Das Spiel deiner Harfen mag ich nicht hören. Aber es ströme wie Wasser das Recht und die Gerechtigkeit wie ein unversieglicher Bach!« Am 5,23 f.), so auch nicht im Neuen Bund (vgl. Mt 7,21: Nicht »Herr, Herr! sagen, sondern des Vaters Willen tun!«). Drum hören wir den Gottesspruch (V. 8–10) neben dem Wort Jesu: »O, daß doch heute auch du es erkenntest, was dir zum Frieden dient!« (Lk 19,42). Hebr 3,7–4,13 gibt uns obendrein eine eigene neubundliche Auslegung und Anwendung der Mahnung unseres Psalms.

Ps 96 (95). Jahwe als König und Richter der Welt

Aufruf zum Lobpreis

1 Singt Jahwe ein neues Lied!
  Singt Jahwe, alle Lande!

2 Singt Jahwe, segnet seinen Namen,
  verkündet froh Tag um Tag sein Heil!

3 Tut bei den Heidenvölkern seine Glorie kund,
  bei allen Nationen seine Wundertaten!

Die Größe Jahwes

4 Denn groß ist Jahwe und hoch zu preisen,
  furchtgebietend über allen Göttern.

5 Ja, alle Götter der Nationen sind Nichtse,
  doch Jahwe hat die Himmel geschaffen.

6 Hoheit und Hehre sind vor seinem Antlitz,
  Macht und Glanz in seinem Heiligtum.

Aufruf zur Huldigung

7 Zollt Jahwe, ihr Geschlechter der Völker,
  zollt Jahwe Glorie und Macht!

8 Zollt Jahwe seines Namens Glorie!
  Bringt Gaben und zieht ein in seine Vorhöfe!

9 Vor Jahwe fallt nieder in heiligem Prachtgewand,
  erzittert vor ihm, alle Lande!

Jahwe, König und Richter

10 Kündet unter den Heidenvölkern: Jahwe ist König!
   [Er hat] den Erdkreis hingestellt, daß er nicht wanke.
   Er richtet die Nationen nach Gebühr.

11 Freuen sollen sich die Himmel, und die Erde jauchze!
   Es brause das Meer und was es füllt!

12 Es juble die Flur und was darauf wächst!
   Alsdann werden frohlocken alle Bäume des Waldes

13 vor Jahwe, wenn er kommt;
   wenn er kommt, die Erde zu richten.
   Er richtet den Erdkreis in Gerechtigkeit
   und die Nationen in seiner Bundestreue.

A. In V. 10 muß man (zwischen zwei Aussagen von Gott!) das zweite Verbum anders vokalisieren (*tikken* statt *tikhon*, vgl. Ps 75,4). In 12b ist das gut bezeugte (auch in 1 Chr 16,33) »dann« zu lassen, das Verbum jedoch indikativisch (vgl. Is 55,12) zu übersetzen.

B. Ps 96 ist unverkennbar ein Jahwe-Königs-Hymnus. Nur sind die hymnischen Grundformen »Aufforderung zum Lob« und »Begründung« mehrfach gereiht. Der Verfasser hat sich (anthologisch!) besonders an Dt–Is und Tr–Is angelehnt, aber auch Motive aus anderen Psalmen übernommen, vorab aus Ps 29 (vgl. 7 und 9). Der Psalm gehört sicher zu den späten Stücken seiner Gattung. Die »Tempelweihe«, von der G spricht, kann höchstens das Gedächtnisfest der Weihe von 515 v. Chr. meinen. In 1 Chr 16,23 ff. ist Ps 96 mit dem Einzug der Lade (unter David) in Verbindung gebracht. Die Erinnerung daran wurde am Laubhüttenfest gepflegt. Der Psalm ist jedenfalls für die Kultfeier am Tempel gedichtet, reißt aber für eben diese Feier – Kult hat übrigens als »Vergegenwärtigung von Vergangenem auf Zukunft hin« im Offenbarungsraum auch Zukunftsbezug – den Horizont weit auf und gibt den Blick frei auf die Endzeit (vgl. Dt–Is und die Abhängigkeit des Psalms von ihm).

C. »Singt Jahwe ein neues Lied, seinen Ruhm bis ans Ende der Erde! Es brause das Meer und was es füllt, die Gestade und ihre Bewohner! Ihre Stimme erheben sollen die Wüste und ihre Städte, die Gehöfte, die Kedar (= Beduinen) bewohnt! Frohlocken sollen die Bewohner von Sela (= Petra), vom Gipfel der Berge her jauchzen! Sie sollen Jahwe Glorie zollen und seinen Ruhm den Gestaden verkünden!« So fordert Deutero-Isaias die Welt zur Feier der bevorstehenden Befreiung des Gottesvolkes aus der Babylonischen Gefangenschaft auf (Is 42,10f.). An diese Stelle knüpft unser Psalmist seinen Aufruf an. Das »neue Lied«

ist ein Lied von Jahwes neuem, unerwartetem Heilswalten an Israel. Die Pilger aus der Diaspora – sie sind in V. 3 sicher zuerst gemeint – sollen jetzt schon die Rolle der endzeitlichen Boten von Is 66,19 (»Verkünden sollen sie meine Glorie unter den Völkern«) übernehmen. Die Durchsetzung des in Deutero-Isaias Vorhergesagten macht in den Augen des Psalmisten Jahwes Einzigartigkeit (vgl. Dt 7,21), ja Alleinzigkeit (vgl. Is 41,4; 44,6) offenbar. Auch die Schöpfung zeugt davon (Lieblingsgedanke von Deutero-Isaias, vgl. 40,25; 44,24 u. a.). Vor Jahwe sind die Götter »Nichtse« (Is 2,8; 19,1 u. a.) und »Mache« des Menschen (Is 40,18 ff.). Darum werden ihm »Hoheit und Hehre«, »Macht und Glanz«, die üblichen Königsprädikate, zugesprochen, und zwar so, wie wenn sie als Personen im himmlischen und irdischen Tempel vor ihm ständen (vgl. die Seraphim in Is 6).

Nach solcher Präsentation Jahwes ruft der Psalm von V. 7 ab Mensch und Welt erneut zur Huldigung auf. Die Völker sollen Jahwe Ehre und Macht zusprechen, was Ps 29,1 von den Himmlischen heischt (vgl. die Korrespondenz von Engeln und Völkern in Dan 10). Sie werden ferner aufgefordert, Opfer und Geschenke zum Sion zu bringen (= Is 60,3–7). Ja sie sollen (V. 9) – wieder wie die Himmlischen in Ps 29,2 – liturgische Gewänder anziehen wie die Tempelsänger (= 2 Chr 20,21), und in der ganzen Völkerwelt das Königtum Jahwes ausrufen (V. 10), das in seinem Schöpfertum wurzelt (Ps 93,1) und in seinem Richtertum (= Ps 9,9) sich offenbart. Dieses Richten vollzieht sich einmal in der richterlichen Lenkung der Geschichte (vgl. Job 36,31), zum andern aber und endgültig bei der endzeitlichen Gerichtstheophanie (vgl. Is 34,1; 66,16; Jer 25,30 ff.; Joel 4,12; Abd 15 f. u. a.). Der weitere Psalmtext läßt klar erkennen, daß man vorab nach dem endzeitlichen Erscheinen Jahwes zum Gericht ausschaut, das Israel die Fülle der Erlösung bringen wird. Darum die gleichen Jubelrufe wie in Is 44,23; 49,13 und 55,12. Doch werden dabei die

Völker – das liegt ganz in der Linie unseres Psalms – nicht vernichtet, sondern jener richterlichen Herrschaft Jahwes unterstellt, deren Norm und Seele Gerechtigkeit (vgl. Lev 19,15; Is 11,3f.) und Treue (vgl. Is 59,4), d. h. das Bundesverhältnis ist.

D. Unser Psalm will als »neues Lied« ein besonderes hymnisches Echo auf außerordentliche göttliche Heilstaten sein. Dieses »Echo« soll gleichsam über die ganze Welt hin und bei allen Völkern gehört werden. Solch universelle Weite gehört wesenhaft zur Botschaft dieses Psalms, weil in ihm das vergangene und gegenwärtige Königswalten Jahwes in seine endzeitliche Herrlichkeitsgestalt aufwächst. Diese wird zwar unter der Kategorie des Richtertums Gottes über alle Völker erfaßt, aber der Bundeswille tritt dabei als Impuls und Norm dieser richterlichen Herrschaft deutlich hervor. Darum auch die jubelnde Huldigung des ganzen Kosmos, welche der Psalm in einem »Voraus-Echo« vergegenwärtigen möchte.

Wenn schon im Alten Bund – er enthält aber bereits im Keim die künftige Heilszeit und kündigt sie an! – solch ein »neues Lied« aufklingen konnte, so erst recht im *Neuen* Bund (vgl. Lk 22,20) selbst. Hat mit Jesus in der Heilsgeschichte doch etwas ganz Neues eingesetzt (vgl. Mk 2, 21f.). Ja, er selbst ist der »Neue Äon«, so daß 2 Kor 5,17 gilt: »Ist jemand in Christus, ist er eine neue Schöpfung. Das Alte ist vergangen, siehe, es wurde neu« (vgl. Gal 6,15). Sichtbar und allwirksam wird aber dies erst im »Neuen Himmel und der Neuen Erde, die wir erwarten« (2 Petr 3, 13) und im »Neuen Jerusalem, das herabsteigt vom Himmel« (Apk 3,12). In diesem Horizont Ps 96 zu beten, weist uns Apg 17,31 (unter Aufnahme von V. 13) an: »Gott hat einen Tag bestimmt, an dem er den Erdkreis nach Gerechtigkeit richten wird durch einen Mann, den er dazu bestellt und den er beglaubigt hat, da er ihn auferweckte von den Toten.«

Ps 97 (96). Jahwe, der endzeitliche König

Aufgesang

1 Jahwe ist König! Es jauchze die Erde!
Freuen sollen sich die vielen Gestade!

Die Erscheinung zum Gericht

2 Dunkles Gewölk umhüllt ihn,
Gerechtigkeit und Recht sind die Stützen seines Thrones.

3 Feuer flammt vor ihm her
und verzehrt seine Feinde ringsum.

4 Seine Blitze erhellen den Erdkreis,
die Erde schaut es und bebt.

5 Die Berge zerschmelzen wie Wachs
vor [–] dem Herrn der ganzen Erde.

6 Die Himmel verkünden sein Rechtswalten,
und alle Völker schauen seine Herrlichkeit.

Jahwes Gerichtswalten

7 Zuschanden werden alle Götzendiener,
die sich da rühmen der Nichtse.
Alle Götter fallen vor Jahwe nieder.

8 Froh vernimmt es Sion, die Töchter Judas
jauchzen ob deiner Gerichte.

9 Denn du, Jahwe, bist der Höchste über aller Welt,
hoch erhaben bist du über alle Götter.

Jahwes Heilswalten an den Seinen

10 Jahwe [liebt, die das Böse hassen].
Er hütet das Leben seiner Getreuen,
der Hand der Gottlosen entreißt er sie.

11 Licht [erstrahlt] dem Gerechten
und Freude denen, die redlichen Herzens sind.

12 Freut euch Jahwes, ihr Gerechten,
und lobsingt seinem heiligen Namen!

A. In V. 5 ist »vor Jahwe« dem Metrum nach ein Einschub. In V. 10 ist aus MT: »Die Jahwe lieben, hassen das Böse« leicht die nach dem Kontext sicher ursprüngliche Lesart zu gewinnen (Hss und S lesen »die das Böse Hassenden«). In V. 11 muß mit G S T Hie »erstrahlt« für das ähnliche »ist gesät« (MT) gesetzt werden.

B. Ps 97 ist ein eschatologischer Jahwe-Königs-Hymnus. Sein Verfasser will kein origineller Dichter sein, sondern möchte die Botschaft von Dt–Is mit Hilfe traditioneller Bilder und unter Anlehnung an einschlägige Schrifttexte (sogar Psalmentexte, vgl. C.) aktualisieren. Der endzeitliche Ausblick – fast apokalyptisch zu nennen – hat dabei den Akzent. Der Psalm konnte als Kultlied an den Festen, vorab am Laubhüttenfest, Verwendung finden, aber auch in den Kreisen der Jahwegetreuen, die besonders in ihm angesprochen sind, als Versammlungsgebet dienen.

C. In den Huldigungsruf »Jahwe ist König!« (vgl. 93,1) sollen mit einstimmen die Erde (= Is 49,13) und die Gestade (= Is 42,10, vorab die Mittelmeerwelt, vgl. Ez 27, 3.15). Die Huldigung gilt dem endzeitlichen Erscheinen des Gottkönigs. Der Psalmist beschwört sie in Bildern früherer Theophanien. So heißt es in der Sinaierzählung: »Da brachen Donner los, und Blitze zuckten, schweres Gewölk hing über dem Berg« (Ex 19,16) und: »Moses nahte sich dem Wolkendunkel, worin Gott war« (20,21). Zu V. 2b vgl. Ps 89,15. Das Feuermotiv (V. 3) erinnert neben Ex 24, 17 (Herrlichkeit Jahwes wie loderndes Feuer) und Dt 4,24 (Jahwe ist verzehrendes Feuer) an Is 10,17: »Israels Licht (= Jahwe) wird zum Feuer und sein Heiliger zur Flamme, die da brennt und seine Dornen und Disteln (die Frevler!) frißt an einem einzigen Tag.« V. 5 beschwört die Schilderung von Mich 1,4 und den Gottestitel (»Herr der ganzen Erde«) von Mich 4,13; Zach 4,14; 6,5. Zu 6a vgl. Ps 50,6. V. 6b nimmt Is 40,5 und 52,10 auf. Der ganze Vers handelt von der Richterherrlichkeit Jahwes, die aller Welt offenbar wird. In V. 7 hören wir Is 42,17: »Zuschanden werden, die auf Götzen bauen, die zu Gußbildern sagen: Ihr seid unsere Götter!« (vgl. 2,20f.; 44,9; 45,16). Die »Huldigung der Götter« gegenüber dem Gottkönig ist ursprünglich ein mythologisches Thema, hier aber nur noch eine dramatische Verbildlichung der Niederlage des Götzendienstes (vgl. V. 9). V. 8 ähnelt Ps 48,12 (Töchter Judas = Städte Judas!). Für Jerusalem und Juda kommt also die große Freudenzeit, wenn Jahwe, bisher den andern Völkern ein fast unbekannter Gott, als Gottkönig Himmels und der Erde hervortritt und alle Mächte ihm huldigen müssen. Dann bricht die Zeit ungetrübten Glückes für alle Jahwegetreuen an. Darum sollen sie jetzt schon Jahwe lobsingen (V. 12).

D. Das Königtum Jahwes offenbart sich in Ps 97 als endzeitliches Hervortreten des majestätischen Gerichtsgottes. In seinem »Feuer« wird alles Widergöttliche zu »Asche«. Wer aber ihm, dem ebenso bundeswilligen wie weltübersteigenden Gott, sein Antlitz zukehrt, steht im Licht und nicht in der verzehrenden Glut. Darum singen die endzeitlichen Sieger in Apk 15,3: »Groß und wunderbar sind deine Taten, Herr, Gott, Allherrscher! Gerecht und wahrhaftig sind deine Wege, du König der Völker! Wer sollte, Herr, deinen Namen nicht fürchten und verherrlichen? Denn du allein bist heilig, und alle Völker werden kommen und vor dir niederfallen, weil deine gerechten Entscheidungen offenbar geworden sind.« Ps 97 mit seiner eschatologischen Erwartung entfaltet in seiner Art für das neubundliche Gottesvolk die Vaterunser-Bitte: »Zu uns komme dein (König-)Reich!« (Lk 11,2), die Jesus den Seinen in Herz und Mund gelegt hat. Nur weiß der Christ vom endzeitlichen Kommen Gottes mehr als der Israelit: der Vater hat sein Königs- und Richteramt dem erhöhten Christus übertragen (vgl. Mk 8,38; 13,26; 14,62; Lk 17,30; Jo 5,22.27; Apg 17,31; Röm 2,16 u. a.), so daß der Jüngste Tag der »Tag Jesu Christi« ist (Phil 1,6; 1 Kor 1,8 u. a.), der »mit großer Macht und Herrlichkeit« kommt (Lk 21,27; vgl. 2 Thess 1,8 ff.). Wenn der

Psalm den Gerechten das Licht der Endzeit verheißt (V. 11), so erläutert Jesus in Mt 25,31–46, welche Gerechtigkeit über die ewige Lebensfülle entscheidet: der Nächstendienst! (Vgl. Mich 6,8 und Jak 2,13: »Barmherzigkeit triumphiert über das Gericht«, vgl. Mt 9,13; 12,7).

Ps 98 (97). Jahwe, der König der Heilszeit

Lobpreis des göttlichen Heilswaltens an Israel

1 Singt Jahwe ein neues Lied!
Denn er wirkte Wundertaten.
Ihm half seine Rechte und sein heiliger Arm.

2 Kund tat Jahwe sein Heil,
vor den Augen der Völker enthüllte er seine Gerechtigkeit.

3 Er gedachte seiner Huld und Treue gegen das Haus Israel.
Alle Enden der Erde schauten das Heilswalten unseres Gottes.

Hymnus auf das Kommen des Gottkönigs

4 Jauchze Jahwe zu, alle Welt,
brecht in Jubel aus und frohlocket und spielt auf!

5 Spielt Jahwe zur Leier,
zur Leier unter lautem Gesang!

6 Mit Trompeten und Posaunenschall
jauchzet vor dem Angesicht des Königs Jahwe!

7 Es erbrause das Meer und seine Fülle,
der Erdkreis und seine Bewohner!

8 Die Ströme sollen in die Hände klatschen
und die Berge allesamt frohlocken

9 vor Jahwes Angesicht, wenn er kommt,
[wenn er kommt], die Erde zu richten.
Er richtet den Erdkreis in Gerechtigkeit
und die Völker nach Gebühr.

A. Der Text ist gut überliefert. In 9a ist nach dem gleichen Vers von Ps 96,13 und G (z. T.) »wenn er kommt« zu wiederholen.

B. Ps 98 gehört zu den Jahwe-Königs-Hymnen. Seine deutlich unterscheidbaren Teile (1–3, 4–9) sind nicht als zwei ursprünglich verschiedene Lieder anzusehen, sondern ergänzen sich wie »Rückblick« und »Ausblick«. Der Verfasser hat sich stark an Dt–Is angelehnt und einen endzeitlich ausgerichteten Hymnus geschaffen, der wohl in der Hauptsache für das nachexilische »Repertoire« des Laubhüttenfestes bestimmt war.

C. Die Aufforderung, ein »neues Lied« zu singen (vgl. Ps 96,1), nimmt bewußt Is 42,10 auf. Der Blick des Psalms geht darum auch konsequent zuerst auf das von Deutero-Isaias vorausgesagte, inzwischen aber verwirklichte Heil. Er schließt aber, auch damit Deutero-Isaias getreu, die Wunder des Auszugs mit der von Jahwe bewirkten Heimkehr aus Babylon zusammen. Denn das Wort »Wundertaten« ist eine bevorzugte Bezeichnung der Heilsereignisse der Vorzeit (vgl. Ex 3,20; Jos 3,5; Neh 9,17). Darum beschwört V. 1b neben Is 52,10; 63,5 auch Ex 15,6.12 (Siegeslied des Moses). V. 2 und 3 rücken die nach menschlichem Ermessen unwahrscheinliche Wiederherstellung Judas rühmend in den Blick. »Heil« und »Gerechtigkeit« (oft ein Wortpaar in Deutero-Isaias), »Huld« und »Treue« (vgl. Os 2,22; Mich 7,20) meinen die wirksame Treue Jahwes zu seinem Bund; verwirklichte er doch die Erwartung von Is 52,10: »Alle Enden der Erde schauen das Heilswalten unseres Gottes!« (V. 3b).
Noch ist aber die Frohbotschaft von Deutero-Isaias und anderer Propheten nicht voll verwirklicht: die endzeitliche Offenbarung der Königsherrschaft Jahwes steht noch aus. Dahin schaut von V. 4 ab Ps 98 aus, ja er wird jetzt zum Einzugshymnus des als König kommenden Gottes. Die Begrüßungszeremonie für den irdischen neuen König (Jubel, Händeklatschen, Trompetenstöße, vgl. Num 23,21; 1 Sam 10,24; 2 Sam 15,10; 4 Kön 11,12.14) steht dafür Pate. In den Königsjubel sollen einstimmen alle Bereiche des Kosmos, sollen gleichsam den Takt zu Musik und Gesang schlagen (vgl. 96,11; Is 42,10; 55,12). Der einziehende Gottkönig

wird zum Richter des Erdkreises, sein Richten will aber zugleich ein gerechtes Regiment aufrichten über die ganze Welt hin (vgl. Ps 96,13).

D. Im rückwärtigen Blick, mit dem Ps 98 einsetzt, umgreift das neubundliche Gottesvolk mit dem Ruf: »Er wirkte Wundertaten« außer den Heilstaten der Vorzeit die Kulmination des Heilswirkens Gottes in der Auferweckung Jesu. Mit dem auferweckten und erhöhten Christus ist der endgültige neue Äon grundsätzlich bereits da. Das »neue Lied« ist darum für den Christen vom Klang des österlichen Hallelujah durchklungen. Im vorwärtigen Blick (V. 4–9) stehen altes und neues Gottesvolk aber gleichsam Schulter an Schulter. Beide erwarten in adventlichem Verlangen das Kommen des Gottkönigs am Ende dieser Weltzeit und den Aufgang eines »Neuen Himmels und einer Neuen Erde« (Is 65,17; 2 Petr 3,13; Apk 21,1) in der endgültigen messianischen Zeit. Das festliche Psalmwort wird dabei vergegenwärtigende Vorausfeier dieser Zukunft, die »Ankunft des Königs« ist, und ist eine Vorwegnahme des »Neuen Liedes« von Apk 14,2f. (Lied der Enderlösten). Dieser endzeitliche Psalm vermag das christliche Bewußtsein nach vorn hin zu öffnen und mit der lebendigen Erwartung zu erfüllen, »daß die Schöpfung von der Knechtschaft der Vergänglichkeit befreit wird zur Freiheit der Herrlichkeit der Kinder Gottes« (Röm 8,21).

Ps 99 (98). Jahwe als heiliger und gerechter Gottkönig auf Sion

Die Huldigung der Völker

1 Jahwe ist König, die Völker erzittern.
   Er thront auf den Keruben, die Erde wankt.

2 Jahwe auf Sion ist groß,
   erhaben ist er über alle Völker.

3 Sie sollen deinen großen und furchtbaren Namen lobpreisen:
Heilig ist er.

Die Huldigung des Gottesvolkes

4 Die Macht des Königs liebt das Recht.
Du bist es, der die Ordnung gegründet.
Recht und Gerechtigkeit in Jakob hast du geschaffen.

5 Erhebt Jahwe, unseren Gott!
Fallt nieder am Schemel seiner Füße!
Heilig ist er!

6 Moses und Aaron waren unter seinen Priestern,
und Samuel unter denen, die seinen Namen anrufen.
Sie riefen zu Jahwe, und er hat ihnen geantwortet.

7 Aus der Wolkensäule sprach er zu ihnen.
Sie bewahrten seine Zeugnisse
und die Satzung, die er ihnen gegeben.

8 Jahwe, unser Gott, du hast ihnen geantwortet.
Ein vergebender Gott warst du ihnen, doch ein Vergelter ihrer Fehltaten.

9 Erhebet Jahwe, unsern Gott! Fallt nieder an seinem heiligen Berg! Denn heilig ist Jahwe, unser Gott.

A. Der Text ist gut überliefert und kann auch in V. 1 (aramäisches Wort für »wankt«) und V. 4 (»Macht« oft in »mächtig« geändert) belassen werden.

B. Ps 99 ist ein Jahwe-König-Hymnus und ruft wie die verwandten Stücke am Tempel das Königtum Jahwes über die Welt hin aus. Doch unterscheidet er sich zweifach von ihnen: 1. Sein endzeitliches Kolorit ist gedämpfter (1–3). 2. Er zeigt das Königtum Jahwes vor allem an seinem Bundeswalten als idealer, heiliger Richterkönig in Israel auf. Freilich steht auch im Hintergrund von V. 4 die Erwartung seines künftigen Heilswaltens an einem Israel, das nach dem Gottesrecht lebt. Der Psalm paßt besonders gut in das Ritual des Laubhüttenfestes, in dem die Verkündigung des Gottesrechtes einen bevorzugten Platz hatte. Der Psalm ist nach Sprache und Gedankengut (vgl. C.) nachexilischen Ursprungs.

C. Der Huldigungsruf »Jahwe ist König« gilt dem Bundesgott, der in gewaltigen geschichtlichen Taten »die Völker erzittern« (Ex 15,14; Dt 2,25) läßt. Dieses »Erzittern der Völker« gehört in Jer 33,9; Mich 7,17; Is 64,1 zu den Wirkungen des endzeitlichen Heilswaltens Jahwes an Israel. Das »Wanken der Erde« ist immer Anzeichen einer Theophanie, vorab einer eschatologischen Gerichtstheophanie (Mich 1,3f.; Is 13,13; 24,18f.; Ez 38,19f.; Joel 4,16 u. a.). Das »Thronen über den Keruben« mag ursprünglich die göttliche Gegenwart über der Bundeslade bezeichnen (vgl. 1 Sam 4,4 u. a.), in unserem Zusammenhang ist es aber (wie in Ps 80,2) in erster Linie vom himmlischen Kerubenthron (Ez 1; 10 und vorab 43,2-7) zu verstehen (vgl. Dan 3,55).

V. 1 hat also zweifellos Jahwes »Heimkehr« nach Jerusalem (vgl. Is 52,7 und Ez 43,2ff.) und durch sie hindurch die endzeitliche Gottesherrschaft auf dem Sion (Is 24,23; 60,1 ff.) im Blick. Nur hier im AT wird Jahwe einfachhin »Jahwe auf dem Sion« (V. 2) genannt. Die Aussage in Is 12,6: »Groß ist mitten in dir (Sion) der Heilige Israels« (vgl. Dt 7,21) und die Verkündigung von Jahwes Erhabenheit über die Völker in Deutero-Isaias (Is 40,15.22) prägen V. 2. Die Nationen sollen Jahwes Namen preisen (vgl. Ps 47,2; 117,1 u. a.), von dem Mal 1,14 sagt: »Mein Name ist furchtgebietend unter den Völkern.« In V. 3 findet zugleich Ez 36,23 ein Echo: »Nun will ich meinen großen Namen heiligen, der unter den Völkern entweiht ist, den ihr in ihrer Mitte entweiht habt. Dann werden die Völker erkennen, daß ich Jahwe bin.« Diese Heiligung erfolgt in der Wiederherstellung Israels.

So machtvoll Jahwe als König ist, die Macht dieses Königs – so müßte man V. 4a verdeutlichen – liebt das Recht, wie es dem Ideal des Königtums nach Is 9,6; 11,4 entspricht. Der Spruch: »Ich, Jahwe, liebe das Recht«, von Is 61,8 findet hier sein Echo. Der Psalm illustriert diese Gesinnung des Bundesgottes an der Rechtsordnung der Bundescharta, die Kern und Stern des Bundes Jahwe–Israel ist. Kein Unrecht darf *im* Volke geschehen (Gebot IV–X), aber auch *am* Volke läßt Jahwe kein Unrecht ungesühnt (vgl. Überschrift des Dekalogs: »Ich bin Jahwe, dein Gott, der dich aus Ägypten, dem Sklavenhause, geführt hat« [Ex 20,2], und außer den Fremdvölkerorakeln der Propheten vorab Is 61,8 [siehe oben]: »Ich hasse frevelhaften Raub« [= Raub der Völker an Israel]). Darum die Huldigung von V. 5 unter dem »Bundeswort«: »unser Gott« (vgl. Ex 20,5). Von da aus wird die Erwähnung der Bundesmittler Moses, Aaron und Samuel verständlich (V. 6). Der Bundeswille Jahwes hat sich an ihnen in doppelter Weise bezeugt: 1. Ihre Fürsprache (zu Moses vgl. Ex 32,11 ff. u. a., zu Aaron Ex 28,1 ff., zu Samuel 1 Sam 7,8 ff.; 12,19 ff.) rettet Israel. 2. Sie wurden zu Mittlern und Verteidigern des Gottesrechts in Israel und zugleich ein Beispiel, wie Jahwe den Menschen gemäß der Bundescharta richtet und begnadigt und sich in beidem als *heilig* erweist (vgl. Is 6,3; 43,15; Os 11,9 u. a.).

D. Ps 99 verwendet für den Aufruf zum Lobpreis das Wort »erheben« = hoch sein lassen, und an die Stelle des hellen Jubels tritt das anbetende Niederfallen zu Füßen des Gottkönigs (V. 5 und 9). Dreimal erklingt – jeweils gesteigert – der Ruf »Heilig ist er!«. Hierfür stand zweifellos Isaias Pate, der Jahwe »auf einem hohen und erhabenen Throne« schaute (6,1) und das dreimalige »Heilig« der Seraphim hörte (6,3). Der Psalm will so seine Beter daran erinnern, daß zur Gottesverehrung auch das »Erzittern« und »Erschauern« vor der Heiligkeit des Bundesgottes gehört. Dies ist nicht zuletzt uns Christen »ins Stammbuch geschrieben«. Darum hat Jesus als *erste* Vaterunser-Bitte formuliert: »Geheiligt werde dein Name!« (Mt 6,9; Lk 11,2).

»Die Macht des Königs liebt das Recht« (V. 4) ist nicht minder ein auch im Neuen Bunde bedenkenswertes Wort. Bund und Gericht wachsen gerade im Kreuzesgeheimnis engstens ineinander. Jesus hat nicht umsonst neben dem barmherzigen auch den richtenden Gott verkündet. Am meisten ruft das Unrecht, die Hartherzigkeit und Lieblosigkeit im menschlichen Bereich das göttliche Gericht heraus, wie insbesondere Mt 25,31–46 bezeugt (vgl. Jak 5,4). Daß Gott ein Gott des Rechtes ist, muß als ernste und frohe Botschaft zugleich gelten: ernst gegenüber allem Hang zum ungerechten Tun, tröstlich aber für alle, die Unrecht erdulden.

Ps 100 (99). Einzugslied der Jahwegemeinde

(1 Ein Psalm zum Dankgottesdienst.)
  Jauchzet Jahwe zu, alle Lande!

2 Dienet Jahwe in Freude!
  Tretet vor sein Angesicht mit Frohlocken!

3 Erkennet, daß Jahwe Gott ist!
  Er hat uns geschaffen, und [sein] sind wir:
  sein Volk und die Herde seiner Weide.

4 Ziehet ein in seine Tore mit Dankgesang,
  in seine Vorhöfe mit Lobpreis!
  Lobsinget ihm, segnet seinen Namen!

5 Denn gut ist Jahwe, ewig währet seine Bundeshuld,
  von Geschlecht zu Geschlecht seine Treue.

A. In 3b lesen MT G S: »und nicht wir«. Eine Reihe von Hss Hie T haben »sein« bzw. »ihn« (in Hebr. gleichklingend mit »nicht«).

B. Ps 100 ist ein Prozessionshymnus. Er schließt die Jahwe-Königs-Hymnen ab, mit denen er innerlich und äußerlich (V. 1 = Ps 98,4) verwandt ist (vgl. auch Ps 95). Wahrscheinlich ist er im Wechsel gesungen worden. Die Motivationen des Jubels, also V. 3b und 5, waren dabei Part der einziehenden Gemeinde.

C. Die in den Tempel einziehende Gemeinde, darunter oft Pilger aus der Diaspora, gilt als Erstling und Erststimme der Völker. Sie weiß sich vor Jahwe als Repräsentantin »aller Lande«. Der Aufruf »Dienet Jahwe« meint zunächst den Gottesdienst (vgl. Jos 22,27), aber zugleich die Jahweverehrung im ganzen (vgl. Mal 3,14). V. 3 sagt dies deutlich. Das Volk soll bezeugen wie einst in der Stunde der Entscheidung auf dem Karmel unter Elias: »Jahwe ist Gott! Jahwe ist Gott!« (3 Kön 18,39). Diese monotheistische Bekenntnisformel ist charakteristisch für das Deuteronomium (4,35.39 u. a.) und Deutero-Isaias (43,10.13 u. a.). Daß Jahwe Israel geschaffen hat, bekennen auch Dt 32,6.15; Is 43,1 u. a. Im Vertrauen auf Ez 34,11 ff. weiß sich das Gottesvolk geborgen in Jahwes Hirtengeleit. Im Tempel erfährt es dankbar und lobpreisend Jahwes Vatergüte, die als treue Verbundenheit alle Geschlechter und Gezeiten schöpferisch begleitet und mit endzeitlicher Hoffnung erfüllt (vgl. Jer 33,10-13).

D. Unser Psalm zeigt, wie in Israel, das seine Liturgie als ein Fröhlichsein vor Jahwe begriff (vgl. Lev 23,40; Dt 12,7), schon der Einzug in den Tempelvorhof vom Thema der Freude und des Jubels durchwaltet war. Hier bereits klingt das »Gloria in excelsis« auf. Die Kirche hat darum Ps 100 in die Laudes (Lobgesang) der Sonntage und Feste aufgenommen. Dabei (vgl. V. 3) erfährt sich die neubundliche Gemeinde als »Gottes Schöpfungswerk, geschaffen in Christus Jesus zu guten Werken« (Eph 2,10), als »ein auserwähltes Geschlecht, ein königliches Priestertum, ein geheiligtes Volk, ein Volk, dazu erworben, die Ruhmestaten dessen zu verkünden, der es aus der Finsternis berufen hat in sein wunderbares Licht« (1 Petr 2,9f.). Der christliche Gottesdienst ist in seinem Kern »Eucharistia«, d. h. Lobpreis und Danksagung. Die Urkirche hat der Bundesmahlfeier diesen Namen gegeben, weil sie ihr großes Danksagungsgebet, in Anknüpfung an Jesu Tischsegen (Lk 22,19; Mk 14,23) über die Gaben von Brot und Wein gesprochen, als kennzeichnend für ihre Liturgie betrachtete. Wenn unser Psalm zu Loben und Danken im Gottesdienst aufruft, wird er damit zu einem überaus passenden Einleitungsgebet der eucharistischen Feier, und man sollte sich Gedanken darüber machen, wie er mit ihr offiziell verbunden werden könnte. Sein verheißendes Schlußthema von der Güte, Huld und Treue des Bundesgottes gewinnt zudem im Opfermahl Jesu eine Anschaulichkeit und Verdichtung ohnegleichen.

Ps 101 (100). Gelöbnis des Regenten im Gottesvolk

(1 Von David. Ein Psalm.)

Lauterkeit des Herzens

Der Bundeshuld und dem Gottesrecht gilt mein Sang,
Jahwe, dir will ich aufspielen!

2 Achten will ich auf schuldlosen Weg,
[Treue] gehe zu mir ein!
Lauteren Herzens will ich leben
inmitten meines Hauses!

3 Niemals will ich ins Auge fassen eine böse Sache!
Verkehrtes Tun ist mir verhaßt, es niste sich nie bei mir ein!

4 Ein falsches Herz sei mir fern,
Schlechtes bleibe mir unvertraut!

Gerechtigkeit im Regieren und Richten

5 Wer seinen Nächsten heimlich verleumdet,
vernichten werde ich ihn.
Stolze Augen und anmaßende Herzen
werde ich nicht dulden.

6 Ich schaue aus nach den Treuen im Lande,
sie sollen bei mir wohnen!
Wer auf schuldlosem Wege schreitet, darf mir dienen.

7 Keiner darf inmitten meines Hauses wohnen,
der da Trug übt!
Wer Lügen redet, kann nicht bestehen vor meinen Augen.

8 Morgen für Morgen
will ich vernichten alle Gottlosen im Lande,
um auszurotten aus Jahwes Stadt alle Übeltäter.

A. In V. 2 ist »wann wirst du zu mir kommen?« im Textzusammenhang unverständlich. »Wann« dürfte eine Verlesung des konsonantisch ähnlichen Wortes »Treue« sein.

B. Ps 101 muß der Gattung der »Königslieder« zugesprochen werden, wenn er auch sehr eigener Art ist. Man kann ihn als »Inthronisationsgelübde« bezeichnen. Der Autor des Psalms hat in ihm zugleich einen von der Weisheit des vorexilischen Spruchgutes beeinflußten »Fürstenspiegel« geschaffen, der augenscheinlich als Formular für die Einsetzungsfeier am Tempel und deren jährliche Wiederkehr (Königsfest) dienen sollte. Abfassungsdatum dürfte die späte Königszeit sein, und hier am ehesten die Epoche der deuteronomischen Reform und des frühen Jeremias (vgl. C.), also etwa 620 v. Chr. Nach dem Exil konnte der Psalm als analog gebrauchtes Gebet der verantwortlichen Führer der Gemeinde Verwendung finden. Zudem muß man mit einer »Demokratisierung« der Königslieder in der königlosen Zeit rechnen. Die Grundsätze von Ps 101 liegen ja in der Linie des Lebensideals der Jahwegetreuen. Schließlich spiegelt sich in den Augen der Gläubigen in einem solchen »Fürstenspiegel« der Is 9 und 11 angesagte Messias (Bringer der Gerechtigkeit!) voraus.

C. Huld und Recht, von denen der Psalmist singen will, sind nach 1b eindeutig die Bundeshuld, in der Jahwe den Regenten beruft (vgl. Is 55,3: die Hulderweisungen an David) und das Gottesrecht der Bundescharta, das der Berufene untadelig zu verwalten und vollmächtig im Bundesvolk durchzusetzen hat. Darüber sagt das deuteronomische Königsgesetz: »Wenn er seinen königlichen Thron bestiegen hat, lasse er sich eine Abschrift dieser Weisung anfertigen ... Diese Weisung sei bei ihm, und er lese daraus sein Leben lang, auf daß er lerne, Jahwe, seinen Gott zu fürchten und alle Worte dieser Weisung und alle Satzungen getreulich zu halten!« (Dt 17,18ff.).
In unserem Psalm gelobt der Regent zunächst, in seinem eigenen Denken und Handeln der Bundesweisung zu entsprechen: durch schuldlosen Wandel (vgl. Ez 28,15; Spr 11,

20; 28,18), durch Treue aus innerer Gesinnung (vgl. 1 Sam 2,35), durch die Lauterkeit des Herzens (vgl. 3 Kön 9,4, beispielhaft für den Hof! 2b), durch Verzicht auf böse Pläne (vgl. Dt 15,9) und ein »falsches (= krummes) Herz« (vgl. Spr 17,20).

Von V. 5 ab gelobt der Regent, seine speziellen Herrscher- und Richterpflichten getreu zu erfüllen und dadurch dem Volke eine Lebenssphäre voller Lauterkeit und Gerechtigkeit zu schaffen. Sein Kampf soll der Verleumdung gelten, die oft genug zu falschen Bluturteilen führt (Lev 19,16), sodann dem Hochmut und der Anmaßung (vgl. Is 2,11f.; Jer 13,15ff.; Spr 6,17; 8,13; 16,5; 21,4. 24), dem Trug (vgl. Mich 6,10ff.; Job 13,7) und der Lüge (Ex 20,16; Lev 19,11; Is 9,14 u. a.). Die Durchsetzung des Gottesrechtes soll im Spruch des Gerichts geschehen, dessen Stunde in Israel der frühe Morgen ist (vgl. 2 Sam 15,2). Der König will durchführen, was Jahwe in Jer 21,11 dem Königshaus von Juda aufträgt: »Sprecht jeden Morgen das Gottesrecht! Befreit den Beraubten aus der Hand des Bedrückers! Sonst bricht wie Feuer mein Zorn los und brennt, und niemand kann löschen.« »Ein weiser König«, sagt Spr 20,26 in einem Bild vom Herrscher, »worfelt die Gottlosen und läßt den Dreschwagen über sie hingehen.«

D. Wo im AT das Bild vom idealen König in den Blick kommt, weist es immer zugleich auf den kommenden Heilskönig hin. Darum ist auch Ps 101 nicht so weit von der neubundlichen Wirklichkeit entfernt, wie es zunächst den Anschein haben mag. In den Grundlinien dieses Regenten zeigen sich die Konturen dessen an, der selber »heilig, schuldlos, ohne Makel, gesondert von den Sündern« (Hebr 7,26) ist und als »Wurzelsproß Davids« (Apk 22,16) die »Hunde und die Zauberer, die Unzüchtigen und die Mörder, die Götzendiener und jeden, der die Lüge liebt und sie begeht« (Apk 22,15), aus seinem Reiche weist. Damit aber wird unser »Fürstenspiegel« zugleich zu einer Mahnung für alle Verantwortlichen des neuen Gottesvolkes, Jesus selbst so weit als möglich in einem lauteren und gerechten »Königswalten« – ein solches ist nach Jesu Wort und Beispiel vor allem ein Dienen! (vgl. Mk 10,44f.; Lk 12, 37; 22,27) – gegenwärtig zu setzen und anschaubar zu machen.

Ps 102 (101). Jahwe, die Zuversicht aller Gebeugten

(1 Gebet eines Gebeugten, wenn er betrübt seine Klage vor Jahwe ausschüttet.)

Bitte

2 Jahwe, erhöre mein Flehen,
 mein Schreien zu dir!

3 Verbirg dein Antlitz nicht vor mir
 am Tage meiner Not!
 Neige zu mir dein Ohr!
 Am Tage, da ich rufe, erhöre mich schnell!

Klage

4 Denn wie Rauch vergehen meine Tage,
 meine Gebeine brennen wie Feuer.

5 Versengt wie Gras verdorrte mein Herz,
 ich vergaß sogar, mein Brot zu essen.

6 Vor lauter Stöhnen bin ich nur noch Haut und Knochen.

7 Ich gleiche der Dohle in der Wüste,
 bin wie eine Eule in Ruinen.

8 Ich liege wach
 und bin wie ein Vogel, der einsam auf dem Dache sitzt.

9 Den ganzen Tag schmähen mich meine Feinde,
 meine Verhöhner fluchen mit meinem Namen.

10 Ja, Asche esse ich wie Brot
 und mische meinen Trank mit Tränen

11 deines Zornes und Grimmes wegen.
Denn du hast mich aufgehoben und hingeworfen.

12 Meine Tage sind wie der Schatten, der sich neigt,
und ich verdorre wie Gras.

Ausblick auf Jahwes Heil für Sion

13 Du aber, Jahwe, thronst in Ewigkeit,
und das Gedenken an dich geht von Geschlecht zu Geschlecht.

14 Du wirst dich erheben, dich Sions erbarmen.
Denn Zeit ist's, sich ihm gnädig zu neigen, ja die Stunde ist da.

15 Siehe, deine Knechte haben Sions Steine lieb,
wehvoll schauen sie seinen Schutt.

16 Dann werden die Heidenvölker den Namen Jahwes fürchten,
und alle Könige der Erde deine Herrlichkeit.

17 Denn Jahwe baut Sion wieder auf,
erscheint in seiner Herrlichkeit.

18 Er wendet sich hin zum Flehen der Entblößten,
er verschmäht ihr Flehen nicht.

19 Dies sei geschrieben für das kommende Geschlecht,
und ein neu geschaffenes Volk wird Jahwe lobpreisen,

20 daß er gnädig niedergeschaut aus seiner heiligen Höhe,
[–] vom Himmel auf die Erde herabgeblickt,

21 das Stöhnen des Gefangenen zu hören,
zu befreien die Todgeweihten,

22 auf daß sie in Sion den Namen Jahwes verkünden
und seinen Lobpreis in Jerusalem,

23 wenn sich Völker versammeln zuhauf
und Königreiche, um Jahwe zu dienen.

Erneutes Flehen und Preisen

24 Er hat meine Kraft unterwegs gebeugt,
meine Tage verkürzt.

25 Ich spreche: »Mein Gott, nimm mich nicht hinweg in der Mitte meiner Tage!
Von Geschlecht zu Geschlecht dauern deine Jahre.

26 Vormals hast du die Erde gegründet,
und das Werk deiner Hände ist der Himmel.

27 Sie werden vergehn, du aber wirst bleiben,
sie alle zerfallen wie ein Gewand.
Wie ein Kleid wechselst du sie, und sie wechseln.

28 Du aber bleibst derselbe,
und deine Jahre enden nicht.

29 Die Söhne deiner Knechte werden ruhig wohnen,
ihr Same hat Bestand vor dir.«

A. Der Text ist gut überliefert und bedarf kaum einer Änderung. In V. 20 ist »Jahwe« wohl spätere Einfügung. Möglicherweise ist V. 24 passivisch zu lesen.

B. Ps 102 hat formal und gedanklich ein eigentümliches Gefälle. Bitte, Klage, Lobpreis und Vertrauensäußerung (gesteigert zur Weissagung) wechseln miteinander, und bald rückt das schlimme Geschick eines einzelnen in den Vordergrund, bald das Schicksal Sions. Manche Erklärer rechnen bei Ps 102 mit einer anpassenden Überarbeitung eines ursprünglich individuellen Klageliedes und seiner Ausgestaltung zu einem Gemeindeklagelied. Ausnahmsweise mag ein »Ich« in einem Lied auch das Volk bezeichnen (z. B. Ps 129; Is 12,1 ff.; Klagl 1,12; Jer 10,19 ff.), doch ist diese Annahme in unserem Falle nicht notwendig. Denn die »Gebeugten« Israels haben sich in Leid und Verfolgung immer zugleich als Typus des geprüften Gottesvolkes verstanden. So versteht auch unser Psalmist sein Schicksal im Horizont der Katastrophe Jerusalems (586 v. Chr.) und seiner Prüfung bis zum Wiederaufbau des Tempels (515 v. Chr.). Er findet Trost und Zuversicht in Jahwes zukünftigem Heilswalten an Sion. Der Psalm zeigt eine auffallende Verwandtschaft zu Is 40–66 (in V. 13 auch zu Klagl 5,19; vgl. C.). Er muß aus dem Milieu, in dem Tr–Is entstanden ist, also aus dem »Jüngerkreis« von Dt–Is in Jerusalem (535–515), stammen. Eine Entstehung zur Zeit der Brandschatzung Jerusalems durch Antiochus Epiphanes IV. (um 170 v. Chr.) ist wenig wahrscheinlich. Die wohl später hinzugefügte Überschrift weist darauf hin, daß der Psalm als Formular für den Tempelgang schwer geprüfter »Gebeugter« diente.

C. Der Psalmist setzt mit Bitten ein, die für das individuelle Klagelied charakteristisch sind (vgl. Ps 39,13; 18,7; 27,7; 31, 3). In der Klage (ab 4) umschreibt er in Bildern (vgl. Job 30, 27ff.; Is 59,10ff.) seine Not: vergehen wie Rauch (vgl. Ps 37,20; Is 51,6), »Brand« im »Gebein« (Jer 20,9), verdorren wie Gras (vgl. Is 40,6ff.), einsam und unrein (vgl. Lev 11,17f.) wie Dohle und Eule (Is 34,11; Soph 2,14). Diese bildhaften Umschreibungen deuten auf schwere Krankheit bzw. Siechtum hin, das die Seele um so mehr niederdrückt, als Gegner sein Unglück als verdient und als Zeichen der Verwerfung durch Gott hinstellen, ja seinen Namen in Schwurformeln (gewöhnlich mit bedingter Selbstverfluchung als Wahrheitsgarantie verbunden!) oder eigentlichen Fluchformeln als Beispiel verwenden (vgl. Is 65,15). Die Situation des Leidenden ist in vielem mit der Jobs verwandt (vgl. Job 2,8: in der Asche sitzend; 30,22f.: vom Sturm hochgehoben und zerzaust, dem Tode ausgeliefert).

Wie der in V. 13 einsetzende Aufblick zu Jahwe zeigt, denkt der Beter nicht nur an sein Elend, er sieht es als Sinnbild der Not Sions. Und diese Not ist mit an seinem Schmerz beteiligt. Damit aber gelingt ihm eine innere Wende: sein gläubiges Auge wendet sich Jahwes künftigem Heilswalten an Sion zu. Er greift in V. 13 Klagl 5,19 auf (unter Ersetzung von »Thron« durch »Gedenken«!), führt aber nicht wie Klagl 5,20ff. mit Bitten fort, sondern formt die Sionsverheißungen der Propheten (zu 14 vgl. Is 49,13; Jer 29,10; 30,18, zu 16: Is 40,5; 41,5; 52,10, vorab 59,19 und 62,2, zu 17a: Is 49,16ff.; 60,10, zu 18 und 20: Is 57,15, zu 19: Jer 30,2; Is 43,21, zu 21: Is 42,7 vgl. 61,1, zu 22: Is 43,21, zu 23: Is 2,2f.; 60,3) zu einem Bekenntnis gläubiger Zuversicht, ja zu einer eigenen Weissagung, die zur Bezeugung ihrer Wahrheit schriftlich den kommenden Geschlechtern überliefert wird (vgl. Is 8,1ff.; 30,8; Jer 30,2).

Mit V. 24 blickt der Psalmist wieder auf sein eigenes Elend zurück. Aber Klage und Bitte (vgl. Is 38,10) gehen vor der eben bekannten gläubigen Erwartung in ein neues Preisen Jahwes über, ein Preisen seiner Ewigkeit (vgl. 13) und seine Unwandelbarkeit in allem Wechsel, sogar im Zerfall der Himmel. V. 26–28 lehnen sich dabei eng an Deutero-Isaias an, vorab an Is 51,6–8. Der Schlußvers beschwört die göttlichen Zusagen von Jer 30,20; Is 65,9; 66,22.

D. Ps 102 beeindruckt einmal durch die tiefe Verbundenheit des klagenden Beters mit seinem Volk und seiner Stadt und zum andern durch die gläubige Zuversicht auf das zukünftige Heilswalten Gottes an Sion und seiner Gemeinde. Der Psalm gehört darum zu den Perlen der Klagepsalmen. Hinter dem Psalmisten erscheinen die Konturen des idealen »Gebeugten«. Darum läßt sich Ps 102 besonders gut als »Gebet Jesu zum Vater hin« denken. Über seiner Seele lag von Anfang an der Schatten des Todesleidens, das sich in der entschlossenen Feindschaft seiner Gegner früh ankündigte. Heimatlos – »die Vögel des Himmels haben Nester, der Menschensohn aber hat nicht, wo er sein Haupt hinlegen kann« (Lk 9,58) – ist er in der Frage seines Leidens selbst im Apostelkreis ein einsamer Unverstandener (Mt 16, 21–23). In der entscheidenden Stunde fleht er selbst um »den Vorübergang des Kelchs« (Mk 14,36), »brachte unter lautem Rufen und unter Tränen (vgl. V. 10) Gebete und Flehrufe vor den, der ihn erretten konnte vom Tode« (Hebr 5,7). Er sah Jerusalems Los mit dem seinen verbunden und schaute (nach Lk 19,41 ff.) gewissermaßen mit unserem Psalmisten wehvoll auf seine Trümmer (V. 15). Die Kraft, das große Ja zum Vater für die Brüder sprechen und durchzuhalten, gab ihm Is 53 mit seiner Verheißung des unerhörten Heilswaltens Jahwes am Gottesknecht, als der er sich in der Übernahme des Leidens verstand. Danach sollten in ihm, nämlich in seiner Auferweckung und Erhöhung zum Haupt eines neuen Gottesvolkes, alle Sionsweissagungen ihre Erfüllung finden.
Der neubundlichen Gottesgemeinde und ihren Gliedern ist Ps 102 – er zählt seit alters zu den Bußpsalmen – ein Trost-

lied auf ihrer Pilgerschaft »im Tale der Tränen«. Es leitet dazu an, wie der Psalmist und wie Jesus in Verbundenheit mit dem ganzen Gottesvolke Leben und Sterben zu bestehen und gleichsam aus der Heilszukunft zu leben, die in der Prophetie des Alten und Neuen Bundes und vor allem in Jesus dem Christus selbst schon begonnen hat.

Ps 103 (102). JAHWE, DER BARMHERZIGE

(1 Von David.)

Aufgesang

Segne, meine Seele, Jahwe!
Mein ganzes Gemüt, segne seinen heiligen Namen.

2 Segne, meine Seele, Jahwe,
und vergiß keine seiner Wohltaten!

Dank für die Sündenvergebung

3 Er vergibt dir ja alle Schuld,
heilt alle deine Gebrechen.

4 Er erlöst aus der Grube dein Leben,
krönt dich mit Huld und Erbarmen.

5 Er sättigt mit Glück deine Seele,
daß neu wird deine Jugend, wie der Adler.

Jahwes Bundeshuld und Erbarmen

6 Taten des Heils vollbringt Jahwe, Recht schafft er allen Bedrückten.

7 Er tat Moses seine Wege kund,
den Kindern Israels seine hohen Werke.

8 Barmherzig und gnädig ist Jahwe,
langmütig und reich an Huld.

9 Nicht immer will er rechten,
nicht ewig trägt er nach.

10 Er handelt nicht an uns nach unseren Sünden
und vergilt uns nicht nach unserer Schuld.

11 Nein, so hoch der Himmel über der Erde,
   so groß ist seine Huld über jenen, die ihn fürchten.

12 Wie fern der Sonnenaufgang dem Untergang,
   so weit entfernt er von uns unsere Frevel.

13 Wie ein Vater sich der Kinder erbarmt,
   so erbarmt sich Jahwe jener, die ihn fürchten.

14 Er weiß ja, was für ein Gebilde wir sind,
   er ist eingedenk, daß wir nur Staub sind.

15 Der Mensch – wie Gras sind seine Tage,
   wie des Feldes Blume blüht er.

16 Fährt der Wind nur darüber, ist sie dahin,
   und der Ort, wo sie stand, weiß nichts mehr von ihr.

17 Aber Jahwes Huld bleibt von Ewigkeit zu Ewigkeit
   über jenen, die ihn fürchten,
   und sein Heilswalten gilt noch den Kindeskindern,

18 jenen, die seinen Bund wahren
   und seiner Gebote gedenken durch die Tat.

19 Jahwe hat im Himmel seinen Thron errichtet,
   und seine Königsherrschaft regiert das All.

Abgesang

20 Segnet Jahwe, ihr, seine Engel,
   ihr starken Helden, die sein Wort vollführen [–]!

21 Segnet Jahwe, ihr, seine Heerscharen alle,
   ihr seine Diener, die seinen Willen vollziehen.

22 Segnet Jahwe, ihr, alle seine Werke
   an allen Stätten seiner Herrschaft!
   Segne, meine Seele, Jahwe!

A. In V. 5 scheint »Schmuck« im selben Sinne wie »Herrlichkeit« (vgl. Ps 16,9 u. a.) als Wort für »Seele« verwendet zu werden (vgl. die Wendung: »die Seele sättigen« in Is 58,11). In V. 20 ist »im Hören auf die Stimme seines Wortes« eine den Vers überladende Glosse (vgl. S).

B. Ps 103 ist ein Dankhymnus. Er war wohl zunächst dazu bestimmt, »vor großer Gemeinde« (vgl. Ps 22,23ff.) vom Beter, der anscheinend eine ungewöhnliche Heilung des Leibes und damit auch der »Seele« erfuhr, vorgetragen zu werden. Denn der Psalmist sprengt (von V. 5 ab) die individuelle Erfahrung und feiert Jahwes Erbarmen im allgemeinen Sinne, um damit zugleich die um ihn Versammelten zu belehren und zur liebenden Hinkehr zu Jahwe anzuspornen. Der Verfasser hat sich »anthologisch« an Schrifttexte, vorab an Prophetentexte (Is 40–66!) angelehnt und hat dennoch ein poetisch und theologisch gleich eindrucksames Lied geschaffen. Die Sprache verrät die Spätzeit, und dennoch überragt der Psalm alles Epigonentum.

C. Im Eingang ruft der Psalmist sein eigenes Inneres auf, sich ganz auf Jahwe hin zu öffnen und ihm froh und segenswillig alle Herrlichkeitsfülle zuzusprechen. »Segnen« ist der stärkste Ausdruck für den liebenden Lobpreis und darum des Verfassers bevorzugtes Wort (vgl. 20–22). Zugleich will er, den Ermahnungen des Deuteronomiums getreu (4,9; 6,12 u. a.), Jahwes Wohltaten nie vergessen. Dieser liebende Aufbruch des Herzens kommt aus der Erfahrung der Sündenvergebung. Der Psalmist ist durch Jahwes »Arzttum« (Ex 15,26) aus tödlicher Krankheit errettet worden (V. 3b und 4), obschon er sich sündig wußte. Aber nicht das neu geschenkte Leben (zum Bild vom Adler vgl. Is 40,31), sondern die darin aufscheinende Verzeihung wird ihm zum Hauptmotiv des Lebens und Dankens. Sie wird ihm zugleich zum Anlaß, einen Hymnus auf Jahwes Bundeshuld und Erbarmen anzustimmen (V. 6ff.).
Von den Heilstaten Jahwes am bedrängten Israel singt schon das alte Deborah-Lied (Ri 5,11). Der Psalmist denkt dabei vor allem an das göttliche Erlösungswalten beim Auszug aus Ägypten (V. 7). In V. 8 zitiert er ein unvergeßliches Wort aus der Sinaioffenbarung (Ex 34,6). V. 9 schöpft aus der Frohbotschaft von Is 57,16. Gewiß weiß er auch von den Gerichten Jahwes, aber sie wiegen ihm leichter als die schwere Schuld Israels (vgl. Esdr 9,13). Der Hinweis auf

Is 55,7–9 – V. 11 ist ein Echo auf dieses herrliche Zeugnis von der alles menschliche Maß übersteigenden Bundesliebe Jahwes – unterstreicht zusammen mit V. 12 (vgl. Mich 7,19) den »Überhang« der Gnade Jahwes über sein Gericht. Für den Psalmisten ist sie Vaterliebe (vgl. V. 13 mit Is 63,16; 49,15) und Mitleid mit dem hinfälligen Menschsein, das er in V. 15f. nach Is 40,6f. zeichnet. Wird aber in Is 40,8 das Wort Gottes als Bleibendes aller irdischen Vergänglichkeit entgegengestellt, so in V. 17 Jahwes ewige Bundeshuld. Freilich wird in V. 18 gemäß Ex 20,6; Dt 7,9, wo solche über alle Geschlechter sich erstreckende Huld verheißen ist, hinzugefügt, daß die Liebe Jahwes nur an denen wirksam wird, »die den Bund halten« (vgl. 3 Kön 11,11) und »seiner Gebote durch die Tat gedenken« (vgl. Num 15,39). Der Aufblick zum gnädigen und barmherzigen Gott endet (V. 19) mit dem Bekenntnis, daß Jahwes Liebe – anders als zumeist die Liebe der Menschen – mit der Macht, hier also mit der göttlichen Allmacht im Bunde ist (zu V. 19 vgl. Is 66,1 und Abd 21).

Im Abgesang werden zunächst die Engelmächte, die den himmlischen Thron umstehen, um Jahwes Befehlen gewärtig zu sein, zum Lobpreis aufgerufen (vgl. Ps 29,1). Sie werden wie in Joel 4,11 »Helden«, d. h. Krieger genannt. Mit ihnen sollen alle Schöpfungswerke, also die ganze irdische Welt, Jahwe hymnisch besingen (vgl. Ps 148,1–4).

D. Man hat das AT geradezu »das Buch von der göttlichen Gerechtigkeit« (Nietzsche) genannt. Oft kennzeichnet man den Unterschied von AT und NT so: »Dort der strafende Gott, hier der liebende Gott!« Ps 103 – er ist eine zusammenfassende Schau der altbundlichen Offenbarung von der göttlichen Huld (vgl. C) – erweist solches Urteil als ungerecht. In ihm leuchtet in einzigartiger Weise das Licht des göttlichen Erbarmens auf. Das Wort »barmherzig« hat für den Hebräer eine unvergleichliche Wärme, bedeutet es doch ursprünglich »mütterlich«! Unser Psalm läßt, wie es Gott in der Offenbarung seines Namens Jahwe (= allzeit bundeswillig Gegenwärtiger, vgl. Ex 3,14) selbst tut, den Bundeswillen Gottes seine richterliche Majestät überstrahlen. Zu Jahwes überweltlicher Heiligkeit gehört ja gerade auch dies, im Lieben ungleich anders zu sein als die Menschen, wie es die Gottessprüche von Is 55,8 und Os 11,8 eindrucksvoll bezeugen. In der Sündenvergebung wird dies beglückend offenbar. Der unendlich große Gott will sich denen, die ihr Antlitz ihm zukehren, wie ein Vater neigen (V. 13), zumal er um unsere Armseligkeit weiß (V. 14 ff.). So geht ein wahrhaft neubundlicher Klang durch unser Lied.

Was in Ps 102 mächtig antönt, entfaltet sich im Christusereignis zu glorioser Fülle. Über Jesu Kommen waltet das göttliche Erbarmen (vgl. Lk 1,50 = Ps 103,17!). Darüber sagt Tit 3,4: »Als die Güte und Menschenfreundlichkeit Gottes unseres Retters erschien, rettete er uns nicht auf Grund von Werken der Gerechtigkeit, die wir vollbracht hätten, sondern nach seinem Erbarmen durch das Bad der Wiedergeburt und der Erneuerung des Heiligen Geistes. Ihn goß er in reicher Fülle über uns durch Jesus Christus, unseren Retter, damit wir, gerechtfertigt durch seine Gnade, Erben würden gemäß der Hoffnung auf ewiges Leben.« Das wohl zureichendste neubundliche Wort von vielen (vgl. u. a. Röm 5,8; 9,23 ff.; 15,9; 2 Kor 1,3 ff.; Eph 1,3 ff.; 1 Jo 4, 16 ff.), das gleichsam die Unterschrift von Ps 103 abgeben kann, bringt Eph 2,4 ff.: »Gott, an *Erbarmen* reich, hat um seiner großen Liebe willen, mit der er uns geliebt hat, auch uns, die wir tot waren in Sünden, zusammen mit Christus lebendig gemacht – durch Gnade seid ihr zum Heil gekommen! – und uns mitauferweckt und miteingesetzt im Himmel in Christus Jesus, um in den kommenden Zeiten den übergroßen Reichtum seiner Gnade durch Güte gegen uns in Christus Jesus zu erweisen.«

Ps 104 (103). Jahwes herrliche Schöpfung

Der königliche Schöpfer der Welt

1 Segne, meine Seele, Jahwe!
  Jahwe, mein Gott, du bist gewaltig groß!
  In Hoheit und Hehre bist du gewandet.

2 Du hast das Licht als Mantel um dich.
  Du bist es, der den Himmel ausspannte wie ein Zeltdach;

3 der in den Wassern seine Hochgemächer bälkte,
  der Wolken nimmt zu seinem Gefährt,
  dahineilt auf den Fittichen des Sturmwinds;

4 der die Winde zu seinen Boten macht,
  zu seinen Dienern die Feuerlohen;

5 der die Erde auf ihre Pfeiler gegründet,
  daß sie nie und nimmer wanke.

6 Mit der Urflut bedecktest du sie wie ein Gewand,
  über den Bergen standen die Wasser.

7 Vor deinem Schelten flohen sie,
  vor deinem Donnerruf hasteten sie fort.

8 Sie stiegen die Berge hinan, fluteten die Täler hinab,
  hin zur Stätte, die du ihnen geschaffen.

9 Eine Grenze zogst du, darüber dürfen sie nicht,
  dürfen nie wieder die Erde bedecken.

Der Spender der Nahrung für Tier und Mensch

10 Du bist es, der die Quellen in die Bachtäler schickt.
   Zwischen Bergen rinnen sie hin.

11 Sie tränken alles Getier des Feldes.
   Wilde Esel löschen daraus ihren Durst.

12 Darüber nisten die Vögel des Himmels,
   lassen aus dem Gezweig die Stimme hören.

13 Du bist es, der aus seinen Hochgemächern die Berge tränkt.
   Von deines Waltens Frucht sättigt sich die Erde.

14 Du bist es, der dem Vieh Gras sprießen läßt
und Pflanzen für den Feldbau des Menschen,
daß er Brot aus der Erde hole

15 und Wein, der das Menschenherz froh macht,
daß das Antlitz vom Öl erglänze
und Brot das Menschenherz stärke.

16 Satt trinken sich die Bäume Jahwes,
des Libanons Zedern, die er gepflanzt,

17 worauf die Vögel nisten.
[In ihrem Wipfel] hat der Reiher sein Nest.

18 Die hohen Berge sind der Steinböcke Reich,
die Felsen bieten den Klippdachsen Schutz.

Der ordnende Herr der Gezeiten

19 [Du bist es], der den Mond geschaffen zum Maß der Zeiten,
die Sonne, die ihres Untergangs Stunde kennt.

20 Bringst du Finsternis, so wird es Nacht.
In ihr regt sich alles Waldgetier.

21 Die Löwen brüllen nach Beute
und verlangen von Gott ihre Nahrung.

22 Geht die Sonne auf, ziehen sie ab
und legen sich in ihre Verstecke.

23 Da tritt der Mensch heraus zu seinem Tagwerk,
zu seiner Arbeit bis zum Abend.

Der Herrscher über Land und Meer

24 Wie viel sind deiner Werke, Jahwe!
In Weisheit hast du sie alle geschaffen.
Erfüllt ist die Erde von deinen Schöpfungen.

25 Da ist das Meer, groß und weit ausgreifend,
darin Gewimmel ohne Zahl, Tiere klein und groß.

26 Da ziehen die Schiffe hin und der Leviathan,
den du gemacht, das Spiel mit ihm zu treiben.

Der schöpferische Herr des Lebens und des Sterbens

27 Alle Wesen harren deiner,
daß du ihnen Nahrung gibst zur rechten Stunde.

28 Du gibst ihnen, sie lesen auf.
Du öffnest deine Hand, sie werden satt an Gutem.

29 Du verbirgst dein Antlitz, sie vergehen vor Schrecken.
Du ziehst ihren Odem zurück, sie verscheiden
und kehren wieder zum Staub.

30 Du sendest deinen Odem aus: sie entstehen,
und du machst den Erdboden neu.

Freude an Jahwes Herrschaft und Reich

31 Jahwes Glorie währe ewig!
Jahwe freue sich seiner Werke!

32 Er blickt die Erde an, und sie erzittert.
Er rührt die Berge an, und sie rauchen.

33 Ich möchte Jahwe besingen mein Leben lang,
aufspielen meinem Gott, solange ich bin!

34 Möge ihm mein Dichten gefallen!
Ich selbst freue mich Jahwes.

35 Verschwinden sollen die Sünder von der Erde,
und der Gottlosen sollen keine mehr sein!
Segne, meine Seele, Jahwe!
Hallelujah!

A. Der Text ist an einigen Stellen unsicher (6a, 13b, 17). In V. 17 wird man hebräisch »Zypressen« durch Vokaländerung als »ihr Wipfel« lesen müssen, wofür G und der Zusammenhang sprechen. In V. 14 muß *abodah* mit Neh 10,38 mit »Feldbau« übersetzt werden (vgl. 1 Chr 27,27). In V. 19a ist das Verb als Partizip zu vokalisieren.

B. Ps 104 ist ein Hymnus, der das Schöpfungswalten Jahwes im Kosmos feiert. Die Schöpfungslehre Israels, die in Gen 1 und 2, Dt–Is, Job 38–40, Spr 8 u. a. ihren Niederschlag fand, hat in unserem Psalm ihr hymnisches Echo erhalten. Der Verfasser ist ein schriftgelehrter »Weiser« der nachexilischen Zeit, der seine

Weisheit (als theologische Weisheit!) in der Hauptsache aus der religiösen Überlieferung des Gottesvolkes schöpft. Daneben hat er aber auch außerbiblische Texte, wie den Sonnengesang des Echn-aton – in V. 19 hintergründig durchscheinend! – und mesopotamische Naturhymnen ähnlicher Art, ferner den Chaos-Mythus in seiner syrisch-kanaanäischen Form gekannt und sich in einigen Punkten von ihnen anregen lassen. Das Lied ist sicher nicht in erster Linie für einen kultischen Anlaß gedichtet, wenn es auch ab und an bei einem Festgottesdienst vorgetragen wurde.

C. Der Psalm ruft im Aufgesang den Lobenden vor die leuchtende Majestät des königlichen Gottes. Größe, Hoheit und Hehre sind Königsprädikate (vgl. Ps 96,4.6). Jahwes Königsmantel ist das Licht, das der Hebräer sich unabhängig von Sonne und Gestirnen und als besonders gottnahe (vgl. Gen 1,3; Is 60,19) vorstellt. Gottes Bereich ist die Himmelswelt. Sie gleicht einem ausgespannten Zelt (Is 40, 22). Über den Himmelswassern (vgl. Gen 1,7) erhebt sich nach der Annahme der Alten, auf Balken errichtet, der himmlische Palast (vgl. Am 9,6). Nach mythischer Vorstellung sind Wolken (vgl. Ps 18,10; 68,5; Is 19,1) und Sturmwind (vgl. Ps 18,11; Os 4,19) Gottes Wagen, mit dem er hoch über der Erde dahinfährt. Winde und Blitze sind dabei seine dienstbaren Helfer (vgl. Ps 147,18; 148,8; Job 1,16; 38,34).

In 5–9 vergegenwärtigt der Psalm auf der Basis von Gen 1, 2ff., aber nicht in lehrhafter, sondern dramatischer Schilderung (Anlehnung an den Mythus vom Chaoskampf) die Schöpfung des Erdbereichs (zu V. 7 vgl. Is 50,2; 51,20; 6,6 15, zu V. 8: Gen 1,9, zu V. 9: Jer 5,22 [fast wörtliche Übernahme]). Die Festigung der Erde (vgl. Ps 93,1) inmitten der chaotischen Wasser bezeugt die überragende Macht des Schöpfers.

Die irdische Welt wird durch das Süßwasser, das der Schöpfer auf Erden »entspündet« (vgl. Gen 2,5; Is 41,18) und vom Himmel regnen läßt (vgl. Dt 11,10ff.; Job 37,11 u. a.), zum

Raum des Lebens für Pflanze, Tier und Mensch. Der Mensch erscheint hier wie in Gen 2 als »Erdmann«, d. h. zur Bebauung der Erde berufen. Die Schilderung erreicht in diesem Abschnitt die Höhe einer Naturpoesie, wie sie im AT einzigartig ist.

Den ordnenden Herrn der Gezeiten verkünden Mond (für den Kalender des Jahres das führende Gestirn, vgl. Gen 1, 14; Sir 43,6f.) und Sonne. Sie sind hier anders als in Gen 1 (»Leuchten!«) mit ihren Namen genannt, aber ebenso wie dort nur dienende Dinge – denn Jahwe »bringt die Finsternis«, V. 20 –, keine göttlichen Mächte wie sonst in der Alten Welt. Der Nacht werden die Raubtiere zugeordnet, der Mensch aber ist die beherrschende Figur des Tages, der als Zeit des Lichtes den »Erdmann« zu seinem königlichen Dienste (vgl. Gen 2,15) ruft.

Noch einmal kommt der Psalm beim Blick über die irdische Welt, die »der Schöpfungen Jahwes voll ist« (V. 24), auf das Meer zu sprechen. Jetzt erscheint es nicht mehr als wildes Chaos, sondern als gebändigter und geordneter Lebensraum für die Wassertiere und sogar für den Menschen, der es auf Schiffen befährt. Selbst der Leviathan, nach Job 3,8 ein Urweltdrachen, in Job 40,25ff. zum Krokodil entmächtigt, wird zum Tier, das Jahwe geschaffen hat, »um damit zu spielen« (vgl. Job 40,29). Hier ist der alte Mythos vom Götterkampf mit dem Drachen in einem großartigen Bild voll theologischer Bedeutsamkeit (Jahwes »spielende« Allüberlegenheit!) überstiegen und aufgehoben. In der Bindung aller Lebewesen an seine freie Verfügung leuchtet das Schöpfertum und Herrentum Jahwes am unmittelbarsten auf. Er spendet das Leben (vgl. Ps 133,3) und sendet das Sterben (Job 34,14), aber die Lebensgabe ist das je Größere: in ihr erneuert Jahwe immer wieder das Antlitz der Erde (V. 30).

Der Akzent des Psalmschlusses liegt auf der Freude: auf der Freude Gottes an seiner Schöpfung und auf der Freude des geschaffenen Menschen über die Freude Gottes und über die Schöpfung, die dieser göttlichen Freude entsprang. In ihr stört nur eines, wie der Psalmist in der sehnsüchtigen Bitte von V. 35 bekennt: die Gottwidrigkeit aus menschlicher Willensentscheidung. Der Psalm endet mit diesem Bekenntnis der Sehnsucht nach einer sündelosen »neuen Erde« (vgl. Is 66,22f.).

D. Ps 104 macht die Welt und alle ihre Bereiche gleichsam durchsichtig auf den Schöpfergott hin. Dessen Mund und Hand setzt nicht nur den Anfang, sondern durchwaltet und überwaltet in »fortgesetzter Schöpfung« alles irdische Geschehen. Das alte Weltbild stört auch für uns eine solche Schau nicht, unser modernes kann ohne weiteres mit dazugenommen werden. Das Licht, das dabei auf den Schöpfer und Herrn der Welt fällt, wird nur um so heller und kräftiger. Auch wenn in der modernen Industriewelt der Mensch immer weniger als Ackerbauer auftritt, bleibt im Grunde auch das Menschenporträt unseres Psalms bestehen: der Mensch ist – im Gegensatz zu den Tieren, die nur *in* der Welt sind – als Werkender *an* der Welt von Gott bestellt. Dieser Gott aber ist als Gott des Menschen zugleich der Gott der Geschichte, ist Jahwe, der Bundesgott. In seiner Preisung wendet der Mensch als Beter des Psalms sein Antlitz auch zu diesem seinem Gott hin und wird damit als Werkender an der Welt zugleich ein Sprechender zu Gott hin, ein Lobender, ein Bittender und ein Hoffender mit der Sehnsucht: »Zu uns komme dein Reich!«

Ps 104 ist ein großartiges Zeugnis der »Weltfrömmigkeit« der Bibel. Auch Jesus legt sie uns nahe. Schaut er doch wie unser Psalmist den Vater in allem am Wirken, ihn, »der die Sonne aufgehen läßt über Gute und Böse und regnen läßt über Gerechte und Sünder« (Mt 5,45), der die Vögel des Himmels ernährt (Mt 6,26) und »das Gras des Feldes kleidet« (Mt 6,30). Wer von den Blumen des Feldes sagt: »Selbst Salomon in all seiner Pracht war nicht gekleidet wie eine von ihnen« (Mt 6,29), muß sie lange betrachtet und gleichsam in seine Seele hineingenommen haben.

Ps 105 (104). Hymnische Vergegenwärtigung des Bundes Jahwes mit den Vätern

Aufgesang

1 Lobsinget Jahwe, ruft seinen Namen aus!
  Verkündigt unter den Völkern seine Taten!

2 Singet ihm, spielet ihm!
  Vergegenwärtigt euch alle seine Wunder!

3 Rühmt euch seines heiligen Namens!
  Von Herzen freuen sollen sich, die Jahwe suchen!

4 Schaut nach Jahwe aus und seiner Macht!
  Sucht stets sein Angesicht!

5 Gedenkt der Wunder, die er getan,
  seiner Machterweise und der Urteilssprüche seines Mundes!

6 Ihr, Same Abrahams, seines Knechtes,
  Söhne Jakobs, seine[s] Erwählten!

Der Bund mit den Patriarchen

7 Er, Jahwe, ist unser Gott,
  in alle Welt ergehen seine Urteilssprüche.

8 Er gedenkt auf ewig seines Bundes
  – des Wortes, das er entboten für tausend Geschlechter –,

9 den er mit Abraham geschlossen,
  gedenkt seines Schwures an Isaak.

10 Er machte ihn zur festen Satzung für Jakob,
   für Israel zum ewigen Bund.

11 So sprach er: »Dir gebe ich das Land Kanaan
   als euch zugemessenes Erbe!«

12 Noch waren sie zählbare Leute,
   wenige nur und Gäste im Land.

13 Sie zogen umher von Stamm zu Stamm,
   von einem Reich zum andern Volk.

14 Er ließ nicht zu, daß jemand sie bedrückte
   und rügte um ihretwillen Könige:

15 »Rührt nicht an meinen Gesalbten,
und meinen Propheten tut kein Leid an!«

Joseph in Ägypten

16 Als er Hunger über das Land rief,
allen Brotstock zerbrach,

17 da hatte er einen Mann ihnen vorweggesandt,
als Sklave ward Joseph verkauft.

18 Man zwängte seine Füße in Fesseln,
in Eisen kam sein Hals

19 bis zur Stunde, da sein Wort eintraf,
Jahwes Spruch ihn bestätigte.

20 Er sandte einen König, der ließ ihn los,
einen Völkerherrscher, der machte ihn frei.

21 Er setzte ihn zum Herrn über sein Haus,
zum Herrscher über seinen ganzen Besitz.

22 Seine Fürsten sollte er [anweisen] nach seinem Sinn
und seine Ältesten Weisheit lehren.

Israel in Ägypten

23 Dann kam Israel nach Ägypten,
Jakob wurde Gast im Lande Chams.

24 Jahwe vermehrte sein Volk gewaltig,
machte es stärker als seine Bedränger.

25 Er wendete ihr Herz zum Hassen seines Volkes,
zum arglistigen Handeln an seinen Knechten.

26 Nun sandte er Moses, seinen Knecht,
und Aaron, den er sich erwählt.

27 Sie taten [in der Wüste] seine Zeichen
und Machterweise im Lande Chams.

Die ägyptischen Plagen

28 Er sandte Finsternis, und es ward finster.
Aber trotzten sie nicht seinen Worten?

29 Er wandelte ihr Wasser in Blut und ließ ihre Fische sterben.

30 Es wimmelte ihr Land von Fröschen
   bis in ihrer Könige Gemächer.

31 Er sprach – und Ungeziefer kam,
   Stechmücken über ihr ganzes Gebiet.

32 Er gab ihnen als Regen Hagel, lohendes Feuer über ihr Land.

33 Er zerschlug ihnen Rebe und Feigenbaum
   und zerbrach die Bäume in ihrem Gebiet.

34 Er sprach – und Heuschrecken kamen
   und Fresser ohne Zahl.

35 Sie fraßen alles Grün im Lande,
   fraßen die Früchte ihrer Äcker.

36 Er schlug alle Erstgeburt in ihrem Land,
   die Erstlinge all ihrer Manneskraft.

Der Auszug ins Gelobte Land

37 Er führte seine Stämme heraus, beladen mit Silber und Gold,
   kein Strauchelnder war unter ihnen.

38 Ägypten freute sich bei ihrem Auszug,
   der Schrecken vor ihnen war über sie gefallen.

39 Er breitete eine Wolke aus als Deckung
   und ein Feuer, zu erleuchten die Nacht.

40 Sie bettelten, da brachte er Wachteln
   und sättigte sie mit Brot vom Himmel.

41 Er brach den Felsen auf, da quollen die Wasser,
   liefen in die Wüste – ein Strom.

42 Er gedachte seines heiligen Wortes
   und Abrahams, seines Knechtes.

43 Er führte sein Volk heraus unter Jubel,
   unter Jauchzen seine Erwählten.

44 Er schenkte ihnen die Länder der Heidenvölker,
   das mühsam Erworbene der Nationen wurde ihr Besitz.

45 Darum sollten sie seine Gebote wahren
   und seine Weisungen halten.
   Hallelujah!

A. In V. 6b ist mit zwei Hss Singular zu lesen (vgl. 6a), eher als mit G »Knechte« in den Plural (Anrede!) zu setzen (vgl. 42). In V. 22 ist MT »anketten« mit G Hie S durch das verwandte »anweisen« zu ersetzen (vgl. 22b). In V. 27 ist MT »unter ihnen Worte« unplausibel. Eine Vokaländerung ergibt »in der Wüste« (Wunder schon vor dem Auszug, Ex 3). 28b ist unsicher. In G S fehlt »nicht«. In 40 hat MT »man bettelte« (Sing.), G S Hie T Plural.

B. Ps 105 ist ein Geschichtspsalm (vgl. Ps 78) in der Form eines Hymnus, der im Kult als der »Vergegenwärtigung« vergangener Heilsereignisse und der Bundesgeschichte einen diesbezüglichen Platz bekommen konnte. Sein erster Abschnitt (V. 1–15) ist denn auch vom Verfasser der Chronik (um 300 v. Chr.) verwendet worden, um den Gesang der Leviten bei Überführung der heiligen Lade (unter David) darzustellen. Der Psalm ist allerdings erst in nachexilischer Zeit gedichtet von einem Autor, der im Sinne der »theologischen Weisheit« seinen Stoff aus der religiösen Überlieferung, hier hauptsächlich aus dem Pentateuch, als der Quelle aller Belehrung erhebt. Dieser Hymnus dient aber nicht nur der kultischen Aktualisierung der Vergangenheit, sondern verfolgt zugleich einen Lehrzweck, ist also gleichzeitig ein Lehrgedicht, das seinen Betern am Tempel, in der Synagoge, im Lehrhaus und in der Familie die Heilstaten Jahwes als Impulse für die Bundestreue (vgl. V. 45) tief ins Gedächtnis schreiben sollte.

C. Der Aufgesang (1–6, vgl. Is 12,4) spricht die Gemeinde an, die »Same Abrahams« und »Söhne Jakobs« genannt wird (V. 6, vgl. Is 41,8). Israel ist gewissermaßen eine Gesamtpersönlichkeit, die in aller Geschichte eine gewisse Identität durchhält. Darum kann die nachexilische Gottesgemeinde vor der ganzen Welt proklamieren, was Jahwe einst an »ihr« getan hat.
Das hymnische Bekenntnis (V. 7ff.) beginnt mit der Vorstellung Jahwes als des Bundesgottes (»unser Gott«, vgl. Ex 20,2) und als des Herrn der ganzen Welt (vgl. Gen 18,25: »der ganzen Welt Richter«). Der Bund mit den Vätern (zum Bund mit Abraham vgl. Gen 15,18; 17,1ff., zum Schwur an Isaak Gen 26,3ff., zur Zusage des Gelobten Landes an

Jakob Gen 28,13ff.; 35,12) ist für ihn, den Ewigen, stete Gegenwart über Tausende von Geschlechtern hin (vgl. Ex 20,6), er ist ein »ewiger Bund« (V. 10). Dies wird nun an den Phasen der frühen Bundesgeschichte erläutert. Die Erzväter waren Halbnomaden und darum von den Seßhaften und ihren Herren abhängig. Jahwe wurde ihr wirksamer Schutz (vgl. die Bewahrung der Ahnfrauen in Gen 12, 10ff.; 20,3ff.; 26,7ff.). Sie galten ihm als »Propheten« (vgl. Gen 20,7), d.h. zum Mittlertum zwischen Gott und Mensch und Mensch und Gott Berufene, ja sogar als »Gesalbte«, also unantastbare (2 Sam 1,14ff.) königliche Repräsentanten. Sollten doch nach Gen 17,6; 35,11 Könige aus ihnen hervorgehen. Ein prachtvoller Erweis des göttlichen Geleits ist die Josephsgeschichte (V. 16ff.), die mit dem »Zerbrechen des Brot-Stocks« beginnt (= Stab, auf dem die ringförmigen Brote aufgereiht sind), also mit der Hungersnot in Kanaan (Gen 41,54–57). Über dem Los des nach Ägypten Verkauften waltet Jahwes wundersame Fügung, welche die Rettung der Jakobssippe bewirkt (vgl. die Rede Josephs in Gen 45,5ff.). Am meisten aber glänzt Jahwes machtvolle Bundeshuld in der Erlösung Israels aus Ägypten auf (V. 23ff.). Auf Jahwes souveränes Walten wird sogar die feindliche Gesinnung der Ägypter zurückgeführt (V. 25), erst recht die sieben Plagen (andere Zahl und Reihenfolge als in der Exodustradition). Die Wunder beim Auszug werden durch die Wolken- und Feuersäule (vgl. Ex 13,21f.), die Speisung in der Wüste (vgl. Ex 16) und die Wasserspende (vgl. Num 20,7ff.) repräsentiert. Im Gelobten Land (= »Länder der Heidenvölker« in Erinnerung an die vielen Kanaanäerstaaten vor der Landnahme) endet in unserem Psalm der »Lichtbogen« der Frühgeschichte des Bundes, der mit Abraham begann. Aber damit sind alle Geschlechter erreicht, die je und je im Lande der Verheißung wohnen. In ihm haben sie das Unterpfand der göttlichen Bundestreue, freilich unter der Grundbedingung, daß sie Treue gegen Treue setzen, also nach der göttlichen Bundesweisung leben.

Mit diesem charakteristischen Leitmotiv des Deuteronomiums schließt der Psalm und wendet damit den Blick zum Sinai-Horeb, der in der voraufgehenden Darstellung ausgespart wurde.

D. Die den Alten Bund stiftenden Heilstaten Gottes gehen nicht nur Israel an. Der Neue Bund wächst aus dem Alten Bund wie aus einem Wurzelstock. »Die aus dem Glauben sind Kinder Abrahams«, sagt uns Paulus in Gal 3,7 oder noch klarer in Gal 3,29: »Wenn ihr Christi seid, so seid ihr Abrahams Same« (vgl. V. 6 unseres Psalms!). Auch die Erlösung aus Ägypten ist somit an uns getan. Wir sollten diese übergreifende Einheit von Altem und Neuem Bund nicht nur bedenken, sondern wie Israel Ps 105 als ein auch unsere Ursprünge feierndes und vergegenwärtigendes Wort beten. Einst ward dies den Christen geschenkt. Leuchten doch noch die mittelalterlichen Kathedralen in ihren Fenstern davon wider. Den Späteren aber wurden die Augen stumpf. Ihnen hat Pascal den Blick zu erhellen versucht mit der Hinführung vor den »Gott Abrahams, Isaaks und Jakobs« (vgl. Mk 12,26).
Erst wenn wir dies begriffen haben, bleibt uns das Recht, über diesen Horizont hinauszublicken. Das in der Frühzeit des Bundes eröffnete Geschichtshandeln Gottes hat seine Aufgipfelung im Heilswalten des Vaters am und im Christus Jesus erreicht. Wir feiern es in der Rezitation von Ps 105 hymnisch mit. Wenn dieses Gebet im Erinnern an die göttliche Weisung endet, so ist uns solches nicht fremd: Jesus und die Apostel haben an erster Stelle die frohe Botschaft der Erlösung verkündigt, dann aber ermahnten auch sie zur »Treue gegen Treue – Liebe gegen Liebe«. Der dazu erforderliche Wille kann nur von einer leuchtenden und wärmenden Botschaft, wie der von der Bundes- und Erlöserliebe Gottes, entbunden werden. Das sollte Ps 105 uns wirksam zusprechen, die wir alle als Gottes Boten zur Kundgabe des Gotteswillens berufen sind.

Ps 106 (105). JAHWES GNADE UND ISRAELS VERSAGEN

Aufgesang

1 Lobsinget Jahwe, denn er ist gut!
 Ja, ewig währet seine Bundeshuld.

2 Wer kann die Machttaten Jahwes erzählen
 und verkünden all seinen Ruhm?

3 Selig, wer ans Gottesrecht sich hält,
 Gerechtigkeit übt zu jeglicher Stunde!

Bitte

4 Gedenke [unser,] Jahwe, aus Liebe zu deinem Volke,
 suche [uns] heim mit deinem Heil,

5 daß wir schauen das Glück der von dir Erwählten,
 in der Freude deines Volkes uns freuen,
 mit deinem Erbe uns rühmen!

Israels Undank beim Wüstenzug

6 Gesündigt haben wir zusamt unsern Vätern,
 haben Unrecht getan und gefrevelt.

7 Unsere Väter in Ägypten begriffen deine Wunder nicht,
 gedachten nicht deiner vielen Hulderweise
 und trotzten [dem Höchsten] am Schilfmeer.

8 Doch er befreite sie um seines Namens willen,
 um seine Macht zu bekunden.

9 Er schalt das Schilfmeer, und es vertrocknete;
 er ließ sie durch die Fluten ziehen wie durch die Steppe.

10 So befreite er sie aus der Hand des Hassers,
 erlöste sie aus des Feindes Hand.

11 Die Wasser deckten ihre Bedränger,
 keiner von ihnen blieb übrig.

12 Da glaubten sie seinen Worten
 und sangen seinen Ruhm.

13 Schnell vergaßen sie seine Taten,
   harrten nicht auf seinen Ratschluß.

14 Gierig begehrten sie in der Steppe,
   versuchten Gott in der Wildnis.

15 Er gab ihnen, was sie heischten,
   aber er schickte ihnen die Auszehrung an den Hals.

16 Sie wurden im Lager eifersüchtig auf Moses,
   auf Aaron, den Heiligen Jahwes.

17 Da öffnete sich die Erde und verschlang Dathan
   und bedeckte die Schar Abirams.

18 Feuer verzehrte ihre Schar,
   die Flamme verbrannte die Frevler.

19 Sie machten ein Kalb am Horeb
   und warfen sich vor dem Gußbild nieder.

20 Sie tauschten ihre Herrlichkeit ein
   gegen das Bild eines Stieres, der Gras frißt.

21 Sie vergaßen Gott, ihren Befreier,
   der Großes getan in Ägypten,

22 Wunderbares im Lande Chams,
   Furchterregendes am Schilfmeer.

Jahwes Gerichtswalten

23 Da gedachte er, sie zu vertilgen,
   wäre nicht Moses gewesen, sein Erwählter,
   der in die Bresche trat vor ihn hin,
   um seinen Grimm abzuwenden vom Vernichten.

24 Sie verschmähten das köstliche Land
   und glaubten seinem Worte nicht.

25 Sie mäkelten herum in ihren Zelten,
   hörten nicht auf Jahwes Stimme.

26 Da erhob er gegen sie seine Hand,
   sie zu fällen in der Steppe,

27 zu [zerstreuen] ihren Samen unter die Heidenvölker
   und sie zu zersprengen in die Länder.

Versagen vor dem Einzug nach Kanaan

28 Sie verbanden sich mit dem Baal-Peor
und aßen Totenopfer.

29 Sie reizten ihn mit ihren Untaten,
da brach die Plage über sie herein.

30 Pinchas trat auf und hielt Gericht,
da ward der Plage gewehrt.

31 Es wurde ihm zur Gerechtigkeit angerechnet
von Geschlecht zu Geschlecht, auf ewig.

32 Sie erzürnten Jahwe am Haderwasser,
und Moses erging es übel um ihretwillen.

33 Denn sie machten seinen Geist [bitter],
und so redete er unbedachte Worte.

34 Sie rotteten die Völker nicht aus,
die Jahwe ihnen benannt,

35 sondern vermischten sich mit den Heiden und lernten ihre Taten.

36 Sie dienten ihren Götzen,
die wurden ihnen zur Falle.

37 Sie opferten ihre Söhne und ihre Töchter den Dämonen.

38 Sie vergossen unschuldiges Blut,
[–] durch Blutschuld wurde das Land entweiht.

39 Sie wurden unrein durch ihre Werke
und trieben Ehebruch mit ihren Taten.

40 Da entbrannte der Zorn Jahwes wider sein Volk,
und er verabscheute sein Erbe.

41 Er gab sie in die Hand der Heidenvölker,
ihre Hasser durften über sie herrschen.

42 Ihre Feinde bedrängten sie,
und sie mußten ihrer Hand sich beugen.

43 Viele Male befreite er sie,
sie aber erbitterten ihn mit ihren Beschlüssen
und versanken in ihrer Schuld.

44 Doch sah er an ihre Drangsal,
als er ihr Flehen vernahm.

Jahwes neue Huld

45 Er gedachte für sie seines Bundes
und änderte seinen Sinn in seiner großen Huld.

46 Er ließ sie Erbarmen finden bei allen,
die sie gefangenhielten.

Bitte

47 Befreie uns, Jahwe, unser Gott,
und sammle uns aus den Heidenvölkern,
daß wir deinem heiligen Namen lobsingen
und deines Ruhmes uns rühmen können.

Schluß des 4. Psalmbuches

48 Gesegnet sei Jahwe, Israels Gott, von Ewigkeit zu Ewigkeit!
Und alles Volk spreche: Amen Hallelujah!

A. In V. 4 ist wohl mit 2 Hss G Aq u. a. 1. Pers. plur. zu lesen (vgl. V. 6f.). In V. 7 lies statt »über dem Meer« *(al jam)* »Höchster« *(eljon)*! In V. 27 ist »fällen« (= fallen lassen) in sich und nach 26b unwahrscheinlich. Mit S und Ez 20,23 lies unter Änderung eines Konsonanten »zerstreuen«. In V. 33 (»sie waren widerspenstig gegen seinen Geist«) muß man umvokalisieren in »erbitterten«. V. 38 hat einen nachträglichen Einschub: »das Blut ihrer Söhne und Töchter, das sie den Göttern Kanaans opferten« (unzutreffend, da V. 38 einfach die schweren Sünden gegen das 5. Gebot meint).

B. Ps 106 ist ein Geschichtspsalm (vgl. Ps 78; 105), der eine Reihe von Strukturelementen der verschiedenen Gattungen verwendet, vorab des Hymnus und des Klageliedes (Bitten, Bußworte). Zugleich ist seine mahnende und belehrende Tendenz im Sinn der deuteronomischen Predigt nicht zu verkennen. Die Belehrung schöpft der Psalm aus dem Pentateuch (vgl. C.). Die Zeit der Abfassung wird aus 27 und 47 recht deutlich. Sein Mutterboden ist die nachexilische Erwartung der Wiederherstellung Israels, eine Erwartung, die mit einem starken Bußwillen einhergeht (vgl. Neh 9,5–37; Is 63,7–64,11; Dan 9,4–19). Der Psalm muß nicht in erster Linie für die Diaspora gedichtet sein, er konnte ebenso am Tempel in Jerusalem Verwendung finden.

C. Ein hymnischer Introitus, der in V. 3 in eine Seligpreisung (vgl. Is 56,1) übergeht, führt zum Hauptanliegen des Psalmisten: Die Bundeshuld Jahwes möge sich nach den großen Katastrophen von 722 (Untergang des Nordreiches) und 586 (Untergang des Südreiches) Israel wieder zuwenden (V. 4f. und 47, vgl. Is 63,15). Man ist allerdings dessen nicht würdig; denn die Geschichte des Gottesvolkes war eine Geschichte der Schuld, aber stärker als Jahwes Gericht war immer wieder seine Huld und Gnade. Das ist das Grundthema, das von V. 6 bis 46 die Rückschau in die Bundesgeschichte beherrscht.

Diese Rückschau setzt mit einem Sündenbekenntnis ein, das Vergangenheit und Gegenwart in einem einzigen »wir« umgreift (V. 6). Die Schuld wird um so dunkler, je heller die Bundeshuld Jahwes durch die Vergegenwärtigung seines wunderbaren Erlösungswaltens beim Auszug aus Ägypten ans Licht tritt (V. 7–12). Im Angesicht der Verfolger haderte Israel mit Moses (Ex 14,11f.). Die Antwort Jahwes war die Rettungstat am Schilfmeer, allerdings »um seines eigenen Namens willen« (V. 8). Erst jetzt vertraute sich das Volk Jahwe wirklich an (V. 12) und sang das »Meerlied« ihm zum Preise (Ex 14,31; 15,1 ff.). Aber sofort hernach setzte das schuldhafte Vergessen (vgl. Os 2,15) ein: Das Volk verlangte ohne Geduld Speise und Trank (Ex 15,22 ff.; 16,2 ff.; Num 11,4). Der Wunsch wird erfüllt, aber nach Num 11,34 starben viele der Unersättlichen (V. 15). Datan und Abiram machten Moses die Führung streitig, fanden aber ihr Ende in einem Gottesgericht (V. 16–18, vgl. Num 16). Schließlich kam es im Stierdienst zum religiösen Abfall des Bundesvolkes (V. 19–21, vgl. Ex 32).

Jahwes Gerichtswille hätte auf all dies mit der Vernichtung geantwortet, wenn Moses nicht Fürbitte eingelegt hätte, die von Gott angenommen wurde (V. 23, vgl. Ex 32,10ff.). Als Israel dann auf den Bericht der Kundschafter (Num 13) hin Ägypten dem Gelobten Land vorziehen wollte, verurteilte Jahwe die Wüstengeneration dazu, den Einzug in Kanaan nicht mehr zu erleben (V. 26, vgl. Num 14,29f.). In dieser Verurteilung steckt nach des Psalmisten Überzeugung bereits der göttliche Entschluß, auch nach der Landgabe einem bundesbrüchigen Israel das Land wieder zu nehmen und es in der Verbannung heimatlos zu machen (V. 27).
Schon im Grenzgebiet Kanaans, in Moab, verfielen zahlreiche Israeliten dem Baalsdienst, der großen und ständigen »kanaanäischen« Versuchung für das Gottesvolk (V. 28f., vgl. Num 25). Pinchas, der Enkel Aarons, greift ein und wendet die Gefahr, ihm selbst zum Segen (V. 30f., vgl. Num 25,8.13). Der Mann aber, der den Auszug menschlich möglich machte, Moses, darf nicht hinüber nach Kanaan. Das beschäftigt den Psalmisten, und er rechnet dieses schwere Los dem in der Wüste hadernden Volke an, das durch seine Widerspenstigkeit seinen großen Führer zum Zweifel verführt hatte (V. 32f., vgl. Num 20,12).
Nach der Landnahme begannen neue Bundesbrüche. Man fiel zum Baal ab, man opferte sogar dem kanaanäischen Gotte Melek (Moloch!) Kinder (4 Kön 16,3; 21,6; 23,10 u. a.), der hier zu den Dämonen (Dt 32,17) gerechnet wird (V. 37). Wie die erste mosaische »Tafel« (= Ja zu Jahwe) zerbrachen sie auch die zweite (= Ja zum Mitmenschen) durch Justizmorde (vgl. 3 Kön 21), willkürliche Hinrichtungen (vgl. 4 Kön 21,16 u. a.) und überhaupt durch Unterdrückung der sozial Schwachen (vgl. Is 1,15.17; Os 4,2; Jer 22,3; Mich 7,2 u. a.). Solcher Bundesbruch jeglicher Art aber war »Ehebruch« gegenüber dem Bundesgott (V. 39, vgl. Ex 34,16; Os 1). Darum ließ Jahwe immer wieder die Feinde ins Land fallen. Doch auf seines Volkes Flehen antwortete er auch wieder und wieder mit Erbarmen.

Selbst das Babylonische Exil endete mit der Freilassung durch die Perser (V. 46). Aber die volle Wiederherstellung Israels, wie sie bei Jer 30,18ff.; 31,7ff.; Ez 36,24; 37,1ff. 15ff. verheißen war, steht noch in weiter Ferne. Darum schließt der Psalm mit der Bitte um Erfüllung der prophetischen Zusage. V. 48 gehört an sich nicht mehr zum Text (in 1 Chr 16,35f. allerdings dazu gezählt!), sondern ist die Schlußdoxologie des 4. Psalmenbuches.

D. Ps 106 steht in seiner Thematik in der Linie der alttestamentlichen Zeugnisse von der je größeren Gnade Gottes gegenüber menschlicher Schuld. Schon Ex 20,5–6 spricht davon, die Gottessprüche in Os 11,8 und Jer 31,20 stellen die Übermacht des göttlichen Erbarmens ins helle Licht. Aber daraus folgert der Psalmist alles andere als die »Leichtigkeit« der Sünde. Das Sündenbekenntnis des Volkes geht so tief, daß es auch die Schuld der Väter einbegreift (V. 6). Neben dem feiernden Bekenntnis der Bundeshuld Jahwes und einem Appell an sie ist ein Hauptanliegen des Psalms dies: die Beter hinzuführen vor das schreiende Unrecht des Bundesbruches gegenüber der göttlichen Bundestreue und sie dadurch zur Umkehr und Hinkehr zu Jahwe zu bringen.

Kommentierende Worte des NT zu unserm Psalm gibt es viele, z. B. Röm 5,20f.: »Wo aber die Sünde sich mehrte, da strömte über die Gnade, damit, wie die Sünde herrschte durch den Tod, die Gnade herrsche durch die Gerechtigkeit zu ewigem Leben durch Jesus Christus unsern Herrn« (vgl. dazu Röm 11,22f.). In 1 Kor 10 verwendet der Apostel ähnliche Gedanken wie Ps 106, um daraus Grundweisungen für die christliche Lebensgestaltung zu folgern. Im Zeichen des Kreuzes werden beide Leitmotive unseres Psalms, die Huld Gottes und die Schuld der Menschen, in unüberbietbarer Weise zusammen bezeugt und offenbar.

Das neubundliche Gottesvolk sollte aus Ps 106 vorab die stete Gewissenserforschung und das Schuldbekenntnis lernen. Nimmer darf das Selbstverständnis der Kirche nur von Eph 5,27 (»Braut ohne Flecken und Runzeln«) bestimmt sein. Sie muß darum wissen, daß sie auch eine »Kirche der Sünder« ist, und sich darum neben das reuige Israel von Ps 106 stellen, um dieses große Gebet im Hinblick auf die eigenen Verschuldungen und Verstrickungen ihrer Geschichte zu sprechen.

Ps 107 (106). Dank an Jahwe, den Rettergott

Aufgesang

1 Lobsingt Jahwe, denn er ist gut!
   Ja, ewig währet seine Bundeshuld.

2 So sollen Jahwes Erlöste sprechen,
   die er erlöst hat aus der Hand des Bedrängers

3 und aus den Ländern gesammelt hat:
   aus Ost und West, aus Nord und [Süd].

Rettung aus der Wüste

4 [Da sind die, welche umherirrten]
   in der Wüste, in der Einöde,
   und keinen Weg zu wohnlicher Stadt fanden,

5 hungrig und noch mehr durstig,
   deren Lebenskraft entschwand.

6 Sie schrien zu Jahwe in ihrer Bedrängnis,
   er entriß sie ihren Ängsten.

7 Er führte sie auf den rechten Weg,
   daß sie wanderten zu wohnlicher Stadt.

8 Lobsingen sollen sie Jahwe für seine Bundeshuld
   und für seine Wundertaten an den Menschen!

9 Denn er tränkte die lechzende Kehle,
   die hungrige Kehle füllte er mit Gutem.

Rettung aus der Gefangenschaft

10 Da saßen Menschen in Dunkel und Finsternis,
    gefangen in Elend und Eisen,

11 weil sie Gottes Worten getrotzt
und den Rat des Höchsten verschmäht.

12 Nun zwang er durch Qual ihr Herz nieder,
sie stürzten, und kein Helfer war da.

13 Sie schrien zu Jahwe in ihrer Bedrängnis,
er befreite sie aus ihren Ängsten.

14 Er führte sie aus Dunkel und Finsternis
und zerriß ihre Fesseln.

15 Lobsingen sollen sie Jahwe für seine Bundeshuld
und für seine Wundertaten an den Menschen.

16 Denn er zerbrach die ehernen Türen,
die eisernen Riegel schlug er ab.

Rettung aus Sünde und Siechtum

17 Da waren Toren ob ihres Sündenwegs,
ob ihrer Vergehen gebeugt.

18 Alle Nahrung verschmähte ihre Kehle,
sie waren schon an den Pforten des Todes.

19 Sie schrien zu Jahwe in ihrer Bedrängnis,
er befreite sie aus ihren Ängsten.

20 Er sandte sein Wort und heilte sie
und ließ [ihr Leben der Grube] entkommen.

21 Lobsingen sollen sie Jahwe für seine Bundeshuld
und für seine Wundertaten an den Menschen!

22 Dankopfer sollen sie bringen
und sein Walten jubelnd verkünden!

Rettung aus Seenot

23 Da waren Seefahrer auf Schiffen
und trieben Handel auf den großen Wassern.

24 Sie schauten Jahwes Werke
und seine Wunder in der Tiefe.

25 Er bot einen Sturmwind auf,
der trieb hoch seine Wogen.

26 Sie stiegen zum Himmel, sanken in die Fluten zurück,
   ihre Seele zerging vor Unheil.

27 Wie trunken drehten sie sich und schwankten,
   all ihre Weisheit war dahin.

28 Sie schrien zu Jahwe in ihrer Bedrängnis,
   er führte sie heraus aus ihren Ängsten.

29 Er machte den Sturm zur Stille,
   und die Wogen wurden ruhig.

30 Sie freuten sich der Glättung,
   und er brachte sie in den ersehnten Hafen.

31 Lobsingen sollen sie Jahwe für seine Bundeshuld
   und für seine Wundertaten an den Menschen!

32 Sie sollen ihn erheben in der Versammlung des Volkes,
   ihn rühmen im Kreise der Alten!

Schlußhymnus

33 Er macht Ströme zur Wüste,
   Quellgründe zum Durstland,

34 Fruchtland zum Salzfeld
   ob der Bosheit seiner Bewohner.

35 Er macht Wüste zum Wasserteich,
   Dürrland zum Quellengrund.

36 Er siedelt dort Hungernde an,
   sie gründen eine wohnliche Stadt.

37 Sie besäen die Felder und pflanzen Weinberge,
   die bringen Frucht als Ertrag.

38 Er segnet sie, und sie mehren sich stark,
   und ihr Vieh läßt er nicht gering sein.

39 Werden sie doch gering und gebeugt
   von Unglück und Mühsal,

40 so ist er es, der Verachtung über die Mächtigen ausgießt,
   er läßt sie irren in weglose Öde.

41 Aber den Armen hebt er empor aus dem Elend
   und macht Sippen aus ihm, einer Herde gleich.

42 Die Rechtschaffenen sehen es und jubeln,
alle Bosheit muß den Mund schließen.

43 Wer ist weise? Er beachte dies
und lerne die Hulderweise Jahwes verstehen!

A. In V. 3 ist am Ende statt »Meer« *(jam)* – das Wort ist wohl durch Is 49,12 veranlaßt – »Süden« *(jamin)* zu lesen, da der Westen (oft = »Meer«) schon genannt ist. In V. 4 ist in Analogie zu V. 10 und 23 am Anfang ein Partizip zu lesen. In V. 17 ist »Toren« gut bezeugt. Meist korrigiert man in »Kranke«. In V. 20 muß das letzte (unbekannte) Wort von MT unter Umvokalisierung zerlegt werden, um unsern plausiblen Text zu erhalten.

B. Ps 107 ist im ersten Teil (1–32) ein Danklied, im zweiten Teil (33–43) ein weisheitlicher Hymnus. Von Hause aus ist der erste Teil kein eigentliches Danklied des Volkes, sondern einzelner Gruppen von Festpilgern. Es sind dies: 1. solche, die eine Wüstenreise überstanden haben (4–9); 2. freigekommene Gefangene (10–16); 3. Genesene aus schwerer Krankheit (17–22); 4. Seereisende, die aus Seenot gerettet wurden (23–32). Sie bringen anscheinend bei einer großen Dankliturgie gruppenweise ihr Dankopfer dar, wobei unser Psalm wohl das von den Leviten vorgetragene Geleitgebet abgibt. Der hymnische Schlußteil (33–43) war wohl als gemeinsamer Dankgesang aller zum Gottesdienst Versammelten gedacht. Er könnte auch eine »Zusatzdichtung« sein, die den Psalm zu einem Dankgebet der Gemeinde, in welchem man für die verschiedensten Heilstaten Jahwes in der Geschichte und an einzelnen Volksgliedern dankte, machen sollte. Es handelt sich aber so oder so um einen nachexilischen Psalm, der bei aller kultischen Abzweckung zugleich die Erziehung zur Dankbarkeit und damit zur wahren Weisheit im Auge hatte.

C. Der Eingangsvers ist nach Jer 33,11 das charakteristische Dankwort derer, die Dankopfer zum Tempel bringen. Sie werden hier »Jahwes Erlöste« genannt wie in Is 62,12, wo von den Heimkehrern aus der Diaspora die Rede ist. Die Darbringer von Gelübdeopfern sind aber kaum so zahlreich gewesen, daß unser Psalmist sie allein anreden wollte.

Sicher sind zugleich alle Festpilger aus der weiten Welt angesprochen. Wiewohl sie wieder zurückreisen, stellen sie die zukünftigen Heimkehrer wenigstens symbolisch dar. Auch für eine weitere Gruppe gilt dies (und damit V. 3): für die israelitischen Handelsleute, die in der ganzen Welt herumkommen und von Zeit zu Zeit wieder heimkehren.

Der Weg nach Palästina führt von Süden, Osten und Norden durch Wüstengebiete. Wer sie durchquert, lebt das Schicksal des Wüstenzugs der Moseszeit und des zweiten Wüstenzugs aus Babylon nach, die bei Deutero-Isaias immer in einer Zusammenschau stehen (vgl. Is 42,13; 49,10; vorab 51,9ff.). Unser Psalmist schöpft zunächst aus der Erfahrung solcher, die aus schwerer Wüstennot (vgl. Job 6,18ff.) gerettet wurden, aber die Eingangsverse weisen die Erretteten auf die »Nachbildlichkeit« solcher Rettung und damit auf das Gedenken an den ersten und zweiten Auszug hin.

Noch stärker tritt diese »Nachbildlichkeit« in V. 10–16 hervor. Die Verse erinnern an Stellen wie Is 42,22: »Ein Volk ist es jetzt, geplündert, beraubt, in Kerkerlöchern gefesselt allesamt, in Gefangenenhäuser gesperrt!« Oder Is 45,2: »Ich zerbreche die ehernen Türen und schlage die eisernen Riegel ab« (= unser V. 16!), vgl. Is 49,9 (zu V. 11 vgl. Is 5,24; 63,10). Die aus »Elend und Eisen« freigekommenen Israeliten sollten also zugleich an die Befreiung des Volkes aus der Babylonischen Gefangenschaft denken.

Unter den Dankenden sind auch solche, die unerwartet von schwerer Krankheit genasen (V. 17–22). Sie waren an ihrem Leiden selber schuld gewesen als »Toren, die Weisheit und Zucht verachten« (Spr 1,7) und durch ihre Sünde der Krankheit als Strafe anheimfielen (vgl. Klagl 1,13f.). Ihnen wurde durch ein göttliches Machtwort (vgl. Is 55,11) Heilung zuteil, wie es Gott nach Job 33,29f. »zwei-, dreimal« auch mit dem sündigen Menschen zu tun beliebt, »um sein Leben der Grube fernzuhalten, damit er vom Licht des Lebens beschienen werde«. Das Thema »Heilung durch Jahwe« ruft zugleich in Erinnerung, daß Israels Bestrafung durch Jahwe manchmal mit einer Krankheit verglichen wird (Is 1,5f.; Klagl 1,13f.) und Jahwe als »Heiland« im Sinne des Arzttums auftritt (vgl. Ex 15,26: »Ich bin Jahwe, dein Arzt«, und Os 6,1; 11,3; Is 19,22; 57,18f.; Jer 33,6). Besonders eindrucksvoll ist Jahwes rettendes Walten an denen, die sich schon der menschlich unbezähmbaren Gewalt sturmgepeitschter Meereswogen preisgegeben sahen – ihre »Nußschale« wurde himmelan und abgrundtief geschleudert (V. 26, vgl. Jon 1,4.11.13) – und dann doch die Erhörung ihres Gebetes schauen durften durch die Stillung der Wasser (vgl. Ps 65,8; 89,10). Auch hier konnte die Gemeinde zugleich ihre eigene Errettung aus den Katastrophen, die geschichtlich wie Wasserstürze und Meereswogen über Jerusalem gekommen waren (vgl. Is 8,7f.; 17,12f.), vergegenwärtigen.

Der Hymnus von V. 33–43 wendet sich ganz allgemein dem staunenerregenden Walten Jahwes in Natur und Menschenwelt zu. Der Verfasser gibt dabei älteren Texten ein Echo in seinen Versen: zu 33 vgl. Is 50,2; 35,7; zu 34: Gen 19; Dt 29,22; zu 35: Is 41,18; 43,19f.; 44,3; zu 36–38 vgl. Ez 36,30.33–37; Is 49,19f.; 54,1 und vorab Dt 7,13; zu 40 vgl. Job 12,21a.24b; zu 41 vgl. Jer 31,27f.; 1 Sam 2,8; Job 21,11; zu 42 vgl. Job 22,19; 5,16; zu 43: Os 14,10; Is 63,7. Trotz der allgemeinen Formulierungen stehen auch hinter diesem Psalmteil die Erfahrungen Israels mit Jahwe und ihr Niederschlag in den heiligen Texten der Überlieferung. Der Schlußvers bemerkt ausdrücklich, daß eine solche Deutung alles Geschehens im Lichte der Offenbarung Jahwes »Weisheit«, ja die Weisheit schlechthin sei.

D. Ps 107 bezeugt in extensiverer Art als manche anderen Danklieder, daß die Mitte des Gottesdienstes die Gott lobende Danksagung ist. Insofern führt er tief in die neubundliche »Eucharistia« hinein. Hier wird Gottes »ewig währende Bundeshuld«, zu deren Lobpreis der Psalm die Erlösten aus allen Ländern aufruft (V. 1–3), in einer unerhörten Weise anschaubar. Das Wort von Is 57,15, das als Leitwort über Ps 107 stehen könnte, wird in Jesu eucharistischem Vermächtnis in einer höchsten Form erfüllt: »In der Höhe und als Heiliger throne ich und bin doch bei den im Geiste Zerschlagenen und Gebeugten, um zu erquicken der Gebeugten Geist, um zu beleben der Zerschlagenen Sinn.« Hier ist die »Fülle der Hulderweise« (Is 63,7) wahrhaft greifbar, ja »eßbar« geworden. Den Hungernden und Dürstenden wird hier die Erquickung dessen zuteil, der in Jo 6,35 sagt: »Ich bin das Brot des Lebens. Wer zu mir kommt, wird nicht mehr hungern, und wer an mich glaubt, wird nimmermehr dürsten.« Diese Erquickung wird allen »Mühseligen und Beladenen«, von denen der Psalm einige repräsentative Gruppen aufzählt, zuteil, falls sie zu Jesus kommen (Mt 11,28). In ihm ist überhaupt jede Gnadengabe Gottes beschlossen (Jo 1,14.16f.). Darum aber gilt für das neubundliche Gottesvolk der Refrain unseres Psalms: »Lobsingen sollen sie Jahwe für seine Bundeshuld und für seine Wundertaten an den Menschen!« (V. 5. 15. 21. 31), um so mehr. Für das Ganze und die Glieder sollte Pauli Wort vom »Danken« Leben werden: »Ich danke Gott allezeit für euch wegen der Gnade Gottes, die euch in Christus gegeben ist, daß ihr in ihm an allem reich wurdet« (1 Kor 1,4f.).

Ps 108 (107). Gläubige Hinwendung zum Rettergott Jahwe

(1 Lied. Psalm. Von David.)

Vertrauen und Lobpreis

2 Getrost ist mein Herz, Jahwe,
[getrost ist mein Herz].
Singen will ich und spielen!
[Wache auf], meine Seele!

3 Wache auf, Leier und Laute!
Ich will das Morgenrot wecken!

4 Ich will dir lobsingen, Jahwe, unter den Völkern,
   will dir aufspielen unter den Nationen!
5 Denn groß ist deine Bundeshuld [bis in] die Himmel,
   groß bis zu den Wolken deine Treue.

Bitte

6 Erhebe dich über die Himmel, Jahwe,
   über alle Erde strahle deine Herrlichkeit!
7 Damit freikommen deine Lieben,
   schaffe Heil mit deiner Rechten und antworte uns!

Erhörungsorakel

8 Jahwe versprach bei seiner Heiligkeit:
   »Im Triumph will ich Sichem zuteilen
   und das Tal von Sukkot zumessen!
9 Mein ist Gilead, mein Manasse.
   Ephraim ist meines Hauptes Helm,
   Juda mein Zepter.
10 Moab ist mein Waschbecken,
   auf Edom werfe ich meinen Schuh.
   Über das Philisterland werde ich jauchzen.«

Erneute Bitte

11 Wer bringt mich in die starke Stadt,
   wer führt mich nach Edom,
12 wenn nicht [du] Jahwe, der du uns verworfen,
   der du nicht mehr ausziehst [–] mit unsern Heerscharen?
13 Gewähre uns doch Hilfe gegen den Feind!
   Wahn ist Befreiung durch Menschen.
14 Mit Jahwe werden wir Mächtiges vollführen.
   Er wird unsere Widersacher niederstampfen.

Ps 108 ist zusammengesetzt aus Ps 57,8–12 (V. 2–6) und Ps 60,7–14 (V. 7–14). Die Textverschiedenheit ist geringfügig. Die vorgenommenen Korrekturen entsprechen den Originalstücken und werden auch durch einen Teil der Textzeugen bestätigt.

Zu welchem Anlaß diese disparaten Stücke – Ps 57,8–12 stammt aus dem Dankteil eines individuellen Klageliedes, Ps 60,7–14 ist Erhörungsorakel und Bitte aus einem kollektiven Klagepsalm – zu einem neuen Psalm vereinigt wurden, bleibt ungewiß. Er paßt am besten in den Mund eines führenden Repräsentanten der Gemeinde, der im ersten Teil sein Vertrauen bekennt und den zukünftigen Dank bereits antönen läßt und im zweiten Teil dann die gegenwärtige Volksnot, wie in Ps 60, zur Sprache bringt. Am ehesten kommt dafür vielleicht die frühe Makkabäerzeit in Betracht. Zur Erläuterung vergleiche S. 225 f. und S. 235 f.

Ps 109 (108). Klage und Strafwunsch eines unschuldig Angeklagten

(1 Dem Chormeister. Von David. Ein Psalm.)

Bitte und Klage

Gott meines Lobpreises, schweige nicht!

2 Denn ein frevelnder Mund und ein Mund des Truges
haben sich aufgetan wider mich.
Sie reden mit mir mit verlogener Zunge.

3 Mit Haßreden umringen sie mich,
befehden mich ohne Grund.

4 Für meine Liebe verklagen sie mich,
und ich war doch nur Fürbitte!

5 Sie vergelten mir Gutes mit Bösem
und mit Haß meine Liebe.

Strafantrag gegen den Ankläger

6 Bestelle wider ihn einen Gottlosen,
und ein Ankläger trete zu seiner Rechten!

7 Aus dem Gericht gehe er verurteilt hervor,
selbst sein Gebet werde zur Schuld!

8 Seiner Tage seien wenige,
   sein Amt nehme ein anderer!

9 Seine Kinder sollen verwaisen,
   seine Frau werde Witwe!

10 Umherirren sollen seine Kinder und betteln,
   auf Suche gehen aus ihren Ruinen!

11 Es erraffe der Wucherer all seinen Besitz,
   plündern sollen Fremde seinen Erwerb!

12 Keiner soll ihm Bundessinn bewahren,
   niemand erbarme sich seiner Waisen!

13 Seine Nachkommen seien des Verderbens,
   im nächsten Geschlecht sei ihr Name getilgt!

14 Gedacht werde der Schuld seiner Väter [–],
   seiner Mutter Sünde bleibe ungetilgt!

15 Sie sei Jahwe stets gegenwärtig,
   auf daß er ausrotte auf Erden ihr Andenken!

16 Denn er dachte nicht daran, Bundessinn zu üben,
   sondern verfolgte den Gebeugten und Armen,
   den im Herzen Gebrochenen bis in den Tod.

17 Er liebte den Fluch – so komme er über ihn!
   Er lehnte den Segen ab – so bleibe er ihm fern!

18 Er zog Flüche an wie sein Gewand.
   Sie sollen eindringen wie Wasser in sein Inneres,
   wie Öl in sein Gebein!

19 Sie seien ihm wie das Kleid, in das er sich hüllt,
   wie ein Gürtel, den er ständig trägt.

20 Dies sei der Lohn meiner Verkläger
   [–] und derer, die Böses wider mich reden!

Erneute Bitte und Klage

21 Du aber, Jahwe, mein Herr,
   handle an mir um deines Namens willen!
   Weil gütig ist deine Huld, reiße mich heraus!

22 Denn gebeugt bin ich und arm,
   und mein Herz ist durchbohrt in meinem Innern.

23 Wie ein Schatten, der sich neigt, schwinde ich hin,
werde weggeschüttelt wie eine Heuschrecke.

24 Meine Knie schlottern vom Fasten,
und mein Fleisch schrumpft, ist ohne Fett.

25 Ich bin ihnen zur Verhöhnung geworden,
sie sehen mich an und schütteln ihr Haupt.

26 Hilf mir, Jahwe, mein Gott!
Befreie mich nach deiner Huld!

27 Sie sollen erkennen, daß es deine Hand war,
daß du, Jahwe, es getan!

Erhörungsgewißheit

28 Sie mögen fluchen, du aber wirst segnen.
Erheben sie sich, werden sie zuschanden;
aber dein Knecht darf sich freuen!

29 Meine Verkläger müssen in Schmach sich kleiden
wie in einen Mantel!

30 Ich will Jahwe lobsingen aus vollem Mund,
inmitten der Vielen ihn lobpreisen!

31 Denn er tritt dem Armen zur Rechten,
um von den Richtern seines Lebens ihn zu befreien.

A. Der Text ist nur an wenigen Stellen unsicher. In V. 10 liest G statt »suchen« das graphisch ähnliche »vertrieben werden«, in V. 13 »ein« statt »nächstes« (= V) und »sein (Name)« = V Hie. Metrum und V. 15 plädieren dafür, in V. 14 »gegen Jahwe« als spätere Ergänzung auszuscheiden. Ähnliches gilt für »von seiten Jahwes« in V. 20. In V. 22 vokalisieren G S *cholal* = »verkrampft sich« statt *chalal* = »durchbohrt«.

B. Ps 109 gehört zur Gattung der individuellen Klagelieder. Sein »Fluch« (vgl. Ps 58,7 ff.; 69,23 ff.; 83,10 ff.) in V. 6—20 läßt ihn zum Paradestück der sogenannten »Fluchpsalmen« werden (zum Problem vgl. D.). Neuerdings verstehen manche Erklärer diesen Fluch als Zitierung der Fluchworte der Gegner gegen den Psalmisten und machen eine Reihe von Gründen dafür geltend (vgl. Kraus). Doch scheitert dieser Versuch daran, daß nach V. 22 der Psalmist selbst zu den »Armen und Gebeugten« zählt, deren Unterdrückung in V. 16 angeprangert wird, und er sich gerade in seinem »Fluchteil« deutlich an den »fluchenden« Jeremias (Jer 18,21–23) anlehnt. Daß in V. 6 plötzlich der Feind im Singular auftritt, ist nicht außergewöhnlich (vgl. Ps 55,10ff. 20ff.), und daß in V. 20 »vorgehen« statt »Lohn« übersetzt werden *müsse,* ist eine Behauptung ohne Beweis und angesichts von V. 20b und Is 65,7 (vgl. Is 40,10; 61,8; Ez 29,20; Spr 10,16; 11,18) völlig unwahrscheinlich. Der Psalm ist von einem unschuldig Angeklagten gedichtet worden – zugleich als Formular für ähnliche Fälle –, wahrscheinlich zum Vortrag am Tempel, der Asylstätte aller Verfolgten. Der Autor (nachexilisch!) lehnte sich an die »Konfessionen« des Jeremias an (vgl. C.).

C. Die Anrede »Gott meines Lobpreises« (vgl. Jer 17,14: »Mein Lobpreis bist du!«) schafft sofort einen wirksamen Kontrast zum bisherigen »Schweigen« Gottes. Aber nicht nur der Psalmist redet (im Preisen!), noch lauter reden die Gegner des Psalmisten mit falscher Anklage vor Gericht. Es sind Menschen, mit denen der Beter sich vorher verbunden fühlte und für die er betete, wie Jeremias von sich bekennt: »Gedenke, Jahwe, wie ich vor dein Antlitz trat, um zu ihren Gunsten mit dir zu sprechen und deinen Zorn von ihnen abzuwenden!« (Jer 18,20). Einer von ihnen muß sich besonders hervorgetan haben. Darum stellt der Psalmist (V. 6ff.) Strafantrag gegen ihn, wiederum ähnlich wie Jeremias in 18,21: »Gib ihre Kinder dem Hungertod preis und überliefere sie des Schwertes Gewalt! Kinderlos sollen ihre Frauen werden und Witwen!« Das ist die Strafe, die Gott in Ex 22,23 f. den Bedrückern der sozial Schwachen ansagt. Auch die anderen Strafwünsche des Psalmisten sind mit Jer 18,22–23 verwandt. Der Grund für die zugedachte Strafe ist nach V. 16 die radikale Verletzung der von Jahwe dem menschlichen Bundespartner auferlegten Grundpflicht: »Gerechtigkeit üben, den Brudersinn lieben, in Dienmut wandern mit Gott« (Mich 6,8; vgl. Os 6,6; Is 1,14–17). In V. 17–20 wird in kräftigen Bildern darum

gebeten, den erbarmungslosen Gegner solle die Unheilssphäre, die er will und schafft, selbst ganz durchdringen.
Nach erneuter Bitte und Klage (V. 21–27), deren Formeln z. T. an andere Psalmen anklingen (vgl. z. B. V. 21 mit Ps 40,18; V. 23 mit 102,11; V. 25 mit 22,8; V. 27 mit 22,32), bezeugt der Beter seine Erhörungsgewißheit ähnlich wie Jeremias nach seiner Klage in 20,10: »Doch Jahwe steht mir zur Seite wie ein starker Held. Darum straucheln meine Verfolger und obsiegen nicht. Sie werden beschämt, weil sie nichts erreichen, mit ewiger, unvergeßlicher Schmach... Singet Jahwe, preiset Jahwe, denn er rettet das Leben des Armen aus der Hand der Übeltäter« (Jer 20,11.13).

D. Unser Psalm ist das anstößigste Beispiel der sogenannten »Fluchpsalmen«. Die Ansicht, in ihm würden hauptsächlich die Flüche der Gegner zitiert, läßt sich leider nicht halten (vgl. B.). Er weist starke Anklänge an die Verwünschungen des Jeremias auf (vgl. C.). Damit stellt sich das Problem des »Verstehens« solcher alttestamentlichen Tatbestände. Dazu muß man sich die Situation dieses Psalmisten vor Augen stellen: Er ist fälschlich angeklagt von Gegnern, die vorher seine Vertrauten waren, für deren Wohl er betete. In seiner Not geht er zum einzigen Richter, von dem er sich eine Wendung seiner Sache erhoffen kann: zu Jahwe. Er macht dabei gleichsam eine Anzeige der Schuldigen und fordert in Notwehr ihre Bestrafung, entsprechend den im Gesetz und bei den Propheten verkündeten Strafen für Bundesbruch. Seine »Flüche« sind also Strafwünsche aus einer Notwehrsituation heraus. Daß sie so kräftig ausfallen, liegt an der orientalischen Mentalität und Emotionalität (vgl. den Propheten Jeremias).
Das Wort Jesu von der Liebespflicht auch den Feinden gegenüber – hierin wird die bereits altbundliche Weisung zu Gerechtigkeit und Erbarmen in ihre höchstmögliche Entfaltung gebracht – und sein entsprechendes Beispiel am Kreuze gestatten es nicht, Ps 109 in seinem buchstäblichen

Sinne als Gebet des Christen zu übernehmen. Auch Röm 12,17–21 spricht klar dagegen. V. 6–20 sind aber schwer auf die Ebene des »Nein gegen Sünde und Satan« zu übertragen. Darum wäre es am besten, sie aus dem Psalterium der Christen zu streichen. Die Verwendung von V. 8 durch Petrus (Apg 1,20) ist keine Instanz für die Beibehaltung. Er verstand das »Sein Amt nehme ein anderer!« als Prophetie auf Judas, dessen Apostelamt nun ein anderer erhalten sollte. Anders steht es mit den Klagen und Bitten und mit dem Bekenntnis der Erhörungsgewißheit (1–5, 21–31). Sie passen gut in den Mund Jesu, des Unschuldigsten aller fälschlich Angeklagten in der Geschichte der Menschheit. Erst recht kann sie das neubundliche Gottesvolk als fortlebender und weiterhin gehaßter (vgl. Jo 15, 18 ff.) »Christus« beten.

Ps 110 (109). Der Messias als Priesterkönig der Endzeit

(1 Von David. Ein Psalm.)

Göttliche Einsetzung des Königs auf Sion

Spruch Jahwes an meinen Herrn:
»Setze dich zu meiner Rechten,
bis ich deine Feinde zum Schemel deiner Füße mache!«

2 Dein machtvolles Zepter recke Jahwe aus von Sion!
Herrsche inmitten deiner Feinde!

König und Priester von Geburt an auf ewig

3 Dein ist die [Fürstenwürde] seit dem Tag deiner [Geburt],
in heiligen Prachtgewändern bist du vom Mutterschoß an.
[Aus] dem Morgenrot kommt dir der Tau deiner Jugend.

4 Geschworen hat Jahwe, und er nimmt es nicht zurück:
»Du bist auf ewig Priester nach der Weise Melchisedeks.«

Jahwe und Sions König im endzeitlichen Triumph
5 Der Herr tritt dir zur Rechten.
   Er zerschmettert am Tag seines Zornes Könige.
6 Er hält Gericht unter den Heidenvölkern.
   Es häufen sich die Leichen.
   Er zerschmettert die Herrscher in der weiten Welt.
7 Vom Bach trinkt er unterwegs.
   Darum erhebt er neu das Haupt.

A. Der Text ist teilweise sehr unsicher überliefert. Unsere Übersetzung beschränkt sich auf ein Minimum von Korrekturen fast durchweg vokalischer, nicht konsonantischer Art. In V. 3 ist der Anfang nach G vokalisiert *(immeka nedibot)*. »Am Tage deiner Macht« ist eine unplausible Wendung. Verdoppelt man das »l« in *chlk* (= deine Macht), erhält man dafür das im Kontext plausiblere »deine Geburt«. Am Schluß von V. 3 würde man am liebsten mit G »ich habe dich geboren« lesen (gleiche Konsonanten!), aber die anderen Gottessprüche (V. 1 und 4) werden durch eine Formel als solche gekennzeichnet. So ist es unwahrscheinlich – auch von der gedanklichen Abfolge her –, daß V. 3 ebenfalls ein Gottesspruch ist. Er ist eher eine Fortsetzung von V. 2, bereitet aber V. 4 vor (König *und* Priester).

B. Ps 110 gehört unstreitig zur Gattung der »Königslieder« (vgl. Ps 2; 45; 72). Wer aber ist der Priesterkönig des Psalms? Die Überschrift verweist auf David. Doch paßt der Psalm aus folgenden Gründen nicht in die davidische Zeit: 1. Die gedankliche Verwandtschaft mit Ps 2 (vgl. S. 33–36); 2. Die endzeitliche Perspektive, die eine deutliche Verwandtschaft mit der nachexilischen Apokalyptik (vgl. C.) aufweist; 3. Die Aufnahme der Melchisedek-Motive aus Gen 14 (nachexilischer, aus Priesterkreisen stammender Einschub im Pentateuch mit allerdings vielleicht altem Erzählungsmaterial). Gerade dieser Rückgriff dient der Einführung von etwas ganz Neuem. Denn niemals erhalten im AT die historischen Könige den Titel *kohen* = Priester oder gehören dem Amtspriestertum an, auch wenn es ihnen unterstellt ist. 4. Sprachlich »junge« Termini wie z. B. »Jugend« (V. 3), »nach der Weise« (V. 4) (eigentlich: Sachverhalt). Man kann angesichts dieser Tatbestände für unseren Psalm in seiner jetzigen Form nur ein nachexilisches und zwar eher spätes als frühes Abfassungsdatum ansetzen. Was soll aber in dieser Zeit ein Königspsalm, gar noch ein Inthronisationspsalm? Er kann nur dem neuen »David« gelten, der Jer 23,5; 30,9; Ez 34,23f.; 37,24f.; Os 3,5 als zukünftiger Heilskönig verheißen ist, ist also messianisch im Vollsinne des Wortes. Er konnte demgemäß nicht im eigentlichen Sinne »kultdramatisch« verwendet werden, sondern nur als die Zukunft vergegenwärtigendes Gebet der den Heilskönig erwartenden Gemeinde. Seine »Form« stammt aus der früheren Königsinthronisation, ist aber in der vorliegenden Gestalt von diesem ihrem ursprünglichen »Sitz im Leben« gelöst und jetzt rein literarisch geworden. Möglicherweise konnte auch eine Persönlichkeit der Kultgemeinde mit der Rolle der Repräsentanz des Messias betraut werden.

C. »Spruch Jahwes« – im Psalter nur hier! – leitet eine Ankündigung Jahwes ein, die der Psalmist wie ein Prophet seinem königlichen Herrn (vgl. Nathan und David: 2 Sam 7,4ff.) zuspricht. Danach darf der angesprochene Sionskönig den Ehrenplatz zur Rechten (vgl. 3 Kön 2,19; Ps 45,10) von Jahwe einnehmen. In 1 Chr 28,5; 29,23 und 2 Chr 9,8 wird von Salomo sogar gesagt, »er sitze auf dem Thron der Königsherrschaft Jahwes«. Jahwe selbst wird die Feinde ihm »als Schemel zu Füßen legen« (vgl. Jos 10,24; Dan 7,14 und ägyptische Abbildungen), wie es dann in V. 5ff. auch näher ausgeführt wird. In V. 2 spricht der Psalmist seinen Wunsch aus, diese Zusage möge in Erfüllung gehen (vgl. Ps 2,9).

Im Mittelstück des Psalms (V. 3–4) wendet sich der Psalmist seinem Hauptanliegen zu: Der König Jahwes ist kraft göttlicher Setzung auch Priester, und zwar von Anfang an und in alle Ewigkeit. Er wird bereits in der Fürstenwürde (vgl. Job 30,15), d. h. als König, geboren, und zugleich ist die Priesterwürde – ausgedrückt durch die liturgische Gewandung (vgl. 2 Chr 20,21; vorab aber Ex 29,29, wonach Aarons heilige Gewänder auf die Nachfolger übergehen als Zeichen der Einsetzung ins Priesteramt) – sein Anteil von

Mutterschoß an. Welche Art Geburt (vgl. Ps 2,7) gemeint ist, bleibt im Zwielicht, und zwar, wie V. 3c zeigt, im Zwielicht eines besonderen göttlichen Geheimnisses. Der im Psalm angesprochene Regent ist jedenfalls ganz in die göttliche Sphäre hineingenommen, an der sonst der König (aus dem Stamme Juda!) und der Priester (nach der Forderung des Deuteronomium aus dem Stamme Levi!) in geteilter Weise Anteil haben. Diese geheimnisvolle göttliche Sphäre wird in V. 3c in einem hintergründigen Bilde vergegenwärtigt und weiter verdeutlicht. Zum Verständnis sind eine Reihe von Prophetentexten heranzuziehen. In Is 26,19 ist die Auferstehung der Toten Israels angekündigt mit dem Motiv: »Denn Tau der Lichter ist dein Tau!« Der Tau kommt aus dem Lichtreich des Himmels (vgl. Gen 27,28; Is 45,8) und zeugt Leben, dessen Symbol wiederum das Licht ist. Unser Psalmist verwendet in Analogie dazu als Lichtterminus das »Morgenrot«, das wie der Tagesanbruch überhaupt ein Symbol der Erlösung und Begnadigung ist (Is 8,20; 17,14; 33,2; 58,8; Os 6,3 u. a.). Schließlich wird V. 3c noch von Os 14,6 her erhellt: »Ich werde für Israel sein wie der Tau, daß es blüht wie die Lilie und Wurzel schlägt wie der Storaxbaum.« Alle diese prophetischen Texte versinnbilden eine Zuwendung Jahwes, die neues Leben spendet. In diesem Lichte ist V. 3c zu lesen und zu deuten: Jahwe schenkt dem König aus seiner eigenen Lebenssphäre Leben, das immer »neu wird wie beim Adler seine Jugend« (Ps 103,5; vgl. Is 40,31), so daß »er dauern wird mit der Sonne und länger als der Mond, von Geschlecht zu Geschlecht« (Ps 72,5). V. 3 wird in V. 4 durch einen Gottesspruch erhärtet: Wie Melchisedek, der »König von Salem« (= Jerusalem) und »ein Priester des Allerhöchsten Gottes« war (Gen 14,18), soll der Heilskönig von Ps 110 beide Ämter in sich vereinigen, und dies »ewig«, d. h. unabänderlich. Von David werden liturgische Funktionen berichtet (2 Sam 6,13f. und 24,25), ebenfalls von Salomo (3 Kön 8,14.54; 9,25); aber das Deuteronomium behält das Priestertum dem Stamme Levi vor (Dt 10,8). In 2 Chr 26,18 wird darum auch der König Ozias von der Priesterschaft getadelt mit den Worten: »Es kommt dir nicht zu, Jahwe zu räuchern, sondern nur den *Priestern, den Söhnen Aarons!*« Wenn auch die frühen Könige in einzelnen Fällen als oberste Häupter des Gottesvolkes Kultakte ausübten, werden sie niemals »Priester« genannt. Der Angeredete wird somit der »Antitypus« des Melchisedek und zum Priesterkönig im Vollsinne des Wortes bestellt. Das ist bedeutsam für die Beantwortung der Frage, wer die in Ps 110 auftretende Königsgestalt sei.

V. 5 bringt eine neue Szenerie: Jahwe tritt zur Rechten des Königs, um ihm in der Auseinandersetzung mit den Königen der Erde, die V. 1 bereits ankündigte, die offene Flanke zu decken, ja selber als Kriegsheld den Kampf zu führen. Denn die Aussagen in V. 5 und 6 sind in erster Linie auf Jahwe zu beziehen, wobei freilich der in Aktionseinheit mit Jahwe handelnde König einschlußweise mitgemeint ist (vgl. Ps 2,2: Verschwörung der Erdenkönige gegen Jahwe und seinen Gesalbten). Der »Zorntag Jahwes« ist nach Soph 2,2f. der kommende große Gerichtstag Gottes, der in Is 13,9.13 über Babel das Unheil bringt. Das Gericht wird nach V. 6 allgemein an den Heidenvölkern vollzogen (wie in Is 3,13 in einer späten Änderung des ursprünglichen Textes). Die Schilderung ähnelt Is 34,2f. (kleine Isaias-Apokalypse, nachexilisch): »Denn einen Zorn hat Jahwe auf alle Völker und Groll auf all ihr Heer. Er hat sie gebannt, zur Schlachtung bestimmt. Ihre Erschlagenen wirft man hin. Auf steigt der Gestank ihrer Leichen.«

In V. 7 – der Psalmist spricht jetzt zum Volk hin – wird nurmehr vom König allein geredet, allerdings in einer eigenartigen Weise. Man deutet »Bach« öfter auf die Gichonquelle bei Jerusalem, die im alten Krönungsritual (bei der Salbung) eine Rolle spielt (vgl. 3 Kön 1,38 ff.). Allein das Wort »Bach« statt »Quelle« spricht dagegen und der Zusammenhang erst recht; denn der Vers gehört in die endzeitliche Kriegszugsszene. »Das Haupt erheben« ist nach Ps 27,6 die Gebärde des Siegers (vgl. Ps 83,3). Darum wird »vom Bache trinken« (Ursache für den Sieg!) mehr sagen wollen als dies, daß der König unterwegs mit Bachwasser vorlieb nimmt und daraus frische Kräfte schöpft. Der »Bach« ist ein Thema der endzeitlichen Erwartung, wie gerade die unseren Vers erhellende Stelle Is 35,6 (kleine Isaias-Apokalypse) im Zusammenhang mit dem eschatologischen Kommen Jahwes (35,4) zeigt: »Dann springt der Lahme wie ein Hirsch, und die Zunge des Stummen wird jubeln. Denn Wasser brechen in der Wüste hervor und *Bäche* in der Steppe. Der Glutsand wird zum Teich und das Durstland zu Wasserquellen.« Es ist jedenfalls eine von Gott geschenkte Lebens- und Siegesmacht, die dem mit Jahwe den Endkampf führenden König zuteil wird (vgl. Ps 36,9).

D. Ps 110 ist am meisten mit Ps 2 verwandt (vgl. S. 33–36). Über das dort promulgierte absolute Königs- und Richteramt des Messias hinaus tritt hier für die altbundliche Gemeinde auch seine ewige Priesterwürde hervor. Auch die apokalyptische Einfärbung und damit verbunden die stärkere Bildhaftigkeit und das betontere »Kriegskolorit« unterscheiden Ps 110 von Ps 2. Beiden aber ist bei aller Variation das Thema von der Lebens- und Aktionseinheit von Jahwe und Messias gemeinsam. Der König – hier zugleich ewiger Hoherpriester – ist durch Gottes Ratschluß von Anfang an und für immer in die göttliche Lebens- und Heilssphäre hineingestellt, und er verkörpert sie in dieser Welt. Durch Gottes eingreifendes Handeln wird er ewiges Haupt der Menschheit und sein messianisches Reich das Gottesreich schlechthin.

Ps 110 ist der im NT am meisten zitierte Psalm. Nach Mk 12,35 ff. (= Mt 22,41 ff.; Lk 20,41 ff.) hat Jesus V. 1a (»Es sprach der Herr zu meinem Herrn«) auf dem Boden der damals von den Schriftgelehrten verteidigten Verfasserschaft durch David dazu benützt zu zeigen, daß der Messias (den der angenommene Autor David als »meinen Herrn« bezeichnet) weit über David stehen müsse. Nach Mk 14,62 hat er V. 1b in der entscheidenden Frage des Hohenpriesters ausdrücklich auf sich bezogen. Darum ist es nicht verwunderlich, daß die Verkündigung der Apostel immer wieder auf Ps 110 (109) zurückgriff, um Jesu Messianität und Erhöhung zu himmlischer Herrlichkeit und Herrschaft zur Rechten Gottes aufzuzeigen (vgl. Apg 2,33ff.; Hebr 1,13, dazu Röm 8,34; 1 Kor 15,25; Eph 1,20; Kol 3,1; Hebr 1,3; 1 Petr 3,22). Sein ewiges Hohepriestertum wird unter Verweis auf Ps 110 vorab im Hebräerbrief herausgestellt (Hebr 5,6; 7,21, dazu 6,20; 7,3.11.15.17 u. a.). Der Psalm ist damit auch für das neubundliche Gottesvolk zu einem wahrhaft ehrwürdigen Text geworden. Er eröffnet dabei nicht nur eine »Rückschau« auf den in Jesus Christus kulminierenden Heilsplan Gottes, auch nicht nur eine Aufschau zum erhöhten Herrn, sondern bleibt immer noch endzeitliches Königslied auf den »König der Könige und Herrn der Herren« (Apk 19,16), dessen sichtbare Offenbarung der ganzen Welt gegenüber noch aussteht.

Ps 111 (110). Lobpreis auf Jahwe als Gedächtnis seiner Heilstaten

1 Hallelujah!
Lobsingen will ich Jahwe von ganzem Herzen
im Kreis der Redlichen und in der Gemeinde.

2 Groß sind Jahwes Taten,
denkwürdig allen, die ihrer sich freuen.

3 Hoheit und Hehre ist sein Tun,
sein Bundeswalten währet ewig.

4 Ein Gedächtnis seiner Wunder hat er gestiftet.
Gnädig und barmherzig ist Jahwe.

5 Speise gab er denen, die ihn fürchten.
Er gedenkt auf ewig seines Bundes.

6 Die Kraft seiner Taten enthüllte er seinem Volke,
als er ihnen gab das Erbe der Heidenvölker.

7 Die Taten seiner Hände sind Treue und Recht,
verläßlich sind all seine Gebote,

8 aufgestellt für immer und ewig,
zu vollbringen getreu und redlich.

9 Erlösung hat er seinem Volke gesandt,
entboten auf ewig seinen Bund,
heilig und furchtgebietend ist sein Name.

10 Hauptstück der Weisheit ist die Furcht vor Jahwe,
eine köstliche Erkenntnis für alle, die sich daran halten.
Sein Ruhm währet ewig.

A. Der Text ist gut erhalten. Auch in V. 10 ist keine Korrektur nötig (»Furcht« = Gebote!).

B. Ps 111 ist so abgefaßt, daß die Buchstaben am Beginn der Halbverse das hebräische Alphabet ergeben (vgl. Ps 9; 10; 25; 34 u. a.). Dieses Charakteristikum und V. 10 verweisen den Psalm ins nachexilische Weisheitsmilieu. Der Verfasser hat die Form des Dankhymnus gewählt, um die großen Gottestaten und damit auch Gotteslehren tief ins Gedächtnis des Beters einzuschreiben. Er verstärkt dabei die an sich schon lehrhafte Tendenz der Gattung des individuellen Dankliedes (vgl. Ps 22,23) und erweitert den Horizont auf das Heilswalten Jahwes an Israel hin. Der Psalm ist kein ausgesprochenes Kultlied.

C. »Lobsingen aus ganzem Herzen« ist nichts anderes als eine Hochform des Liebens (vgl. Dt 6,4). Hierin einen sich Glauben, Hoffen und Lieben zu einem Akkord, der dem Leben des Gläubigen erst seinen vollen Klang, ja Sinn gibt. Dies geschieht nicht im »stillen Kämmerlein«, sondern in der lob- und lebensteigernden Gemeinschaft der Gleichgesinnten im Lehrhaus oder auch am Tempel (V. 1). Sie freut sich der großen Gottestaten der Vergangenheit und richtet ständig ihr Augenmerk auf diese Quelle ihrer Freude (V. 2). In ihnen wird Jahwes Königsherrlichkeit und zugleich seine beglückende Bundestreue anschaubar

(V. 3). In den großen Festen wird das »Gedächtnis« von Jahwes Heilshandeln gefeiert (vgl. Ex 12,14), bzw. es wird »gegenwärtig« in der gnädigen Gegenwart des lebendigen Gottes (V. 4). Stellvertretend für alle Heilstaten ist in V. 5 das Speisewunder in der Wüste genannt (vgl. Ex 16; Num 11), das im Mahl der Dankopferfeiern jedesmal neu beschworen und als Unterpfand des göttlichen Bundeswillens erfahren wird. Macht Jahwe dabei doch seine Erwählten zu seinen Tischgenossen.

Die größte Gabe der Macht und Liebe Jahwes an Israel war das Gelobte Land, das vorher überlegenen heidnischen Völkern zu eigen war (V. 6). Der Bundestreue Jahwes sollte das bundeswillige »Ja« zu Gott und zum Mitmenschen entsprechen, wie es im Gottesrecht der Bundescharta vom Sinai gefordert wurde (V. 7f.). Diese Zuwendung Jahwes zu Israel, die sich in der Befreiung aus Ägypten, im Wüstenzug, in der Formierung zum Gottesvolk, geprägt vom Gottesrecht, und in der Besitznahme Kanaans offenbarte, wird in V. 9 »Erlösung« genannt, d. h. Auslösung aus der »Verpfändung« an die Weltmächte durch Erwählung zu ewiger Bundesgemeinschaft. Darin erwies Jahwe sich als »heilig«, d. h. als alle welthaften Mächte übersteigenden Gott. Die Beugung unter ihn – das meint »Jahwefurcht« – ist höchste Berufung und damit tiefste Erfüllung des Menschen (V. 10; vgl. Spr 1,7; 9,10; Job 28,28). Ist sie doch ein Sich-Hinbeugen zum Quell des Lebens, zu dem sich Jahwe in »Entäußerung« seiner selbst gemacht hat.

D. Ps 111 ist trotz seiner künstlichen (weil alphabetischen) Form ein großes Lied, ein Lied gleichsam auf den Gipfeln des Alten Bundes. Es besingt und verkündet das herrliche Heilswalten Jahwes, sein bundeswilliges Erlösertum. Darum ist es sicher ein Lieblingsgebet Jesu gewesen, und der Christ kann es nach der Kulmination aller Bundeshuld Gottes im Christusereignis in einem erweiterten Horizonte und mit vertiefter Anteilnahme beten. Die Hauptmotive des Liedes bedürfen dabei keiner Veränderung. Denn alle Taten Jahwes im Alten Bund sind auch an uns getan. Zugleich verweisen sie immer auch auf Zukünftiges. Die Kirche hat den Psalm darum (vorab im Hinblick auf V. 4!) der Vesper der Sonntage und Herrenfeste eingefügt. Nach seiner Form (Dankhymnus) und seinem Inhalt (vgl. vor allem V. 5) wäre der Psalm ein besonders zureichendes Wort für die Feier der Eucharistie, in der Jesus zusammen mit den Seinen dem Vater lobsingt und dankt.

Ps 112 (111). Seligpreisung des Jahwegetreuen

1 Hallelujah!
   Selig, wer Jahwe fürchtet,
   an seinen Geboten seine große Freude hat.

2 Mächtig im Lande wird sein Same,
   das Geschlecht der Redlichen wird gesegnet.

3 Wohlstand und Reichtum sind bei ihm zuhaus,
   und seine Gerechtigkeit hat für immer Bestand.

4 Er strahlt auf in der Finsternis, ein Licht für die Redlichen,
   gnädig und barmherzig und gerecht.

5 Wohl dem, der sich gnädig zeigt und leiht,
   seine Geschäfte nach dem Gottesrecht vollführt.

6 Denn in Ewigkeit wird er nicht wanken,
   in ewigem Gedenken bleibt der Gerechte.

7 Böse Kunde hat er nicht zu fürchten,
   fest ist sein Herz, gesichert in Jahwe.

8 Getrost ist sein Herz, ohne Furcht,
   bis er niederschauen darf auf seine Bedränger.

9 Er streute aus und gab den Armen.
   Seine Gerechtigkeit hat für immer Bestand.
   Sein Horn reckt sich in Herrlichkeit.

10 Der Gottlose sieht es verdrossen,
   mit den Zähnen knirscht er und vergeht.
   Das Begehren der Gottlosen endet verloren.

A. Der Text ist in einem guten Zustand. Korrekturen legen sich nicht auf.

B. Ps 112 ist in mehrfacher Hinsicht mit Ps 111 verwandt: 1. Er ist ebenfalls alphabetisch abgefaßt. 2. Er nimmt eine Reihe von Ausdrücken wieder auf. 3. Er ist insofern eine korrespondierende Ergänzung, als er dem bundeswilligen Gott von Ps 111 den bundeswilligen Menschen gegenüberstellt. Dieses Beziehungsgefüge plädiert für einen gemeinsamen Verfasser aus dem weisheitlich interessierten Milieu der nachexilischen Jahwegetreuen. Ps 112 ist ein ausgesprochener Lehrpsalm, der privat, aber auch am Tempel gesprochen werden konnte als Bekenntnis der »Erfahrung mit Jahwe« (in öffentlicher Danksagung) und als Belehrung (vgl. Ps 15).

C. In der eröffnenden Seligpreisung (vgl. Ps 1 und 119) wird der ideale menschliche Bundespartner gezeichnet: er fürchtet Jahwe (vgl. Dt 6,2.24) und hat Freude an seinen Weisungen (vgl. Ps 1,2); ist also das Gegenteil der in Jer 6,10 erwähnten Verstockten: »Das Wort Jahwes dient ihnen zum Höhnen, sie haben keine Freude an ihm.« In V. 2ff. wird ähnlich wie in Dt 28,1–14 der Segen bezeugt, der aus der Heilssphäre erfließt, wenn sich der Mensch in ihr durch Erfüllung der göttlichen Weisungen aufhält: Zu V. 2 vgl. Dt 28,7.9; Is 65,23; zu V. 3 vgl. Dt 28,3–6.11f.; Spr 3,16; 8,18. V. 4 ist dem Tenor des Psalms nach nicht von Jahwe zu verstehen, sondern vom Jahwegetreuen, der wie Jahwe (vgl. 111,4b) »gnädig, barmherzig und gerecht« ist. Von ihm sagt Is 58,10: »Wenn du dem Hungrigen dein Brot reichst und den Gebeugten sättigst, dann strahlt dein Licht auf in der Finsternis.« Die andern Getreuen richten sich in der Dunkelheit der Bedrängnis (vgl. V. 8) am Segen auf, der dem Erbarmenden zuteil wird. Der Gedanke von V. 4 wird in V. 5–9 in immer neuen Weisen verdeutlicht bis zur Bildaussage hin: »Sein Horn reckt sich in Herrlichkeit.« Das heißt, der Jahwegetreue wird mit Jahwes Hilfe über alle Drangsale herrlich obsiegen (vgl. Ps 75,5; 89,18 u. a.).

In ohnmächtiger Wut (vgl. Ps 35,16 u. a.) darüber scheitern die Gottlosen und vergehen (vgl. Ps 1,6b; Spr 10,24f.).

D. Unser Psalm spiegelt den idealen menschlichen Bundespartner Gottes in seinem Verhalten und in seinem Lebenslos. Er legt den Akzent der Bundesgerechtigkeit im Geiste der Bundescharta (Dekalog) und der Propheten auf den Bundeswillen zum Mitmenschen hin, also auf den Brudersinn (vgl. V. 5 und 9). Diese Öffnung zum entbehrenden und leidenden Bruder ist nach Ps 112 gleichsam das Tor, durch das die Huld und der Segen des Bundesgottes in ein so gestaltetes Leben eintritt und es endgültig gelingen läßt. Der vollkommene menschliche Bundespartner Gottes ist in Jesus vollendete Wirklichkeit geworden. Vers für Vers unseres Psalms läßt sich auf ihn hin sprechen (vgl. Ps 1 D., S. 32–33). Von Jesus her fällt so neues Licht auf Ps 112 und macht ihn für uns zu einem großen Zuspruch und einer leuchtenden Verheißung.

Ps 113 (112). Jahwe, der Gott der Erhabenheit und der Herablassung

Aufruf zum Lob

1 Hallelujah!
   Lobpreiset, ihr Knechte Jahwes,
   lobpreiset Jahwes Namen!

2 Gesegnet sei der Name Jahwes
   von nun an bis in Ewigkeit!

3 Vom Aufgang der Sonne bis zu ihrem Untergang
   sei Jahwes Name gepriesen!

Begründung des Lobs

4 Erhaben über alle Völker ist Jahwe,
   erhaben über die Himmel ist seine Glorie.

5 Wer ist wie Jahwe, unser Gott,
  der in der Höhe seinen Sitz hat
6 und in die Tiefe niederschaut
  auf den Himmel und die Erde?
7 Er richtet aus dem Staube auf den Schwachen,
  aus dem Schmutz erhebt er den Armen,
8 [ihn] thronen zu lassen bei Edlen,
  bei den Edlen seines Volkes.
9 Die Unfruchtbare im Hause –
  er läßt sie wohnen als fröhliche Mutter von Kindern.
  Hallelujah!

A. Meist wird in 5–6 eine Vertauschung der Halbverse angenommen, so daß man 5a + 6b, 5b + 6a vorschlägt. Da aber alle alten Textzeugen MT bestätigen, wird man ihn belassen und annehmen müssen, der Autor wolle die absolute Erhabenheit Jahwes – auch über die ganze Himmelswelt – betonen (vgl. 4b). In V. 8 ist mit G S Hie »ihn« zu lesen.

B. Ps 113 ist ein Hymnus, der in der Hauptsache für den Gottesdienst bestimmt war, wiewohl »Knechte Jahwes« nicht nur die Leviten oder Priester meint. Der Verfasser gehört offensichtlich dem Milieu an, dem die meisten nachexilischen Psalmen entstammen: dem Kreis der schriftbeflissenen (vgl. C.) »Armen Jahwes«. Die zugleich lehrhafte Tendenz des Hymnus liegt offen zutage: die Gemeinde soll die Grundbewegung des Waltens Jahwes erkennen (Herablassung zur Erhöhung der Erniedrigten) und daraus Zuversicht schöpfen. – Mit Ps 113 beginnt das sogenannte »große Hallel« (= Ps 113–118), das zur Liturgie der großen Feste Israels gehörte. Unser Psalm wurde am Passahfest z. B. zum Beginn des Passahmahles gesprochen.

C. Der hymnische Aufruf ergeht an die »Knechte Jahwes« wie in Ps 79,2.10 u. a. die Jahwegetreuen genannt werden. Die Preisung und »Segnung« – die segenswillige Zusprache alles denkbaren Glanzes und Glückes – geht auf den *Namen* Jahwes. Damit ist Jahwe selbst gemeint, insofern er seinen

Namen (Jahwe = der in Bundeshuld je und je Gegenwärtige) und damit seine dem Menschen zugewandte Heilsmacht in Wort und Tat geoffenbart hat. »Vom Aufgang der Sonne bis zum Niedergange« (vgl. Ps 50,1; Mal 1,11) bedeutet vom fernsten Osten bis zum weitesten Westen. Nicht nur die Jahweverehrer in der weiten Diaspora, sondern die Völker selber sind mit aufgerufen zum Lob (vgl. Ps 66,1 u. a.). Der Grund für den Lobpreis liegt in der glanzvollen Erhabenheit Jahwes über Welt und Himmel (V. 4f.). Jahwe ist so groß, daß »alle Völker sind wie ein Tropfen am Eimer, wie ein Stäubchen an der Waage«, daß »Kontinente wiegen wie ein Sandkorn«, daß »alle Völker vor ihm sind wie nichts, für nichtig und wesenlos von ihm erachtet« (Is 40,15–17). Selbst »die Himmel der Himmel fassen ihn nicht« (3 Kön 8,27). Aus absoluter Höhe schaut er auf Himmel und Erde. Und dennoch darf Israel ihn nennen »unser Gott« (V. 5). Als schlechthin weltübersteigender Gott hat er sich in absoluter Freiheit, d. h. aus reiner Gnade herniedergeneigt zu Israel, einem von Natur aus schwachen und unbedeutenden Volk. Dieses göttliche Herniedersteigen zum Kleinen und Geringen, um ihn zu erhöhen, ist überhaupt kennzeichnend für Gottes Walten. Das drückt der Psalmist in V. 7 und 8a mit den Worten des Hanna-Liedes (1 Sam 2,8) aus. Das Heilshandeln Jahwes an der ursprünglich unfruchtbaren Hanna, die Mutter Samuels wurde, war auch Anlaß zur Formulierung von V. 9. Der Autor dachte dabei sicher auch an die Ahnfrauen Sara und Rachel, denen Ähnliches widerfuhr. Zugleich sollte dem Beter die gnädige Zusage von Is 54,1 ff. an das wiederhergestellte Israel ins Gedächtnis kommen: »Frohlocke, du Unfruchtbare, die nicht geboren hat! Brich in Jubel aus und jauchze, die keine Wehen gekannt! Denn die Vereinsamte hat mehr Kinder als die Vermählte, spricht Jahwe ... Zur Rechten und zur Linken wirst du dich ausbreiten, und dein Geschlecht wird Nationen beerben und verödete Städte bevölkern.«

D. Das Thema des Psalms – die gnädige Herablassung des Allerhöchsten, um die Erniedrigten zu erhöhen (ganz ähnlich in Is 57,15) – kehrt im »Magnificat« von Lk 1,46–55 wieder. Darin wird die neubundliche Aktualität von Ps 113 offenbar. Wir haben in ihm den altbundlichen »Entwurf« des göttlichen Heilswaltens vor uns, das im Christusgeschehen in seine Fülle kam. In Jesus dem Christus wurde die göttliche Bewegung »aus der Höhe in die Tiefe« gewissermaßen »Fleisch« (vgl. Phil 2,6–8), aber aus seiner tiefsten Erniedrigung »hat ihn Gott hoch erhoben und ihm den Namen gegeben, der über jedem Namen ist« (Phil 2,9, vgl. Hebr 2,7–9). Jesus selbst hat den Psalm als den ersten des »großen Hallel« (vgl. B., Mt 26,30; Mk 14,26) zu Beginn des Passahmahles, das er zum neuen Bundesmahle ausgestaltete, gesprochen. So wird Ps 113 den Christen zu einem besonders liebwerten »Andenken« an ihren Herrn und Erlöser. Sie finden in ihm immer von neuem die Kraft, das Dichterwort vom »Ende als strahlendem Beginn« im Walten Gottes am Gottesvolke und an den einzelnen Menschen wahrhaft verwirklicht zu sehen.

Ps 114 (113 A). Jahwe, der Erlöser Israels

1 Als Israel auszog aus Ägypten,
   das Haus Jakobs aus lallendem Volk,

2 da ward Juda sein Heiligtum,
   Israel sein Reich.

3 Das Meer sah es und floh,
   der Jordan wich zurück.

4 Die Berge hüpften wie Widder,
   die Hügel wie Lämmer.

5 Was hast du, Meer, daß du fliehst,
   du, Jordan, daß du zurückweichst?

6 Ihr Berge, was hüpft ihr wie Widder,
   ihr Hügel wie Lämmer?

Ps 114 (113 A)

7 Vor dem Antlitz des Herrn erbebe, du Erde,
vor dem Gotte Jakobs,

8 der den Fels zum Teiche wandelt,
den Kiesel zum rinnenden Quell!

A. Der Text ist gut überliefert. V. 7a könnte ursprünglich gelautet haben »vor dem Antlitz des Herrn der ganzen Erde« (= Jos 3,11.13 in ähnlichem Zusammenhang). Doch haben alle alten Textzeugen unsern Text.

B. Ps 113 ist nicht wie in der griechisch-lateinischen Überlieferung mit dem folgenden Psalm zu kombinieren. Er gehört zur Gattung der Hymnen, hält sich aber nicht an deren überlieferte Struktur. Sein Autor macht auf originelle Weise und mit ungewöhnlicher dichterischer Kraft die Huldigung der Welt an den Gottkönig Jahwe lebendig. Er spielt dabei, Deutero–Isaias vergleichbar, gleichsam auf zwei Manualen. Die Heilsvergangenheit wird in seinem Psalm deutlich durchsichtig auf die Zukunft hin. Die jüdische Überlieferung weist den Psalm der Festliturgie des 8. Passahtages zu. Er paßt gut zur Erlösungsfeier des Passahfestes und ist wohl in erster Linie für sie gedichtet worden. Archaisch ist der Psalm weder in der Form noch im Vokabular. Der Archaismus *eloah* (= Gott) spricht eher für eine junge Datierung (vgl. Job). Der Psalm verrät die Kielspur von Deutero–Isaias und noch späterer Texte (vgl. C.).

C. Der Psalm setzt mit der Vergegenwärtigung der Erlösung Israels aus Ägypten ein – »lallendes Volk« meint nicht nur die fremdartige Sprache, sondern auch die »Barbarei«, in der Israel dort leben mußte –, um aber sofort den Bogen bis zu Davids Zeit zu schlagen. Unter David wurde Jerusalem Hauptstadt und Zentralheiligtum des Zwölfstämmebundes (vgl. 2 Sam 5–6), also ganz Israels (bis zur Reichsteilung um 930 v. Chr.). Die Heilsereignisse von Moses bis David werden als siegreicher Zug des Gottkönigs Jahwe vorgestellt. Seine Überlegenheit über alle Gegenmächte findet in der dramatischen Beschwörung der kosmischen Ereignisse, die in den alten Exodus- und Landnahmeerzählungen mit enthalten sind, ihren Ausdruck. So vergegenwärtigen V. 3 a das Meerwunder (Ex 14), 3 b den Jordanübergang (Jos 3), 4 das bebende Sinaimassiv (Ex 19,18). Aber die Bilder gehen deutlich über die historischen Bezüge hinaus. Die »Wasser« vertreten die Chaosmacht, die in den Mythen der Widerpart der Götter ist (vgl. Ps 74,13f.; 89,10f.). Jahwe braucht nicht erst gegen sie zu kämpfen, sie fliehen schon bei seinem Anblick (V. 3). Nach Is 51,9ff. ist der Sieg über die Wassermächte zugleich ein Typus für Jahwes künftiges Befreiungswalten an Israel. V. 3 enthält also für den Gläubigen eine »mehrdimensionale« Aussage. Ähnlich steht es mit V. 4: die Berge, das Festeste auf Erden (vgl. Ps 36,7; Is 54,10) »hüpfen«, d. h. tanzen in feiernder Freude (vgl. 1 Chr 15,29; Pred 3,4), wie es Is 44,23; 49,13; 55,12 für den zukünftigen Zug Jahwes und Israels nach Jerusalem verheißen ist. Diese zusätzliche Verheißungsdimension von V. 3–9 wird durch V. 7 bestätigt: Die Erde wird ähnlich wie im endzeitlichen Psalm 96,9 zum Erzittern und Erbeben aufgefordert (vgl. Ps 68,9; Nah 1,5). Damit wird auf den endzeitlichen Königstriumph Jahwes angespielt, wie ihn vorab Is 24,18–23 schildern (Beben und Bersten der Erde). Für Israel aber ist »Jakobs Gott« (vgl. Ps 46,8.12: eine Burg ist uns Jakobs Gott!) der Spender des Lebens, der einst »Wasser aus dem harten Kieselstein hervorquellen ließ« (Dt 8,15, vgl. Ex 17,5f.; Num 20,8), und für die Endzeit verheißt: »Ich will Wasser in der Wüste und Ströme in der Einöde geben, zu tränken mein Volk, meine Erwählten« (Is 43,20, vgl. 44,3; 55,1).

D. Der sieghafte Erlösergott von Ps 114 ist auch der Gott des Neuen Bundes. Sein mächtiges Bundeshandeln an Israel ist auch an uns getan und damit auch Motiv unserer Preisung. Zugleich ist aber das im Psalm anklingende künftige Heilswalten für uns in eine erste große Erfüllung gekommen. Nach Apg 7,35ff.; 1 Kor 10,1–4; 1 Petr 2,9; Apk 5,9f.; 15,3 ist die Befreiung aus Ägypten ein Typus der neubundlichen Erlösung. Durch Jesu Auferweckung und Erhöhung wurden wir alle aus dem Bereich der Gegenmächte Gottes (Sünde, Tod, Satan) grundsätzlich ans Ufer des Lebens hinübergebracht. Dort sind die Wasserquellen des Lebens (vgl. Jo 7,37ff.) und in der Endzeit die des Paradieses (vgl. Apk 7,17; 21,6). Darum hat die Kirche den Psalm als Lied der erlösten Getauften in die Vesper von Epiphanie, Ostern, Pfingsten und der Sonntage eingefügt.

Ps 115 (113 B). Das kleine Gottesvolk vor dem grossen und lebendigen Gott

Bitte und Klage des Volkes

1 Nicht uns, Jahwe, nicht uns,
sondern deinen Namen mache glorreich
um deiner Bundeshuld und Treue willen!

2 Warum dürfen die Heidenvölker sagen:
»Wo ist denn ihr Gott?«

Hymnisches Bekenntnis

3 Unser Gott vollführt im Himmel [und auf Erden],
was immer er will.

4 Ihre Götzen sind Silber und Gold,
ein Gemächte von Menschenhänden.

5 Einen Mund haben sie und sprechen nicht,
haben Augen und sehen nicht.

6 Ohren haben sie und hören nicht,
haben eine Nase und riechen nicht.

7 Hände haben sie und tasten nicht,
haben Füße und gehen nicht,
sie geben keinen Laut mit ihrer Kehle.

8 Ihnen werden gleichen, die sie gemacht,
ein jeder, der auf sie baut!

Aufruf und Antwort

9 Haus Israel, baue du auf Jahwe!
Er ist ihnen Hilfe und Schild.

10 Haus Aarons baue auf Jahwe!
Er ist ihnen Hilfe und Schild.

11 Die ihr Jahwe fürchtet, baut auf Jahwe!
Er ist ihnen Hilfe und Schild.

Erhörungsspruch und Segenswunsch

12 Jahwe hat unser gedacht.
Er gibt Segen! [—]

13 Er segne, die Jahwe fürchten,
die Kleinen samt den Großen!

14 Jahwe wolle euch mehren,
euch und eure Kinder!

15 Gesegnet seiet ihr von Jahwe,
der Himmel und Erde gemacht!

Lobpreis der Gemeinde

16 Der Himmel ist Jahwes Himmel,
doch die Erde übergab er dem Menschen.

17 Nicht die Toten lobpreisen Jahwe,
noch, wer zur Stille hinabfuhr.

18 Wir aber, [die Lebenden], segnen Jahwe
von nun an auf ewig.
Hallelujah!

A. 1c könnte spätere Anfügung sein. 3 ist nach G und Ps 135,6 (gleiche Wendung!) ergänzt. In 18 liest G »die Lebenden«.

B. Dieser »Psalm der angefochtenen Jahwegemeinde« hat eine von den üblichen Gattungen abweichende Struktur, wie die Zwischenüberschriften zur Genüge anzeigen. Er ist für eine öffentliche Gebetsliturgie geschrieben, in der die am Tempel bzw. in der Synagoge versammelte Gemeinde ihr Los der Kleinheit und der Zerstreuung unter die Heidenvölker vor ihrem Gott ausbreitet. 9a, 10a, 11a sind Aufruf (eines Sprechers), den die Versammlung jeweils antwortend motiviert. In V. 12–15 spricht der amtierende Priester. Der Psalm mit seiner zugleich lehrhaften Tendenz stammt aus nachexilischer Zeit (4. Jahrhundert?).

C. Nach Ez 36,20ff. will Jahwe nicht um Israels, sondern um seines eigenen Namens, d. h. seiner Ehre willen das schwere Schicksal der Zerstreuung wenden (vgl. Jer 14,7). V. 1 stellt sich demütig unter dieses Wort und erbittet seine Verwirklichung. Denn man leidet unter dem Hohn der Heiden (vgl. Ez 36,6; Joel 2,17), welche die Macht eines Gottes am Zustand seines ihn verehrenden Volkes ablesen. V. 3 bekennt in Anlehnung an Is 55,11 den Glauben an den allmächtig waltenden Bundesgott. 4–8 sind ebenfalls Glaubensbekenntnis, nur negativ, aber einprägsam und im Sinne der volkstümlich vereinfachenden Götterpolemik von Is 44,9ff.; Jer 10,3ff.; Hab 2,18 und vorab Dt 4,28 formuliert. Der Aufruf von 9ff. wendet sich zunächst an das ganze Volk, dann an die Priesterschaft und schließlich an das »Kernvolk« der Bundgetreuen (vgl. Ps 15,4; 22,24; Mal 3,16; Ex 18,21). Der priesterliche Zuspruch von V. 12 weitet sich zum Priestersegen (vgl. Num 6,22ff.) aus.
Die Gemeinde antwortet (16–18) mit einem Lobpreis und macht sich dabei gleichsam zum Mund aller auf Erden – die Erde ist ihr Lehen (vgl. Gen 1,28; Ps 8,7ff.)! – lebenden Menschen. Der Himmel (als unnahbare »Stätte« Gottes, vgl. Ps 8,3) und die Erde sind einander in Wort und Antwort zugeordnet und damit Bereiche des wirklichen Lebens, während die Unterwelt als Ort »der Stille« (vgl. Ps 94,17), d. h. als Ort ohne Loben und damit ohne eigentliches Leben gilt (vgl. Ps 6,6; 88,11ff.).

D. Die griechisch-lateinische Überlieferung hat Ps 115 (113 B) mit Ps 114 (113 A) verbunden (Psalm der Sonntagsvesper!). In der Tat ist die Rühmung des Erlösungswaltens Jahwes – wiewohl in je eigener Art! – beiden Psalmen gemeinsam. Für das neubundliche Gottesvolk bleibt darüber hinaus Ps 115 ein gültiges Gebetswort, weil die darin zur Sprache kommende Grundsituation immer wieder die seine ist: man lebt als eine kleine, zerstreute Minderheit in einer großen und auf ihre Weise glanzvollen »Welt der Heidenvölker«. Aber Gottes Unsichtbarkeit ist mächtiger als alle Idole der irdischen Mächte. Der Psalm entfaltet dieses Thema und lenkt den Blick auf Lk 12,32: »Fürchte dich nicht, du kleine Herde! Denn es hat eurem Vater gefallen, euch das Reich zu geben!«

Ps 116 (114 + 115). Dank an Jahwe, den Retter der Schwachen

Bekenntnis

1 Ich liebe! Denn Jahwe hört mein lautes Flehen.

2 Ja, er neigt sein Ohr zu mir,
   wenn ich meine Tage hindurch rufe.

Die überstandene Not

3 Es umschnürten mich Todesbande,
   Höllenängste überkamen mich,
   ich kam in Drangsal und Qual.

4 Da rief ich den Namen Jahwes an:
   »Ach, Jahwe, rette mein Leben!«

Lobpreis und Vertrauensbekenntnis

5 Gnädig ist Jahwe und gerecht,
   und unser Gott ein Erbarmender.

6 Hüter der Unmündigen ist Jahwe.
   Ich war schwach, da half er mir.

7 Komm wieder zur Ruh', meine Seele!
   Denn Jahwe hat dir Gutes getan.

8 Ja, du hast mein Leben dem Tode entrissen,
   mein Auge den Tränen, meinen Fuß dem Anstoß.

9 Ich darf mich ergehen vor dem Antlitz Jahwes
   in den Landen der Lebendigen.

10 Ich habe geglaubt, ob ich auch klagte:
   »Ich bin tief gebeugt.«

11 Ich sagte in meiner Verwirrung:
»Jeder Mensch ist ein Lügner.«

Dankopfer und öffentliche Rühmung des Rettergottes

12 Wie soll ich Jahwe alles entgelten,
was er Gutes an mir getan?

13 Den Kelch des Heiles will ich erheben
und Jahwes Namen ausrufen!

14 Meine Gelübde erfülle ich Jahwe
im Angesichte seines ganzen Volkes!

15 Teuer zu stehen kommt in Jahwes Augen
das Sterben seiner Getreuen.

16 Ach ja, Jahwe, ich bin dein Knecht!
Ich bin dein Knecht, der Sohn deiner Magd!
Du hast meine Fesseln gelöst.

17 Dir opfere ich ein Dankopfer
und Jahwes Namen rufe ich aus.

18 Meine Gelübde erfülle ich Jahwe
im Angesichte seines ganzen Volkes,

19 in den Vorhöfen des Hauses Jahwes,
in deiner Mitte, Jerusalem.
Hallelujah!

A. Der Text ist an mehreren Stellen umstritten (u. a. in V. 1 und 2). Doch läßt sich dem MT fast durchweg ein befriedigender Sinn abgewinnen.

B. Ps 116 ist ohne Zweifel ein Danklied, wiewohl es die übliche Struktur und überhaupt eine strenge gedankliche Ordnung vermissen läßt. Der Verfasser benützt zwar eine Anzahl von sonst bekannten Psalterformeln, aber seine lebendige religiöse Persönlichkeit verschwindet dahinter nicht. Sein Lied ist für ein Gelübdeopfer am Tempel bestimmt. Dort trug er es der versammelten Festgemeinde vor. Die Beschreibung der Todesnot ist so allgemein gehalten, daß der Psalm auch als Gebetsformel für ähnlich gelagerte Anlässe dienen konnte. Die Sprache (feste Formeln und einige Aramäismen) verrät die Spätzeit. Die Teilung des Psalms durch G und V besteht zu Unrecht.

C. Der Psalmist ist aus den Erfahrungen mit seinem Gott ein Liebender (V. 1) und ein Glaubender (V. 10) Jahwe gegenüber geworden. Eine neuerliche Errettung aus Todesgefahr (V. 3, vgl. Ps 18,5) gab ihm Anlaß zu diesem Danklied. Die Not war um so bitterer, als Mitmenschen auf irgendeine Weise sie herbeigeführt hatten (V. 11). Auch die Ausdrücke »unmündig« (= unerfahren V. 6) und »schwach« (vgl. Ps 79,8) deuten dahin. Hat sich so das Vertrauen auf Menschen als trügerisch erwiesen (V. 11, vgl. Ps 12,2f.), wurde der Glaube an den bundgetreuen (= gerechten) und damit gnädigen Gott (V. 5) um so fester. Der Psalmist gibt ihm mit Is 49,10; 54,10 den Titel »Erbarmender« (= Mütterlicher, vgl. Is 49,15). In ihm kann er bergende Ruhe (vgl. Klagl 1,3) finden (V. 7), neu dem Leben geschenkt, und zwar dem Leben vor dem gnädig leuchtenden Antlitz Jahwes (V. 9). Des Beters Glück ist ein Glück »vor Jahwe« und darum vergißt er das Danken nicht. Zum Dankopfer gehörte ein Weinopfer (vgl. Ex 29,40). Davon trank man beim Opfermahl. V. 13 bezeugt, daß man diesen Wein – er ist in solchem Zusammenhang (Rück-)Gabe des göttlichen Tischherrn – zugleich als Unterpfand der Gnade und des Heils empfand (Gegensatz: der göttliche »Zornesbecher« vgl. Ps 75,9; Jer 25,15). V. 15 bekennt, daß Jahwe der Tod seiner Getreuen widerstrebt (vgl. Ps 72,14; Is 43,4). Will er doch nicht einmal »den Tod des Gottlosen, sondern daß er sich bekehre von seinem Wandel und am Leben bleibe« (Ez 33,11). Obwohl der Psalmist sich als der geringste Sklave vor Jahwe fühlt und damit bar aller Rechte und Ansprüche (V. 16, vgl. Ex 23,12 und 21,4), darf er durch die Rettung sich als Freigelassener Gottes wissen. Darum soll der Dank zugleich rühmendes Bekenntnis des Rettergottes vor der ganzen Tempelgemeinde sein.

D. Das Heilswalten, von dem Ps 116 Zeugnis gibt, hat typische Züge, welche die ganze Heilsgeschichte durchziehen und vor allem im Christusereignis aufleuchten. Das

Lied gewinnt seine höchste Fülle, wenn wir es uns als Dankgebet des erhöhten Herrn vorstellen, der auf geheimnisvolle Weise durch das eucharistische Mahlopfer in seiner irdischen Gemeinde dem Vater Lob und Dank darbringt. Er ist als Haupt seiner Kirche dem Vater gegenüber der Liebende und Vertrauende schlechthin, der fort und fort auf den unerhörten göttlichen Heilserweis seiner Erweckung aus dem Tode zurückblickt.

In der Vereinigung mit ihm sind auch wir Dankende gemäß Pred 3,17: »Alles, was ihr tut mit Worten oder Werken, das tut alles im Namen des Herrn Jesus und danket Gott und dem Vater durch ihn!« Das geschieht am meisten in der eucharistischen Einung mit Jesus: »Der Kelch des Segens, den wir segnen, ist er nicht Teilhabe am Blute Christi?« (1 Kor 10,16). Der lateinische Meßritus setzt darum auch vor das Trinken des Kelches den V. 13 unseres Psalms. Dies ist ein Imperativ mehr, Ps 116 in und mit Jesus als Dankgebet zu sprechen. Was an ihm getan ist, ist grundsätzlich auch uns erwiesen! Dazu kommen als weitere Dankmotive persönliche Erfahrungen des göttlichen Gnadenbeistandes in vielerlei Nöten, vorab aber die frohe Glaubensgewißheit, daß Gott – im Gegensatz zum Menschen – der absolut Getreue ist (vgl. Röm 3,4, unter Zitierung von Ps 116,11).

Ps 117 (116). Weltweites Lob des Heilsgottes Jahwe

1 Lobpreist Jahwe, ihr Völker alle,
   rühmt ihn, alle Stämme!

2 Denn mächtig waltet über uns seine Bundeshuld,
   und Jahwes Treue währet ewig.
   Hallelujah!

A. In V. 1 verbessert man häufig unnötig »Stämme« (= *ummim*, ungewohnter Plural im Hebräischen) in »Nationen« (= *leummim*).

B. Ps 117 ist der kürzeste Hymnus des Psalters. Seine Struktur ist bei aller Knappheit klassisch: Aufforderung zum Lob und Angabe des Grundes. Nach Sprache und Inhalt ist er ein Psalm der nachexilischen Gemeinde, die auf ihre Wiederherstellung zurückschaut. Vom Tempel aus ruft sie die Aufforderung zum Lob in die ganze Völkerwelt hinaus. Den geschichtlichen Rahmen des Psalms bilden offenbar die frohen Feste nach der Heimkehr (vgl. Esdr 6,19–22), die sich in mehreren Wellen bis um 400 v. Chr. vollzog. Da Ps 117 zugleich eine Artikulation der Hoffnung und Zuversicht auf das Endheil ist, wurde er zu einem zeitlos gültigen Lied.

C. Durch die Katastrophe von 586 v. Chr. (Babylonisches Exil) wurde das Jahwevolk »zum Hohn und Gespött der übrigen Völker ringsum« (Ez 36,4). Das sollte in der Rettung aus der Gefangenschaft ein Ende haben gemäß der göttlichen Zusage von Ez 36,23f.: »Dann werden die Völker erkennen, daß ich Jahwe bin, wenn ich mich an euch vor ihren Augen als heilig erweise. Ich hole euch aus den Völkern und sammle euch aus allen Ländern. Ich bringe euch in eure Heimat zurück« (vgl. Ez 36,36). Dieser Heilstat, in der sich das alte Wort Jahwes, »reich an Bundeshuld und Treue« (Ex 34,6) zu sein, neu und herrlich erfüllte, ist die Gemeinde, die Ps 117 singt, teilhaftig geworden. Soph 3,20: »Ich werde euch zu Preis und Ruhm machen unter allen Völkern der Erde, wenn ich euer Schicksal wende vor euren Augen!« (vgl. Dt 32,43) kennzeichnet die gegenwärtige Lage. Doch die gerettete Jahwegemeinde fordert nicht zur Rühmung ihrer selbst auf, sondern zur Preisung ihres immerwährenden Retters und Bundesgottes Jahwe (vgl. Ps 47,2f.; 96,7; 113,3). Das setzt voraus, daß sie nicht nur an ihre Erwählung *aus* den Völkern, sondern auch *für* die Völker glaubt und zu Jahwe im Sinne der Botschaft des Deutero-Isaias als dem einzig wahren Heilsgott für die ganze Menschheit aufschaut.

D. Der Apostel Paulus zitiert in Röm 15,11 unsern Psalm (V. 1), um den heidenchristlichen Teil der Gemeinde zu veranlassen, »Gott um seiner Barmherzigkeit willen die Ehre zu geben«. Damit ist Ps 117 dem neubundlichen Gottesvolk als ein Dankhymnus für die in Jesus dem Christus geschenkte Erlösung ans Herz gelegt. Die Kirche hat darum das Lied zum zusammenfassenden Schlußpsalm ihrer Vespern an Festtagen gemacht und es in die Liturgie der alten Tauftage Karsamstag und Pfingstsamstag, ja sogar ins tägliche kirchliche Dankgebet nach Tisch aufgenommen. Der Psalm wird, wann wir ihn auch singen und beten, zu einer weltweit ausgelegten, frohen Bezeugung des Erlösergottes, dessen Wesenshaltung Bundeswille und Bundestreue sind. Damit Ps 117 aber ein wirkliches Echo in der ganzen Menschheit findet, ist mehr von uns gefordert als Gesang. »Euer Licht leuchte vor den Menschen, daß sie eure guten Werke sehen und euren Vater preisen, der im Himmel ist!« (Mt 5,16.)

Ps 118 (117). Festliches Danklied am Tempel

Aufruf zu Lob und Dank

1 Lobsingt Jahwe! Denn gut ist er.
Ja, ewig währet seine Huld.

2 Es spreche [das Haus] Israel:
Ja, ewig währet seine Huld.

3 Es spreche das Haus Aarons:
Ja, ewig währet seine Huld.

4 Sprechen sollen, die Jahwe fürchten:
Ja, ewig währet seine Huld.

Dankbares Bekenntnis an der Tempelpforte

5 Aus der Drangsal rief ich zu Jahwe.
Da erhörte mich Jahwe und schuf mir Raum.

6 Jahwe ist für mich, ich fürchte nichts.
Was können Menschen mir antun?

7 Jahwe ist mir Beistand.
So sehe ich nieder auf meine Hasser.

8 Besser ist's, sich an Jahwe zu bergen,
 als auf Menschen zu bauen.

9 Besser ist's, sich an Jahwe zu bergen,
 als auf Mächtige zu bauen.

10 Die Heidenvölker alle haben mich umzingelt.
 Im Namen Jahwes, jawohl, wehrte ich sie ab.

11 Umzingelt, ja umzingelt haben sie mich.
 Im Namen Jahwes, jawohl, wehrte ich sie ab.

12 Sie haben mich umschwärmt wie Bienen.
 Sie erloschen wie Dornenfeuer.
 Im Namen Jahwes, jawohl, wehrte ich sie ab.

13 Gestoßen, hingestoßen hat [man] mich, daß ich fiele,
 doch Jahwe hat mir geholfen.

14 Meine Kraft und meine Stärke ist Jahwe.
 Er ward mir zum Heil.

15 Jubel- und Heilruf erschallt
 in den Zelten der Gerechten:

16 »Jahwes Rechte tut Mächtiges.
 Jahwes Rechte ist hoch erhoben.
 Jahwes Rechte tut Mächtiges.«

17 Ich sterbe nicht, ich lebe
 und erzähle Jahwes Taten.

18 Gezüchtigt, ja gezüchtigt hat mich Jahwe,
 doch dem Tod mich nicht übergeben.

19 Tut mir auf der Gerechtigkeit Pforten!
 Ich will einziehen und Jahwe dankend preisen!

Einzugserlaubnis der Priester

20 Dies ist die Pforte zu Jahwe.
 Gerechte ziehen hier ein.

Gebet des Sprechers und der Gemeinde

21 Ich lobsinge dir, weil du mich erhörtest,
 weil du mir zum Heile wardst.

22 Der Stein, den die Bauleute verwarfen,
   ist zum Eckstein geworden.

23 Durch Jahwe ist dies geschehen,
   ein Wunder in unseren Augen.

24 Das ist der Tag, den Jahwe gemacht hat.
   Laßt uns jubeln und seiner uns freun!

25 Ach, Jahwe, hilf doch!
   Ach, Jahwe, gib doch Gelingen!

Segen der Priester

26 Gesegnet sei, der einzieht in Jahwes Namen!
   Wir segnen euch vom Hause Jahwes aus.

27 Jahwe ist Gott! Er schenke uns Licht!
   Schlinget den Festreigen, Zweige in Händen,
   bis zu den Hörnern des Altars!

Abgesang

28 Mein Gott bist du! Ich will dir lobsingen!
   Mein Gott, hoch will ich dich rühmen!

29 Lobsingt Jahwe! Denn gut ist er.
   Ja, ewig währet seine Bundeshuld.

A. In V. 2 ist mit G (vgl. 115,9; 135,19) »Haus« zu ergänzen. Nach Koehler (Hebr. Lex.) ist in V. 10–12 »abwehren« die wahrscheinliche Bedeutung der schwierigen Verbform und in V. 14 »Stärke« statt »Lied« zu übersetzen. In V. 13 lies mit G Hie S »man« statt »du«. Der Text V. 27b wird öfter anders übersetzt, da die hebräischen Wörter z. T. mehrdeutig sind.

B. Ps 118 ist augenscheinlich für eine Dankliturgie im Rahmen des Laubhüttenfestes (vgl. V. 27) gedichtet worden. Hierbei ist das Danklied eines Einzelnen (V. 5–19) in ein Danklied der Gemeinde hineinkomponiert. Dies und der Inhalt legt nahe, daß eine führende Persönlichkeit in V. 5ff. spricht. Der König kann es nicht sein, da der Psalm sichere Indizien nachexilischer Abfassung an sich trägt (vgl. u. a. C.). Unmöglich wäre ein Ereignis der Makkabäerzeit als Anlaß des Psalms nicht. Mancherlei Anzeichen sprechen aber dafür (vgl. C.), daß wir es eher mit der Zeit von Nehemias und Esdras (5. bis 4. Jahrhundert) zu tun haben (vgl. u. a. Neh 8,14ff.; 12,27ff.), so daß der Sprecher sogar Nehemias selbst gewesen sein könnte. Da er jedenfalls zugleich Repräsentant der Gemeinde ist, ist sein und ihr Geschick eng miteinander verbunden. Darum enthält die manchmal vertretene kollektive Deutung des »Ich« von Ps 118 (vgl. das »Ich« von Is 12,1f.) ein Korn Wahrheit. In der Spätzeit hat ihn die Gemeinde sicher im eigenen Namen gesprochen. Nach der Mischna war V. 25 der Festruf, mit dem man am Laubhüttenfest täglich einmal (am siebten Tage siebenmal, mit Zweigen) den Brandopferaltar umkreiste.

C. Der Psalm setzt ein mit einem beliebten Dankruf der Gemeinde (vgl. Ps 107,1; 136,1ff.; Esdr 3,11), der dann dreigliedrig wiederholt wird unter Nennung des Gesamtvolkes, der Priesterschaft und der (anwesenden) Jahwegetreuen (vgl. Ps 115,9ff.). Von V. 5 ab spricht ihr Repräsentant. Sein Erhörungsbericht bewegt sich zum Teil in kriegerischen Formeln (vgl. V. 10ff.), die aber nicht unbedingt buchstäblich zu nehmen sind. Es könnte sich gut um eine Lage handeln, wie sie von Nehemias berichtet wird, den die mächtigen Judenfeinde der Umgebung unter Androhung von Gewalt am Mauerbau in Jerusalem zu hindern suchten (vgl. Neh 2–6). Nach Gelingen der schwierigen Befestigung der Gottesstadt konnte Nehemias sagen: »Als unsere Feinde davon hörten, gerieten die Heidenvölker, die uns umgaben, alle in Furcht und fühlten sich mutlos. Sie erkannten, daß durch unsern Gott dieses Werk getan war« (Neh 6,16). Auch V. 8f. (nicht auf Menschen und Mächtige bauen!) läßt sich an der Erfahrung des Nehemias illustrieren: des Königs Artaxerxes Geleitschutz (vgl. Neh 2,9) beschützt ihn nicht vor den Feinden. Der Sprecher zitiert in V. 14 das Siegeslied des Moses vom Schilfmeer (Ex 15,2), sieht also seine und seines Volkes Rettung im Lichte jenes bundstiftenden Heilswaltens Gottes an Israel (vgl. Is 12,2). Auch V. 15f. mit dem Lied der »Gerechten« (vgl. V. 4) erinnert an Ex 15,6.12 (Rühmung der Rechten Jahwes). Das Wort von der Züchtigung mit nachfolgender Begnadigung zeichnet das göttliche Heilshandeln an Israel nach (vgl. Dt 4,36; 8,5 ff.; Jer 10,24; 31,18 ff.; Is 54,8). Als aus Todesgefahr Geretteter will der Repräsentant der Gemeinde mit den Seinen nun (V. 19) einziehen in den Tempel, um dort Jahwe als den seinem Bunde Getreuen (= Gerechten, darum »der Gerechtigkeit Pforten«, vgl. Jer 31,23), dankvoll zu preisen. Die Gerechten, die einziehen dürfen, sind die, »welche die Treue bewahren« (vgl. Is 26,2). Mit dem Wort, daß »Jahwe ihm zum Heile ward«, zitiert der Sprecher wiederum Ex 15, 2. Mit dem Spruch von V. 22 (»Eckstein« meint entweder den tragenden Stützquader der Mauerecke oder den obersten Schlußstein des Bauwerks) greift die Gemeinde wohl ein Sprichwort von der öfter in Israel erfahrenen wunderbaren Führung und Fügung Gottes auf.

So bedeutsam ist das damit umschriebene Geschehen (Erhöhung des Repräsentanten der Gemeinde und damit ihrer selbst), daß der Danktag als eine Art »Tag Jahwes« erscheint, wie man ihn von altersher als »Lichttag« ersehnt hat (vgl. Am 5,18). Doch die Wanderschaft durch die Geschichte ist noch nicht zu Ende: darum der Hosianna-Ruf von V. 25, der sich hier als ursprünglicher Gebetsruf ausweist. Ihn beantworten die Priester mit dem Segen (vgl. Num 6,24). Dann rufen sie zum Umschreiten des Altars im Reigentanz mit dem »Lulab« (aus Zweigen von der Palme, Myrte und Bachweide, womit man anscheinend die Hörner, d. h. die hochgezogenen Ecken des Brandopferaltars berührte) auf, also zu einer Begehung, wie sie zum Laubhüttenfest gehört (vgl. Lev 23,40; Neh 8,15; 2 Makk 10,7). V. 28 ist wiederum ein Echo des Meerliedes (Ex 15,2).

D. Zur Zeit Jesu wurde Ps 118 als Schlußpsalm des sogenannten »kleinen Hallel« an allen Hochfesten, besonders feierlich aber am Laubhüttenfest rezitiert. Zugleich gehört das Hallel zum Gebetsritual des Passahmahles, wobei unser Ps 118 beim Füllen des vierten Bechers gebetet wurde.

Wenn es bei Mk 14,26 heißt: »Nach dem Lobgesang gingen sie hinaus auf den Ölberg«, so ist damit bezeugt, daß Jesus unseren Psalm in einer der wichtigsten Stunden seines Lebens gesprochen hat. In seinem Munde erreichte dieses Lied eine höchstmögliche Fülle. Ist er doch der Repräsentant Israels schlechthin. Und an ihm geschah in einer ungeahnten Weise, was V. 22 sagt: »Der Stein, den die Bauleute verwarfen, ist zum Eckstein geworden.« Darauf bezieht sich Petrus in seiner Rede vor dem Hohen Rat (Apg 4,11). Wenn er darum in seinem ersten Brief schreibt: »Wenn ihr hintretet zu ihm, dem lebendigen Stein, der von den Menschen verworfen, vor Gott aber auserlesen und kostbar ist, werdet auch ihr selber lebendige Steine, auferbaut zu einem geistigen Haus, zu einer heiligen Priesterschaft, um geistige Opfer darzubringen, wohlgefällig vor Gott durch Jesus Christus« (2,4f.), so gibt er uns damit die Perspektive an, in der wir Ps 118 zusammen mit dem auferstandenen und erhöhten Herrn beten, der »ein für alle mal in das Heiligtum eintrat« (Hebr 9,12), »in den Himmel selbst, um nunmehr vor dem Angesichte Gottes zu erscheinen für uns« (Hebr 9,24). Darum ist der Psalm seit alten Zeiten im Gebet der Kirche ein charakteristisches Lied des Herrentages gewesen. Im Offizium des Osterfestes wird V. 24 zum wiederholten Bekenntnis der Festfreude über den Triumph Jesu Christi. Das »Benedictus« im Meßkanon geht über Mt 21,9f. (Hosianna-Ruf beim Einzug Jesu in Jerusalem) auf V. 24f. unseres Psalms zurück.

Ps 119 (118). Die Liebe zu Jahwes Wort

Für diesen längsten aller Psalmen (176 Verse!) empfiehlt sich eine Umordnung des in diesem Kommentar verwendeten Erklärungsschemas:
A.) und B.) werden vorausgenommen. C.) wird nach jeder Strophe eingefügt, D.) am Ende angeschlossen.

A. Der Text ist in gutem Zustand. Folgende Korrekturen erweisen sich aber als notwendig: In V. 43 ist das Verbum *asal* statt *nasal* zugrunde zu legen und »allzusehr« als metrisch und gedanklich überflüssige Glosse zu streichen. In V. 48 haben die Textzeugen »zu deinen Geboten, die ich liebe«. Das ist offensichtlich eine Verschreibung aus V. 47. »Hände erheben« ist sonst immer Gestus des Betens (vgl. Neh 8,6 u. a.). Der Verfasser dürfte darum »zu dir« geschrieben und nur 176 mal (176 Verse!) einen der Hauptterrmini für Jahwes Sprechen verwendet haben. (Mit »Gebote« in V. 48 wären es 177!) In V. 66 ist »Gutes« sicher Doppelschreibung aus V. 65. In V. 89 ist nichts zu korrigieren (vgl. C.). In V. 119 ist nach G Hie Aq und 3 Hss das Verbum »erachten« statt »aufhören lassen« (MT) zu lesen. In V. 127 ist »darum« sinnwidrig und wohl Verlesung aus V. 128. In V. 128 kamen die Konsonanten etwas durcheinander (vgl. Q und Hie).

B. Der Autor hat seinem Psalm das hebräische Alphabet (zweiundzwanzig Buchstaben!) in der Weise zugrunde gelegt, daß er zweiundzwanzig Strophen zu je acht Versen (vielleicht im Hinblick auf das achttägige [Lev 23,36] Laubhüttenfest!) schuf, die innerhalb ihrer Strophen immer mit dem gleichen Konsonanten beginnen (alphabetisches Akrostichon!). Er verzichtet dabei weitgehendst auf den für die hebräische Poesie charakteristischen »Parallelismus« der Halbverse oder Verse und entschied sich auch für kein einheitliches Gattungsschema. Darum begegnen in Ps 119 bunt gemischt Formelemente der weisheitlichen Seligpreisung (vgl. V. 1), des Hymnus (z. B. V. 7), des Klageliedes (z. B. V. 17 ff., sehr häufig), des Vertrauensliedes (z. B. V. 50), des Dankliedes (z. B. V. 44 ff.), des Weisheitsspruches (z. B. V. 72). Anders als Ps 1 und Ps 19 ist Ps 119 insofern »Gebet« im strikten Sinne des Wortes, als Jahwe vom Beter immer wieder direkt angesprochen wird. Diese »Ansprache« verrät die Sprache des Liebenden, der die Wiederholung als besonderes Ausdrucksmittel eigen ist. Der Hauptgegenstand dieses »Gesprächs« mit Jahwe ist das »Sprechen« Gottes. Für dieses »Wort« Jahwes hat der Autor acht(!) Hauptterrmini als Bezeichnung bevorzugt: Weisung, Gesetz, Anordnung, Zeugnis, Gebot, Entscheid, Wort, Spruch. Es geht ihm also nicht nur um das »Gesetz«, d. h. die göttliche Willensoffenbarung, wie sie im Dekalog und andern Grundweisungen an den menschlichen Bundespartner ergangen sind. Entscheid z. B. bedeutet nicht immer Gebot, sondern auch das göttliche Eingreifen (als Gerichts- und Machtspruch gedacht!) in das Dasein der Menschen (z. B. in V. 39 und 43). »Wort« ist nur siebenmal (von einundzwanzig!) gleichbedeutend mit Weisungswort. Öfter meint es einfach das Offenbarungswort der Heiligen Schrift (einschließlich ihrer Frohbotschaft!), manchmal auch (wie zumeist der »Spruch«) die Verheißung oder das eingreifende göttliche Machtwort. Die beliebte Bezeichnung »Gesetzespsalm« ist für Ps 119 also eine unzulässige Verengung, ja Verkennung.

Der Autor von Ps 119 gehört offensichtlich in den Einflußkreis jener nachexilischen »theologischen Weisheit«, die ihre Sentenzen aus der Heiligen Schrift als der Quelle der wahren Weisheit schöpft (vgl. V. 99f.). Er knüpft immer wieder »anthologisch« an bestimmte Texte oder Motive der heiligen Überlieferung an (vorab Deuteronomium, Sprüche, Propheten), um seinen Grundentwurf im einzelnen weiter auszuzeichnen und aufzufüllen, und verfaßt nach dieser Verfahrensweise ein Weisheitsgedicht, in welchem er nicht nur Persönliches ausspricht, sondern zugleich durch das Nachsprechen die Jahwegläubigen zu ergebenen Schülern des göttlichen Weisheitslehrers und Erziehers Jahwe machen will. Wo aber vollzog sich dieses Nachsprechen? Wohl in erster Linie im Lehrhaus, in dem Lehrer und Schüler dem Studium der Heiligen Schrift oblagen. Aber auch bei bestimmten kultischen Anlässen konnten Teilstücke des Psalms – besonders nach der Lesung des Gesetzes und der Propheten – von den versammelten Jahwegetreuen gesprochen werden.

I Aleph. *Auf Jahwes Wegen zu Jahwes Segen*

1 Selig, deren Weg ohne Makel,
 die da wandern nach der Weisung Jahwes!

2 Selig, die seine Zeugnisse bewahren
 und ihn von ganzem Herzen suchen!

3 Die auch keinen Frevel verüben,
 sondern auf seinen Wegen wandern.

4 Du hast deine Anordnungen entboten,
 sie getreu zu halten.

5 Wären doch meine Wege darin beständig,
 deine Gesetze zu halten!

6 Dann werde ich nicht zuschanden,
wenn ich auf alle deine Gebote blicke.

7 Ich preise dich in Herzensgeradheit
beim Lernen deiner gerechten Entscheide.

8 Deine Gesetze will ich halten,
laß mich nicht völlig fallen!

C. »Deren Weg ohne Makel ist, die sind Jahwes Wohlgefallen« (Spr 11,20) ist gleichsam das Leitmotiv dieser ersten Strophe. »Wandern nach der Weisung« (= Torah) zielt nach Neh 10,30 besonders auf die Verwirklichung des Deuteronomiums, in dem das mosaische Gesetz im Geiste der Propheten (vgl. Neh 9,26) verkündet wird. Das wird auch offenbar aus 2b (vgl. Dt 4,29 und Jer 29,13), aus 3b (vgl. Dt 19,9 und Jer 7,23), aus 4 (vgl. Dt 24,8) und aus 7b (vgl. Dt 5,1). In V. 5–8 wendet der Beter die allgemeinen Sentenzen von 1–4 auf seine eigene Person an. Das »Hinblicken auf die Gebote« meint zugleich das vertrauensvolle Aufschauen zu Jahwe (vgl. Ps 34,6; Is 5,12, auch Num 21,9: heilbringendes Aufschauen zur ehernen Schlange).

II Bet. *Beglückendes Wandern auf dem rechten Weg*

9 Wie geht ein junger Mann seinen Weg ohne Tadel?
Wenn er sich an dein Wort hält.

10 Von ganzem Herzen suche ich dich,
laß mich nicht von deinen Geboten abirren!

11 In meinem Herzen berge ich deinen Spruch,
daß ich nicht sündige wider dich.

12 Gesegnet seist du, Jahwe!
Lehre mich deine Gesetze!

13 Mit meinen Lippen zähle ich auf
alle Entscheide deines Mundes.

14 Am Wege deiner Zeugnisse habe ich Freude
wie an allem möglichen Reichtum.

15 Über deine Anordnungen will ich nachsinnen
und auf deine Pfade blicken!

16 An deinen Gesetzen ergötze ich mich,
vergesse dein Wort nicht.

C. Mit einer weisheitlichen Schulfrage (vgl. Spr 23,29) beginnt die zweite Strophe. Die Antwort erfolgt im Sinne von Spr 7,1, wo die Weisheit den gefährdeten Jüngling (7,7) zum Halten ihrer Worte und Gebote auffordert. Hinter Spr 1–9 aber steht das Buch Deuteronomium, an das V. 10 (vgl. V. 2) und V. 11 (vgl. Dt 6,6; 30,14; Jer 31,33) erinnern. Für den Psalmisten ist die Weisung Jahwes, die zu kennen und zu halten er sich müht, nicht Begrenzung und Last, sondern eine beglückende Gottesgabe. »Er freut sich, Gerechtigkeit zu üben« (Is 64,4), sie ist ihm ein wahrer Schatz (vgl. Spr 3,14; 8,10f. u. a.).

III Gimel. *Auch in der Bedrängnis dem Wort Jahwes zugewandt*

17 Tu so an deinem Knecht, daß ich am Leben bleibe
und dein Wort halte!

18 Öffne meine Augen, auf daß ich erblicke
die Wunderwelt deiner Unterweisung!

19 Ein Fremder bin ich auf Erden,
verbirg deine Gebote nicht vor mir!

20 Meine Seele reibt sich auf vor Sehnsucht
nach deinen Entscheiden, immerzu.

21 Du hast die Vermessenen bedroht,
verflucht sind, die abirren von deinen Geboten!

22 Nimm weg von mir Schmach und Verachtung!
Denn deine Zeugnisse wahre ich.

23 Sitzen auch Mächtige zusammen
und besprechen sich wider mich,
dein Knecht sinnt über deine Gesetze nach.

24 Ja, deine Zeugnisse sind meine Wonne,
meine Berater sind sie.

C. Die Strophe setzt die Verfolgung des Jahwegetreuen voraus. Das erbetene Leben ist nicht ein einfaches Überleben oder nur eine Wiederherstellung der Ehre, sondern vom Psalmisten als eine immer tiefere Einwurzelung in Jahwes »Wort-Welt« ersehnt und entworfen (V. 17), die ihm so herrlich dünkt wie die »Wunder« (= Großtaten) Jahwes in der Geschichte (vgl. Ex 34,10; Ps 78,4 u. a.) und im Kosmos (vgl. Job 37,14; Ps 107,24 u. a.). Sie ist für ihn das »Gelobte Land«, nach dem ihn verlangt (V. 19 und 20). Der Psalmist fühlt sich wie Jeremias als Gottes Knecht, dem seines Herrn Wort »Speise und Freude« (Jer 15,16) ist, und der darob von den Regierenden verfolgt wird V. 23 (vgl. Jer 36,12.24ff.).

IV Dalet. *Treue um Treue*

25 Es klebt meine Kehle im Staube,
    schaffe mir Leben, getreu deinem Wort!

26 Meine Geschicke erzähle ich, daß du mich erhörest.
    Lehre mich deine Gesetze!

27 Den Weg deiner Anordnungen laß mich erfassen,
    und ich will sinnen über deine Wunder!

28 Es weint meine Seele vor Kummer,
    richte mich auf nach deinem Wort!

29 Den Weg der Lüge halte fern von mir
    und begnade mich mit deiner Weisung!

30 Den Weg der Treue habe ich gewählt,
    deine Entscheide erwäge ich.

31 Ich hange deinen Zeugnissen an, Jahwe,
    laß mich nicht zuschanden werden!

32 Den Weg deiner Gebote werde ich laufen,
    wenn du weit machst mein Herz.

C. In der Not appelliert der Psalmist an Jahwes Verheißung, seinen Getreuen das Leben zu geben (vgl. Dt 8,3; 28,1–14; 30,15f. 19f.), und damit an Gottes Treue (V. 25 und

28). Wiederum bekennt er, daß für ihn nur ein treues Leben nach Gottes Willen wahres menschliches Leben ist. Doch ist seine Verwirklichung Sache des göttlichen Beistandes, wie V. 29 eindrucksam bezeugt.

V He. *Gebet um die Gnade, den Gotteswillen zu erkennen und zu tun*

33 Weise mir, Jahwe, den Weg deiner Gesetze,
 so will ich dafür ihn wahren als Lohn!

34 Mache mich weise, daß ich deine Weisung wahre
 und sie von ganzem Herzen einhalte!

35 Leite mich auf deiner Gebote Pfad!
 Denn daran habe ich Gefallen!

36 Neige mein Herz zu deinen Zeugnissen
 und nicht zum Gewinn!

37 Halte meine Augen ab, nach Bösem auszublicken,
 in deinen Wegen schaffe mir Leben!

38 Erfülle an deinem Knecht deinen Spruch,
 daß man dich fürchte!

39 Wende ab von mir die Schmach, vor der mir graut!
 Denn deine Entscheide sind gut.

40 Wie sehne ich mich nach deinen Anordnungen!
 In deinem Heilswillen schaffe mir Leben!

C. Aus der Erkenntnis der Gnadenhaftigkeit des gottgerechten Lebens formuliert der Psalmist seine Bitten um den göttlichen Beistand. Dabei ist ihm solch ein Leben selbst schon und in sich »Lohn« (V. 33), d. h. Gewinn und Glück. Damit knüpft er an Ps 19,12; Dt 7,12; Spr 4,13 an, übersteigt aber deren Aussage bis in neutestamentliche Höhen (vgl. 2 Kor 12,9). Er ersehnt die Verwirklichung von Is 33,15 f.: »Wer da gerecht lebt und rechtschaffen redet, den Gewinn aus Bedrückung verwirft, seine Hände der Bestechung versagt, sein Ohr verstopft, von Blut nichts zu hören, seine Augen verschließt vor dem Blick nach dem Bösen, wird auf Höhen wohnen!« Dazu soll ihm Jahwe verhelfen.

VI Waw. *Das Leben als Bezeugung Jahwes*

41 Deine Bundeshuld komme über mich,
   deine Hilfe gemäß deinem Spruch!

42 So kann ich Antwort geben dem, der mich schmäht.
   Denn ich baue auf dein Wort.

43 Wolle meinem Mund das rechte Wort nicht [vorenthalten] [—]!
   Denn ich harre deiner Entscheide.

44 So will ich stets deine Weisung wahren,
   immer und ewig.

45 Dann werde ich dahinschreiten in freier Weite.
   Denn deine Anordnungen suche ich.

46 Ich will von deinen Zeugnissen reden vor Königen
   und werde nicht zuschanden werden.

47 Ich ergötze mich an deinen Geboten,
   die ich liebgewann.

48 Ich erhebe meine Hände zu [dir]
   und sinne über deine Gesetze nach.

C. Dem Verfasser geht es nicht nur um sein persönliches Heil. Im Hinweis auf Jahwes sichtlichen Beistand will er Jahwes Macht und Bundeshuld seinen Gegnern (vgl. Ps 3,3) vor Augen führen, ja Jahwes Willensoffenbarung der großen Welt verkünden (V. 46), wie nach Is 42,1f. der Gottesknecht und nach Spr 8,15 die göttliche Weisheit es tun.

VII Zajin. *Von Jahwes Machtwort gehalten*

49 Gedenke des Wortes an deinen Knecht,
   auf das du mich harren läßt.

50 Das ist mein Trost in meinem Elend,
   daß mich dein Spruch am Leben hält.

51 Freche verhöhnen mich maßlos,
   von deiner Weisung gehe ich nicht ab.

52 Ich gedenke deiner Entscheide von ehedem,
   Jahwe, dann bin ich getröstet.

53 Tiefe Erregung packt mich ob der Gottlosen,
   die deine Weisung verlassen.

54 Gesänge sind mir deine Gesetze geworden
   im Hause meiner Pilgerschaft.

55 In der Nacht gedenke ich deines Namens, Jahwe,
   deine Weisung will ich halten.

56 Dies kommt mir zu:
   daß ich deine Anordnungen wahre.

C. Der Psalmist bezieht die Verheißungen, die in der gesetzlichen, prophetischen und weisheitlichen Überlieferung der Bundestreue galten, auch auf sich selbst als treues Glied des Gottesvolkes. Er weiß – und das ist ihm Trost –, daß sein Schicksal von Gottes Machtspruch (vgl. V. 82.123; Ps 107, 20; 138,4 u. a.) abhängt. Er folgt Is 46,9: »Denk an die Tage der Vorzeit!« (vgl. V. 52a) und Is 51,12: »Ich, ich bin es, der euch tröstet. Warum fürchtest du dich vor sterblichen Menschen?« (vgl. 52b). Hinter V. 53 steht Spr 28,4: »Wer die Weisung hält, erregt sich über die Gottlosen.« Ihm selbst aber sind durch Jahwe, der nach Job 35,10 »Gesänge gibt in der Nacht«, nicht nur seine Taten, sondern auch seine Weisungen Gesänge geworden (vgl. 54f.).

VIII Chet. *Im »Gelobten Land« der Weisung und Huld Jahwes*

57 Mein Anteil, Jahwe, so sage ich, ist es,
   deine Worte zu halten.

58 Ich suche deine Huld von ganzem Herzen,
   sei mir gnädig nach deinem Spruch!

59 Ich habe meine Wege geplant
   und lenke meine Füße zu deinen Weisungen hin.

60 Ich beeile mich und säume nicht,
   deine Gebote zu halten.

61 Die Stricke der Gottlosen umwickeln mich,
   deine Weisung vergesse ich nicht!

62 Um Mitternacht stehe ich auf, dir zu lobsingen
   ob deiner gerechten Entscheide.

63 Verbündet bin ich allen, die dich fürchten
   und deine Anordnungen halten.

64 Deiner Bundeshuld, Jahwe, ist die Erde voll,
   lehre mich deine Gesetze!

C. »Mein Anteil ist Jahwe!« so sagten die Psalmisten von 16,5; 73,26. Unser Psalm erweitert und verändert diese ursprünglich die Leviten betreffende Formel (vgl. Dt 10,9; 32,9 u. a.) auf das Leben nach Gottes Willen hin, das für ihn sein eigentlicher »Anteil am Gelobten Land« ist. Da verlaufen seine Wege (59), gefährdet von den Nachstellungen der Gottlosen (61), gefördert von gleichgesinnten Gefährten (63), besungen wegen des göttlichen Geleits (62 und 64).

IX Tet. *Weise geworden durch Jahwes gnädige Züchtigung*

65 Gutes tatest du an deinem Knecht,
   Jahwe, getreu deinem Wort.

66 [—] Einsicht und Erkenntnis lehre mich,
   denn ich traue deinen Geboten.

67 Ehe ich gebeugt ward, ging ich in die Irre,
   nun aber halte ich deinen Spruch.

68 Gut bist du und spendest Gutes,
   so lehre mich deine Gesetze!

69 Die Vermessenen schwärzen mich zu Unrecht an,
   ich aber wahre von ganzem Herzen deine Anordnungen.

70 Stumpf wie Fett ist ihr Herz,
   ich ergötze mich an deiner Weisung.

71 Gut für mich war es, gebeugt zu werden,
   um deine Gesetze zu lernen.

72 Lieber ist mir die Weisung deines Mundes
   als tausende von Gold- und Silberstücken.

C. Die Dankbarkeit des Bekehrten spricht aus dieser Strophe. Jahwe ist nach Os 6,1; Jer 31,18; Ez 33; Dt 8,2. 5.16 ein züchtigender Erzieher seines Volkes. Wie die Weisheitslehre (vgl. Spr 3,11 ff.; Job 5,17 u. a.) überträgt unser Psalmist diesen Gedanken auf die individuelle Ebene (67 und 71). Vorher ein irrender Sünder (67, vgl. 71), ist er trotz schwerer Anfechtung (69) jetzt ein wahrhaft Weiser, der Gottes Weisung über Gold und Silber stellt (vgl. Spr 3,14; 8,10.19; 16,16).

X Jod. *Verlangen nach einer Gemeinschaft von Jahwegetreuen*

73 Deine Hände haben mich gemacht und gefügt,
    gib mir Einsicht, daß ich deine Gebote lerne!

74 Die dich fürchten, sehen mich und freuen sich,
    denn ich harre auf dein Wort.

75 Ich habe erkannt, Jahwe, daß deine Entscheide gerecht sind
    und du in Treuen mich beugtest.

76 Deine Bundeshuld werde mir zum Troste,
    wie dein Spruch deinem Knechte verheißt.

77 Dein Erbarmen komme über mich, auf daß ich lebe!
    Denn deine Weisung ist meine Wonne.

78 Schande bedecke die Vermessenen,
    weil sie zu Unrecht mich beugen,
    ich aber sinne nach über deine Anordnungen.

79 Zuwenden mögen sich mir, die dich fürchten
    und deine Zeugnisse kennen!

80 Mein Herz werde makellos durch deine Gesetze,
    damit ich nicht zuschanden werde!

C. Der Psalmist erkennt nach der Anweisung von Dt 32,6 sein Geschaffensein durch Jahwe an, um daraus die Folgerung der Lebensgestaltung nach Jahwes Willen zu ziehen (73). Darum preist er Jahwes Gerichtswalten an ihm, das ihn auf den rechten Weg zurückbrachte (75) und zugleich in die

Gemeinschaft der Jahwegetreuen (74 und 79). Diese Bundeshuld soll sich aufs neue als schöpferisches Erbarmen (vgl. Dt 13,18; Is 63,7.15) an ihm erweisen (77).

XI Kaph. *In schwerer Verfolgung Ausschau nach Jahwes Machtwort*

81 Meine Seele schmachtet nach deiner Hilfe,
 auf dein Wort harre ich.

82 Meine Augen schmachten nach deinem Spruch:
 wann wirst du mich trösten?

83 Mag ich einem Schlauche im Rauche gleichen,
 deine Gesetze habe ich nicht vergessen.

84 Wie viele Lebenstage hat dein Knecht denn schon?
 Wann wirst du die Entscheidung fällen über meine Verfolger?

85 Gruben graben mir Vermessene,
 die nicht nach deiner Weisung leben.

86 Alle deine Gebote sind verlässige Wahrheit.
 Zu Unrecht verfolgt man mich, hilf mir!

87 Beinahe hätte man mich von der Erde vertilgt,
 aber ich lasse nicht von deinen Anordnungen.

88 Deiner Bundeshuld getreu schaffe mit Leben,
 so werde ich deines Mundes Zeugnis wahren!

C. Wie Job (19,27) und der König Ezechias (Is 38,14) schmachtet der Psalmist nach dem göttlichen Eingreifen (81 und 82). Er vergleicht sich in seiner Bedrängnis mit einem unansehnlich gewordenen Schlauch (aus Ziegenhaut), wie sie im israelitischen Haus an der verräucherten Decke hängen. Er kann mit Jeremias klagen (85): »Sie gruben mir eine Grube« (Jer 18,20). Der Gegner Anschläge gehen wie die gegen den Propheten auf »Austilgung« (vgl. Jer 11, 19ff.).

XII Lamed. *Das göttliche Wort als himmlisches Wesen*

89 Auf ewig, Jahwe, steht dein Wort in den Himmeln.

90 Von Geschlecht zu Geschlecht währet deine Treue.
 Du hast die Erde erstellt, und sie dauert.

91 Ob deiner Entscheide bestehen sie noch heute,
ja, alles ist dir dienstbar.

92 Wäre deine Weisung nicht meine Wonne,
ich wäre umgekommen in meinem Elend.

93 Auf ewig vergesse ich deine Anordnungen nicht,
denn in ihnen schufst du mir Leben.

94 Dein bin ich, errette mich!
Denn ich suche deine Anordnungen.

95 Mir lauern Gottlose auf, mich umzubringen.
Deinen Zeugnissen wende ich meine Gedanken zu.

96 Für alles Bewältigen sah ich eine Grenze,
doch dein Gebieten kennt keine Schranken.

C. In der Mitte des Psalms setzt mit V. 89 ein hymnischer Ton ein und bringt die höchste Aussage des Psalms zu Gehör: Auf ewig steht gleich einer Person – denn *nissab* wird nur von Personen gebraucht und heißt nirgendwo *fest*-stehen! – Jahwes Wort im Himmel, so wie in Gen 28, 13 Jahwe oben an der Himmelstreppe steht *(nissab!)*. Der Terminus »Wort« bedeutet im Psalm bald Verheißung, bald Machtwort, bald Gebot. Hier ist sicher Wort im übergreifenden Sinne gemeint. Die Personifikation spricht dafür und der Folgetext (Verheißung V. 90, Machtwort V. 91, Gebot V. 92). Hier werden die großen Aussagen von Deutero-Isaias über das göttliche Wort – vorab 40,8 und 55,10f. – und des Psalmisten eigene Aussagen geeint und gekrönt: das göttliche Wort erscheint als Person; sein Ort ist der Himmel, wo es vor Gott steht wie ein »Minister« vor seinem König (vgl. 1 Sam 22,6f.17; 3 Kön 4,5.7 u. a.). Durch das Wort ruft Jahwe Erde und Himmel, »da stehen sie allzumal da!« (Is 48,13). Von Gedanken wie V. 91 ist auch Jdt 16,14 inspiriert: »Dir soll deine ganze Schöpfung dienen. Denn du sprachst, da wurden sie!« Die Überlegenheit des göttlichen Wortes wird noch einmal in V. 96 unterstrichen, der Job 11, 7f. nahesteht: »Die Tiefen Gottes willst du finden oder bis zur

Grenze des Allmächtigen dringen? Höher als der Himmel ist sie; was kannst du da tun? Tiefer als die Unterwelt, was kannst du da wissen?« (vgl. Job 28).

XIII Mem. *Köstliche Weisheit in der Schule des göttlichen Lehrers*

97 Wie liebe ich deine Weisung!
Den ganzen Tag ist sie mein Sinnen.

98 Weiser als meine Feinde macht mich dein Gebot,
ja, ewig ist es mein.

99 Mehr als allen meinen Lehrern ward mir Einsicht,
denn deine Zeugnisse sind mir Gegenstand des Sinnens.

100 Mehr als Greise habe ich Erkenntnis,
denn deine Anordnungen wahre ich.

101 Von jedem bösen Pfade halte ich meine Füße zurück,
um dein Wort zu halten.

102 Von deinen Entscheiden weiche ich nicht,
denn du selbst hast mich unterwiesen.

103 Wie köstlich schmecken meinem Gaumen deine Aussprüche,
mehr als Honig meinem Mund!

104 Durch deine Anordnungen habe ich Erkenntnis,
drum hasse ich jeden Lügenweg.

C. »Jahwe lieben« (Ex 20,6; Dt 5,10; 6,5; 7,9 u. a.) wird für den Psalmisten zum Lieben seines weisenden Wortes (vgl. 47; 113; 119; 127; 140; 159; 163; 165), in welchem ihm die Quelle aller Weisheit fließt (vgl. Dt 4,6ff.). Hierin sieht er sich in einer wesentlichen Distanz nicht nur zu den Feinden, die als Verächter des Gotteswillens Toren sind (vgl. Ps 14,1; 53,2 u. a.), sondern auch zu seinen Lehrern (99), die offenbar nach dem Vorgehen der älteren Weisheitslehre ihre Gedanken mehr aus der Vernunft und der Lebenserfahrung schöpfen. Darum kann er auch »einsichtiger« sein als die »Alten« (100), die als die großen »Lebenserfahrenen« gelten (vgl. Ps 105,22; 107,32; Job 12,12; 15,10).

Solche Weisheit, im Vernehmen und Tun des Gotteswillens gewonnen, schmeckt köstlich (103, vgl. Ps 19,11; Spr 24, 13; Jer 15,16; Ez 3,3).

XIV Nun. *Jahwes Wort ist Licht und Glück*

105 Eine Leuchte für meinen Fuß ist dein Wort
    und ein Licht für meinen Pfad.

106 Ich habe es geschworen und gelobt,
    deine gerechten Entscheide zu halten.

107 Ich bin sehr tief gebeugt,
    Jahwe, nach deinem Wort schaffe mir Leben!

108 Meines Mundes Spenden nimm in Gnaden an
    und lehre mich deine Entscheide!

109 Mein Leben ist in ständiger Gefahr,
    aber deine Weisung vergesse ich nicht.

110 Gottlose legen mir eine Schlinge,
    aber von deinen Anordnungen irre ich nicht ab.

111 Ich habe deine Zeugnisse zum Erbteil auf ewig,
    ja, sie sind meines Herzens Jubel.

112 Ich mache mein Herz geneigt, deine Gesetze zu erfüllen,
    auf ewig ist es Lohn.

C. Der Psalmist macht sich in V. 105 das Wort Spr 6,23 zu eigen: »Eine Leuchte ist das Gebot und ein Licht die Weisung, und ein Weg zum Leben sind die Ermahnungen zur Zucht!« Die Bundesgemeinschaft ist für ihn etwas wesentlich Personales. Darum tritt der rituelle Opfergottesdienst in Ps 119 auch ganz zurück. Der Beter hält sich an Os 14,3, wo das personale Wort, die »Frucht der Lippen«, als Opfergabe gefordert wird (108, vgl. Ps 50,14.23; 141,2). Erneut kommt er in V. 111 auf den Gedanken zurück, daß Jahwes Willensoffenbarung für ihn das »Gelobte Land« ist (vgl. 57), und damit sein Jubel (vgl. Jer 15,16) und seine Lebensfülle (vgl. V. 33).

XV Samek. *Entschiedene Hinwendung zur Weisung des Richtergottes*

113 Ich hasse die Wankelmütigen,
aber ich liebe deine Weisung.

114 Mein Schutz und Schild bist du,
auf dein Wort harre ich.

115 Weichet von mir, ihr Übeltäter!
Ich will die Gebote meines Gottes wahren!

116 Nach deinem Spruch stütze mich, daß ich lebe,
und laß mich nicht zuschanden werden in meiner Hoffnung!

117 Leihe mir Halt, daß ich gerettet werde
und immerfort auf deine Gesetze schaue.

118 Du verwirfst alle, die von deinen Gesetzen weichen,
denn Lüge ist ihr Sinnen.

119 Als unrein Erz [erachtest] du alle Gottlosen im Lande;
darum liebe ich deine Zeugnisse.

120 Es erschauert aus Angst vor dir mein Fleisch,
und vor deinen Entscheiden fürchte ich mich.

C. Wie dem Elias ist dem Psalmisten »das Hinken nach zwei Seiten« verhaßt (vgl. 3 Kön 18,21). Er entschied sich für den Weg seines Gottes Jahwe, der ihm »Schutz und Schild« ist (vgl. Gen 15,1; Spr 2,7; 30,5). Der Weg der Gottlosen führt ins Feuer des Gerichts (118f., vgl. Ez 22, 18ff.), vor dem der Beter sogar leiblich erschaudert (vgl. Job 4,15).

XVI Ajin. *Der getreue Knecht erbittet das Geleit des göttlichen Herrn*

121 Ich übe Recht und Gerechtigkeit;
überlasse mich nicht meinen Bedrückern!

122 Sei Bürge deinem Knecht zum Heile,
daß die Vermessenen mich nicht bedrücken!

123 Meine Augen schmachten nach deiner Hilfe
und nach deinem gerechten Spruch.

124 Handle an deinem Knecht nach deiner Bundeshuld
und deine Gesetze lehre mich!

125 Dein Knecht bin ich, gib mir Einsicht,
daß ich deine Zeugnisse erkenne!

126 Es ist Zeit für Jahwe, zu handeln.
Man hat deine Weisung gebrochen.

127 [Über alles] liebe ich deine Gebote,
mehr als Gold und Feingold.

128 Darum schreite ich geradeaus [nach] allen
[deinen] Anordnungen,
jeden Lügenweg hasse ich.

C. Der Psalmist beteuert in V. 121, das Leben eines Bekehrten im Sinne von Ez 18,5.19.21.27 zu führen. Ähnlich wie König Ezechias in Is 38,14 (»Matt blicken meine Augen nach oben. Jahwe, ich leide Bedrückung, sei mir Bürge!«) bittet er daher um den notwendigen Beistand Jahwes gegen mächtige Gegner, die den »Lügenweg« (128) gehen, d. h. den Weg des Bundesbruchs (126). Er selbst erkennt Jahwes Weisung nicht nur an, er liebt sie mehr als alle irdischen Schätze (127, vgl. Spr 3,14; 8,10.19; Job 22,25; 28,15 u. a.) und handelt dabei nach Spr 15,21: »Torheit macht den Unweisen Freude, der Einsichtige aber schreitet geradeaus!«

XVII Pe. *Sehnsucht nach der Gnade der Vollkommenheit*

129 Wunderwerke sind deine Zeugnisse,
darum wahrt sie meine Seele.

130 Die Pforte deiner Worte spendet Licht
und macht den Unerfahrenen weise.

131 Meinen Mund sperre ich auf und lechze,
denn nach deinen Geboten verlangt mich.

132 Wende dich zu mir und sei mir gnädig,
gemäß dem Rechtsentscheid für solche,
die deinen Namen lieben!

133 Richte meine Schritte nach deinem Spruche aus
und laß keinerlei Sünde mich beherrschen.

134 Erlöse mich von der Bedrückung der Menschen,
daß ich deine Anordnungen halten kann!

135 Dein Antlitz laß leuchten auf deinen Knecht
und lehre mich deine Gesetze!

136 Zu Wasserbächen zerfließen meine Augen,
weil man deine Weisung nicht hält.

C. Staunend steht der Beter vor der Willensoffenbarung Jahwes, durch die das Göttliche ins Irdisch-menschliche einbricht (129, vgl. 18 und 27). Wie durch den Eingang Licht in das Zelt und das Haus fällt, so erleuchtet Gottes Wort den »Unerfahrenen«, der in Spr 9,4f.16 von der göttlichen Weisheit an ihren gedeckten Tisch eingeladen wird: »Wer unerfahren ist, kehre hier ein, und wem es an Weisheit gebricht, zu dem will ich sprechen!« Den Psalmisten verlangt nach Vollkommenheit wie einen Durstigen nach Regen (131, vgl. Job 29,23). Er weiß aber, wie sehr er zur Erfüllung des göttlichen Willens des Gnadenbeistandes Jahwes bedarf (133), dazu auch der Befreiung aus der Bedrängnis durch Menschen (134). Über ihren Bundesbruch trauert er wie Moses (Dt 9,18), wie Jeremias (13,17) und die um Jerusalems Sünden Weinenden in Ez 9,4.

XVIII Sade *Die Bundesgerechtigkeit des weisenden Gottes*

137 Gerecht bist du, Jahwe,
und richtig sind deine Entscheide.

138 Du hast in Gerechtigkeit deine Zeugnisse entboten
und in voller Verlässigkeit.

139 Mein Zorneseifer zehrt mich auf,
da meine Bedränger deine Worte vergessen.

140 Überaus bewährt ist dein Spruch,
dein Knecht liebt ihn.

141 Klein bin ich und verachtet,
deine Anordnungen aber vergesse ich nicht.

142 Dein Heilswille ist auf ewig gerecht,
und deine Weisung ist Treue.

143 Not und Drangsal trafen mich,
doch deine Gebote sind meine Wonne.

144 Gerecht sind deine Zeugnisse auf ewig.
Mache mich einsichtig, daß ich lebe!

C. Jahwes Bundesordnung kommt aus seinem Bundeswillen. Ihm wird Jahwe in jeder seiner Wegweisungen »gerecht«. Um diese Bundesgerechtigkeit Gottes, von dem Dt 32,4 sagt: »Untadelig ist sein Tun, alle seine Wege sind recht. Ein treuer Gott und ohne Freveltat, gerecht und redlich ist er!« (vgl. Spr 8,7f.), kreist die ganze Strophe. Auch Spr 30,5 bezeugt: »Bewährt ist jede Rede Gottes. Ein Schild ist er denen, die auf ihn bauen.« Unser Psalmist verläßt sich, verachtet wie der Gottesknecht von Is 53,3, ganz auf seinen gerechten Gott.

XIX Qoph. *Flehentliches Bitten und tröstliche Gewißheit*

145 Ich rufe aus ganzem Herzen, erhöre mich, Jahwe,
deine Gesetze will ich wahren!

146 Ich rufe zu dir, errette mich,
so will ich deine Zeugnisse halten!

147 Ich stehe schon in der Dämmerung auf und schreie,
ich harre deines Wortes.

148 Meine Augen kommen den Nachtwachen zuvor,
um zu sinnen über deinen Spruch.

149 Auf mein Rufen höre nach deiner Bundeshuld,
Jahwe, gemäß deinem Entscheide schaffe mir Leben!

150 Es nahen sich mir tückische Verfolger,
sie stehen deinen Weisungen fern.

151 Nahe bist du, Jahwe,
   und alle deine Gebote sind Treue.
152 Längst habe ich erkannt aus deinen Zeugnissen,
   daß du sie auf ewig gegründet.

C. Jer 29,12: »Wenn ihr zu mir ruft und betet, erhöre ich euch!« und ähnliche prophetische Verheißungen ermutigen den Psalmisten zu den Bitten dieser Strophe. Noch vor Tag (vgl. V. 62) betet er um die Entsendung eines rettenden göttlichen Machtwortes (147). Dabei erfährt er trotz aller Feindnot (150) die Nähe seines Gottes (151, vgl. Dt 4,7f.; Is 50,8; 55,6) und die Unvergänglichkeit seiner Bundesordnung (vgl. Is 55,3; Jer 32,40; Ez 16,60).

XX Resch. *Aufblick zum treuen Erlöser seiner Getreuen*

153 Sieh an mein Elend und zieh mich heraus,
   denn deine Weisung vergesse ich nicht.
154 Verficht meine Sache und erlöse mich,
   nach deinem Spruch schaffe mir Leben!
155 Fern bleib den Gottlosen das Heil,
   denn deine Gesetze suchen sie nicht.
156 Reich ist dein Erbarmen, Jahwe,
   nach deinen Entscheiden schaffe mir Leben!
157 Zahlreich sind meine Verfolger und Bedränger,
   von deinen Zeugnissen biege ich nicht ab.
158 Sehe ich die Abtrünnigen, schüttelt mich der Abscheu,
   weil sie deinen Spruch nicht halten.
159 Sieh her, wie ich deine Anordnungen liebe,
   Jahwe, nach deiner Bundeshuld schaffe mir Leben!
160 Das Wesen deines Wortes ist Treue,
   und auf ewig gelten alle deine gerechten Entscheide.

C. Wie Jahwe an Israel einst getan (Ex 3,7: »Angesehen habe ich das Elend meines Volkes ...«), soll er auch an seinen Getreuen handeln. Heißt es doch in Jer 50,34 von

ihm: »Ihr (d. h. der Bedrückten) Erlöser ist stark ... Er
verficht ihre Sache.« Auf Jahwes reiches Erbarmen (vgl.
Is 54,7) beruft sich auch Nehemias (Neh 9,19.27.31). Den
Psalmisten schüttelt wie den Beter von Ps 139,21 der Abscheu über die Abtrünnigen (158). Seine Liebe zur Bundescharta (159) wird in V. 160 eine hymnische Preisung (vgl.
142 und 151).

XXI Schin. *Beglückendes Heil für den Gottesfürchtigen*

161 Mächtige verfolgen mich ohne Grund,
     aber nur vor deinen Worten zittert mein Herz.

162 Ich freue mich über deinen Spruch
     wie einer, der reiche Beute findet.

163 Lüge hasse und verabscheue ich,
     deine Weisung liebe ich.

164 Siebenmal am Tage lobpreise ich dich
     ob deiner gerechten Entscheide.

165 Reiches Heil wird denen, die deine Weisung lieben,
     kein Hindernis bringt sie zu Fall.

166 Ich harre auf deine Hilfe, Jahwe,
     und deine Gebote erfülle ich.

167 Meine Seele bewahrt deine Zeugnisse
     und hat sie überaus lieb.

168 Ich halte deine Anordnungen und deine Zeugnisse,
     denn all meine Wege sind dir vor Augen.

C. An die Stelle der Menschenfurcht ist beim Beter die
Gottesfurcht getreten (vgl. Mt 10,28). Sie ist ihm der
Schlüssel zur wahren Freude (162) und entbindet den Lobpreis, von dem der ganze Tag durchwoben und damit »vollkommen« wird (164, Sieben = Zahl der Fülle). Der
Psalmist sieht Spr 3,17f. an sich erfüllt: »Die Wege, welche
die Weisheit führt, sind Freudenwege und all ihre Pfade
Heil. Ein Lebensbaum ist sie dem, der sie ergreift, und wer
sich an ihr festhält, ist beglückt.«

XXII Tau. *Bitten und Lobpreis*

169 Es dringe mein Rufen zu deinem Angesichte, Jahwe,
    mache mich weise!

170 Es komme mein Flehen vor dein Angesicht,
    nach deinem Spruch reiße mich heraus!

171 Sprudeln sollen meine Lippen vom Lobpreis!
    Denn du lehrst mich deine Gesetze.

172 Besingen soll meine Zunge deinen Spruch!
    Denn alle deine Gebote sind gerecht.

173 Bereit sei deine Hand, mir zu helfen,
    denn deine Anordnungen habe ich erwählt.

174 Ich sehne mich nach deiner Hilfe, Jahwe,
    und deine Weisung ist meine Wonne.

175 Möge ich am Leben bleiben, um dich zu preisen,
    und deine Entscheide mögen mir helfen!

176 Ich irre umher wie ein verlorenes Schaf;
    suche deinen Knecht!
    Denn deine Gebote vergesse ich nicht.

C. Die letzte Strophe beginnt mit Bitten, wie sie den Klagepsalmen eigen sind. Für die Gnade der Weisheit und Errettung aus der Drangsal verspricht der Psalmist als Dank den Lobpreis des rettenden und weisenden Bundesgottes (171 f. und 175). Noch einmal begegnet das göttliche Wort in dieser Schlußstrophe als Weisung (171. 172. 173. 174. 176), als Verheißung (169. 170) und als Macht- bzw. Gerichtswort (175). Der Beter schließt mit einem Hinweis auf seine gefährdete Lage, die er im Spiegel von Ez 34 sieht. Über ihr leuchtet Gottes Verheißungswort auf: »Was verirrt ist, werde ich suchen, das Versprengte heimführen, das Kranke kräftigen, was kräftig ist, hüten und weiden in rechter Art« (Ez 34,16).

D. In Ps 119 spricht ein großer Liebender, der wie der Prophet Jeremias sein Verhältnis zu Jahwe zu einer Herzenssache macht, seinen Gott nach Dt 6,5 »aus ganzem Herzen, aus ganzer Seele und mit aller Kraft« zu lieben strebt und die Echtheit seiner Liebe in der Hingabe an Gottes je und je ergangenes und ergehendes Wort bezeugen möchte, um möglichst viele für das gleiche Ziel zu gewinnen und zu begeistern. Gerade die Weisungen der Bundescharta, in denen neben den Verheißungen Jahwes Sprechen am vernehmlichsten wurde, sind für ihn nicht lastendes und eingrenzendes Gesetz, sondern bundes- und segenswillige Anrede Gottes, also Gnade, und dies um so mehr, als sie eine auflichtende Wegweisung für die mühselige und umdunkelte menschliche Wanderschaft durchs Leben geben und es in seine Fülle führen. Damit wird Ps 119 zu einem großen Gebet für die Gläubigen aller Zeiten. Denn die Grundweisung der Bundescharta vom Sinai, die auch für den Psalmisten – er steht nicht dem Ritualgesetz, sondern dem Deuteronomium und den Propheten nahe! – Kern und Stern des »Gesetzes« war, ist auch im Neuen Bunde gültig. Der Prophet Micha hat sie in die Worte zusammengefaßt: »Man hat dir verkündigt, o Mensch, was gut ist, und was Gott von dir heischt: nichts anderes, als Gerechtigkeit zu üben, den Brudersinn zu lieben und in Dienmut zu wandern mit deinem Gott!« (6,8). Ähnlich hat Jesus das Zehngebot zurückgeführt auf »Gottesliebe« und »Nächstenliebe« und beide einander gleichgestellt (vgl. Mt 22,37–40), wobei wie im AT (vgl. Mi 6,8; Ps 15) die Gerechtigkeit und Liebe im mitmenschlichen Bereich den Hauptakzent bekam (Mt 19,16ff.; 25,24ff.; Röm 13,9; Gal 5,14; 1 Jo 3,10; 4,12. 20 u. a.).

Die »Atmosphäre« von Ps 119 ist bereits die, in der Jesus lebte und lehrte. Hebr 10,7 stellt über das Kommen Jesu in die Welt die Worte: »Siehe ich komme, deinen Willen, o Gott, zu tun!« (= Ps 40,8f.). In Mt 4 stellt Jesus am Beginn seines Wirkens dem Versucher drei *Schriftworte* aus dem Deuteronomium, die ihm Leitlinie sind, entgegen (4,4.7.10). Über die »Seligkeit« der Blutsverwandtschaft mit ihm stellt er in Lk 11,28 die »Seligkeit, das Wort Gottes zu hören und zu wahren«. Am Ende seines Lebens steht das Wort: »Nicht mein, sondern dein Wille geschehe!« (Mk 14, 36), und so wurde er »gehorsam bis in den Tod, den Tod am Kreuze« (Phil 2,8). Fast alle Verse unseres Psalms – bis auf die wenigen, die vom Abirren des Psalmisten sprechen wie V. 67 und 71 – könnten ebensogut Worte Jesu Christi zu seinem Vater hin sein. Gerade dem Christen muß Ps 119 darum ein geliebtes Gebet werden. Einem der erleuchtetsten Geister des Christentums, Blaise Pascal (1623–1662), war er sogar das Lieblingsgebet schlechthin. Allerdings vermag er das nur in meditativer Rezitation seiner Teilstücke zu werden. Auch und gerade im Beten kann die Quantität die Qualität töten. Darum ist es nicht verwunderlich, daß der an sich herrliche Psalm vielen Brevierbetern verleidet wurde. Freilich hat dazu auch seine übliche Markierung »Gesetzespsalm« beigetragen. Er ist jedoch ein Psalm vom vielfältigen Sprechen des lebendigen und segenswilligen Bundesgottes. Dabei erreicht er in der Personifikation des göttlichen Wortes in V. 89 einen Gipfel, der bis in den Prolog des Johannesevangeliums blicken läßt.

Ps 120 (119). Aus friedloser Welt geborgen bei Jahwe

1 (Wallfahrtslied.)

Zu Jahwe rufe ich in meiner Not.
Er [wird] mich erhören.

2 Du, Jahwe, rette mein Leben vor der Lügenlippe,
vor der tückischen Zunge!

3 Was soll er dir geben, was dir dazutun, du tückische Zunge?

4 Scharfe Pfeile des Kriegers, dazu Ginsterglut!

5 Weh mir, daß ich weilen muß in Mesek
und wohnen bei den Zelten von Kedar!

6 Zu lange schon habe ich gewohnt bei Leuten,
die den Frieden hassen.

7 Ich rede von Frieden und [Wahrheit],
sie aber wollen den Krieg.

A. MT hat in V. 1: »Er erhörte mich.« Unsere Lesung, vom MT nur durch eine winzige Vokaländerung verschieden, entspricht den übrigen Versen entschieden besser. In V. 7 ist MT: »Ich bin Friede, aber wenn ich rede, wollen sie den Krieg« sprachlich und sachlich wenig plausibel. »Ich« und »Friede« einerseits, »sie« und »Krieg« andererseits sind ganz deutlich einander gegenübergestellt. Dann aber stört »wenn« *(ki)*, das Hie und S nicht lasen, bzw. ausließen. Wahrscheinlich ist »Wahrheit« *(ken*: vgl. Ex 10, 29 u. a.) zu lesen.

B. Ps 120 ist von Hause aus ein individuelles Klagelied, das wohl für den Vortrag am Heiligtum bestimmt war. Die Überschrift »Wallfahrtslied«, die von Ps 120–134 erscheint, ist hier sicher eine nachträgliche. Die Einweisung in dieses kleine »Wallfahrtliederbuch« ging wohl von V. 5 aus, der sich leicht auf die Diasporasituation vieler Pilger umdeuten ließ.

C. Mit Erhörungsgewißheit trägt der Psalmist seine Bitte um Befreiung aus der Bedrängnis vor. V. 2 legt nahe, an falsche gerichtliche Anklagen zu denken, die das Leben kosten können. Nach V. 3 scheinen die Gegner ihre Aussage unter Eid (vgl. 1 Sam 3,17; Ruth 1,17) gemacht zu haben, etwa in der Form: »Jahwe soll mir Unglück geben und Unheil dazutun, wenn mein Zeugnis nicht wahr ist.« Der Beter wünscht das Eintreten dieser Selbstverfluchung für die schuldigen Lügner und gestaltet seine Wünsche sehr konkret: wer mit seiner Zunge scharfe Pfeile abschießt (vgl. Ps 7,13; 11,2; 57,5 u. a.), den soll der Kriegspfeil treffen, die lange anhaltende Glühkohle aus Ginsterholz soll auf seine »feuerspeiende« Zunge (vgl. Spr 16,27; Sir 8,3) fallen. Ab V. 5 wird offenkundig, daß der Psalmist überhaupt in einer ganz feindlich gesinnten Umgebung leben muß. Mesek ist nach Ez 38,2 die Heimat eines kaukasischen Barbarenvolks – mit seinem Großfürsten Gog von Magog –, Kedar bezeichnet Arabien bzw. seine kriegerischen Beduinenstämme (vgl. Is 21,13–17). In unserem Psalm sind dies offensichtlich bildhafte Ausdrücke für die schlimme Umwelt des Beters (vgl. V. 6), auf die F. von Schillers Wort paßt: »Es kann der Frömmste nicht im Frieden leben, wenn es dem bösen Nachbarn nicht gefällt.«

D. Hinter dem Psalmisten von Ps 120 erkennt man, wie in den meisten Klagepsalmen, die Konturen des schlechthin »Verfolgten« im bundesbrüchigen Gottesvolk. Damit wird der Sprecher zum Typus und Vorläufer des während seiner ganzen öffentlichen Wirksamkeit befehdeten und fälschlich angeklagten Christus Jesus, von dem Jo 1,11 sagt: »Er kam in seine Heimat, aber die Seinen nahmen ihn nicht auf.« Jesus überragt allerdings den Psalmisten darin, daß er Gott um Straferlassung für seine Feinde bittet. Doch hat er in seiner Lehre keinen Zweifel gelassen, daß, wer Gottes Gericht durch Wort oder Tat auf sich herabruft, diesem Gericht auch verfallen ist. Nur er selbst kann zwischen dem heiligen Gott und dem sündigen Menschen, der umkehrwillig ist (vgl. Kol 1,20) den Frieden schaffen. In diesem Sinne verstand er die Hingabe seines Lebens (vgl. Mt 26,28; Lk 24,47) und wurde »unser Friede« (Eph 2,14). So kam in ihm das tiefste Anliegen des Psalms in seine Erfüllung: die Übermächtigung aller gottfeindlichen Mächte durch den »Frieden«. Sichtbar wird dieser Sieg aber erst in der Endzeit. Wir sind noch unterwegs dahin und gleichen darin dem Psalmisten (vgl. Jo 15,20). Nur haben wir wirksamere Möglichkeiten zur Bewältigung dieser Situation (vgl. Jo 16,33; 2 Kor 4,8).

Ps 121 (120). Das gute Geleit Jahwes, des Hüters Israels

1 (Lied für die Wallfahrten.)
Ich hebe meine Augen zu den Bergen.
Woher kommt mir Hilfe?

2 Hilfe kommt [—] von Jahwe her,
dem Schöpfer von Himmel und Erde.

3 Nimmer läßt er wanken deinen Fuß,
nicht schläft dein Hüter.

4 Nein, nicht schläft, nicht schlummert der Hüter Israels.

5 Jahwe ist dein Hüter,
Jahwe ist dein schützender Schatten zu deiner Rechten.

6 Bei Tage schadet die Sonne dir nicht,
der Mond nicht des Nachts.

7 Jahwe behütet dich vor allem Übel,
er behütet dein Leben.

8 Jahwe behütet dein Gehen und Kommen
von nun an auf ewig.

A. In V. 2 ist »(Hilfe) mir« wenig verständlich angesichts von V. 3–8. Es müßte denn sein, daß der Antwortende zuerst in V. 2 von seiner eigenen Heilserfahrung spreche. Wahrscheinlich ist »mir« versehentliche Doppelschreibung aus V. 1. Alle anderen Korrekturen sind unplausibel.

B. Dem Inhalt und der Funktion nach steht Ps 121 den Vertrauensliedern nahe und erwächst wie sie aus einer Notsituation (V. 1). Der Form nach ist er aber den »Klageliedern mit Heilszuspruch« verwandt, nur überwiegt letzterer in einem sonst unbekannten Ausmaße. Die Überschrift »Lied für Wallfahrten« gibt richtig den »Sitz im Leben« an. Er ist dabei kaum als Reisesegen beim Aufbruch zur Pilgerreise zu deuten, sondern ist am ehesten als »Verabschiedungspsalm« zu Beginn der Rückreise anzusehen (vgl. C.). Der Verfasser wollte offensichtlich für diesen Anlaß ein »Formular« schaffen und hat sich stark an Motive der Überlieferung angelehnt (vgl. C.), was für nachexilische Abfassung spricht.

C. V. 1b ist eine echte Frage. Sie kommt beim Anblick der Berge. Also müssen die Berge voller Gefahr sein. Noch zur Zeit Jesu war der Weg von Jerusalem nach Jericho unsicher (Lk 10,30). Der Gesamttext des Psalms plädiert dafür, V. 1 vor der Heimreise des Wallfahrers auf dem Tempelplatz gesprochen zu denken. In V. 2ff. wird ihm Antwort, wahrscheinlich vom verabschiedenden Priester gesprochen (vgl. den priesterlichen Heilszuspruch in anderen Psalmen). Die Basis für die Zusage der Hilfe liegt in den Gottessprüchen von Is 41,10.13f. (vgl. Dt 33,26.29). Auch der begründende Hinweis auf das Schöpfertum Jahwes ist typisch deuterojesajanisch (vgl. Is 45,12 u. a.). Jahwe bewahrt vor dem »Wanken des Fußes« (vgl. Ps 56,14; 66,9), d. h. vor dem Fall ins Unheil, ja, er ist beständiger Hüter der Seinen, weil er der »Hüter Israels« ist (vgl. Dt 32,10: »er hütet sein Volk wie seinen Augapfel«) im Gegensatz zu Baal (3 Kön 18,27), einem pflichtgetreuen Wächter vergleichbar, der nicht einschläft (vgl. Is 5,27). Dem Beter wird in V. 5 Ähnliches zugesprochen wie Abraham: »Sieh, ich bin mit dir, und ich will dich behüten allerorts, wohin du auch ziehst!« (Gen 28,15). »Schatten zur Rechten« besagt ein Doppeltes: 1. den Schutz in der offenen Flanke des Kämpfenden, vgl. Ps 110,5. 2. den Schutz vor der Hitze (vgl. Is 25,4: »Du warst ein Schatten vor der Hitze«). Nach V. 6 erstreckt sich die Fürsorge Jahwes bis zur Bewahrung vor dem Sonnenstich (vgl. Is 49,10) und vor Krankheiten, die man im Alten Orient zum Teil dem Mond zuschrieb (Fieber und Aussatz). Immer aufs neue klingt das Leitmotiv »behüten« auf, bis der Psalm mit einer Anspielung auf Dt 28,6 schließt: »Gesegnet bist du beim Kommen, gesegnet bist du beim Gehen!«

D. Ps 121 bleibt als Psalm vom göttlichen Geleit für immer ein wesentlicher Zuspruch an den »homo viator«, d. h. den »Pilger Mensch« und damit auch an das neubundliche Gottesvolk und seine Glieder. Der Christ blickt in diesem

Psalm nicht nur zum alttestamentlich geoffenbarten Bundeswillen Jahwes auf, sondern zugleich auf die fleischgewordene Gestalt des Hüter- und Hirtentums Gottes in Jesus dem Christus hin. Er ist nach 1 Petr 2,25 »der Hirt und Hüter unserer Seelen«. Jo 10,28f.: »Ich gebe meinen Schafen ewiges Leben, und sie werden nicht verlorengehen in Ewigkeit, und niemand wird sie entreißen meiner Hand! Mein Vater, der sie mir gab, ist größer als alle, und niemand vermag sie zu entreißen der Hand meines Vaters!« ist ein anregender neutestamentlicher Begleittext zu Ps 121.

Ps 122 (121). Gruss der Wallfahrer an Jerusalem

1 (Ein Wallfahrtslied von David.)

Welche Freude, da man mir sagte:
»Wir pilgern zum Hause Jahwes!«

2 Nun stehen unsere Füße in deinen Toren, Jerusalem.

3 Jerusalem du, erbaut als in sich festgefügte Stadt,

4 wohin die Stämme wallfahren, die Stämme Jahwes,
getreu der Satzung für Israel,
dem Namen Jahwes zu lobsingen.

5 Ja, da stehen Throne zum Gericht,
die Throne für Davids Haus.

6 Erfleht Heil für Jerusalem!
Friede sei allen, die dich lieben!

7 Heil wohne in deinen Festungsmauern,
Friede in deinen Palästen!

8 Meiner Brüder und Gefährten wegen
will ich dir Heil wünschen.

9 Des Hauses Jahwes, unseres Gottes, wegen
erbitte ich dir Glück.

A. Der Text ist gut überliefert und bedarf keiner Änderung.

B. Der Psalm gehört zur Gattung der Sionslieder und ist zugleich ein ausgesprochenes Wallfahrtslied (V. 1 f.) bzw. ein Prozessionslied der ankommenden Pilger. Die Sprache des Psalms deutet auf nachexilische Entstehung. Dem widerstreitet der Inhalt nicht. Die Jerusalemer Kultgemeinde verstand sich immer als Repräsentantin des alten Zwölfstämmebundes, zudem kamen die Pilger auch aus dem ehemaligen Nordreich und der Diaspora, d. h. aus allen, auch den zerstreuten Stämmen. Auch V. 5 muß nicht vorexilisch gedeutet werden. Das nachexilische Jerusalem hielt gleichsam den Thron frei für das Davidshaus (vgl. Agg 2,21 ff.), vorab für den »neuen David« (Jer 30,9; Ez 34,23; 37,24), den Messias.

C. Der Psalmist steht mit seiner Festpilgergruppe bereits in den Toren Jerusalems. Seine Vorfreude beim Aufbruch zur Wallfahrt ist nun erfüllt. Er beginnt die Sionsstadt bei ihrem Anblick nach der Weise der Sionshymnen (vgl. Ps 48; 84) zu preisen. Durch David ist Jerusalem das Zentralheiligtum des Zwölfstämmevolkes geworden, wohin nach Dt 16,16 (vgl. Ex 23,17; 34,23) alle männlichen Israeliten dreimal im Jahre wallfahren sollen. Wozu? Um Jahwes Namen zu lobpreisen! Für den Psalmisten steht also nicht der Opferdienst im Vordergrund, sondern Lob und Dank als personale Äußerungen der Jahwetreue (vgl. Ps 50,23; Os 14,3). Jerusalem ist nicht nur »Wohnstätte« Jahwes, sondern auch der staatliche Mittelpunkt des Gottesvolkes. Hier findet nach Dt 17,8 f. jeder Israelite sein Recht durch einen letztverbindlichen Gerichtsspruch. Das oberste Gericht stand beim König (vgl. 1 Sam 8,5; 2 Sam 8,15; 1 Kön 3,28; 7,7; Mich 4,14 u. a.) und damit beim Haus Davids, das nach 2 Sam 7,14 auch nach dem Exil den Anspruch darauf machen, aber wegen des »Besatzungsstatuts« nicht durchsetzen konnte. Dreimal wünscht der Psalmist in 6–8 Jerusalem (Jeru-schalajim bzw. Jeru-schalem) das Heil (= schalom), und deutet damit indirekt den Namen als »Stadt des

Heils« (bzw. Friedens, vgl. Ps 76,3). Er begründet in V. 9
seinen Segenswunsch mit dem Hinweis auf den Tempel als
Wohnstätte des Bundesgottes.

D. Unter den Wallfahrern nach Jerusalem befand sich Jahr
für Jahr auch Jesus (vgl. Lk 2,41 u. a.). Unser Psalm gehörte zu seinen Pilgergebeten. Er bewunderte die »mächtigen Bauten« (Mk 13,2) und liebte die heilige Stadt so sehr,
daß er um sie weinte (Lk 19,41). Er hat ihr von Herzen Heil
gewünscht und mußte doch zugleich erkennen, wie sie
selber diesen Wunsch unwirksam machte. Deshalb sollte
nach dem Ratschluß des Vaters die Heilsfunktion des Tempels auf Jesus übergehen (vgl. Jo 2,19 ff.; Mk 14,58 u. a.)
und damit auch auf seine Kirche. Darum sagt Eph 2,20 ff.:
»Ihr seid aufgebaut auf dem Fundament der Apostel und
Propheten, dessen Eckstein der Christus Jesus ist, in dem
zusammengefügt der ganze Bau emporwächst zu einem
heiligen Tempel des Herrn, in dem auch ihr mit auferbaut
werdet zu einer Wohnung Gottes im Geiste« (vgl. Hebr 12,
22 ff.). Als Christen beten wir den Psalm sowohl im Blick
auf das irdische Jerusalem, das auch für uns die heiligste
Stätte der Welt ist, wie auch in der Schau auf die irdische
und himmlische Kirche Jesu Christi.

Ps 123 (122). Jahwe, der gute Herr seiner Knechte

1 (Wallfahrtslied)
  Zu dir erhebe ich meine Augen,
  der du in den Himmeln thronst.

2 Ja, wie der Knechte Augen auf die Hand ihrer Herren schauen,
  wie die Augen der Magd auf die Hand ihrer Herrin,
  so blicken unsere Augen zu Jahwe, unserem Gotte,
  bis er sich gnädig uns neigt.

3 Neige dich uns gnädig, Jahwe, gnädig neige dich uns!
  Denn wir sind reich gesättigt von Hohn.

4 Reichlich gesättigt ist unsere Seele
vom Gespött der Selbstsicheren,
vom Hohn der Hoffärtigen.

A. Der Text bedarf keiner Änderung.

B. Ps 123 gehört zur Gattung der Volksklagelieder. Zwar spricht in V. 1 ein Einzelner, doch ist er deutlich nur der Vorbeter bzw. Repräsentant der betenden Kultgemeinde. Sprache und Inhalt weisen in die frühe nachexilische Zeit. Die schwierige Situation zu Ende des 6. Jahrhunderts oder während der Tätigkeit des Nehemias (vgl. Neh 2,19; 4,1ff.) ist wohl der Mutterboden des Psalms. Zum Wallfahrtslied konnte er werden, weil die ganze Nachexilszeit eine Epoche der Unselbständigkeit und Unfreiheit des Jahwevolkes war und darum je länger je mehr die Sehnsucht nach dem großen göttlichen Eingreifen weckte.

C. Das Wort »Knecht«, wenn auch nur im Vergleich gesagt, prägt untergründig diesen kleinen, aber dichterisch eindrucksvollen Psalm. Jahwe ist für diese Beter auch als Bundesgott der verfügende Herr schlechthin, und sie sind seine Sklaven. Sie lassen Gott Gott sein. Aber gerade dies gibt ihnen die Zuversicht, daß Jahwes Herrentum wie ein ideales irdisches Herrentum den Untertanen Schutz, Lebensunterhalt und Huld bedeutet (vgl. Job 31,13f.; Sir 33,39), und sie trauen Jahwe auch etwas von dem zu, was eine gute Herrin auszeichnet: die liebende Fürsorge selbst noch für die Mägde (Spr 31,15). Aus dieser vertrauenden Aufschau zum Bundesgott wächst die Bitte um das göttliche Erbarmen (vgl. Is 33,2). Dann erst wird wie zögernd die Klage nachgebracht. Sie gibt Ez 36,4 Echo, wo der Prophet von den Überbleibseln der Katastrophe von 586 v. Chr. sagt: »Sie sind zum Hohn und Gespött der Völker ringsum geworden.« Der Psalmist nennt die Heidenvölker wie Zach 1,15 die »Selbstsicheren«.

D. Ps 123 bleibt für immer ein gutes Gebet für das von den Mächten der Welt befochtene Gottesvolk. V. 1 gleicht dem Eingang des Vaterunsers. Der Bitte: »Zu uns komme dein

Reich!« entspricht der ganze Tenor des Psalms. Seine neubundlichen Beter dürfen von einem um so größeren Vertrauen auf den Herrn erfüllt sein, als im Christusgeschehen bereits die grundsätzliche Entmachtung aller Gegenmächte gesetzt ist und nur noch der sichtbaren Enthüllung am Ende der Zeiten bedarf.

Ps 124 (123). Jahwe, der Retter seines Volkes

1 (Wallfahrtslied. Von David.)
Ohne Jahwe, der für uns war,
so muß Israel bekennen,

2 ohne Jahwe, der für uns war,
als Menschen gegen uns sich erhoben,

3 hätten sie uns lebendig verschlungen,
als ihr Zorn gegen uns entbrannte.

4 Dann hätten die Wasser uns fortgeschwemmt,
hätte der Wildbach uns überflutet.

5 Dann hätten uns überflutet
die aufschäumenden Wasser.

6 Gesegnet sei Jahwe,
der uns nicht dahingab ihren Zähnen zum Fraß!

7 Unser Leben, wie ein Vogel entkam es der Falle der Vogler.
Die Falle ist zerbrochen, und wir kamen frei!

8 Unsere Hilfe steht im Namen Jahwes,
der Himmel und Erde geschaffen.

A. Der Text ist sehr gut erhalten.

B. Ps 124 gehört zu den »Dankliedern des Volkes«. Seine Struktur ist allerdings ungewöhnlich. Aber diese Eigenart, mit einem Irrealis einzusetzen und ihn in der Funktion einer Rückblende auf die erfahrene Hilfe zu verwenden, hat den Vorzug großer Lebendigkeit und stellt uns mitten hinein in die gefährliche Lage, der das Gottesvolk entronnen ist. Auf welches nachexilische Ereignis angespielt ist – die Sprache des Psalms ist spätes Hebräisch –, kann man nicht mehr ausmachen. Möglicherweise steht Neh 4 (der gefährdete Mauerbau unter Nehemias) im Hintergrunde des Psalms. Dann würde er zum »Repertoire« der Mauerweihe gehören (Neh 12,27 ff.). Aber auch die Makkabäerzeit ist nicht schlechthin ausgeschlossen. Ps 124 ist zugleich so allgemein gehalten, daß er auch als Wallfahrtslied Verwendung finden konnte.

C. »Wäre nicht der Gott meines Vaters, der Gott Abrahams und der Gefürchtete Isaaks für mich gewesen, du hättest mich jetzt mit leeren Händen ziehen lassen. Mein Elend und die Arbeit meiner Hände hat Gott gesehen, und er hat heute nacht Recht gesprochen«, so sagte nach Gen 31,42 einst Jakob, der Stammvater des Gottesvolkes, zu seinem Schwiegervater Laban, als sie sich trennten. Unser Psalm greift dieses Wort auf und wendet es auf das Gottesvolk seiner Zeit an. Durch die Hilfe Jahwes blieben die Gegner Israels hilflose Menschlein und konnten ihre grimmigen Pläne nicht durchführen. In Jer 51,34 spricht die Bewohnerschaft Sions: »Nebukadnezar, der König von Babel, hat mich gefressen ... Er hat mich verschlungen wie ein Drache, hat seinen Bauch gefüllt. Aus meiner wonnigen Heimat hat er mich gestoßen.« Eine Wiederholung dieser Katastrophe von 586 v. Chr. ist durch Jahwes Eingreifen bisher vermieden worden. Auch Ähnliches wie beim Assyrereinfall, den Isaias so angekündigt hatte: »Siehe, Jahwe läßt emporsteigen über dieses Volk die starken und großen Wasser des Euphratstromes ... Der wird eindringen in Juda, wird überschwemmen und überfluten...« (Is 8,7f.), verhütete Jahwe bisher, seiner Verheißung getreu: »Schreitest du auch durch Wasser, ich bin bei dir, durch Ströme, sie schwemmen dich nicht fort« (Is 43,2). Seiner Gemeinde, »von den Feinden gejagt wie ein Vogel« (Klagl 3,52), hat die Schutzmacht Jahwes – das bedeutet hier »Name Jahwes« (V. 8) – das Entkommen geschenkt. In jedem Vers des Psalms klingen Lob und Dank mit und verdichten sich im »Gesegnet sei Jahwe!« Segen ist der stärkste der vielen Ausdrücke für den Lobpreis. Er ist hier von der spürbaren Freude getragen, in der gottgeschenkten Freiheit leben zu dürfen.

D. Die Bedrohung durch »Menschen«, d. h. durch die gottfeindlichen irdischen Mächte gehört nach Mt 24,9; Jo 15, 18f.; 16,1ff. für immer zum Los der »kleinen Herde« (Lk 12,32). Jesus hat ihr aber die ewige göttliche Hilfe, ja Gegenwart zugesagt (vgl. Mt 10,31; 16,18; 18,20; 28,20). Darum kann Ps 124 auch ein echtes und stets aktuelles Danklied des neubundlichen Gottesvolkes sein. Sein achter Vers (»Adjutorium nostrum in nomine Domini, qui fecit caelum et terram«) ist der meistzitierte Psalmvers im Beten der Kirche geworden.

Ps 125 (124). Jahwe umhegt den Sion und seine Gemeinde

1 (Wallfahrtslied.)
 Die auf Jahwe bauen, sind wie der Berg Sion,
 der nicht wankt, der ewig bleibt.

2 Jerusalem – Berge umgeben es ringsum.
 So umgibt Jahwe sein Volk von nun an auf ewig.

3 Ja, nicht wird bleiben das gottlose Zepter
 auf dem Losteil der Gerechten,
 damit nicht ausstrecken auch die Gerechten
 ihre Hände nach Frevel.

4 Handle gut, Jahwe, an den Guten
 und denen, die redlichen Herzens!

5 Die abbiegen auf krumme Wege, verjage Jahwe
 samt den Übeltätern!
 Friedensfülle über Israel!

A. Der Text bedarf keiner Änderung. In V. 3 vokalisiert allerdings G aktivisch: »Nicht wird er lassen ...«

B. Ps 125 ist ein Vertrauenslied, das zugleich lehrhaften, fast weisheitlichen Charakter hat und Bitten (V. 4f.) und eine prophetische Zusage (V. 3) enthält. Es ist im Milieu der »Jahwegetreuen« (vgl. Ps 1; 119) entstanden, die sich als Kern des Gottesvolkes, ja als das eigentliche Israel verstanden und als »Gerechte« ein von der Fremdherrschaft befreites Gelobtes Land erwarteten (vgl. Is 57,13; 60,21; 65,9).

C. V. 1 beschwört den Sionsspruch von Is 28,16: »Schaut, ich lege einen Stein auf Sion, einen Stein, der erprobt ist, einen Eckstein, der fest gegründet ist. Wer auf ihn baut, der wanket nicht.« Vom Tempelplatz aus schaut man die Berge, die Jerusalem umgeben. Diese geschützte Lage wird dem Psalmisten zu einem neuen Gleichnis im Sinne von Zach 2,9: »Ich selbst will Jerusalem eine Feuermauer ringsum sein!« Die Gegenwart bedeutet allerdings einen gewissen Gegensatz: das gottlose Zepter (vgl. Is 14,5), d. h. die Fremdherrschaft lastet über dem »Losteil der Gerechten«, also dem Gelobten Land (vgl. Num 36,3; Ri 1,3; Jo 18,8ff.). Doch es wird, so wird hier verheißen, nicht »bleiben« (vgl. Is 9,3). Sonst würden auch die Jahwegetreuen zur Untreue verführt, der schon ein Teil der Gemeinde verfallen ist (vgl. V. 5). Darum soll Jahwe jetzt eingreifen und Spr 2,21f. verwirklichen: »Im Lande darf nur wohnen, wer rechtschaffen ist, in ihm bleibt erhalten, wer makellos lebt. Doch Gottlose werden getilgt aus dem Land und Treulose weggerissen aus ihm.« Dann wird die Friedensfülle kommen, die der Psalmschluß Israel zuspricht (vgl. Num 6,26).

D. Unser Psalm ist auch in dem Sinne ein »Wallfahrerlied«, als es der Sionsgemeinde in ihrem Unterwegssein durch die Geschichte zugesprochen wird. Jahwes Schutzmacht ist schon gegenwärtig, aber sie hat, wie das wandernde Gottesvolk noch nicht am Ziele ist, noch nicht ihre aufglänzende Fülle erreicht. Dies alles gilt auch für das neubundliche Gottesvolk. Jesus der Christus hat den Sion heilsgeschichtlich abgelöst, bzw. die Verheißungen an den Sion sind an ihm in Erfüllung gegangen. Er ist nach Röm 9,33; Eph 2, 20; 1 Petr 2,4 ff. der fundamentale »Eckstein«, auf dem Gott seinen neuen Heilsbau errichtet hat. Von ihm gilt: »Jeder, der zu mir kommt und meine Worte hört und sie tut – ich will euch zeigen, wem er gleicht: er gleicht einem Menschen, der beim Bau eines Hauses tief grub und die Grundmauer auf dem Felsen errichtete. Als eine Flut kam, stieß der Wasserstrom an jenes Haus, aber er vermochte es nicht zu erschüttern« (Lk 6,47 f.). Im Horizont dieser Zusage können wir Ps 125 als »Wallfahrtstext« einer Gottesgemeinde sprechen, die erst unterwegs ist zur Friedensfülle.

Ps 126 (125)
Jahwe macht aus Tränensaat eine Freudenernte

1 (Wallfahrtslied.)
   Als Jahwe das Geschick von Sion wendete,
   waren wir wie Träumende.

2 Damals war voller Lachen unser Mund
   und unsere Zunge voller Jauchzen.
   Da sagten sie bei den Heidenvölkern:
   »Großes hat Jahwe an ihnen getan.«

3 Großes hat Jahwe an uns getan.
   Des waren wir fröhlich.

4 Wende, Jahwe, unser Geschick
   wie die Bäche im Südland!

5 Die mit Tränen säen,
   werden mit Jauchzen ernten!

6 Unter Weinen geht hinaus,
   wer den Samenbeutel austrägt.

7 Unter Jauchzen kehrt zurück,
   wer seine Garben heimträgt.

A. Der Text ist zufriedenstellend überliefert. Das Wort »Geschick« in V. 1 bedarf wohl einer orthographischen Korrektur.

B. Dem Sitz im Leben nach gehört Ps 126 zu den Volksklageliedern. Sein Mutterboden ist die Not der ersten Nachexilszeit (vgl. Agg 1,6; 2,16; Is 59,9). Der Aufbau ähnelt dem von Ps 85, bringt also nach einem Rückblick auf Jahwes Heilswalten (V. 1–3), die gegenwärtige Not in einer flehentlichen Bitte zur Sprache (V. 4) und endet mit einem tröstlichen Zuspruch, der wohl dem im Klagegottesdienst amtierenden Priester zugedacht ist (V. 5–6). Der Psalm konnte zum Wallfahrtslied werden, weil die Verhältnisse der nachexilischen Zeit sich nur wenig änderten.

C. Der Blick der Beter geht zunächst zurück zur großen Schicksalswende der Heimkehr aus dem Exil (ab 538 v. Chr.). »An den Flüssen Babylons saßen wir und weinten«, so schildert Ps 137,1 die Heimatlosigkeit und Trauer der Verbannten. Aber dann »labte Jahwe die matte und verschmachtende Seele«, wie er in Jer 31,25 verheißen hatte. Jetzt wurde gleichsam ein schöner Traum Wirklichkeit (vgl. Jer 31,26), und auf das »bittere Weinen« (Jer 31,15) folgte das »jubelnde Kommen auf Sions Höhen und das Strahlen über den Segen Jahwes« (Jer 31,12, vgl. 31,16). Is 51,11 wurde wahr: »Die Befreiten Jahwes kehren heim, sie kommen mit Jauchzen nach Sion, ewige Freude auf ihrem Haupt.« Die Heidenvölker ringsum mußten Jahwes heilschaffende Macht anerkennen, wie Ez 36,36 es vorausgesagt. Aber bald nach der Beendigung des Exils scheint Jahwes Hilfe versiegt, wie die Bäche im trockenen Süden Judas bald nach der Regenzeit zu versiegen pflegen, so daß man in Is 59,9f. klagt: »Wir hoffen auf Licht, doch siehe: Finsternis, auf Helle, aber wir müssen im Dunkel wandern.« Darum wendet sich in V. 4 die geprüfte Sionsgemeinde an Jahwe mit der Bitte um eine neue Schicksalswende. Antwort wird ihr in einem tröstlichen Zuspruch durch ein Gleichnis, das sich wie ein Echo auf den messianischen Spruch von Is 9,2 anhört: »Sie jubeln vor deinem Angesichte, wie man jubelt in der Erntezeit, wie man jauchzt beim Beuteteilen« (vgl. Is 65,18f.; Ps 30,6).

D. Lebendiger Glaube und tiefe Empfindung haben in Ps 126 eine knappe und zugleich bildkräftige Form gefunden. Er bleibt auch im Neuen Bund ein ansprechendes Pilgerlied des Gottesvolkes, das immer wieder durch schwere Geschicke hindurch muß. Der Freude am göttlichen Erlösungswalten im Christusgeschehen (vorab vergegenwärtigt in der Liturgie) tritt die ständige Anfechtung durch innere und äußere Nöte gegenüber. So bedürfen Kirche und Gläubige des immer erneuten Zuspruchs, wie unser Psalm als Präludium von Lk 6,20–23 (Seligpreisung der Armen, Hungernden, Weinenden, Verfolgten) ihn gibt. Diese tröstlichen Jesusworte hören wir in V. 5–7 mit und andere ähnliche Verheißungen wie etwa Apk 21,4: »Gott wird jede Träne abwischen von ihren Augen. Der Tod wird nicht mehr sein und nicht mehr Trauer und Klage und Mühsal« (vgl. Apk 7,17).

Ps 127 (126)
An Jahwes Segen ist alles gelegen

1 (Ein Wallfahrtslied. Von Salomo.)
Baut Jahwe das Haus nicht,
mühen sich umsonst daran, die es bauen.
Wacht Jahwe nicht über der Stadt,
bleibt umsonst der Wächter auf.

2 Umsonst ist es für euch, früh aufzustehn
und spät niederzusitzen und das Brot harter Arbeit zu essen –
das Rechte gibt er dem von ihm Geliebten im Schlafe.

3 Seht, ein Erbteil Jahwes sind Söhne!
Ein Lohn ist des Leibes Frucht.

4 Wie Pfeile in der Hand des Kriegers
sind Söhne aus jungen Tagen.

5 Selig der Mann, der seinen Köcher davon voll hat!
Sie werden nicht zuschanden,
wenn sie mit den Feinden rechten am Tor.

A. In V. 2b ist »Schlaf« nicht unbestritten, weil orthographisch ungewöhnlich geschrieben.

B. Ps 127 ist ein Weisheitsgedicht aus zwei Sprüchen (1–2, 3–5), die innerlich insofern miteinander zusammenhängen, als der zweite sich dem ersten gegenüber wie die »Probe aufs Exempel« ausnimmt. Der Psalm wurde nachträglich Salomo, dem »König der Weisheit«, zugesprochen, weil er den Tempel baute, »von Jahwe Geliebter« genannt wird (2 Sam 12,25) und im Traum von Gott mit Weisheit beschenkt wurde (3 Kön 3,5). »Wallfahrtslied« konnte der Psalm einmal durch die Ausdeutung von V. 1 auf Tempel und Jerusalem werden und zum andern, weil er zur Belehrung der jungen Männer Israels (sie stellten den Kern der Pilgergruppen!) besonders geeignet schien.

C. Das dreimalige »Umsonst« will eine alte Lehre einhämmern wie sie u. a. von Dt 8,17f. bezeugt wird:» Sage nicht etwa in deinen Gedanken: meine Kraft und die Stärke meiner Faust haben mir diesen Erfolg verschafft, sondern gedenke Jahwes, deines Gottes! Er ist es, der dir Kraft verleiht, Reichtümer zu erwerben« (vgl. Spr 3,5; 10,22; 21,31). Menschliches Können und menschlicher Einsatz bürgen nie allein für das Gelingen eines Werkes: darüber entscheidet letztlich Gottes Mitwirken. Damit ist keineswegs dem »Schlafen« im Sinne des Nichtstuns das Wort gesprochen, wohl aber dem rechten Rhythmus von Arbeiten und Ruhen und der vertrauensvollen Übergabe alles Begonnenen an den vollendenden Gott. Das wird in V. 3ff. an einem Beispiel erläutert: Kinder kommen aus dem Segen Gottes, der die Fruchtbarkeit schenkt (vgl. u. a. Gen 1,28; 4,1b). Als Söhne sind sie des Vaters Stärke und die Verteidiger der Familie im Rechtsstreit, der »am Tor« der Stadt (vgl. Gen 34,20; 2 Sam 15,2; Spr 31,23) entschieden wird. Das Bild von Köcher und Pfeil lag besonders nahe, weil die Pfeile im Hebräischen auch »Söhne des Köchers« heißen.

D. Die Lehre unseres Psalms wird durch Jesu Ermahnung in Mt 6,25–34 (keine unnötigen Sorgen!) in ein noch helleres und eindringlicheres Licht gerückt. Wir treffen diese

Mahnung darum auch allenthalben in der apostolischen Verkündigung an, wo auch von den Gnadengütern die Rede ist (vgl. Röm 8,28; 1 Kor 3,5ff.; 15,10; Gal 5,22f.). Was für den einzelnen gilt, gilt nach Mk 4,26–28 auch für das Gottesvolk im Ganzen. Wußten und wissen seine Verantwortlichen das immer?

Ps 128 (127)
Häusliches Glück – ein Segen der Gottesfurcht

1 (Wallfahrtslied.)
Selig, wer da Jahwe fürchtet und auf seinen Wegen wandert!

2 Was deine Hände sich ermüht, du darfst es genießen.
Glückselig du! Du hast es gut.

3 Deine Frau gleicht einer fruchtreichen Rebe
im Innern deines Hauses.
Deine Kinder sind wie junge Ölbaumpflanzen
rings um deinen Tisch.

4 Ja, so wird gesegnet, wer Jahwe fürchtet.

5 Es segne dich Jahwe von Sion aus!
Und schaue Jerusalems Glück dein Leben lang!

6 Und schaue Kinder von deinen Kindern!
Friedensfülle über Israel!

A. Der Text bedarf keiner Änderung.

B. Wie Ps 127 ist auch unser Psalm ein (nachexilisches) Weisheitsgedicht. In ihm wird allen Jahwefürchtigen Heil und Segen zugesprochen. Seligpreisungen dieser Art sind nicht an den Kult gebunden. Doch wird man aus V. 5f. vermuten müssen, daß der Autor von Ps 128 dem bei Gottesdiensten amtierenden Priester die Rolle des Weisheitslehrers zudachte, der den Kultteilnehmern beim Abschied diesen Text zusprechen konnte. Von daher erklärt sich auch die Aufnahme in die Wallfahrtsliedersammlung.

C. Ps 128 beginnt, hierin formal und inhaltlich mit Ps 1 und 119 verwandt, mit einer Seligpreisung des Gottesfürchtigen. Der Psalmist bleibt den ganzen Psalm hindurch bei diesem Heilszuspruch und formuliert ihn von V. 2 ab in direkter Anrede. Angesprochen wird der Familienvater. »Was die Hände sich ermüht« (vgl. Agg 1,11), dürfen sie auch zum Munde führen. Dies wird in einem Land mit gelegentlicher Dürre, Heuschreckenschwärmen und feindlichen Invasionen als hohes Glück empfunden. Ähnlich wie unser Psalm sagt Is 3,10: »Selig der Gerechte, denn es geht ihm gut. Denn er darf die Frucht seiner Taten genießen.« Zum häuslichen Segen gehört eine tüchtige (vgl. Spr 31,10ff.) und mit Kindern gesegnete Frau (vgl. Ex 23,26; Ps 127,3ff.). Der Vergleich der Söhne mit jungen Ölbäumen zielt auf ihre Schönheit und verheißende Kraft (vgl. Jer 11,16; Sir 24,14). Die Quelle des Segens einer Familie entspringt gewissermaßen dem Sion (V. 5). Sie darf nicht verschüttet werden durch Katastrophen (5b). Über die eigene Geschlechterfolge – »der Greise Ehrenkranz sind Kindeskinder!« Spr 17,6 –, ist man mit der Gottesstadt und dem Gottesvolk der Endzeit verbunden.

D. Unser Psalm ist keine theoretische Formulierung der Vergeltungslehre, sondern ein konkreter Zuspruch des Segens, der dem gottesfürchtigen Volke verheißen war (vgl. Dt 28,1–14; Agg 2,19 u. a.) an den einzelnen Jahwegetreuen. Darin liegt mehr Wunsch (vgl. V. 5) als Wirklichkeitsbehauptung. Die Heilssphäre Jahwes wird allerdings in Ps 128, wie auch zumeist sonst in irdischen Bildern vorgestellt. Der neubundliche Beter des Psalms darf die vergeistigende Dimension des NT dazutun; aber er darf die »Erdendimension« nicht einfach auflösen. Gottes Heilshandeln wirkt sich tatsächlich zuallerletzt »welthaft-irdisch« aus in einer »neuen Erde« (Is 65,17; Apk 21,1) und in der Auferweckung der Toten (Is 26,19; Mt 22,31f. u. a.). Zudem leitet uns Jesus allenthalben dazu an, in dankbarer

Hochschätzung des Lebens auch alles Schöne dieser Welt als Unterpfand des Heils im ganzen vom Vater entgegenzunehmen.

Ps 129 (128)
JAHWE HILFT SEINEM GEKNECHTETEN VOLK

1 (Wallfahrtslied.)

Rückblick

Viel haben sie mich bedrängt von meiner Jugend an
– so soll Israel sprechen! –

2 Viel haben sie mich bedrängt von meiner Jugend an,
doch sie haben mich nicht übermocht.

3 Auf meinem Rücken haben die Pflüger gepflügt
und zogen ihre langen Furchen.

4 Getreuer Jahwe! Er zerhieb den Strick der Gottlosen.

Ausblick

5 Beschämt müssen alle zurückweichen,
die Sion hassen.

6 Sie gleichen dem Gras auf den Dächern,
das, noch ehe man es ausreißt, verdorrt.

7 Nicht füllt damit der Schnitter seine Hand
noch der Garbenbinder seinen Bausch,

8 und die vorübergehen, sagen nicht:
»Jahwes Segen über euch!

9 Wir segnen euch im Namen Jahwes.«

A. In V. 6b wird der Text oft geändert in: »das der Ostwind verdorrt« (ähnlich S und T). Doch MT ist nicht unplausibel.

B. Ps 129 ist ein »Vertrauenslied des Volkes« (vgl. Ps 46). Klagemotive schwingen nur im Untergrund mit. Zeitlicher Rahmen ist die prekäre Lage der nachexilischen Gemeinde. Nehemias z. B. konnte nur unter Aufbietung aller Kräfte den Mauerbau gegen mächtige Feinde (Sanballat und Tobias) durchsetzen (vgl. Neh 2,10.19; 4,1ff.16; 6,1ff. u. a.). Auf eine bestimmte historische Situation läßt sich der Psalm nicht festlegen. Um so leichter konnte er in das Wallfahrtsliederbuch der nachexilischen Gemeinde aufgenommen werden. Er scheint schon von Hause aus für den Tempelgottesdienst bestimmt zu sein (vgl. V. 1: »Israel soll sprechen!«). Bei V. 8c bleibt allerdings offen, ob wir es mit dem Priestersegen oder (wahrscheinlicher) mit einer vollen Zitation der Erntesegensrufe (vgl. Ruth 2,4) zu tun haben.

C. Israels Jugendalter ist nach Os 2,17; 11,1 u. a. die Zeit des Auszugs aus Ägypten. Nach der Bedrängnis durch die Ägypter kamen die Kämpfe der Richterzeit, dann die große Philistergefahr, die David bannte, hierauf die Assyrer, die das Nordreich vernichteten (722 v. Chr.) und Juda bedrohten, schließlich die Neubabylonier, die 586 Jerusalem zerstörten. Aber das Jahwevolk hat all das überlebt, freilich »von der Fußsohle bis zum Scheitel mit Wunden und Striemen bedeckt« (Is 1,6). Is 51,23 schildert das Treiben der Peiniger Israels so: »Sie sprachen zu dir: Bücke dich, daß wir darübergehen! So mußtest du deinen Rücken zum Fußboden machen gleich einer Straße für Wanderer« (vgl. Mich 3,12). Aber »Jahwe hat zerbrochen den Stock der Gottlosen (Babylonier)« (Is 14,5). Unser Psalm ist in V. 3–4 ein Echo auf diese Texte. Aus der in der Geschichte bewährten Bundestreue (= »Gerechtigkeit«) Jahwes (4a) und aus einschlägigen Sionsverheißungen wie Is 29,8; Jer 51,24; Zach 12,9; 14,12 u. a. schöpft die gefährdete Jahwegemeinde die Zuversicht, daß alle Hasser Sions scheitern und sich als unnützes Dachgras erweisen (vgl. Is 37,27), das von selbst vertrocknet und weder Schnitter noch den doppelten Erntegruß (vgl. Ruth 2,4) kennt.

D. In Röm 11,25ff. bestätigt Paulus, daß die Zuversicht Israels zu Recht besteht und seine Worte nicht in den Wind gesprochen sind. Erst recht darf das neubundliche Gottesvolk von der Hoffnung leben, die Ps 129 ihm zuspricht.

Verfolgung und Drangsal haben auch seinen Weg durch die Jahrhunderte begleitet und werden nach den Worten Jesu sein Anteil sein bis zum Ende der Zeiten (Mt 5,11 u. a.) Aber in Christi Auferweckung und Erhöhung zur Rechten des Vaters tat sich bereits jene Macht Gottes kund, die alle Mächte der Erde zu einer letzten Ohnmacht verurteilt und sie dem vergehenden Gras gleich macht (vgl. Jak 1,10f.). Die Geheime Offenbarung des NT vergegenwärtigt diese Wahrheit, für welche die Wahrhaftigkeit und Treue Gottes bürgt, in ihrer eindrucksamen Bildersprache und bringt damit unseren Psalm gleichsam ins Hochrelief.

Ps 130 (129). HOFFNUNG AUF DEN VERGEBENDEN GOTT

1 (Wallfahrtslied).
   Aus der Tiefe rufe ich zu dir, Jahwe.

2 O Herr, höre auf mein Rufen!
   Neige deine Ohren meinem lauten Flehen!

3 Wenn Sünden du behältst,
   o Herr, wer kann bestehen?

4 Doch bei dir ist Vergebung,
   daß man dich verehre.

5 Ich harre auf Jahwe, es harrt meine Seele,
   sein Wort erhoffe ich.

6 Meine Seele wartet auf den Herrn
   mehr als die Wächter auf den Morgen,
   die Wächter auf den Morgen.

7 Es hoffe Israel auf Jahwe!
   Denn bei Jahwe ist Bundeshuld,
   und überreiche Erlösung ist bei ihm.

8 Ja, er wird Israel erlösen von allen seinen Sünden.

A. In V. 5 und 6 ist der Text in der Zuteilung der Verben vielleicht etwas durcheinandergeraten (vgl. G). Doch bleibt eine Korrektur rein von der Metrik her fragwürdig. Vielleicht ist es immer noch am besten, MT zu belassen.

B. Ps 130 gehört zur Gattung der individuellen Klagelieder, hat aber einen ausgesprochenen Sondercharakter (Bußlied, Neh 1,4–11 nahestehend). Sein genauer »Sitz im Leben« ist schwer zu bestimmen. Wahrscheinlich ist der Psalm zum Vortrag am Tempel bestimmt. Doch folgt daraus nicht ohne weiteres (vgl. C.), das erhoffte Wort (V. 5) sei der morgendliche Vergebungsspruch des amtierenden Priesters oder eines »Kultpropheten« und V. 7f. sei ein Mahn- und Heilsspruch an die Gemeinde. Der Psalmschluß scheint viel eher ein Wort des Psalmisten an die mit ihm am Tempel Versammelten zu sein. Der relativ späte, aber religiös und dichterisch eindrucksvolle Psalm eignete sich gut als »Wallfahrtslied«.

C. »Aus der Tiefe« deutet nach Is 51,10 auf Wassertiefen. Der Psalmist beschwört hier das Bild eines Ertrinkenden, der sich in die Unterwelt hinabgezogen fühlt (vgl. Ps 18,5; Klagl 3,54; Jon 2,3). Darum fleht er Jahwe eindringlich um Gehör an (2). Nach V. 3 schreibt er die Not seinen Sünden zu. Die persönliche Schuld ist für ihn die heillose Kluft, die ihn von Gott und damit vom Ufer des Lebens scheidet (vgl. Is 59,2). Darum betet er um die Sündenvergebung. Ohne sie kann kein Mensch vor Gott bestehen (vgl. Is 6,5f.). Doch hat der Bundesgott schon am Sinai geoffenbart, daß er im Falle der Umkehr des Menschen »Schuld und Frevel und Sünde verzeiht« (Ex 34,7), und hat die Propheten diesen seinen Vergebungswillen immer von neuem verkündigen lassen (vgl. Is 1,18f.; 44,22; Jer 3,12ff.; 33,8; Ez 18,21ff. u. a.). »Du bist ein Gott der Vergebung«, sagt ähnlich wie unser Psalmist (V. 4) Esdras in seinem großen Bußgebet (Neh 9,17). Jahwe vergibt, »damit man ihn verehre«, d. h. um dem Menschen eine neue Chance zu geben, »ihn zu fürchten, ihm zu dienen und ihm anzuhangen« (Dt 10,20; vgl. 6,2.13; 13,5 u. a.).

Das Gebetswort zum vergebungswilligen Gott entbindet Hoffnung und Zuversicht des Sünders (V. 5f.). Er schaut nach dem Machtwort Jahwes aus (vgl. 119,43.74.81.114), das ihn in Erfüllung der göttlichen Verheißungen aus seiner

Not befreien wird. Diese Befreiung wird zugleich Verzeihung und neue Gnade bedeuten. Oder wartet der Beter auf ein direktes Vergebungswort, wie Nathan es zu David sprach (2 Sam 12,13)? Wie dem auch sei, gerade in dieser »Wartezeit« zwischen Flehruf und Erhörung denkt der Wartende nicht nur an sich selbst: er hat auch sein in Schuld und Strafe verstricktes Volk im Blick und spricht ihm aus seiner eigenen Erhörungsgewißheit Mut und Hoffnung auf den Erlösergott (vgl. Jer 31,11) zu, »der reich ist an Vergebung« (Is 55,7).

D. Im Gegensatz zu vielen anderen Klageliedern tritt in Ps 130 die notvolle äußere Lage sehr in den Hintergrund. Der Psalmist gibt in der Angabe »aus der Tiefe« nur einen stichwortartigen Hinweis auf den »Todesbereich«, in dem er sich aufhält. Das Wort »Tiefe« deutet bei ihm zugleich auf die Trennung von Gott durch die Schuld hin. Die Reue über die Sünde und die Hoffnung auf Gottes Vergebung beherrschen seine Gedanken und Gefühle. Dadurch findet der neubundliche Beter diesen »Bußpsalm« – er ist der sechste der kirchlichen »Bußpsalmen« 6; 32 (31); 38 (37); 51 (50); 102 (101); 130 (129); 143 (142) – ihm durch seine »Innerlichkeit« besonders angemessen, um seine eigene Existenz vor Gott zur Sprache zu bringen. Durch 1 Jo 1,10 weiß jeder Christ: »Wenn wir sagen, ohne Sünde zu sein, machen wir aus Gott einen Lügner.« Er kennt das Gleichnis vom barmherzigen Vater des verlorenen Sohnes (Lk 15), durch das Jesus die altbundliche Frohbotschaft vom vergebenden Gott untersiegelt hat. Zugleich ist er darüber belehrt, daß diese Vergebung aus der göttlichen Freiheit kommt und auf die beständige Zuwendung des Menschen zu seinem Gott zielt (V. 4), daß also die Meinung vieler, »Vergeben sei Gottes Beruf« (Voltaire), schwerer Irrtum ist, und vielmehr dies gilt: »die Güte Gottes will dich zu Umkehr führen« (Röm 2,4) und »Wirket euer Heil mit Furcht und Zittern!« (Phil 2,12). Schließlich erinnert Ps 130 uns daran, daß gerade der Sünder an das Ganze des Gottesvolkes denken sollte (vgl. 1 Kor 12,12–31) und solches Denken mit zur Umkehr gehört.

Ps 131 (130). Gelassenheit und Demut vor Jahwe

1 (Ein Wallfahrtslied. Von David.)
 Jahwe, nicht hoch hinaus will mein Herz,
 und nicht versteigen sich meine Augen.
 Nicht gehe ich um mit großen Plänen,
 mit Dingen, die mich überragen.

2 Nein, geebnet und beruhigt habe ich meine Seele.
 Wie ein gestilltes Kind an der Mutter Brust,
 so ist gestillt in mir meine Seele.

3 Harre, Israel, auf Jahwe, von nun an auf ewig!

A. Eine Textänderung ist trotz G in 2c nicht notwendig.

B. Ps 131 gehört zur Gruppe der Vertrauenslieder, ist aber von ganz eigener Art. Der Verfasser hat seine im Horizont der prophetischen Verkündigung (vgl. C.) gemachte innere Erfahrung im weisheitlichen Stil formuliert und damit auch dem Kreis der nachexilischen Jahwegetreuen und »Gebeugten«, dem er zugehört, eine Anleitung an die Hand geben wollen, sich in die Gelassenheit und Demut einzuüben.

C. Der Prophet Isaias hat vor allen anderen verkündet, wie der hohe und erhabene Gott das stolze Gehabe der Menschen verabscheut (vgl. Is 2,11–17). Den Geist dieser Verkündigung hat unser Psalmist in der Weisheitsschule in sich eindringen lassen und damit das Gotteswort an den Jeremiasschüler Baruch im erweiternden Sinne auf sich selbst angewendet: »Du willst Großes für dich begehren? Begehre es nicht! Denn ich verhänge Unheil über alle Menschen. Doch dir gebe ich dein Leben als Beute an allen Orten, wohin du gehst« (Jer 45,5). Zu solcher Bescheidung ist der Psalmist auch erst nach Kämpfen mit dem eigenen Ich gekommen. V. 2 läßt nämlich durchblicken, daß sein Herz ehedem wogenden Wassern glich. Aber er rang mit ihm, rang es nieder und erfuhr an sich etwas von dem, was in Is 49,15 Sion zugesagt ist: »Vergißt eine Frau ihres Säuglings, eine Mutter den Sohn ihres Schoßes? Mögen auch diese vergessen, ich vergesse deiner nicht.« So mündet sein Bekenntnis auch in eine Aufforderung an sein seelisch und leiblich niedergedrücktes Volk, der Bergung durch Jahwe zu harren.

D. Absage an alles Weitausgreifende, Hohe und Ferne bedeutet Frieden der Seele, so will auch uns der Psalmist zurufen. Und er läßt schon in seinem Gedicht etwas von dieser seiner Erfahrung aufscheinen: in der Summe seiner Worte bleibt er klein. Er schwingt auch nicht in die Emotion, ja Leidenschaft hinaus, die für die hebräische Seele sonst charakteristisch ist. Sparsam geht er zugleich mit seinen Bildern um, und einfach bleibt seine Sprache. In Form und Inhalt von Ps 130 zeigen sich die Konturen eines Ideals an, das in Jesus in der Fülle hervortritt (vgl. Mt 11,29) und von ihm auch den Seinen ans Herz gelegt wird (vgl. Mt 5,3.5.9. 11; 18,3f.; Mk 10,42f. u. a.).

Ps 132 (131). Der Sion als heilige Stätte eines ewigen davidischen Königtums

1 (Wallfahrtslied.)

Bitte an Jahwe, Davids Eifer zu belohnen

Gedenke, Jahwe, David zu Gnaden, wie er sich kasteite!

2 Schwur er doch Jahwe zu, gelobte dem Starken Jakobs:

3 »Ich werde meines Hauses Zelt nicht betreten,
mein Ruhebett nicht besteigen,

4 meinen Augen keinen Schlaf gönnen,
meinen Lidern keinen Schlummer,

5 bis ich eine Stätte finde für Jahwe,
eine Wohnung für den Starken Jakobs!«

Vergegenwärtigung des Ladezugs zum Sion

6 Ja, wir hörten von ihr, der Lade, in Ephrata,
wir fanden sie in Jaars Gefilden.

7 Lasset uns ziehen zu seiner Wohnstatt,
uns niederwerfen vor dem Schemel seiner Füße!

8 Erhebe dich, Jahwe, zu deiner Ruhestätte,
du und deine machtvolle Lade!

9 Deine Priester sollen sich in Gerechtigkeit kleiden,
und deine Getreuen sollen jauchzen!

Bitte um Erfüllung der Verheißungen

10 Um deines Knechtes David willen,
weise deinen Gesalbten nicht ab!

11 Jahwe hat David zugeschworen einen Treuschwur,
von dem er nie abgeht.
»Von der Frucht deines Leibes setze ich
auf den dir verliehenen Thron!

12 Wenn deine Söhne meinen Bund halten,
mein Zeugnis, das ich sie lehre,
sollen auch ihre Söhne für immer sitzen
auf dem dir verliehenen Thron!«

13 Ja, erwählt hat Jahwe den Sion,
ihn begehrt zu seinem Wohnsitz:

14 »Dies ist meine Ruhestatt für immer, hier will ich wohnen,
wie ich es begehrt!

15 Seine Nahrung segne, ja segne ich,
seine Armen sättige ich mit Brot.

16 Seine Priester kleide ich in Heil,
und seine Getreuen sollen jauchzen, ja jauchzen!

17 Dort lasse ich dem David ein Horn aufsprossen,
halte eine Leuchte für meinen Gesalbten bereit.

18 Seine Feinde kleide ich in Schande,
aber auf ihm erglänzt sein Diadem.«

A. Der Text bedarf keiner Änderungen.

B. Über Form und »Sitz im Leben« unseres Psalms sind die Ansichten sehr geteilt. Er ist ein Musterbeispiel dafür, daß es erst einer genauen Textanalyse bedarf, ehe man die einzelnen Psalmen formgeschichtlich einordnen kann. Schon das Vokabular von Ps 132 weist in nachexilische Zeit. Erst recht seine Aussagen, die unverkennbar dem Geist und Werk des Chronisten nahestehen (vgl. C.). Man könnte sogar an den Chronisten als den Verfasser denken. Dann würde er in 2 Chr 6,41 seine eigene Dichtung (V. 8–10 wörtlich, V. 11 dem Sinne nach) zitieren. Der Mutterboden des Psalms ist in jedem Falle die nachexilische Enttäuschung, daß der Thron Davids leersteht, und die Sehnsucht nach Erfüllung der messianischen Weissagungen. So treffen sich in ihm »Volkslied« und »Königslied« zu einem Gebilde eigener Art. Er ist für den Bittgottesdienst der nachexilischen Gemeinde gedichtet und konnte so leicht »Wallfahrtslied« werden.

C. Die Bitte von V. 1 kommt augenscheinlich aus einer für das Haus Davids schweren Lage und zielt auf göttliches Eingreifen (vgl. Ps 137,7). Die Kasteiung Davids (Ausdruck wie in Lev 23,29) wird in einem Schwur dichterisch vergegenwärtigt, der an 1 Chr 17,1 erinnert. »Sieh doch, ich wohne in diesem Zedernpalast, die Bundeslade Jahwes aber steht unter Zelttüchern!« (David zu Nathan). In V. 6 beschwört ein Chor, wiederum in freier dramatischer Nachgestaltung, die Situation, die der Überführung der Lade nach Jerusalem (vgl. 2 Sam 6; 1 Chr 15), dem neuen Zentralheiligtum des Zwölfstämmeverbandes, vorhergegangen war: in den Philisterkriegen war die Lade in Feindeshand gefallen (1 Sam 5), dann aber wieder zurückgekommen und nach Kirjat-Jearim (= »Waldstadt«) gebracht worden (1 Sam 6,21). Daran erinnert V. 6 (»Jaars Gefilde«). Der Chor stellt den jungen David und die Seinen dar, wie sie in Ephrata, d. h. Bethlehem (vgl. Gen 35,19; Mich 5,1) davon erfahren und nach Kirjat-Jearim eilen. V. 7 vergegenwärtigt die Ladeüberführung nach Jerusalem mit dem Ladeprozessionsruf: »Erhebe dich, Jahwe!« (Num 10,35; Ps 68, 2). »Ruhestätte Jahwes« (vgl. V. 13) ist in 1 Chr 28,2 der Name für den Tempel auf dem Sion. In der Bitte von V. 10 wird die in V. 1 anklingende Not offenbar: ein »Gesalbter« aus Davids Geschlecht soll von Jahwe angenommen werden und, wie V. 12 und 17 erkennen lassen, Davids Thron einnehmen. Der Psalm erinnert dabei an die Zusage des Propheten Nathan an David (2 Sam 7; 1 Chr 17), vergegenwärtigt sie aber nach der Art ihrer Wiederholung gegenüber Salomon in 2 Chr 7,18f.: »Es soll dir nie an einem Herrscher in Israel fehlen. Doch wenn ihr euch abwendet und meine Gebote ... übertretet ..., so werde ich euch von meinem Boden vertreiben...« Zugleich (V. 13) wird die Erwählung des Sion beschworen, ähnlich wie in 2 Chr 7,12 und vorab in 2 Chr 6,6: »Nur Jerusalem erwählte ich, daß mein Name hier sei. David erkor ich, damit er über mein Volk Israel herrsche.« V. 15 entspricht der Verheißung von Dt 15,4: »Es wird unter dir keine Armen geben, denn segnen, ja segnen wird dich Jahwe, dein Gott...« Zu V. 16 vgl. Is 61,10. V. 17a nimmt Ez 29,21 auf, expliziert diese Zusage an Israel aber messianisch, was durch das Wort »sprossen lassen« (vgl. Is 11,1; Jer 23,5; 33,15; Zach 3,8; 6,12; Dan 7, 7f.24; 8,5) nahelag. »Horn« zielt also hier auf den mächtigen Heilskönig. »Gesalbter« in V. 17b wird zunächst auf David (vgl. 17a) zu beziehen sein, da augenscheinlich auf 1 Kön 11,36 hingewiesen wird: »Meinem Knecht David soll immerdar eine Leuchte brennen in Jerusalem, der Stadt, die ich mir erwählt habe, um meinen Namen dort wohnen zu lassen.« Zugleich ist aber mit »Gesalbter« auch der »neue David« angesprochen, wie V. 18 erkennen läßt (Ps 2,2.9f.). 18b spielt auf die Königskrone an (vgl. Ps 89,4; 2 Chr 23,11). Möglicherweise denkt der Psalmist dabei zugleich an die Priesterwürde, da »Diadem« auch Abzeichen des Hohenpriesters ist (Ex 29,6; 39,30; Lev 8,9).

D. In Ps 132 hält die altbundliche Gemeinde sehnsüchtig Ausschau nach dem messianischen Heilskönig aus davidischem Geschlecht. In Jesus, dem »Sohne Davids« (Mt 1,1; 9,27; 15,22; 20,30; 21,9 u. a.) ist er nach dem Glauben des neubundlichen Gottesvolkes gekommen. In ihm hat Gott »aufgerichtet ein Horn des Heiles« (Lk 1,69). Auf Jesus ist auch die heilsgeschichtliche Rolle des Sionstempels übergegangen (vgl. Mt 12,6; 26,61; 27,51; Jo 2,19 ff. u. a.). Die Endverwirklichung seines Königtums auf Erden steht aber noch aus. Unter dieser Hinsicht kann das neue Gottesvolk Schulter an Schulter mit dem alten Jahwevolk Ps 132 in der Erwartung des endzeitlichen messianischen Königs beten. Dabei erinnern wir Gott allerdings nicht nur an das Mühen und Eifern Davids, sondern zugleich an Jesu Mühsal und Hingabe in der Aufrichtung des Gottesreiches.

Ps 133 (132). Segen der Eintracht

1 (Ein Wallfahrtslied. Von David.)
Seht, wie gut und wie schön es ist,
wenn Brüder recht beisammen wohnen!

2 Wie das Feinöl auf dem Haupte,
das niederfällt in den Bart, den Bart Aarons,
das niederfällt auf den Halssaum seiner Gewänder,

3 wie der Tau des Hermon, der niederfällt
auf die Höhe von Sion:
so entbietet darob Jahwe den Segen:
Leben auf ewig.

A. Am Text ist kaum etwas zu ändern. Alle alten Textzeugen stimmen im wesentlichen überein. In V. 3 muß *ki* in seiner ursprünglichen Bedeutung »so« genommen werden, die es dann im Targum-Aramäischen wieder hatte. *scham* bedeutete wie in Ps 14,5; 66,6 u. a. »darob«. »Sion« ist keinesfalls zu korrigieren. Denn hier spricht die Vorstellung des Psalmisten, der das geheimnisvolle Entstehen des Taus (vgl. Job 38,28) so deutet oder »Hermon-Tau« (vgl. D.) als reichlichen Tau versteht. Die

Übertragung der Funktion berühmter »Götterberge« (vgl. Ps 48,3) auf den Sion kann ebenfalls als Erklärungsgrund dienen.

B. Ps 133 ist ein sakrales Weisheitsgedicht, auf einem Weisheitsspruch basierend (V. 1). Es dürfte zuerst ein Zuspruch an die am Tempel amtierende Priester- und Levitenschaft gewesen und dann als Lied der ganzen Kultgemeinde und als »Wallfahrtslied« rezipiert worden sein. Die Sprache zeigt Zeichen der Spätzeit, und die Herausstellung der Salbung Aarons und damit des Hohenpriesters spricht ebenfalls gegen eine frühe Datierung. Denn Zach 3,1–9 (um 520 v. Chr.) kennt noch nicht die Salbung des Hohenpriesters. Vielleicht ist diese erst im 4. Jahrhundert üblich geworden.

C. »Wie gut...« ist kennzeichnend für den Weisheitsspruch (vgl. Spr 15,23; 16,16; Sir 25,4f.). Der hier formulierte Spruch mag aus dem Spruchgut über die Einigkeit der Sippengenossen stammen (vgl. Dt 25,5), aber in unserem Zusammenhang zielt er sicher auf die brüderliche Harmonie in der Jahwegemeinde. Da die Gestalt Aarons beschworen wird, liegt es nahe, dabei in erster Linie an das Kultpersonal zu denken. Verschiedene einschlägige Angaben lassen vermuten, daß es Zwist zwischen den Priestersippen gab, der im Exil vielleicht im Zeichen »Aarons« teilweise beigelegt, nach dem Exil zwischen der heimkehrenden und der im Lande verbliebenen Priesterschaft, ferner zwischen Priestern und Leviten neu aufflammte. Unser Psalm dürfte ein Echo der Einigungsbemühungen sein. Die Seligpreisung des einträchtigen Beisammenwohnens galt dann natürlich auch für jede andere israelitische Gemeinschaft (auch in der Diaspora), so daß der Psalm auch zum Wallfahrtsliede der versammelten Festgemeinde werden konnte.

Der Segen, den »ob der Eintracht« – das meint V. 3 – Jahwe verleiht als »Leben auf ewig«, d. h. als dauernden und blühenden Bestand der einträchtigen Gemeinschaft, wird zunächst mit dem heiligen Salböl verglichen, das über das Haupt Aarons ausgegossen wurde (vgl. Ex 29,7; 30,31; Lev

8,2; 21,10) und von dort in den langen Bart – die Leviten durften nach Lev 21,5 den Bart nicht stutzen – bis auf die Gewänder niederträufelte. Das niederträufelnde Öl versinnbildlicht also den Segen, der von Jahwe auf die unter dem Hohenpriester stehende Priester- und Levitenschaft und die ganze Kultgemeinde herniederkommt. Im zweiten Bild wird dieser Segen mit des Hermon (2800 Meter hoher wasserreicher »Schneeberg«) Tau verglichen, der nach der Vorstellung des Psalmisten auch auf den Sion niederfällt. Der für das regenarme Palästina so wichtige Tau gilt auch sonst als Symbol des göttlichen Segens (Gen 27,28; Dt 33,13; Os 14,6; Is 26,19; Zach 8,12; Job 29,19 u. a.).

D. Gottes Segen kommt auf die einträchtige Gottesgemeinde herab, so bezeugt Ps 132. Die Eintracht ist in sich selbst schon ein köstliches Gut. Sie gewinnt neue Köstlichkeit im »Segen«, d. h. in der Fruchtbarkeit, die Gott aus ihr hervorquellen läßt. »Ein-tracht« verlangt allerdings nicht eine vorgängige Einheit der Meinung über Mittel und Wege, die zum einen, von Gott dem Gottesvolk gesetzten Ziele führen. Nur sollte der dafür notwendige Dialog in Achtung voreinander geführt werden. Die gegenseitige Verketzerung und die übliche Verwechslung von Sach- und Personebene ist in keinem Falle gottgefällig. Alle, die auf Jesus den Christus getauft sind und an ihn glauben, sollten des Wortes Jo 13,35 eingedenk sein: »Daran werden alle erkennen, daß ihr meine Jünger seid, wenn ihr Liebe habt zueinander.« Die apostolischen Ermahnungen sind nicht minder eindrücklich, wie Röm 12,10; 13,8; 1 Kor 1,10; 1 Thess 4,9; 1 Petr 2,17; 1 Jo 3,11; 4,12 u. a. zeigen. Insbesondere Eph 4,2ff. und 1 Petr 3,8f. (»Seid einmütig, mitfühlend, brüderlich, barmherzig, bescheiden! ... Segnet, weil ihr dazu berufen seid, Segen zu erben!«) sind stimulierende neubundliche Rahmentexte für unseren Psalm. Wer vergißt, daß Gott den *Hauptakzent* seiner Willensoffenbarung auf die mitmenschliche Gerechtigkeit und Liebe setzt (Mich 6,8;

Mt 19,18; 23,24ff.; Röm 13,8; 1 Jo 4,7f. u. a.), braucht sich gegebenenfalls nicht über die Segenlosigkeit in der Gemeinschaft, der er zugehört, zu wundern.

Ps 134 (133)
Der gepriesene Gott – ein segnender Gott

1 (Wallfahrtslied.)
Wohlan, segnet Jahwe, all ihr Knechte Jahwes,
die ihr im Hause Jahwes steht in den Nächten!

2 Erhebt eure Hände zum Heiligtum
und segnet Jahwe!

3 Es segne dich vom Sion aus Jahwe,
der Himmel und Erde gemacht hat.

A. G fügt in 1b noch hinzu: »in den Vorhöfen des Hauses unseres Gottes« (= Ps 135,2).

B. Dieses letzte der »Wallfahrtslieder« ist ein ausgesprochen liturgischer Text und besteht aus einem hymnischen Invitatorium (V. 1–2) und dem Priestersegen (V. 3). Die Gläubigen rufen vor dem Heimgang am Abend die Priester und Leviten zum nächtlichen Dienst und Gotteslob auf und erhalten dann den Abschiedssegen des amtierenden Priesters zugesprochen. So legt es wenigstens eine genauere Analyse (vgl. C.) nahe.

C. Als »Knechte Jahwes« gelten zumeist die jahwegetreuen Israeliten (vgl. 2 Kön 9,7; 10,23; Neh 1,10; Is 65,8f.13f.). Da aber das »Stehen im Hause Jahwes« eher auf einen offiziellen Dienst hinweist (vgl. Dt 10,8; Ri 20,28; Neh 12,44), sind hier wohl in erster Linie die Priester und Leviten gemeint, wofür auch V. 3 als »kleiner Priestersegen« plädiert. Von der Levitengruppe der »Sänger« heißt es 1 Chr 9,33: »Sie hatten Tag und Nacht in ihrem Dienst zu sein«, und 1 Chr 23,30 sagt von den Leviten u. a.: »Sie mußten Morgen für Morgen bereitstehen, Jahwe zu loben und zu preisen, ebenso am Abend.« Ein eigentlicher nächtlicher Psalmengesang der Priester bzw. Leviten ist in späten Quellen nur für das Laubhüttenfest bezeugt. In V. 3 kehrt sich offenbar der amtierende Priester der die »Söhne Levis« zum Lobpreis aufrufenden Gemeinde zu und segnet sie in ähnlicher Weise wie im »großen Priestersegen« von Num 6,24f.: »Jahwe segne dich und behüte dich. Leuchten lasse Jahwe sein Angesicht zu dir hin. Es erhebe Jahwe sein Angesicht zu dir und schaffe dir Friedensfülle!« Die singularische Anrede gilt der Kultversammlung als Repräsentantin des ganzen Gottesvolkes (vgl. Num 6,27).

D. Unser kurzer Psalm ist vom Wort »segnen« geprägt, das in seiner doppelten Bedeutung verwendet wird: a) die Kultgemeinde soll Jahwe »segnen«, d. h. ihm alle Herrlichkeit zudenken und zusprechen. b) Jahwe soll Israel segnen, d. h. durch sein schöpferisches Wort ihm die Lebensfülle schenken. Der Bund ist also im doppelten Sinne ein »Segensbund«. Dies gilt im besonderen Maße vom Neuen Bund: »In Christus Jesus sollte den Heiden der Segen Abrahams zuteil werden, auf daß wir die Verheißung des Geistes empfangen durch den Glauben« (Gal 3,14), und darum »sollen die Heiden (d. h. wir!) Gott preisen wegen seiner Barmherzigkeit« (Röm 15,9). Diese Preisung ist vorab den offiziellen Brevierbetern der Kirche auferlegt. Doch sollte sie auch ein Anliegen aller Gläubigen sein. V. 3 macht die Beter darauf aufmerksam, daß ihr Tun zugleich segenswilliger »Nächstendienst« sein muß.

Ps 135 (134). Rühmung des alleinzigen Bundesgottes

1 Hallelujah!

Aufforderung zum Lobpreis des Bundesgottes

Preiset den Namen Jahwes, preiset, ihr Knechte Jahwes,

2 die ihr im Hause Jahwes steht,
in den Vorhöfen zum Hause unseres Gottes.

3 Preiset Jahwe, denn gut ist Jahwe!
Spielt seinem Namen auf, der so hold!

4 Denn Jahwe hat sich Jakob erwählt,
Israel als seinen Sonderbesitz.

Jahwes allmächtiges Schöpfungswalten

5 Ich weiß ja: Groß ist Jahwe!
Unser Herr ist größer denn alle Götter.

6 Was Jahwe nur will, vollführt er im Himmel und auf Erden,
auf den Meeren und in allen Tiefen.

7 Er läßt die Wolken aufsteigen vom Ende der Erde,
Blitze macht er zu Regen,
holt den Sturmwind aus seinen Kammern.

Jahwes Erlösungshandeln an Israel

8 Er schlug die Erstgeburt Ägyptens
vom Menschen bis zu den Tieren.

9 Er entsandte Zeichen und Wunder mitten in dich, Ägypten,
gegen den Pharao und all seine Knechte.

10 Er schlug viele Heidenvölker und tötete mächtige Könige.

11 Sichon, den König der Amoriter,
und Og, den König von Basan,
und die Herrschaften Kanaans alle.

12 Er gab ihr Land dahin als Erbe,
als Erbe für Israel, sein Volk.

13 Jahwe, dein Name währet ewig,
Jahwe, dein Gedenken von Geschlecht zu Geschlecht.

Die Nichtigkeit der Götzen

14 Ja, Jahwe schafft Recht seinem Volke,
und seiner Knechte erbarmt er sich.

15 Die Götzen der Heiden sind Silber und Gold,
Gemächte von Menschenhänden.

16 Einen Mund haben sie und sprechen nicht,
haben Augen und sehen nicht.

17 Ohren haben sie und hören nicht,
auch ist kein Atem in ihrem Mund.

18 Ihnen werden gleichen, die sie gemacht,
ein jeder, der auf sie baut.

Erneuter Aufruf zum Lobgesang

19 Haus Israel, segnet Jahwe! Haus Aaron, segnet Jahwe!

20 Haus Levi, segnet Jahwe!
Die ihr Jahwe fürchtet, segnet Jahwe!

21 Gesegnet sei Jahwe vom Sion aus,
er, der in Jerusalem wohnt!
Hallelujah!

A. In V. 9 dürfte »mitten in dich, Ägypten« aus metrischen und stilistischen Gründen kaum ursprünglich sein. Aber alle Textzeugen lesen so.

B. Ps 135 gehört zur Gattung der Hymnen. Sein Verfasser lehnt sich stark an Vorlagen an (vgl. C.), vor allem an Ps 115. Der späte Psalm ist von Hause aus für den Festgottesdienst am Tempel geschrieben worden. Sehr gut paßt er wegen des Auszugsmotivs zum Passahfest.

C. Die Aufforderung zum Lob richtet sich in erster Linie, aber nicht ausschließlich (vgl. 19f.) an die Priester und Leviten (vgl. Ps 134,1). Sie sind gleichsam die Wortführer der Jahwe feiernden Kultgemeinde. Als Grundmotiv der Preisung erscheint in V. 3f. der tätige Bundeswille Jahwes gegenüber seinem Volk, das seit dem Sinaibund unter dem Wort von Ex 19,5 steht: »Ihr werdet unter allen Völkern mein Sonderbesitz sein. Denn mein ist die ganze Erde« (vgl. Dt 7,6; 14,2; 26,18). Gerade dies ist das Wunderbare, daß Jahwe als »Gott über allen Göttern« (Dt 10,17) und damit absoluter Herr der ganzen Welt (zu V. 6 vgl. Ps 115,3, V. 7 = Jer 10,13) sich in Freiheit zum Bunde mit Israel entschied. Er ist darum Erlöser seines Volkes aus Ägypten geworden (vgl. Ex 7–15) und sein unsichtbarer »Herzog« bei der Eroberung Kanaans (zu V. 10 vgl. Dt 7,1f., zu V. 11 vgl. Num 21,21ff., zu V. 12 vgl. Dt 4,38). Im ständig ausgerufenen Namen »Jahwe« wird dieser Beistand immer neu vergegenwärtigt (vgl. Ex 3,15). Darum kann Israel auch in der schweren nachexilischen Zeit der göttlichen Hilfe gewiß sein (V. 14 = Dt 32,36).

Die das Jahwevolk in Abhängigkeit haltenden Großmächte berufen sich auf ihre Götter. Darum weist der Psalmist in enger Anlehnung an Ps 115,4–8 auf die Hinfälligkeit der Götzen und das Scheitern ihrer Anhänger hin (vgl. Is 44, 9ff.; Jer 10,3ff.). Das ist ein neues Motiv mehr für die segenswillige Preisung, zu der am Schluß die Gesamtgemeinde, die Priesterschaft (Haus Aarons), die Leviten (Haus Levis) und die gottesfürchtigen Laien aufgefordert werden (vgl. Ps 115,9–13).

D. Das vom Menschen aus Unerwartbare wird in diesem Psalm besungen: der allem Irdischen unendlich überlegene Gott hat sich Israel als seinem »Sonderbesitz« bundeswillig zugeneigt. Diese Grundbewegung Jahwes setzt und hält die ganze Heilsgeschichte in Gang. Darum sind auch wir als neues »Israel« von ihr unmittelbar betroffen und zu ihrem Rühmen und Preisen aufgerufen. Unser Horizont wird aber zugleich erweitert durch den Blick auf die Kulmination des göttlichen Bundeswillens im Christusereignis. Wir beten darum Ps 135 als jene, denen 1 Petr 2,9 sagt: »Ihr seid ein auserwähltes Geschlecht, ein königliches Priestertum, ein heiliges Volk, ein Volk, das dazu erworben wurde, daß ihr die Ruhmestaten dessen verkündet, der euch aus der Finsternis berufen hat in sein wunderbares Licht. Einst wart ihr ein Nichtvolk, jetzt aber seid ihr ein Gottesvolk. Ihr wart ohne Gnade, jetzt seid ihr begnadet.«

Ps 136 (135)
JAHWE, DER GOTT DER GROSSEN BUNDESHULD

Aufgesang

1 Lobsingt Jahwe, denn er ist gut!
   Ja, ewig währet seine Huld.

2 Lobsingt dem Gott der Götter!
   Ja, ewig währet seine Huld.

3 Lobsingt dem Herrn der Herren!
   Ja, ewig währet seine Huld.

4 Er tat große Wunder, er allein.
   Ja, ewig währet seine Huld.

Der Schöpfergott

5 Er hat die Himmel mit Weisheit geschaffen.
   Ja, ewig währet seine Huld.

6 Er hat die Erde über den Wassern hingebreitet.
   Ja, ewig währet seine Huld.

7 Er hat die großen Lichter geschaffen.
   Ja, ewig währet seine Huld.

8 Die Sonne, daß sie den Tag regiere.
   Ja, ewig währet seine Huld.

9 Den Mond und die Sterne, daß sie regieren die Nacht.
   Ja, ewig währet seine Huld.

Der Erlösergott a) beim Auszug aus Ägypten

10 Er schlug die Ägypter in ihren Erstgeborenen.
   Ja, ewig währet seine Huld.

11 Er führte Israel aus ihrer Mitte.
   Ja, ewig währet seine Huld.

12 Mit starker Hand und gerecktem Arm
   Ja, ewig währet seine Huld.

13 Er hat das Schilfmeer zerstückt.
   Ja, ewig währet seine Huld.

14 Er ließ Israel mitten hindurchziehen.
   Ja, ewig währet seine Huld.

15 Er schüttelte den Pharao
   und seine Kriegsmacht ins Schilfmeer.
   Ja, ewig währet seine Huld.

16 Er hat sein Volk durch die Wüste geleitet.
   Ja, ewig währet seine Huld.

b) beim Einzug ins Gelobte Land

17 Er schlug große Könige.
   Ja, ewig währet seine Huld.

18 Er tötete mächtige Könige.
   Ja, ewig währet seine Huld.

19 Sichon, den König der Amoriter
   Ja, ewig währet seine Huld.

20 Und Og, den König von Basan.
   Ja, ewig währet seine Huld.

21 Er gab ihr Land als Erbe dahin.
   Ja, ewig währet seine Huld.

22 Als Erbe an Israel, seinen Knecht.
   Ja, ewig währet seine Huld.

c) im Geleit durch die Geschichte

23 In unserer Erniedrigung hat er unser gedacht
   Ja, ewig währet seine Huld.

24 Und unseren Bedrängern uns entrissen.
   Ja, ewig währet seine Huld.

25 Nahrung gibt er allem Fleisch.
   Ja, ewig währet seine Huld.

Abgesang

26 Lobsingt dem Gotte des Himmels!
   Ja, ewig währet seine Huld.

Ps 136 (135)

A. Der Text ist einheitlich überliefert und bedarf keiner Änderung.

B. Ps 136 ist eine litaneiartige Dankliturgie (mit Vorbeter bzw. Chor und antwortender Gemeinde). Nach Jer 33,11 (kaum authentisch) ist V. 1 der Sang derer, die Dankopfer für die Wiederherstellung des Landes darbringen. Der Psalm wird für die Dankliturgie der großen Feste, insbesondere für das Passahfest (Motiv des Auszugs Israels aus Ägypten!) geschrieben worden sein. Der Verfasser macht dabei »Anleihen« u. a. bei Ps 135 (vgl. C.). Nach Aufbau und Inhalt könnte man sogar auf den gleichen Autor für beide Psalmen schließen. Jedenfalls kommt nur ein relativ spätes Abfassungsdatum in Frage. In der spätjüdischen Tradition wird unser Psalm das »große Hallel« genannt und wurde am Morgen des Sabbat und des Passahfestes gebetet. Verwandte Stücke finden sich in Dan 3,52–90 und Sir 51,1 ff.

C. V. 1 (vgl. Ps 106,1; 107,1 u. a.) ist in Jer 33,11 der Gesang der Heimkehrer im neuen Jerusalem. V. 2 f. gibt Dt 10,17 Echo. Zu V. 4 vgl. Ps 72,18; Is 2,11. Hinter V. 5–9 steht vor allem Gen 1 (zu V. 5 vgl. noch Jer 10,12; Spr 3,19; zu V. 6: Is 42,5; 44,24). In V. 10–16 erscheint die Auszugstradition. Zu V. 12 vgl. Dt 4,34. V. 13 vergegenwärtigt die Ereignisse von Ex 14,16 ff. im mythologischen Bild vom Drachenkampf. V. 16 erinnert an Am 2,10: »Ich geleitete euch durch die Wüste, vierzig Jahre lang, zu erobern der Amoriter Land.« V. 17–22 stimmen mit Ps 135,10–12 überein. V. 23 erinnert an alle Bedrängnisse der Geschichte, insbesondere an den Untergang Jerusalems (vgl. Is 32,19) und das Exil, woraus der Bundesgott seine Gemeinde errettet hat. V. 24 weist in der Anknüpfung an Klagl 5,8 ganz deutlich auf die Befreiung aus dem babylonischen Joch. V. 25 weitet unter Anspielung an Ps 104,27 f. den Horizont auf Jahwes Güte zu allen Lebewesen, Menschen und Tiere zusammengenommen (vgl. Gen 6,13).

D. Jesus hat Ps 136 (= das große Hallel) an jedem Sabbat und Osterfest gebetet (nach der sogenannten Pesach-Haggada) und damit als letztes gemeinsames Gebet mit seinen Jüngern vor dem Gang zum Ölberg. Von daher muß uns dieser Dankhymnus besonders lieb und teuer sein. Wir können die Linien des Schöpfer- und Erlöserwaltens Gottes leicht ausziehen in dessen Aufgipfelung im Christusgeschehen. »Ewig währet seine Huld!« gewinnt so eine neue Klangdimension dazu. In der Eucharistie haben wir ein Unterpfand ohnegleichen für diese Bundeshuld. Von daher werden besonders die V. 23–25 zu Verweisen auf die großen Heilsgüter des Neuen Bundes.

Ps 137 (136)
Der Sion – der Gipfel allen Glücks und allen Leids der Jahwegläubigen

1 An den Wasserläufen Babylons,
dort saßen wir, und wir weinten,
wenn wir Sions gedachten.

2 An den Pappeln inmitten darin
hatten wir unsere Leiern hängen.

3 Denn dort heischten unsere Wächter von uns Gesänge,
unsere Peiniger Jubel:
»Singt uns aus den Sionsliedern!«

4 Wie könnten wir singen ein Jahwe-Lied
auf fremder Erde?

5 Vergesse ich deiner, Jerusalem,
soll meine Rechte [verdorren]!

6 Kleben bleibe meine Zunge am Gaumen,
gedenke ich deiner nicht mehr,
erhebe ich Jerusalem nicht auf den Gipfel meiner Freude.

7 Gedenke, Jahwe, den Edomssöhnen den Tag von Jerusalem!
Sie riefen: Nieder, nieder mit ihr bis auf den Grund!

8 Tochter Babel, der Verwüstung Geweihte,
selig, wer dir heimzahlt, was du uns angetan!
Selig, wer deine Kinder packt und an den Felsen schmettert!

A. In V. 5b ist statt »vergessen« das verwandte Wort »abmagern, verdorren« (vgl. Ps 109,24) zu setzen (vgl. G Hie). In 8 liest Symm. »Verwüsterin«. Doch kann MT belassen werden.

B. Ps 137 läßt sich schwer in eine Gattung einordnen. Dem Grundtenor nach gehört er zu den Sionsliedern, weist aber neben nur vereinzelten hymnischen Motiven (5–6) starke Anklänge an das Volksklagelied auf. Als Ganzes kann der Psalm indes nicht zum Klageliedrepertoire der Verbannten gehört haben. Denn der Anfang blickt bereits auf die Gefangenschaft zurück (vgl. »dort« in V. 2 und 3), und der Schluß ist – zumindesten für den Vortrag in einem weiteren Kreis – in Babylon undenkbar. Darum kommt als »Sitz im Leben« am ehesten eine »Sionsklagefeier« auf den Trümmern des noch darniederliegenden Tempels in Betracht (Wiederaufbau 520–515 v. Chr.). Doch wäre auch gut ein späterer Zeitpunkt denkbar. Der Aufbau der Stadt lag bis Nehemias (um 450) im argen. Allerdings muß die Gefangenschaft noch für viele eine lebendige Erinnerung gewesen sein. Der Psalmschluß paßt auch noch in diese spätere Situation. Denn Kyrus hat die Stadt Babel bei der Einnahme (538 v. Chr.) geschont. Erst Xerxes fügte ihr schwere Zerstörungen zu (478 v. Chr.). Basis des gegenwärtigen Psalms könnte eine Klagelied aus dem Exil selbst gewesen sein.

C. Das babylonische Gebiet zwischen Euphrat und Tigris war von vielen Kanälen durchzogen. Der Exilsprophet Ezechiel weilte an einem von ihnen (Kebar) unter den Verbannten (Ez 1,1; 3,15). Die gottesdienstlichen Versammlungen hielt man wohl am Flußufer ab wegen der mit den Klagefeiern (vgl. 3 Kön 8,46 ff.) verbundenen Wasserzeremonien (vgl. 1 Sam 7,6). Instrumentierte hymnische Gesänge kamen im »unreinen« (vgl. Os 9,3; Am 7,17) und fremden Land – fremd auch durch die fremden Götter – trotz Order der Zwingherren nicht in Betracht, mindestens solange die heilige Stadt Jerusalem in Trümmern lag und unbetretbar für die Verbannten war. Darum die feierliche (bedingte!) Selbstverwünschung von V. 5 und 6, die indirekt höchste Rühmung des Sion und damit Jahwes bedeutet. Diese Selbstverwünschung ist aber so formuliert, daß sie für alle Zeiten paßt. Die erste nachexilische Epoche bis zum Tempelbau (538–515), ja bis zum Mauerbau (um 450) gibt eine gute Folie ab für solch eine feierliche, die Lauen in der Gemeinde mitreißende Erklärung. Angesichts der noch darniederliegenden Stadt ist der Umschlag der aufs höchste gesteigerten inneren Bewegung der Beter in die leidenschaftliche Verwünschung von V. 7f. menschlich verständlich. Die Edomiter hatten bei der Eroberung Jerusalems, 586 v. Chr., durch die Neubabylonier eine schlimme Rolle gespielt (vgl. Abd 10–16; Jer 49,7ff.; Ez 25,12ff.; 35,5ff.) und seitdem den Süden von Juda in Besitz genommen. Babel als Stadt hatte die Nachfolge der Perser gut überstanden. Ihr gilt nach wie vor der Groll derer, welche die furchtbare Katastrophe der Jahwestadt und des Jahwetempels noch, wenn auch von fern, vor Augen haben. Nach dem alten Vergeltungsprinzip (vgl. Ex 21,24) bittet der Psalmist um Erfüllung des in Is 13,16 geweissagten Strafgerichtes an Babel: »Ihre Kinder werden vor ihren Augen zerschmettert.« Dieser grausame alte Kriegsbrauch (vgl. Nah 3,10; Os 10,14; 14,1; 2 Kön 8,12) führte vielleicht früh zu einem allgemeinen Verwünschungsruf gegen die je feindlichen Mächte, den unser Verfasser zitiert. So wäre erklärlich, daß von Felsen die Rede ist, wiewohl es sie in Babylon gar nicht gibt.

D. Ps 137 ist eines der ergreifendsten und dichterisch besten Lieder des Psalters. Wenn man sich ganz in die Lage der damaligen Beter versetzt, geht das Herz mit – und plötzlich wird sogar noch der skandalöse Schlußvers im Horizont von damals psychologisch begreiflich. Aber im Nachvollzug sich in ihn hineinbegeben darf der Christ niemals. In Lk 9,54f. setzt Jesus eine unüberschreitbare Grenze: Die Jünger dürfen nicht Feuer vom Himmel auf Gegner herabrufen. Für die Verfolger beten, nicht ihnen fluchen, lehrt ohne Umdeutemöglichkeit Jesu Wort und Beispiel

(Mt 5,44; Lk 23,34, vgl. Röm 12,19f.). Darum sollte der Schlußvers (8) von Ps 137 aus dem Psalter des neuen Gottesvolkes gestrichen werden. Auch Apk 18,2-8 rechtfertigen ihn nicht als Gebetswort der irdischen Kirche.
Anders ist es mit dem lebendigen Glauben an Jahwe und der Liebe zu seiner irdischen »Wohnstatt«, die in Ps 137 sich ins Wort heben. V. 5-6 sollten sich tief in unsere Seele schreiben! Sie sind ein leuchtendes Treuebekenntnis zum Bund Gottes mit den Menschen. Er muß uns das höchste Gut auf Erden werden, nicht nur sein Bund mit uns persönlich, sondern sein Bund mit den »Vielen« im Sinne des Kelchwortes (»Das ist mein Blut des Bundes, das für die Vielen vergossen wird zur Vergebung der Sünden«). Die Sehnsucht nach der Kirche als »Heimat der Vielen« soll uns im Beten von Ps 137 bewegen.

Ps 138 (137)
Dank an Jahwe, den Befreier aus dem Exil

1 (Von David.)
  Ich lobsinge dir, [Jahwe], aus ganzem Herzen,
  vor den Himmlischen spiele ich dir auf.

2 Ich werfe mich nieder zu deinem heiligen Palaste hin,
  und ich lobsinge deinem Namen
  wegen deiner Huld und wegen deiner Treue.
  Denn all deines Namens wegen hast du als groß erwiesen dein Wort.

3 Am Tage, da ich zu dir rief, antwortetest du mir,
  du [mehrtest] in meiner Seele die Kraft.

4 Lobpreisen sollen dich, Jahwe, alle Erdenkönige!
  Denn sie haben die Worte deines Mundes vernommen.

5 Besingen sollen sie die Wege Jahwes!
  Denn groß ist Jahwes Glorie.

6 Ja, erhaben ist Jahwe und schaut auf den Demütigen,
  aber den Hoffärtigen erkennt er schon von ferne.

7 Wandere ich mitten durch Bedrängnis,
   du gibst mir Leben trotz meiner Feinde Wut.
   Du streckst deine Hand aus,
   und Befreiung wirkt deine Rechte.
8 Jahwe wird es zu meinen Gunsten vollbringen.
   Jahwe, deine Huld währt ewig.
   Laß nicht ab vom Werk deiner Hände!

A. Mit einigen Mss und den alten Übersetzungen ist in V. 1 »Jahwe« einzufügen. V. 2b bedarf keiner Korrektur. In V. 3b ist MT: »du machtest mich ungestüm« mit G S T zu ändern.

B. Ps 137 hat zwar die Form eines individuellen Dankliedes, ist aber in Wirklichkeit ein Danklied der aus dem Exil erlösten Sionsgemeinde. Das »Ich« ist also wie im verwandten Dankpsalm Is 12,1ff. kollektiv aufzufassen (vgl. C.). Nur so ist auch der hymnische Teil 4–5 mit seiner umfassenden Universalität voll verständlich. Der nachexilische Verfasser hat sich in seinen Gedanken und teilweise auch in ihrer Formulierung sichtlich an das Buch Isaias (besonders Dt–Is und Tr–Is) angelehnt. Der Psalm ist ursprünglich für die am Tempel versammelte Kultgemeinde und ihre Dankgottesdienste für die Befreiung aus dem Exil bestimmt gewesen.

C. Der Psalm beginnt ähnlich wie das »Danklied der erlösten Jahwegemeinde« in Is 12,1 und 25,1. »Vor den Himmlischen« meint nicht »den Göttern zum Trotz« oder ähnlich, sondern dem Stil des Dankliedes entsprechend (vgl. Ps 22,26; 52,11) das Bekenntnis in der Kultversammlung, die hier, ähnlich wie in Ps 29,1, als auf die »Himmlischen« (Ps 8,6) hin erweitert gedacht ist. Man wirft sich im Vorhof zur Tempelhalle hin nieder (= Ps 5,8), um Jahwes Namen zu lobsingen (vgl. Is 25,1), d. h. für Jahwes Selbstoffenbarung »in Huld und Treue« (vgl. Ex 34,6: »Reich ist er an Huld und Treue«) zu danken. Denn Is 42,21 hat sich jetzt erfüllt: »Jahwe wollte um seiner Bundesgerechtigkeit willen die Torah als groß und herrlich erweisen«, d. h., Gott hat die Umkehr zu ihm entsprechend der Verheißung

(vgl. Is 44,22) mit dem Geschenk der Heimkehr aus dem Exil (vgl. Is 43) beantwortet, und dadurch wurde »sein Name erhaben« (Is 12,4f.; vgl. 24,15f.; 48,9). Das Gottesvolk hat zu Jahwe gerufen gemäß dem Wort Is 55,6: »Rufet ihn an, da er nahe ist!« und machte die Erfahrung von Is 40,29: »Er gibt dem Müden Kraft und mehrt dem Schwachen die Stärke« (vgl. Is 45,24).
Die Erhöhung aus der Erniedrigung erregt die Aufmerksamkeit der ganzen Welt. »Könige sehen es und stehen auf; Fürsten werfen sich nieder um Jahwes willen, der getreu ist, des Heiligen Israels wegen, der dich erwählte« – so beschreibt Is 49,7 die Reaktion der Großmächte auf das Heilswalten Jahwes an seinem Knecht Israel. V. 4 spielt darauf an und begründet den Lobpreis der Erdenkönige mit dem »Vernehmen der Worte Jahwes«. Damit ist die Erfüllung der Verheißungen durch das göttliche Machtwort gemeint (vgl. 5b). Erfüllt ist vor allem Is 40,5: »Offenbar wird Jahwes Glorie, und alles Fleisch wird sie schauen. Der Mund Jahwes hat gesprochen.« Hinter V. 6 steht Is 57,15: »So spricht der Erhabene und Hohe ...: In der Höhe, als Heiliger throne ich und bin doch bei den Zerschlagenen und Demütigen, zu beleben den Geist der Demütigen und zu erquicken das Herz der Zerschlagenen« (vgl. Is 66,2; Ez 21,31). Der Psalmist sieht die Befreiung des Volkes damit im Lichte von Ex 3,7f.: »Ich habe die Beugung meines Volkes in Ägypten gesehen ... Darum bin ich herniedergestiegen, sie aus der Gewalt der Ägypter zu befreien.« Darum die betonte Zuversicht von V. 7. Die Feinde sind die fremden Mächte, die Israel immer wieder niederbeugen (vgl. Klagl 1,21; 3,46.52). Wie gegen die Ägypter erhebt sich Jahwes Rechte gegen sie und schenkt Rettung (vgl. Ex 15,6.12). V. 8a nährt sich von prophetischen Zusagen wie Is 31,5; 46,4; Zach 12,7 u. a. Der Psalm schließt mit der Bitte, nicht vom geretteten Gottesvolk zu lassen, das nach Is 60,21 und 64,7 »Werk der Hände Jahwes« genannt wird.

D. Ein »Danklied der erlösten Gottesgemeinde«, dazu noch mit einem solch universalen Horizont wie Ps 138, ist schon seinem Entwurf nach auch ein Lied des neubundlichen Gottesvolkes. Nach Apk 5,11 ff.; 7,9 ff. ist der Lobpreis der Kirche ein Lobpreisen »Gottes und des Lammes« in Gemeinschaft mit den Engeln und hat das ans Ziel gelangte Erlösungswalten Gottes zum unvergänglichen Thema. Daran ist am Ende die ganze Schöpfung beteiligt, »jedes Geschöpf, das im Himmel und auf Erden und unter der Erde und im Meere ist« (5,13), eine große Menge aus allen Nationen und Stämmen und Völkern und Sprachen (7,9). Die Erlösungslinie, die unser Psalm anskizziert (Herablassung des erhabenen Gottes zu den Niedrigen und Demütigen), ist im Christusgeschehen zum leuchtenden und verheißenden »Bogen« geworden, der die noch in Bedrängnis wandernde Kirche erhellt und ihr das Ziel der Enderlösung ständig vor Augen stellt.

Ps 139 (138). DER VERFOLGTE MENSCH VOR JAHWE, DEM ALLWISSENDEN GOTT

1 (Dem Musikmeister. Von David. Ein Lied.)

Jahwe, der Allwissende

2 Du hast mich geprüft und kennst mich, Jahwe.
Du weißt um mich, ob ich sitze oder stehe.
Meine Gedanken durchschaust du von ferne.

3 Ob ich gehe oder ruhe, du hast es abgemessen.
Mit all meinen Wegen bist du vertraut.

4 Ja, es kommt kein Wort auf meine Zunge,
das du, Jahwe, nicht genau kenntest.

5 Im Rücken und vorne hältst du mich umschlossen,
hast deine Hand auf mich gelegt.

6 Zu wunderbar für mich ist solches Wissen,
zu hoch, nicht kann ich es begreifen.

Jahwe, der Allgegenwärtige

7 Wohin könnte ich gehen, fort von deinem Geiste,
wohin fliehen vor deinem Angesicht?

8 Führe ich zum Himmel auf, so bist du dort;
bettete ich mich in der Unterwelt, du bist zugegen.

9 Nähm' ich die Schwingen der Morgenröte,
ließ' ich mich nieder am Ende des Meeres,

10 auch dort würde deine Hand mich [ergreifen],
deine Rechte mich fassen.

11 Spräche ich: »Finsternis soll mich [bedecken],
und Nacht sei das Licht um mich her!«,

12 so wäre auch die Finsternis nicht finster vor dir,
die Nacht würde leuchten wie der Tag.
Die Finsternis ist dir wie Licht.

Jahwe der Allwaltende

13 Ja, du bist es, der meine Nieren geschaffen,
mich gewoben im Leibe meiner Mutter.

14 Ich lobsinge dir,
daß ich so staunenswert und wunderbar geschaffen.
Wunderbar sind deine Werke! Das weiß ich wohl.

15 Meine Glieder waren dir nicht verborgen,
als ich im Verborgenen gemacht ward,
kunstvoll gewirkt in den Tiefen der Erde.

16 Deine Augen erschauten meine Lebensalter,
in deinem Buche waren sie alle eingeschrieben.
Meine Tage waren gebildet,
ehe auch nur einer von ihnen da war.

17 Aber für mich – wie schwierig sind deine Gedanken, o Gott,
wie gewaltig ist ihre Fülle und Summe!

18 Wollt' ich sie zählen, sie wären mehr als der Sand!
[Käme ich damit zu Ende], ich wäre noch immer bei dir.

Bitte um eine Welt ohne Frevler

19 Möchtest du den Gottlosen töten, o Gott!
Ihr Männer der Blutschuld, weichet von mir!

20 Sie reden in Arglist von dir,
es erheben sich im Wahn deine Gegner.

21 Sollt' ich nicht hassen, Jahwe, die dich hassen,
nicht verabscheuen, die sich wider dich empören?

22 Ja, mit ganzem Hasse hasse ich sie;
Feinde sind sie mir selbst.

23 Durchforsche mich, o Gott, und erkenne mein Herz,
prüfe mich und erkenne meine Gedanken!

24 Siehe, ob ich auf einem Wege bin, [der dich kränkt]!
Geleite mich auf dem uralten Wege!

A. Wiewohl relativ jung, ist Ps 139 textlich an mehreren Stellen unsicher. In 10a muß man der Situation nach (Flucht vor Jahwe, V. 7) mit G S »ergreifen« (graphisch ähnlich!) lesen. In 11a ist »zermalmen« (MT) ebenfalls unplausibel und mit Symm. und Hie als »bedecken« (graphisch verwandte Verbform!) zu lesen. Unsicher ist in V. 14 »staunenswert«. V. 16 könnte zur Not so wiedergegeben werden: »Deine Augen sahen mich als Leibesfrucht. In deinem Buch waren sie alle verzeichnet, die zu bildenden Tage, bevor noch einer von ihnen da war.« Besser scheint eine andere Vokalisation, ähnlich der, die Dahood (Biblica 1959, S. 168f.) vornimmt. In 18b verdient mit drei hebräischen Hss statt der Verbform »ich erwachte« die ganz ähnliche »ich bin zu Ende« bei weitem den Vorzug.

B. Ps 139 läßt sich kaum ganz unterbringen in einer der üblichen Psalmengattungen. Der Hauptteil (1–18) ist eine Art Dankhymnus, der Schlußteil (19–24) ähnelt einem Klagelied. Der verfolgte Beter befindet sich wohl am Heiligtum, wo er Zuflucht nimmt zu Jahwe als dem »Gerichtsherrn letzter Instanz«. Er tut es in Preisung und Bitte. Offensichtlich hat der Verfasser aus eigener Erfahrung ein Formular für ähnliche Fälle schaffen wollen und hat dabei den verfolgten Jeremias als Typus aller Verfolgten in der Jahwegemeinde angesehen (vgl. C.). Zugleich sollte sein Psalm Geist und Herz der Beter belehren und tiefer an Jahwe binden. Weisheitliche, insbesondere mit dem Buch Job verwandte Gedanken sind deutlich zu greifen. Die Sprache des Psalms (späte Wörter und Aramaismen) und die anthologische Art seiner Abfassung weisen klar in die spätere nachexilische Zeit.

C. »Ich, Jahwe, erforsche das Herz und prüfe die Nieren, um jedem zu vergelten nach seinem Weg, nach der Frucht seiner Taten.« Dieser Gottesspruch bei Jeremias (17,10) und dieses Propheten Bittruf: »Du kennst mich, du siehst mich, du prüfst mein Herz, wie es gegen dich gestimmt ist. Raffe die Gegner fort wie Schafe zur Schlachtung, weihe sie für des Würgens Tag!« (12,3) sind die Texte, an die unser Psalmist offensichtlich anknüpfte, um seine Gedanken und seine Lage ins Wort zu fassen. Dieses Wort ist zunächst ein hymnisches Bekenntnis zum »Herzenskenner« Jahwe, der in Jer 23,23f. von sich sagt: »Bin ich denn ein Gott aus der Nähe und nicht vielmehr ein Gott aus der Ferne? Kann sich einer in Verstecken verbergen, ohne daß ich ihn sehe?« (vgl. 32,19; Job 31,4). Vor Jahwe kann man nicht flüchten, weil er sich überall als der Allgegenwärtige manifestiert, so bekennt der Beter in V. 7ff., und zwar im Anschluß an den Gottesspruch von Am 9,2f.: »Brechen die Flüchtigen durch in die Unterwelt, so holt sie von dort meine Hand. Steigen sie zum Himmel hinauf, so hole ich sie von dort herab. Verstecken sie sich auf des Karmels Gipfel, ich spüre sie auf und greife sie dort. Verbergen sie sich auf dem Grunde des Meeres vor meinem Blick, heiße ich dort die Schlange sie beißen.« Was hier vom allgegenwärtigen Tun Jahwes gesagt ist, wendet der Psalmist in hymnische Aussagen über das allgegenwärtige Sein Gottes (vgl. Job 11,7f.) und fügt in V. 11f. einen Gedanken hinzu, der Dan 2,22 ähnelt: »Was im Dunkeln geschieht, weiß Gott. Denn bei ihm wohnt das Licht« (vgl. Job 34,22).

Von V. 13 ab wendet sich der Beter dem Geheimnis des eigenen Werdens zu, in welchem sich der Schöpfergott enthüllt als der wunderbar Allwaltende in Natur und Menschenleben. In Jer 1,5 offenbart sich Jahwe als »Bildner der Leibesfrucht«. Und Job bekennt ähnlich wie unser Psalm: »Deine Hände haben mich geformt und geschaffen ganz und gar ... Ließest du nicht wie Milch mich gerinnen und wie Käse mich stocken? Mit Haut und Fleisch hast du mich umkleidet, mit Knochen und Sehnen mich gewoben« (Job 10,8ff.). Dabei werden in V. 15 die leibliche Mutter und die »Mutter Erde« (mythologisches Thema!) wie in Job 1,21 und Sir 40,1 (H) in einer einzigen Perspektive erfaßt. Mit der Formung im Mutterleibe ist nach V. 16 auch die »Präformierung« der ganzen Lebenszeit durch Jahwe verbunden. Das Bild vom »himmlischen Buche Jahwes« (vgl. Ex 32,32f.; Mal 3,16; Dan 7,10) wird dabei als Illustration verwendet. Wie Sir 18,1–7; Job 11,7 u. a. bekennt V. 17 die Unergründlichkeit des göttlichen Schaffens und Waltens.

Im Anschluß an Jer 12,3 bittet der Psalmist um die Vernichtung der Frevler (V. 19). Als »Blutmenschen« sind sie nicht nur die Gegner Jahwes, sondern auch die seiner Getreuen. Daraus ziehen V. 21–22 die Konsequenz: Der Haß der Bundesbrecher wird im Sinne des Vergeltungsdenkens zum Bumerang, der auf sie selber zurückgewendet wird. Der Schlußvers bringt eine Treueerklärung des Psalmisten und zugleich die Bitte an Jahwe, ihn auf dem Weg der Treue – denn dies ist nach Jer 6,16 der »uralte« Weg, d. h. die ideale Bundesgemeinschaft der Väter- und der Moseszeit – getreu zu geleiten.

D. Ps 139 gehört zu den besonders kostbaren Perlen des Psalters. In ihm spricht ein Jahwegläubiger, der Verfolgung leidet, seinen lebendigen Glauben an die Allwissenheit, die Allgegenwart und das Allwalten des Richtergottes, der zugleich Bundesgott ist, aus. Er tut es nicht in einer Art Lehrstück, sondern in der Zwiesprache des Gebetes. Sein Credo ist ein Daseinsvollzug im Dialog mit dem göttlichen Bundespartner. Insofern ist in Ps 139 ein Vorentwurf der Lebensverwirklichung Jesu zu greifen, von der Hebr 10,5f. schreibt: »Er spricht bei seinem Eintritt in die Welt: ... einen Leib hast du mir bereitet ... Siehe, ich komme – in der Buchrolle steht es von mir geschrieben –, deinen Willen, o Gott, zu vollbringen.« Der Schlußteil (19ff.) des Psalms ist von Jesus allerdings weit zurückgelassen worden. Er kennt nur noch den Haß gegen die Sünde, nicht mehr den gegen den Sünder.

Bis auf die V. 19–22, die höchstens als Ausdruck der erklärten Gegnerschaft gegen die Macht der Sünde übernommen werden können, ist Ps 139 auch ein Hochgebet für den Christen. Seine elementare Sprachkraft, Zeichen eines begnadeten Glaubens, erweckt, wenn wir uns ihr überlassen, tote Lehrsätze des Credos zum Leben, das da ist »ein Wandern mit Gott« (Mich 6,8). Dieser »uralte Weg« (V. 24) ist allein der ewig neue, und er meint immer zugleich den Gang mit Gott zum Menschen hin »in Gerechtigkeit und Brudersinn« (Mich 6,8).

Ps 140 (139)
JAHWE, DIE ZUFLUCHT VOR DEN VERLEUMDERN

1 (Dem Chormeister. Ein Davidpsalm.)

Bitten und Klagen

2 Errette mich, Jahwe, vor den bösen Menschen,
vor den Gewalttätigen behüte mich!

3 Sie sinnen Böses aus im Herzen,
täglich schüren sie Streit und Krieg.

4 Sie schärfen ihre Zungen, der Schlange gleich,
Viperngift haben sie unter den Lippen.

5 Bewahre mich, Jahwe, vor den Händen des Gottlosen,
vor dem Gewalttätigen behüte mich!
Sie sinnen darauf, meine Schritte zu Fall zu bringen.

6 Hochmütige legen mir heimlich die Schlinge,
Stricke spannen sie aus zu einem Netz,
am Weg entlang stellen sie mir Fallen.

Appell an den Richtergott

7 Ich sage zu Jahwe: »Mein Gott bist du!«
Vernimm, Jahwe, mein flehentliches Rufen!

8 Jahwe, mein Herr, mein hilfreicher Hort,
   du beschirmst mein Haupt am Tage des Kampfes.

9 Gewähre nicht, Jahwe, den Gottlosen, was sie begehrten!
   Ihre Ränke laß nicht gelingen! Sie würden sich überheben!

10 Die Häupter der mich Umringenden –
    es bedecke sie das Unheil, von dem sie reden!

11 Fallen sollen auf sie feurige Kohlen!
    [Laß] sie in Gruben stürzen, daß sie nimmer aufstehen!

12 Der Verleumder habe keinen Bestand im Lande!
    Den Gewalttätigen jage das Unglück, Schlag auf Schlag.

Erhörungsgewißheit

13 Ich weiß, Jahwe vertritt die Sache des Gebeugten,
    das Recht der Armen.

14 Ja, die Gerechten dürfen deinem Namen lobsingen,
    die Redlichen dürfen weilen bei deinem Antlitz.

A. Am Ende von V. 9 bleibt die Textverteilung unsicher. Ungewiß ist auch die Verbform am Anfang von V. 11. In 11b liest man am besten mit G Hie das Verbum in der zweiten Person.

B. Ps 140 ist ein individuelles Klagelied, näherhin das »Gebet eines Angeklagten« (vgl. Ps 64 u. a.). Der Psalmist hat es sicher aus eigener Erfahrung formuliert, hat sich aber dabei öfter an überkommene Formeln aus der Gattung der Klagelieder und an andere biblische Texte angelehnt. Sein Lied hat damit einen ausgesprochenen Formularcharakter gewonnen: es war dazu bestimmt, von den verfolgten Jahwegetreuen am Tempel (Asylstätte!) gebetet zu werden. Das »kriegerische Kolorit« des Psalms dient der plastischen Verbildlichung der Situation. Die eigentliche Ursache der Verfolgung wird nicht genannt, ist aber erschließbar: es geht um den Gegensatz zwischen den »Liberalen« aus der Oberschicht und den Jahwegetreuen aus der Unterschicht der nachexilischen Jahwegemeinde.

C. In Jerusalem, von Ezechiel »Stadt voller Gewalttaten« genannt (7,23), gab es auch in nachexilischer Zeit eine Reihe von Leuten, von denen Is 59,6f. klagt: »Ihre Werke

sind Werke des Unheils, und Gewalttat klebt an ihren
Händen. Ihre Füße laufen dem Bösen nach, sie rennen
dahin, unschuldiges Blut zu vergießen.« Es handelt sich
dabei um die vielfältige Ausnutzung und Bedrückung der
sozial Schwachen. Die Gegner unseres Psalmisten suchen
offenbar mit Verleumdungen, ja falschen Anklagen vor
Gericht (vgl. V. 3f. 6. 10. 12), zu ihrem bösen Ziele zu
kommen. Sie verstoßen damit gegen den erklärten Gotteswillen, wie er in der Bundescharta (zweite mosaische Tafel!)
niedergelegt ist. Nur noch im Appell an den Richtergott
sieht der Beter seine Rettung: Er ist »sein Gott«, wie die
Bundescharta es ihm zusagt (»Ich bin Jahwe, dein Gott ...«
Ex 20,2). Jahwe ist für ihn, was Helm und Schild für den
Krieger ist (V. 8). Er soll in seiner Eigenschaft als Rechts-
helfer der Gebeugten (V. 13, vgl. Jer 20,13: Er rettet das
Leben der Armen aus der Übeltäter Gewalt) das Gericht
über die Gegner verhängen (V. 11), wie es an Sodoma
geschah (Feuerregen, Gen 19,24), und an der Rotte Korachs
(Hinabfahren in die Grube; Num 16,32). Der Schluß des
Psalms gibt den Standort des Psalmisten an: Er gehört zur
Gruppe der Jahwegetreuen (= »Gerechten«), die gerade als
Gebeugte (= Arme) die »Ergebenen« Jahwes sind. Der
Tempel, wo sie sich zu Lob und Dank versammeln, wenn
einer der ihren göttlichen Beistand erfuhr, ist gleichsam
ihre Heimat. Denn in der Gnadengegenwart Jahwes
(»Antlitz«) wissen sie sich wahrhaft daheim und geborgen.

D. Ps 140 ist angesichts der feindlichen Umwelt für Jesus
ein passendes Gebetswort zum Vater hin gewesen, zumal
der Strafwunsch (V. 10–12) im zweiten Rang verbleibt.
Jedenfalls ist Jesus letztlich den Verleumdungen und
falschen Anklagen seiner Gegner (vgl. Mk 2,7; 3,6;
Mt 26,59ff. u. a.) zum Opfer gefallen. Seine einzige Zuflucht in dieser Not war »Jahwe, sein Herr, sein hilfreicher
Hort«, daß er »sein Haupt beschirme am Tage des Kampfes« (V. 7, vgl. Jo 12,27f.; Lk 23,46). All dessen eingedenk

beten wir Christen Ps 140. Wir vereinigen uns dabei im
Geiste mit den leidenden Gliedkirchen der ganzen Welt. In
ihnen wird Jesus immer noch verleumdet und verfolgt
(vgl. Mt 5,11; 10,16ff.). Freilich sollte uns das nicht blind
dafür machen, wie im Gottesvolk selbst die Zunge und oft
das mitmenschliche Zusammenleben den Frieden, der Gott
so am Herzen liegt, vergiftet. Der Apostel Jakobus hat uns
darüber ins Stammbuch geschrieben: »Die Zunge ist ein
kleines Glied und vermißt sich doch großer Dinge. Seht,
wie klein das Feuer – wie groß der Wald, den es in Brand
setzt! Auch die Zunge ist ein Feuer. Als eine Welt voll
Unrecht stellt sich die Zunge dar unter unsern Gliedern.
Sie befleckt den ganzen Leib und setzt unser Lebensrad in
Brand, indes sie selbst von der Hölle in Brand gesetzt ist«
(Jak 3,5f.).

Ps 141 (140). JAHWE ALS SCHUTZMACHT GEGEN VERSUCHUNG UND VERFÜHRUNG

1 (Ein Psalm von David.)
   Jahwe, ich rufe dich an, eile mir zu Hilfe!
   Vernimm mein lautes Rufen zu dir!

2 Mein Gebet stehe als Rauchopfer vor dir,
   das Erheben meiner Hände als Speiseopfer am Abend!

3 Setze, Jahwe, eine Wache vor meinen Mund,
   eine Wehr an das Tor meiner Lippen!

4 Laß mein Herz sich nicht neigen zum bösen Wort,
   daß ich nicht gottlose Taten vollführe
   mit Menschen zusammen, die Übeltäter sind.
   Nicht will ich kosten von ihren Leckerbissen!

5 Der Gerechte mag mich schlagen in Bundessinn,
   um mich zu züchtigen,
   aber das Öl [des Gottlosen] schmücke nie mein Haupt!
   Denn [mein Schmuck] ist mein Gebet gegen ihre Bosheiten.

6 Sie werden den Händen des FELSENS,
   ihres Richters, überstellt.
   Er hört, wie lieblich meine Worte sind.

7 Wie ein [Mühlstein] (alles) zermalmt am Boden,
   so liegen [ihre] Gebeine zerstreut vor der Unterwelt.

8 Ja, auf dich, Jahwe [–], sind meine Augen gerichtet.
   An dir berge ich mich! Gieße mein Leben nicht hin!

9 Behüte mich vor der Schlinge, die sie mir legen,
   vor den Fallen der Übeltäter!

10 Die Gottlosen sollen stürzen, einer nach dem andern
    in seine Grube,
    ich aber gehe immerfort meinen Weg.

A. Der Psalm ist insbesondere in 5–7 in einem sehr schlechten Textzustand. Am plausibelsten erscheint der sorgfältige Versuch der Wiederherstellung des Textes von R. Tournay in »Vetus Testamentum« 9 (1959) 58–64. Er dient als Grundlage für unsere Übersetzung. In V. 8 ist »Herr« wohl Zusatz.

B. Ps 141 ist ein individuelles Klagelied, das sich stark ans Weisheitsgut anlehnt. Die Verführungsmacht der Abtrünnigen tritt darin stärker hervor als ihre direkte Feindschaft, welche die meisten anderen Klagelieder zum Hauptthema haben. Der Psalmist steht mit seinem dem Ps 140 in manchem verwandten Lied dem Milieu von Ps 1; 119 und vorab Spr 1–9 nahe (vgl. auch Spr 15, 26–32). Auch die Sprache weist trotz einiger Kanaanismen (vgl. Kohelet!) in die spätere nachexilische Zeit.

C. Der Psalmist spricht in einer Notlage sein Gebet. Er verrichtet es anscheinend jeweils zur Zeit der Opfer am Tempel (vgl. Dan 9,21). Aber es ist zugleich seine wesentliche Opfergabe (vgl. Dan 3,39f.; Os 14,3 u. a.). Darum macht er es auch zum Hauptthema seines Psalms. In der Bitte V. 3f. unterstreicht der Psalmist seine Entschlossenheit, die Gabe des Sprechens nur im Sinne des guten Wortes zu Gott und zu den Mitmenschen zu nutzen. Hierin will er (vgl. Ps 39,2f.) einen andern Weg gehen als seine Gegner, die das Wort benützen, zu verleumden und ihre bösen

Taten ins Werk zu setzen. Er wünscht überhaupt keine Gemeinschaft mit den Bundesbrüchigen, obwohl sie ihn mit allerlei einschmeichelnden Reden (= »Leckerbissen«, V. 4c, vgl. Spr 5,3) auf ihre Seite zu ziehen suchen. Lieber will er das manchmal harte und züchtigende Wort der Bundestreuen annehmen, weil es letztlich aus der Liebe kommt (vgl. Spr 9,8; 25,12). Der Psalmist schließt sich bei der Formulierung dieses Wunsches augenscheinlich an den (außerbiblischen) Spruch des »weisen Achikar« an: »Laß dir von einem Weisen viele Stockschläge geben, aber von Toren dich nicht einmal mit lieblicher Salbe einreiben!« Die entschiedene Stellungnahme gegen den Bundesbruch der Frevler, die im »Gebet gegen ihre Bosheiten« ihren höchsten Ausdruck finden, soll gleichsam das schmückende Öl auf seinem Haupte sein (V. 5). Bei dieser Hinwendung zu Jahwe sieht er gewissermaßen Is 8,14 an den Bundesbrüchigen in Erfüllung gehen: »Jahwe wird ... sein ein Stein des Anstoßes und ein Fels des Strauchelns, eine Falle, ja ein Fallstrick für die Bewohner Jerusalems.« Indes sein eigenes Gebet um Rettung (V. 8) angenommen wird (V. 6, vgl. Spr 15,26), kommt über die Jahwefeinde das große Strafgericht der Vernichtung (V. 7–10).

D. Ps 141 hat die große Glaubensgefährdung, die im 3. Jahrhundert v. Chr. einsetzt, zum Hintergrund. Die Wogen des heidnischen Kultur- und Geisteslebens schlagen immer stärker an die Mauern der Jahwegemeinde. Viele halten dem Sog der Zeit nicht mehr stand. Unser Psalmist gehört ebenfalls zu den Versuchten, aber er überwindet die Anfechtung in der Hingabe an Jahwe durch das Gebet und schafft in seinem Psalm zugleich eine Hilfe für alle gefährdeten Jahwegetreuen. Damit wird Ps 141 auch für den Christen ein stets aktuelles Gebet, getreu dem Wort des Herrn: »Wachet und betet, damit ihr nicht in Versuchung fallet! Der Geist ist zwar willig, aber das Fleisch ist schwach« (Mk 14,38). Auch Röm 12,2 kann ein guter Begleittext zu

Ps 141 sein: »Macht euch nicht die Art dieser Welt zu eigen, sondern wandelt euch um durch Erneuerung eures Denkens, um zu erforschen, was der Wille Gottes ist, was gut, wohlgefällig und vollkommen!« Dies zielt allerdings nicht auf die (wenig biblische) Weltflucht, sondern auf die wahre Weltbewältigung hin.

Ps 142 (141)
Jahwe, der einzige Beistand der Verlassenen

1 (Weisheitsgedicht. Von David, als er in der Höhle war. Gebet.)

Anruf und Klage

2 Laut schreie ich zu Jahwe,
 laut flehe ich zu Jahwe um Gnade.

3 Ich schütte vor ihm meine Klage aus,
 bekenne vor ihm meine Drangsal.

4 Wenn mein Geist in mir verzagt,
 bist du es, der sich meines Weges annimmt.
 Auf dem Pfad, den ich zu gehen habe,
 legten sie mir heimlich die Schlinge.

5 Blicke nach meiner Rechten und schaue:
 keiner ist da, der auf mich achtet.
 Entschwunden ist mir jede Zuflucht,
 keiner ist da, der sich um mich kümmert.

Bitten zum Rettergott

6 Ich schreie zu dir, Jahwe, ich sage:
 du bist meine Bergung,
 mein Anteil im Lande der Lebendigen.

7 Horche auf mein Flehen!
 Ich bin ja so schwach.
 Entreiße mich meinen Verfolgern!
 Denn sie sind stärker als ich.

8 Führe mich heraus aus dem Kerker,
daß ich deinem Namen lobsinge!
Um mich werden sich die Gerechten scharen,
weil du mir Gutes getan.

A. Der Text bedarf keiner Korrektur.

B. Ps 142 ist ein individuelles Klagelied mit seinen üblichen Strukturelementen (Bitte, Klage, Vertrauenserklärung, Gelübde), näherhin wohl das Gebet eines unschuldig Angeklagten. Möglicherweise ist er in Haft (V. 8, vgl. Lev 24,12; Num 15,34) und wartet auf sein Urteil. Der Verfasser scheint manche Wendungen andern Psalmen entlehnt zu haben (vgl. C.). Eine davidische Abfassung ist auszuschließen. Die Angabe »als er in der Höhle war« ist sicher eine nachträgliche Situierung des Psalms im Blick auf 1 Sam 22,1ff. oder 24,4. Ps 142 gehört zum Gebetsrepertoire der nachexilischen Gruppe der Jahwegetreuen.

C. Der Psalmist beginnt sein Gebet nicht in direkter Anrede Jahwes, sondern mit einer Schilderung seines Flehens (V. 2–3). In V. 4 setzt die Hinwendung zu Jahwe mit einer Vertrauenserklärung ein: Jahwe nimmt sich seines Weges, d. h. seiner Geschicke an (= Ps 1,6, vgl. 37,5). V. 4b–5 bringen die Klage: Gegner legen dem Psalmisten heimlich Schlingen (= Ps 140,6), und niemand tritt ihm, wie Gott selbst sehen kann, zur Rechten als Anwalt und Helfer (vgl. Ps 109,6; 110,5; 121,5). Darum bleibt ihm nur Jahwe selbst als Zuflucht und Bergung (vgl. Jer 17,17: »Du bist meine Bergung am Tage des Unheils«), ja, Jahwe ist für den Psalmisten, was der Landanteil bei Landnahme Israels war (vgl. Ps 16,5): die Lebensgrundlage und Sicherung der Existenz. Beim »Land der Lebendigen« (vgl. Ps 27,13) handelt es sich um die Erde im Gegensatz zur Unterwelt der Toten. Nochmals kommt der Psalmist auf seine Verlassenheit und Ohnmacht (= Ps 79,8) vor der Übermacht der Feinde (= Ps 18,18) zu sprechen (V. 7). In V. 8 ist es schwierig zu entscheiden, ob der Ausdruck »Kerker« die Bedrängnis (vgl. Ps 88,9; Klagl 3,6f.) oder die Inhaftierung meint, wofür der sonstige Wortgebrauch (Is 24,22; 42,7) spricht. Der Psalm schließt mit einem Ausblick auf die Dankfeier im Kreise der Jahwegetreuen (vgl. Ps 22,26; 34,3; 64,11 u. a.).

D. Über den einsamen und von allen Menschen verlassenen Gefangenen hinaus haben die altbundlichen Beter von Ps 142 nach Ausweis der Überschrift auf den von Saul verfolgten David geblickt. Für den neuen »David« (vgl. Jer 30,9; Ez 37,24f.), für Jesus, ist unser Psalm noch weit passender. Als Gefangener des Hohen Rates war er menschlich ganz auf sich allein gestellt. Nur im Vater fand er Zuflucht und Bergung. Wie unser Psalmist hat Jesus darauf verzichtet, das Gericht auf die Gegner herabzurufen. Die durch sein Leiden Gerechtfertigten scharen sich seit seiner Auferweckung und Erhöhung um ihn (vgl. V. 8), um dem himmlischen Vater lobsingend zu danken (Eucharistie!), daß er so Wunderbares an Jesus und damit an ihnen getan hat. Ein solch durch und durch jesuanischer Psalm vermag auch zum persönlichen Gebet aller Jünger Jesu zu werden, wenn sie in irgend einer schweren Not sind. St. Franziskus hat ihn als Sterbegebet gesprochen und uns damit ein Beispiel gegeben, solche biblischen Worte zu den unseren zu machen.

Ps 143 (142)
JAHWE ALS ZUFLUCHT DER IN SÜNDE BEDRÄNGTEN

1 (Psalm von David.)

Einleitende Bitte

Jahwe, höre mein Gebet, lausche auf mein Flehen,
in deiner Treue antworte mir, in deinem Heilswillen!

2 Gehe nicht ins Gericht mit deinem Knecht!
Ist doch keiner der Lebenden gerecht vor dir.

Ps 143 (142)

Vertrauensvolle Klage

3 Siehe, der Feind verfolgt mich,
tritt zu Boden mein Leben,
bringt mich in die Finsternis,
gleich solchen, die tot sind für immer.

4 So verzagt mein Geist in mir,
das Herz erstarrt mir in der Brust.

5 Ich gedenke der Tage von einst,
murmle sinnend über all dein Tun,
das Werk deiner Hände erwäge ich.

6 Ich breite meine Hände aus zu dir,
meine Seele dürstet nach dir wie dürres Land.

Inständige Bittrufe

7 Schnell, antworte mir, Jahwe!
Mein Lebensgeist ist am Ende.
Verbirg dein Antlitz nicht vor mir,
daß ich denen nicht gleich werde,
die in die Grube steigen!

8 Laß mich am Morgen deine Huld erfahren!
Denn auf dich baue ich.
Tu mir den Weg kund, den ich gehen soll!
Denn zu dir erhebe ich meine Seele.

9 Entreiße mich meinen Feinden, Jahwe!
Bei dir suche ich Schutz.

10 Lehre mich deinen Willen tun!
Denn du bist mein Gott.
Dein guter Geist geleite mich auf ebenem Land!

11 Um deines Namens willen schaffe mir Leben!
In deinem Heilswillen führe mich aus der Drangsal!

12 Ob deiner Bundeshuld vertilge meine Feinde
und richte zugrunde alle meine Bedränger!
Denn ich bin dein Knecht.

A. In 9b ist der Text ungewiß, auch stimmen die alten Textzeugen nicht überein. Doch ist die Verbform des MT unter der Annahme der Bedeutung: »ich suche Deckung« nicht unmöglich.

B. Ps 143 ist ein individuelles Klagelied. Ein Jahwegetreuer, der allerdings um seine Sünden weiß (V. 2), wartet in seiner Bedrängnis durch Gegner (= falsche Anklage vor Gericht?) auf das göttliche Eingreifen. Die Anlehnung an andere Psalmen weist einmal auf den »Formularcharakter« von Ps 143 hin und zum andern auf eine relativ späte Entstehung.

C. Der Psalmist stützt sein Bitten auf die Treue und den Heilswillen Jahwes, alles Haltungen des Bundesgottes, die er nach Os 2,22 als Morgengabe in den Bund mit seinem Volke einbringt. Von seiner eigenen »Gerechtigkeit« (vgl. Ps 18,21) hält der Beter nichts (vgl. Ps 51,7; 130,3). Er weiß in seiner Art um Job 9,2: »Wie wäre ein Mensch im Recht gegenüber Gott?« (vgl. Job 15,14; 25,4). Die Bedrängnis des Psalmisten ist von Feinden verursacht. V. 3b (= Klagl 3,6) ist wohl nur ein Bild für deren böse Machenschaften, weist aber immerhin auf ihre Lebensgefährlichkeit (falsche Anklage?) hin. Die Erschütterung der inneren Kraft (vgl. Ps 77,4; 142,4; Job 17,1) ist die Folge davon. Um einen Halt zu finden, wendet sich der Psalmist den großen Heilstaten Jahwes in der Bundesgeschichte zu (vgl. Ps 77,6f. 12f.). »Dürstend wie dürres Land« (= Ps 63,2) möchte er der gleichen Beistandsgnade teilhaftig werden. Diesen Wunsch entfaltet der Beter ab V. 7 in einer Reihe von Bitten, deren Formulierungen sich zum Teil an andere Psalmen anlehnen (zu 7a vgl. Ps 102,4; zu 7b vgl. Ps 27,9; 102,3; zu 8b vgl. Ps 25,4; zu 9 vgl. Ps 59,2; 31,16; zu 10a vgl. Ps 25,4f.; 40,9; zu 10b vgl. Ps 27,11; 139,24). Die Bitte um das göttliche Geleit – durch den »guten Geist« (= Neh 9,20) – auf »ebenem Land« (vgl. Is 42,16) meint nach V. 10a; Ps 27,11; Neh 9,20 zunächst den Beistand Jahwes zu rechter Gestaltung des Lebens, darüber hinaus aber auch die Gnade neuen Heils (vgl. Is 26,7; 40,4; 42,16). V. 10b ist damit eine gute Überleitung zur Bitte von V. 11, die Elemente aus Ps 25,11; 31,4; 71,20; 138,7; 142,8 aufnimmt. Nach V. 12 glaubt der Psalmist, nur durch Vernichtung der Feinde (vgl. Ps 94,23) könne sein Leben in Sicherheit kommen und in Jahwetreue gestaltet werden. Das Schlußbekenntnis (vgl. Ps 116,16; 119,125) gibt zugleich der Hoffnung auf die Schutzmacht des Herrn Ausdruck (vgl. Ps 86,2).

D. Unser Psalm ist trotz seiner Formelhaftigkeit ein Lied mit starken religiösen Impulsen. Fehlte der nur von der altbundlichen Ebene aus – die Grundweisung des AT zur Mitmenschlichkeit ist noch nicht Aufruf zur Feindesliebe! – verständliche V. 12, wäre Ps 143 ein geradezu neubundlich durchstimmtes Lied. In ihm tritt die Erlösungsbedürftigkeit aller Menschen besonders zutage. In V. 2 hören wir gewissermaßen ein Vorausecho zu Jo 8,7; Röm 3,9.20 (unter Zitation von Ps 143,2; ebenso Gal 2,16); 1 Jo 1,8 u. a. Die Bitte: »Dein guter Geist geleite mich auf ebenem Land!« (V. 10) läßt uns des Heiligen Geistes gedenken, den der erhöhte Herr über den Seinen ausgegossen hat (Apg 2,33). »Seine Frucht ist Liebe, Freude, Friede, Geduld, Freundlichkeit, Güte, Treue, Milde, Enthaltsamkeit« (Gal 5,22). Die Kirche betet von jeher den Psalm als Bußlied (7. Bußpsalm).

Ps 144 (143)
Gebet um den Anbruch der messianischen Zeit

1 (Von David.)

Vertrauen auf den starken Gott

Gesegnet sei Jahwe, mein Fels,
der meine Hände den Kampf gelehrt,
meine Finger den Krieg!

2 Meine Liebe und meine Feste, meine Burg und mein Retter,
mein Schild und meine Zuflucht ist er,
der da Völker unter mich streckt.

Hinweis auf die menschliche Ohnmacht

3 Jahwe, was ist der Mensch, daß du ihn kennen magst,
des Menschen Sohn, daß du an ihn denkst?

4 Der Mensch ist einem Hauche gleich,
seine Tage sind wie ein gleitender Schatten.

Bitten um das göttliche Eingreifen

5 Jahwe, neige deine Himmel und fahre herab,
rühre an die Berge, daß sie rauchen!

6 Blitzen lasse Blitze und streue sie aus,
schieße deine Pfeile und schnelle sie hin!

7 Strecke deine Hände aus der Höhe herab,
reiße mich heraus, entreiße mich den vielen Wassern,
der Hand der Barbaren.

8 Ihr Mund redet Falsches,
ihre Rechte ist eine meineidige Rechte.

Dankgelübde

9 Gott, ein neues Lied will ich dir singen,
auf zehnsaitiger Harfe dir aufspielen!

10 Du bist es, der den Königen Heil verleiht,
der David, seinen Knecht, dem bösen Schwert entreißt.

11 Reiße mich heraus, entreiße mich der Hand der Barbaren!
Ihr Mund redet Falsches,
und ihre Rechte ist eine meineidige Rechte.

Messianische Heilswünsche des Volkes

12 [–] Unsere Söhne seien wie Pflanzen,
die aufschießen in ihrer Jugendkraft,
unsere Töchter wie Ecksäulen,
die geschnitzt sind für Paläste!

13 Unsere Speicher seien gefüllt,
sollen Vorrat auf Vorrat bescheren!
Unsere Herden seien tausendfach,
zehntausendfach gemehrt auf unseren Fluren!

14 Unsere Rinder seien trächtig,
ohne Unfall und Fehlgeburt!
Kein Wehgeschrei erfülle unsere Gassen!

15 Selig das Volk, dem es so ergeht!
Selig das Volk, dessen Gott Jahwe ist!

A. In V.2 muß »Volk« im Plural mit Hss Aq Hie S T gelesen werden (vgl. Ps 18,48). In 12 ist *ascher* wohl Doppelschreibung aus 11 b.

B. Ps 144 ist ein formgeschichtlich sehr umstrittener Psalm. Sprache (Aramaismen!) und Abfassungsstil (»Anthologie«!) weisen ihn jedoch als eindeutig nachexilisch aus. Also kann er kein eigentliches Königslied mehr sein. Die alte Gattung des Königsliedes war nur die Basis, um Ps 144 als ein Lied für den Sprecher der Jahwegemeinde zu dichten, die in ihrer Not sich der glanzvollen Davidszeit erinnerte (vgl. Überschrift und V. 10) und zugleich dem Kommen eines neuen David (vgl. Ez 34,23 u. a.) entgegenblickte. Die Situation ist also der des kollektiven Klageliedes verwandt. Wir müssen von diesem Psalm (und den messianischen Psalmen 2; 18; 45; 72; 110) auf einen gottesdienstlichen Akt in der nachexilischen Gemeinde schließen, in welchem ein Sprecher – das Haupt der Gemeinde bzw. der Jahwegetreuen oder ein für diesen Kultakt bestellter »Repräsentant« – die Rolle des betenden David inmitten seines Volkes übernahm. In Ps 144 wird er vorgestellt als Beter, der vor der Entscheidungsschlacht den Sieg erfleht.

C. Der Psalm setzt ein mit einer Lobpreisung Jahwes als des »Kriegsmannes«, der seinen Knecht in der Kriegführung unterweist (V. 1 = Ps 18,47 und 35). Die Benennung Jahwes in V. 2 entspricht Ps 18,3 und 48. Überhaupt ist die starke Anlehnung an Ps 18 bemerkenswert: vgl. V. 5 mit 18,10; V. 6 mit 18,15; V. 7 mit 18,17.44; V. 10 mit 18,51! Aber auch andere biblische Texte sind als »Haftpunkte« hinter Ps 144 mühelos erkennbar: vgl. V. 3 mit Ps 8,5; Job 7,17; V. 4 mit Ps 39,5.11; 62,10; 102,12; 109,23; Job 8,9; 14,2; Pred 6,12; V. 9 mit Ps 33,2f.; V 12 mit Ps 128,3; Sir 26,18; V. 13f. mit Dt 28,2ff.; 30,9; Lev 26,5f. Da also Ps 144 sicher nachexilisch ist, kann der Sprecher nur als Repräsentant des Königs von Israel, näherhin Davids, fungieren. Das bedeutet aber, er vertritt zugleich den kommenden »David«, d. h. den Messias. Erst von dieser Ebene aus lassen sich alle Phänomene mühelos deuten: In V. 1–2 wird der Bund »Jahwe–David« beschworen, der in der messianischen Zeit in seine höchste Erfüllung kommen wird. In V. 3–4 geht der Blick auf die traurige Gegenwart, in der die allgemeine Kleinheit und Ohnmacht des Menschen an der königlosen, von Fremden unterjochten Jahwegemeinde besonders anschaubar geworden ist. Man fühlt sich wie das Volk von Is 63,19: »Uns geht es, wie wenn du (Jahwe) von urher nicht unser Herrscher gewesen, wir nie hätten deinen Namen getragen, und man ruft darum: Ach, daß du den Himmel zerrissest und herniederstiegest, daß Berge vor dir erbebten!« (vgl. V. 5 unseres Psalms!). Der Psalmist spricht hier zugleich – auch das gehört zu seiner Rolle als »König«! – für die nachexilische Gemeinde, die litt unter der Hand der Barbaren (hebräisch = »Söhne der Fremde«), also der Besatzungsmacht und ihrer jüdischen Handlanger, »die eidlich gebunden waren« (Neh 6,18) an ihre Auftraggeber und Spitzeldienste leisteten (Neh 6,19). Nach dem Eingreifen Jahwes wird nach der Hoffnung des ganzen Volkes die messianische Segenszeit kommen. Sie wird in den Volksbitten von V. 12 ff. beschworen als eine Zeit des Friedens und der Fruchtbarkeit, vgl. Jer 31,40; 33,9.11.13.16 f.; Ez 34,23–27 (Sicherheit und Segen unter dem neuen David); 36,11 (»Menschen und Vieh werde ich zahlreich machen. Sie sollen sich mehren und fruchtbar sein!«) u. a.

D. Das neubundliche Gottesvolk ist immer noch auf seiner geschichtlichen Wanderung zur messianischen Fülle. Sein Weg gleicht dem Weg seines Hauptes und Herrn: »Haben sie mich verfolgt, werden sie auch euch verfolgen« (Jo 15, 20; vgl. Mt 5,11 f.). In dieser Situation ist Ps 144 als »messianischer Erwartungspsalm« der vorchristlichen Gottesgemeinde ein auch für uns gutes Gebet, um die Vaterunser-Bitte »Zu uns komme dein Reich!« farbig und plastisch zu entfalten. Die reichlich irdisch klingenden Gebetswünsche von V. 12–15 haben schon im AT die Funktion, die Heilsgnade des Bundesgottes in dinglichen Gottesgaben anschaubar zu machen. Es ist darum nicht unlegitim, sie auf neubundlicher Ebene als Chiffren für das Unvorstellbare des »Neuen Himmels und der Neuen Erde« aufzufassen. Das ist keine künstliche Spiritualisierung, sondern geschieht in der weltfrohen Haltung der Bibel, für die alles Irdische eine wahre Gottesgabe ist und zugleich auf Größeres verweist.

Ps 145 (144). JAHWE, DER GROSSE UND HULDVOLLE KÖNIG DER GESCHICHTE

1 (Ein Lobgesang Davids.)

Aufgesang

Ich will dich erheben, mein Gott, du König,
segnen deinen Namen auf ewig und immer.

2 Tag um Tag will ich dich segnen,
lobpreisen deinen Namen auf ewig und immer.

Jahwes Größe

3 Groß ist Jahwe und hoch zu preisen,
seine Größe ist unerforschlich.

4 Ein Geschlecht rühme dem anderen deine Werke,
deine gewaltigen Taten sollen sie künden.

5 Vom hehren Glanz deiner Hoheit [sollen sie reden]!
Deine Wundertaten will ich besingen!

6 Von der Gewalt deiner furchtbaren Taten sollen sie sprechen!
Deine Großtaten will ich erzählen!

Jahwes Güte

7 Das Gedächtnis deiner großen Güte sollen sie kundtun,
über dein Heilswalten frohlocken!

8 Gnädig und barmherzig ist Jahwe,
langmütig und groß an Huld.

9 Jahwe ist gut gegen alle;
sein Erbarmen waltet über allen seinen Werken.

10 Lobsingen sollen dir, Jahwe, alle deine Werke,
deine Getreuen sollen dich segnen!

Jahwes Königtum

11 Den Glanz deines Königtums sollen sie ausrufen,
von deiner Macht sollen sie reden,

12 um kundzutun den Menschen [deine] machtvollen Taten
und den herrlichen Glanz [deines] Königtums!

13 Dein Königtum ist ein Königtum für ewige Zeiten,
deine Herrschaft währt durch alle Geschlechter.
[Getreu ist Jahwe in all seinen Worten
und huldvoll in all seinen Werken.]

Jahwes Fürsorge

14 Jahwe stützt alle, die da fallen,
und richtet alle Gebeugten auf.

15 Aller Augen warten auf dich;
du gibst ihnen Speise zur rechten Zeit.

16 Deine Hand tust du auf,
und sättigst alles, was da lebt, mit Wohltaten.

17 Bundesgerecht ist Jahwe auf all seinen Wegen
und huldvoll in all seinen Werken.

18 Nahe ist Jahwe allen, die ihn anrufen,
allen, die ihn in Treuen anrufen.

19 Den Willen jener, die ihn fürchten, erfüllt er.
Ihr Schreien hört er und befreit sie.

20 Jahwe behütet alle, die ihn lieben;
doch alle Gottlosen vernichtet er.

Abgesang

21 Jahwes Lob soll mein Mund verkünden.
Segnen soll alles Fleisch seinen heiligen Namen
auf ewig und immer!

A. In V. 5 liest man mit G S am besten statt des Substantivs (»und seine Worte«) die entsprechende Verbalform. In 12 haben G S Hie »deine« statt »seine«. 13c ist im MT verlorengegangen, findet sich aber in G S Hie.

B. Ps 145 ist ein »alphabetischer Hymnus auf Jahwes Königtum« (Nötscher). Die üblichen Aufforderungen zum Lobpreis wiederholen sich mehrfach. Die Begründung ist meist in Kurzform gegeben, erst in 13–20 findet sich eine längere Motivation. Der Verfasser handhabt den anthologischen Stil in seiner späteren Ausprägung, lehnt sich also nicht nur an andere biblische Texte an, sondern übernimmt auch ganze Formeln (vgl. V. 1 mit Ps 30,2; Is 25,1; V. 2b mit Ps 34,2; V. 3a = Ps 48,2; 96,4; V. 3b mit Job 5,9; 9,10; V. 8 = Ps 103,8; Ex 34,6; V. 13 mit Ps 102, 13; Dan 7,14. 18, V. 16 mit Ps 104,27f.; V. 18 mit Dt 4,7; V. 19 mit Ps 91,14ff.; V. 20 mit Ps 104,35). Unser Psalm gehört also zu den spätesten Liedern des Psalters (3. bis 2. Jahrhundert v. Chr.). Der Hymnus ist wohl in erster Linie für den kultischen Vortrag am Tempel, dem »Königspalast« Jahwes, bestimmt gewesen.

C. Unser Psalm beginnt ganz ähnlich wie das Danklied Is 25,1. Der Sprecher ist zugleich Repräsentant der Jahwegemeinde. Die Anrede Jahwes als des Königs (vgl. Is 6,1.5) setzt bereits das Hauptleitmotiv des Psalms frei (vgl. V. 11–13). Der Lobpreis gilt dem »Namen Jahwes«, d. h. dem sich auf mannigfache Weise *offenbarenden* Bundesgott. Der Psalmist versteht sein Lied als Stimme in einem großen Chor (V. 5–6) der gehenden und kommenden Geschlechterfolgen. Der Gesang gilt zunächst Jahwes unergründlicher Größe (vgl. Job 5,9; 9,10). Von wahrhaft göttlicher Größe ist auch Jahwes Güte (V. 7–10). Macht und Milde aber machen das Königsideal der Vorzeit aus. Darum ist das Leitmotiv der Psalmmitte das »Königtum Jahwes« (= *malkut*, spät-nachexilischer Ausdruck). Besonders sein ewiger Charakter wird unterstrichen (V. 13; vgl. Jer 10,10; Dan 3,100). Wie tief die Jahwe-Königs-Aussagen in der Bundestheologie verwurzelt sind, zeigt die Entfaltung des Gedankens von der Fürsorglichkeit Jahwes in V. 14–20. Sie sind zwar in herkömmliche Formeln eingekleidet, bezeugen aber doch in eindrucksvoller Weise, daß Gottes Macht in seiner Bundesliebe ihre leuchtendste Gestalt finden möchte.

D. Unser im jüdischen Gebet überaus beliebter Psalm paßt gut in Herz und Mund Jesu, dem das »Ich preise dich, Vater ...« (Mt 11,25; Lk 10,21) so vertraut war. Erst recht ist er ein vorzüglicher Hymnus für Kirche und Christen. Schon Apk 15,3 gibt ihm (V. 17!) in diesem Sinne ein Echo, und das Te Deum greift nach ihm in V. 2. V. 10. 15. 16 sind ins kirchliche Gebet vor dem Mittagsmahle eingegangen. Die Liturgie nimmt in ihren beweglichen Teilen seine Verse öfter auf, um herauszustellen, wie die Macht, Güte und Fürsorglichkeit Gottes in Jesus ihre höchste Inkarnation erfahren haben. Damit wird für den neubundlichen Beter ein Horizont eröffnet, der ein zusätzliches Licht auf jeden unserer Psalmverse wirft.

Ps 146 (145). Jahwes Macht und Liebe – einziger Ankergrund menschlicher Hoffnung

1 Hallelujah!
  Lobpreise, du meine Seele, Jahwe!

2 Lobpreisen will ich Jahwe, solange ich lebe,
  aufspielen meinem Gott, solange ich bin.

3 Baut nicht auf Mächtige,
  nicht auf einen Erdgeborenen, der nicht helfen kann!

4 Entflieht sein Odem, kehrt er zu seiner Erde wieder
  dann ist es aus mit seinen Plänen.

5 Selig, dessen Hilfe der Gott Jakobs ist,
  der seine Hoffnung auf Jahwe, seinen Gott, setzt.

6 Der Himmel und Erde geschaffen,
  das Meer und alles, was in ihnen ist,
  er hält die Treue auf ewig.

7 Recht schafft er den Unterdrückten,
  den Hungernden gibt er Brot.
  Jahwe macht frei die Gefangenen.

8 Jahwe öffnet die Augen der Blinden,
  Jahwe richtet auf die Gebeugten.
  Jahwe liebt die Gerechten.

9 Jahwe behütet die Fremden,
    Waisen und Witwen hilft er auf.
    Doch den Weg der Gottlosen leitet er irre.
10 König ist Jahwe auf ewig,
    dein Gott, o Sion, von Geschlecht zu Geschlecht.
    Hallelujah!

A. Der gut überlieferte Text bedarf keiner Änderung.

B. Ps 146 ist ein Dankhymnus mit betont lehrhaftem Zweck, also zugleich ein Lehrgedicht. Sein anthologischer Abfassungsstil (vgl. Ps 145) liegt deutlich vor Augen (vgl. C.). Einige Male hat der Verfasser einfach Verse bzw. Halbverse aus anderen Liedern oder Texten übernommen (vgl. V. 2 = Ps 104,33; V. 3 mit 118,8f.; V. 6 = Ex 20,11; V. 10a = Ex 15,18). Dennoch ist ein in sich geschlossenes und beeindruckendes Lied entstanden, das in der jüdischen Überlieferung das letzte »Hallel« (Ps 146–150) eröffnet (neben dem sogenannten »ägyptischen bzw. kleinen Hallel«, Ps 113–118, und dem »großen Hallel« (Ps 136). V. 4 ist bereits in 1 Makk 2,63 zitiert. Das Vokabular (Aramaismen) und der Stil plädieren für eine späte Abfassungszeit.

C. Ps 146 wird vom hymnischen Hallelujah (= Lobpreiset Jahwe!) umschlossen (V. 1 und 10). Das eigentliche Lied – nach V. 2 (= Ps 104,33) ein Dankhymnus – beginnt mit einem Selbstaufruf des Psalmisten (vgl. 103,1; 104,1 u. a.). Er hat offenbar eine auffallende Hilfe durch Jahwe erfahren. Darum wird er als Dankender zum Lehrenden. Als solcher nimmt er verschiedene psalmistische Strukturelemente in seinen Dienst. In V. 3 spricht er die Mahnung aus, nicht auf Menschen, auch nicht auf Mächtige, zu bauen (vgl. Ps 118,8f.; Jer 17,5), da der »Erdgeborene« oder »Erdling« (= *adam,* Mensch) nur einen flüchtigen Odem hat (vgl. Is 2,22) und wieder zu Erde zerfällt (vgl. Ps 104,29; Gen 3,19). Wirklichen und währenden Beistand kann nur der »Gott Jakobs« bieten (vgl. Ps 46,8.12), d. h. der Bundesgott (vgl. Ps 135,4). Er hat seine Macht demonstriert in der Erschaffung des Kosmos und all seiner Bereiche (V. 6;

vgl. Ps 121,2; Ex 20,11; Is 42,5; 44,24 u. a.). Diese Lehre kleidet der Psalmist in eine Seligpreisung (V. 5), die dann in hymnische Aussagen übergeht (V. 6ff.). Sie führen vom Schöpfergott zum Gott der Geschichte. Sein »Wesen« ist die Treue zu seinem Bund (V. 6; vgl. Dt 7,9). Sie bezeugt sich am meisten in der göttlichen Zuwendung zu den Gebeugten und Leidenden. Der Psalmist konnte seine Aussagen auf Gottessprüche stützen: V. 7 etwa auf Jer 50,33f.; V. 8 auf Is 42,7; 61,1; V. 9 auf Ex 22,20ff. Der Psalm schließt unter Zitierung des »Meerliedes« (Ex 15,18) mit dem Ausrufen des Königtums Jahwes auf dem Sion (vgl. Is 52,7).

D. Der hymnische Stil unseres Psalms will Jahwes Größe und Königsmacht so aufleuchten lassen, daß ihr Licht die Beter lockt und zieht. Sie sollen der Illusion irdischer Verheißung entzogen werden, um nur noch auf den Bundesgott zu bauen. Damit sind Anruf und Botschaft von Ps 146 von »ewiger Aktualität« für den Gläubigen. Das NT hat dem Text aber auch neue Lichter aufgesetzt. In Jesus steht der Mensch vor uns, dessen Leben ganz auf den Vater gestellt war in Lobpreis und Vertrauen. In ihm ist aber zugleich der erschienen, der all das sichtbar und greifbar gegenwärtig setzt, was die V. 7–9 in den Blick bringen: den Unterdrückten, Hungernden, Gefangenen, Blinden – kurz, allen Gebeugten half er nach dem Zeugnis der Evangelien auf. Ihnen galt sein besonderer Bundeswille, ihnen sein heilendes und befreiendes Tun als Vorauszeichen der Fülle des Heiles in der endzeitlichen Königsherrschaft Gottes, die eine Herrschaft der Liebe sein wird.

Ps 147 (146–147)
JAHWE, DER ALLWALTENDE HERR ALLES GESCHEHENS

Der Herr der Geschichte

1 Hallelujah!
   Ja, gut ist es, aufzuspielen unserem Gott,
   ja, es ist schön, klangvoll ein Loblied zu singen.

2 Erbauer Jerusalems ist Jahwe,
   die Zerstreuten Israels sammelt er.

3 Er ist der Heiland für die gebrochenen Herzen,
   der Arzt für ihre schmerzenden Wunden.

4 Er setzt die Zahl der Sterne fest,
   ruft sie alle beim Namen.

5 Groß ist unser Herr und gewaltig an Kraft,
   seine Weisheit ist ohne Maß.

6 Den Gebeugten hilft Jahwe auf,
   drückt aber die Gottlosen zur Erde nieder.

Der Herr allen Gedeihens

7 Stimmt Jahwe ein Danklied an,
   spielt unserm Gott auf der Leier!

8 Er bedeckt den Himmel mit Wolken,
   bereitet Regen der Erde.
   Gras läßt er sprossen auf den Bergen.

9 Er gibt dem Vieh seine Nahrung,
   den jungen Raben, wonach sie schreien.

10 Nicht aber freut ihn des Rosses Stärke,
    nicht hat er Gefallen an den Schenkeln der Männer.

11 Gefallen hat Jahwe an denen, die ihn fürchten,
    die da harren auf seine Bundeshuld.

Sions Gott und sein schöpferisches Wort

12 Rühme, Jerusalem, Jahwe!
    Lobpreise, Sion, deinen Gott!

13 Denn er festigt die Riegel deiner Tore,
    segnet deine Söhne in deiner Mitte.

14 Er stellt dein Gebiet in die Friedensfülle,
mit fettem Weizen sättigt er dich.

15 Er sendet seinen Spruch zur Erde,
rasch läuft sein Wort dahin.

16 Den Schnee schickt er wie Wolle,
Reif verstreut er wie Asche.

17 Er schleudert sein Eis wie Brocken,
vor seinem Froste [erstarren die Wasser].

18 Er sendet sein Wort und läßt sie schmelzen,
er bläst seinen Odem, da rinnen die Wasser.

19 Kundgetan hat er seine Worte Jakob,
seine Gesetze und Entscheide Israel.

20 Keinem Volk sonst tat er so,
und [seine] Entscheide [lehrte er sie] nicht.
Hallelujah!

A. In 1b ist der Text nicht über alle Zweifel erhaben. In V. 8 fügt die griechisch-lateinische Überlieferung den Halbvers bei: »und Pflanzen für den Feldbau des Menschen« (= 104,14b). In 17 hat MT: »Wer wird bestehen!« Nach dem Kontext scheint diese Lesart eine Verstümmelung aus »die Wasser stehen« (= erstarren) zu sein. In 20 ist mit G S Hie »seine« und mit G S T »er lehrte sie« (statt MT: sie lernten sie kennen) zu lesen, was dem Kontext besser entspricht.

B. In der griechisch-lateinischen Tradition bildet unser Text zwei Psalmen: Ps 146 (= V. 1–11) und Ps 147 (= V. 12–20). Doch wird MT im Recht sein. Wenn man schon teilen wollte, könnte man mühelos auf drei Stücke kommen, die ursprünglich für sich bestanden haben könnten. Das klassische Schema des Hymnus und die Gedankenführung sind in Ps 147 recht locker gehandhabt. Immerhin läßt sich ein roter Faden finden, der die drei Hymnenstücke miteinander verbindet (vgl. die Überschrift). Der Verfasser ist wie die Autoren von Ps 145 und 146 anthologisch, um nicht zu sagen: eklektisch, vorgegangen. Sein Gedicht ist insbesondere mit Ps 33 und 104 verwandt, dazu steht es vorab Texten aus Dt und Dt-Is nahe. Geist vom Geist von Dt-Is ist es, die geschichtlichen und kosmischen Taten unter einem gemeinsamen Gesichtswinkel zu sehen. Anlaß des Psalms könnte nach V. 2f.; 13f. der Mauerbau des Nehemias gewesen sein (vgl. Neh 12,27ff., um 445 v. Chr.).

C. Ähnlich wie Ps 92,2 führt unser Psalm seinen Betern das zugleich Gebührende wie Hochmenschliche des den bundeswilligen Gott preisenden Lobgesangs vor Augen. Als eindrucksvollste Heilstat wird die Heimkehr aus dem Exil und der Wiederaufbau der heiligen Stadt genannt. Die Verheißungen von Is 11,12; 44,28; 49,16f.; 56,8; Jer 31,10; 33,7 sind also erfüllt. Dabei hat Jahwe an Israel wie ein Arzt gehandelt (vgl. Os 6,1; 11,3; Jer 30,17) und damit sich für immer als wahren »Heiland« geoffenbart (vgl. Is 61,3). Er ist Herr aller Schicksale, nicht die Sterne bzw. Gestirngötter, welche die Orientalen als Lenker der Geschicke verehrten. Sie sind seine Geschöpfe, die unter seinem absoluten Herrenrecht stehen (Erschaffen und Rufen beim Namen, vgl. Is 40,26). Er allein ist der Richter der Menschen (vgl. 1 Sam 2,7f.).

Alles Leben und Gedeihen auf Erden hängt von Jahwes Walten ab, wie V. 7–11 in einem neuen Angang entwickeln. Er spendet den Regen (vgl. Dt 11,14; 28,12; Is 30,23 u. a.), so daß Pflanzen- und Tierwelt sich entfalten können (vgl. 104,27f.). Der Mensch allerdings soll seine Abhängigkeit von Jahwes Huld auch erkennen und anerkennen (V. 11). Er darf nicht auf eigene Kraft und Gewandtheit (V. 10b) oder auf die irdischen Machtmittel (V. 10a) – Pferde und Kampfwagen begründeten die Macht der alten Imperien – bauen (vgl. Ps 33,16–18; Am 2,15 u. a.).

In einem letzten Einsatz (V. 12ff.) wird die Sionsgemeinde auf den beim Wiederaufblühen Jerusalems (520–440 v. Chr., vgl. Neh 7,4; 11,1f.) erfahrenen Segen verwiesen. Der Psalmist ergreift dabei die Gelegenheit, das Walten Jahwes als schöpferisches Sprechen zu kennzeichnen. Er führt dabei den Gottesspruch von Is 55,10f. (»Wie Regen und

Schnee vom Himmel kommen und nicht mehr dorthin zurückkehren, ohne daß sie die Erde tränken ..., so steht es auch mit meinem Wort aus meinem Mund. Es kehrt nicht erfolglos zu mir zurück, ohne daß es vollbracht, was ich wollte«) in der Linie von Ps 33,6.9;107,20; Is 9,7 u. a. gedanklich weiter. Am greifbarsten ist das göttliche Sprechen im Wort seiner Bundesweisung an Israel geworden. Wiewohl es in der Hauptsache Forderung und Gebot ist, enthält es für Israel die gnadenhafte Auszeichnung, als kleines Volk vom großen Herrn der Welt angesprochen und zu ihm hingerufen worden zu sein. Der Psalm beschwört darum zum Schluß Dt 4,7f.: »Wo wäre noch irgendein großes Volk, dessen Götter ihm so nahe sind, wie Jahwe, unser Gott, uns nahe ist, so oft wir zu ihm rufen? Und wo gäbe es noch ein großes Volk, das so gerechte Gesetze und Entscheide besäße wie diese ganze Weisung, die ich euch heute vorlege?«

D. Das »neue Israel« nimmt in diesem Psalm Anteil an den Heilstaten, welche die nachexilische Jahwegemeinde auf dem Sion erfahren hat. Über diese sichtbaren Gaben hinweg wendet der Psalmist – erst recht auch wir – das Auge dem unsichtbaren Geber zu, der im milden Glanz des »Heilandes« und »Arztes«, aber auch in der Gloriole des schöpferisch sprechenden Herrn alles Geschehens vor den Betern aufstrahlt. Wir dürfen als Christen dabei die Aussagen über das göttliche Wort im Lichte der neubundlichen Worttheologie sprechen, also die Entsendung des göttlichen Schöpfungswortes (V. 15, 18) wie die des göttlichen Offenbarungswortes (V. 19f.) im Zusammenhang sehen mit Jo 1,3: »Alles ist durch das Wort geworden, und ohne es ist auch nicht eines von dem, was geworden ist.« Und ebenso mit Jo 1,14: »Und das Wort ist Fleisch geworden und hat unter uns Wohnung genommen, und wir schauten seine Herrlichkeit, eine Herrlichkeit als des Eingeborenen vom Vater, voll der Gnade und Wahrheit.« In Jesus dem Christus ist die schöpferische und die heilsgeschichtliche Zuwendung Gottes zur Welt, wie unser Psalm sie feiert, neu aufgedeckt worden und zugleich in ihre höchste Erfüllung gekommen.

Ps 148. Kosmischer Lobpreis Jahwes

Das Gotteslob der himmlischen Welt

1 Hallelujah!
  Lobpreiset Jahwe vom Himmel her,
  lobpreist ihn in den Höhen droben!

2 Lobpreist ihn, alle seine Engel,
  lobpreist ihn, alle seine Scharen!

3 Lobpreist ihn, Sonne du und Mond,
  lobpreist ihn, ihr leuchtenden Sterne alle!

4 Lobpreist ihn, ihr Himmel der Himmel,
  und ihr Wasser über den Himmeln!

5 Lobpreisen sollen sie Jahwes Namen!
  Denn er gebot, da waren sie erschaffen.

6 Er hat sie hingestellt für immer und ewig.
  Eine Ordnung gab er, die niemals vergeht.

Das Gotteslob der irdischen Welt

7 Lobpreist Jahwe von der Erde her,
  ihr Seeungeheuer und ihr Meerestiefen alle,

8 Feuer du und Hagel, Schnee und Nebel du,
  Sturmwind, der sein Wort vollbringt,

9 ihr Berge und ihr Hügel alle,
  ihr Fruchtbäume und alle Zedern,

10 ihr wilden und zahmen Tiere alle,
   Gewürm und wohlgefiederte Vögel,

11 ihr Erdenkönige und alle Völker,
   ihr Mächtigen und alle Richter der Erden,

12 ihr jungen Männer und auch ihr Jungfrauen,
   ihr Greise mitsamt der Jugend!

13 Lobpreisen sollen sie Jahwe!
Denn erhaben ist sein Name allein.
Seine Hoheit strahlt über Erde und Himmel.

14 Er reckte seinem Volke das Horn –
Grund zum Lobpreis für seine Getreuen,
für die Söhne Israels, des Volkes, das ihm nahen darf.
Hallelujah!

A. Der Text kann belassen werden.

B. Ps 148 ist ein Hymnus besonderer Art: In ihm ist die übliche hymnische Einleitung (Aufforderung zum Lob) auf fast den ganzen Psalm hin erweitert, während das übliche Hauptstück (Begründung des Lobs) recht kurz wegkommt (vgl. 5b. 13b). Der Verfasser wählte offenbar diese Form, weil er die damalige »Naturweisheit« (vgl. Job 38) auf eine möglichst lebendige Weise hymnisch verarbeiten wollte. Der Gesang der »drei Männer im Feuerofen« (Dan 3,52–90) hat dann dieses Prinzip übernommen und noch weiter ausgebaut. Der Psalm wird aus der mittleren bis späteren Nachexilszeit stammen und ist wohl zunächst für den Gottesdienst bestimmt gewesen.

C. Im Hallelujah, das den Psalm einschließt, erscheint zugleich sein Leitwort: Lobpreisen. Siebenmal (heilige Zahl!) ertönt es im ersten Teil, dreimal im zweiten Teil, und zwar im für den Hymnus charakteristischen Sinne der Aufforderung zum Loben. In je sieben Versen wird jeweils die himmlische und die irdische Welt zum Gotteslob aufgerufen. Wie im Ps 29 reicht die »Reigenkette« der Preisenden von den Himmlischen bis zur Sionsgemeinde, nur hat sie eine Menge Zwischenglieder, die übrigens – auch in ihrer Reihenfolge – dem Onomastikon (Namensliste) des ägyptischen Weisen Amenemope entsprechen. Neben den personalen Himmelswesen der Engel (V. 2) stehen alle dinglichen Elemente im Himmelsraum wie Sonne, Mond, Sterne, der Himmelsozean (vgl. Gen 1,7) und schließlich die gesamte Himmelswelt selbst (»Himmel der Himmel« [vgl. 3 Kön 8,27], wohl als übereinanderliegende Schalen gedacht) und werden personifiziert (vgl. Ps 19,2), um als Rühmende auftreten zu können. Alles, was durch ein bloßes Wort Jahwes geworden ist (V. 5b, vgl. Ps 33,9; 147,18; Is 48,13), soll dem Schöpfer gewissermaßen »Ant-Wort« geben, und dies auf Ewigkeit hin. Denn die Weltordnung vergeht nie, wie auch Jer 31,35f.; 33,25 bezeugen. Der Erdenbereich tritt zunächst in seinem unergründlichen »Drunten« und »Draußen«, wo die Seeungeheuer hausen und nach der Mythologie auch die Drachen, in den Blick des Psalmisten. Dann folgen die Wetterphänomene (Feuer = Blitz), das Festland mit Bergen und Hügeln, die Fruchtbäume und die Nutzbäume und alle Arten der Tiere. Schließlich tritt der Mensch auf, aber nicht wie in Gen 1 und Ps 104 als Gattungswesen, sondern hierarchisch aufgegliedert (wie bei Amenemope) nach Ständen und Generationen. Hauptrepräsentant der Menschheit ist am Ende jedoch die Sionsgemeinde, der Jahwe »das Horn reckte«, d. h. Macht verlieh (vgl. Ps 75,11; 89,18; 132,17). Wahrscheinlich ist damit neben der Wiederaufrichtung des Jahwevolkes nach dem Exil auch die endzeitliche Erhöhung Israels gemeint, die in den prophetischen Verheißungen als bereits im Anlaufen begriffen gedacht wird.

D. Die Jahwegemeinde steht in diesem Psalm gleichsam im Mittelpunkt des Alls und ruft alle Geschöpfe zum Einstimmen in ihren Lobpreis Jahwes auf. Die Schöpfung wird dabei in zwei gewaltige Chöre eingeteilt – Himmelswelt und Erdenwelt – mit einer Vielzahl von Stimmen in jedem Chor. Diese Situation ist auch die des neubundlichen Gottesvolkes. Auch ihr ist durch Wort und Beispiel Jesu die Preisung des Vaters aufgetragen (vgl. Mt 5,16; 11,25; 26,30; Lk 17,18 u. a.). Gerade durch ihn weiß der Christ, wie sehr auch alle Bereiche der Natur Reich des Vaters sind (vgl. Mt 5,45; 6,26.28ff.; 10,29f. u. a.). Wir Heutigen kennen Größe und Glanz des Kosmos noch viel besser als die biblischen Menschen, und darum wird für uns der universale

Ps 148 ein noch viel wuchtigerer Gesang als für sie. Dazu kommt, daß V. 14 im Christusgeschehen eine Aufgipfelung ohnegleichen erfahren hat. So wird uns Ps 148 in vielerlei Hinsicht ein Vorausgesang jenes Liedes, von dem Apk 5,13 sagt: »Jedes Geschöpf im Himmel und auf Erden und unter der Erde und auf dem Meere samt allem darin und darauf hörte ich sprechen: Dem, der auf dem Throne sitzt und dem Lamme sei der Lobpreis und die Ehre und die Verherrlichung und die Macht in alle Ewigkeit!«

Ps 149. DES GOTTESVOLKES ENDZEITLICHER SIEG UND JAHWES HILFE

1 Hallelujah!
  Singt Jahwe ein neues Lied,
  seinen Lobpreis in der Gemeinde der Getreuen!

2 Es freue sich Israel seines Schöpfers,
  die Söhne Sions sollen jubeln über ihren König.

3 Lobpreisen sollen sie seinen Namen im Reigentanz,
  mit Pauke und Leier ihm aufspielen!

4 Denn Wohlgefallen hat Jahwe an seinem Volk,
  er verherrlicht die Gebeugten mit Heil.

5 Jauchzen sollen die Getreuen ob der Glorie,
  frohlocken sollen sie, wenn sie sich niederwerfen!

6 Die Rühmung Gottes in ihrer Kehle,
  das doppelschneidige Schwert in ihrer Hand:

7 So sollen sie Vergeltung üben an den Heidenvölkern,
  Züchtigung verhängen über die Nationen,

8 sollen ihre Könige in Fesseln schlagen
  und ihre Führer in Eisenketten legen,

9 um Gericht zu halten über sie, wie geschrieben steht.
  Herrlich ist dies für all seine Getreuen.
  Hallelujah!

A. Der Text ist sehr gut erhalten.

B. Ps 149 ist ein eschatologischer Hymnus. Die Anlehnung vorab an Dt–Is und Tr–Is (vgl. C.) weist ihn klar als solchen aus und beweist so zugleich (vgl. Is 42,10) die Möglichkeit einer endzeitlich ausgerichteten Siegesfeier der Sionsgemeinde. Das, »was geschrieben steht« (vgl. V. 9), ist für die gläubigen Jahwegetreuen schon geheimnisvoll in Gang gesetzt durch das wirkmächtige Prophetenwort. Der Psalm verrät apokalyptisches Kolorit und gehört darum eher der späteren denn der früheren Nachexilszeit zu.

C. In Is 42,10 fordert der Prophet Israel auf, »Jahwe ein neues Lied zu singen«, und zwar auf das erst noch bevorstehende »Neue« der gottgewirkten Heimkehr aus dem Exil hin (vgl. 43,19: »Seht, ich tue Neues! Ja, ich mache durch die Wüste einen Weg...«). Ein ähnliches »Neues« hat unser Psalmist nach V. 4 ff. im Auge: Israels Schöpfer (Is 44,2; 51,13) und König (Is 41,21; 44,6) – so nennt V. 2 Jahwe – wird aus gnädigem Wohlgefallen an seinem Volk (4a, vgl. 147,11; Ez 43,27; Is 42,1) »die Gebeugten mit Heil verherrlichen«. Das Stichwort »verherrlichen« entnimmt der Psalmist Is 55,5; 60,7.9.13 (Nur da kommt es in ähnlichem Zusammenhang vor!). Nach Is 55,5 verherrlicht Jahwe Israel, indem er es zum Fürsten und Gebieter der Völker macht! Die »Gebeugten« sind nach Is 60,14 die über ihre schlimme Lage trauernde Sionsgemeinde. »Heil« bedeutet nach Is 45,17; 46,13 vorab die endgültige Befreiung vom Joch der Feinde. Das auffallende Wort »doppelschneidig« findet sich in dieser Form nur noch in Is 41,15, wo es zwar vom Dreschschlitten, aber in einem ähnlichen Sachzusammenhang wie in unserem Psalm gebraucht wird: »Siehe zu einem scharfen Dreschschlitten, zu einem neuen mit Doppelschneiden mache ich dich (ergänze: ›du Würmlein Jakob‹). Berge sollst du dreschen und zermalmen...!« So soll auch nach unserem Psalm das jetzt noch niedergedrückte Jahwevolk Vergeltung üben an den Bedrückernationen. Diese Vergeltung ist zugleich eine Vergeltung

Jahwes nach Ez 25,14: »Ich lege meine Vergeltung an Edom in die Hand Israels« (vgl. Abd 21). V. 8 knüpft an Is 45,14 und 49,23 an, führt aber die Aussage in apokalyptischem Sinne (Bestrafung der Völker durch Israel) weiter (vgl. Mich 4,13; Zach 10,5; 12,6; 14,14; Abd 18). »Wie geschrieben steht« erinnert an diese Texte wie überhaupt an die Fremdvölkerorakel der Propheten.

D. Die niedergedrückte Sionsgemeinde klammerte sich an die Verheißungen der Propheten und ließ deren Licht auf ihre Lage leuchten. Dabei wurden immer wieder Mut, Zuversicht, ja Freude geweckt. Unser Psalm stand im Dienste solcher Erweckungsbemühungen. Diese Funktion kann er auch im neubundlichen Gottesvolke übernehmen. Sein apokalyptisch-kriegerisches Kolorit braucht angesichts ähnlicher Bilder in der neutestamentlichen Apokalypse (vgl. Apk 2,27; 18,20; 19,1 ff. 11 ff. 19 ff.) kein ernstliches Hindernis dafür zu sein, sofern man den Stellenwert solcher Schilderungen bibelgerecht wertet: ihr Sinn ist der eindrucksame Hinweis auf den endzeitlichen Sieg der Sache Gottes in dieser Welt. Leider gab es Zeiten, in denen dies verkannt (Bauernkrieg, Dreißigjähriger Krieg) und der Psalm von christlichen Anführern zur Rechtfertigung blutiger Verfolgung Andersdenkender mißbraucht wurde. »Stecke das Schwert an seinen Platz! Denn alle, die das Schwert ergreifen, werden durch das Schwert umkommen!« (Mt 26,52). Dieses Jesuswort ist unaufhebbare Weisung an das Gottesvolk des Neuen Bundes. Wir müssen darum beim Beten von Ps 149 den Akzent auf den Lobpreis Gottes als des Schöpfers und Königs legen. Dabei ist es uns allerdings nicht verwehrt, in anderer Art uns jetzt schon des endgültigen Gottessieges über alle seine Gegenmächte zu freuen.

Ps 150
DAS GROSSE FINALE DES HALLELUJAH-JUBELS

1 Hallelujah!
Lobpreiset Gott in seinem Heiligtum,
lobpreiset ihn in seiner starken Himmelsfeste!

2 Lobpreiset ihn ob seiner mächtigen Taten,
lobpreiset ihn nach der Fülle seiner Größe!

3 Lobpreiset ihn mit dem Schalle der Posaune,
lobpreiset ihn mit Harfe und Leier!

4 Lobpreiset ihn mit Pauke und Reigentanz,
lobpreiset ihn mit Saiten- und Flötenspiel!

5 Lobpreiset ihn mit klingenden Zimbeln,
lobpreiset ihn mit schmetternden Zimbeln!

6 Alles, was Odem hat, lobpreise Jahwe!
Hallelujah!

A. Der Text wird von allen Zeugen bestätigt. Nur Hie S lasen in V. 1 statt »Gott« »Jahwe« (wie V. 6).

B. Der Schlußhymnus des Psalters ähnelt in Form und Struktur Ps 148. Die zehn Aufforderungen zum Lobpreis werden nur in V. 2 in einem knappen Hinweis begründet. Unsere »Schlußdoxologie« mag wohl das späteste Stück des Psalters und eigens als Abschlußhymnus des ganzen Buches der Psalmen (hebräisch »Preisungen«!) gedichtet sein, wie ja auch jedes der vorangehenden »Bücher« mit einer eigenen Doxologie versehen wurde (vgl. Ps 41,14; 72,18f.; 89,53; 106,48).

C. Zehnmal wiederholt der Psalm den Imperativ: »Lobpreiset!« Den zehn Schöpfungsworten von Gen 1 und den zehn Weisungsworten der Bundescharta (Ex 20) antworten hier gleichsam zehn Worte des Lobrufs. Sie ergehen an die am Heiligtum auf dem Sion versammelte Jahwegemeinde, aber zugleich an die Himmlischen (V. 1, vgl. Ps 29,1f.; 148,1f.). Es liegt dem Aufruf also die Vorstellung des »Übereinander« und damit des »Zusammen« von irdischer und himmlischer Liturgie zugrunde. Als Grund der Rühmung Jahwes werden angegeben: seine mächtigen Taten und seine überragende Größe. Beide Wendungen weisen nach Dt 3,24 (vgl. 9,26) auf Jahwes wunderbares heilsgeschichtliches Handeln an Israel, vorab bei der Erlösung aus Ägypten. Der »Erlöser Israels« ist der stets gegenwärtige Bundesgott, vor dessen Angesicht man im Gottesdienst am Tempel steht. Der Psalmist ruft zu seinem Lobpreis nicht nur die Versammelten, sondern gewissermaßen auch alle Musikinstrumente auf, welche die Gesänge Israels begleiten: die Posaune (Horn), die den Einsatz gibt, die Harfe (große Leier mit schrägem Joch), die Leier (zitherähnliche Kastenleier), die Pauke (Tamburin, meist zum Tanze geschlagen), die Flöte (Längsflöte oder Schalmei), die Zimbeln (kleine Becken, gegeneinander geschlagen). Am Schluß des Psalms geht die Aufforderung zum Lobpreis vom Sion aus in die ganze Welt hinaus, an alles, was Leben und Odem (vgl. Gen 7,22) hat.

D. Schon durch den Aufruf: »Alles, was Odem hat, lobpreise Jahwe!« werden wir hineingezogen in den Lobpreis Jahwes, den dieser den ganzen Psalter untersiegelnde Psalm wecken will. Erst recht rufen die »mächtigen Taten« und die »Fülle der Größe« Gottes (V. 2), wie sie dem neubundlichen Gottesvolk im Glauben offenbar werden, die um Jesus den Christus versammelte Gemeinde zum »großen Gesang«. Hier geschieht nach Hebr 2,12 durch Jesus die volle Verwirklichung von Ps 22,23: »Ich will deinen Namen meinen Brüdern verkünden, inmitten der Gemeinde dich lobpreisen!« Zugleich bringt der krönende Schlußpsalm des Psalters Eph 5,19f. in Erinnerung: »Sprecht zueinander in Psalmen und Hymnen und geistlichen Liedern und lobsingt dem Herrn und jubiliert in euren Herzen! Saget allzeit und für alles im Namen unseres Herrn Jesus Christus Dank vor Gott dem Vater!« Ein froher und den ganzen Menschen (Reigentanz!) packender Gesang, begleitet von allen aufbietbaren Instrumenten, ist nach Ps 150 der Lobpreis der in der Bundeshuld Gottes Geborgenen. Sind sie doch im Glauben des menschlich Unglaubbaren gewiß: der unvergleichliche und unbegreifliche, der ferne und »ganz andere« Gott hat sich zu »Jahwe« gemacht, zum Gott der Nähe und des Bundeswillens. In Jesus wird dieser Lichtbogen aus Gottes Unendlichkeit zu uns her leuchtende Fülle. Kündet doch der Name Jesus – und Name ist hier Wesen! – schon an: »Jahwe ist Heil!«